Andreas von Bülow
Im Namen des Staates

CIA, BND und die kriminellen
Machenschaften der Geheimdienste

Piper München Zürich

Ungekürzte Taschenbuchausgabe
1. Auflage Mai 2000
4. Auflage Februar 2002
© 1998 Piper Verlag GmbH, München
Umschlag: Büro Hamburg
Stefanie Oberbeck, Katrin Hoffmann
Foto Umschlagvorderseite: Superstock
Foto Umschlagrückseite: Donka Müller
Satz: Dr. Ulrich Mihr GmbH, Tübingen
Gesamtherstellung: Clausen & Bosse, Leck
Printed in Germany   ISBN 3-492-23050-4

www.piper.de

In dankbarer Erinnerung an

Arnold Brecht und Hans Simons

Lehrer und Begleiter bei der Orientierung
in deutscher, europäischer und transatlantischer Politik
und Geschichte.

Arnold Brecht 1884 – 1977, Staatssekretär in Preußen, Widersacher
Adolf Hitlers im Reichsrat, 1933 Flucht in die USA, großzügig und
dankbar aufgenommen als Professor an der »University in Exile«,
der mit Spendengeldern finanzierten New School for Social
Research in New York, die den lebensbedrohten Hochschullehrern
aus dem faschistischen Italien und Deutschland sowie dem besetzten
Frankreich das Überleben, die geistige Existenz und die Ausstrah-
lungskraft in die USA wie nach Kriegsende zurück nach Europa
sicherte. Gastprofessor an der Harvard- und Yale-Universität, nach
1945 Gastprofessor an den Universitäten Heidelberg und München.

Hans Simons 1892 – 1972, 1925 – 1930 Direktor der Hochschule für
Politik in Berlin, 1931/32 Regierungspräsident in Schlesien, Sozial-
demokrat, 1933, verfolgt von der SA, in die Vereinigten Staaten emi-
griert, Professor an der New School for Social Research in New
York, 1945 Berater der amerikanischen Militärregierung in Deutschland, amerikanischer Vertreter der Militärregierung beim Parlamentarischen Rat, Präsident der New School for Social Research.

Inhalt

Einleitung

Auf die nahezu systematische Nutzung der über Kontinente hinweg vernetzten organisierten Kriminalität durch östliche wie westliche Geheimdienste wäre ich nie gestoßen, hätte nicht die Bundesregierung in den Jahren nach der deutschen Vereinigung alles darangesetzt, den Untersuchungsausschuß des Bundestages zur Aufklärung des Bereiches Kommerzielle Koordinierung (KoKo) des Obersten der Staatssicherheit Schalck-Golodkowski in seiner Arbeit auf Sachverhalte einzugrenzen, die dem Ansehen der Ost-, nicht jedoch der Westseite schädlich waren.

Dabei hätte es nach der Vereinigung beider Teile Deutschlands nahegelegen, die vergangenen Jahrzehnte durchaus von beiden Seiten her kritisch zu durchleuchten und auch in den jeweiligen Geheimdienstbereichen eine Art Kassensturz durchzuführen.

Doch genehm war nur, was die östliche Seite belastete. Waren westliche Partner beteiligt, stockte die Aufklärung. Denn diese Partner hatten nicht selten den westlichen Geheimdiensten Gelegenheit gegeben, östliche Agenten für westliche Dienste zu werben.

Da durchweg krumme Geschäfte der KoKo-Mannschaft zur Gewinnung von Sondereinnahmen für Staatssicherheit und SED dienten, fanden sich die West-Ost-Agenten im Zwielicht ihrer Doppelagentenrollen und die sie beschäftigenden Westdienste mitten in der Illegalität von Wirtschaftsstraftaten wieder. Eine rückhaltlose Aufklärung hätte peinlich werden können. Außerdem sollte wohl unklar bleiben, für wen welche Gewinne wo beiseite geschafft werden konnten.

Hinzu kam, daß schon von der Konstruktion her der Bereich Kommerzielle Koordinierung es darauf angelegt hatte, in allen Ganoven-

und Fluchtgeldparadiesen dieser Erde mit Niederlassungen verschachtelter Firmen und Banken, abgeleitet und verdeckt über Liechtensteiner Anstalten mit Schweizer Notaren und Rechtsanwälten als Treuhändern, zur Stelle zu sein und bei jeder sich bietenden Gelegenheit skrupellos mitzumischen.

Warum wohl hatte die Stasi-Konstruktion ihre Vertretungen auf den niederländischen Antillen, auf Curaçao, auf den Bahamas, in Panama, in Hongkong oder Beirut oder auf den Jersey-Inseln im Ärmelkanal? Und welche Geschäfte mit welchen Partnern mögen über diese Fluchthäfen des publikumsscheuen internationalen Anlagekapitals gelaufen sein? Fragen, die national nicht zu klären sind, die den Blick auf die internationale Szene erforderlich machen.

Die wichtigsten Akten der Unternehmen des Bereiches Kommerzielle Koordinierung waren bereits vor und während der Regierung Modrow vernichtet worden. In der Zeit des Umbruchs und des Anschlusses der DDR an die Bundesrepublik wurden Manager des KoKo-Systems beim Verbrennen belastender Akten teils von Betriebsangehörigen der SED selbst, teils von der Berliner Kriminalpolizei erwischt, so daß die Aufklärung im Detail kaum noch möglich war.

Von westlicher Seite wurden die Akten des Bundesnachrichtendienstes zunächst nur in einer harmlosen Version übermittelt, die Schalck dem BND nach seiner Flucht mehr oder weniger selbst hat in die Feder diktieren dürfen. Bei der Befragung werde sorgfältig darauf geachtet, daß die bekannten Tabuthemen ausgespart bleiben, heißt es in einer Vorlage an die Leitung. Die kritische Arbeit von BND und Bundesamt für Verfassungsschutz wurde mit der Vereinigung auf Weisung der Amtsleitungen in einer Weise eingestellt, die nur mit dem Fallenlassen der berühmten Maurerkelle zu vergleichen ist. Eine umfassende Bestandsaufnahme auch im Hinblick auf die verschwundenen Vermögen war offenbar nicht erwünscht.

Die finanzielle Aufarbeitung des KoKo-Vermögens blieb auch unter der Treuhand längere Zeit weiter in der Hand der alten Seilschaften, die ihre Kenntnisse und Verbindungen nutzen konnten, um sich an der Umstellung von DDR-Mark auf D-Mark zu bereichern. Das zu Off-shore-Bedingungen arbeitende Bankensystem des Bereiches Kommerzielle Koordinierung in Ostberlin wurde nach der Wende an die Bank verkauft, die bislang schon in engsten Geschäftsbeziehungen stand. Damit war auch dort für das schnelle Wegschaffen von Akten mit verräterischen Spuren unter die schützende Hand des Privatrechts und des Bankgeheimnisses gesorgt.

Die strafrechtliche Aufarbeitung ist von einer kaum noch zu überbietenden Unfähigkeit und Unwilligkeit der politisch Verantwortlichen gekennzeichnet, den hierfür zuständigen Behörden einen zweckmäßigen Aufbau und eine der Aufgabe gewachsene Personalausstattung zu verschaffen. Hinzu kam materiellrechtlich, daß die letzte, frei gewählte Volkskammer den Straftatbestand der schweren Untreue ersatzlos strich, die die Veruntreuung volkseigenen Vermögens besonders hart bestrafte. Da die KoKo-Stasi-Mannschaften sich in der Übergangszeit ausschließlich an volkseigenem Vermögen gütlich taten, blieb eine ernsthafte Strafverfolgung auch von daher ausgeschlossen. Aus welchem Amt, durch welche Person und über welche Abgeordneten die Streichung der Strafbestimmung in die Wege geleitet wurde, war nicht mehr festzustellen.

Letzten Anstoß, auch den internationalen Hintergründen nachzugehen, gab die Erkenntnis, daß die Stasi-Mannschaft in der Wallstraße in Ostberlin Waffenhandel nicht nur mit Terroristen betrieben hat, sondern bei diesem Treiben westlicherseits von Geheimdiensten überwacht wurde. Es gelangten KoKo-Waffen nach Panama in die Hände des dortigen Staatschefs, eines Drogenhändlers und Geldwäschers von allergrößtem Kaliber, der ehemals mit 200 000 Dollar jährlich aus Mitteln der CIA ausgehalten worden war, inzwischen, entführt und abgeurteilt, in einem amerikanischen Gefängnis sitzt.

Von dort führten die Spuren der Waffen über einen Waffenhändler in Florida, der sich engster Beziehungen zum Weißen Haus in Washington rühmte. Ein DDR-Splitter im Iran-Contra-Skandal der USA?

Auch der Handel mit amerikanischen Hochleistungscomputern, auf westlicher Seite immer wieder über Agenten der US-Geheimdienste wie des BND vermittelt, legte nahe, den Blick über den Horizont von DDR und Bundesrepublik zu weiten und die Ränder des Puzzlespieles, in das sich letztlich auch die Stasi-Teile in das Gesamtbild einfügen lassen, nach außen zu erweitern. Doch an diesen Rändern bestimmen internationale Spieler das Geschehen, die in den Geheimdienstzentralen der westlichen und östlichen Welt, aber auch in den Zentren der internationalen organisierten Kriminalität sitzen. Die Teilnehmer in Ostberlin sind ebenso wie die in Bonn und Pullach letztlich nur kleine Teilelemente eines globaleren Geschehens.

Ein weiterer Anstoß zu diesem Buch erwuchs aus der dreisten Behauptung des ehemaligen stellvertretenden Leiters des Bundeskriminalamtes, der mir auf die Bitte nach einer etwas systematischeren Einführung in die Zusammenhänge von Drogenhandel, Waffenhandel, Geldwäsche und Terrorismus zur Antwort gab, das Bundeskriminalamt sei aufgrund des deutschen Datenschutzes außerstande, die genannten Felder im Zusammenhang zu erkennen und darzustellen. Meine Anregung, die Beschwernisse seines Amtes mir schriftlich so darzustellen, daß gesetzliche Abhilfe geschaffen werden könne, griff der Vertreter des BKA nicht auf. Sein Vorschlag, weiteren Zusammenhängen doch in den USA nachzugehen, erübrigte sich, da ich dort bereits einige Spuren aufgenommen hatte. Die Arbeit gründet sich ganz wesentlich auf Erkenntnisse aus diesem das Weltgeschehen auch über die Geheimdienste nachhaltig steuernden großen Land.

Herausgekommen ist ein letztlich erschreckendes Gemälde der systematischen operativen Verschränkung geheimdienstlicher verdeckter Operationen mit der weltweiten organisierten Kriminalität, dem Drogenhandel, aber auch dem Terrorismus.

Aus den Erkenntnissen folgt die Notwendigkeit, sich den hier aufgeworfenen Fragen zu stellen und Antworten auf allen Ebenen der Politik und der Verwaltung zu entwerfen und umzusetzen.

Die Arbeit greift im wesentlichen auf amerikanische Quellen zurück. Nur dort gibt es eine den Grundidealen der amerikanischen Verfassung verpflichtete Kultur rückhaltloser und sehr hartnäckiger Aufklärung krimineller geheimdienstlicher Aktivitäten. Dabei handelt es sich in der Regel nicht um den Aufgabenbereich des Nachrichtensammelns und Nachrichtenbewertens, sondern um verdeckte Operationen, die von der Manipulation ausländischer Staaten und Gesellschaften bis hin zu kaum verhüllten kriegerischen Aktivitäten reichen, die die allgemeinen Regeln des Völkerrechtes grob verletzen und das Kriegsvölkerrecht mißachten[1].

Ohne Rückgriff auf die sorgfältig belegten Recherchen der amerikanischen Wissenschaftler und Journalisten wäre diese Arbeit nicht möglich gewesen. Da Geheimdienste weder hier noch in Amerika sich öffentlich zu rechtfertigen pflegen, öffentliche Stellungnahmen selten oder nie zu erhalten sind, ist die Beweisführung schwierig. Dennoch gelingt es immer wieder aus Indiskretionen empörter Geheimdienstmitarbeiter, aus Pannen, aus Streitigkeiten zwischen Geheimdiensten untereinander wie mit Drogenfahndern und Kriminalisten, nicht zuletzt aber aus den Ermittlungen in den Opfer-Staaten soviel Material und Erkenntnis zu ziehen, daß ein Bild über Art, Methoden, Umfang und Praxis selbst streng geheimer Operationen entsteht. Dabei sei der unerschrockenen Arbeit einiger inzwischen berühmt gewordener italienischer Ermittlungsrichter gedacht, die gegen den Widerstand der Geheimdienste, nicht selten in Todesgefahr den komplexen Kriminal- und Geheimdienststrukturen nachgingen und sich nicht von politisch gesteuerten Staatsanwaltschaften mit willkürlich zurechtgeschusterten Straftatbeständen abspeisen ließen.

Man wird in Kauf nehmen müssen, daß hin und wieder amtliche Desinformationen auch in diesem Buch zu Blendungen geführt haben[2]. Doch sind die anzuführenden Fälle so zahlreich, oft über Länder hinweg so verblüffend gleichgelagert und letztlich auch so zwingend, daß die weltweit zur Geltung kommenden Handlungsstrukturen samt dahinterstehenden Beweggründen erkennbar werden. Das endgültige Urteil muß freilich dem Leser überlassen bleiben.

Insgesamt kommt es darauf an, Verständnis für die politische Dimension der weltweit »Tango tanzenden« geheimdienstlichen und kriminellen Strukturen zu gewinnen und so die Chance nicht nur der Analyse, sondern auch der Gegensteuerung zu eröffnen.

Wer zur Kenntnis nehmen muß, daß der Rauschgifthandel in den Hochindustrieländern zu nennenswerten Teilen für geheimdienstliche Zwecke in den Konfliktzonen der Welt genutzt wird, kann besser ermessen, wo beim Kampf sowohl gegen den Drogenmißbrauch als auch gegen die organisierte Kriminalität der Feind steht und ob die bislang völlig erfolglose Politik überhaupt eine Chance des Gelingens haben kann. Letztlich wird die Politik nicht umhin können, sich den hieraus resultierenden Fragen zu stellen. Dazu soll dieses Buch einen Beitrag leisten.

Der Leser des Buches wird sich zuweilen durch die Sprünge in Raum und Zeit der zur Erörterung anstehenden historischen Abläufe herausgefordert, wenn nicht überfordert fühlen. Doch geht es hier zunächst einmal nur darum, aus einer Vielzahl von Einzelbeobachtungen die Tendenz und letztlich Gewißheit einer Gesamtstruktur herauszufinden. Es geht insbesondere um die Mittel und Methoden, mit denen es Geheimdiensten gelingt, gegnerische wie befreundete Staaten und Gesellschaften verdeckt, das heißt weder von innen noch von außen auf Anhieb erkennbar, im gewünschten Sinne zu steuern. Nicht im Mittelpunkt der Erörterung steht der jeweils einzelne Fall in seiner Einbindung in den Lauf von Politik, Wirtschaft und Geschichte. Deswegen möge man sich nicht durch die Fülle der Namen, geographischen wie geschichtlichen, abschrecken lassen. Wer das Bild vervollständigen will, muß den Fußnoten nachgehen und Nachschlagewerke zu Rate ziehen. Hier geht es um den Versuch der Aufdeckung von Regelstrukturen in einem Gesamtsystem. Der Leser möge sich an die Arbeit des Kriminalisten oder auch an die Lösungstechnik des Puzzles erinnern. Hilfreich bleibt immer die kriminalistische Fragestellung nach dem *cui bono*, wem nutzt eine Tat, wem schadet sie, woher kommen die Mittel? Geheimdienste geben der Allgemeinheit, aber auch den Parlamenten nur selten Gründe für ihr Handeln an, sie pflegen sich nicht zu rechtfertigen und umgeben ihr Tun oft mit einem Schleier der Falschinformation und Täuschung. Es fruchtet folglich nicht, mit ihnen in einen Dialog treten zu wollen.

1

Sowjetunion stürzt ab –
Verblendete Geheimdienste

Die Mauer fällt

1989 stürmten die Menschen der geteilten Stadt die jahrzehntelang mit Schießbefehl gesicherte Mauer in Berlin. Tausende machten sich mit Hammer und Meißel an den Abbruch, bevor Räumgerät aus Ost und West die schwerbewachte Trennlinie zwischen West und Ost beseitigte. Tränenüberströmt fielen sich die Deutschen aus beiden Teilen der Stadt in die Arme. Menschenmassen überquerten die Übergangsstellen. Die bislang zum Todesschuß verpflichteten Ordnungshüter Ost verwandelten sich in freundliche Statisten. Der Weltraum mit den geostationären Fernsehsatelliten brachte den eine jahrzehntelange statische Weltordnung aufbrechenden historischen Augenblick in die Wohnstätten rund um den Erdball. Gebannt schauten die Menschen auf das Treiben.

Die über Jahrzehnte ihrer Freiheit beraubten Bürger der DDR nahmen sich ihr Menschenrecht. Sie drängten Zauderer beiseite und überwanden ihre führungslos gewordenen Bewacher. Die Weltmacht Sowjetunion ließ den Frontstaat des eigenen Blocksystems nach jahrzehntelanger Ost-West-Auseinandersetzung fallen. Auf eigenen Füßen hätte das diktatorische Kunstgebilde der DDR nur mit blutigem Terror und auf kurze Frist weiterbestehen können. Die Verantwortung hierfür zu übernehmen war die DDR-Führung unter Krenz und Modrow nicht mehr bereit.

Der Mauerfall und die sich daran anschließende Vereinigung der beiden deutschen Staaten war Folge einer geradezu tektonischen Verwerfung und Neuordnung des europäischen Kontinents mit Ausstrahlungen in sämtliche Konfliktregionen der Welt. Die Sowjetunion hatte, beginnend mit dem früheren Chef des sowjetischen Geheimdienstes und späterer Generalsekretär der KPdSU, Andropow, und dann in verschärfter Gangart unter Gorbatschow, eine strategische Wende eingeleitet. Der wirtschaftliche und technologische Wettlauf des von der Sowjetunion seit 1917 aus dem Boden gestampften Systems war dermaßen ins Hintertreffen geraten, daß eine Neuausrichtung zwingend wurde. Auf der Grundlage einer schwindenden Wirtschaftskraft ließ sich der militärische Rüstungswettlauf mit der westlichen Welt weder technisch noch finanziell durchhalten. Schließlich war die westliche Staatengemeinschaft unter Anführung der USA nicht nur in der Anzahl der Menschen um das Doppelte überlegen. Das Wirtschaftspotential des Westens überstieg das des Sowjetblockes sogar um das Vierfache. Das Rennen konnte letztlich weder in den zivilen noch den militärischen Disziplinen gewonnen werden.

Im Interesse einer neuen partnerschaftlichen Politik mit Westeuropa gab die Sowjetunion ihr Sicherheitsvorfeld frei, das die Rote Armee im Zweiten Weltkrieg mit über 20 Millionen Toten gegen die Deutschen erkämpft hatte. Die Entscheidung für eine Neuorientierung der sowjetischen Außenpolitik muß bereits Mitte der achtziger Jahre gefallen sein, als die Führungsmannschaft die Breschnew-Doktrin aufgab, das von der Sowjetunion als kommunistischer Führungsmacht angemaßte Recht auf militärischen Eingriff gegen jede Art der »Konterrevolution« innerhalb der Staaten des Warschauer Paktes. Mit der von der westlichen Politik meist achtlos als Propaganda abgetanen Kehrtwendung weg von Überwachung, Unterdrükkung und Intervention, hin zu Offenheit, Bürgerrechten und Reisemöglichkeiten konnten sich die Völker aus der Bevormundung lösen, erst die Polen, dann die Ungarn und schließlich die Freiheitsbewegung der DDR.

Nachdem bürgerliche Freiheiten in der Sowjetunion im Zuge der Perestroika gewährt wurden, um Reformsauerstoff in das verkrustete System zu blasen, und nachdem in der DDR die dem KGB zuarbeitenden Teile des Ministeriums für Staatssicherheit ganz offensichtlich nicht mehr für die Absicherung des Vorfeldes und der SED-Herrschaft zur Verfügung standen, traute sich die Führung der DDR nicht mehr an die in der kommunistischen Doktrin für derartige Fälle vorgesehene Gewaltanwendung heran. Die DDR-Führung hatte, von der Straße angeschoben und bezwungen, ein Einsehen. Meinungsfrei-

heit, Redefreiheit, Versammlungsfreiheit, unabhängige Gewerkschaften, Parteienpluralität: die Entwicklung zur Demokratie wurde
unaufhaltsam.

Eingeleitet hatte den Prozeß der Befreiungsschlag, mit dem sich
die Moskauer Führung von den Bremsklötzen ihrer militärischen
Angst befreite und gegen jede westliche Prognose und gegen den
Widerstand der eigenen »erbsenzählenden« Militärs in die sogenannte Nullösung bei den Mittelstreckenraketen einwilligte.

Propaganda statt Intelligenz:
die Nachrichtendienste

Die Entwicklung in der Sowjetunion selbst und in den Staaten ihres
Vorfeldes traf den Westen unvorbereitet. Obgleich die Diskussion
über einen Ausweg aus der schmerzlich erkannten Sackgasse des
sozialistischen Systems schon seit Jahren innerhalb der Experten-
kreise der Sowjetunion und ihrer Satelliten lief, berichteten die westlichen Geheimdienste ihren politischen Führungen wenig bis nichts
von den dramatischen Entwicklungen, die zumindest bei den hochrangigen Beratern der sowjetischen Führung schon frühzeitig von
westlichen Besuchern beobachtet werden konnten.

In der DDR prophezeite bereits 1983 der stellvertretende Außen-
handelsminister der DDR Schalck-Golodkowski in einer gemeinsam
mit der stellvertretenden Finanzministerin König verfaßten Denkschrift den nahezu unausweichlich bevorstehenden Bankrott der
DDR für die neunziger Jahre. Von da an werde es der DDR nicht mehr
möglich sein, den Schuldendienst für die Bedienung der steil anstei-
genden Westkredite aus den Deviseneinnahmen von Westexporten
zu erfüllen.

Auch Markus Wolf, der frühere Leiter der Hauptverwaltung Aufklärung des Ministeriums für Staatssicherheit, ging nach eigenen
Aussagen bereits 1983 wie sein Stasi-Kollege Schalck von dem zu
Ende gehenden Experiment DDR aus. Dies zeitlich übereinstimmend
mit der Absicht der Sowjetunion, ihre Rohstoffe ab 1990 nur noch
gegen harte Devisen zu verkaufen und nicht mehr gegen die mängel-
behafteten Industriewaren der sozialistischen COMECON-Länder zu

tauschen, mußte unweigerlich zum Zusammenbruch des Satelliten-systems führen. Denn mit harten Westdevisen konnte sich die Sowjet-union für das gelieferte Öl und Gas technisch hochwertige Waren preiswerter auf den Weltmärkten kaufen.

Auf militärischem Gebiet hatten sich die akademischen Berater der sowjetischen Führung längst darangemacht, neue Ansätze zu fin-den. Angesichts des endlosen technologischen Raketenwettlaufs nutzten sie die sinnlose Überrüstung beider Seiten, um den klein-karierten »Erbsenzählern« im eigenen Lager entgegenzutreten und, wie der damalige stellvertretende Direktor des Amerika-Kanada-Instituts der Akademie der Wissenschaften, Andrej Kokoschin, sich ausdrückte, eine mutige Investition in die Zukunft des Vertrauens zwischen West und Ost zu leisten. Auf die Wahnsinnskosten eines Kriegs aus dem Weltall, wie er in den USA zu jener Zeit propagiert wurde und heute noch wird, ließ man sich von vornherein nicht mehr ein. Im Bereich der konventionellen Rüstung war man bereit, auf die bisherige offensiv angelegte Verteidigungsstrategie zu verzichten und auf defensivere Strukturen überzugehen. Auch dort war der Hin-tergrund der letzten sowjetischen Verhandlungsofferten wiederum das Setzen auf Vertrauen nicht zuletzt der Deutschen.

Es fällt auf, daß die Nachrichtendienste der westlichen Welt diese Entwicklung nicht gesehen haben, ja nicht sehen wollten. Vertreter dieser Moskauer Suche nach neuen Ansätzen zur Überwindung der Konfrontation wurden von den Diensten als die großen Desinforma-teure des KGB verunglimpft, die, auf die Naivlinge des Westens an-gesetzt, das leichtfertige Nachlassen der Wachsamkeit in der nie endenden Ost-West-Konfrontation fördern und damit den sowjeti-schen Endsieg in der jahrzehntelangen Systemauseinandersetzung doch noch ermöglichen sollten. Dementsprechend wurde Gorba-tschow von Präsident Reagan wie von Bundeskanzler Kohl nur als der bessere Verkäufer der Weltrevolution bezeichnet. Auch der Generalsekretär der NATO schloß sich dieser Sprachregelung an[3].

Die Fehleinschätzung war Folge des jahrzehntelangen Mißbrauchs der Geheimdienste zu Zwecken der politischen Propaganda nach außen, vor allem aber nach innen. Central Intelligence Agency heißt der amerikanische Nachrichtendienst, Bundesnachrichtendienst der deutsche. Die Namensgebung läßt auf intelligente Aufschlüsselung der politischen und gesellschaftlichen Vorgänge in fremden Staaten, vornehmlich der früheren Warschauer-Pakt-Staaten, schließen, ge-speist aus frei zugänglichen wie geheimen Quellen und nicht zuletzt den fernmeldetechnischen Aufklärungsergebnissen. Dazu die Er-kenntnisse, die sich aus einer fortwährenden Beobachtung des poten-tiell gegnerischen Territoriums durch die militärischen Spionage-satelliten im Weltraum und der Analyse ihrer Aufnahmen ergaben.

Doch die Nachrichtendienste waren Kinder des Kalten Krieges. Sie wurden in jener Zeit dazu genutzt, innenpolitisch verwendbare Analysen zu liefern, mit denen die Anhänger einer mehr auf Aus-gleich gerichteten Politik als blauäugige Naivlinge bis hin zur Ver-dächtigung als fahrlässige oder gar vorsätzliche Landesverräter hat-ten bekämpft werden können.

Die Dienste lieferten die Vorlagen, die verstärkt durch eine ein-schlägige Medienlandschaft als Schlagstöcke gegen den innenpoliti-schen Gegner in den USA wie Westeuropa dienten, den es galt als *soft on communism,* als Feigling vor der kommunistischen Herausforde-rung, anzuschwärzen. Träumereien von Entspannung, Frieden und Abrüstung verwandelten sich schnell zu Blößen, die im Kampf um die Gunst der Wähler tödlich werden konnten[4].

So griff der seinerzeitige demokratische Präsidentschaftskandidat Kennedy den Hinweis aus Industrie- und Geheimdienstkreisen auf, es drohe die Gefahr eines nuklearen Überraschungsangriffs auf die USA, da die Sowjetunion bereits dabei sei, eine gewaltige Streitmacht an Interkontinentalraketen zu installieren. Mit dieser Behauptung gelang es Kennedy, seinem republikanischen Mitbewerber Nixon um die Präsidentschaft auf der Paukebene der Auseinandersetzung mit dem Kommunismus die Waffen aus der Hand zu schlagen. Doch Kennedys Behauptung erwies sich, wie viele andere angebliche Rüstungslücken des Westens, bei näherer Betrachtung als rundum gegenstandslos. Die den sowjetischen Luftraum ständig verletzenden amerikanischen U-2-Aufklärungsflugzeuge flogen damals in großer Höhe sämtliche in Frage kommenden Eisenbahnlinien und Ortschaf-ten der Sowjetunion ab, ohne auch nur den geringsten Anschein eines Beweises zu finden.

Seit Beginn des Kalten Krieges wurden die Sowjetunion und deren Satelliten zunehmend zum militärischen Riesen empor- und die westlichen NATO-Armeen zu entsprechend impotenten Zwer-gen heruntergeschätzt[5]. Dies nicht selten aufgrund von Analysen der in Diensten der CIA stehenden Organisation Gehlen, des späteren Bundesnachrichtendienstes mit seinem aus dem Aufklärungsdienst Fremde Heere Ost der Wehrmacht übernommenen Personal. »Dem Russen« und den sowjetischen Waffensystemen wurden Fähigkeiten unterstellt, denen die westliche Rüstung nichts entgegenzusetzen hatte, die sie allenfalls mit Beschaffung kostspieliger Nachfolgemodelle der mangelhaften westlichen Militärtechnik möglicherweise ausgleichen konnte, vorausgesetzt, die Regierungen und Parlamente genehmigten rechtzeitig und großzügig die erforderlichen Mittel. Wer dem nicht folgte, begünstigte den Kommunismus.

Dabei lieferten gerade die Konflikte im Nahen Osten immer wieder genügend Anschauungsmaterial für die Anfälligkeit, Fehlerhaftigkeit und Leistungsbegrenzung des östlichen Materials. Im Ergebnis erreichte die Auseinandersetzung, daß die westlichen Rüstungsindustrien sich nicht selten im Wettlauf mit Phantomprodukten befanden, die von westlichen Geheimdiensten erschaffen waren[6]. Nicht, daß die Sowjetunion mit ihren Streitkräften eine vernachlässigenswerte Größe gewesen wäre. Doch die Wunder, die ihnen unterstellt wurden, hätten sie nie vollbringen können, weder im militärischen noch im zivilen Bereich.

Die Tricks, mit denen westliche Geheimdienste, namentlich die zahlreichen Geheim- und Nachrichtendienste der USA, sich an das Geschäft machten, ist an anderer Stelle ausführlicher beschrieben[7]. Natürlich hing dies in den USA auch damit zusammen, daß der äußerste rechte Flügel der Republikaner die Geheimdienste und nicht zuletzt die CIA immer wieder als feige und kommunistenfreundlich denunziert hatte[8]. Der Vernunft war nur selten der nachrichtendienstliche Weg geebnet, und so kam es, daß die westliche wie die östliche Welt in einen jahrzehntelangen, extrem kostspieligen Rüstungswettlauf hineingetrieben wurde, der vom militärisch-industriellen Komplex stets förderlich mit Gaben an die Denkfabriken der »Falken«, aber ebenso mit Spenden in Wahlkampfkassen begleitet wurde[9].

Die stets entspannungsgefährdete Rüstungsindustrie hat, insbesondere in den USA, die Politik ständig in Richtung auf Konfrontation gedrängt. Nur der Konfrontationskurs konnte, über Jahrzehnte durchgehalten, den Absatzmarkt für Produkte sichern, die mit staatlichen Entwicklungsgeldern auf immer extremere Technologie- und

Kostenebenen gehoben worden waren. Hinzu kam die für die Industrie traumhafte Preisfindung für Rüstungsgüter nach der Formel Herstellungskosten im weitesten Sinne zuzüglich eines darauf aufzuschlagenden prozentualen Gewinns[10].

Der militärisch-industrielle Wettlauf hat über die Jahrzehnte hinweg sicher mit zum Zusammenbruch des östlichen Systems beigetragen. Er hat aber auch in den westlichen Gesellschaften unübersehbare Schäden angerichtet. Wenn die USA in den letzten Jahren der Präsidentschaft Reagans die Rüstungs- und Militärausgaben auf runde 300 Milliarden Dollar oder 450 Milliarden Mark hochgeschraubt haben, so liegt auf der Hand, daß so manche negative Entwicklung des Landes mit der Überforderung im Rüstungsbereich zusammenhängt[11]. Die Überschuldung des Bundeshaushaltes, der Verfall der Städte, der Zusammenbruch des Sozialsystems, die hohe Analphabetenquote, die für europäische Verhältnisse unvorstellbar hohe Mordrate, die vielen Familien und Halbfamilien, die unterhalb der Armutsgrenze leben, die Zahl der in Gefängnisanstalten einsitzenden Menschen sind das Spiegelbild dieser Entwicklung.

Es genügt nicht, auf den Sieg der USA oder der NATO im Kalten Krieg hinzuweisen. Dem kommunistischen System wurde möglicherweise etwas früher der Garaus gemacht, als dies im friedlichen Wettbewerb der Systeme der Fall gewesen wäre. Der Preis, den die Bevölkerungen der sozialistischen Staatenwelt heute im nachhinein mit Arbeitslosigkeit, Absenkung des Lebensstandards, Ausbreitung des administrativen und wirtschaftlichen Übergangs-Chaos, Kriminalität, Korruption und einer hoffnungslos allein gelassenen Pensionärsbevölkerung aus kommunistischer Zeit zu zahlen haben, ist ungeheuerlich. Die Deutschen können es zum Teil an den noch auf Jahre hinaus erforderlichen Finanzleistungen an und in die neuen Bundesländer ablesen.

Doch es geht hier nicht so sehr um die Schäden, die die militärisch sinnlose Hochrüstung in beiden Gesellschaftssystemen angerichtet hat, es geht um Aufgaben und Methoden der Geheimdienste, die auf beiden Seiten gegeneinander gearbeitet haben. Auf östlicher Seite der KGB mit seinen Partnerorganisationen in den Satellitenstaaten, und hier insbesondere dem Ministerium für Staatssicherheit der DDR, und auf westlicher Seite die amerikanischen Nachrichtendienste, rund 15 an der Zahl, an ihrer Spitze die Central Intelligence

Agency oder CIA und die Nachrichtendienste der Alliierten, nicht zuletzt der Bundesnachrichtendienst auf westdeutscher Seite. Allerdings kann der BND nur begrenzt mit den amerikanischen Diensten verglichen werden, da deren jährliche Aufwendungen um Zehnerpotenzen größer sind und schon zu Hochzeiten des Ost-West-Konfliktes immer waren. So erhalten die amerikanischen Auslandsnachrichtendienste einschließlich der globalen elektronischen Überwachung aus dem Weltall und der Nachrichtendienste der einzelnen Teilstreitkräfte rund 30 Milliarden Dollar gegenüber einem Aufwand von rund einer Milliarde Mark für den BND. Die amerikanischen Dienste verschlingen jährlich allein so viel wie die gesamte Bundeswehr zu Zeiten der Wende in der DDR[12]. Sie dienten einer Weltmacht im Kampf mit dem allerdings immer schwächer werdenden Herausforderer Sowjetunion und sichern jetzt, nach deren Abtreten, letztlich die Vorherrschaft der USA im weltweiten, auch industriellen Wettkampf der Nationen[13].

Dabei werden die Staaten auch in Zukunft nicht auf Nachrichtendienste schlechthin verzichten wollen oder können. Jedoch müssen die Dienste aus den verschiedensten Gründen neu ausgerichtet werden.

Der Feind geht verloren:
Inventur nicht erwünscht

Um sich über bisherige Methoden und deren Bestand für die Zukunft eine kritische Übersicht zu verschaffen, wäre eine Bestandsaufnahme und Aufklärung über die bisher geleistete Arbeit angebracht. Doch diese kritische Durchleuchtung aller Tätigkeitsfelder der Geheimdienste scheitert durchweg am Kult der Geheimhaltung und strikten Abschottung nach außen wie innen[14]. Obgleich der große Gegenspieler, der KGB oder die HVA der DDR, aufgelöst oder in Art und Zuschnitt geändert wurde, bleiben die Geheimdienste aus nachvollziehbaren Gründen dabei, ihre Methoden und ihre Quellen selbst unter veränderten Bedingungen nicht aufdecken zu wollen und zu können. Informanten sind nur dann bereit, Geheimdiensten Informationen zu liefern, wenn ihre Identität nicht preisgegeben wird. Ein Geheimdienst, der dieser Regel zuwiderhandelt, verliert das Vertrauen seiner gegenwärtigen und künftigen Zuträger. Daß ein Geheimdienst den Schleier der Verschwiegenheit durchaus auch über zweifelhafte Aktivitäten seiner Informanten zu legen bereit ist, wird Gegenstand der späteren Ausführungen sein.

Die Methoden werden vor Einblicken bewahrt, um Gegenmaßnahmen abwehren oder doch erschweren zu können. Es kommt hinzu, daß die Tätigkeiten eines Auslandsnachrichtendienstes auf fremdem Boden immer rechtswidrig und mit hohen Strafen belegt sind. Aber auch im Inneren arbeiten Geheimdienste im wesentlichen außerhalb der für Normalbürger geltenden nationalen und internationalen Rechtsordnung. Öffentliche Diskussionen hierüber sind gemeinhin unerwünscht. Sie wären jedoch unvermeidlich, würden Geheimdienste ihrer Öffentlichkeit und ihrem Parlament über Ziele, Wege und Methoden rückhaltlos Auskunft geben.

Die politisch Verantwortlichen erhalten in der Regel nur sehr ausgewählt und nach Gutdünken der Geheimdienstleitung die Informationen, die notwendig sind, um Nachrichten in einen größeren Zusammenhang einordnen zu können. Der Gründer und jahrzehntelange Direktor der Central Intelligence Agency erklärte frank und frei, er sei bereit, notfalls jeden noch so kompetent besetzten Ausschuß des amerikanischen Kongresses zu belügen, um Einblicke in die Methoden der CIA oder die Aufdeckung ihrer Quellen zu verwehren[15]. Erst kürzlich wurde ein Agent der CIA dafür zur Rechenschaft gezogen und bestraft, daß er einem zur Geheimhaltung verpflichteten und dem Ausschuß für die Kontrolle der Geheimdienste angehörenden Mitglied des Kongresses mitgeteilt hatte, daß die CIA wiederholt den Ausschuß über die Verantwortung der CIA für den Mord zweier amerikanischer Staatsangehöriger in Guatemala belogen hatte[16].

In der parlamentarischen Kontrollkommission für die Dienste der Bundesrepublik, den Bundesnachrichtendienst, das Bundesamt für Verfassungsschutz und den Militärischen Abschirmdienst, haben mehrfach altgediente und erfahrene Parlamentarier aus Protest ihr Amt niedergelegt, weil sie die Informationen, die zur Beurteilung kritischer Vorgänge erforderlich gewesen wären, nicht erhalten konnten[17]. Schließlich geht mit der strikten Geheimhaltung der Vorteil einher, Pannen und mangelhafte Leistung wirksam vertuschen zu können[18].

2

Die Staatssicherheit
auf Westgeld-Jagd

Weder östliche noch westliche Geheimdienste gaben und geben über Lehrbücher oder Nachschlagewerke die Art ihres methodischen Vorgehens preis. Niemand soll wissen, wo ein Geheimdienst tätig wird und wie er an die Verfolgung seiner Ziele herangeht. Der Zusammenbruch Ost ermöglicht allerdings einen unverhofften, wenn auch schnell verhängten Einblick in die Werkstatt der dortigen Geheimdienste. Dabei ist das mit Doppel- und Dreifachagenten westlicher wie östlicher Dienste durchsetzte Stasi-System des Bereiches Kommerzielle Koordinierung in Ostberlin der Jahre bis 1990 ein guter Ausgangspunkt für die Wanderung durch die mystifizierte Welt auch der westlichen Geheimdienste.

Der Apparat der Stasi sicherte durch Bespitzelung der Bevölkerung und Überprüfung und Überwachung der entscheidenden Kader die Diktatur des SED-Systems nach innen. Dabei waren die hiermit befaßten Personalkörper wiederum bis in die Hierarchiespitzen hinein mit Personen durchsetzt, die der Führung und Kontrolle des sowjetischen KGB unterstellt waren, somit zwei Amtshüte trugen.

Nach außen lag der Schwerpunkt der Arbeit des Ministeriums für Staatssicherheit in der Aufklärung des politischen, wirtschaftlichen und militärischen Systems der alten Bundesrepublik Deutschland sowie der auf dem Gebiet der Bundesrepublik stationierten Streitkräfte der Verbündeten. Da die Aufklärung in der Bundesrepublik nicht ohne den erheblichen Rückgriff auf westliche Währungen, nicht zuletzt D-Mark, zu leisten war, wurde ein Stasi-eigentümliches System der zusätzlichen Gewinnung von Hartwährungen außerhalb des DDR-Staatshaushaltes geschaffen. Schließlich mußten Staatssicherheit und militärischer Nachrichtendienst der DDR ihre im kapitalistischen Währungsgebiet lebenden Kundschafter bezahlen, Bestechungsgelder aufbringen, technische Einrichtungen für Lauschangriffe weit in das Gebiet der Bundesrepublik hinein besorgen, installieren und warten lassen, eine effektive Wirtschaftsspionage aufziehen und Hochtechnologiekomponenten aus westlicher Fertigung im Westen kaufen und von dort gegen die Exportkontrollen des Westens in die DDR schmuggeln.

Hinzu kam die Notwendigkeit, die Auslandsaktivitäten der SED in den westlichen und neutralen Ländern zu finanzieren, die KPD/DKP in Westdeutschland am Leben zu erhalten und den europäischen kommunistischen Parteien unter die Arme zu greifen. Daneben wurde das SED-Wohngetto in Wandlitz mit Westwaren aus dem nahen Westberlin versorgt, das heißt mit Frischgemüse, Obst, Blumensträußen, Alkoholika, Kleidungsstücken, Schmuck, Videofilmen, Jagdautos für die oberste Führungsebene oder Einfamilienhäusern aus westlicher Fertigung.

Für die Führung der Staatssicherheit ergab sich so als Nebeneffekt das geschmeidige Einfangen der Führungskräfte der DDR in einem Netzwerk umsorgender Korruption, die sich in Einzelfällen bis zum Bau von westlichen Fertighausdatschen in der Umgebung von Moskau für den sowjetischen Botschafter in Ostberlin und die Nomenklatura des KGB erstreckte. So konnten wertvolle Kontakte geknüpft und Teile der Stasi-Aktivitäten gegen unerwünschte Kontrolle und Intervention abgeschirmt werden.

Das System KoKo:
Synergie von Geheimdienst und Wirtschaftskriminalität

Zur Umsetzung dieser Aufgaben konzipierte das Ministerium für Staatssicherheit die nach außen unverfängliche Einrichtung einer Abteilung »Kommerzielle Koordinierung« im Ministerium für Außenhandel, im Volksmund KoKo genannt[19]. Die Leitung erhielt der Oberst des Ministeriums für Staatssicherheit Dr. Schalck-Golodkowski, der als »Offizier im besonderen Einsatz« die Aufgabe eines

Staatssekretärs und stellvertretenden Ministers des Ministeriums für Außenhandel übernahm. Zur Tarnung nach außen verblieb es bei der Begrenzung auf den Dienstrang eines Obersten, da die Vorlage zur Ernennung zum Generalmajor den Staatsrat der DDR hätte passieren und damit eine »Dekonspiration« des Generals hätte befürchtet werden müssen. So verblieb man beim Dienstrang des Obersten mit der schriftlichen Zusage der rückwirkenden Ernennung zum Generalmajor bei Rückkehr in das Ministerium für Staatssicherheit nebst Zahlung des bis dahin aufgelaufenen Differenzbetrages zwischen den beiden Gehaltsstufen.

Da die DDR-Wirtschaft Waren produzierte, die auf den Weltmärkten nicht zu kostendeckenden Preisen abgesetzt werden konnten, mußte sich die Staatssicherheit etwas einfallen lassen. Man verfiel auf den naheliegenden Ansatz einer Verschränkung der an Rentabilität nicht gebundenen Großbetriebe der DDR mit den Fähigkeiten eines Geheimdienstes, der jederzeit aus allen rechtlichen und administrativen Schranken des Staatswesens DDR ausbrechen und das Rechtssystem etwa der Bundesrepublik sowie der Europäischen Gemeinschaft nach allen Regeln der Kunst unterlaufen, das heißt die nationalen und internationalen Verwaltungen und Gerichte gezielt austricksen konnte.

Schieber, Schmuggler, Schlapphüte: das Biotop nach 1945

Dazu brauchte man Westpartner, die zur gemeinsamen illegalen Aktion geworben oder erpreßt werden konnten. In Mittäterschaft glaubte man so die westliche Überwachung abschütteln, irreführen oder ins Aus geleiten zu können. Geistig und personell holte man sich das Rüstzeug aus dem Schieber- und Schwarzmarktsystem der unmittelbaren Nachkriegszeit, ein Milieu, dessen sich auch die westlichen Geheimdienste, der BND eingeschlossen, bedienten.

Im sowjetisch besetzten Sektor von Berlin wurden große Warenlager angelegt, um von dort in Westberlin, in Westdeutschland und in der späteren DDR Kaffee und Zigaretten gegen harte Währung zu vertreiben. Dieselben Kreise wurden auch eingesetzt, um entgegen westlichen Ausfuhrverboten für die sowjetische Besatzungsmacht Rohstoffe und High-Tech-Ware einzukaufen und zu schmuggeln. Zwei wichtige Figuren des KoKo-Systems waren von Beginn an dabei: Michael Wischniewski alias Hersz Liberman und der 1978 legal aus der DDR nach Rosenheim in die Umgebung des bayerischen Fleischhändlers, ehemaligen CSU-Schatzmeisters und Strauß-Freundes Josef März ausgewanderte Simon Goldenberg alias Bialla.

Beide standen nach dem Zusammenbruch des Hitlerreiches in engster Beziehung zum sowjetischen Geheimdienst KGB. Später kamen bei Wischniewski Verbindungen zu israelischen Geheimdienst- und Waffenhandelskreisen hinzu. Goldenberg, der in Ostberlin regelmäßigen Kontakt zum französischen Auslandsnachrichtendienst in Westberlin unterhielt, soll nach seiner Übersiedlung nach Bayern in eine streng abgeschottete CIA-Operation eingebunden gewesen sein.

Über den Libermann-Kreis wickelte Wischniewski Ende der fünfziger Jahre im Zusammenspiel mit dem sowjetischen Geheimdienst und dem startenden Dienst der DDR Geschäfte mit Alkohol, Kaffee, Rauschgift, Zigaretten und Kraftstoffen ab. Der Handelsring Wischniewski/Goldenberg, der nach Westberliner Polizeiberichten schon in den späten vierziger Jahren Kontakte zu Verbrecherkreisen in zahlreichen Ländern pflegte, arbeitete von Ostberlin aus mit verschiedenen Warenumschlagslagern. Das Lager in der Schlegelstraße 9, dem Wischniewski und Goldenberg zusammen mit weiteren 15 Kompagnons vorstanden, vertrieb Kaffee, Zigaretten, gefälschte Markenuhren und Rauschgift. Andere Lager in Berlin-Lichtenberg vertrieben unter Leitung eines Mannes namens Widawski und weiterer 20 Kompagnons Textilien und Strümpfe, ein drittes Lager mit zehn Kompagnons in Weissensee kümmerte sich um den Verkauf von Sprit und Treibstoffen. Ein Lager in der Saarbrücker Straße mit einem Leiter und zwei Kompagnons betrieb den Handel mit strategischen Metallen. Schließlich gab es ein Lager mit Leiter und drei Kompagnons für Optik und Büromaschinen in der Friedrichstraße.

Schlägertrupps als Organe
der kriminellen Rechtspflege

Der Handelsring konnte zur Durchsetzung von Zwangsmaßnahmen auf eine Schlägertruppe,»Die Starken«, zurückgreifen, die für Ordnung und Recht im Sinne der Ganoven sorgte. Als Bank des Vertrauens für Westgeschäfte stand der Schweizerische Bankverein zur Verfügung.

Die Schlägertruppe »Die Starken« hatte Niederlassungen in Frankfurt a. M. und München, in Frankreich und Addis Abeba, wo angeblich Geschäfte mit Mädchenhandel organisiert wurden. Von ihrer Zentrale in Berlin und Frankfurt a. M. führten Verbindungen in die Schweiz und nach Liechtenstein. Man erkennt schon hier das immerwährende Grundmuster internationaler Kriminalität, das sich so oder in leicht abgewandelter Form stets wiederholt.

In der zwar geteilten, aber noch nicht durch die Mauer getrennten Stadt konnte Wischniewski ohne weiteres eine Kfz-Werkstatt im Westen mit angeschlossener Autovermietung eröffnen. Die Mietwagen standen den Agenten der Staatssicherheit des Ostens zur Verfügung, um zum Beispiel im Westteil der Stadt Jagd auf unliebsame Personen zu machen und diese im Kofferraum in den Osten zu entführen. Als Wischniewski im Westen gefaßt und abgeurteilt worden war, konnte wiederum Kompagnon Goldenberg die Entführung aus dem Westgefängnis organisieren und erfolgreich durchführen.

Doktorarbeit des Stasi-Obristen:
neue Fassade für Ganoven

Nun war das Treiben der Schwarzhändler mit angeschlossener Schlägertruppe im Westen der Stadt nicht nur bei der Kriminalpolizei, sondern auch den Medien bekanntgeworden. Daher mußte zur Sicherung der Reputierlichkeit der aus den Ruinen auferstehenden DDR ein neuer Ansatz gefunden werden. Die wirtschaftlichen Austauschverhältnisse mit dem Westen zu verbessern mißlang der DDR. Folglich blieb oft nur der Weg der Verschleuderung von DDR-Ware auf den Weltmärkten zu Dumpingpreisen, die politische Erpressung des Westens und das gezielte Ansteuern krummer Geschäfte übrig.

Die Neuorganisation der Beschaffung westlicher Hartwährungen und des Schmuggels embargobelasteter Westware oblag nun Hans Fruck, einem unbestechlichen, der machtbewußten DDR-Führungsclique zum Teil skeptisch bis ablehnend gegenüberstehenden Altkommunisten, der für die Sicherheit und Spionage auf der alljährlich stattfindenden Leipziger Messe verantwortlich war. Sein Rang ergab sich aus der Tatsache, daß er der Stellvertreter des Markus Wolf in der Hauptverwaltung Aufklärung des Ministeriums für Staatssicherheit war.

Fruck war es, der den Stasi-Offizier Schalck-Golodkowski als Leiter des Bereiches Kommerzielle Koordinierung im Ministerium für Außenhandel vorschlug und durchsetzte.

Die Philosophie des Unternehmens erschließt sich aus einem Brief Schalck-Golodkowskis aus dem Jahre 1965 an das für Sicherheitsfragen zuständige Mitglied des Politbüros der SED, Hermann Matern. Dort schlägt Schalck als Weg zu höheren Einnahmen unter anderem illegale Warentransporte, Versicherungsbetrug und andere streng geheimzuhaltende Maßnahmen zu Lasten des Westens vor. Dabei sei eine Reihe denkbarer Geschäfte so heikel, daß allenfalls zwei bis drei Personen die Steuerung und Abwicklung anvertraut werden könne.

In der zusammen mit seinem Stasi-Führungsoffizier erarbeiteten und dem Doktorvater Erich Mielke, dem Minister der Staatssicherheit, vorgelegten Dissertation entwickelte Schalck weitere Einzelheiten. Dort wird die Technik beschrieben, wie in Liechtenstein mit geringer Geschäftseinlage über Schweizer Rechtsanwälte und Notare als Treuhändern »Anstalten« gegründet werden können, deren Organisationsform von außen nicht zu durchdringen sei, mit der ein Land wie die DDR auf den internationalen Waren- und Finanzmärkten unerkannt operieren könne. Die verdeckt von der DDR gesteuerte Anstalt errichtet dann ihrerseits eine Reihe von regelmäßig über mehrere Länder miteinander nahezu unentwirrbar verschachtelter Firmen und Scheinfirmen, die das Eigentum, die Art der Geschäfte und die Transaktion von Geldern vor westlichen Spionageoperationen weiter absichern helfen.

Der Fürst von Liechtenstein im oberen Rheintal erhält für die Geschäftskonstruktion eine jährliche Sportel, eine Art Stempelgebühr.

Der Liechtensteiner Notar freut sich über sein Honorar ebenso wie die Schweizer Anwälte, die nur auf Zeit das DDR-Gründungskapital in Händen halten, um es nach Eintragung dem tatsächlichen Eigentümer sofort zurückzuübertragen. Die Leerung des Briefkastens am Sitz der Anstalt wird mit Gehältern und Provisionen an liechtensteinische Geschäftsführer abgegolten. Das kleine Land lebt wie alle Ganovenparadiese von derlei Geschäften[20].

Die Schwarzmarktveteranen des Vor-KoKo-Systems wurden fortan dem Bereich Kommerzielle Koordinierung unterstellt. Darunter auch die Firma F.C. Gerlach, die sich Wischniewski in Ostberlin mit Zweigstelle in Vaduz/Liechtenstein eingerichtet hatte und der die Zwangsvertretung nahezu der gesamten westdeutschen Großindustrie für den Bereich der DDR überantwortet worden war. Krupp, Hoesch, Mannesmann, Röchling, Demag und die Klöckner Werke waren Wischniewskis Partner. Ohne die Zwangszwischenschaltung war in und mit der DDR kein Geschäft zu machen.

Schalck selbst hat sein Verhalten im Amt stets aufs neue mit dem Hinweis verteidigt, er habe nichts getan, was nicht auch westliche Geheimdienste getan hätten. Der zähe Widerstand der Bundesregierung gegen die Aufklärung der KoKo-Machenschaften durch den Untersuchungsausschuß des Bundestages ist mit Sicherheit darauf zurückzuführen, daß Schalck mit seiner Führungsmannschaft über die Aktivitäten westlicher Geheimdienste, über die KoKo westlicherseits gegenübertretenden Geschäftspartner und deren zum Teil kräftig gegen das westliche Wirtschaftsrecht verstoßenden Praktiken bestens informiert war. Die Staatssicherheit war ja auch über die illegalen Geldspenden des Flick-Konzerns an die Bonner Parteien im Bilde, gelang es doch, den Bonner Vertreter des Konzerns als Informanten zu verpflichten. Das aufgrund illegaler Wirtschaftsaktivitäten eröffnete Erpressungspotential konnte also jederzeit eingesetzt werden. Damit dürfte es wiederum der östlichen Seite gelungen sein, Westpartner zur Aufnahme oder Fortsetzung der Zusammenarbeit mit der Staatssicherheit zu erpressen, während die eigenen Vertreter Ost den Auftrag erhielten, die Rolle des Doppelagenten zu spielen und auf die westlichen Geheimdienstangebote einzugehen. Hier führten ganze Agentenkarawanen sich gegenseitig an der Nase herum, wobei die östliche, diktaturbedingt, in der Regel mindestens um eine Nasenlänge vorne lag. Immerhin ist zur Ehrenrettung des

Bundesamtes für Verfassungsschutz festzuhalten, daß rund die Hälfte aller Kuriere, die die Finanzierung der westdeutschen KPD aus KoKo-Mitteln sicherstellten, in seinen Diensten standen. Möglicherweise mußten jedoch auch diese Agentenlöhne mit der Zentrale in Ostberlin geteilt werden.

Ausbeutung der DDR-Bevölkerung

Man braucht nicht unbedingt in die seinerzeit von Schalck eingereichte Doktorarbeit »Zur Vermeidung ökonomischer Verluste und zur Erwirtschaftung zusätzlicher Devisen im Bereich Kommerzielle Koordinierung des Ministeriums für Außenwirtschaft der Deutschen Demokratischen Republik« Einblick zu nehmen, um zu ermessen, was mit einer Mischung aus Staatswirtschaft, westlicher Weißer-Kragen-Kriminalität, Ganovenmilieu und Geheimdienst angestellt werden konnte[21]. Dabei wurden nicht nur die alte Bundesrepublik und die Europäische Gemeinschaft betrogen, sondern auch die Volkswirtschaft der DDR und deren Bevölkerung zugunsten von Stasi, SED und Parteibonzen ausgenommen.

In der etwa zehnjährigen Blütezeit des Bereiches Kommerzielle Koordinierung, zwischen 1980 und 1989, stürzte der Außenhandel der DDR in seinen Austauschdaten mit den westlichen Volkswirtschaften geradezu ab. Konnten die DDR-Außenhändler im Jahre 1982 noch im Schnitt für ihre Waren auf Herstellungskosten in der DDR von rund zwei Mark Ost eine D-Mark erzielen, so verschlechterte sich das Austauschverhältnis auf eins zu vier gegen Ende der DDR im Jahre 1989. Schalck hatte mit seiner Mannschaft die DDR eher in Richtung eines Dumping-Ausverkaufs getrieben, anstatt mit Hilfe westlicher Investitionsgüter das technologische Angebot der DDR-Waren so aufzubessern, daß zumindest der Preisverfall aufgrund abfallender technologischer Konkurrenzfähigkeit hätte aufgehalten werden können.

Zunächst führte man für Westimporte und Ostexporte das System der Zwangsvertretungen ein. Jede Importware in die DDR oder Exportware aus der DDR durfte nur von KoKo-Vertreterfirmen vermittelt werden. Da der Vermittlungsprovision in der Regel keine

Gegenleistung gegenüberstand, sprudelte so eine kontinuierliche Devisenabschöpfungsquelle zugunsten der Staatssicherheit wie der SED. Der überhöhte Preis für Importware beziehungsweise verminderte Preis für Exportware ging zu Lasten des Wohlstandes der DDR-Bürger. Eine Art Wegelagererzoll.

Methoden der Wirtschaftskriminalität

Ein weites Feld für KoKo ergab sich aus den Wirtschaftsregulierungssystemen der Bundesrepublik und der Europäischen Gemeinschaft. So kaufte man auf dem Weltmarkt zu Spottpreisen Alkohol, um ihn schwarz, unter Umgehung der Branntwein- und Mehrwertsteuer, auf dem Markt der Bundesrepublik verhökern zu können.

Ein in Italien verunglückter Lastwagen hatte laut den Ladepapieren in der DDR Spanplatten geladen, in Wirklichkeit befanden sich in einem Drittel des Laderaumes Zigaretten aus der DDR-Lizenzfertigung westlicher Tabakkonzerne, die in Italien unter Umgehung des Tabakmonopols und der entsprechenden Abgaben schwarz verkauft werden sollten. Die öffentlich bloßgestellte Stasi/KoKo-Firma stellte den Vertriebsweg zunächst ein, nahm jedoch wenige Monate später auf Weisung des Stellvertreters von Schalck den Vertrieb mit neuen Methoden wieder auf.

Hatten einige Textilexportländer der Dritten Welt ihre Quoten des Welttextilabkommens bereits ausgeschöpft, importierte die DDR darüber hinausgehende Mengen, um diese nach Kennzeichnung als DDR-Ware nunmehr privilegiert im innerdeutschen Handel ohne EG-Zölle in der Bundesrepublik abzusetzen.

Die Getreideüberschüsse der Europäischen Gemeinschaft kauften KoKo-Firmen unter Inanspruchnahme der EG-Exportvergütungen auf, ließen damit DDR-Vieh füttern, um dann am Rückexport des hochwertigen Fleisches wiederum im zollfreien Innerdeutschen Handel Deviseneinnahmen zu erzielen. Der Fleischhandel lag dabei fest in den Händen der beiden bayerischen Unternehmen März und Moksel, der eine CSU-, der andere SPD-zugewandt. Über 50 Strafverfahren wegen Verletzung innerdeutscher und europäischer Normen waren zeitweise bei der Oberfinanzdirektion München gegen die Fleischfirmen anhängig. In der Mehrzahl der Fälle erfolgte die Einstellung der Verfahren nicht zuletzt aufgrund politischer Intervention, oder es wurden aus der Portokasse zu zahlende Strafverfügungen verabreicht.

Ganz ähnliche Geschäfte machte KoKo mit exportsubventionierter EG-Butter. Hier wurde der EG vorgetäuscht, man wolle die Butter nach Rumänien ausführen. Doch die sogenannte Blockbutter wurde in Kühlbetrieben der DDR umgepackt und als Produkt der DDR-Milchwirtschaft zollfrei und zu hohen Preisen auf den westdeutschen Markt geworfen.

Schleuderpreise West
gegen Qualitätsbetrug Ost

Merkwürdig erscheint bei diesen Geschäften die nicht selten anzutreffende Abqualifizierung der DDR-Ware durch KoKo-abhängige Einrichtungen, wie zum Beispiel Intercontrol, das Qualitätssicherungsinstitut der DDR. Da wird qualitativ hochwertiges russisches Erdöl von der DDR gekauft, angeblich objektiv anhand anerkannter Qualitätsprüfungsverfahren vom Institut Intercontrol untersucht, wahrheitswidrig als minderwertig herabgestuft und dann an Bunkerbetriebe im Hamburger Hafen mit entsprechendem Preisabschlag verkauft. Dabei ist jedoch weder davon auszugehen, daß die sowjetischen Erdölverkäufer samt der überwachenden KGB-Hierarchie von der vertragswidrigen Abqualifizierung ihres Produktes als verunreinigt, wasser- und schwefelhaltig nichts wußten, noch darf man unterstellen, daß die Bunkerbetriebe im Hamburger Hafen und die dort einkaufenden Ölgesellschaften des Westens sich blauäugig im Irrtum über die tatsächliche Qualität des Produktes befunden hätten. Man wird infolgedessen annehmen können, daß Korruption den Weg des Öles entlang der Pipeline von den Feldern in der Sowjetunion bis in den Hamburger Hafen begleitet hat. Die Leitung der DDR-Firma Intrac wußte über die Manipulation Bescheid, unternahm jedoch nichts. Im Gegenteil, der betrügende »Benzinpapst« der DDR wurde trotz seiner angezeigten Verfehlungen noch zum »Helden der Arbeit« gekürt. Die Karriere seines der Firmenleitung Meldung machenden Vorgesetzten hingegen stagnierte. Allerdings war dieser auch Mitarbeiter des BND, sehr wahrscheinlich mit Wissen und Billigung der Stasi. Daher steht auch zu vermuten, daß der Gewinn aus dem fortgesetzten Betrug zwischen West und Ost aufgeteilt wurde und seinen Weg über die Geldwasch-, Steuerflucht- und Ganovengeldparadiese dieser Erde letztlich in die Schweiz gefunden hat.

Ähnliche Geschäfte, etwas weniger spektakulär, ergaben sich im Textilbereich, wo qualitativ hochwertige Ware herabgeschätzt und daher unter Preis in den Westen verschleudert wurde. Auch hier werden nicht nachweisbare »Tangenten-Erträge« im Ausland angefallen sein. Die Frage ist nur, ob die entstandenen Gewinne ausschließlich oder nur teilweise in die Verfügungsmasse der Beteiligten gelangten.

Ungarische Gemüsekonserven wurden in die DDR billig importiert, umetikettiert und im Innerdeutschen Handel als DDR-Ware zollfrei in die Bundesrepublik ausgeführt. Die Masche flog auf, als eine Ladung solcher Konserven versehentlich mit ungarischem Aufdruck im Lager des westdeutschen Importeurs ankam und dort vom westdeutschen Zoll als nicht im innerdeutschen Handelsverkehr zollfrei abzuwickelnde Ware beschlagnahmt wurde.

Das Weltkaffeeabkommen sollte die Länder der Dritten Welt durch Einhaltung von Exportquoten für Rohkaffee der einzelnen Lieferländer vor Preisverfall schützen. Es gab daher auf dem Markt einerseits den gemäß Quoten je Land gehandelten sogenannten Quotenkaffee, der im Preis stabilisiert und daher teuer war, und andererseits den schwarz, über nichtoffizielle Wege verramschten Rohkaffee. Der Bereich KoKo kaufte den quotenfreien Kaffee zu den Ramschpreisen auf, um ihn dann an westliche Händler weiterzuverkaufen, die ihn als Quotenkaffee an die Endverbraucher abgaben. Auch hier wieder darf angenommen werden, daß die Manager der westlichen Kaffeeimporteure wußten, was gespielt wurde und sich die Gewinne mit den östlichen Exporteuren teilten[22].

Stahlschmuggel
und unerlaubte Westkredite

Die westdeutsche Stahlindustrie verschaffte der DDR innerdeutsch verbotene Kredite, indem sie Stahl und Stahlerzeugnisse mit einem Zahlungsziel von bis zu 24 Monaten verkaufte. Die Ware wurde in die DDR geliefert, oft innerhalb von 24 Stunden wieder zurücktransportiert und unmittelbar, nicht selten sogar an die Lieferfirma gegen Sofortzahlung zurückverkauft. Die DDR gewann den Kaufpreis als Kredit, den sie erst in zwei Jahren zurückzuzahlen hatte. Es ist anzunehmen, daß über Stahlverkäufe in die DDR sich auch die Auflagen der Europäischen Gemeinschaft zum Abbau der überhöhten Stahlkapazität in Westdeutschland haben umgehen lassen.

Im Bereich der Fleischverkäufe wurde festgestellt, daß hochwertiges Fleisch, als billiges Tierfutter deklariert, die Berliner Grenze überquerte und in Westberlin als Filetfleisch teuer an Westberliner Handelsketten weiterverkauft wurde. Als der entsprechende Westberliner Fleischgroßhandel eines Tages in Zahlungsschwierigkeiten geriet, half der Bereich Kommerzielle Koordinierung durch Gewährung von Krediten, den Betrieb und seine Geschäftsunterlagen nicht in unliebsame Hände fallen zu lassen. Er wurde mit Hilfe steuerumgehender Rechtskonstruktionen an den Fleischkonzern Moksel in Bayern verkauft. Man kann nur erahnen, was die bayerischen Fleischkonzerne mit östlicher wie westlicher politischer Rückendekkung zu Lasten der Bauern Süddeutschlands an den Sonderwegen und unter Ausnutzung der Exportsubventionen des EG-Agrarmarktes haben erwirtschaften können. Die bayerischen Fleischhändler mit Filialen im gesamten afrikanischen und zum Teil auch asiatischen Raum versanken nach der Wende samt und sonders tief in den roten Zahlen. Dabei dürfte von besonderem Reiz sein, daß der Rechtsanwalt des Dr. Schalck-Golodkowski nach der Wende von der Familie März mit Unterstützung der Großbanken und gegen den wütenden Protest der Kleinaktionäre auch noch in den Aufsichtsrat des März-Konzerns gehievt werden konnte. Von Fleisch versteht der Mann wenig, vom Strafrecht, belastenden Dokumenten und gefährlichen Zeugenaussagen außerordentlich viel. Der Anwalt wurde in Kreisen der Berliner SPD längere Zeit als möglicher Justizsenator gehandelt. Nach der Bundestagswahl 1998 wird er als Abgeordneter des Landes Brandenburg vermutlich der neuen SPD-Bundestagsfraktion angehören.

Zwar konnte die für die begleitende Überwachung und Absicherung des Bereichs Kommerzielle Koordinierung eigens geschaffene Stasi-Sondereinheit zuweilen Fälle von Betrügerei und Korruption feststellen. Doch in der Regel konnte sich die KoKo-Leitung mit ihrem Willen durchsetzen und aus besonderen, meist politischen Gründen an dem die DDR betrügenden westlichen Geschäftspartner festhalten, ein einigermaßen untrügliches Indiz für das Zusammenspiel beider Seiten zum Schaden der DDR-Volkswirtschaft und zwangsläufig unter Verletzung westlicher Wirtschaftsgesetze und Schmälerung des westlichen Steueraufkommens.

Umweltdumping
zu politischen Preisen

So geschah es auch beim Müllimport. In Westdeutschland explodierte der Müllanfall. Parallel hierzu wuchs das Umweltbewußtsein. Die Verkippung von Müll auf den vorhandenen Deponien des Westens wurde drastisch eingeschränkt und verteuert. Die Folge war eine Tendenz zum Müllexport, teils in das europäische Ausland, in Länder der Dritten Welt oder auch in die DDR. Und wiederum war es der Bereich Kommerzielle Koordinierung, der seine Dienste im Interesse der Verbesserung der Stasi-Westgeld-Einnahmen anbot. Doch statt den Gesetzen des Marktes zu folgen und westliche Müllhändler meistbietend gegeneinander auszuspielen, entschied die KoKo-Führung, das Müllexportmonopol in die DDR einem norddeutschen Unternehmer zuzuschustern, der den Vorzug hatte, im Wirtschaftsbeirat der Bundes-FDP zu sitzen und mithin potentiell auf die politische Landschaft Einfluß nehmen zu können. Der Monopolist besorgte Müll aus ganz Deutschland, ja ganz Europa zum Transport in die bei Lübeck gelegene Deponie Schöneberg. Die Preise waren konkurrenzlos niedrig. Das wußte der Bereich Kommerzielle Koordinierung. Man hätte drastisch erhöhen können, diskutierte dies auch in der Absicht, die Einnahmen steigern zu können.

Aus politischen Gründen wurde jedoch wieder darauf verzichtet, hatte man doch einen Perspektivpartner in Gestalt des Müllunternehmers mit seinen Beziehungen zur FDP in Bonn, aber auch zum sozialdemokratisch geführten Hamburger Senat. Die Spekulation, ob die Seveso-Fässer über diesen Weg letztlich nicht doch in die DDR eingeführt wurden, konnte nie abschließend geklärt werden.

Ebenfalls nicht geklärt ist, inwiefern der Müllübergang bei Lübeck für andere Zwecke, wie zum Beispiel Waffenlieferungen, hat genutzt werden können. Er lag in der Nähe des eigens für den Waffenexport angelegten Lagers Kavelsdorf des Bereiches KoKo.

Teilung Deutschlands –
Geldquelle der Stasi

Die Einnahmen des Bereichs Kommerzielle Koordinierung konnten ganz wesentlich dadurch aufgebessert werden, daß die DDR-Führung Schalck zum obersten Devisenhändler gegenüber der Bundesregierung ernannte. Das erlaubte ihm, mit der Bundesregierung über Zugeständnisse zur Erleichterung des innerdeutschen Besuchs- und Handelsverkehrs sowie der Lebensverhältnisse im geteilten Berlin gegen Zahlung harter Devisen zu verhandeln. Die Teilung Deutschlands brachte der DDR abzüglich der Kosten für Mauer, Stacheldraht und Grenzbewachung auch bares Geld. Dies fing an mit Straßenbenutzungsgebühren für die Transitstrecke von Westdeutschland nach Berlin, mit der globalen Abgeltung dieser Gebühren für Transit- und später auch Einreisevisa in die DDR aus dem Bundeshaushalt, setzte sich im Zwangsumtausch für Westbesucher in Ostberlin und der DDR fort und erstreckte sich schließlich auf westdeutsche Gelder für die Unterhaltung und den Betrieb der evangelischen und katholischen Kirchen und letztlich den Verkauf von politischen Häftlingen und Ausreisewilligen gegen ein jeweils auszuhandelndes Kopfgeld. Schließlich beteiligte sich die Bundesrepublik am Ausbau der Autobahnen und Eisenbahnstrecken, die für den Interzonenverkehr genutzt werden konnten. In der Regel wurde von seiten der Bundesrepublik nicht in bar, sondern über die Kirchen in von der DDR vorgegebener Ware bezahlt. Dies geschah durch Lieferung zum Beispiel von Silber, Kupfer, Diamanten, Titan, Öl, Stahl und vielen anderen handelsfähigen Rohstoffen. Dem Bereich Kommerzielle Koordinierung oblag neben der Festlegung der Warensorten auch deren Verkauf. Dabei spekulierte KoKo zum Beispiel mit Kupfer und Silber an der Londoner Metallbörse. Aus den Akten ergibt sich, daß die Spekulation nicht selten danebenging. Da die Akten jedoch ebenfalls ausweisen, daß in den Broker-Büros der Londoner Metallbörse auch DDR-Bürger eingesetzt waren, wird man davon ausgehen können, daß dort geheimdienstgesponserte Insidergeschäfte gelaufen sind, die von außen nur schwer zu erkennen waren. Was im Bereich des Öls möglich war, die Vereinbarung von Dumpingpreisen zu Lasten der DDR und der Sowjetunion, war hier als Spekulation à la baisse denkbar. Da die Londoner Metallbörse lange Zeit zugleich Einfallstor der internationalen Geldwäsche war, könnte auch dieser Gesichtspunkt eine Rolle gespielt haben.

Die Antiquitätenstrecke: mit Deutrans-Containern nach Bayern

Der Bereich Kommerzielle Koordinierung verkaufte gegen westliche Devisen Antiquitäten aus DDR-Beständen. Der Handel lag zunächst vorgeblich in den Händen von Privatpersonen, die allerdings, wie sich im Laufe des Aktenstudiums herausstellte, von Beginn an mit Stasi-Kapital ausgestattet worden waren und sich scheinbar unbehelligt von belastender Staatsaufsicht auf die DDR-weite Schnäppchenjagd machten. Nachdem die Privathändler gezeigt hatten, welche Devisen-Musik im Antiquitätenhandel steckte, wurde die Privatkonstruktion durch eine KoKo-typische Vorgehensweise ersetzt. Die der KoKo unterstellte Kunst und Antiquitäten GmbH ging nun systematisch und unter Einschaltung krimineller und geheimdienstlicher Methoden vor. Mit Hilfe der Staatssicherheit brach man in Wohnungen von Sammlern ein, brachte Stasigebundene Sachverständige für Antiquitäten mit, die den Wert der ermittelten Ware schätzten, stellte dann über die Finanzämter Steuerbescheide über eine Steuerschuld just in der Höhe des nach westlichen Auktionswerten angesetzten Wertes der Sammlung – seien es

Bilder, Porzellan, Möbel, Briefmarken oder sonstige Wertgegenstände – aus und ordnete die Sofortvollstreckung durch Beschlagnahme und Veräußerung der Ware an. KoKo und Stasi beziehungsweise SED erzielten Deviseneinnahmen, der Steuerschuldner war seine Steuerschuld, aber auch seine Sammlung los. Will man den Aussagen eines Kunst- und Antiquitäten-Insiders Glauben schenken, wurden die Einsätze gegen Sammler regelmäßig in der Art von Bandenraubzügen geplant und durchgeführt.

Wie korrumpiert der gesamte DDR-Apparat im Bereich Kunst und Antiquitäten schon vor Gründung der KoKo gewesen sein muß, geht aus den Stasi-Akten eines Dr. Lefmann hervor, dem es als Arzt in der DDR gelang, eine wertvolle Antiquitätensammlung aufzubauen. Informelle Mitarbeiter aus dem Freundeskreis des Arztes berichteten der Staatssicherheit fortlaufend über den Bestand der Sammlung. Die Überwachung der Telefonleitung brachte zusätzliche Erkenntnisse und zeigte die offene Regimefeindlichkcit des Arztes, der die Ausreise in die Bundesrepublik plante. Die Freunde des Arztes gingen, so die Spitzelberichte, davon aus, daß es dem Arzt nicht gelingen werde, die amtliche Erlaubnis zum Verlassen der DDR unter Mitnahme seiner Sammlungen zu erreichen. Doch Dr. Lefmann stand, wie in den Abhörprotokollen und Spitzelberichten der Staatssicherheit festgehalten, auf dem Standpunkt, daß alle maßgeblichen DDR-Verantwortlichen im Bereich des Exports von Kunst und Antiquitäten derart korrupt seien, daß er sie alle in der Hand habe oder sich geneigt machen könne. Und tatsächlich wird dem Arzt die Ausreise gestattet. Einige Werke muß er in der DDR zurücklassen. Andere werden ihm zusätzlich von Funktionären zum Export in die Bundesrepublik anvertraut. Schließlich verlassen sieben Container-Lastzüge der staatlichen Speditionsfirma Deutrans die DDR und liefern die Ware im entfernten bayerischen Bad Tölz ab.

Warum gerade Bad Tölz? Woher der Arzt dieses Haus zur Verfügung hatte und was später mit den Waren geschehen ist, geht aus den Akten merkwürdigerweise nicht hervor. Bemerkenswert ist allerdings, daß in den neunziger Jahren per Zufall herauskommt, daß der Arzt in München in einem Haus residiert, in dem eine Gesellschaft untergebracht ist, die von einem pensionierten Oberst des westdeutschen Militärischen Abschirmdienstes (MAD) geleitet wird. Es ist der gleiche Oberst, der vom Bundesnachrichtendienst damit beauftragt wurde, das Ehepaar Schalck nach der Übersiedlung in die Bundesrepublik in einer bayerischen Grenzlandhütte versteckt zu halten. Der Oberst war seinerzeit im aktiven Dienst Vertreter des MAD bei der bayerischen Landesregierung und erfreute sich des besonderen Zuspruchs des bayerischen Ministerpräsidenten F. J. Strauß, ausgewiesen unter anderem durch eine gegen die Vorstellungen des Bundesministeriums der Verteidigung weit oberhalb des üblichen Stellenplans angesiedelte Eingruppierung innerhalb des MAD.

Aus welchen Gründen auch immer lief ein Großteil der Fäden der Kunst und Antiquitäten GmbH nach Bayern. So wurde ein mit Stasi-Hilfe aufgebauter Kunsthändler der DDR nach seiner Übersiedlung in die Bundesrepublik mit Unterstützung des stellvertretenden KoKo-Leiters in einer Kunsthandlung in Aschaffenburg untergebracht. Der KoKo-Geschäftsführer, frühere CIA- und spätere BND-Agent Schuster wurde in München plaziert und stand vorher wie nachher zusammen mit seiner Frau dem BND zur Verfügung[23]. Möglicherweise spielte der ganze Grenzraum zwischen Bayern, Österreich, ČSSR, Italien und Ungarn für die Transaktionen des Bereiches Kommerzielle Koordinierung eine nicht unbeachtliche Rolle, nicht nur für die Spezialbereiche Antiquitäten- und Fleischhandel. Schließlich handelte die Kunst und Antiquitäten GmbH nicht nur mit Altertümern, sondern auch mit Gold und Waffen. In welchem Umfang, hat sich bis heute umfassend nicht feststellen lassen.

Gelbes Pulver streng geheim

Stasi-Angehörige der Kunst und Antiquitäten GmbH brachten zum Beispiel regelmäßig Gold auf den Schwarzmarkt nach Westberlin, um dafür Devisen unter Umgehung der Mehrwertsteuer zu erlösen. Die Herkunft des Goldes bleibt unklar. Es kann aus alten Beständen der SS oder der Reichsbank gestammt haben. Die nach wenigen Monaten mit Hilfe eines getürkten Disziplinarverfahrens aus dem Amt geekelte tüchtige letzte Finanzministerin der Modrow-Übergangsregierung der Noch-DDR kann bezeugen, daß zu ihrer Zeit als für die Finanzen des Kreises Erfurt zuständigen Funktionärin Gold, in Kisten gestapelt, in einer leerstehenden Wohnung entdeckt worden war. Die Kisten seien dann mit der Inhaltsangabe »Gelbes Pulver« unter großer Geheimhaltung nach Ostberlin transportiert worden. Ebensogut kann es sich um den Schmuggel gestohlenen Goldes aus den Goldminen Afrikas oder Asiens gehandelt haben, die derart von Staats wegen gehandelt, vom Ruch des Diebstahls und der Unterschlagung befreit wurden. Entsprechende Hinweise ergeben sich aus einem Fahndungsersuchen von Interpol.

Phantastische Synergieeffekte

Bevor wir uns das Panorama geheimdienstlicher Tätigkeiten im wirtschaftskriminellen Bereich weiter auf seine internationalen Verflechtungen hin anschauen, mag ein kurzer Überblick über das Potential des Bereiches Kommerzielle Koordinierung gerade auch auf dem Gebiet der Wirtschaftskriminalität nützlich sein: KoKo konnte als Unterorganisation eines Geheimdienstes alle nur denkbaren staatlichen Verbote, Kontrollen und Regulierungen der DDR überspringen, im Ausland konnte sie sich unter Ausnutzung der technischen Fähigkeiten eines Geheimdienstes an jeder Form von Wirtschaftskriminalität beteiligen. An den Grenzkontrollstellen, in den Häfen und Flughäfen der DDR saßen Offiziere im besonderen Einsatz, das heißt, sie unterstanden der Staatssicherheit, nicht der staatlichen Dienststelle. So konnten durch Zuruf sowohl bei der Einreise wie bei der Ausreise Personen der Kontrolle entzogen oder einer Sonderabfertigung zugeführt werden. Gleiches galt für die zu transportierenden Waren. Auf Wunsch standen Sondereinheiten der Staatssicherheit – die sogenannten Rückwärtigen Dienste – bereit, um Transporte an den Grenzen abzuholen und bis zum Zielort zu begleiten. Die Kais im Rostocker Hafen konnten wunschgemäß abgesperrt und nur für Stasi-Personal zugänglich gehalten werden. Gleiches galt für die militärischen wie zivilen Flughäfen der DDR. Die westlichen Geschäftspartner der Kommerziellen Koordinierung wurden nach allen Regeln der Kunst bespitzelt, abgehört und observiert. Die Dossiers standen zumindest der Leitung des Bereiches Kommerzielle Koordinierung jederzeit zur Verfügung. Die Außenhandelsorganisation KoKo hatte folglich stets Einblick in die Hintergründe, Stärken und Schwächen des jeweiligen Geschäftspartners. Auf der Leipziger Messe ebenso wie in den dem Bereich Kommerzielle Koordinierung gehörenden Hotels in Ostberlin, Rostock aber auch im westlichen Ausland, zum Beispiel in Wien, waren umfassende akustische und optische Überwachungseinrichtungen aufgebaut. Dabei konnten die Fähigkeiten des ältesten Gewerbes der Welt in den Hotels mühelos mit den geheimdienstlichen Erfordernissen der Stasi beziehungsweise der KoKo verbunden werden[24]. Die jeweiligen Damen hatten die Stasi zum Zuhälter, mit ihr teilten sie den Liebeslohn, wenn nicht der Service kostenlos zur besseren Einflußnahme auf westliche wie östliche Partner gewährt wurde.

Die jedem Geheimdienst zu Gebote stehenden Fälschungsmöglichkeiten von Identitäten, Ausweisen, Kraftfahrzeugkennzeichen, Qualitäts-, Herkunfts- und Verbleibszertifikaten, von Verplombungen und Versiegelungen standen KoKo ebenso zu Gebote, wie die Offiziere des KoKo-Systems selbstverständlich über Diplomatenausweise auf die verschiedensten Aliasnamen verfügten. So konnte jeder Grenzposten oder jede Polizeidienststelle des eigenen wie jedes anderen Staates perfekt über die Identität des Paßinhabers getäuscht werden. Dabei blieb es nach der Wende dem Bundesnachrichtendienst vorbehalten, bei bayerischen Verwaltungsbehörden dem Ehepaar Schalck für einige Wochen nach der »Flucht« aus Ostberlin Pässe auf den Aliasnamen Gutmann, den Mädchennamen von Frau Schalck, ausstellen zu lassen. Auf diesen Namen hatte Frau Schalck, ebenfalls Obristin des Ministeriums für Staatssicherheit, Nummernkonten im neutralen Ausland, darunter in der Schweiz, angelegt. Auf sie konnte das Ehepaar nun während und nach der Wende zurückgreifen. Ob und in welchem Umfang davon Gebrauch gemacht wurde, war nicht festzustellen.

Schon die Paten des KoKo-Systems, wie Wischniewski und Goldenberg, verfügten in Ostberlin zum Beispiel über eine Frisierwerkstatt für Kraftfahrzeuge, um gestohlen gemeldete westliche Edelkarossen an zahlungskräftige Kunden etwa in Lateinamerika oder im Nahen Osten weiterzuverkaufen. Der Westeigentümer konnte zudem sein Fahrzeug als gestohlen melden und die Versicherungssumme für einen Neuwagen kassieren. Erwünschter Nebeneffekt war die künftige Erpreßbarkeit des Versicherungsbetrügers. Darüber hinaus wurden die Wagen mit Verstecken versehen, in denen alle nur erdenkbaren Materialien geschmuggelt werden konnten, darunter Erzeugnisse der Mikroelektronik.

Wenn Schalck-Golodkowski den Versicherungsbetrug in seiner Doktorarbeit als Mittel der Geldbeschaffung für die Stasi empfiehlt, mag damit auch die Nutzung des massenhaften Autodiebstahls und -schmuggels gemeint sein.

Die Verplombung, Entplombung und Wiederverplombung von Lastwagen im innerdeutschen, vor allem aber im innereuropäischen grenzüberschreitenden und von Zollkontrollen befreiten TIR-Verkehr von Skandinavien bis nach Persien und in den Nahen Osten konnte von KoKo nach Wunsch manipuliert werden. So konnten Lastwagen überall auf dem Kontinent, mit den Bordmitteln der KoKo staatlich verplombt, von Plomben befreit und wiederverplombt werden, eine Fähigkeit, die jedem Privatspediteur, der nicht im Geheimdienstauftrag fährt, abzugehen pflegt.

Hinzu kamen die ebenfalls Stasi-abhängige Lastwagenflotte der Deutrans, die Schiffsflotte der Deutschen Seereederei in Rostock sowie die Transportkapazitäten von Reichsbahn und Interflug. KoKo konnte mit verplombten Deutrans-Lastwagen in den Hamburger Hafen fahren, dort die Plomben ohne Aufsicht beseitigen, Ware aus- und einladen und verplombt erneut aus dem Freihafen herausfahren. Dabei war hilfreich, daß verdeckt über eine Schweizer Holding die Hamburger Speditionsfirma Ihle im nach außen allenfalls für westliche Geheimdienste erkennbaren Eigentum der DDR stand. Immerhin wickelte diese Firma zu DDR-Zeiten bis zu zehn Prozent des Hafenumschlags in Hamburg ab. Der Geschäftsführer der Firma Ihle, Uwe Harms, wurde im Hamburger Hafen zerstückelt aufgefunden. Den Mord soll ein Kolumbianer begangen haben. Vorausgegangen, so die Fama, seien Auseinandersetzungen über Waffentransporte (oder ging es gar um Drogen?) mit den DDR-Auftraggebern. In Stasi-Kreisen wurde angedeutet, daß der Geschäftsführer der Firma Ihle möglicherweise im Dienste des BND stehe.

Befreit von allen Kontrollen, ausgestattet mit allen Fälschungs- und Täuschungsmitteln, mit eigenen Lager- und Transporteinrichtungen und unterstützt mit nachrichtendienstlicher Technik, stellte Koko einen geradezu idealen Partner für nationale und internationale Wirtschaftskriminaliät dar. KoKo konnte an jeder westlichen Aufsicht und Kontrolle vorbei ungeniert die nach westlichen Bestimmungen illegalsten und verwerflichsten Transaktionen und Manipulationen durchführen. Allenfalls Geheimdienste hätten das System aufklären und aufbrechen können. So schwierig wäre es nicht gewesen, hefteten sich doch an nahezu jeden in das kapitalistische Ausland reisenden DDR-Vertreter mit großer Ausdauer die Geheimdienste des Westens, seien es BND, CIA oder die Dienste der Franzosen oder Briten. Zur Anbahnung ihrer Kontakte griffen die westlichen Dienste wiederum auf die westlichen Unternehmensvertreter zurück. Die solchermaßen als mögliche Agenten angesprochenen DDR-Partner offenbarten sich in aller Regel ihren Führungsoffizieren der Staatssicherheit und baten um Weisung, wie mit den westlichen Geheimdienstagenten zu verfahren sei. Durchweg wurde weisungsgemäß der Kontakt zum Schein aufgenommen und ausgebaut. Die DDR-Händler nahmen als vorgebliche Westagenten nun auftragsgemäß den angebotenen Agentenlohn an, berichteten in die DDR zurück und lieferten einen Teil ihrer Westgeldeinnahmen bei der Staatssicherheit ab. Der Bereich Kommerzielle Koordinierung hatte sogar ein Interesse an möglichst lukrativen Westkontakten seiner Agenten. Die Staatssicherheit konnte so dem BND und der CIA sowie anderen westlichen Diensten fast nach Herzenslust in die Taschen greifen. Die westlichen Dienste hatten es folglich mit Doppel- und Mehrfachagenten zu tun, die ihnen in der Regel nur das erzählten, was sie eh schon wußten. Und aus den westlicherseits gestellten Fragen konnte die östliche Seite auf den Wissensstand der Gegenseite und mögliche undichte Stellen im eigenen Lager rückschließen.

Man mag sich fragen, ob KoKo die sich bietenden Möglichkeiten geheimdienstlich gesteuerter Wirtschaftskriminalität auch bis zur letzten Konsequenz genutzt hat. Theoretische Überlegungen Schalcks zeigen ebenso wie die Praxis in der Tendenz eine ungebremste Skrupellosigkeit.

Schon die Doktorarbeit Schalck-Golodkowskis ist auf die Durchleuchtung aller nur denkbaren, in der westlichen Welt seinerzeit bekannten wirtschaftskriminellen Methoden angelegt, die ohne größeren Aufwand an großzügige Geldeinnahmen heranzukommen versprechen. In der Dissertation spielt etwa der Fleischhandel und dessen Manipulation durch Gewichts- und Qualitätsverfälschung ebenso eine Rolle wie der Versicherungsbetrug oder das Hinterziehen von

Mineralölsteuer beim Schmuggeln von Heizöl zur Verwendung als Kraftstoff für Dieselkraftfahrzeuge. Der Hinweis in dem der Doktorarbeit zeitlich vorausgehenden Brief an das Mitglied des Politbüros Matern aus dem Jahre 1965, einige Operationen vertrügen allenfalls die Kenntnis von nicht mehr als zwei bis drei Personen, deutet auf die grundsätzlich schrankenlose Nutzung aller Tricks westlicher Ganoven im Bereich der Wirschaftskriminalität hin.

Nachdem Schalck-Golodkowski in die Rolle des mit den westdeutschen Größen aus Wirtschaft und Politik verhandelnden Staatsmannes hineingewachsen war, überließ er seinem Stellvertreter die weniger appetitlichen Arbeiten. In einer Einschätzung des BND-Agenten und Antiquitätenhändlers Schuster gab es nichts, was nicht schmutzig genug gewesen wäre, als daß es der Vertreter Schalcks nicht zu Gewinnzwecken ausgenutzt hätte.

Ostberliner Nummernkonten, Liechtensteiner Anstalten, Schweizer Rechtsanwälte: die Technik der Verschleierung

Die KoKo-Operationen wurden erleichtert durch ein auf KoKo eigens zugeschnittenes Banksystem, das den Handelspartnern für Geldtransaktionen zur Verfügung stand, um an jeder Aufsicht vorbei und unter Umgehung der Steuer die krummen Geschäfte mit Hilfe von Nummernkonten in Ostberlin abwickeln zu können. Schließlich wurde den Stasi-KoKo-Banken der Status von Devisenausländern eingeräumt. Die innerstaatlichen Gesetze der Bankenaufsicht und des internationalen Zahlungsverkehrs galten für diese Banken nicht oder nur eingeschränkt. Die west-östlichen Waren- und Geldtransaktionen wurden über eine unendliche Verschachtelung von KoKo-Firmen, meist in der Hand von Schweizer Holdinggesellschaften, durchgeführt, die ihrerseits im Eigentum von Anstalten nach Liechtensteiner Recht standen.

Um etwaigen Nachstellungen zu entgehen, wurde nicht nur das eigentliche Warengeschäft über transnationale Verschleierungsketten geführt, auch die Geldströme wurden so abgewickelt, daß Verfolgern die Einsicht versperrt bleiben mußte. Zahlreiche illegale Geschäfte wurden mit Bargeld beglichen. Zum Beispiel gibt es KoKo-Verträge über verbotene High-Tech-Importe, bei denen der Kaufpreis etwa eines Computer-Leiterplattenwerkes in der Größenordnung von 138 Millionen Dollar bar zum Termin bei der Volksbank in Lugano hat bezahlt werden müssen. Hier mußten die Abgesandten der KoKo offensichtlich mit Bargeldcontainern anreisen.

Bei größeren Geldbeträgen war außerdem festgelegt, daß die Geldüberweisung ausländischer Geschäftspartner nicht etwa direkt auf ein Konto einer KoKo-Bank in Ostberlin erfolgte, sondern während sechs Monaten über die Konten zahlreicher Banken in verschiedenen Ländern zu laufen hatte.

So zahlte der Iran für seine Waffenkäufe in Ostberlin den geschuldeten Betrag auf ein Konto der Melli-Bank in Teheran ein, von wo das Geld dann seinen Weg über Banken in der Schweiz, in Österreich, Luxemburg und der Bundesrepublik nach Ostberlin zu nehmen hatte. Eine derartige Umleitung hat für ein devisenarmes Land, wie es die DDR war, nur dann einen Sinn, wenn man auf diesem Weg eine Verschleierung des eigentlichen Geschäftes erreichen will. Auch für Teheran waren derartige Umwege nicht sinnvoll. Man war im Krieg mit dem Irak und brauchte über alle denkbaren Kanäle Waffen westlicher wie östlicher Herkunft. Für die KoKo war die möglichst schnelle Überführung des Erlöses für die verkauften Waffen eine betriebswirtschaftliche Notwendigkeit. Die Transaktionskette hätte allenfalls dann Sinn gehabt, wenn der Bereich KoKo mit diesen Geldern das Schaufenster seiner Kreditwürdigkeit gegenüber dem Ausland durch Einlagen in möglichst vielen internationalen Banken, wenn auch zeitlich hintereinander gestaffelt, hätte ausschmücken wollen.

Sehr viel wahrscheinlicher ist jedoch, daß sich die KoKo in die globale Aufgabe des Waschens von kriminellen Geldern nicht zuletzt aus dem Drogenbereich einspannen ließ. Dort werden Jahr für Jahr Hunderte von Milliarden Dollar in bar in das Bankensystem eingeschleust, die am Ende des Waschprozesses auf Schweizer Nummerkonten rechtlich und möglichst auch moralisch unanfechtbar, vor allem aber jederzeit abrufbar, den Drahtziehern der weltweiten organisierten Kriminalität zur Verfügung stehen. Das in den Zentren des Drogenverbrauchs über millionenfachen Kleinverkauf von Drogen an der Straßenecke zusammenkommende Bargeld muß abtransportiert und sehr häufig in andere Länder befördert werden, etwa von New York oder Miami nach Panama, von Panama per Flugzeug oder Schiff in ein Drittland, wo es am Bankschalter der Filiale einer möglichst international renommierten Bank unter dem Vorwand der Begleichung von Schulden aus Scheingeschäften eingezahlt wird. Kann der Bargeldlieferant jedoch im Namen einer völkerrechtlich anerkannten Regierung auftreten, gibt es in den Bankzentralen in Zürich, London, New York, Frankfurt, Berlin, Tokio oder Hongkong kaum Anlaß, etwa an das Thema Geldwäsche und die hierzu national und international erlassenen Ge- und Verbote zu denken[25]. Diese gelten ja letztlich nur für den ungeschützten Kleinhandel.

Für den Bereich Kommerzielle Koordinierung lassen sich derartige Transaktionen bislang weder über Urkunden noch aufgrund von Zeugenaussagen nachweisen. Dies besagt freilich wenig, haben doch die Hauptakteure von ihrem Aussageverweigerungsrecht Gebrauch gemacht, zum Teil auch auf ihre physische Angst hingewiesen, im Falle des »Singens« entsprechend behandelt zu werden.

Allerdings gibt es den Todesfall des für KoKo und die Staatssicherheit arbeitenden Notars und Rechtsanwaltes Dr. Manfred Wünsche, der nach der Wende noch mit Angeboten zur Geldwäsche von Dollarnoten in Milliardenhöhe auf den Markt getreten ist und inzwischen einem möglicherweise nicht ganz natürlichen Herzinfarkt erlegen ist. Dieser Anwalt verfügte als DDR-Bürger zur Zeit der Wende auf seinem Privatkonto über DM-Beträge in Höhe von 500 000 D-Mark für sich und seine Frau, dazu nannte er einige Barren Feingold sein eigen. Eine Finanzausstattung einer Privatperson, die für normale DDR-Verhältnisse undenkbar war.

Container mit Bargeld
sichern Zahlungsfähigkeit der DDR!

Einen weiteren Hinweis auf Geldwäsche geben Dokumente, aus denen hervorgeht, daß Schalck zusammen mit der stellvertretenden Finanzministerin der DDR mehrfach das für die Wirtschaft zuständige Politbüromitglied Günter Mittag beschwor, die sofortige Zahlungsunfähigkeit der DDR kurzfristig, mitunter über das Wochenende, mit Hilfe von Bargeldtransporten in Container-Lastwagen zu den Gläubigerbanken in der Schweiz abzuwenden. Nun hatte die DDR über den Zwangsumtausch für Bürger aus Westdeutschland und Westberlin, aber auch über die Intershop-Läden sowie die Minol-Intertankstellen täglich ein hohes Bargeldaufkommen. Das hätte sie zur Absicherung der Zahlungsfähigkeit natürlich auch in Korrespondenzbanken oder Filialen der Schweizer Banken in Westberlin oder auch bei einer DDR-Bank einzahlen können mit sofortiger Weiterverfügung an die Gläubigerbanken in der Schweiz. Daher spricht die fadenscheinige Begründung eher für die Staatswäsche krimineller Gelder auch aus Drittländern. Da sich eine der zahlreichen windigen Firmenkonstruktionen der KoKo in der Schweiz überdies im Schwerpunkt auf Scheinverträge einließ, sprechen die Indizien sehr klar für das Vorliegen von Geldwäsche.

Wenn der Bargeldumlauf von Pizzerien, Schmuckgeschäften, Hotels, Sportparks und Restaurantketten ebenso wie das Betreiben von Spielbanken und Filmbetrieben eine gute Legende für das Einschleusen krimineller Gelder in das Bankensystem abgibt, dann galt dies um so mehr für einen Staat wie die DDR mit einem staatlichen Bankenapparat und dem Hintergrund hoher täglicher Bargeldeinnahmen. So wird niemand offiziell Anstoß genommen haben, wenn die Deutrans-Container mit Bargeld in der Schweiz auftauchten[26].

Die DDR Rauschgift-Transitland?

Auch Geschäfte mit Rauschgift etwa aus der DDR in Richtung Westberlin und die Bundesrepublik würden den vielfältigen Anregungen zur Wirtschaftskriminalität in der Schalckschen Doktorarbeit entsprechen. Der Klassenfeind lag vor den eigenen Toren. DDR-Lastwagen konnten insbesondere in den Nachtstunden unkontrolliert Westberlin erreichen. Die Westberliner innerstädtische Mauergrenze wurde nicht bewacht, weil die westliche Seite von der Fiktion der auch rechtlich ungeteilten Stadt ausging und sich entsprechend verhielt.

Natürlich wäre es ein leichtes gewesen, Rauschgift per Flugzeug nach Schönefeld oder via Rostock anzuliefern, in kleinen wie großen

Mengen nach Westberlin zu schmuggeln und gegen harte Währung zu verkaufen. Zeugenaussagen hierzu fehlen, schriftliche Unterlagen verständlicherweise auch. Fraglich bleibt, ob die westlichen Rauschgiftketten je bereit waren, den Ostblockgeheimdiensten einen nennenswerten Zutritt auf den lukrativen Absatzmärkten etwa der Bundesrepublik und Westeuropas einzuräumen. Doch hiervon später.

Dem BND lagen gleichwohl Hinweise befreundeter Dienste vor, wonach den Rauschgifthandel mit Teheran betreffende DDR-Akten rechtzeitig vor der Wende dem inzwischen hingerichteten rumänischen Partei- und Staatschef Ceauşescu mit der Bitte um Weiterleitung in den Iran ausgehändigt worden seien. Von Rumänien seien die Akten dann auch nach Teheran geschafft worden. Weitere Aufklärungsergebnisse liegen bislang nicht vor[27].

Die Springer-Presse, die ebenso mit Informationen wie zuweilen mit Desinformationen geheimdienstnah zu arbeiten pflegt, ging kurz nach der Wende in einer Reihe von Artikeln, die sich ausdrücklich auf nachrichtendienstliche Erkenntnisse stützten, vom DDR-Flughafen Schönefeld als einer Drehscheibe des Rauschgifthandels in Richtung Westeuropa/Bundesrepublik aus. Die Recherchen der Springer-Journalisten wurden allerdings nicht weiter vertieft oder gar verfolgt. Dem Bundesnachrichtendienst lag eine unbestätigte Meldung aus »operativem Aufkommen« über Rauschgiftexporte aus dem Iran vor, die mit Wissen Schalck-Golodkowskis durchgeführt worden seien[28].

Drogen- und Waffenhändlerfamilie Al Kassar und Ostberlin

Als weiteres Indiz für die Beteiligung am Drogenhandel mag das Auftauchen in den KoKo- und Stasi-Akten eines Ghassan Al Kassar in Ostberlin dienen. Das Bundeskriminalamt hat in den achtziger Jahren alles zusammengetragen, was über den im spanischen Marbella fürstlich lebenden Waffen- und Drogenhändler Monzer Al Kassar durch internationale und nationale Polizeidienststellen aktenkundig geworden war, und auf einer Sonderkonferenz von Interpol vorgetragen. Aus den Unterlagen geht hervor, daß die vier Brüder

Al Khassar engste, auch verwandtschaftliche Bindungen zum syrischen Staatschef Assad wie auch zum Chef des Geheimdienstes der syrischen Luftwaffe hatten. Da die syrischen Streitkräfte die im Libanon gelegene und für den intensiven Drogenanbau genutzte, mit Drogenraffinerien übersäte Bekaa-Ebene besetzt halten und ausbeuten, liegt der gezielte Drogenvertrieb über die Gebrüder Al Kassar nahe. Ohgleich das BKA im wesentlichen Monzer Al Kassar die Drogenaktivitäten zuschreibt, ist es vermutlich der zeitweilig den Ostberliner Flughafen Schönefeld wöchentlich mit einem zwei Millionen Dollar teuren Lear Jet ansteuernde Ghassan Al Kassar gewesen, der in Rauschgiftaktivitäten verwickelt war.

Doch auf diese Zusammenhänge wird später im Zusammenhang mit den weltweiten Drogenaktivitäten von Geheimdiensten näher einzugehen sein.

Das Spiel mit Doppel- und Mehrfachagenten im kriminellen Milieu

Die westlichen Geheimdienste haben große Anstrengungen unternommen, das KoKo-System der Stasi ihrerseits mit Agenten zu durchdringen. So wurde der ehemalige Chef der Kunst und Antiquitäten GmbH, Horst Schuster, vom BND angeworben. Zuvor war er im Libanon tätig gewesen, wo ihn bereits die CIA als Agenten geworben hatte. Die CIA richtete ihm ein Konto bei einer Bank in Bonn ein, auf dem der Agentenlohn einging. Allerdings wurde Schuster von der Staatssicherheit enttarnt und in einem Musterprozeß in Ostberlin als Zeuge der Anklage gegen einen anderen Agenten der CIA eingesetzt. Schuster wurde anschließend zunächst die Geschäftsführung der Kunst und Antiquitäten GmbH anvertraut. Später erhielt er eine zweitrangige Aufgabe, die ihn nicht ausfüllte. Mit Hilfe des BND gelang ihm und seiner Frau Anka von Witzleben die Flucht über die ungarische Grenze in die Bundesrepublik nach München. Den Aussagen Schusters verdankt der BND eine erste detaillierte, auf die einzelnen KoKo-Personen eingehende und gerade in bezug auf die Führungsspitze sehr negative Beschreibung und Einschätzung der KoKo-Aktivitäten einschließlich deren Einbindung in das Aufgabenfeld des Ministeriums für Staatssicherheit. Merkwürdigerweise rückte der Bundesnachrichtendienst diese Unterlagen aus der Mitte der siebziger Jahre erst nach intensiven Nachforschungen und Mahnungen an die Bundesanwaltschaft heraus. Von dort gelangten die Unterlagen aus Versehen und gegen den erklärten Willen des BND und der Bundesregierung an den Untersuchungsausschuß. Das von Schuster vor dem vernehmenden Beamten des BND seinerzeit entstandene Bild entsprach nicht dem nach der Wende von einem anderen BND-Mitarbeiter in langen Sitzungen mit Schalck erstellten Porträt des verkannten DDR-Management-Genies, das Schalck nach dem Übertritt in die Bundesrepublik zu zeichnen fleißig bemüht war. Ob Schuster angesichts der sehr frühen Aufdeckung seiner Beziehungen zur CIA durch die Stasi nicht doch ein Doppelagent gewesen ist, läßt sich schwer beurteilen. Vermutlich war er wie nahezu alle Zuspieler westlicher Geheimdienste, zumindest solange er in der DDR lebte, ein Werkzeug, mit dem die Staatssicherheit die westlichen Dienste über ihren Wissensstand aushorchte, um solchermaßen Lücken im eigenen Abwehrnetz aufspüren zu können.

Vor und nach der Wende: die Paten gehen durch die Lappen

Die Aufklärung der Person und des Geschäftes des Michael Wischniewski ist dem Untersuchungsausschuß des Deutschen Bundestages nur unvollkommen gelungen. Eine der Hauptfragen hierbei war, ob es sich bei der Firma F. C. Gerlach mit ihren Gewinnen unter anderem aus Zwangsvertretungen um einen Privat- oder einen verdeckten Staatsbetrieb der DDR gehandelt hat und ob nach der Wende auftauchende Beträge in Höhe von mehreren hundert Millionen D-Mark der Bundesrepublik Deutschland als Rechtsnachfolgerin der DDR zugefallen oder Privatvermögen des Michael Wischniewski geblieben waren. Die Unterlagen der Firma konnten nur in geringem Umfang eingesehen werden, da ein »unvorhergesehener Wasserschaden« sie vernichtet hatte.

Wischniewski selbst hatte es nach der Wende derart eilig, seine restlichen Geschäftsunterlagen im Kamin seiner Privatwohnung zu verbrennen, daß die Rauchentwicklung zur Einschaltung der Polizei in Berlin führte, die ihrerseits ahnungsreich im letzten Moment wichtige Unterlagen vor der Vernichtung bewahren und beschlagnahmen konnte. Zur gleichen Zeit versuchte Wischniewski insgesamt rund 300 Millionen D-Mark auf das Konto einer Bank in Israel zu überweisen. Die Transaktion wurde von der Berliner Kriminalpolizei mit Hilfe eines richterlichen Arrestbeschlusses ebenfalls in letzter Sekunde verhindert.

Das Bundesministerium der Finanzen strengte gegen den D-Mark-Millionär der DDR einen Prozeß auf Herausgabe des Geldes an die Bundesrepublik Deutschland als Rechtsnachfolgerin des DDR-Unternehmens an. Doch das Verfahren ging wegen Stümperhaftigkeit der vom Bundesminister für Finanzen mit dem Fall beauftragten Münchner Rechtsanwaltskanzlei zunächst schief. Das lukrative Mandat wurde einer CSU-nahen Sozietät überantwortet, in der der frühere Schatzmeister der CSU als Sozius tätig war, ein allseits beliebter Bundestagsabgeordneter, der nur den Makel hatte, in seiner Jugend der SS angehört und dies bislang öffentlich verschwiegen zu haben[29]. Das Büro reichte die Klage ein, die durch alle Instanzen bis hin zum Bundesgerichtshof abgeschmettert wurde, weil sie die Bundesrepublik Deutschland als Kläger, nicht jedoch den tatsächlichen Rechtsinhaber der Ansprüche, die Treuhandanstalt, benannt hatte. Eine neue Prozeßserie vermied zwar diesen Fehler, doch nun gelang es dem inzwischen zum israelischen Staatsbürger verwandelten Wischniewski, in Israel gegen die Bundesrepublik Deutschland Stimmung zu machen, die sich eines ehemaligen SS-Mannes bediene, um einem ehrenwerten Bürger Israels das Ersparte abzujagen. Inzwischen ist Wischniewski allerdings verstorben, das Geld konnte bis zum heutigen Tage nicht sichergestellt werden[30].

Wischniewski hatte einen Mitarbeiter Rübler, der sich später in Westberlin selbständig gemacht und in großem Umfang Embargowaren für die DDR und die Staatssicherheit besorgt hatte. Rübler beschäftigte sich intensiv mit israelischen Lieferbeziehungen. Bei Observationen am Frankfurter Flughafen fiel den östlichen Spähern auf, daß Rübler die Sperren ohne Paß-, Personen- und Zollkontrolle passierte, und sie schloß daraus, daß er Mitarbeiter eines westlichen Nachrichtendienstes sein müsse. Rübler wurde noch vor der Wende in einer Badewanne des Hotels Metropol in Ostberlin tot aufgefunden. Offiziell wurde von Selbstmord gesprochen. Die Ehefrau wurde tagelang nicht an die Leiche herangelassen. Sie durfte auch das Hotelzimmer nicht betreten. Sie ist davon überzeugt, daß ihr Mann ermordet wurde.

Simon Goldenberg, ebenfalls Pate des KoKo-Systems und auf viele Jahre engster Mitarbeiter Wischniewskis in der Ostberliner Schwarzmarktszene der Nachkriegszeit, hatte Verbindungen nicht nur zum sowjetischen Geheimdienst und zum Ministerium für Staatssicherheit, sondern auch zum französischen Geheimdienst, in dessen Westberliner Residenz er sich des öfteren aufhielt. Goldenberg war in Istanbul geboren und lebte während des Krieges in Paris. Er selbst stellte sich als Kämpfer des Widerstandes gegen die Nazis dar, während andere Hinweise davon ausgehen, daß er mit der Gestapo zusammengearbeitet habe. Nach Kriegsende erwarb er die französische Staatsangehörigkeit. Nach einer Verurteilung wegen Falschmünzerei und anderer krimineller Delikte wurde ihm die französische Staatsangehörigkeit entzogen. Dies wiederum hinderte später den seinerzeitigen Bürgermeister von Paris, inzwischen Staatspräsident der Republik Frankreich, Jacques Chirac, nicht daran, Goldenberg ein handsigniertes Foto zu überreichen, das dieser später stolz in seiner bayerischen Wohnung an die Wand hängen sollte. Goldenberg soll in hochgeheime Operationen der CIA involviert gewesen sein, doch nähere Einzelheiten lassen sich weder den Akten noch Zeugenaussagen entlocken. Nicht auszuschließen ist, daß es sich hier um die angesprochene Drogenjagd gehandelt haben könnte. Die Mitarbeiter des Bundesamtes für Verfassungsschutz, des bayerischen Landesamtes für Verfassungsschutz und die Führung des Bundesnachrichtendienstes lieferten sich eine jahrelange Groteske darüber, wer angesichts der engen Beziehungen des früheren bayerischen Ministerpräsidenten Franz Josef Strauß zum Fleischgroßhändler Josef März Simon Goldenberg über seine Verbindung zu dem Fleischunternehmer befragen sollte. Goldenberg wurde nach seiner Übersiedlung nach Rosenheim vom Verfassungsschutz denn auch nur über die Beziehungen zu der mit KoKo über Fleischhandelstransaktionen eng verbundenen März-Gruppe befragt, doch Verwertbares ließ er sich offenbar nicht entlocken[31].

Dabei war Goldenberg auch insofern interessant, als er nach seiner Entscheidung, aus gesundheitlichen Gründen die DDR in Richtung Westen zu verlassen, am Flughafen Schönefeld höchstpersönlich von Hans Fruck verabschiedet wurde. Fruck, Stellvertreter des Markus Wolf in der Hauptverwaltung Aufklärung des Ministeriums für Staatssicherheit und jahrelang im Ministerium für Staatssicherheit für die Sicherung und Bespitzelung der Leipziger Messe verantwortlich, war, wie bereits erwähnt, der geistige Gründervater des Bereiches Kommerzielle Koordinierung, mit dem Ziel erhöhter Westgeldeinnahmen für SED und MfS. Man kann sich kaum vorstellen, daß die Verabschiedung des Simon Goldenberg aus Ostberlin im Jahre 1977 ausgerechnet nach Rosenheim, dem Standort eines mit dem bayerischen Ministerpräsidenten Franz Josef Strauß engstens verbundenen Fleischhandelsunternehmens, kein demonstrativer Akt gewesen sein soll. Die offizielle Darstellung der Ausreise Goldenbergs dürfte den wahren Hintergründen kaum entsprechen. Von Interesse ist jedoch nicht nur Goldenbergs Bezug zu französischen und amerikanischen Geheimdienstkreisen. Sein Mentor bei der Staatssicherheit, Fruck, war zugleich nach westlichen Erkenntnissen der Führungsoffizier des Spions im Kanzleramt, Günther Guillaume, durch dessen Machenschaften Bundeskanzler Willy Brandt zu Fall kam. Fruck wurde angeblich auf sowjetischen Druck vorzeitig in den Ruhestand versetzt.

Befreundete Dienste mauern: Rauschgiftverbindungen

Bereits in den siebziger Jahren hatte die Zeitschrift *Konkret* in einer Artikelserie zum Skandal des Abteilungsleiters Langemann des bayerischen Landesamtes für Verfassungsschutz auf die Rauschgiftdimension des Falles Goldenberg hingewiesen. In einem Verfahren vor dem Landgericht München, in dem Goldenberg sich von Rechtsanwalt Friedrich Zimmermann, dem späteren Bundesminister des Inneren, vertreten ließ, wurde der Zeitschrift ohne mündliche Verhandlung jedoch untersagt zu behaupten oder auch durch Weitergabe entsprechender »Dokumente« zu verbreiten, daß Goldenberg in den *Konkret* vorliegenden Dokumenten in Verbindung mit Rauschgiftgeschäften gebracht werde. Dem Antrag der Rechtsanwaltskanzlei ist hilfsweise der Zusatz beigefügt: »... es sei denn, Herrn Simon Goldenberg sind diese Dokumente vorgelegt worden und Herr Simon Goldenberg hat der Richtigkeit der in diesen Dokumenten aufgestellten Behauptungen nicht ... widersprochen«.

Die öffentliche Aufdeckung der Hintergründe anhand der Akten scheiterte bislang an den Geheimhaltungsbestimmungen der Bundesregierung, die mit Rücksicht auf die Erkenntnisse sogenannter »befreundeter« Dienste dem Bundestag entsprechende Akteneinsicht ohne zuvorige Einwilligung dieser Dienste bis heute verwehrt. Die geheimgehaltenen Akten des BND und des Bundesamtes für Verfassungsschutz zeichnen sich gerade in bezug auf die »Paten« des KoKo-Systems, Wischniewski und Goldenberg, dadurch aus, daß zwei von drei Seiten aus inhaltslosen Formblättern bestehen, in denen auf die »geschützte Quelle eines befreundeten Dienstes – die Bundesregierung bemüht sich um die Freigabe« verwiesen wird. Doch diese Dienste denken im Traum nicht daran, dem »befreundeten« Deutschen Bundestag Amtshilfe zu leisten. Die Erkenntnisse aus diesen Akten blieben vorenthalten. Aus Rücksichtnahme auf die Freunde mußte bei der Bewertung der Tätigkeit von KoKo eine mehr als unscharfe Formulierung gefunden werden, die zum Beispiel besagt, »ausländische Stellen« hätten »deutsche Behörden« um Auskünfte in Sachen eines KoKo-Geschäftsführers gebeten, der Heroin aus Berlin (Ost) transportiert und einem »Mittelamerikaner« zum Weitertransport in ein »anderes amerikanisches Land« ausgehändigt habe. Das Mauern der befreundeten Dienste ist um so bedauerlicher, als auch die Akten des Ministeriums für Staatssicherheit über die Paten des KoKo-Systems, Wischniewski und Goldenberg, nicht viel aussagen. Erst bei mehrmaligem Lesen der Akten erschließt sich der versteckte Hinweis, daß Anfang der siebziger Jahre die beiden ehemaligen Säulen des Systems von dem Ministerium für Staatssicherheit aus der Führung entlassen und dem Militärischen Geheimdienst der Nationalen Volksarmee unterstellt worden waren. Folglich sind in den Stasi- und KoKo-Akten keine entscheidenden Erkenntnisse zu finden. Die Akten des Militärischen Geheimdienstes aber wurden gründlich bis unmittelbar vor der Vereinigung unter Ministerpräsident Lothar de Maizière und Verteidigungsminister Eppelmann vernichtet, der damals meinte, er habe in Erfüllung seiner Fürsorgepflicht für das anvertraute Personal die strafrechtlich verfolgbaren Spuren des Militärischen Geheimdienstes rechtzeitig aus der Welt schaffen müssen. Ob er sich dessen bewußt war, daß es sich dabei auch um das Verwischen der Spuren massiver westlicher Wirtschaftskriminalität mit vielen Bezugspunkten zu westlicher Weiße-Kragen-Kriminalität handelte, ist nicht bekannt[32].

Doch amerikanischen Journalisten gelang es, die Geheimniskrämerei deutscher Behörden im Zusammenspiel mit der mangelnden Kooperationsbereitschaft »befreundeter Dienste« wenigstens in Teilen zu umgehen. Ein ehemaliger Chefredakteur von *Reader's Digest* fand in Washington heraus, daß es sich bei dem Polizeichef »eines mittelamerikanischen Landes« um den einstigen Chef der Gerichtspolizei Mexikos gehandelt hat, der in Ostberlin Heroin aus Stasi-Beständen zum Weitertransport und Verkauf in die USA erhielt. Der Polizeichef hieß Domingo Suarez, der 1972 im amerikanischen Spielhöllenzentrum Las Vegas bei dem Versuch, 20 Kilogramm Heroin an verdeckte Agenten zu verkaufen, samt Freundin in die Fänge der amerikanischen Drogenbehörde geriet[33] und in ein Gefängnis in Texas gesteckt wurde, wo er sich nach offiziellen Angaben das Leben nahm, nach Annahme des Journalisten jedoch ermordet wurde[34].

Der Mann nun, der den Chef der mexikanischen Gerichtspolizei nach Ostberlin geleitet hatte, war ein gewisser Widawski, der zum illegalen Händlerring des Hersz Liberman alias Wischniewski gehörte. Und dessen Stellvertreter wiederum war, wie bereits oben ausgeführt, Simon Biallas, alias Simon Goldenberg, der später in das Reich der Fleischfirma März in Rosenheim und damit in den engeren Freundeskreis des Franz Josef Strauß übersiedelte.

Goldenberg erfreute sich später der fürsorglichen Hilfe des bayerischen Ministerpräsidenten, als dieser sich im Gespräch mit Schalck dafür einsetzte, in Ostberlin klären zu lassen, daß Goldenberg nach der Aberkennung der französischen Staatsbürgerschaft rechtswirksam in die DDR eingebürgert worden sei und somit nach der Westübersiedlung als Deutscher Anspruch auf die Ausstellung eines bundesrepublikanischen Passes habe. Den Wunsch erledigte Dr. Wünsche, Rechtsanwalt und Notar der Staatssicherheit.

Das System der
Doppel- und Dreifachagenten

Vermutlich ist keine größere Aktivität des Bereiches Kommerzielle
Koordinierung ohne Kontakte westlicher Geheimdienste abgelaufen.
Die westlichen Dienste saßen in den Vertretungsbüros der Firmen,
die mit der DDR Geschäfte machten. Man kann davon ausgehen,
daß westliche Partner gerade dann, wenn sie krumme Geschäfte mit
der DDR in die Wege leiteten, sich gerne bei westlichen Geheimdiensten den Auftrag zur Aufklärung der anderen Seite holten mit der
Folge, daß Ermittlungen wegen Wirtschaftskriminalität und Steuerhinterziehung durch Geheimdienstintervention bei den Verfolgungsbehörden niedergeschlagen werden konnten. Die Aufklärung der
Personen, Methoden und Wege der östlichen Seite hatte für Geheimdienste immer Vorrang vor der Durchsetzung einer korrekten Abwicklung etwa des Interzonenhandels oder auch der COCOM[35]-Be-
stimmungen gegen den Export von Hochtechnologieprodukten. Auf
der DDR-Seite wiederum meldeten die von westlichen Geheimdiensten kontaktierten Partner die Anbahnungsversuche durchweg sofort
den Führungsoffizieren des MfS, die in aller Regel anordneten, die
Anbahnung des BND oder der CIA positiv zu beantworten. Diese Bereitschaft zur Offenbarung auf seiten der Reisekader der Kommerziellen Koordinierung lag auch in deren Interesse, weil der BND
durch die östliche Aufklärung als so ausspioniert galt, daß Agenten
in den eigenen Reihen verhältnismäßig zügig vom MfS darüber aufgeklärt werden konnten, wie und womit der westliche Partner bedient, getäuscht oder ausgehorcht werden konnte. So sprach der für
die berühmt-berüchtigte Mülldeponie Schönberg zuständige Geschäftsführer der Intrac, Eberhard Seidel, bei seinen Westbesuchen
nicht nur bei seinem FPD-Müllpartner in Itzehoe vor, sondern regelmäßig auch bei der CIA in Hamburg. Dort nahm er genau wahr, auf
welches Wissen es die CIA-Leute angelegt hatten, woraus wiederum
die Analytiker der Stasi in Ostberlin rückschließen konnten, aus welchen noch zu unterbindenden Quellen die CIA ihre Erkenntnisse bezogen hatte. Die Berichte des Müllfunktionärs im Anschluß an die
zumeist mit einigen Dollars honorierten Treffs lassen einen mehr
als bescheidenen Kenntnisstand der CIA-Vertreter erkennen, so daß

sich der Beobachter fragt, warum die Kontakte nicht längst westlicherseits abgebrochen wurden.

Ames und Gabriel:
Einblicke in die Arbeit der CIA

Eigenartig sind in diesem Zusammenhang die in zehn Aktenbänden des Ministeriums für Staatssicherheit festgehaltenen Berichte eines in Westberlin ansässigen Stahlhändlers der Hoesch AG, der für die Staatssicherheit arbeitete, als Doppelagent der CIA und später auch dem BND im Auftrag der Stasi Erkenntnisse zuspielte und anläßlich seiner Treffs beide Geheimdienstkontakte aufklären half. Dieser Agent mit dem MfS-Aliasnamen Gabriel wurde bereits in den fünfziger Jahren von der CIA in Berlin auf Zusammenarbeit hin angesprochen. Die CIA war an den Erkenntnissen des Stahlhändlers über die Wege und Besonderheiten des Osthandels interessiert. Der Agent holte sich vor den Treffs regelmäßig Instruktionen bei seinem Führungsoffizier des MfS und berichtete nach jedem Gespräch umfassend mündlich oder schriftlich in Ostberlin. Den CIA-Befragern gab er nur das zu Protokoll, was dem dortigen Erkenntnisstand bereits entsprach. Seinen Ostberliner Auftraggebern beschrieb Gabriel auf das genaueste die Lokalitäten und Umstände der Treffs in den verschiedenen konspirativen US-Wohnungen in Westberlin. Er wies auf Möglichkeiten der Einsicht und des Abhörens aus benachbarten Häusern hin. Breiten Raum nahm die Schilderung der jeweiligen Persönlichkeit der ständig wechselnden amerikanischen Gesprächspartner ein, die in der Regel nach nur zwei Jahren Tätigkeit in Westberlin wieder in die Zentrale nach Washington/Longley versetzt wurden, von daher in die Tiefe gehende Kenntnisse nicht erwerben konnten. Um so vertrauensseliger breiteten die westlichen Geheimdienstoffiziere ihre persönlichen Probleme vor dem Doppelagenten aus. Sie gaben Einblick in ihr Verhältnis zu ihren Vorgesetzten, sie beklagten die schlappe Haltung des amerikanischen Nationalen Sicherheitsberaters Kissinger, der angeblich willentlich die USA in die Niederlage im Vietnamkrieg hineintreibe. In einem Fall beklagte sich der CIA-Vertreter über die Nymphomanie seiner Ehefrau und deren Reisen nach Asien.

Als schließlich auch noch der BND den Doppelagenten als Informanten werben wollte, fragte dieser den CIA-Vertreter, wie er sich verhalten solle. Der gestattete dem Doppelagenten sich als »national gesonnener« Westdeutscher dem BND zusätzlich anzuvertrauen. Doch auch der junge BND-Mann hatte private Sorgen, offenbarte nach kurzer Frist, daß seine Ehe zerbrochen, die Frau ausgezogen sei und er die Miete für die teure Münchner Wohnung nicht mehr aufbringen könne.

So findet sich manches Elend der »Schlapphüte« in den Akten wieder, darunter die Tätigkeit eines Herrn Ames von der CIA, der nach Auskunft der amerikanischen Botschaft in Bonn allerdings nicht mit dem Ames verwandt sein soll, der in Washington als Chef der CIA-Gegenspionage und Agent des KGB 1994 verhaftet und verurteilt wurde und der das Leben von mindestens zehn hochkarätigen CIA-Spionen in der ehemaligen Sowjetunion auf dem Gewissen haben soll. Merkwürdig nur, daß der Fall Ames erst aufgrund von Erkenntnissen aus Stasi-Akten in Berlin aufgedeckt worden sein soll.

Die CIA-Leute besprachen mit dem Hoesch-Vertreter, welche weiteren Kontaktpersonen aus dem Bereich der Kommerziellen Koordinierung beziehungsweise der DDR-Unternehmen man ansprechen könne. So wurde diskutiert, ob und wie die CIA sich demnächst an Ottokar Hermann heranmachen werde, einen ehemaligen SS-Mann, den die KoKo-Leute als wichtigsten Außenhändler der DDR in Lugano in der Schweiz angesiedelt hatten. Über ihn lief unter anderem das Bargeschäft über 138 Millionen Dollar, einzuzahlen bei der Volksbank Lugano für die Lieferung eines Leiterplattenwerkes. Gabriel beschreibt in seinen Berichten auch den Ablauf des von den CIA-Vertretern geforderten Tests am Lügendetektor, den er mit Bravour und zur Zufriedenheit seines CIA-Agentenführers bestand[36].

3

High-Tech-Schmuggel:
CIA und BND am Tresen

*Risikofreie Computerbeschaffung
zu Schmuggelpreisen*

Besonders merkwürdige Formen nahm das Katz-und-Maus Spiel der Geheimdienste im Bereich des Hochtechnologieexportes an. Hier hatte die NATO unter Federführung der USA Listen von High-Tech-Waren und -Komponenten ausgearbeitet, die nicht oder nur sehr eingeschränkt in die Länder des Warschauer Paktes ausgeführt werden durften, um der östlichen Militärtechnologie nicht Vorteile in die Hand fallen zu lassen, die das Ergebnis aufwendiger westlicher Forschungs- und Entwicklungsleistungen waren. Die Liste mußten auch neutrale Länder wie Österreich, Schweden und die Schweiz beachten, die, obzwar keine NATO-Mitglieder, sich den westlichen Demokratien zugehörig fühlten, vor allem jedoch die Sanktionen der USA bei Zuwiderhandlungen fürchten mußten. Das gleiche galt für die asiatischen Staaten, insbesondere Japan.

Es versteht sich, daß den westlichen Geheimdiensten die Einhaltung der Embargobestimmungen zu überwachen oblag, während es östlich des Eisernen Vorhangs die Aufgabe der Stasi-regierten KoKo war, die gewünschte Ware unter Überwindung der Exportverbote ins Land zu schmuggeln.

Schalcks Ostberliner Schmuggler wußten über den jeweiligen Stand der COCOM-Liste bestens Bescheid. Das Auswärtige Amt in Bonn hatte in die Pariser COCOM-Zentrale eine Vertreterin entsandt, die sich zur Spionage für die Staatssicherheit verpflichtet hatte und so die Listen nicht nur in Paris, sondern über ihren Agentenauftrag zugleich in Ostberlin jeweils auf den neuesten Stand bringen half.

Um so merkwürdiger erscheint, daß die High-Tech-Einkäufer und Schmuggler des Bereiches Kommerzielle Koordinierung nicht selten die sehr hohen Schmuggelpreise von 300 Prozent über dem Marktpreis nicht nur für COCOM-Ware zahlten, sondern auch für Elektronikprodukte die den Handelsbeschränkungen überhaupt nicht unterlagen. Wiederum liegt der Verdacht nahe, daß mit Geldüberweisungen, die als Notgroschen auf Schweizer Nummernkonten landeten, Unterschlagungen zu Lasten der DDR organisiert wurden.

Um das Maß der Befremdlichkeiten voll zu machen, hatten die westlichen Geheimdienste, insbesondere CIA und BND, ihrerseits in den westlichen Handelsfirmen High-Tech-Verkäufer angeworben, die der DDR und den anderen Ostblockstaaten die gewünschte verbotene Technologie ohne Einschränkung zu liefern bereit waren. Im Ergebnis sind die Bemühungen um Verhinderung des Technologieschmuggels auf westlicher Seite schlicht gescheitert. Es ist kein Fall bekannt, in dem die östlichen Partner nicht in der Lage gewesen wären, die gewünschten Hochleistungswaren – allerdings stets gegen saftige Aufpreise – zu erwerben. Dabei scheinen den KoKo-Händlern in schöner Regelmäßigkeit im Gewande der Geschäftspartner West Geheimdienstoperateure gegenübergetreten zu sein, die angeblich zum Zwecke der Aufklärung der östlichen Personen und Methoden die verbotenen Geschäfte passieren ließen.

Die Firma Rhode & Schwartz in München zum Beispiel, die die Bundeswehr mit Abhör- und Peilanlagen ausrüstet, pflegte kräftige Handelsbeziehungen mit dem gesamten Ostblock, nicht zuletzt mit dem Bereich Kommerzielle Koordinierung der DDR. Dort war Herbert Rübler als einer der Kontaktpersonen tätig, der im Auftrag des dem System KoKo zugeordneten und auch dem KGB verbundenen Michael Wischniewski handelte. Als eines Tages ein Vertreter des Verfassungsschutzes bei der Firma Rhode & Schwartz nach den Unternehmensbeziehungen zu Rübler fragte, wurde seitens der Firma zunächst jede Verbindung geleugnet. Dann tauchte auf dem Schreibtisch einer der Direktoren ein Foto von Rübler auf. Dem darüber stutzig gewordenen Vertreter des Landesamtes für Verfassungsschutz wurde bedeutet, daß er hier aus bestimmten Gründen nicht weiter nachfragen möge. Man berief sich mit dieser Formulierung ganz offensichtlich auf die Zusammenarbeit mit Geheimdiensten, die das

Landesamt nichts angingen. Rübler dürfte eben nicht nur für KoKo tätig gewesen sein, sondern auch mit einem der westlichen Geheimdienste, vielleicht auch dem israelischen zusammengearbeitet haben. Wie sonst wäre die Beobachtung der Stasi am Frankfurter Flughafen zu verstehen, Rübler gelange, von Auslandsflügen heimkehrend, ohne jede Kontrolle durch die Sperren.

Ein weiterer Fall des unerlaubten Technologieexports betraf eine Wiener Firma, die sehr erfolgreich Hochtechnologieware gegen deftige Aufpreise in alle Ostblockländer exportierte. Auch hier arbeitete der eingesetzte Geschäftsführer zugleich für einen westlichen Geheimdienst, die CIA. Er nahm eine Ostberliner Einkäuferin des Bereiches Kommerzielle Koordinierung für Mikroelektronik im Auftrag der »Firma« unter die Lupe. Dabei bedienten sich die Amerikaner der Beziehungen zur Firma Siemens, bei der die Dame vor dem Bau der Mauer, von ihrer Ostberliner Wohnung täglich einreisend, inoffiziell und heimlich beschäftigt gewesen war. Bei ihrer Anstellung im streng Stasi-überwachten Bereich Kommerzielle Koordinierung hatte sie es versäumt, von dieser Begebenheit Meldung zu machen. Dies wiederum muß der CIA in Westberlin zugetragen worden sein. Der CIA-Vertreter fand Zugang zu der abgelegten alten Personalakte der Siemens-Verwaltung in Berlin und versuchte nun mit der Drohung der Bekanntgabe dieses Tatbestandes an die Ostseite, die KoKo-Dame zur Zusammenarbeit zu erpressen. Doch die meldete den Annäherungsversuch pflichtgemäß ihrem Führungsoffizier der Staatssicherheit, der sie nun bat, das Spiel mit dem CIA-Mann im Auftrag der Stasi aufzunehmen. Weisungsgemäß bettelte die Frau daraufhin den Amerikaner an, sie nicht bei ihrer Dienststelle anzuschwärzen. Als Gegenleistung werde sie sich zum Verrat von Geschäftsgeheimnissen verpflichten. Fortan liefen die Geschäfte beiderseits zu voller Zufriedenheit. Die Schalck-Leute der Kommerziellen Koordinierung bezahlten zur Abdeckung der Gegenspionageoperation scheinbar schmuggelbedingte Überpreise, während der CIA-Vertreter, durch seinen Aufklärungsauftrag gedeckt, risikolos Ware beschaffen und scheinbar unter Inkaufnahme einer hohen Freiheitsstrafe in die DDR schmuggeln konnte. Die Differenz im Kaufpreis konnte er einstreichen. Ob die CIA an den so entstandenen außergewöhnlich hohen Wucherpreisen in irgendeiner Form teilhatte, geht aus den Akten nicht hervor. Auf jeden Fall konnten sich derartige Geheimdienst-»Unternehmer« aufreizende Personenwagen und Ferienhäuser in Spanien leisten.

Die beiden Kontrahenten, die Stasi-KoKo-Frau und der CIA-High-Tech-Schmuggler trafen sich abwechselnd in West- und Ostberlin. Dabei fiel der Doppelagentin, die von ihrem CIA-Gentleman eines Tages zum Essen eingeladen worden war, die fremden Blicken überaus offene Plazierung in der Gaststätte auf. Um ihre Vermutung bestätigt zu erhalten, verschwand sie für kurze Zeit durch die Tür in Richtung Toilette und stellte mit einem Blick durch das Schlüsselloch fest, daß die bislang schweigsam beobachtenden Gaststättenbesucher sich plötzlich mit ihrem CIA-Partner hastig auszutauschen begannen. Man sieht die gute Schulung der High-Tech-Aufkäuferin durch die Stasi und die Leichtfertigkeit auf westlicher Seite.

Der CIA-Spionageroman als Mitbringsel für die Stasi-Einkäuferin

Amüsant ein kleines Detail: Der CIA-Mann überreicht seiner vermeintlichen Informantin ein Buch als Geschenk, das sie allerdings vorschriftsgemäß wegen der vorzuspiegelnden Gefährdung beim Grenzübergang nicht annimmt. Immerhin hat die High-Tech-Doppelagentin den Titel des Buches vermerkt. Es ist der Spionage-Thriller *Der Spion* der Autoren Moss und Borchgrave. Held des Buches ist ein naiver linksliberaler amerikanischer Journalistik-Student der 68er-Jahre im kalifornischen Berkeley, der gegen den Vietnamkrieg demonstriert, die kommunistische Gefahr verharmlosend, in Paris den töricht friedensbewegten Europäern auf den Leim geht und selbst anläßlich eines Besuches in Vietnam sich immer noch anfällig für die Parolen des Studentenaufstandes an der amerikanischen Westküste zeigt. Nach mehreren Aufenthalten in Europa, in Vietnam und den USA erkennt der gutgläubige Protagonist endlich die Bösartigkeit des kommunistischen Spieles, durchschaut die weltweite Manipulation und versucht nun aus dieser Erkenntnis heraus den journalistischen Gegenangriff in seiner eigenen Zeitung. Der aber scheitert an den inzwischen linksliberal bis kommunistisch unterwanderten Zeitungsredaktionen und insbesondere an den der Demokratischen Partei nahestehenden Think-Tanks in Washington einschließlich ihrer kommunistisch erpreßten Geldgeber. Dennoch gelingt es am Ende mit Hilfe sowjetischer Überläufer, das ganze Lügen-, Intrigen- und Desinformationsnetzwerk gegen den bis zur letzten Minute mit Killerteams und Mord drohenden KGB sowie dessen unzählige Sympathisanten in den Zeitungsstuben und Zirkeln der hohen Politik in Washington aufzudecken.

Die Autoren Moss und Borchgrave stehen, wie Recherchen in den USA ergaben, allerdings dem CIA so nahe, daß man von einer Art Propaganda-Auftragsarbeit sprechen kann, die in schöner McCarthy-Tradition gegen die Weichlinge der Demokratischen Partei im Kampf gegen den Kommunismus eingesetzt werden sollte und auch wurde. Kenner der Szene können mühelos Personen und Institutionen des politischen Washington ausmachen. Die Namen der Buchautoren werden uns bei anderer Gelegenheit nochmals beschäftigen[37].

Der BND bei Siemens

Das Ministerium für Staatssicherheit bezog von der Firma Siemens Hochleistungscomputer zur Erfassung der unendlich vielen Daten der zu bespitzelnden DDR-Bürger. COCOM-Probleme scheinen bei der Ausfuhr nicht aufgetaucht zu sein. Dafür sorgte ganz offensichtlich die geheimdienstliche Abdeckung des Verkaufs- und Schulungsvorganges durch den BND. Die für die Anwendung der Siemens-Software erforderliche Schulung erhielt das Personal der Stasi in München. Aus den Akten ergibt sich, daß ein für dieses Austauschprogramm zuständiges Vorstandsmitglied der Siemens AG von der Stasi überwacht und mit der Bemerkung abgehört worden war: »Wir sind hier nicht Siemens beim BND, sondern der BND bei Siemens.«

Reagan-Regierung jagt
deutschen »Technobanditen«

Fast zur Groteske steigerte sich der Schaukampf gegen COCOM-wid-rige High-Tech-Exporte in die DDR im Falle eines in Deutschland un-ter dem Namen Moneten-Müller bekannten High-Tech-Schmugg-lers. Moneten-Müller gründete, aus Südafrika kommend, in der Nähe von Hamburg ein Exportunternehmen für Hochleistungscom-puter. Dabei übernahm er unter anderem den Vertrieb von Hochlei-stungsrechnern des Typs VAX, die in den Raketensteuerungs- und Beobachtungsprogrammen der US-Streitkräfte zur Anwendung kom-men, vom französischen Verteidigungsministerium für seine Zwecke eingesetzt werden, mit dem aber ebenso das Jäger-2000-Programm bei MBB-DASA wie die Anlage des Genfer Atomforschungszen-trums CERN gesteuert werden. Kurzum, der VAX-Rechner war ein Produkt der Rechen- und Steuerungstechnik, das zweifellos unter die striktesten Ausfuhrverbote der COCOM fiel. Dennoch hatte die amerikanische Tochter der Herstellerfirma jahrelang das Produkt ohne Mühe von ihrer Wiener Niederlassung aus in nahezu alle Länder des Ostblocks vertrieben und auch vor Ort die jeweils erforderlichen Wartungsarbeiten vorgenommen. Als dann Präsident Reagan den Kampf gegen den Kommunismus und den Ausverkauf westlicher Technologie an die Feinde der freiheitlichen Demokratien auch pro-pagandistisch in den Vordergrund rückte – Amerika kämpfte ja im Namen der gesamten Welt laut Reagan gegen das Reich des Satans –, trat die amerikanische Herstellerfirma den bislang in Wien angesie-delten Vertrieb in Richtung Osten an den wundersamerweise just aus Südafrika herbeigeeilten Moneten-Müller ab. In Südafrika war Mül-ler bei einem den dortigen Streitkräften unterstellten Datenverarbei-tungsinstitut tätig gewesen. Die für die Wartung der VAX-Rechner zuständigen Mitarbeiter der Wiener Tochterfirma des amerikani-schen Herstellers folgten dem neuen Geschäftsführer in die Umge-bung von Hamburg, wo das Unternehmen in einem für einen zwei-stelligen Millionenbetrag erworbenen alten Gutshof untergebracht war. Und prompt schlug die COCOM-Falle, vermutlich dank ameri-kanischer Satelliten-Telefonaufklärung, zu. Moneten-Müller wurde gefaßt. Der amerikanische Verteidigungsminister Caspar Weinberger ließ es sich nicht nehmen, eigens eine große Pressekonferenz in Washington einzuberufen, auf der er zornbebend die Verbrechen des deutschen »Technobanditen« anprangerte.

Den Presseverlautbarungen über den später in Lübeck ablaufenden deutschen Strafprozeß war zu entnehmen, daß es zwischen Angeklagtem, Verteidiger und dem Gericht zu beachtlichem Augenzwinkern gekommen sein muß. Jedenfalls fiel die Strafe unter Anrechnung der Untersuchungshaft sehr milde aus. Der Verteidiger und SPD-Bundestagsabgeordnete Otto Schily erhielt als Honorar eine beachtliche Wahlkampfspende des Verurteilten, die dieser wiederum im Interesse des Gemeinwohls von seiner hohen Steuerschuld absetzen konnte.

Das Doppelspiel der Geheimdienste

Anhand dieses und anderer, ähnlich gelagerter Fälle wird die zum Teil massive Manipulation des Technologietransfers durch westliche Geheimdienste sinnfällig. So vertreiben amerikanische Firmen über Jahre ihre offiziell mit einem Exportverbot belegte High-Tech-Ware im gesamten Ostblock, mit Sicherheit immer begleitet, wenn nicht gar angeleitet von einem Vertreter des Geheimdienstes. Dann demonstriert man aus innenpolitischen Gründen unversehens Härte gegen den Feind, stellt eine Falle und entlarvt just einen Staatsbürger eines verbündeten Landes als Technobanditen, den man der Weltpresse präsentiert.

In einem anderen Falle liefert die rund um die Uhr und den Globus laufende, satellitengestützte Telefonaufklärung der USA den Technoschmuggler Jochheim ans Messer der westdeutschen Strafverfolgung. Der anläßlich einer Hausdurchsuchung beschlagnahmte Geschäftskalender des deutschen Technologieschmugglers offenbart eine kontinuierliche Reisetätigkeit nach Ostberlin. Fast die Hälfte des Jahres hält er sich dort auf. Die amerikanische Aufklärung bringt jedoch nur einen kleinen Ausschnitt des Geschehens dem deutschen Strafverfolgungspartner zur Kenntnis. Die Hausdurchsuchung durch das Bundeskriminalamt reichert den Fall etwas an. Doch verurteilt wird der Schmuggler wegen des Transports einiger weniger High-

Tech-Produkte in die DDR und wegen des Mitbringens von militärisch ausgerichteten Elektronikzeitschriften, die im Westen jedermann zugänglich waren.

Nicht viel weniger merkwürdig stellen sich die Verfahren gegen das Ehepaar Mahjunke aus dem Raum Köln dar. Hier transportiert die ganze Familie jahrelang mit dem Wohnmobil High-Tech-Ware aus dem Rheinland nach Ostberlin, die dort ein KoKo-Geschäftsführer entgegennimmt. Das Besondere an dem Fall ist lediglich, daß der Ehemann Mahjunke altgedienter FDP-Kreisvorsitzender der beiden Bundesminister Baum und Lambsdorff war. Das Verfahren wird mit Rücksicht auf den Gesundheitszustand von Herrn Mahjunke eingestellt. Auch das Verfahren gegen seine Frau führt nicht zur Verurteilung.

Ob auch in diesem Fall eine geheimdienstliche Abdeckung der Geschäfte zum Zwecke der Aufklärung des Bereiches Kommerzielle Koordinierung vorgelegen hat, ist nicht ersichtlich, liegt jedoch nahe. Ein wunderbares Geschäft für die Beteiligten in allen aufgeführten Fällen. Der westliche Schmuggler handelt, weil im Auftrag eines westlichen Geheimdienstes, ob CIA oder BND, ohne Risiko, der östliche Partner kauft zu Schmuggelpreisen und verschafft dem westlichen Partner ein geradezu phantastisches Einkommen. Der Westpartner wiederum kann zur Verschleierung seiner Einnahmen vor den westdeutschen Finanzbehörden die Beträge auf Nummernkonten bei KoKo-Banken in Ostberlin einzahlen. Von dort wird dann das Geld über Überweisungsketten gewaschen und auf Nummernkonten in der Schweiz oder Luxemburg transferiert.

Unter dem Strich bleibt festzuhalten, daß kein Ostblockstaat auf irgendeine der COCOM-bewehrten Technologien hat verzichten müssen. Alle derartigen Waren waren über die hier geschilderten Kanäle lieferbar.

Der Chaos-Computer-Club Hamburg
im Netz der Dienste

Die nahezu komplette Unfähigkeit der westlichen Geheimdienste, den Hochtechnologieimport der Ostblockstaaten nachhaltig zu unterbinden, mutet angesichts des Aufwandes, der insbesondere von seiten der USA in die Verfolgung gesteckt worden ist, befremdlich an. Daß aus der nach Stichworten und Verbindungsstrecken computerisierten und automatisierten sowie nach verdächtigen Absendern oder Empfängern ausgerichteten umfassenden satelliten- wie bodengestützten Aufzeichnung von Telefongesprächen und Telexen ein hinreichend dichtes System der Abschirmung angeblich nicht hat aufgebaut werden können, nimmt ebenso wunder wie die ganz offensichtlich fast flächendeckende Gewinnung der High-Tech-Schmuggler als Informanten für die westlichen Dienste. Ebenso rätselhaft ist der Verbleib der letztlich phantastischen Gewinne für die geheimdienstgedeckte und somit risikolose Schmuggelei der europäischen und amerikanischen Computerindustrie und deren Händler. Schließlich geben die Herstellerfirmen auf Nachfrage an, keinerlei Preiszuschläge bei ihren Handelspartnern eingefordert zu haben. Die Schmuggler kauften folglich zu Markt- und Tagespreisen ein.

Die eigentümliche Erscheinung eines nahezu ungehinderten Handels mit Großcomputern in den früheren Ostblock hinein könnte aus anderen Zusammenhängen heraus eine Erklärung finden, insbesondere wenn man Spionageaktivitäten der CIA und des israelischen Mossad in die Überlegungen mit einbezieht. Verschiedene Anzeichen deuten in ein und dieselbe Richtung.

Ein Hinweis kommt aus der Hackerszene. Den Mitgliedern des sogenannten Chaos-Computer-Clubs in Hamburg war es in den frühen achtziger Jahren gelungen, in zahlreiche VAX-Hochleistungsrechner der amerikanischen Firma UNIVAC sowohl in den USA als auch in Europa einzudringen. Der Computer des Pentagon widerstand ihnen ebensowenig wie der des französischen Verteidigungsministeriums oder der das Programm des Jäger 2 000 steuernde VAX der Firma MBB, jetzt DASA. Auch auf den Rechner des Atomforschungszentrums CERN in Genf gelang der Zugriff. Die Mitglieder des Chaos-Computer-Clubs handelten nach der Devise, der jedermann zugänglich neue Rohstoff Information müsse weltweit von staatlichen Verboten freigehalten werden, widrigenfalls das Hacken zur geradezu staatsbürgerlichen Pflicht werde. Dementsprechend sah sich der Club gerechtfertigt, in fremde Informationssysteme unerlaubt einzudringen, was sich bekanntlich zum nervenkitzelnden Sport der elektronikbegeisterten Jugend in den Industrieländern ausweitete. Dennoch entsetzte die Clubmitglieder und nicht zuletzt deren Vorstand die Feststellung, wie leicht die Hersteller es Außenseitern machten, an allen Sperren vorbei in die VAX-Rechner einzudringen, die Militärgeheimnisse wie die Software zur Steuerung von Trägerraketen mit Nuklearsprengköpfen bargen. Die Leitung des Chaos-Computer-Clubs schlußfolgerte, daß die Konstruktion der leicht zu umgehenden Zugangssperre der VAX-Rechner entweder das Ergebnis grenzenloser Schlamperei der Herstellerfirma oder aber mit Absicht im Interesse des leichten Zugangs für eine nachrichtendienstliche Überwachung, Abschöpfung und potentielle Störung geschaffen worden war. Daraufhin benachrichtigte der Hamburger Vorstand das Bundeskriminalamt in Wiesbaden und bat, doch amtlicherseits der Angelegenheit nachzugehen. Bei der weiteren Aufarbeitung boten die Hacker den Spezialisten des BKA die Zusammenarbeit an. Die Antwort des Bundeskriminalamtes freilich fiel mehr als martialisch aus. Die Räume des Clubs in Hamburg wurden von Polizei umstellt, der Vorsitzende in Haft genommen und die Unterlagen durchsucht, beschlagnahmt und in polizeilichen Gewahrsam genommen. Es ist zwar nicht auszuschließen, daß amerikanische Behörden einigen Mitgliedern des Chaos-Computer-Clubs bereits auf die Schliche gekommen waren und im Wege der Amtshilfe die verwunderliche Aktion des BKA ausgelöst hatten. Doch dagegen spricht der Umstand, daß der Vereinsvorsitzende wenige Monate später zu einer internationalen Konferenz in Paris über die Gefahren des Hackerwesens eingeladen und von den Veranstaltern um einen einführenden Vortrag aus der Praxis und für die Praxis gebeten worden war. Der Vorsitzende versuchte sich vor unliebsamen Folgen seiner Reise in das befreundete Frankreich zu schützen, indem er über den Veranstalter die französische Regierung um die Zusicherung freien Geleites bat. Nachdem dieser Bitte entsprochen war, bestieg er voller Vertrauen in die Zusage eines Rechtsstaates die Linienmaschine nach Paris. Dort jedoch wurde er bereits an der Gangway verhaftet und ins Gefängnis geworfen. Nun bat seine Umgebung um Unterstützung für die Entlassung aus dem Gefängnis. Ganz offensichtlich hatten die Hamburger Computer-Freaks auf einem extrem empfindlichen Nerv westlicher Geheimdienste herumgehackt, dessen Offenbarung unerwünscht war oder eingeschränkt werden sollte. Immerhin ist neuesten Erkenntnissen zu entnehmen, daß die deutschen Behörden inzwischen zu einer fruchtbaren Zusammenarbeit mit den Hackern des Chaos-Computer-Clubs gefunden haben.

Über Wasseruhr und Weltall in die Großrechner: der Fall Inslaw/Promis

Aus den USA stammen weitere wesentliche Details eines denkbaren Gesamtbildes, das das laxe Exportgeschehen an allen bestehenden Verboten vorbei erklärlich machen könnte. Die Geschichte nahm ihren Anfang bei der National Security Agency, NSA, die sich im Schwerpunkt dem weltweiten Mithören von Telefongesprächen, Telexverbindungen, Computernetzen sowie allen sonstigen Techniken zum Aufspüren von Vorgängen, die für Geheimdienste von Nutzen sein können, widmet[38]. Der amerikanische Computerexperte William Hamilton war in den späten sechziger Jahren im Vietnamkrieg damit beschäftigt, elektronische Lauschgeräte zur Überwachung der Truppenbewegungen des Vietcong zu installieren. Er wurde in eine Forschungs- und Entwicklungsgruppe der National Security Agency abgeordnet und erstellte dort, da er die vietnamesische Sprache perfekt beherrschte, ein Wörterbuch für Zwecke der NSA. Noch während dieser Arbeit begann er in den frühen siebziger Jahren an einem außerordentlich ausgeklügelten Datenbanksystem zu arbeiten, das den Datenaustausch zwischen den verschiedensten Datenbanken unterschiedlicher Rechner ermöglichen sollte. Hamilton merkte schnell, welcher Sprengsatz in dem von ihm entwickelten Software-Ansatz lag, die Bewegungsabläufe einer unendlich großen Zahl von Menschen in potentiell allen Ländern der Welt zu verfolgen, seien es Terroristen, Verbrecher oder Widerstandskämpfer, je nach gewünschter Definition[39].

Zusammen mit seiner Frau gründete er die Firma Inslaw und entwickelte die Software weiter zu einem Programm, mit dem eine computervernetzte Verfolgung zum Beispiel von potentiellen Straftätern über eine Fülle persönlichkeitsbezogener Daten mit einer nahezu an 100 Prozent heranreichenden Trefferwahrscheinlichkeit möglich wurde. Dieses Programm bot die Firma Inslaw dem amerikanischen Justizministerium zum Einsatz bei den Staatsanwaltschaften des Bundes in den gesamten USA an. Das Justizministerium ließ das Programm von der NSA begutachten, die sich nun auf den Standpunkt stellte, das verwandte Wissen sei bei ihr gewonnen worden und folglich Eigentum des Bundes. Da das System es erlaubt, die Aktivitäten beliebig vieler Menschen und Menschengruppen in ihren Lebensdaten und Lebensaktivitäten über den täglichen Verbrauch von Wasser, Elektrizität, den Telefongebühren, der Nutzung von Kreditkarten, dem Kauf von Flugkarten bis hin zum ein und aus gehenden Freundeskreis exakt festzuhalten und mit den Datenbanken aus Polizei-, Geheimdienst- und Bankcomputern zu vernetzen, damit die Charakteristik von Menschen in der Qualität von Fingerabdrücken zu erfassen, verfolgte das Justizministerium die interessante Spur weiter. Es erteilte jedoch nicht den Hamiltons, sondern der Firma eines Freundes des amerikanischen Präsidenten den Auftrag zur Erstellung des Prosecutor's Management Systems, auch Promis-Programm genannt, das dann mit einer mehr oder weniger identischen Kopie des von den Hamiltons entwickelten Inslaw-Programms herauskam. Ein ähnliches System wurde zu Beginn der siebziger Jahre auch vom Bundeskriminalamt zur Schleppnetzfahndung gegen Terroristen und vom Bundesamt für Verfassungsschutz zum Aufspüren, vor allem bei der Observierung, von Spionen angewandt. Voraussetzung sind wiederum Rechner einer hohen Leistungsklasse, wie etwa der VAX-Rechner.

In den USA ist um die zum Einsatz kommende Software ein ungeheurer, noch heute sich in seinen Teilaspekten ausdehnender Skandal entstanden. Zwei Bundesgerichte bescheinigten dem Justizministerium unter Justizminister Meese, es habe das Programm gestohlen und dem Unternehmer die verdiente Entlohnung vorenthalten. Die Software-Entwickler gerieten mit der Ablehnung in eine finanzielle Schieflage, die letztlich im Konkurs endete. Die unteren Gerichte gaben der Klage des Ehepaares auf Lizenzgebühren für die vom Justizministerium bei den Staatsanwaltschaften des Landes verwandten Promis-Programme statt. Einer der angerufenen Richter entschied, das US-Justizministerium habe die Promis-Software mittels Tricks, Täuschung und Betrug an sich gebracht, ein Urteil, dem sich der Untersuchungsbericht des Rechtsausschusses des Repräsentantenhauses im Kongreß mit Mehrheit anschloß. Der Supreme Court wies dann allerdings die Schadensersatzklage, da angeblich vor dem falschen Gerichtszweig anhängig gemacht, als unzulässig zurück.

Der Bericht des Rechtsausschusses warf Justizminister Meese, dessen Freund Earl Brian den Software-Auftrag an Land gezogen hatte, vor[40], er habe die Aufklärung des Falles durch den Untersuchungsausschuß gezielt zum Scheitern gebracht und Gerichtsanweisungen mißachtet.

Eine besondere Zuspitzung erfuhr der Fall durch die Ermordung des Journalisten Casolaro, der abenteuerlichen Hintergründen auf der Spur war, und nach eigenem Bekunden kurz vor der Aufklärung des Falles stand. Bei einem Treff in West-Virginia sollten ihm die entscheidenden beweisführenden Unterlagen von Kennern der Zusammenhänge ausgehändigt werden. Statt dessen fand ihn das Hotelpersonal tot in seiner Badewanne auf. Zuvor bereits hatte Casolaro Todesdrohungen erhalten und daraufhin seiner Familie mitgeteilt, wenn ihm etwas zustoße, dann solle man keinesfalls von einem Selbstmord ausgehen.

Justizminister und Polizei jedoch gaben seinen Tod als Selbstmord aus. Familie und Freunde sind von der Ermordung des Journalisten aufgrund seiner lebensbejahenden Persönlichkeit überzeugt. Sachverständige hielten die Vielzahl tiefer Messerschnitte in den Arm für völlig untypisch, wenn nicht gar objektiv unmöglich für einen Selbstmörder[41]. Die Darstellung der Polizei und des Justizministeriums erscheint besonders schwach angesichts der Tatsache, daß der Leichnam sofort vom Tatort weggeschafft und ohne Benachrichtigung, geschweige denn Auftrag der Angehörigen von einem Institut einbalsamiert wurde. Der Tatort selbst wurde eilends von einem Reinigungsinstitut gründlich gesäubert, so daß weitere kriminologische Nachforschungen sich erübrigten[42].

CIA und Mossad
mit verräterischer Software

Doch diese Hintergründe klären nur einen Teil des vermuteten Sachverhaltes auf. Ari Ben-Menashe, jahrelang ein Mann aus dem innersten Kreis der israelischen Geheimdienste, umstritten, wie könnte es anders sein[43], gibt in seinem Buch *Profits of War* eine in sich schlüssige und inzwischen unter Eingeweihten wohl nicht mehr strittige Erklärung:

Die amerikanischen Dienste, darunter insbesondere NSA und CIA, hätten ebenso wie der israelische Mossad den Wert des Programmes für geheimdienstliche Zwecke erkannt, und Techniken des Eindringens und Aushorchens von Hochleistungscomputern mit den dort über das Promis-Programm erfaßten und gespeicherten Daten entwickelt[44]. Die israelische Seite habe einen Software-Spezialisten der Universität Berkeley mit der Entwicklung einer Eindringmöglichkeit beauftragt, die CIA habe die entsprechende Software in der Cabazon-Indianerreservation unter der Federführung der Firma Wackenhut entwickeln lassen.

Wackenhut ist ein in Florida ansässiges Unternehmen, das private Sicherheitsdienste weltweit anbietet, Waffenlager mit konventionellen, biologischen und nuklearen Waffen bewacht, Gefängnisse privat betreibt, Flughäfen bewacht und ein bundes- wenn nicht weltweites Detekteiunternehmen zum Einsatz anbietet. Bei Wackenhut arbeiten 400 000 Beschäftigte. Die Firma stellt in großem Umfang ehemalige FBI- und CIA-Mitarbeiter und ausgemusterte Soldaten von Sondereinheiten ein und beschäftigt zahlreiche hohe Regierungsbeamte und Politiker der Reagan- und Bush-Administration in Führungs- und Aufsichtsratsfunktionen[45]. Wackenhut unterhält auch eine große Datensammlung über linke, linksliberale und dem Staat und der Privatwirtschaft kritisch gegenüberstehende Persönlichkeiten, die Personalabteilungen privater Unternehmen hilfreich zur Seite steht.

Bei dem Software-Entwickler des Computer-Eindringprogrammes für die CIA handelte es sich um Michael Riconosciuto, langjähriger CIA-Mitarbeiter und Technikgenie, der später vor dem Untersuchungsausschuß des amerikanischen Kongresses die Hintergründe des Promis-Inslaw-Falles ausbreitete. Wegen möglicherweise gezinkter Beweismittel aus der Drogenszene wurde er, nachdem er mit seinen Behauptungen an die Öffentlichkeit getreten war, zu einer Haftstrafe verurteilt, deretwegen er derzeit in einem kalifornischen Gefängnis einsitzt[46].

Aus welchen Gründen die Firma Wackenhut im Auftrage der CIA die Entwicklung der Computer-Eindringsoftware in einem Indianerreservat in der Nähe von Palm Springs hatte vornehmen lassen, bleibt unklar. Das Unternehmen Wackenhut nutzt das Reservat auch zur Entwicklung und Herstellung von Waffen, darunter chemischen und biologischen, die zum Teil illegal an die Contras in Nicaragua geliefert wurden. Indianerreservate haben in den USA einen privatwirtschaftlich unschätzbaren Standortvorteil, insofern als in diesen Gebieten Landesgesetze keine Anwendung finden, da die dort ansässigen Indianerstämme als mehr oder weniger souveräne Nationen behandelt werden, die sich selbst verwalten und in deren Angelegenheiten die umgebende Staatsgesetzgebung und Verwaltung sich nicht einmischen darf. Das betrifft auch die Gesetze über die Ausfuhr von Waffen. Da mag durchaus hilfreich sein, daß das Reservat nicht weit entfernt von der mexikanischen Grenze liegt. Der Indianerstamm besteht lediglich aus 24 Personen. Gleichwohl ist ein »Kaukasier« zum Verwalter des Reservats gewählt worden. Es handelt sich um den mit der Firma Wackenhut eng verbundenen ehemaligen stellvertretenden Geschäftsführer der Chile-Niederlassung des ITT-Konzerns, John Philipp Nicholson, der als CIA-Agent den Umsturz und die Ermordung von Präsident Allende in die Wege geleitet hatte. Nicholson soll sich außerdem rühmen, an Mordversuchen gegen Fidel Castro teilgenommen zu haben. Als die wenigen Indianer des Reservats die Selbstverwaltung wieder in eigene Hände nehmen wollten, kam es zur Ermordung des Sprechers und mit ihm sympathisierender Indianer. Die Stammesangehörigen unterlagen im übrigen einer strengen medizinischen Betreuung der Firma Wackenhut, schließlich wurden im Auftrag der Abteilung der CIA für technische Dienste in der Reservation auch Psychopharmaka entwickelt[47]. Die Affäre ist von Mord durchsetzt, weshalb sich ganze Systeme von Verschwörungsdarstellungen mit der Lokalität des Reservats verbinden[48].

Wie das Eindringen in die Datenbanken der Großrechner technisch im einzelnen abläuft, ist nicht dokumentiert. Der Entwickler

Riconosciuto hat seine Technik als physikalische Abstrahlung dargestellt, die Satelliten, von Mauern unbehindert, vom Weltall aus aufnehmen können. Deutsche Sachverständige, die diese Technik anhand der Skizzen Riconosciutos beurteilen konnten, haben die
physikalische Darstellung als zutreffend und als durchaus machbar
begutachtet. Sollte sich dies bewahrheiten, kann mit Sicherheit angenommen werden, daß die amerikanischen Geheimdienste mit Hilfe
von Satelliten jeden Großrechner der Welt einschließlich der Rechner von Banken zu knacken in der Lage sind[49]. Dies wiederum würde
bedeuten, daß nicht nur über die Promis-Software ein Eindringen
möglich ist, sondern grundsätzlich alle Großrechner zum Mitlesen
über Spionagesatelliten zugänglich sind[50].

Einen etwas anderen, aber nicht weniger wirksamen Weg hat die
israelische Seite eingeschlagen. Für die israelischen Dienste wurde,
so Ari Ben-Menashe, ein Software-Baustein in das Promis-Programm eingebaut, der für den Betreiber unentdeckbar, den Großrechner zum Mitlesen der Daten von außen öffnet. So soll es über
einen PC mit Modem und eine Telefonleitung möglich sein, von
außen, zum Beispiel über das vernetzte Elektrizitätsabrechnungssy-
stem, in den Rechner einzudringen und die dort gespeicherten Daten
abzuziehen.

CIA und Mossad gelang es nun über verdeckte Unternehmen, die
»trojanische« Software an Geheimdienste, die Kriminalpolizeien,
die Streitkräfte vieler Länder, auch an Interpol zu verkaufen. Dabei
war der Verkauf an die potentiellen Gegner, die Staaten des Warschauer Paktes, im Falle Israels die arabischen Staaten, von besonderem Interesse. Der erste Kunde, der die Promis-Software erwarb, war
Jordanien, das damit daranging, das Netz radikaler Palästinenser zu
überwachen und Verfolgungsmaßnahmen entsprechend zu steuern[51].
Aus einem Hotelzimmer in Amman konnte nun ein Agent des Mossad über PC und Modem den Zentralrechner des jordanischen Geheimdienstes anzapfen und die gewünschten Daten abrufen. In Guatemala war die CIA bei der Einrichtung einer Anlage behilflich, mit
deren Hilfe die Spuren mißliebiger Regimegegner bis zu deren
Liquidierung verfolgt wurden[52]. Rund 20 000 Menschen sind in der
Folge von Todesschwadronen ermordet worden. In Südafrika richtete
das Apartheidsregime mit israelischer Hilfe ein entsprechendes Programm ein[53]. Es diente der Verfolgung von Aktivisten aus der

schwarzen Befreiungsbewegung ANC[54]. Man rechnet dort mit rund 120 000 Toten. Das Programm wurde an insgesamt 88 Länder verkauft, darunter Kanada, Frankreich, Deutschland, Großbritannien, Irak, Libyen, Australien und Iran.

Ari Ben-Menashe behauptet, der Verkauf des Promis-Programmes sei auf israelischer Seite von dem später auf seiner Jacht im Mittelmeer zu Tode gekommenen Großverleger Maxwell[55] vertrieben worden, der ja auch, unterstützt mit Mitteln des Schalck-Imperiums, die Honecker-Memoiren in Englisch verlegt und in den angelsächsischen Ländern vertrieben hatte. Maxwell war nicht nur Inhaber zahlreicher Zeitungsverlage[56]. Als Besitzer der Berlitz-Holding verfügte er auch über die weltweit präsenten Berlitz-Schulen. Über diese Holding habe er, so Ben-Menashe, Tochterfirmen gegründet, die die Software mit der eingebauten Hintertür an den gesamten Ostblock geliefert hätten. Der Chef der CIA habe 1987 persönlich den Verkauf von Großrechnern an den Ostblock freigegeben, weil diese jeweils mit der entsprechenden Abhör-Software gekoppelt gewesen seien. Die Details können sicherlich nur Spezialisten der elektronischen Kommunikation genauer beurteilen. Es ist nicht auszuschließen, daß schon die Betriebs-Software der Großrechner von Hause aus für Geheimdiensthacker einbruchsgeneigt gefertigt wurde. Auf jeden Fall läßt sich so die durch den Chaos-Computer-Club Hamburg ausgelöste Hysterie in Geheimdienst- und Kriminalistenkreisen erklären. An die Vorstellung, daß NSA und CIA ebenso wie der israelische Mossad in den Computern von BND, MAD, von Bundes- und Landesämtern für Verfassungsschutz mitlesen können, ist bisher öffentlich nicht gedacht worden. Gleiches gilt für die Großrechner des nationalen und internationalen Bankenverkehrs und der nationalen Steuerverwaltungen. Doch von diesem Sachverhalt ist mit an Sicherheit grenzender Wahrscheinlichkeit auszugehen.

Ein kurzer, flüchtiger Blick auf die High-Tech-Schmuggelei der KoKo-Mannschaft um Schalck-Golodkowski führt folglich über die geheimdienstdurchsetzte Verkäuferbank geradewegs zu Partnern in Israel, Südafrika und den USA mit Hintergründen, deren Aufklärung nicht nur in der Bundesrepublik wenig erwünscht ist. Inzwischen ist die Entwicklung der Eindringmöglichkeiten der amerikanischen Dienste so weit fortgeschritten, daß einzelne Konten etwa bei Schweizer Banken per Computersoftware wie ein Fuchsloch be-

wacht werden können. Alle elektronischen Schnüffelergebnisse zusammengenommen, die Überwachung sämtlicher Bewegungsabläufe einer Person, deren Familie, Freunde, Geschäftspartner, des
Telefon- und Computerverkehrs bis hin zu Strom-, Wasser-, Kredit-
kartengebrauchs, der Pkw-Vermieter, der Flugzeugbewegungen und
Ticketverkäufe, lassen kein Entkommen mehr zu. Inzwischen wird
im Internet bereits höhnisch gefragt, ob der frühere Verteidigungsminister Caspar Weinberger zwei Konten mit angegebenen Nummern
bei einer bestimmten Bank in der Schweiz unterhalte und ob die Bar-
schaft auf diesen Konten aus Bestechungsgeldern oder aus einer Beteiligung an der Geldwäsche stammten. Hämisch weisen die EDV-
Piraten den Konteninhaber darauf hin, er möge sich über die Auskunft der Bank, auf seinen Konten befänden sich wider Erwarten keinerlei Guthaben mehr, nicht wundern. Die habe man per Hack auf
das Konto des zuständigen Finanzamtes in den USA (Internal Revenue Service) überwiesen, wo sie als ungerechtfertigte Bereicherung
auch hingehörten[57].

Die Fortentwicklung dieser Art von Software zur gezielten Aus-
spionierung von Banken soll in Little Rock, Arkansas, in einem Unternehmen im Auftrag der NSA unter maßgeblicher Beteiligung des
Rechtsanwaltssozius der Hillary Clinton entwickelt worden sein.
Dem Sozius, der später im Weißen Haus beschäftigt war, wird unterstellt, er habe mit Hilfe des Programmes selbst umfangreiche Geldwäscheoperationen vorgenommen. Der Mann wurde tot in einem
Park in der Nähe von Washington aufgefunden. Die offizielle Erklärung lautet auf Selbstmord. Doch die Umstände des Falles sprechen
wohl auch hier eher für einen Mord in einer Perfektion und unter
Umständen, die normalerweise nur Geheimdiensten oder deren Auf-
tragsmördern zugeschrieben werden können[58].

Aus den Diskussionen im Internet ergibt sich, daß eine Gruppe von
Hackern mit den entsprechenden Kenntnissen und Zugriffsmöglichkeiten vermutlich innerhalb der amerikanischen Geheimdienste
gezielt nach korrupten Politikern aller Parteien fahndet, deren
geheime Nummernkonten in Übersee aufspürt, die Konten zugunsten
der Finanzämter leerräumt und die Politiker durch Konfrontation mit
den elektronischen Erkenntnissen zur Aufgabe ihres Amtes veranlaßt.
Die Zahl der entsprechend behandelten, zum Teil namhaften Kongreßabgeordneten soll sich inzwischen auf mehr als 30 belaufen[59].

Im übrigen bleibt nachzutragen, daß über die Kombination des Indianerreservats mit der Wackenhut-Gesellschaft nach Aussagen zahlreicher Zeugen Geschäfte mit dem Iran, Drogenschmuggel, Waffenhandel und Geldwäsche, betrieben wurden. Ein Großteil von Zeugen wurde Opfer von Mordanschlägen. Darunter auch Jan Spiro, ein Agent, der sowohl im Dienst der CIA, des Mossad als auch des britischen MI 6 gestanden haben soll. Veröffentlichungen finden mit wenigen Ausnahmen über das Internet statt.

4

Waffenhandel und Durchdringung des Gegners

Geheimdienste decken Waffenhandel

Der Bereich Kommerzielle Koordinierung war intensiv auch im Internationalen Waffenhandel tätig. Dabei blieb die Belieferung verbündeter oder befreundeter Regierungen und Streitkräfte in der Hand des offiziellen Außenhandelsbetriebes ITA (Ingenieurtechnischer Außenhandel). Neu war in den achtziger Jahren die Belieferung von Ländern, die als Abnehmer hinzugewonnen werden sollten und die bei Betriebsbesichtigungen, Verhandlungen oder Waffendemonstrationen in der DDR nicht auf die Gesichter oder Spuren ihrer Gegner treffen sollten, zumal wenn es sich um den ideologischen Gegner des sozialistischen Lagers handelte. Infolgedessen wurde in Ostberlin die Firma IMES gegründet, deren Handelsvertreter den internationalen Waffenmarkt abklapperten. Im Vergleich zu den großen Waffenexporteuren der Welt, den USA, der UdSSR, Frankreichs, Englands und der Bundesrepublik erreichte der Handel keinen übermäßigen Umfang. Dies lag nicht zuletzt daran, daß die DDR mit Ausnahme von leichten Handfeuerwaffen und Anlagen zur Herstellung von Munition über keine eigene Waffenproduktion verfügte. Die Unterhändler der IMES konnten jedoch gemeinsam mit ihren Waffenexportkollegen von der Firma Kintex aus Bulgarien, die zugleich in Drogengeschäften bewandert war, oder mit der Firma Omnipol aus Warschau oder der Firma Centin aus Prag in der ČSSR die gewünschten Angebotspaletten nach Bedarf zusammenstellen. Für größere Umsätze wurde das Lager Kavelsdorf mit unmittelbarer Anbindung an die Autobahn Berlin–Rostock, ebenso günstig zum Überseehafen Rostock wie zum polnischen Hafen Stettin gelegen, errichtet und von Mannschaften der Staatssicherheit betrieben und bewacht. Die Entfernung zwischen den von Sondereinheiten der Stasi kontrollierten Quais im Hafen und der Lagereinfahrt in Kavelsdorf betrug nur wenige Kilometer. Ein Gleisanschluß ermöglichte die Einfahrt geschlossener Güterwagen zum Beispiel mit hochexplosiver Munition wiederum unter Spezialbewachung durch Kräfte der Staatssicherheit. Das Lager Kavelsdorf bleibt geheimnisumwittert, da die Aktenlage, die sich aus den gefledderten Beständen rekonstruieren läßt, ein zwangsläufig nur noch dürftiges Bild hinterläßt. Möglicherweise sind über Kavelsdorf und die IMES weniger konspirative Waffengeschäfte abgewickelt worden, als sich die Initiatoren ursprünglich vorgestellt haben oder sich haben ausmalen lassen. Die Tatbeteiligten haben Angst auszusagen, schweigen eisern oder leben nicht mehr. Weshalb der frühere schleswig-holsteinische Ministerpräsident Barschel nach Darstellung seines Fahrers einmal im Jahre 1986, nach anderen Quellen dreimal in dem unscheinbaren Lager gewesen ist, läßt sich nicht mehr nachvollziehen. Es muß für derlei Besuche einen Anlaß gegeben haben, ebenso wie für die acht Besuche, die Uwe Barschel als Innenminister und Ministerpräsident angeblich ohne Begleitung den verschiedenen wertvollen Biotopen der DDR widmete. Angesichts der zum Teil noch in den Akten nachzulesenden lückenlosen Überwachung durch die Staatssicherheit in der Stadt Rostock selbst erscheint der Naturkundedrang etwas aufgesetzt.

Einige Geschäfte der IMES gehen aus den nach der Wende noch aufgefundenen Akten hervor. Andere wiederum haben schon vor dem Zusammenbruch der DDR zu weltweiten Schlagzeilen geführt. Der internationale und nicht selten auch der nationale Waffenhandel gehört zu den typisch skandalträchtigen und gefahrgeneigten Arbeitsfeldern von Kaufleuten, Politikern und Geheimdienstleuten. Er pflegt häufig mit größeren, aus Sicht des Steuergesetzgebers »nützlichen« Aufwendungen an die politisch, militärisch und administrativ verantwortlichen Entscheidungsträger in den Käufer- wie Liefernationen einherzugehen. Haben sich die Lieferstaaten zum Beispiel im Rahmen der UNO zur Einhaltung eines Embargos gegen einen Abnehmerstaat verpflichtet, werden die zur Umgehung des Embargos erforderlichen, meist astronomisch hohen Schmuggelpreise für die Rechnungshofkontrolleure in den Beschaffungsstaaten nahezu unüberprüfbar. Entsprechend hohe Gewinne warten auf Verkäufer und Vermittler, die sich der riskanten Aufgabe stellen. Wie bereits im Bereich der Hochtechnologieexporte des zivilen Bereichs zu beobachten, gelingt es auch im Bereich der Waffen in aller Regel nicht, Exportverbote und Embargos wirksam durchzusetzen. Der Käufer bewerkstelligt es stets, allerdings zu gesalzenen Preisaufschlägen, über raffinierte Umwege und nicht selten unter Einschaltung der in allen Ländern und Erdteilen allzeit einsetzbaren organisierten Kriminalität an die gewünschte Ware heranzukommen. Die US-Geheimdienste beobachten über Lauschangriffe aus dem All nahezu lückenlos das Telefon-, Fax-, Fernschreiber- und E-Mail-Geschehen auf Erden. Die Geheimdienste des Gastlandes des Lieferanten wie des Händlers haben durchweg alle Waffenhändler, in der Regel auch die Transporteure als Informanten in ihre Dienste gestellt und pflegen ein wachsames Auge auf die Verlade- und Umschlagshäfen zu werfen.

Angesichts dieser Überwachungsdichte, in der sich die verschiedenen, auch gegnerischen Geheimdienste nicht selten Suomo-Ringern gleich umklammert halten, kann man sich über die angebliche Unfähigkeit der Staaten, den illegalen Waffenhandel wirksam zu unterbinden, nur wundern. Und man staunt ebenso über öffentlichkeitswirksam platzende Waffendeals wie über die PR-Show des amerikanischen Verteidigungsministers Weinberger mit dem deutschen Technobanditen Moneten-Müller. Einige Transaktionen mögen dies besonders veranschaulichen:

Waffenverkäufe an Terroristen.
Geheimdienste immer dabei

So kaufte die IMES in Ostberlin bei dem englischen Staatsbetrieb Royal Ordnance sogenannte Antiaufruhrwaffen. Als Eigentümerin wie auch über ihre Dienste war die englische Regierung stets über die laufenden Waffenverkäufe voll im Bilde[60]. Die Waffen wurden für die Ostberliner Firma Zibado gekauft, die in dem vom Bereich Kommerzielle Koordinierung erstellten und vermieteten Internationalen Handelszentrum in der Friedrichstraße in Ostberlin untergebracht war. Diese allseits mit Abhör-, Fotoanlagen und weiblichen wie männlichen Kontaktpersonen der Stasi ausgestattete Einrichtung bot aber auch in den zahlreichen Büros großer Westkonzerne verdeckten Agenten des Westens Unterschlupf[61]. Die Firma Zibado war kaum mehr als eine kleine Außenstelle der SAS Trade & Investment Company in Warschau, die sich im Besitz der allseits bekannten Al-Fatah-RC-Terroristengruppe des Abu Nidal befand. Dachorganisation der SAS Trading wiederum war die Al Reem Trading mit Niederlassungen unter unterschiedlicher Firmierung in Kuwait, der Schweiz, auf Zypern, in Panama, London, Paris, Athen, Damaskus und Warschau. Der für die Firma Zibado zuständige Stellvertreter Abu Nidals vereinbarte im Frühjahr 1985 mit der Firma IMES den Kauf der Antiaufruhrwaffen des Typs Arwen. Eigentlicher Vertragspartner war die SAS Trade & Investments Comp. in Warschau, die als Endabnehmer der Waffen das Polizeiministerium in Sierra Leone angab und dies durch Übergabe einer zum Preis von 50 000 Dollar auf dem grauen Markt gekauften »echten« Endverbleibserklärung glaubhaft machte. Die Waffen wurden von einem englischen Hafen an der Themse zunächst nach Zeebrügge, einen auf die Verschiffung von Kriegsgerät auch der NATO spezialisierten Hafen, gebracht, in ein DDR-Schiff umgeladen, das, einen Maschinenschaden vortäuschend, statt nach Sierra Leone nach Rostock zurücklief, wo die Ware entladen wurde.

Die Vernehmung der im Waffenhandel tätigen Verkäufer des Bereichs Kommerzielle Koordinierung durch den Untersuchungsausschuß des Deutschen Bundestages hat glaubwürdig ergeben, daß bei Waffenlieferungen die Geheimdienste des Liefer- wie des Transitlandes ausnahmslos bestens informiert waren. Die Aktenlage der Staatssicherheit über die westlichen Waffenverkäufer und die Aussagen der ehemaligen Waffenhändler der KoKo haben übereinstimmend erkennen lassen, daß Waffenhändler jedes westlichen wie östlichen Landes ohne Zusammenarbeit mit dem Geheimdienst zumindest des eigenen Landes ihrem Geschäft nicht nachgehen konnten. Sie gaben durchweg den für sie zuständigen Geheimdiensten die tatsächlichen Verkäufe und das tatsächliche Zielland der Verkäufe zur Kenntnis, die damit Aufklärung über die Empfänger, deren Absichten, Stoßrichtungen, Fähigkeiten erhielten[62]. Auch in den mit dem Transport der Waffen befaßten Speditionen gingen die Geheimdienste ein und aus, ganz abgesehen davon, daß alle Schiffsbewegungen mit Waffen an Bord genau verfolgt wurden.

Der Botschafter der USA in Ostberlin überreichte im Mai 1987 im

Außenministerium der DDR eine Protestnote, in der der DDR-Regierung vorgeworfen wurde, sie habe einer der übelsten internationalen Terrorgruppen in Gestalt des Zibado-Unternehmens Unterkunft und Betätigungsfelder für den Waffenhandel eröffnet. Kurze Zeit danach löste die Abu-Nidal-Gruppe ihre Repräsentanz im Internationalen Handelszentrum in der Friedrichstraße auf.

Die Waffen- und Drogenhändler Al Kassar

Interessant erscheint in diesem Zusammenhang die Zusammenarbeit der Mutterfirma der Abu-Nidal-Gruppe in Warschau, der SAS Trade & Investment Comp. mit dem Syrer Monzer Al Kassar, einem der vier Brüder Al Kassar, die im internationalen Waffen- und Drogengeschäft tätig sind und denen zudem die massive Unterstützung des internationalen Terrorismus vorgeworfen wird[63]. Monzer Al Kassar hatte in Wien die Firma Alkastronic gegründet. Teilhaber waren zwei Angehörige des kommunistischen polnischen Geheimdienstes. Die Firma vermittelte unter Verstoß gegen die österreichischen Waffenausfuhrbestimmungen Panzerhaubitzen der Firma Noricum an den kriegführenden Iran. Über den Waffenexportskandal stürzten später der Verteidigungs-, der Wirtschafts- und der Innenminister der österreichischen sozialdemokratischen Regierung Kreisky.

Andererseits fällt auf, daß derselbe Monzer Al Kassar über die Abu-Nidal-Firma SAS Trade in Warschau der CIA in großem Umfang Waffen aus polnischer und sowjetischer Fertigung verkaufte und in die USA lieferte. Von Stettin aus gingen ganze Schiffsladungen mit Ostblockwaffen über den Atlantik zu Lagerhäusern der US-Armee an der Ostküste der USA, wo die Waffen teils zu Testzwecken auf Übungsgeländen zur realistischen Feinddarstellung genutzt wurden, zum Teil landeten sie aber auch bei den Contras, die sie im Partisanenkampf gegen die von der US-Regierung als kommunistisch bekämpfte Regierung in Nicaragua einsetzten.

Monzer Al Kassar verlegte sich erfolgreich auf die Vermittlung von Waffen zwischen Regierungen. Er bestellte Waffen, die aufgrund der geltenden Waffenexportgesetze, wie zum Beispiel Österreichs oder der Bundesrepublik, nicht in ein Spannungsgebiet, etwa den Iran oder den Irak, hätten verkauft werden dürfen, an eine diplomatisch anerkannte, international als zuverlässig und friedfertig angesehene Regierung, zum Beispiel in Lateinamerika. Die Unbescholtenheit einer Empfängerregierung in Sachen Korruption und Vertragstreue gehört nicht zu den Genehmigungsbedingungen in den nationalen Waffenexportgesetzen. Wenn die Empfängerregierung die zu liefernde Ware auf eigene Rechnung und Gefahr weiterverkauft und daraus für sich Gewinn zieht, war und ist das eine Angelegenheit, die den im spanischen Marbella lebenden Monzer Al Kassar nichts mehr anging, die allerdings auch den für die Kontrolle des Waffenexports in den Lieferländern verantwortlichen Beamten und Politikern gleichgültig sein konnte. Den allenfalls verbleibenden Vorwurf der Dummheit und Naivität konnten Beamte wie Politiker im Zweifel aussitzen oder durch Rücktritt abwettern. Dies insbesondere dann, wenn im Exportland Wahlkampfkasse und Nummernkonto in der Schweiz den kurzfristigen Image-Schaden auszugleichen vermochten.

Für die Lieferungen von Handfeuerwaffen und Luftabwehrraketen aus Ostblockfertigung an die Contras hätte der amerikanische Geheimdienst nie offen die Verantwortung übernehmen können, zumal der US-Kongreß die weitere Belieferung der Rebellentruppe ausdrücklich verboten hatte. Mit der Zwischenschaltung eines Waffenhändlers wurde die Verantwortlichkeit optimal verschleiert. Ähnliches galt für die Vermittlung bulgarischer Kalaschnikows mit Holzgriff an den Jemen. Die Waffen wurden im Auftrag der CIA vom Südjemen aus über Pakistan zu den sogenannten Freiheitskämpfern in Afghanistan weitertransportiert, die nun, mit diesen Waffen ausgerüstet, gegen die von den Sowjets in Afghanistan eingesetzte und mit sowjetischen Truppen und Waffengewalt unterstützte Regierung zu Felde zogen[64].

Terrorgruppen
geheimdienstunterwandert

Doch zurück zum Waffenhandel der Abu-Nidal-Gruppe mit ihren Niederlassungen in Warschau und Ostberlin. Als der US-Botschafter in Ostberlin wegen des Gewährenlassens der Terrorgruppe im Außenministerium der DDR vorstellig wurde, soll die Gruppe bereits über unverfängliche Dritte vom Mossad gesteuert gewesen sein. Dies berichtet der ehemalige Mitarbeiter der israelischen Geheimdienste Ari Ben-Menashe in seinem Buch *Profits of War*. Zum Zeitpunkt ihres Überfalls auf das Kreuzfahrtschiff *Achille Lauro* sei die Gruppe bereits ohne deren Wissen vom israelischen Geheimdienst eingesetzt worden[65]. Ursprünglich soll die CIA in Zusammenarbeit mit dem marokkanischen Geheimdienst geplant haben, die Gruppe zu unterwandern. Die marokkanischen und tunesischen Mitglieder der Gruppe wurden von der CIA und vom Mossad ausgebildet[66]. Monzer Al Kassar wiederum hat über diese Gruppe nicht nur Waffen bezogen, sondern sie auch finanziell unterstützt. Die Abu-Nidal-Gruppe war wesentlich an der Ermordung palästinensischer und arabischer Politiker des Nahen Ostens beteiligt, die auf Frieden und Ausgleich mit Israel drängten[67].

Monzer Al Kassar
im Visier des BKA

Die Waffen- und Drogengeschäfte des Monzer Al Kassar und seiner Brüder wurden unter anderem durch den Bericht eines Beamten des Bundeskriminalamtes bekannt, den dieser eigens zum Thema Al Kassar ausgearbeitet und auf einer Interpol-Konferenz vorgetragen hatte[68]. Schon der Vater Al Kassar soll als Botschafter Syriens in Pakistan mit dem Drogenhandel begonnen haben. Die vier Kinder seien arbeitsteilig in seine Fußstapfen getreten. Die Serie der Straftaten Monzer Al Kassars beginnt mit einem Autodiebstahl in Italien mit einem Querverweis auf den seinerzeitigen Spitzenvertreter der italienischen Mafia, Badalimento. Es folgt ein Rauschgiftdelikt in

Kopenhagen, das zur Ausweisung aus Dänemark führt, sowie eine Verurteilung in London wegen des Besitzes einiger Gramm Heroin. Dann beginnt die Karriere als Waffenschieber mit Schwerpunkt in Österreich und dem Verkauf von Panzerhaubitzen der Firma Noricum an die Iraner.

In Paris benutzt Monzer Al Kassar eine Schöne zum Transport eines für den Terroreinsatz präparierten Diplomatenkoffers. Die Dame bekommt beim Anblick eines Maschinengewehrs mit verkürztem Lauf und Schalldämpfer kalte Füße und eröffnet sich der französischen Polizei, die eine heimliche Hausdurchsuchung durchführt und Monzer Al Kassar beschattet. Laut Polizeiprotokoll war das Terrorköfferchen für die Ermordung eines israelischen Diplomaten in Den Haag bestimmt. Nebenbei fällt auf, daß im Terminkalender Al Kassars der Name des deutschen Rechtsterroristen Ottfried Hepp vermerkt ist, dem Al Kassar ebenfalls Waffen für den Terroreinsatz vermittelt hatte. Der Syrer entkommt der französischen Polizei durch das auffällige, Warnung signalisierende Auftreten von Agenten der CIA. Er wird in Abwesenheit zu einer mehrjährigen Haftstrafe verurteilt.

In Deutschland besorgen sich die Brüder Al Kassar bei einer Firma in Siegen umgebaute Tanklastwagen, mit denen man, im Tankgut versteckt, Waffen oder Drogen schmuggeln kann. Einschlägige Geschäftsgespräche in einem Landgasthaus am Tegernsee zeichnet die Polizei per Lauschangriff auf. Einer der Tanklastwagenfahrer ist bereits wegen Beteiligung am Rauschgifthandel vorbestraft. Er fürchtet um sein Leben. Laut Aktenvermerk ist der Fahrer später in Hamburg ermordet aufgefunden worden. Eine israelische Zeitung verweist auf Monzer Al Kassar als Mordverdächtigen.

Von seinem märchenhaften Wohnsitz im spanischen Marbella aus macht er Geschäfte mit Südamerika. In München umfrisierte Edelkarossen läßt er nach Südamerika verfrachten und, mit Rauschgift versehen, in alle Welt exportieren. Eine Deutsche hilft ihm von Marbella aus, die entsprechenden Kontakte zu knüpfen. Angeblich war Al Kassar auch an einem Staatsstreich in Sierra Leone aktiv beteiligt. Einen Großteil seiner Reisen zwischen Syrien, Frankreich, Spanien, dem Jemen, der Bundesrepublik, Österreich und Polen legte Monzer Al Kassar ebenso wie sein Bruder im familieneigenen Lear Jet zurück. In den Zeiten des Kalten Krieges machte er sich die Grenzverhältnisse zwischen Ost und West zunutze, indem er, von Westen startend, die NATO-luftüberwachte Grenze in ein Ostblockland überflog, dort einen Zwischenaufenthalt einlegte, um dann meist in Richtung Nahost und den Jemen davonzudüsen. Kriminalistische Verfolgungsaktionen der westlichen Kleinstaaten mußten an derlei Praktiken scheitern. Geld und Rauschgift konnten, bevorzugte Abfertigung auf entsprechend vorbereiteten Flughäfen unterstellt, bei den Flügen leicht mitgenommen werden. Bei einem Versuch, im dichten Pfingstverkehr mit dem Auto das in Österreich gegen ihn verhängte Einreiseverbot zu unterlaufen, scheiterte er an der Wachsamkeit und Dienstfertigkeit der durch das BKA vorgewarnten bayerischen- und österreichischen Grenzpolizisten. Al Kassar bediente sich am Grenzübergang eines von der stark deutschlastigen Gemeinde Blumenau in Brasilien auf einen Aliasnamen ausgestellten Passes.

Kriminalistischer Erfolg, politischer Fehlschlag

In der zwischen der österreichischen und der bayerischen Grenzpolizei vorbereiteten Kontrollaktion wurde Monzer Al Kassar an der Autobahn-Grenzstation Walserberg festgenommen und in Untersuchungshaft genommen, zunächst einmal wegen eines Paßvergehens. Al Kassar verlangte umgehend von Max Strauß, dem Sohn des seinerzeitigen bayerischen Ministerpräsidenten, anwaltlich vertreten zu werden. Die telefonische Verbindung kam jedoch nicht zustande, so daß Al Kassar sich mit einem lokalen Anwalt begnügen mußte. Das Bundeskriminalamt versuchte nun die französische Justiz zu veranlassen, den gegen Al Kassar laufenden nationalen französischen Haftbefehl in einen international vollstreckbaren umzuwandeln, um die in Abwesenheit gefällte achtjährige rechtskräftige Freiheitsstrafe des Landgerichts Paris zu vollstrecken. Das hätte der Bundesrepublik erlaubt, den festgenommenen Al Kassar nach Frankreich abzuschieben. Doch nichts dergleichen geschah.

Die französische Politik war Monzer Al Kassar inzwischen zu Dank verpflichtet, weil angeblich dank seiner Vermittlung die Freilassung französischer Geiseln im Libanon erwirkt wurde. Die Gegenleistung könnte im Verzicht der französischen Regierung auf Verbüßung der verhängten Strafe gelegen haben. Auf bayerischer Seite wird eine Rolle gespielt haben, daß die Kassars mit der Familie des syrischen Präsidenten befreundet sind und Franz Josef Strauß mit dem Präsidenten wie auch dem Verteidigungsminister Syriens in politischem wie geschäftlichem Kontakt stand. Schließlich ließ sich Strauß wiederholt mit Flugzeugen arabischer Regierungen oder Geschäftsleute nach Damaskus bringen, um dort bei der Vermittlung von Waffen- aber auch Airbus-Verkäufen behilflich zu sein. Die Bundesregierung wurde in solchen Fällen kurz gehalten, denn die Reiseabsicht, meist mit Privatmaschinen, wurde in aller Regel nur wenige Stunden vor Abflug von München nach Bonn durchgegeben. Die tatsächlichen Zusammenhänge wird man kaum je in der wünschenswerten Exaktheit erfahren können. Wichtig erscheint in diesem Zusammenhang vielleicht noch der Hinweis, daß der Fahrer des Golf, der Monzer Al Kassar von München nach Wien bringen sollte, bei einem Mann Names Kuzbari beschäftigt war. Dieser Syrer war ebenfalls an Waffenlieferungen in den Iran beteiligt. Er besaß inzwischen die österreichische Staatsangehörigkeit und konnte, mit einem österreichischen Diplomatenpaß versehen, seinen Waffengeschäften nahezu unkontrolliert nachgehen. Kuzbari gehörte im übrigen ebenso wie Monzer Al Kassar zu den Stammgästen des Café Demel in Wien, dessen Besitzer Udo Proksch, die ganze politische Hautevolee zu seinen Freunden zählte. Proksch wiederum war die Hauptfigur eines großangelegten Versicherungsbetruges. Gegenstand war eine als nukleare Wiederaufbereitungsanlage deklarierte Schiffsladung, die durch die Explosion des Frachters *Lucona* im Pazifik, bei der sechs Seeleute starben, versenkt worden war.[69]. Proksch unterhielt zudem intensive Beziehungen zur Residentur der Stasi in Wien, wie wir vor allem aus den Aussagen des Stasi-Überläufers Stiller erfahren haben. Andererseits soll der Vater von Proksch beim BND beschäftigt gewesen sein.[70]

Lehrwerkstatt
für illegalen Waffenhandel

Bei der Betrachtung der internationalen Verflechtungen des Waffenhandels wird dem Rechercheur der Zusammenhänge wie auch dem Leser eine fast nicht zu erbringende Kombinationsgabe abverlangt. Und es fehlen in der Regel die eindeutigen Beweise, aus denen hervorgeht, daß eine Menge Waffen aus dem Land A verkauft und vom Land B aufgekauft und genutzt wird. Diese Form einer direkten Abwicklung wird nur bei hasenreinen Geschäften eingehalten. Doch IMES in Ostberlin beschäftigte sich mit Geschäften, die etwa in der Bundesrepublik oder auch in den USA unerlaubt oder doch genehmigungsbedürftig gewesen wären oder deren Bekanntwerden sich geschäfts- und prestigeschädigend gegen die DDR ausgewirkt hätten. Für derlei Konstruktionen stand IMES mit seinem ganzen Sachverstand und dem für Täuschungshandlungen erforderlichen Instrumentarium eines Geheimdienstes und der Verschwiegenheit einer Diktatur zur Verfügung. Die DDR-Presse unterlag der Lenkung, und die in der DDR akkreditierte Auslandspresse konnte leicht ausgetrickst werden. Die DDR-Waffenhändler konnten sich gegen Zahlung einer Summe von meist 50 000 Dollar für jeden denkbaren Waffenexport ein »echtes« Endverbleibszertifikat besorgen. Unechte Endverbleibszertifikate sind gefälschte Dokumente. Sie geben einen Aussteller an, der von seiner Erklärung nichts weiß, der folglich bei Anfrage erklären kann, daß ein vorgelegtes und angeblich von ihm ausgestelltes Papier unecht ist. Mit allen Wassern gewaschene Waffenhändler bevorzugen jedoch das »echte Zertifikat«. Hier erklärt der für Waffenkäufe zuständige Beamte eines Drittstaates wahrheitswidrig, daß die verkauften Waffen zum Ge- und Verbrauch und damit zum Verbleib im eigenen Lande bestimmt seien. Im Besitz derart wahrheitswidriger, jedoch echter Zertifikate kann sich der Waffenhändler in den hier interessierenden Fällen ein Waffenexportgeschäft amtlich genehmigen lassen in dem Bewußtsein, daß die Waffen entweder schon auf dem Transportweg in Richtung des Landes, in das nicht hätte exportiert werden dürfen, umgeleitet werden oder daß die Waffen zwar in das Land mit dem echten Endverbleibszertifikat gelangen, von dort aber unter Bruch des Endverbleibszertifikates in Krisenherde weiterexportiert werden.

Das europäische Pulverkartell

Ein weiterer berühmt gewordener Fall aus dem Verantwortungsbereich von KoKo betraf die westeuropäischen Sprengstoffhersteller, die dank des ungeheuren Bedarfs an Munition bei Waffengängen zwischen hochgerüsteten Massenheeren wie im iranisch-irakischen Krieg zwischen 1980 und 1988 ihr besonderes Auskommen fanden. Die Munition wird hier schnell knapp, die Nachlieferungen bringen den Pulverfirmen das große Geschäft. Doch lassen die Waffenexportbestimmungen und die zur Kontrolle eingesetzten Behörden vieler Länder einen Verkauf an die Kriegsparteien meist nicht ohne weiteres zu. Es versteht sich von selbst, daß in solchen Zeiten die Versuchung groß ist, möglichst mit beiden Kriegsparteien ins Geschäft zu kommen, erst recht bei zahlungskräftigen Ölländern wie dem Iran und dem Irak. Dieser Versuchung erlagen die westeuropäischen Pulverhersteller, voran der schwedische Nobel-Konzern unter dem Firmennamen Bofors, die belgischen und holländischen Hersteller ebenso wie die französischen[71]. Als konspirative Technik zu diesem Zwecke hatten sie sich das sogenannte Pulverkartell ausgedacht, das sich hinter dem Namen »Verein zur Erforschung des sicheren Umgangs mit Explosivstoffen« zu verbergen pflegt. Die schwedische Zollbehörde war den illegalen Munitionsexporten der schwedischen Firma, vermutlich aufgrund von Hinweisen aus der allumfassenden amerikanischen Telefonüberwachung, auf die Schliche gekommen. Der schwedische Premier Olof Palme ordnete eine genaue Untersuchung der Exporte an, während der so erwischte Munitionshersteller daraufhin auf die naheliegende Idee kam, beim Export in den Iran ebenso wie bei der Belieferung des Iraks zur Täuschung der Waffenexportkontrolleure die DDR-Firma IMES zwischenzuschalten. Gegen eine Vermittlungsgebühr war IMES hierzu sofort bereit. Doch der schwedische Zoll deckte auch diese Verbindung auf. Die Beamten ermittelten, daß ein vom schweizerischen Fribourg aus agierender Waffenhändler namens Karl-Erik Schmitz unter Beteiligung der westeuropäischen Partnerhersteller an der Exportkontrolle vorbei große Munitionsmengen teils per Schiff, teils per Bahn in den Iran versandt hatte. Des weiteren kam heraus, daß schwedisches Munitionspulver unter Vermittlung des finnischen Vertreters der Firma Sevico Oy über Dynamit Nobel in Wien in die DDR transportiert und von dort über den westdeutschen Hafen Nordenham in den Iran geleitet wurde. Die Transporte über bundesrepublikanisches Gebiet verstießen gegen das westdeutsche Kriegswaffenkontrollgesetz. Die bei den KoKo-Unterlagen gefundenen Rest-Papiere bestätigen den gesamten Vorgang zweifelsfrei. Gemeinsam mit den schwedischen und finnischen Partnern berieten die IMES-Manager, wie man den Deal gegenüber den schwedischen Strafverfolgungsbehörden so darstellen könne, daß der Anfangsverdacht der Behörde ausgeräumt werden konnte und das Verfahren schließlich aus Mangel an Beweisen eingestellt werden mußte. Der Auftrag des schwedischen Ministerpräsidenten, den Vorgang gründlich und schonungslos aufzuklären, wird in der Gerüchteküche mit seiner bis heute unaufgeklärten Ermordung in Verbindung gebracht. Andere wiederum gehen davon aus, daß der südafrikanische Geheimdienst hinter dem Attentat gestanden habe, da Palme das Apartheidsregime in Südafrika in vielen Reden auf das schärfste gegeißelt habe. Doch in Wirklichkeit kann auch diese Erklärung wenig überzeugen angesichts der Tatsache, daß in der Mordnacht auffällig viele Angehörige der schwedischen Reichspolizei mit regem Funkverkehr in der Nähe und um den Tatort herum in Stellung gebracht waren. Daß die ausgebufften Pulverhersteller Europas einen Killerauftrag gegen einen renitent gewordenen Politiker erteilen, erscheint ebenfalls eher unwahrscheinlich, wenn man den Umstand berücksichtigt, daß die Waffenlieferungen nach kurzer Unterbrechung fast durchweg wieder aufgenommen werden konnten, weil neue Wege ausfindig gemacht wurden. Ein durchgreifendes Motiv zur Beseitigung Palmes hatten allenfalls diejenigen, die den Einfluß seiner auf Abrüstung und Verständigung gerichteten Politik auf die Weltmeinung ausschalten wollten in einer Zeit, als die Mannschaft um die beiden Präsidenten Reagan und Bush auf extreme Konfrontation zum Warschauer Pakt, dem Reich des Bösen, gegangen waren.

Waffen an Terroristen –
der Syrer Nicola Nicola

Um Waffenschieberei geht es auch im Fall des Syrers Nicola Beshara Nicola, der ebenfalls der palästinensischen Terrorszene zugerechnet wird[72]. Das Unternehmen wird von vier Brüdern betrieben. Nicola führt offiziell einen Gemüseexport in Athen mit Lieferungen nach Saudi-Arabien, Nordjemen und Jordanien, der allerdings nur der Abdeckung der Waffengeschäfte dient. Im Februar 1984 äußerte Simon einer inoffiziellen Quelle der Stasi gegenüber, sein Bruder Nicola Beshara arbeite gemeinsam mit Mitgliedern der PLO (Al Fatah) an der Vorbereitung terroristischer Aktionen und sei an der Vorbereitung und Durchführung von Terroranschlägen gegen amerikanische Vertretungen und Niederlassungen beteiligt gewesen.

Durch die Stasi-Kollegen des ČSSR-Geheimdienstes wurde bekannt, daß Nicola Beshara, Mitglied der syrischen Terrororganisation Carlos, im »System der gemeinsamen Ostblockerfassung von Informationen über den Gegner« gespeichert sei. Die ČSSR habe daher gegen ihn eine Einreisesperre verhängt.

Nicola Beshara wird den Waffenverkäufern der IMES in Ostberlin von der Antiterrorgruppe der Abteilung XXII des MfS zugeführt. Nicola will Waffen kaufen. Der Waffenhändler fährt mit umgebauten Mercedes-Tanklastern im Exportwaffenlager Kavelsdorf vor. In den Tanks sind geheime Container eingeschweißt, in denen Handfeuerwaffen unentdeckt über Grenzen geschmuggelt werden können. Noch lukrativer lassen sich derartige Container für den Schmuggel von Rauschgift einsetzen. In den USA waren zeitweise ganze Flotten solchermaßen ausgestatteter Tanklastwagen unterwegs, die verflüssigtes Erdgas aus Mexiko in die USA transportierten und dabei in eingeschweißten Verstecken ihr Rauschgift über die Grenze brachten. Das die Container umhüllende Flüssiggas machte den Zoll- und Drogenbehörden die Durchsuchung nahezu unmöglich.

Nicola kaufte Mitte 1983 bei der Stasi-Firma IMES 2 000 Kalaschnikows polnischer Herkunft, die in Kavelsdorf in die Mercedes-Tankfahrzeuge verladen wurden und dann in Rostock zur Verschiffung in den arabischen Raum kamen. Nicola kaufte bei IMES außerdem 100 AKM-S sowie mindestens 8 000 in der Bundesrepubik

Deutschland gefertigte und von IMES über die belgische Firma Beijma des Bundesdeutschen Karl-Heinz Schulz bezogene belgische FN-Baby-Pistolen und 1 700 Falcon-Pistolen des spanischen Produzenten Astra. Dazu kamen 1,8 Millionen Schuß Munition der österreichischen Firma Hirtenberger. Die Tankfahrzeuge mit der versteckten Ware wurden im August 1983 auf dem DDR-Motorschiff *Siegmund Jähn* und im Februar 1984 auf dem Motorschiff *Rhinsee* nach Hodaida im Nordjemen verschifft. Der Transport von zwei weiteren Tankfahrzeugen auf dem Motorschiff *Müggelsee* mußte im Mai 1984 auf dem Weg zum Zielhafen im Nordjemen unterbrochen werden.

Britische Zeitungen hatten in großer Aufmachung berichtet, griechische Zöllner hätten im Laderaum eines griechischen Schiffes unter einer größeren Obstkonservenladung Tankfahrzeuge aus Bulgarien mit eingeschweißten Containern entdeckt. In den Containern hätten sich 22 000 Pistolen und zwei Millionen Schuß Munition befunden, die über Griechenland nach dem Nordjemen hätten transportiert werden sollen. Die Stasi schloß aus den Pressemitteilungen, daß es sich um die von Nicola gekauften Waffen handeln mußte und folglich weitere Transporte Gefahr liefen, aufgedeckt zu werden. Der DDR-Frachter *Müggelsee* wurde daher, wie bereits erwähnt, umgehend auf hoher See gestoppt und die präparierten Lastwagen auf ein nach Rostock fahrendes Schiff umgeladen und nach Kavelsdorf zurückgebracht. Dort wurden die Tanks vom Chassis der Fahrzeuge getrennt und zerstört. In einem zweiten Versuch wurden die Waffen in Schiffscontainer verladen und nach Dschidda in Saudi-Arabien verschifft. Doch auch dieses Unternehmen scheiterte. Die saudischen Behörden, von wem auch immer mit Hinweisen versehen, entdeckten das Schmuggelgut. Die Verbindungsleute des Nicola wurden noch im Hafen festgenommen. Die Geschäfte des Nicola und seiner Brüder mit der IMES-Mannschaft des Dr. Schalck begannen öffentlichkeitswirksam zu scheitern[73].

Stasi und KoKo-Waffenverkäufer hatten wohl zu Recht angenommen, daß der Fall Nicola mit dem auf einen Tip des israelischen Geheimdienstes hin durchsuchten griechischen Gemüseschiff etwas gemein hatte. Die Waffen auf dem griechischen Schiff gehörten zu der gleichen Kategorie wie die zuvor auf DDR-Frachtern verschifften. Auch die Munition stammte von der österreichischen Firma Hirtenberger, einer Tochter des Staatsfirma Voest Alpine.

Die Waffen für Nicola Nicola wurden in der Regel von dem bereits erwähnten deutsch-belgischen Waffenhändler Schulz und dessen Firma Beij-ma vermittelt, der mit dem belgischen Geheimdienst und dem Bundesnachrichtendienst zusammenarbeitete[74]. Interessant im Gesamtzusammenhang ist der mehrfache Hinweis in den Akten, daß Nicola Beshara Nicola seinerseits wieder als Waffenlieferant der Terrororganisation des Venezolaners »Carlos« anzusehen sei.

DDR-Waffen, dänische Schiffe, falsche Papiere und der CIA-Mann in Panama

Ein weiterer, unter großem internationalen Aufsehen geplatzter Waffenskandal, in dem die Ostberliner Firma IMES weltweit vorgeführt wurde, ist unter dem Namen des in Panama beschlagnahmten dänischen Schiffes *Pia Vesta* bekanntgeworden[75]. Die *Pia Vesta* hatte in Rostock Militärlastwagen des Typs IFA Robur, Luftabwehrraketen und Panzerfäuste geladen. Die IMES war der Verkäufer der Waren, wer der eigentliche Besteller gewesen sein soll, darüber rätselt die Welt noch heute. Vermittelt hatte die Rüstungsgüter eine Firma V.U.F.A.G in Genf, die einem Deutschen gehörte. Als Besteller trat eine Firma Star Production in Genf auf, deren Eigentümer ein Herr Starkmann war, der wiederum einen Franzosen namens Patrice Gentry de la Sagne zum Kompagnon hatte[76]. Die Firma vertrieb offiziell Kinderfilme, hatte jedoch auch Kontakte zum französischen Auslandsgeheimdienst. Bis zur Aushändigung der Ware an den Kunden sollte eine Firma in Paris verfügungsberechtigt sein. Als Adressaten der Lieferung waren gleichzeitig eine Firma mit Sitz in Uruguay und in einem zweiten Satz Frachtpapiere eine Firma mit Sitz in Paraguay angegeben. Die dem Kapitän ausgehändigten Ladepapiere wiederum stimmten mit den Konossementen, den Papieren über den Verfügungsberechtigten über die Ladung, nicht überein. Den Papieren beigegeben war eine Erklärung des peruanischen Marineattachés in Washington an die zuständigen Stellen, daß die Ware für die peruanischen Streitkräfte bestimmt sei. Hinterher stellte sich heraus, daß die Unterschrift in auffällig plumper Weise gefälscht war. Erschwerend kam hinzu, daß zum Ausstellungsdatum der Endverbleibserklärung der genannte Attaché seinen Dienstort Washington längst verlassen hatte.

Die Lieferung sollte von den peruanischen Streitkräften in Empfang genommen werden, doch die verweigerten in Gestalt des peruanischen Generalstabschefs die Annahme der Güter. Es heißt, die peruanischen Stellen seien von Dienststellen der Vereinigten Staaten von Kurs, Ziel und Ladung der *Pia Vesta* unterrichtet worden.

Die bereits im Pazifik kreuzende *Pia Vesta* kehrte daraufhin ohne erfindlichen Grund um, durchlief erneut den Panamakanal in entgegengesetzter Richtung. In Panama wird das Schiff auf Geheiß des damaligen Staatschefs Noriega von den dortigen Streitkräften angehalten, durchsucht und mit der aufgedeckten Ladung international zur Schau gestellt. Bei dem Akt war, wie zufällig, auch eine Vertreterin des amerikanischen Nachrichtensenders CNN zugegen, die zu bester Fernsehzeit in den USA live aus der Ladeluke des Schiffes über den Waffenskandal berichten konnte[77]. Es kam sofort heraus, daß der Kapitän über Papiere mit unterschiedlichen Angaben verfügte. In dem einen waren als Ladegut nur Lastwagen genannt. In den anderen wurden die Flugabwehrraketen und die Handfeuerwaffen aufgeführt. Die Regierung von Panama hielt das Schiff fest und forderte nun weltweit den wahren Eigentümer der Ware auf, sich zu melden und den Nachweis seines Eigentums zu erbringen. Schließlich meldete sich ein Waffenhändler aus Miami namens Bill Duncan, der behauptete, der Eigentümer zu sein. Duncan breitete vor der Presse aus, die Ladung der *Pia Vesta* sei der kleinere Teil eines eigentlich für Südafrika bestimmten Waffenpaketes gewesen. Die Südafrikaner hätten sich für hochwertige sowjetische Luftabwehrraketen interessiert. Die von Waffenhändlern zunächst angesprochenen Sowjets hätten abgewunken und auf ihre ostdeutschen Freunde verwiesen, die den für sowjetische Waffenhändler verbotenen Handel eher bewerkstelligen könnten. Die Sache sei dann zur beiderseitigen Zufriedenheit vereinbart worden. Südafrika habe für die gesamte Warenpalette rund 22 Millionen Dollar im voraus bezahlen müssen. Das Geschäft sei bar abgewickelt worden. Südafrika habe Flugzeuge mit Bargeld in die Schweiz schicken müssen, um seinen Verpflichtungen nachzukommen. Doch dann sei die Gefahr einer Aufdeckung des Geschäftes in Südafrika zu befürchten gewesen. Vor allem habe man versucht, die Bestechungsgelder von zwei Millionen Dollar aus dem damals anstehenden Wahlkampf herauszuhalten. Daher sei die gesamte Operation abgeblasen worden. Die nur mit dem ersten, weniger wertvollen Teil der vereinbarten Waffenkäufe beladene und bereits ausgelaufene *Pia Vesta* habe man nach Mittelamerika umdirigiert.

Daß der Staatschef von Panama die Ladung der *Pia Vesta* mit Waffen aus ostdeutscher Lieferung so fernsehgerecht zur Schau stellte, mag seine Gründe in Spannungen mit der amerikanischen Regierung in Washington gehabt haben, war Noriega doch eine wichtige Figur für und gegen die Unterstützung der Contras im verdeckten Kampf der USA gegen die sandinistische Regierung in Nicaragua gewesen. Noriega war jahrzehntelang ein von der CIA mit jährlich bis zu 200 000 Dollar entlohnter Freund der USA gewesen[78]. Und er hatte sich einen ebenso hervorragenden wie lukrativen Platz im weltweiten Drogenhandel erobert[79]. Der die Ladung der *Pia Vesta* beanspruchende Waffenhändler Duncan wiederum taucht in Notizen des Obersten der Marineinfantrie Oliver North auf, damals im Stab des Nationalen Sicherheitsberaters des amerikanischen Präsidenten zuständig für die in der Regel illegalen Geschäfte, die später den Kern des Iran-Contra-Skandals ausmachten. Dort heißt es in einem Tagebucheintrag, man möge sich vor Duncan in acht nehmen. Er rühme sich des Zugangs zum amerikanischen Vizepräsidenten Bush und sei ein gefährlicher Bombenwerfer. Auf die Zusammenhänge wird später zurückzukommen sein. In einer Notiz Robert Owens, des Verbindungsmannes von Oliver North zu den Contras, tauchen Starckman, Patrice Gentry de la Sagne, David Duncan und die Firma Star Productions im Netzwerk der Contra-Operationen auf. Doch letztlich ist es bis heute nicht gelungen, den Fall *Pia Vesta* voll aufzuklären. Weder die Parlamentsausschüsse in Peru noch die Ausschüsse des US-Kongresses zur Aufhellung des Dickichts des Iran-Contra-Skandals, geschweige denn der Ausschuß des Deutschen Bundestages zur Aufklärung der Machenschaften des Bereichs Kommerzielle Koordinierung des DDR-Außenhandelsministeriums konnten eine rundum stimmige Darstellung erarbeiten. Die an der Aufgabe beteiligten Parlamentarier sind von den Geheimdiensten ihrer Länder nicht in den Stand versetzt worden, die Zusammenhänge schlüssig aufzuklären. Die Aufgabe ist mit nationalen Mitteln allenfalls dann zu lösen, wenn die Geheimdienste eines oder mehrerer Länder das

»Über-Bande-Spiel« der internationalen Waffenhändler mit den jeweiligen Geheimdiensten offenlegen. Doch dies zu erwarten dürfte eine Illusion sein. Um der Wahrheit wenigstens ein wenig nahe zu kommen, muß die internationale Szene zu der Zeit, als der Fall sich ereignete, ebenso beleuchtet werden wie die handelnden Personen mit ihrer Zuordnung zu den jeweiligen offen oder verdeckt handelnden und durch Geheimdienste gesteuerten oder unterwanderten Organisationen.

Hintergründe – Abgründe

Der Fall der *Pia Vesta* führt mitten in die Verwicklungen des sogenannten Iran-Contra-Skandals in den USA, der sich durch ungehemmte, vom Kongreß aber ausdrücklich untersagte Waffenexporte sowohl in den Iran als auch an die Contras in Nicaragua auszeichnete. Beide Skandale haben Gemeinsamkeiten etwa in der Art der Finanzierung. Auch die Planung aus dem Weißen Haus unter Führung des Nationalen Sicherheitsberaters des amerikanischen Präsidenten und dessen Mitarbeiter Oliver North lassen eine gewisse Gemeinsamkeit erkennen. Allerdings führt die Zusammenfügung zu einem Kontinente übergreifenden Gesamtskandal auch zu einer massiven Täuschung der Öffentlichkeit über die verdeckte Drogenfinanzierung der Contra-Rebellion. Die Affäre um die *Pia Vesta* spielt in einer Zeit, da Waffenlieferungen an die kriegführenden Parteien des Irans und des Iraks von erheblichem geschäftlichen wie politischen Interesse waren. Die Revolution des Ayatollah Khomeini, die Vertreibung des Schahs und vor allem die Geiselnahme von 52 Angehörigen der amerikanischen Botschaft in Teheran hatten 1979 zu gefährlichen Spannungen zwischen den USA und dem Iran geführt. Die tägliche Fernsehberichterstattung in den USA über die Befindlichkeit der Geiseln und die Unfähigkeit zu ihrer Befreiung wurde zum nahezu ausschließlichen Wahlkampfthema und bedrohte die Wiederwahl des amtierenden Präsidenten Jimmy Carter. Die Befreiung der Geiseln durch amerikanische Sondereinheiten war an Naturhindernissen, grotesken Fehlplanungen und Eifersüchteleien der amerikanischen Teilstreitkräfte gescheitert. Die USA drängten nun den irakischen Diktator Saddam Hussein, die Schwächephase des revolutionären Irans für einen Krieg um die iranischen Ölquellen am Persischen Golf zu nutzen[80]. Die Vereinigten Staaten, die ein Waffenembargo gegen den Iran verhängt hatten, konnten davon ausgehen, daß das zu Zeiten des Schahs im wesentlichen auf amerikanischen Waffen- und Munitionslieferungen aufgebaute Arsenal der iranischen Streitkräfte aus Mangel an Ersatzteilen schnell unbrauchbar werden würde. Die US-Regierung ging ferner davon aus, daß die Streitkräfte dem aus dem Lande geflohenen Schah loyal ergeben seien und sich in erheblichen Teilen nicht für die neue Revolutionsregierung des Ayatollah schlagen würden. Allerdings wollte man auch keinen klaren Sieg des Iraks. Beide Seiten sollten verlieren, darin waren sich Henry Kissinger und Israels damaliger Verteidigungsminister Rabin einig[81]. Entsprechend scheiterten auch die Vermittlungen des später ermordeten Olof Palme.

5

Waffen, Drogen, Söldner und Freiheitskämpfer

*Präsidentschaftswahlen
und das Oktoberwunder*

Bestandteil des Iran-Skandals wiederum sind die Bemühungen und Manipulationen um die Freilassung der amerikanischen Geiseln in der US-Botschaft in Teheran. Die Hintergründe schildert der seinerzeitige Iran-Sachverständige der Carter-Regierung, Gary Sick. In dem Buch *October Surprise* beschreibt er, wie hinter dem Rücken des amtierenden Präsidenten die Wahlkampfmannschaft des republikanischen Bewerbers um das Präsidentenamt, Ronald Reagan, in Paris Kontakt mit den Vertretern des Ayatollah Khomeini aufgenommen hatte[82]. Ziel der Verhandlungen war es, die für Carters Wiederwahl entscheidende Freilassung der Botschaftsgeiseln bis nach den Präsidentschaftswahlen im Oktober 1980 zu verschieben. Als Gegenleistung für die Verzögerung versprach die Mannschaft des Reagan/Bush-Teams die Lieferung aller Waffen, die der Iran für eine erfolgreiche Verteidigung gegen die irakischen Streitkräfte für erforderlich hielt[83]. Zu den Unterhändlern in Paris sollen unter anderem der spätere Chef der CIA, der inzwischen verstorbene Bill Casey, und George Bush, der designierte Vizepräsident und spätere Präsident der USA, gehört haben[84]. Die Alibis der an der Verhandlung beteiligten Personen sind trotz gegenteiliger Behauptungen nicht stichhaltig. Die für den Zeitraum angegebenen Aufenthaltsorte etwa des späteren CIA-Chefs unter Reagan erwiesen sich als falsch. Der Sicherheitsberater des amerikanischen Präsidenten, Gregg, legte Fotos vor, die ihn zur Tatzeit an einem anderen Ort zeigen sollten. Doch die meteorologischen Daten stimmten nicht mit den Lichtverhältnissen der Alibifotos überein[85]. Der Luftwaffenpilot Rupp, der die Son-

dermaschine nach Paris flog, hat den Transport einer Verhandlungs-
mannschaft des republikanischen Präsidentschaftskandidaten ebenso
bestätigt wie Richard J. Brenneke. Zwangsläufig werden die Angaben der Zeugen bestritten. Brenneke wurde wegen Falschaussage
und Meineides in bezug auf seine Aussagen, der CIA angehört zu
haben und Kenntnis vom Flug einer Sondermaschine nach Paris gehabt zu haben, sowie wegen illegalen Waffenhandels vor Gericht gestellt[86]. In dem Verfahren mußte sich jedoch das Bundesjustizmini-
sterium in Washington, das den Prozeß in die Wege geleitet hatte,
von einem Geschworenengericht den Vorwurf gefallen lassen, es
habe mit seinen verfälschenden Sachverhaltsdarstellungen die Geschworenen mehrfach belogen. So stellte sich nämlich heraus, daß
Brenneke entgegen der Behauptung der Regierung in der Tat 18
Jahre lang für die CIA gearbeitet und seine Ausbildung bei einer verdeckt geführten Fluggesellschaft der CIA erhalten hatte. Brenneke
sagte umfassend über geheime Waffenverkäufe der CIA aus. Das
Gericht sprach ihn einstimmig in allen Punkten vom Vorwurf der
Falschaussage, des Meineides und des illegalen Waffenhandels frei.
Die Geschworenen ließen über ihren Sprecher verkünden, sie seien
nicht bereit, den Angaben der Regierung in Washington auch nur
den geringsten Glauben zu schenken.[87]

Verhandelte die Mannschaft des republikanischen Präsidentschaftskandidaten hinter dem Rücken des amtierenden Präsidenten
mit dem Iran über die Freilassung der amerikanischen Geiseln als
Gegenleistung künftiger Waffenlieferungen, so liefen die Überlegungen der israelischen Regierung in eine ähnliche Richtung. Die
Israelis waren nicht daran interessiert, im Irak des bislang durch die
USA nach Kräften geförderten Saddam Hussein eine neue, ölfinan-
zierte Militärmacht aufwachsen zu lassen. Zudem war die israelische
Regierung an der Abwahl des amerikanischen Präsidenten Carter
interessiert, der mit dem Camp-David-Abkommen den Friedensprozeß im Nahen Osten gegen den Willen der israelischen Regierung
nach dem Motto »Frieden gegen Rückgabe israelisch besetzten Landes« vorangetrieben hatte. Zur Abwehr der Gefahr eines militärisch
übermächtig werdenden Iraks ließen die Israelis ihre Geheimdienstverbindungen in Richtung Iran spielen, die seit den Zeiten des
Schahs außerordentlich eng waren. Die Iraner suchten verzweifelt
nach Munition und Ersatzteilen aus amerikanischer Produktion für

ihre Kriegsmaschine gegen den Irak. Folglich entschlossen sich die Israelis, der neuen Führung in Teheran das gewünschte Material gegen Aufpreis aus ihren Beständen zu liefern[88]. Die Preisaufschläge sollen bei 300 bis 600 Prozent gelegen haben. Die Israelis überredeten die CIA zu einem Dreiecksgeschäft. Israel lieferte aus seinen Armeebeständen Waffen und Munition amerikanischen Ursprungs an den Iran. Die USA ersetzten und erneuerten dieses Material im Rahmen der zwischen den USA und Israel geschlossenen militärischen Hilfsprogramme. Während nach außen die Fassade einer lückenlosen Einhaltung des Ausfuhrembargos, insbesondere von Rüstungsgütern, gegen den Iran aufrechterhalten wurde, rechtfertigten die Vertreter der Reagan-Administration die Durchbrechung mit dem Hinweis, man unterstütze hiermit insgeheim einen im innenpolitischen Machtkampf des Irans langfristig aussichtsreichen gemäßigten Flügel rund um den Parlamentspräsidenten Rafsandschani. Einer ähnlichen Sprachregelung bediente man sich später nach der Verschleppung amerikanischer und deutscher Geiseln im Libanon durch Iran-gesteuerte Terroristen der Hisbollah mit der Behauptung, die Waffenlieferungen eröffneten einen Weg zur Lösung der Geiselfrage.

Die grundlegende Änderung der amerikanischen Haltung in der Frage von Waffenlieferungen an den Iran hatte sich zuvor schon im Zuge der inneramerikanischen Auseinandersetzung um die Befreiung der Geiseln in der US-Botschaft in Teheran angedeutet.

Ebenso wie der Geisel- und Waffen-Deal mit dem Iran unter Umgehung des Kongresses eingefädelt worden war, so geschah dies auch mit den Waffenlieferungen und Ausbildungsleistungen an die Contras in Nicaragua. Die aus den Armeeangehörigen der alten Somoza-Diktatur rekrutierte Rebellentruppe war jahrelang von der CIA trainiert worden, um die neue, aus Sicht der Reagan-Mannschaft sich zur angeblich kommunistischen Gefahr für den amerikanischen Kontinent auswachsende Sandinista-Regierung zu beseitigen[89]. Der Kongreß hatte der Regierung Waffenlieferungen an die Contras ausdrücklich verboten. Dieses Verbot wurde ebenso wie das gegen den Iran verhängte Waffenembargo trickreich und in großem Stil umgangen. Die Supergewinne aus dem Dreiecksgeschäft der Waffenlieferungen zwischen USA, Israel und Iran sollen wenigstens zum Teil für die Belieferung der Contras mit Waffen aus zumeist osteuropäischen und chinesischen Beständen auf dem Umweg über internationale Waffenhändler und private »caritative« Organisationen verwandt worden sein[90]. Eine klare Rechnungslegung über die Abfolge der Transaktionen und deren jeweilige Zusammensetzung gibt es bis heute nicht. Es ist kaum anzunehmen, daß etwa die israelische Seite bereit war, auf einen nennenswerten Teil ihrer Einnahmen aus den überteuerten Waffenverkäufen an Teheran zu verzichten und Gewinnanteile der CIA zur Verfügung zu stellen oder den amerikanischen Lieferanten für die Auffüllung der geleerten Bestände ihrerseits überhöhte Preise zu zahlen[91]. Mit Sicherheit stammten die Gelder für den Kampf der nicaraguanischen Contras im Schwerpunkt aus der Duldung des internationalen Drogenhandels[92]. Auf jeden Fall liefen die Transaktionen nicht nur über staatliche Aufträge an neutrale Waffenhändler, sondern insbesondere über private, zum Teil gemeinnützige Organisationen, die der Reagan-Regierung nahestanden und Gelder und Waffen an die Contras vermittelten. Einen Teil der Kosten trugen zum Beispiel die Saudis, ja sogar politische Stiftungen aus aller Welt tauchten in der Spendenliste für die Contras auf[93]. Die Contra-Unterstützungsgelder wurden über CIA-nahe Rechtsanwälte in Zürich, die schon in der berüchtigten I.O.S-Affäre des Bernie Cornfeld vor Jahrzehnten die Hände im Spiel hatten, über Schweizer Konten abgerufen.

Der Iran-Contra-Skandal der Reagan-Regierung ist Gegenstand einer inzwischen unübersehbaren Literatur investigativer Journalisten und Buchautoren. Auch der amerikanische Kongreß hat die Teilaspekte der Waffenlieferungen an den Iran, die Unterstützung der Contras, in Anhörungen und Berichten untersucht und gewürdigt. Die Berichte der Regierung waren von hartnäckigem Leugnen, Verschweigen, Vertuschen, verbunden mit der Nichtvorlage, der Vernichtung und Schwärzung von Akten und Tagebüchern, gekennzeichnet[94].

Der Zusammenhang zwischen US-Präsidentschaftswahl und Geiselbefreiung in Teheran war gleichfalls Gegenstand eines Untersuchungsausschusses, der den Skandal jedoch eher abgewürgt als aufgeklärt hat. Nur wenige Jahre nach den die Nation tief erregenden und beschämenden Auseinandersetzungen um das Amtsenthebungsverfahren gegen Präsident Nixon, dem sogenannten Watergate-Skandal, hielten es die Führer des Kongresses für unangebracht, erneut einen ins Schleudern geratenden und illegal handelnden republikanischen Präsidenten ohne überzeugenden demokratischen Gegenkandidaten in ein neues Amtsenthebungsverfahren hineinzutreiben. Schwamm drüber, lautete die Parole. Ein Freispruch war dies freilich nicht. Hemmend mag mitgewirkt haben, daß Politiker beider Parteien, also auch der oppositionellen Demokraten, im Iran-Contra-Untersuchungsausschuß auf indirektem Wege aus dem Geheimfonds aus dem Waffenverkauf Gelder erhalten hatten, so daß der Eifer zur vollen Wahrheitsermittlung gebremst war[95].

Militärhilfe
und die Wahlkampfkasse

Ein kurzer Rückblick auf das amerikanische politische Trauma des Watergate-Skandals, des von Präsident Nixon veranlaßten Einbruchs von CIA-Veteranen in das Wahlkampfzentrum der Demokraten, sei hier im Hinblick auf die Methoden von Geheimdiensten kurz eingeblendet. Die Hintergründe enthüllte inzwischen ein amerikanischer Journalist griechischer Abstammung[96]. Danach hatte die amerikanische Regierung der mit Hilfe der CIA an die Macht geputschten Junta Griechenlands unmittelbar nach deren Machtantritt 1967 in großem Umfang Militärhilfe geleistet. Ein Teil dieser Steuergelder war in die Wahlkampfkasse des zur Wiederwahl anstehenden Präsidenten Nixon zurückgeflossen. Davon hatte die demokratische Seite des Herausforderers Jimmy Carter möglicherweise bereits Kenntnis erhalten. Um diese für die Chancen einer Wiederwahl des amtierenden Präsidenten Nixon geradezu tödliche Korruptionsbombe zu entschärfen, soll der Einbruch in das Watergategebäude erfolgt sein[97]. Angesichts des langfristigen Vorlaufs von Wahlkampagnen hätte der Diebstahl eines normalen amerikanischen Wahlkampfplanes, so die offizielle Lesart, allein derart kriminelle Aktivitäten ehemaliger Geheimdienstagenten allerdings kaum rechtfertigen können. Nicht auszuschließen ist daher die inzwischen verbreitete Annahme, daß es Geheimdienstkreise selbst waren, die Nixon durch gezielte Indiskretionen geradezu plakativ ein Bein stellten, um den für die Dienste unliebsam werdenden Präsidenten zu Fall zu bringen[98]. Dann hätten die Reorganisationspläne für die Geheimdienste, die Nixon sich für seine zweite und damit letzte Amtsperiode vorgenommen hatte, das Motiv abgegeben[99]. Die Drug Enforcement Agency, die Antidrogenbehörde, wurde unter Nixon zu einem Supergeheimdienst ausgebaut und verfügte über ein Spezialteam, dem Mordaktionen aufgetragen werden konnten[100]. Das Netzwerk, auf das hierbei zurückgegriffen werden konnte, reichte von den Exilkubanern in Miami über die Todesschwadronen Argentiniens[101] und anderer lateinamerikanischer Länder bis zu den Geheimdiensten und nicht zuletzt auch den Bossen des Drogenhandels, die den verdeckten Kampf gegen tatsächlich oder vermeintlich linke Kräfte finanzierten[102].

Im übrigen stellte sich später bei den Watergate-Untersuchungen heraus, daß auch der Schah Entwicklungsgelder, die er aus den USA zur Entwicklung des Landes beziehungsweise als Militärhilfe erhalten hatte, zu erheblichen Teilen Präsident Nixon für Wahlkampfzwecke über Geldwaschanlagen in Mexiko zur Verfügung gestellt hatte[103].

Das Weiße Haus und die gescheiterten Waffengeschäfte der KoKo

Um nun wieder auf die Leute der Kommerziellen Koordinierung in Ostberlin und die IMES-Mannschaft mit dem von der Stasi bewachten Auslieferungslager in Kavelsdorf zurückzukommen, so erhebt sich die Frage, weshalb derart viele Geschäfte der IMES zum Scheitern verurteilt waren und obendrein überaus öffentlichkeitswirksam zum Schaden nicht nur der DDR, sondern auch der anderen an den Waffenschiebereien beteiligten Staaten und Staatsmänner platzten. Wegen Belieferung der Abu-Nidal-Gruppe über Zibado in Ostberlin wurde der amerikanische Botschafter in Ostberlin vorstellig, nachdem schon in französischen Zeitungen entsprechende Berichte erschienen waren. Die in Tanklastwagen geschmuggelten Waffenlieferungen des Nicola Beshara Nicola scheiterten ebenso wie die entsprechenden Transporte der Al Kassar-Brüder. Der zweite Anlauf der IMES, die Nicola-Waffen über Saudi-Arabien zu transportieren,

wurde gleichfalls sofort aufgedeckt. Den Deal mit dem westeuropäischen Pulverkartell über die schwedische Firma Bofors-Nobel-
krut – später Nobel-Chemicals – und der Dynamit Nobel Wien ver-
eitelte der schwedische Zoll, der wohl gezielte Hinweise erhalten
hatte.

Im Fall der *Pia Vesta* ergaben sich ebenfalls Merkwürdigkeiten
zuhauf. Bei diesem Waffengeschäft gab es eine erstaunliche Fülle
von Hinweisen auf Geheimdienste und politische Verbindungen.
Der Diktator Panamas, Noriega, wie erwähnt seit Jahrzehnten Zuträger und bezahlter Agent der CIA mit höheren Zuwendungen pro Jahr
als das Gehalt des amerikanischen Präsidenten, ließ das dänische
Schiff geradezu exhibitionistisch anhalten und untersuchen. Noriega
wiederum war für seine Drogenaktivitäten, sein auf Geldwäsche an-
gelegtes Bankensystem bekanntgeworden[104]. Dieses Bankensystem
war mit Entwicklungshilfe der US-Regierung in den siebziger und
achtziger Jahren erst aufgebaut worden. Die an Freundschaft heran-
reichende Bekanntschaft Noriegas mit dem amerikanischen Vizepräsidenten und früheren CIA-Direktor George Bush und dessen
Besuche in Panama gehören zu den zahlreichen Auffälligkeiten.
Schließlich die Reklamation der durch Noriega vor den Fernsehka-
meras des Nachrichtensenders CNN zur besten Fernsehzeit in den
USA aufgedeckten Ostblockwaffen im Laderaum des dänischen
Frachters *Pia Vesta* durch den Waffenhändler Duncan aus Miami in
Florida mit seinen Beziehungen zum amerikanischen Vizepräsidenten Bush kann ebenfalls kaum zufällig gewesen sein. Entsprechende
Eintragungen in den Notizbüchern des Oliver North, eines Mitarbeiters des Sicherheitsberaters des amerikanischen Präsidenten, Admiral Pointdexters, gelangen bei dieser Gelegenheit nach und nach an
die Öffentlichkeit[105]. Darin wird der Waffenhändler Duncan als mit
dem Vizepräsidenten Bush befreundet und zugleich als gefährlicher
Bombenwerfer bezeichnet.

Waffenexporte
an allen Verboten vorbei

In diesem Zusammenhang ist wiederum von Interesse, daß die *Pia Vesta* eines von rund 20 dänischen Schiffen derselben Reederei war, die illegale Waffentransporte in den Iran und nach Südafrika durchführte. Bei der Offenbarung des Vorgangs spielt die angeblich kommunistisch geführte dänische Seemannsgewerkschaft eine entscheidende Rolle. Nach Einschätzung der Gewerkschaft erhielten die dänischen Seeleute für die gefährlichen Munitions- und Waffentransporte im Hafen wie auf See zu niedrige Heuern. Deshalb lancierte man Hinweise über Art und Umfang der mit Hilfe der CIA organisierten illegalen Waffentransporte nach Südafrika und in den Iran gezielt in die Medien. So konnte man den Indiskretionen der Gewerkschaften entnehmen, daß die dänischen Schiffe nicht selten zum Zwecke der Verschleierung und Irreführung auf hoher See umgeladen, daß die Schiffsnamen, wie bei Geheimdiensten nicht unüblich während der Fahrt mit Aliasnamen überpinselt würden. Die Seemannsgewerkschaft drohte mit der Offenbarung des gesamten Umfangs der illegalen Transporte. Es wurde auch angedeutet, daß in die Waffengeschäfte ein früherer Mit- und Zuarbeiter der CIA, Ed Wilson, einbezogen gewesen sei. Dieser habe in großem Umfang Waffen für den libyschen Staatschef Gaddafi beschafft. In diesem Zusammenhang stellte sich heraus, daß der langjährige CIA-Mitarbeiter Ed Wilson für den Libyer, den zuerst die Reagan-Administration und später deren Nachfolgerinnen bis zum heutigen Tage als Förderer des internationalen Terrorismus brandmarkten, zehn Tonnen amerikanischen Spezialsprengstoff C 4 zur Herstellung von Terrorbomben sowie die entsprechende Menge an Zeitzündern besorgt und libysche Spezialkommandos daran ausgebildet habe[106]. Ed Wilson wird uns später, bei der Organisation weiterer illegaler Geschäfte bis hin zur Wäsche von Drogengeldern nochmals begegnen.

Geht man dem Fall der *Pia Vesta* weiter nach, so stößt man auf die Weigerung der dänischen Schiffsversicherung, den Schaden der Reederei für die aufgrund der Beschlagnahme des Schiffes in Panama aufgelaufenen Kosten an erzwungener Liegezeit für Kapitän und Mannschaften sowie den entgangenen Gewinn zu erstatten. Um weitere Auseinandersetzungen im Keim zu ersticken, übernahm schließlich die dänische Regierung stillschweigend die Regulierung des Schadens, mit dem sie doch offenbar nicht das geringste zu tun hatte.

Die Frage drängt sich auf, weshalb ausgerechnet zu diesem Zeitpunkt diese Fülle an Indiskretionen geheimdienstlich angelegter, im Normalfall perfekt getarnter Aktionen ausgelöst wurde, wer sie in Gang gesetzt haben kann und welches Ziel damit verfolgt wurde. Ideologische Gründe oder gar pazifistische Anwandlungen hielten die Kollegen der mit den beiden Spitzenfunktionären der dänischen Seemannsgewerkschaft im Parlament verkehrenden Abgeordneten für ausgeschlossen. Denen sei es ausschließlich um die Heuer gegangen[107].

Falsche Fährten
und Desinformationen

Bei der Erhellung der Hintergründe ist stets Vorsicht geboten. Die Offenbarung einer illegalen Aktivität mit geheimdienstlichem Hintergrund geschieht in der Regel nicht zufällig. Die Verantwortlichen eines Geheimdienstes, die Waffenhandel oder auch illegale Technologietransfers in die Wege leiten, um bestimmten Kräften in der Welt auf die Beine oder zum Durchhalten zu verhelfen, und dies meinen aus übergeordneten Gründen geheimhalten zu müssen, werden sich ausschweigen. Im Zweifel werden sie auch ihre Vorgesetzten nach dem Prinzip des *need to know* über Einzelheiten im dunklen lassen, und sie werden die Presse ebenso wie parlamentarische Kontrolleure nach Bedarf und nach allen Regeln der Kunst mit plausiblen Unwahrheiten bedienen, um ihre Partner und Quellen zu schützen. Oberster Grundsatz aller geheimdienstlichen Tätigkeit ist es, Verbindungen und Quellen nicht preiszugeben. Nach diesem eisernen Grundsatz haben nach der Wende die Stasi-Führungsoffiziere ihre westdeutschen Informanten selbst auf die Gefahr hin geschützt, für derartige Aktivitäten strafrechtlich von der bundesrepublikanischen Justiz zur Rechenschaft gezogen zu werden. Der Quellenschutz deckt Waffenhändler, Drogenhändler, Geldwäscher und wer immer sich nachrichtendienstlich einem Geheimdienstmann anvertraut und von diesem als Quelle geführt wird. Wer als Führungsoffizier eines Geheimdienstes diese Regel verletzt, verliert den Zugang zu Informationen. Ein Geheimdienst, der den Grundsatz fallenläßt, wird im Milieu kein Bein mehr auf den Boden bringen. Auch dienstrechtliche Vorschriften engen die Bereitschaft der Beschäftigten ein, aus Empörung über Rechtsverstöße eines Geheimdienstes sich an die Öffentlichkeit zu wenden, massiv ein. Wer die eigene Regierung öffentlich bloßstellt, indem er sich der Presse anvertraut und Hintergrundinformationen preisgibt, kann zivil- und strafrechtlich verfolgt werden. Er kann seinen Job verlieren, er kann seiner Pension verlustig gehen. Die US-Regierung hat ihre zur Geheimhaltung verpflichteten Bediensteten inzwischen der Fähigkeit beraubt, sich durch dicke Presse- und Buchhonorare von der »Firma« zu lösen, denn neuerdings kann die Einziehung derartiger Einnahmen an die Bundeskasse verfügt werden.

Wenn gleichwohl Einzelheiten zweifelhafter Geschäfte das Tageslicht der öffentlichen Auseinandersetzungen erreichen, so hat dies sicherlich in einigen Fällen mit den Gewissensqualen von Geheimdienstleuten zu tun, wie dies nach den höchst dubiosen Aufträgen der CIA zur Ermordung mißliebiger ausländischer Staatsmänner oder der Ausbildung und Förderung von Mordbanden zur Disziplinierung aufständischer Rebellen der Fall gewesen sein mag. Nicht selten sind es jedoch Racheakte aus dem Markt gedrängter Waffen- oder Drogenhändler oder gezielte Bosheiten verfeindeter oder im Wettbewerb stehender Geheimdienste, die politische Effekte in einem Land herbeiführen wollen, indem sie Insiderkenntnisse streuen, die Politiker einer bestimmten Politikrichtung ins Zwielicht bringen sollen. Solcherart lassen sich Politiker, politische Parteien und Richtungen von der Macht verdrängen oder zumindest dazu bewegen, unerwünschte Aktivitäten einzustellen. Man kann davon ausgehen, daß der KGB jederzeit bereit war, Aktivitäten der CIA oder des BND an die große Glocke zu hängen, wenn er sich davon einen nachhaltigen propagandistischen Vorteil versprechen konnte, der wesentlich höher zu bewerten war als die mit der Kampagne verbundene Offenbarung von Kenntnisständen, Quellen und Methoden des Vorgehens.

Der Fall Noriega ist insofern interessant, als der panamaische Militärdiktator sich einem amerikanischen Strafgericht hat stellen müssen, nachdem er zuvor durch die Intervention von US-Streitkräften in Panama halb gefangengenommen, halb entführt worden war. Die US-Medien stellten Noriega als einen Mann dar, der in engster Zusammenarbeit mit dem sogenannten Medellin-Drogenkartell sich nach Kräften bereichert habe[108]. Und in der Tat brachten die Anhörungen in den Ausschüssen des amerikanischen Kongresses zutage, daß mit Wissen und unter Bereicherung des Staatsführers über Jahre große Mengen von Drogen via Panama in die USA geschmuggelt worden waren[109]. So soll Noriega neben den jährlich 200000 Dollar aus der Schatulle des CIA runde 80 Millionen Dollar aus dem Drogenhandel und der Geldwäsche gezogen haben und weitere 20 Millionen Dollar, indem er Kubanern panamaische Pässe ausstellte und damit zur Einreise in die USA verhalf[110]. Von den über 15000 in Panama registrierten Handelsschiffen, die so den Vorschriften der Industrieländer über Sicherheit, Bemannung und Umwelt entzogen werden, erzielte Noriega weitere 20 Millionen Dollar an jährlichen Einnahmen[111].

Als führende Mitglieder des Medellin-Kartells nach der Ermordung des Justizministers auf offener Straße 1988 Kolumbien fluchtartig verlassen mußten, fanden sie gegen Gewinnbeteiligung Noriegas am Drogengeschäft vorübergehend in Panama Zuflucht[112].

Der schamlos offene Drogenhandel erreichte seinen Höhepunkt just zu der Zeit, als die Regierung der Vereinigten Staaten dem Drogenschmuggel den Krieg erklärt hatte und der amerikanische Vizepräsident und frühere CIA-Chef Bush zum Abschnittsbevollmächtigten für den Drogenkampf in Florida eingesetzt worden war[113]. Und just über Florida liefen nun jahrelang die Drogenanlandungen der internationalen Kartelle, die nicht nur mit Noriega gemeinsame Sache machten, sondern auch die der Reagan-Administration in Washington so am Herzen liegenden Contra-Rebellen in Nicaragua mit Waffen belieferten[114]. Doch auch der Präsidentschaftskandidat gegen George Bush, Gouverneur des Staates Arkansas und spätere Präsident, Clinton, verwickelte seinen Staat in die Drogenaffäre, die unter aktiver Beteiligung der Contras, aber auch der CIA ablief[115]. Da in den Veröffentlichungen stets das sogenannte Medellin-Kartell als Organisator der erfolgreichen Schmuggelei angeführt wurde, könnte man mit einer gewissen Sicherheit von einem konkurrierenden Drogenunternehmen, etwa dem sogenannten Cali-Kartell, als einem der Verbreiter der negativen Nachrichten ausgehen[116]. Gelänge es dem

Cali-Kartell, die Drogenlinie des Medellin-Kartells zu beseitigen, könnten Markt- und Gewinnanteile übernommen werden[117].

Doch es gibt weiterführende Hintergründe für die erstaunlichen Indiskretionen um den Iran-Contra-Skandal in den USA. Dazu gehört auf der einen Seite die Tatsache, daß der israelische Geheimdienstmann Mike Harari engster Berater von Noriega war, ein Mann, der sich dem Waffen- und Drogenhandel in und um Panama widmete[118] und von dort aus die Ausbildung von Todesschwadronen und Söldnertruppen organisierte[119]. Der Mossad-Agent Harari wiederum hatte ein seinerzeit von der israelischen Ministerpräsidentin Golda Meir ausgesandtes Killerteam angeführt, das die anläßlich der Sommer-Olympiade 1972 in München ermordeten israelischen Gewichtheber rächen sollte. Dabei unterlief angeblich ihm der Fehler, versehentlich im norwegischen Lillehammer einen unschuldigen und wohl auch unverdächtigen Palästinenser erschossen zu haben[120].

Auffällig und gewiß nicht zufällig ist das Auftauchen der besten politischen Adressen in Washington in der Auseinandersetzung um die scheinbar herrenlose Ladung der *Pia Vesta* ebenso wie das Hochkochen der Hintergründe des Wahlkampfmanövers der siegreichen Reagan-Mannschaft, die mit dem Ziel, die Chancen der Wiederwahl Präsident Carters zu vermindern, die iranische Regierung zur Verzögerung der Freilassung der Geiseln in der Botschaft in Teheran veranlaßte. Ein Vorgang, in den wiederum der ehemalige CIA-Chef und spätere Vizepräsident Bush ebenso wie der spätere CIA-Chef Casey und weitere CIA-Angehörige verwickelt waren. Die Vielzahl der gleichzeitig oder kurz hintereinander aufbrechenden Skandal-Teile läßt auf eine Inszenierung schließen, die bewußt und gezielt in Kauf nahm, die gesamte republikanische Führungsspitze der USA in eine existenzgefährdende politische Krise zu treiben.

Die Vorstellung, man könne die in einer derartigen Auseinandersetzung ablaufenden Drehbücher von gegeneinander antretenden Geheimdiensten mit ihren wechselseitigen Aktionen von außen aufklären, wäre sicherlich vermessen. Die Einzelheiten einer derart strategisch angelegten Operation wird mit Sicherheit nur der kleine Kreis der tatsächlichen Akteure in den USA, in Israel, im Iran oder aus Kreisen der organisierten Kriminalität darstellen können. Doch diese Strategen werden und müssen sich in der Regel hüten, ihre Verschwiegenheitspflicht zu verletzen und ihre Methoden und Quellen preiszugeben. Auch die Zusammenarbeit des Geheimdienstes eines Landes mit einem Drogenkartell kann aus Gründen der Staatsräson nicht offenbart werden. Doch im vorliegenden Fall gibt der langjährige israelische Geheimdienstmann Ari Ben-Menashe Hinweise auf ein größeres Szenario, das das Geschehen und dessen Ablauf einigermaßen einsehbar macht.

Israel und der
Iran-Contra-Skandal

Ari Ben-Menashe weist sich in seinem Buch *The Profits of War* als Mitglied eines Teams israelischer Unterhändler aus, die mit Vertretern des revolutionären Khomeini-Regimes dem UN-Waffenembargo zuwider die systematische Belieferung des kriegführenden Irans mit amerikanischen Waffen und Ersatzteilen einfädelten. Das strategische Ziel der Iraner, den Angriffskrieg des Iraks abwehren zu können, berührte sich mit dem der israelischen Regierung, den ölproduzierenden und daher potentiell reichen Irak in der kriegerischen Auseinandersetzung mit dem Iran nicht zur stärksten und für Israel besonders gefährlichen Regionalmacht aufwachsen zu lassen. Daher die Bereitschaft, den Iran mit der Lieferung der benötigten Rüstungsgüter bei der Niederhaltung des gefährlich vordringenden Iraks zu unterstützen. Zu diesem Zweck konnten die Geheimdienstverbindungen, die Israel mit den iranischen Diensten zu Zeiten des diktatorischen Schah-Regimes unterhielt, auch unter gänzlich veränderten Bedingungen wieder aktiviert werden.

Zum Beweis, daß er nicht etwa nur ein bramarbasierender Buchschreiber am Rande des Geschehens war, der nach ersten Stellungnahmen der israelischen Regierung allenfalls als Übersetzer Verwendung gefunden habe, schildert Ben-Menashe, wie es ihm und seiner Mannschaft noch zu Schah-Zeiten gelungen war, in den sehr engen nachrichtendienstlichen Datenaustausch zwischen den amerikanischen und iranischen Geheimdiensten einzudringen, eine Zapfstelle für das Mitlesen der israelischen Dienste einzurichten und die verwandten Codes erfolgreich zu knacken. Man kann nur vermuten, daß dieser Hinweis die amerikanischen Dienste darauf aufmerksam machen soll, daß Israel, aber auch der Buchautor über ein Mitwissen aus Zeiten der Schah-Diktatur verfügt, das besser nicht an das Licht der Öffentlichkeit gelangen sollte.

Chefspione im Weißen Haus und der U. S. Navy

Sodann klärt Ari Ben-Menashe – dessen Buch die amerikanischen wie europäischen Medien in schöner Eintracht totschwiegen – seine begrenzte Leserschaft darüber auf, daß sich die israelischen Dienste Personen als Quellen erschlossen hatten, die in der unmittelbaren Umgebung von Präsident Reagan angesiedelt waren. Er erwähnt den Skandal um den jüdischen Chiffrierspezialisten und U.S.-Navy-Nachrichtenoffizier Jonathan Pollard, der die geheimsten Nachrichtencodes der Vereinigten Staaten kontinuierlich an Israel weitergegeben hatte und dafür in den USA zu einer mehrjährigen Freiheitsstrafe verurteilt worden war[121]. Doch dies sei nur die Spitze des Eisberges gewesen[122]. In Wirklichkeit sei es dem israelischen Geheimdienst sogar gelungen, den Sicherheitsberater des Präsidenten Reagan, Robert McFarlane, zur Mitarbeit für Israel zu verpflichten. McFarlane habe regelmäßig eine Liste von Stichworten in Empfang genommen, zu denen die israelischen Dienste die amerikanischen Geheimdienstdatenbanken hätten abfragen wollen. McFarlane habe die entsprechenden Codes besorgen und liefern müssen. Der Marine-Fernmeldetechniker Pollard habe dann die entsprechenden Speicherstellen in den Hochleistungscomputern katalogmäßig abgefragt und für die israelischen Auftraggeber die entsprechenden Kopien gefertigt. McFarlane hat nach einem Selbstmordversuch sein Amt niedergelegt. Ein Strafverfahren wurde nicht eingeleitet[123].

Hier wird von israelischer Seite in massiver Form angedeutet, daß man für längere Zeiträume das Treiben amerikanischer Geheimdienste in vielen Ländern hat mitverfolgen können und auch hier über entsprechende Einsichten und Unterlagen verfügt. Neuere Daten lassen erkennen, daß die israelischen Dienste bis in die zweite Hälfte der neunziger Jahre in der Lage waren, die sowjetischen Zielkoordinaten für die amerikanischen Nuklearwaffen samt den Einsatzcodes in die Hand zu bekommen.

Israelis lassen Carter in der Falle: Wunschkandidat Reagan

Nach der Darstellung Ben-Menashes spielten die israelischen Dienste bei der Beschaffung von Waffen für die iranischen Streitkräfte, aber auch in der Frage der Freilassung der Geiseln den Mittler zwischen dem Iran und den CIA-Vertretern in der amerikanischen Botschaft in Teheran[124]. Nach dem Sturz und der Flucht des Schahs aus dem Iran wogte unterhalb des neuen Staatspräsidenten Khomeini der Kampf zwischen den eher radikalen und eher gemäßigten Kräften[125]. Die Führung war in der Auseinandersetzung mit den USA durchaus an Mäßigung interessiert, erhielt jedoch von der Carter-Administration keine unterstützenden Signale[126]. Dies angesichts einer ständig stärker werdenden militärischen Bedrohung durch den Irak des Saddam Hussein, der sich zum Führer des arabischen Raumes aufzuschwingen hoffte und von der westlichen Welt reichlich mit Waffen unterstützt wurde. Die Glaubwürdigkeit der auf Ausgleich bedachten iranischen Führung schwand dahin, Ministerpräsident Bazargan resignierte. Radikale Studentengruppen wurden mobilisiert und besetzten die amerikanische Botschaft in Teheran. Daraufhin verhängten die USA und in deren Gefolge die UNO ein Handels- und Waffenembargo gegen den Iran. Rund elf Milliarden Dollar aus ausländischen Bankkonten wurden weltweit gesperrt. Der Versuch der Israelis, die Regierung Carter zu einem Vergleich mit der Führung im Iran zu bewegen, scheiterte. Angesichts der irakischen Kriegsvorbereitungen mit dem strategischen Ziel der iranischen Ölquellen am Persischen Golf wurden Iran und Israel mehr als unruhig. Die irakischen Truppen marschierten im September 1980 in den südlichen Iran ein.

Der von Carter veranlaßte Versuch einer Befreiung der Geiseln durch ein dramatisches militärisches Kommandounternehmen scheiterte dermaßen kläglich, daß sich der Eindruck von Sabotage in Planung und Durchführung aufdrängt, wenngleich Beweise fehlen, sieht man einmal davon ab, daß Personen wie Oliver North und dessen späterer Kompagnon bei der Durchführung der Contra-Operationen, General John Singlaub, an der Mission beteiligt waren und später mit wichtigen Funktionen in der auf Carter folgenden Reagan-Administration betraut wurden[127].

Nun verhandelten Abgesandte der rechtsgerichteten israelischen Regierung Schamir mit dem Iran und Vertretern der noch nicht gewählten Mannschaft des späteren US-Präsidenten Reagan unter Führung des Kandidaten für das Amt des Vizepräsidenten, Bush, und des stellvertretenden Direktors der CIA, Gates, über die Freilassung der Geiseln gegen Zahlung von 52 Millionen Dollar noch vor Amtsantritt der neuen republikanischen Regierung[128], die spätere Freigabe der iranischen Bankkonten, vor allem aber über die Belieferung des Irans mit Waffen über israelische Beschaffungswege. Die Geiseln wurden vereinbarungsgemäß nach gewonnener Wahl am Tage der Amtseinführung Präsident Reagans, am 20. Januar 1981, freigelassen. Der geschlagene und ausscheidende Präsident konnte sich weder mit der Feder eines erfolgreichen militärischen noch eines denkbaren Verhandlungserfolges schmücken[129]. Die Geiseln blieben objektiv aus inneramerikanischen Wahlkampfgründen einige Monate länger in der Gewalt Teherans, als aus der Sache heraus erforderlich gewesen wäre. Allerdings hielt sich die neue Regierung Reagan im Gegensatz zu der ihres Vorgängers nicht mehr an das weltweit von den USA durchgesetzte Waffenembargo gegen den Iran. Die Israelis belieferten den Iran aus eigenen und amerikanischen Beständen, die USA füllten die sich leerenden israelischen Waffenlager über die CIA wieder auf[130]. Das Geschäft, das in seiner Gesamtheit die 80-Milliarden-Dollar-Grenze überschritten haben soll, wurde von unzähligen Firmen und Scheinfirmen, die jährlich ihre Namen und Identitäten wechselten, über 200 Nummernkonten bei 27 Banken auf mehreren Kontinenten und über mehrere Erdteile anlaufende Transportwege perfekt verschleiert[131]. So wurden die Waffen aus den USA, China und Nordkorea zum Teil nach Paraguay, von dort über Argentinien, Chile, Israel, Portugal und Australien nach Teheran transportiert. Waffenhändler vieler Länder lockte man teils mit Bezahlung von Provision, sich um Lieferungen an den Iran zu bewerben, um hinter der Unzahl von Akteuren und Unternehmen das eigentliche Geschäft der israelischen und amerikanischen Geheimdienste verdeckt zu halten. Dazu wurden auch vermeintliche iranische Auftraggeber mit glaubwürdigem Beziehungshintergrund auffällig mit israelischen Waffenhändlern zum Schein ins Gespräch gebracht, indem ein weltweiter, allseits abhörbarer Telefon- und Telexverkehr zur Suche nach Panzerabwehrwaffen des Typs TOW, nach Flugzeugen, Raketen, Artilleriemunition in Szene gesetzt wurde. Die Beteiligten ahnten in aller Regel nicht, daß sie lediglich als Marionetten eines abgekarteten Spiels mißbraucht wurden, hinter dem die tatsächlichen Waffengeschäfte, ohne falsche Scham durchaus auch die West-Ost-Blockgrenzen überschreitend, abliefen.

In das Spiel mit einbezogen war nicht zuletzt der KGB in Moskau. Der israelische Premier Schamir hatte die Öffnung der israelischen Politik in Richtung Sowjetunion zielstrebig vorangetrieben, hatte die Auswanderung von Juden aus der Sowjetunion mit sowjetischer Hilfe zur Ansiedlung in den von Israel besetzt gehaltenen Gebieten in großem Umfang erreicht und dank sowjetischer Vermittlung die Auswanderung äthiopischer Juden nach Israel bewerkstelligt. Die Lieferung auch sowjetischer Waffen via Polen in den Iran geschah mit Zustimmung des KGB[132].

Die Wunschlisten der Iraner gingen bei den Israelis ein, die sie soweit möglich durch israelische Lieferungen abarbeiteten. Mußte die israelische Seite passen oder waren die Waffen- und Munitionsbestände erschöpft, wurden die Lieferwünsche an den stellvertretenden und späteren Chef der CIA, Robert Gates, in den USA weitergereicht. Die aus amerikanischer Produktion oder Lagerbeständen bereitgestellten Lieferungen wurden zunächst außer Landes gebracht, um dort auf Veranlassung der Israelis auf unverfänglichen Transportwegen weiterverfrachtet zu werden.

Geheimkonten
von CIA und Mossad

Die durchweg phantastischen Gewinne teilten CIA und Israelis zwischen sich auf und zahlten sie auf geheime Nummernkonten in Europa ein, auf deren Verwendung die ahnungslosen Finanzminister und Parlamente keinen Einfluß hatten[133]. Da nicht selten bar bezahlt wurde, mußte das Geld über unverfängliche Bankenkreisläufe gewaschen werden. Hierbei bediente man sich in der Anfangszeit des britisch-israelischen Geschäftsmannes und englischen Zeitungszaren Robert Maxwell, der zu diesem Zweck seine über die gesamte Welt und nicht zuletzt im Ostblock ansässigen Berlitz-Schulen einsetzte. Besonders makaber mutet an, daß die Sondergewinne aus dem Waffengeschäft, wie Ben-Menashe behauptet, von israelischer Seite auf Konten im Ostblock, darunter der Sowjetunion und Ungarns, transferiert wurden. Die Waffen- und Geldtransaktionen seien bei einem supergeheimen Treff zwischen dem israelischen und sowjetischen Geheimdienstchef, Admoni und Tschebrikow, in Maxwells Londoner Büro verabredet worden. Der Erlös aus den Waffenverkäufen – für beide Partner jeweils 600 Millionen Dollar zuzüglich Zinsen – sei über die Bank Crédit Suisse auf Konten bei der Staatsbank in Budapest geflossen. Maxwell habe für die Einschaltung seiner Firmen in West und Ost, um den Fluß der Geldwäsche zu gewährleisten, acht Millionen Dollar erhalten. Die CIA habe Konten bei einer Bank in Luxemburg unterhalten. Habe der israelische Likud Geld benötigt, so sei dies von den Maxwellschen Niederlassungen aus den Ostblockkonten herausgeholt und auf Nummernkonten des Likud in Luxemburg und Genf eingezahlt worden[134].

Ari Ben-Menashe spricht zudem von einer Bargeldzahlung von insgesamt 56 Millionen Dollar, mit der die Reagan-Administration noch vor Amtsantritt die verzögerte Freilassung der Geiseln durch den Iran bezahlt habe[135]. Allerdings seien von dieser Summe vier Millionen auf ein Bankkonto Earl Brians, eines der engsten Vertrauten Präsident Reagans, eingezahlt worden. Das Geld stamme mit einiger Gewißheit aus einem aus Drogengeschäften gespeisten Geheimfonds. Diese Geschäfte hätten Israelis im Auftrag der CIA in Mittelamerika vermittelt, während die Einnahmen über saudi-arabische Institutionen gewaschen worden seien[136]. Er selbst sei eines Tages als Mossad-Agent angewiesen worden, 40 Millionen Dollar in Schecks und 16 Millionen Dollar in bar in einem großen Samsonite-Koffer von Guatemala nach Phoenix/Arizona in den USA zu transportieren. Um sich vor unliebsamen späteren Geheimdienst- und Strafverfolgungsfallen zu schützen, habe er bei seiner Grenz- und Zollabfertigung unmittelbar nach der Landung in Miami die offizielle Registrierung der Geldmenge in einer Formularerklärung für den amerikanischen Zoll verlangt. Dies sei ihm von der amerikanischen Seite im voraus zugebilligt worden. Am Flughafen wurde Ben-Menashe von Gates, dem späteren Chef der CIA und Mitbetreiber der Iran-Geschäfte, persönlich in Empfang genommen, der die Quittierung durch einen Beamten der Zollverwaltung veranlaßte[137]. Man sieht, das System funktioniert nicht viel anders als das des Bereiches Kommerzielle Koordinierung in der alten DDR. Es gibt an allen strategischen Orten und Funktionen die Offiziere im besonderen Einsatz auch der US-Dienste.

Waffengeld für die Kassen von Likud und Arbeiterpartei

Wenn hier von »den Israelis« die Rede ist, so ist die Bezeichnung ungenau. Die israelische Seite besteht aus den verschiedenen Geheimdiensten wie dem Mossad und dem militärischen Geheimdienst. Entscheidend für das Verständnis der Gesamtzusammenhänge ist jedoch, daß die Bereitschaft, den Iranern im Interesse Israels zu helfen, nach der Darstellung Ben-Menashes mit der Entschlossenheit der Führungen der beiden großen israelischen Parteien einherging, aus dem Geschäft mit den Waffen Einnahmequellen für sich zu erschließen. Hier war es die Umgebung des Ministerpräsidenten Schamir vom konservativen Likud-Block, die den Zugriff auf zusätzliches Geld organisierte. Dabei ist die damalige Regierungskonstellation in Israel von besonderer Bedeutung. Angesichts des Patt bei den israelischen Knessetwahlen 1981 zwischen Likud und der Arbeiterpartei hatten sich die beiden großen Parteien zu einer Koalition vereint mit der Maßgabe, daß erst der Führer des Likud, Schamir, und dann Shimon Peres, der Vorsitzende der Arbeiterpartei, für jeweils zwei Jahre das Amt des Ministerpräsidenten innehaben sollten[138]. Da das Waffengeschäft in seiner geheimdienstlichen wie in seiner geschäftlichen Konstruktion ganz auf den Likud und dessen handelnde Personen zugeschnitten war, versuchte Shimon Peres nach der Amtsübernahme, den Likud-Kanal zu stören und einen eigenen aufzubauen[139]. Da es keine Personenidentität gab, die Likud-Gruppe sich weder in die Karten schauen ließ, geschweige denn bereit war, auf die Einnahmequelle zu verzichten, versuchte Peres mit einer eigenen Gruppe das Geschäft zu sich herüberzuziehen[140]. Zu ihr gehörten der Sicherheitsberater Nir, auf amerikanischer Seite der Sicherheitsbeauftragte des amerikanischen Präsidenten McFarlane, auf iranischer Seite die im Waffenhandel erfahrenen Gebrüder Hashemi, die sich Präsident Carter als Vermittler in der Teheraner Geiselaffäre, wenn auch erfolglos, angedient hatten[141]. Die Peres-Leute hatten ganz offensichtlich im Iran weniger gute Kontakte, dafür in den USA das Ohr und die besondere Bindung des Sicherheitsberaters MacFarlane und von dessen Mitarbeitern Admiral Pointdexter und Oliver North. Die Vertreter des Likud um Ministerpräsident Schamir hingegen waren in der iranischen Szene zu Hause und konnten in den USA handfeste Vereinbarungen mit dem stellvertretenden Leiter der CIA, Gates, treffen. Der Chef der CIA, Casey, war krank und in die Einzelheiten der Waffengeschäfte angeblich nicht eingeweiht.

Treibende Kraft auf amerikanischer Seite war der Oberst der Marineinfantrie Oliver North, führender Mitarbeiter des Sicherheitsberaters des Präsidenten, der nun daranging, den eingespielten Kanal zwischen den Likud-Israelis, den Iranern und der CIA auszutricksen und durch eigene Konstruktionen zu ersetzen[142]. Dazu gehörte als Rechtfertigung nach innen und außen die Bereitschaft, als Gegenleistung für die Vermittlung der Freilassung der in Beirut als Geiseln gefangengehaltenen Ausländer, darunter ein englischer Geistlicher und der Stationschef der CIA, William Buckley, Waffen an den Iran zu liefern.

Es entspann sich ein Ringen zwischen den Sicherheitsberatern des US-Präsidenten, unterstützt von Vizepräsident Bush, dem israelischen Ministerpräsidenten von der Arbeiterpartei und deren iranischen Geschäftspartnern gegen ausgebuffte Geheimdienstprofis der beteiligten drei Länder. Dabei muß berücksichtigt werden, daß die US-Regierung sich offensichtlich mit Ministerpräsident Peres gegen dessen Partner in der Großen Koalition einig war, mit der arabischen Seite einen Frieden anzustreben nach dem Muster Frieden gegen Rückgabe besetzten Landes, während die Likud-Seite den Landgewinn des Sechstagekrieges einem Groß-Israel eingliedern und mit jüdischen Siedlern bevölkern wollte. Nur auf diesem Hintergrund sind die Manöver der jeweiligen Partner zu verstehen und einzuordnen.

Parteien und Geheimdienste
in mörderischer Konkurrenz

Der Kampf zwischen der Likud-CIA-Gruppe und der North-Nir-Peres-Gruppe wurde mit den härtesten Bandagen ausgefochten, insbesondere, nachdem die North-Gruppe merkte, daß ihre Geschäfte ins Aus führten. So hatte sie zum Beweis ihrer Leistungsbereitschaft und -fähigkeit die vom Iran dringend angeforderten HAWK-Luftabwehrraketen aus israelischen Beständen per Luftfracht nach Teheran liefern lassen. Das israelische Militär hatte entsprechende Weisung erhalten, die Lieferung jedoch aus veralteten Beständen zusammengestellt, die mit den noch zu Schah-Zeiten aus den USA in der modernsten Version bezogenen Abschußgestellen im Iran nicht harmonierten. Außerdem waren alle Raketen kurz vor der Verschiffung mit dem blauen Davidstern, dem israelischen Hoheitszeichen, versehen worden, eine für streng geheime und illegale Waffenlieferungen in muslimische Länder ungewöhnliche Kennzeichnung. Die Iraner verlangten empört die Rücknahme der Ware und Erstattung des Kaufpreises. Doch das Geld war bereits anderweitig verschwunden. Das Ergebnis war eine nicht wiedergutzumachende Blamage des gesamten Beschaffungsweges nicht zuletzt auf iranischer Seite. Auch die Freilassung der Geiseln, allen voran des mit sensitivsten Kenntnissen ausgestatteten CIA-Residenten in Beirut, William Buckley, kam nicht voran. Die in aller Öffentlichkeit gewaschene schmutzige Wäsche, zu der auch das Buch des Ari Ben-Menashe beiträgt, nahm mit den sich steigernden politischen Auseinandersetzungen innerhalb der Großen Koalition in Israel immer bedrohlichere Züge an. Während die Gruppe um den nunmehr stellvertretenden Ministerpräsidenten Schamir und den Likud sich gegen jede Unterstützung des als Todfeind erachteten Irak Saddam Husseins stemmte, spielte die Reagan-Administration ein Doppelspiel. Sie unterstützte, wenn auch verschleiert, im Zuge der israelischen Bemühungen und unter Vermittlung der alten CIA-Seilschaften die Belieferung des Irans mit Waffen und Ersatzteilen. Zugleich jedoch belieferten die USA den Irak mit Waffen[143]. Die Geheimdienstverantwortlichen um Peres unterstützten diese Politik[144] und verbündeten sich mit den Leuten aus dem Umkreis von McFarlane, Oliver North und Pointdexter. Dies wiederum schien gewaltige Geschäfte für die Waffen- und Munitionsfabriken der Welt zu eröffnen. Stattliche Beträge aus den illegalen Geschäften gingen auch an amerikanische Politiker, denen es deshalb verwehrt blieb, die Hintergründe des Iran-Contra-Skandals überzeugend aufzuklären.

Ölleitung
im Golf von Akaba

Aufgrund des erbitterten Streits der beiden Lager kam dann auch heraus, daß die US-Regierung die irakische Planung einer Rohölleitung zum Golf von Akaba unterstützte[145]. Die Leitung sollte den Irak mit seiner großen Ölproduktion von den iranisch beherrschten oder militärisch bedrohten Häfen am Persischen Golf unabhängiger machen. Schwachpunkt einer Ölpipeline über jordanisches Gebiet war jedoch die Nähe des Ölterminals zum nur zwei Kilometer entfernten israelischen Hafen Eilat. Saddam Hussein bot das Projekt taktisch geschickt der amerikanischen Bechtel-Corporation, der größten ingenieurtechnischen Projektierungsgesellschaft der Welt, zur Ausführung an, wohl wissend, daß aus dieser Gesellschaft sowohl der amerikanische Außenminister Schultz als auch der Verteidigungsminister Weinberger stammten und dorthin nach ihrem Zwischeneinsatz in Washington vermutlich wieder zurückzukehren beabsichtigten[146]. Um das Projekt den Israelis schmackhaft zu machen, bot der amerikanische Justizminister Meese Shimon Peres 40 Millionen Dollar für eine Unterschrift an, die den Staat Israel im Falle eines Krieges verbindlich zum Verzicht auf jede militärische Maßnahme gegen diese Pipeline verpflichten sollte. Schamir stellte seinen Koalitionspartner Peres zur Rede. Das Projekt wurde abgelehnt. Entsprechende Enthüllungsberichte fanden ihren Weg erst in die israelische, dann in die amerikanischen Presse.

Da man in der Umgebung von Präsident Reagan und Vizepräsident Bush davon ausgig, daß nur mit Peres und der Arbeiterpartei ein Weg zum Frieden in Nahost möglich erscheine, war man auch aus diesem Grund daran interessiert, die Öffnung eines zweiten Weges unter Zurückdrängung des eingespielten Likud-Kanals zu ermöglichen. Als Präsident Bush später die Auszahlung eines Zehn-Milliarden-Dollar-Kredites von der Durchsetzung eines Siedlungsstopps in den besetzten Gebieten abhängig machen wollte, wurde er im Kampf um die jüdischen Stimmen von der Mannschaft um Präsident Clinton überrundet, die die Formel Land gegen Frieden der Bush-Administration öffentlich als nicht zweckdienlich ablehnte[147].

Das Ringen verschärfte sich ferner dadurch, daß alle westlichen Regierungen den hemmungslosen Waffenexporten in den Irak des heute so verteufelten Saddam Hussein keine Hindernisse in den Weg legten, ganz im Gegenteil. Die gesamte westliche und östliche Waffenherstellerszene pilgerte nach Bagdad, um dort gegen satte Preise zu Diensten zu sein. Besser ließen sich scheinbar keine Ölgelder in Reichtum der westlichen Konsumgesellschaften verwandeln und nebenbei die Geldfonds politischer Parteien aufbessern sowie das Korruptionskarussel antreiben. Aus der Darstellung des Ari Ben-Menashe wie anderer Quellen geht jedoch hervor, daß sich die Akteure aus der Waffen- und Geheimdienstszene keineswegs auf die Belieferung des Iraks nur mit hochmodernen konventionellen Kriegsmitteln beschränkten.

Der Weg zu Massenvernichtungswaffen – Geheimdienste sind behilflich

Die irakische Regierung versuchte mit allen Mitteln sich den Zugang zu Massenvernichtungswaffen zu verschaffen, und sei es nur aus der militärischen Logik heraus, bei kriegerischen Auseinandersetzungen den Einsatz israelischer Nuklearwaffen abschrecken zu können. Frankreich lieferte den Forschungsreaktor, bei dessen Betrieb angereichertes Uran anfiel, das in verhältnismäßig einfachen Schritten zu waffengrädigem Uran hätte verarbeitet werden können. Damit wäre der Irak der Herstellung der A-Waffe außerordentlich nahe gekommen. Die Hochleistungszentrifugen zur weiteren Anreicherung des Urans sind eine deutsche Entwicklung, die in den Atomlaboratorien Südafrikas fortentwickelt und den Irakis zur Verfügung gestellt worden war. Dies, obgleich Israel mit dem südafrikanischen Apartheidsregime gerade auf dem Gebiete der Nuklearwaffen auf das engste zusammengearbeitet hatte[148].

Als weitreichendes Trägersystem der Nuklearwaffe hatten sich die Iraker auf die SCUD-Raketen aus sowjetischer Fertigung verlassen. Die Verbesserung dieser Waffe hatten sich wiederum deutsche Firmen unter welchem Vorwand auch immer zur Aufgabe gemacht. An der Herstellung einer im arabisch-muslimischen Raum einsatzfähigen Nuklearwaffe samt Trägersystemen wurde nicht nur im Irak, sondern auch in Pakistan und vorübergehend in Ägypten gearbeitet. Die Nuklearmächte verwahrten sich nur selten gegen Zulieferungen aus den westlichen Ländern für die gefährliche Entwicklung[149].

Chemische Waffen für den Irak. Die Dienste sind behilflich

Doch der Irak hatte nicht allein auf die Karte der Nuklearwaffen gesetzt. Er versuchte gleichzeitig die Herstellung chemischer Massenvernichtungswaffen voranzutreiben. Dabei half im übrigen keineswegs nur die deutsche Seite, wie die westliche Presse, zumal die deutsche und amerikanische, ihrer Leserschaft nahezubringen bemüht war[150]. Der israelische Geheimdienstagent Ari Ben-Menashe berichtet von der umfassenden Lieferung von Ausgangsmaterial für die Herstellung chemischer Waffen über den chilenischen Waffenhändler Cardoen mit Wissen und Deckung der CIA. Wichtigste Ausgangschemikalien wurden aus Florida in den Irak geliefert[151]. Der zentrale Organisator des Beschaffungsprogramms für Massenvernichtungswaffen war der zuvor in dieser Angelegenheit für Libyen tätige Iraker Barbouti, der in London Zugang zu den bei Kriegsende beschlagnahmten alten deutschen Konstruktionszeichnungen für die Herstellung chemischer Waffen hatte.

Mal waren es die mit Wissen der CIA liefernden amerikanischen oder chilenischen Firmen[152], mal war es der deutsche Chemieanlagenhersteller Imhausen in Lahr, dessen sich Barbouti bedienen konnte[153]. Dabei mag kein Zufall sein, daß der Strafprozeß gegen den deutschen Zulieferer nach ungeheurer Aufregung in den deutschen und ausländischen Medien letztlich wie das Hornberger Schie-

ßen ausging. Der Fall ist nicht untypisch für die geheimdienstver-
seuchte, sich stets aufs neue unangreifbar aus der Affäre ziehende
Waffenexportindustrie. Zwar sahen sich Bundesnachrichtendienst
und Bundesregierung einer internationalen wie nationalen Medien-
und Politikerschelte ausgesetzt, die in ihrer alleinigen Zuspitzung
auf die deutsche Mitwirkung einer gesteuerten Kampagne befreundeter Geheimdienste gleichkam[154]. Daß Imhausen ungeschoren
blieb, ist mit hoher Wahrscheinlichkeit den schützenden Händen
des Geheimdienstes und den Geschäftsbeziehungen zu dem in London wie die Spinne im geheimdienstgeschützten Netz arbeitenden
Barbouti zu verdanken. Wichtigster Lieferant für den Aufbau der
Anlagen für die chemischen Waffen war unter anderem der argentinische Cardoen-Konzern, der seit dem CIA-gestützten Putsch des
Generals Pinochet zu einem der großen Waffenanbieter und Produzenten der Welt herangewachsen ist[155]. Cardoen lieferte dem Irak
wichtige Komponenten für die Herstellung der Kampfstoffe. Die
Cardoen-Fabrik zur Herstellung der Massenvernichtungsmittel liegt
in Paraguay. Der Versuch Israels, Paraguay zur Schließung der Fabrik
zu veranlassen, scheiterte, als ein Putsch des paraguayischen Militärs
den bisherigen Staatschef Stroessner beseitigte, der bereit gewesen
war, den israelischen Wünschen zu entsprechen.

Der belgische Ingenieur Bull entwickelte mit Wissen des englischen Geheimdienstes, mit hoher Wahrscheinlichkeit auch der CIA,
eine Spezialkanone zum Verschießen der biologischen, chemischen
oder nuklearen Sprengköpfe auf Ziele etwa in Israel, die sonst nur
mit Hilfe der Raketentechnik hätten erreicht werden können. Diese
Technik hatte Bull erst Israel und nach dessen Ablehnung dem Irak
zur Übernahme angeboten. In der Vermittlung von Know-how zur
Herstellung von Chemiewaffen aus dem Fundus der Firma Cardoen
und von deren südafrikanischen Verbindungen zum staatlichen Waf-
fenhersteller Armscor wie auch der superweit reichenden Kanonen-
technik des belgischen Ingenieurs Bull engagierte sich der an Waf-
fen- und sonstigen Geschäften im Gefolge von Staatsbesuchen
seiner Mutter profitierende Mark Thatcher, Sohn der langjährigen
britischen Premierministerin Margaret Thatcher[156]. Da auch amerikanische Firmen sich mit offensichtlichem Wissen der CIA an dem
Chemiewaffenprogramm des Iraks beteiligten, gingen Cardoen
ebenso wie Bull und Thatcher davon aus, daß die Aktivitäten von

höchster Stelle gebilligt waren[157]. Deshalb weigerten sie sich, den mit Nachdruck erhobenen israelischen Forderungen auf Einstellung des Programms und der Zulieferungen Folge zu leisten. Vom seinerzeitigen Geheimdienstchef Südafrikas, General Van der Westhuizen, erfuhren die Israelis, daß die CIA über eine eigene Firma Gamma aus Massachusetts Materialien und Technologie zur Fertigung von Chemiewaffen über Südafrika in den Irak hatte gelangen lassen. Die Liste des Südafrikaners enthielt Firmennamen in Großbritannien, Belgien und Luxemburg, die über Cardoen von der CIA finanziert waren und dem Irak Maschinen und Material für die Herstellung von Nuklear- und Chemiewaffen lieferten. Dem südafrikanischen Geheimdienstchef war dabei bewußt, daß die SCUD-Raketen, die die Irakis für ihre Experimente mit Chemiewaffen nutzen wollten, bereits erfolgreich mit südafrikanischen Nuklearsprengköpfen getestet worden waren[158].

Die Raketenabschußgestelle für die Sprengköpfe der Massenvernichtungsmittel wurden mit Wissen der amerikanischen Regierung unter Inanspruchnahme des Programms zur Förderung des Exports von Produkten der amerikanischen Landwirtschaft über die Niederlassung der italienischen Banca Nazionale Del Lavoro (BNL) in Atlanta bei amerikanischen Firmen bestellt und geliefert[159]. Die später versuchte Strafverfolgung wurde ebenso wie die Nachforschungen des US-Kongresses von der Administration aus Gründen der nationalen Sicherheit abgewürgt[160].

Terroristen aus Palästina
im israelischen Einsatz

Angesichts der als bedrohlich erachteten Lage beschloß die israelische Regierungsspitze, die Lieferanten und Helfer des irakischen Programms zur Herstellung von Massenvernichtungswaffen zur freiwilligen Aufgabe zu bewegen und bei Weigerung Schlüsselpersonen zu beseitigen. Infolgedessen wurden in wenigen Wochen acht von dem Büro Ihsan Barboutis in Miami angeheuerte deutsche Wissenschaftler ermordet, die sich im Irak am Chemiewaffenprogramm beteiligten. Zwei pakistanische Wissenschaftler wurden in Europa umgelegt.

Der Hauptpartner des Cardoen-Unternehmens bei der Herstellung chemischer Ausgangsprodukte für die Chemiewaffen des Iraks, der Westdeutsche Hans Mayers, kam bei einem Autounfall außerhalb Münchens ums Leben. In England starben vier irakische Geschäftsleute. Drei Ägypter und ein Franzose erlitten das gleiche Schicksal.

Die vier hierzu eingesetzten Kommandos bestanden aus palästinensischen Terroristen, die glaubten, im Auftrag eines Paten der sizilianischen Mafia zu handeln, der jedoch ebenfalls für den israelischen Geheimdienst arbeitete[161].

Eine öffentliche Rechtfertigung ihres Verhaltens, nicht einmal vor einem der Ausschüsse des US-Kongresses, wurde den Verantwortlichen der amerikanischen Geheimdienste nicht abverlangt. Auch in Großbritannien kam es zu keinen größeren Auseinandersetzungen. Dabei wird man letztlich bei aller Bereitschaft, Geheimdiensten auch den Rückgriff auf übelste Methoden zur Erreichung legitimer politischer Ziele unterstellen zu wollen, sich nicht zu der Annahme verleiten lassen, ein Geheimdienst wie die CIA könne sich dafür hergeben, einem Diktator vom Kaliber Saddam Husseins oder ähnlichen Potentaten Massenvernichtungswaffen gezielt in die Hand zu spielen.

Möglicherweise wurde mit Billigung des amerikanischen Präsidenten eine Politik des Bluffs und der Einschüchterung gegen mehrere Parteien in Szene gesetzt[162]: gegen die israelische Regierung, die sich unter dem Einfluß des Likud weit von den amerikanischen Vorstellungen über einen friedlichen Ausgleich im Nahen Osten entfernt hatte und mehr noch als die Arbeiterpartei die expansive Besiedlung der besetzten Gebiete forcierte[163]. Israel war zur überragenden Militärmacht des Nahen Ostens in der unmittelbaren Nachbarschaft der Welterdölreserven herangewachsen, konventionell kampferfahrener und wohl auch mit Rücksicht auf die öffentliche Meinung einsatzfähiger als die US-Streitkräfte. Dazu im Besitz der Nuklearwaffe in einer Größenordnung, die den Einsatz, falls erforderlich, auch ohne amerikanische Einwilligung möglich machte. Um nun Israel auch im Interesse eines Ausgleichs mit allen angrenzenden arabischen Nationen einigermaßen gefügig zu machen, hätte es theoretisch von Vorteil sein können, seinen Nachbarn den Besitz von Chemiewaffen wenigstens zum Schein zu ermöglichen, indem eine eigene Fertigung hierfür nicht nur geduldet, sondern aktiv unterstützt wurde. Gleiches könnte für die Herstellung von Nuklearwaffen gelten. Dann jedoch hätte, eine verantwortbare Politik der Geheimdienste unterstellt, die sichere Ausschaltung der chemischen und nuklearen Potentiale rechtzeitig vor oder in einer kriegerischen Auseinandersetzung gewährleistet sein müssen. Im Falle des libyschen Rabta ist dies geschehen. Dort scheint sich die Chemiewaffenanlage auf eigentümliche Weise rechtzeitig selbst zerstört zu haben.

Will man folglich den amerikanischen Diensten wie der CIA eine letztlich rationale Politik im Interesse der USA, aber auch Israels und der arabischen Nationen unterstellen, so muß Ziel des Treibens gewesen sein, das militärisch und politisch selbstherrlich und gefährlich gewordene Israel unter Führung des Likud so einzuschüchtern, daß der Friedensprozeß unter amerikanischer Vermittlung seinen Fortgang nehmen konnte, statt mit immer neuen Siedlungen in den israelisch besetzten palästinensischen Gebieten den Friedensprozeß regelrecht zu verbauen und einer unabsehbaren Konfrontation entgegenzutreiben. Doch der Likud unter Schamir hatte sich ebenso wie heute Ministerpräsident Netanjahu exakt für das Gegenteil, die endgültige Annexion der im Sechstagekrieg eroberten Gebiete, die Vertreibung eines großen Teils der dort ansässigen palästinensischen Bevölkerung und die Ausweitung jüdischer Siedlungsgebiete entschieden[164].

Hinzu kam die taktische Zusammenarbeit der israelischen mit der sowjetischen Regierung und eine tiefe Skepsis des Ministerpräsidenten Schamir gegenüber den USA, die angeblich aus im Krieg geschlagenen Wunden herrührt, als die Amerikaner den Holocaust unbehindert hatten vonstatten gehen lassen[165]. Auf amerikanischer Seite wird im Reagan-Bush-Lager angesichts der übermächtigen Israel-Lobby im amerikanischen Kongreß und in den Medien ein Gefühl der Hilflosigkeit aufgekommen sein, sah man sich doch nahezu wehrlos dem als selbstmörderisch erachteten Treiben der israelischen Koalitionsregierung ausgeliefert. Mit der andernfalls unverantwortlich zu nennenden Proliferationspolitik mit Nuklear- und Chemiewaffen an die Feinde und Nachbarn Israels hätte sich ein massiver Druck zur Unterordnung unter die Politik der Hauptschutz- und Garantiemacht USA erreichen lassen. Eine derartige Politik mußten jedoch die Geheimdienstleute um die Likud-Führung aus deren Sicht zu verhindern suchen. Die zahlreichen Mordopfer waren die Folge.

Zu den Opfern der Auseinandersetzung zählt nach Darstellung Ben-Menashes auch der Sicherheitsberater des Ministerpräsidenten Peres, Amiram Nir, der offiziell in Mexiko bei einem Charterflug ums Leben kam, inoffiziell jedoch von seiner durch den Mossad gesteuerten Lebensgefährtin erschossen worden sein soll[166]. Auch der Konstrukteur der Superkanone mit großer Reichweite, Bull, wurde nach dringender Warnung und Ausschlagen eines Ablöse-Angebots von fünf Millionen Dollar tot in seiner Brüsseler Wohnung aufgefunden.

SS-Veteranen als Wachmannschaften der Chemiewaffenfabrik?

Ein Nebenaspekt in der Chemiewaffenentwicklung des irakischen Managers Barbouti mag für deutsche Zeitungsleser von Interesse sein. Um die Firma Imhausen in Lahr für die Erstellung einer Chemiewaffenfabrik zu gewinnen, bittet Barbouti den inzwischen verstorbenen, seinerzeit in Spanien lebenden, rechtsradikalen Waffenhändler und früheren SS-Mann Skorzeny um Vermittlung. Skorzeny wiederum war der Mann, der in Deutschland, aber auch der angelsächsischen Welt durch die tollkühne Befreiung des italienischen Faschistenführers Mussolini Berühmtheit erlangte, den er im Zweiten Weltkrieg mit dem legendären, langsam fliegenden Fieseler Storch aus der Hotelinternierung am Gran Sasso in den Abruzzen entführte. Bei der Kriegsgeneration genoß er weltweit Ruhm, obgleich er die Befreiung des Duce lediglich als SS-Mann zu begleiten hatte. Die erfolgreiche und spektakuläre Aktion hatte eine Fallschirmjägereinheit der Wehrmacht durchgeführt.

Skorzeny trat bei oder nach Kriegsende in den Dienst der CIA und der unter amerikanischer Hoheit stehenden Organisation Gehlen, dem späteren Bundesnachrichtendienst[167]. Er sollte beim Aufbau arabischer Geheimdienste beratend und für den Westen Einfluß nehmend tätig werden. In dieser Eigenschaft hat er die ägyptische Regierung beim Aufbau ihrer Dienste beraten. Er war es auch, der der ägyptischen Rüstungsindustrie zum Aufbau einer eigenen Raketenfertigung deutsche Fachleute vermittelte. Als Warnung empfing er einen Gruß des israelischen Geheimdienstes Mossad in Gestalt einer kleinen Briefbombe.

Skorzeny hat jahrelang die Verbindung zwischen den alten deutschen und italienischen Faschisten aufrechterhalten und gepflegt[168]. Er lebte nach dem Zweiten Weltkrieg in Franco-Spanien, wo er sich den inzwischen kontinenteüberspannenden alten Faschistenverbindungen widmete und seinen Lebensunterhalt mit dem Handel von Waffen und Söldnern verdiente, geheimdienstgeschützt, versteht sich[169]. In Deutschland war er nicht selten bei amerikanischen Militärdienststellen zu Gast. Die von ihm maßgeblich geformte Paladin-Söldnertruppe war an Terroraktionen in Europa, Afrika, Lateinamerika und sogar in Südostasien beteiligt[170].

Stutzig macht, daß der Iraker Barbouti in einem Schreiben an Skorzeny darum bittet, zur Bewachung des Baus von Anlagen zur Herstellung chemischer Kampfstoffe in Rabta, Libyen, Wachmannschaften anzuheuern, die nach Möglichkeit aus SS-Veteranen rekrutiert werden sollten. Skorzeny weist zu Recht in seiner Antwort darauf hin, daß die in Betracht kommenden Herren inzwischen zu den ältesten Jahrgängen gehörten und für derartige Aufgaben nicht mehr in Betracht kämen. Die Frage mag erlaubt sein, wieso ein Mann wie Barbouti für die Bewachung eines höchst umstrittenen, aus der Sicht der Weltöffentlichkeit besonders verwerflichen Waffengeschäftes ausgerechnet auf international derart belastete Personen zurückgreifen wollte. In Anbetracht der Tatsache, daß die Lieferung wesentlicher Komponenten sowohl der libyschen als auch der späteren irakischen Chemiefabriken unter den Augen der CIA und des englischen Geheimdienstes MI6 stattfand und die Anlage in Rabta schließlich wohl ähnlich geheimdienstgesteuert in die Luft flog beziehungsweise sich selbst zerstörte, wie das in den irakischen Reaktor eingebaute *homing device* für die erfolgreiche Bombardierung der israelischen Luftwaffe sorgen konnte[171], drängt sich der Verdacht auf, daß hier gezielt Schaden und Spott auf die deutsche Seite gelenkt werden sollte. Die Designer der Kampagne könnten durchaus in Amtsstuben der befreundeten Dienste gesessen haben. Mit aus alten SS-Leuten zusammengesetzten Wachmannschaften und Lieferungen entscheidender Komponenten aus dem deutschen Chemieanlagenbau ließ sich bei jeder geeigneten Gelegenheit ein wundervoller Skandal gegen tumbe Germanen in Szene setzen, der zudem den unschätzbaren Vorteil hatte, die Aufmerksamkeit von den insbesondere CIA-beobachteten und gesteuerten US-Firmen ab- und auf den idealen Sündenbock hinlenken zu können[171a]. Ob der Bundesnachrichten-dienst in Pullach und die deutsche Bundesregierung das Spiel recht-zeitig durchschauten oder schlicht Opfer der offensichtlich mit Raf-finesse gelegten Fehlspur der CIA oder anderer Geheimdienste wurden, können nur Eingeweihte beantworten. Die leichtfertige Genehmigung des Imhausen-Exportes spricht eher dafür, daß man vertrauensselig im Kielwasser der befreundeten Demokratien USA und Großbritannien und deren Geheimdienste schwimmen wollte und auch meinte schwimmen und verdienen zu können.

Die zwei Waffenkanäle und die Reagan-Regierung

Doch zurück zu den konkurrierenden Waffenkanälen im Dreiecks-geschäft Israel – Iran – USA. Die zerstörerische Kraft dieser großen Auseinandersetzung zwischen transkontinentalen Seilschaften mit ihren jeweiligen Partnern in Israel, den USA, dem Iran und unendlich vielen anderen, am schnellen Geld interessierten Geschäftsleuten und Politikern erwuchs aus mehreren Quellen. Da winkten für die einen geradezu aberwitzige Gewinnmöglichkeiten des heimlichen, das UNO-Embargo umgehenden Waffengeschäfts mit den Kriegs-parteien Iran und Irak. Da galt es für andere, den Friedensprozeß zwischen Israel und den Palästinensern voranzutreiben und für wie-der andere, aus der Sicht des Likud, genau dies zu verhindern und das Ziel eines Groß-Israels mit aller Gewalt durchzusetzen. Außerdem bestand für die jeweiligen Akteure innerhalb und außerhalb der Seil-schaften die Gefahr, erwischt und in der Öffentlichkeit bloßgestellt, mit Strafverfahren überzogen zu werden. Die beiden Waffenkanäle lieferten sich einen mörderischen Kampf, der bis zum heutigen Tag seine Opfer fordert[172].

In diese Landschaft paßt hinein, daß der im Frühjahr 1984 ent-führte, als Geisel gehaltene und schließlich ermordete CIA-Chef von Beirut, Buckley, eine der interessantesten, wenn nicht berüchtig-sten Figuren des verdeckten Kampfes der CIA, Verbindung zu den zahllosen politischen Gruppierungen des Libanons und deren bewaffneten Auslegern und Milizen hielt[172a]. Buckley war unter Präsident Nixon Stationschef der CIA in Mexiko und soll von dort vorwiegend aus Exilkubanern Mordteams zusammengestellt haben, die unter anderem Fidel Castro nach dem Leben trachteten. In Vietnam betrieb er unter dem Stationschef Shackley das Phoenixprogramm zur Ermordung potentieller Führungskader des Vietcong. Nach der Ermordung von Staatschef Nasser in Ägypten hatte er die Leibwache des nachfolgenden Präsidenten Anwar al Sadat aufzubauen. Der Erfolg war begrenzt, insofern als Sadat 1981 von einer fundamentalistischen Muslimgruppe ermordet wurde, die sich im weiteren Verlauf mit Anschlägen gegen das World Trade Center in New York und zuletzt, 1997, mit der Niedermetzelung europäischer und japanischer Touristen im ägyptischen Luxor hervortat. Angehörige der Gruppe waren zuvor von der CIA und dem pakistanischem Geheimdienst im Kampf gegen die sowjetische Armee in Afghanistan ausgebildet worden. 1979 war Buckley zum Stationschef der CIA in Pakistan ernannt worden, wo er die Geheimdienste Pakistans unter Zia-ul-Haq aufbauen half. Im Zusammenwirken mit den pakistanischen Diensten ging er an die innere Destabilisierung Afghanistans mit dem Ergebnis, daß die afghanische Regierung ihre Neutralität zwischen Ost und West aufgab, die prosowjetischen Kräfte innerhalb der Regierungskoalition die Führung übernahmen und sowjetische Truppen ins Land riefen. Gegen diese wiederum konnte die CIA mit einem Drei-Milliarden-Dollar-Programm aus allen Teilen der muslimischen Welt fanatische, fundamentalistische Kämpfer anheuern, ausbilden und in den verdeckten Kampf führen.

Buckley war nach den Gepflogenheiten der CIA für Jahre als Agent verbrannt, nachdem den Geiselnehmern in Teheran bei der Erstürmung der amerikanischen Botschaft ihn kompromittierende Akten in die Hände gefallen waren. Buckley war der führende Terrorismusexperte der CIA für die Region Nahost. Obgleich die CIA hochgegangene Kader nicht vor Ablauf von fünf Jahren erneut in die Region ihres früheren Wirkens zu versetzen pflegt, wurde Buckley nach einer Zwischenstation bei der staatlichen mexikanischen Ölfirma Pemex 1984 nach Beirut entsandt. Nach dem Urteil von Sachverständigen kam die Maßnahme einem vorweggenommenen Todesurteil gleich[172b].

Die CIA-Zentrale war allerdings auch in Not, hatte doch im April 1983 ein Sprengstoffanschlag in Beirut die amerikanische Botschaft und mit ihr Robert Ames, den CIA-Abteilungsleiter für den Nahen Osten, zusammen mit Antiterrorismusfachleuten in die Luft gesprengt, die sich gerade zu einer Konferenz in den Räumen der Botschaft versammelt hatten. Ames hatte maßgeblich Lageberichte über die Situation in Nahost erarbeitet, die der Carter-Administration geholfen hatten, das Friedensabkommen von Camp David zwischen Israel und Ägypten zu entwerfen und gegen israelische wie arabische Widerstände durchzusetzen. Da Ames in Beirut nur 48 Stunden auf der Durchreise verweilte, müssen Geheimdienstprofis den Anschlag vorbereitet haben[172c]. Und die wußten, wen sie ausschalten wollten.

Es gibt Hinweise darauf, daß Buckley nach seiner Entführung gefoltert wurde und dabei große Teile seines Wissens preisgeben mußte. Eine zehnstündige Tonbandaufnahme mit Angaben auch über Hintergründe der Ermordung Präsident Kennedys seien zur Veröffentlichung in den USA angeboten worden[172d]. Um die Befreiung Buckleys gegen Lieferung von Waffen bemühte sich wiederum die Mannschaft um den Antiterrorbeauftragten Oliver North unter Einschaltung seiner israelisch-iranischen Kontaktpartner, die dem Waffenkanal des Likud den Markt abjagen wollte. Dementsprechend ergebnislos waren die Bemühungen.

In den USA kam Dramatik in das Geschehen, als Waffenhändler des ursprünglichen Likud-Iran-CIA-Kanals von strategischen Einheiten der amerikanischen Zollverwaltung in New York gejagt und in Haft genommen wurden. Die Falle für die Zunft der internationalen Waffenhändler legte die Zollverwaltung mit Hilfe eines Agent Provocateur in Gestalt des Iraners Cyrus Hashemi, jenes Waffenhändlers, der Präsident Carter seinerzeit bei der Lösung der Geiselfrage erfolglos beraten und unterstützt hatte. Die Chemical Bank in New York mußte zum Anreiz und zur Täuschung der eingeladenen und anreisenden Waffenhändler aus aller Welt dem Vermittler Hashemi schriftlich nachweisen, daß er für Waffenkäufe im Auftrag des Irans über eine Milliarde Dollar verfüge, die abrufbereit auf dem Konto lägen. Eine stattliche Zahl der dem ersten Kanal zuarbeitenden Waffenhändler verriet sich, durch die Milliarde US-Dollar verlockt, schon beim Telefonat mit Hashemi, da die Telefonverbindung von der Zollverwaltung abgehört wurde. Die Likud-nahen israelischen Geheimdienste wußten von der Falle und schickten zur Aufrechterhaltung des Scheines nur ihren »dümmsten, im Waffenhandel beschäftigten General« zum Treffen. Die Waffenhändler überprüften zunächst die Angaben des Lockvogels über die Verfügbarkeit der angegebenen Einkaufssumme, lehnten dann jedoch die Einreise nach New York, auf amerikanischen Boden, als zu gefährlich ab. Daraufhin wurden die Bermudas als Ausweichtreff vereinbart. Doch auch dort ereilte die Händler das Schicksal der Verhaftung. Die für die angebotenen Waffen angeforderten »echten«, in Wirklichkeit getürkten Endverbleibszertifikate wurden eingezogen. Zwar lehnte die Regierung der Bermudas die Aufforderung der US-Behörden, die Festgenommenen auszuliefern ab, aber die in der Falle sitzenden Waffenhändler wurden nun an den lokalen Polizeivertretern vorbei von Kräften des amerikanischen Zolls in ein Flugzeug nach New York verfrachtet. Dort hielten der damalige Staatsanwalt und heutige Oberbürgermeister von New York, der Chef der US-Zollbehörde, Giuliani, und das Mitglied des Nationalen Sicherheitsrates, Oliver North, eine Pressekonferenz ab, um sich über die Amoralität der »Händler des Todes« des ersten Kanals auszulassen. Die Waffenhändler fanden sich am 22. April 1986 im Strafgefängnis von New York wieder[173]. Das Presseecho war überwältigend.

Die in Bedrängnis gebrachte Seite des ersten Likud-CIA-Iran-Kanals mußte nun eingreifen, um die verhafteten Freunde freizubekommen. Als erstes wurde der Lockvogel der amerikanischen Zollverwaltung Hashemi in die Zange genommen. Der Iraner war seinerzeit einem amerikanischen Strafverfahren wegen illegalen Waffenhandels mit dem Iran nur gegen die Zusage entkommen, beim Fang der Waffenhändler des ersten Kanals als Agent provocateur mitzuwirken. Der dem ersten Kanal verpflichtete israelische Geheimdienstmann Ari Ben-Menashe nahm nun mit dem in London lebenden Cyrus Hashemi Verbindung auf, bot ihm für die Aussageverweigerung im Strafverfahren gegen die in New Yorker Haftanstalten einsitzenden Waffenhändler fünf Millionen US-Dollar an und drohte ihm widrigenfalls mit größten Unannehmlichkeiten. In London wurde Hashemi unter intensive Überwachung der dortigen Mossad-Niederlassung gestellt. Ein und aus gehende Besucher wurden ermittelt. Der Iraner fügte sich dem Druck und teilte der zuständigen

Staatsanwaltschaft in New York mit, daß er im Verfahren gegen die Waffenschieber mit belastenden Aussagen nicht mehr zur Verfügung stehe. Wenige Tage danach wird er in seiner Londoner Wohnung tot aufgefunden. Als letzten Besucher soll die israelische Beschattungsmannschaft einen Offizier der amerikanischen strategischen Zollfahndung ausgemacht haben, die die Operation gegen die Waffenhändler des ersten Kanals durchgeführt hatte und im New Yorker World Trade Center ihren Sitz hat. Die Leichenöffnung wird schnellstens in Gegenwart ebenfalls amerikanischer Zollbeamter in London vorgenommen. Der Tod wird amtlicherseits auf den überraschenden Ausbruch einer virulenten Leukämie zurückgeführt. Der Bericht des israelischen Geheimdienstes hingegen spricht von Nadelstichen im Ellbogengelenk[174].

Nun schlug der erste Kanal brutal zurück. Die Bemühungen des Oliver North um den Aufbau und Betrieb des zweiten Kanals wurden ohne Rücksicht auf die Auswirkungen zum Scheitern gebracht. Auf iranischer Seite dieses Kanals war man wegen der Lieferung völlig veralteter Hawk-Flugabwehrraketen mit dem Davidstern auf dem Blech und der veruntreuten iranischen Anzahlungsleistung bereits nachhaltig verärgert. Der israelische Nachschub für den Oliver-North-Kanal geriet ins Stocken, als der damalige Verteidigungsminister und später ermordete Ministerpräsident Rabin den zu Besuch weilenden North aus seinem Amtszimmer hinauskomplimentierte. North hatte um Mithilfe Israels bei der Belieferung der Contra-Rebellen in Nicaragua geworben, die unter Umgehung des Verbots des amerikanischen Kongresses erfolgen sollte. Schließlich wurde gezielt in die Öffentlichkeit getragen, daß der Sultan von Brunei zehn Millionen Dollar an einen Vertrauten von Shimon Peres gezahlt habe[175], der zugleich Banker von Oliver North war[176].

Die israelische Seite bot die gesamte Oliver-North-Story amerikanischen Zeitungen an, die jedoch meist auf Intervention ihrer Chefredakteure die Meldung unterschlugen. Daraufhin wurde die Geschichte – wohl auf iranische Weisung hin – in einer kleinen Zeitung im Libanon gedruckt[177]. Die Angelegenheit fiel nunmehr auf fruchtbareren Boden, da wenige Tage zuvor zum Unglück der North-Mannschaft eine Maschine mit Nachschub für die Contras über Nicaragua abgeschossen worden war. In den Trümmern fanden sich Dokumente, die auf eine CIA-gelenkte Operation hinwiesen, so daß in Washington das Leugnen ein Ende nehmen mußte. Schließlich wurde der Fall Pollard an die Öffentlichkeit gespielt mit Hinweisen, daß McFarlane, der Sicherheitsberater des Präsidenten und einer der ranghöchsten Beamten, im Dienste der israelischen Spionage gestanden habe.

Es nimmt daher auch nicht wunder, daß die politische Führung der USA zusätzlich in Gefahr gebracht werden sollte, indem deren Verbindung zum Beispiel zu dem Drogenhändler, Geldwäscher und mit dem damaligen Vizepräsidenten George Bush befreundeten und eng zusammenarbeitenden Staatschef von Panama, Noriega, aufgedeckt wurde[178].

Die Unterredung zwischen George Bush und dem Mossad-Mann Ben-Menashe in einer israelischen Amtsstube, in der dieser den US-Vizepräsidenten minutiös über die geheimen Waffenlieferungen in den Iran unter Mitwirkung der CIA und der israelischen Dienste aufklärte, wurde von einer Videokamera in Bild und Ton aufgezeichnet. Damit konnte ein Leugnen der amerikanischen Regierung vor der Öffentlichkeit und dem Kongreß jederzeit beweiskräftig als schamlose Lüge dokumentiert werden[179].

In dieses Hintergrundgeschehen dürfte die Aufdeckung, Beschlagnahme und Zurschaustellung der Ostblock-Waffenladung der *Pia Vesta* einzuordnen sein[180]. Hierzu gehören die Offenbarungen der Seemannsgewerkschaft in Kopenhagen über die jahrzehntelang von der CIA gesponserten Waffentransporte nach Südafrika und in den Iran[181], die drohende Offenbarung umfangreicher, mit Bargeld beglichener Raketenlieferungen an Südafrika, das vernehmliche Geschrei des Waffenhändlers Duncan in Miami, ihm gehöre die Ladung auf der *Pia Vesta*, und das lautstarke Protzen mit engsten Beziehungen zu George Bush und Ronald Reagan. Mitglieder der Regierung, die mit den immer weiter aufplatzenden Skandalen fertig werden mußten, bezeichnen den Waffenhändler in Tagebucheintragungen daher auch als *bomb thrower*, als Bombenwerfer. Man versuchte, ihn aus den nun folgenden Anhörungen vor den Ausschüssen des Kongresses herauszuhalten.

Auch der schwedische Bofors-Skandal und dessen Einbettung in Geschäftskonstruktionen mit der Schalckschen Stasi-Firma IMES für den verdeckten Waffenhandel einerseits und das westeuropäische Pulverkartell andererseits finden hier ihre tendenzielle Klärung. Bei der Ostberliner Waffenhandelsfirma IMES wurde die Weisung erteilt, fortan nicht mehr mit wilden Typen Handel zu treiben.

Waren Palme und Barschel
auf der falschen Seite des Deals?

In dieser Richtung könnte möglicherweise die Aufklärung des Mordes an Olof Palme ansetzen, der nach einem Kinobesuch hinterrücks erschossen wurde in offensichtlicher Anwesenheit zahlreicher schwedischer, mit Sprechfunkgeräten ausgerüsteter Geheimdienstbeamter, wie Zeugen beobachtet haben. Ob der Tod des schleswig-holsteinischen Ministerpräsidenten Barschel in dieses Geflecht einzuordnen wäre, ist schwer zu beurteilen. Barschels letzter Besuch vor seinem Treffen in Genf mit dem in seinem Terminkalender eingetragenen Roloff galt immerhin dem saudischen Finanzmann und Waffenhändler Adnan Kashoggi, einem Mann, der nicht nur mit Shimon Peres befreundet war[182], sondern auch engste Beziehungen sowohl zum saudischen Königshaus wie zu Gaddafi pflegte und der im Bericht des US-Kongresses über die Affäre auch als amerikanischer Agent bezeichnet wird[183]. In israelischen Quellen ist er als langjähriger Agent des Mossad aufgeführt, dessen Unternehmungen ganz wesentlich aus Geldern des Mossad finanziert wurden[184]. Und schließlich soll über Schleswig-Holstein ein erheblicher Teil der Waffenlieferung in den Iran abgewickelt worden sein, nachdem es unversehens mit den dänischen Häfen, den dänischen Schiffen und einer neuen dänischen Regierung Schwierigkeiten gegeben hatte[185]. Die Besuche Barschels in Kavelsdorf, das einsame Aufsuchen von Biotopen in der DDR, die merkwürdige vierwöchige Kur ausgerechnet in dem sozialistisch-langweiligen Marienbad in der ČSSR, all dies berührt merkwürdig.

Im Falle Barschel muß es zu einer Art Kurzschluß zwischen den beiden Waffen- und Finanzierungskanälen gekommen sein[186]. Kashoggi spielt eine wesentliche Rolle bei der Einleitung und Finanzierung des Konkurrenzkanals[187]. Zu diesem aus dem Büro von Peres und dessen Antiterrorberater Nir heraus gesteuerten Kanal gehören die Verbindungen, die auch in das später zu behandelnde Personalkarussel des Skandals der Bank for Credits and Commerce International (BCCI) hineinspielen[188]. Peres, North, Noriega, Ghorbanifar, Hashemi, Nir, Mike Harari und nicht zuletzt das Medellin-Drogenkartell bilden eine Linie, die die Knotenpunkte einer gnadenlos der Öffentlichkeit preisgegebenen Skandalkette markieren[189]. Der erste Kanal geht mit Skrupellosigkeit gegen den zweiten vor und läßt in Washington die strategischen Personen hochgehen. Präsident Reagan und Vizepräsident Bush können sich nur mit Mühe und mit unfeinen Tricks über die Runden retten[190]. Und selbst der spätere demokratische Präsident Clinton und dessen Gattin Hillary sind nicht ohne Bezugspunkte zum Skandalkomplex[191].

Von daher verwundert es nicht, daß der israelische Geheimdienstmann Victor Ostrovsky die Ermordung Uwe Barschels in Genf sowohl von der Begründung als auch den technischen Einzelheiten her genau beschreibt[192]. Hier interessieren nur die von ihm angedeuteten Hintergründe[193]. Danach hatte der Mossad in einem Waffengeschäft Israels mit dem Iran den BND als Strohmann und Zwischenhändler benutzt. Es ging um die Lieferung von Ersatzteilen für die auch von der Bundesluftwaffe geflogenen Phantom F 4. Über dieses Vorhaben waren die Landesämter für Verfassungsschutz der Freien und Hansestadt Hamburg und des Landes Schleswig-Holstein auf mittlerer Beamtenebene informiert, nicht jedoch der BND, den der Mossad angeblich wegen Durchsetzung mit Stasi-Agenten gezielt außen vor ließ. Auch der Ministerpräsident des Landes, Uwe Barschel, war zunächst nicht informiert.

Nun zog man offenbar für den zweiten Kanal den BND heran und stellte diesem einen Verbindungsmann zur Seite, der nebenbei noch schmutzige Geschäfte über den Ex-Mossad-Offizier Mike Harari mit dem Staatschef von Panama, General Manuel Noriega, machte. In Frage kommen Drogen-, Geldwäsche- und Waffengeschäfte.

In die Transporte, die über italienische Häfen liefen, waren der Altfaschist Licio Gelli und Mitglieder seiner geheimdienstdurchsetzten Freimaurerloge Propaganda Due sowie streng geheime Kommandoeinheiten (Gladio) der NATO eingespannt, eine Kombination, auf die später einzugehen sein wird. Die BND-Mannschaft wiederum scheint laut Ostrovskys Darstellung aus Leuten zusammengesetzt gewesen zu sein, die zuvor an Mossad-Seminaren zur Bekämpfung des Terrorismus teilgenommen hatten. Diese Veranstaltungen seien letztlich zum Zwecke der Rekrutierung abgehalten worden, die dem Mossad Hunderte, wenn nicht Tausende von Staatsdienern aus allen möglichen Ländern, nicht zuletzt der Bundesrepublik, als Quellen und Einflußpersonen eingebracht hätten. Der Mossad habe die mittleren Chargen des BND manipulieren können, indem man ihnen zu verstehen gegeben habe, ihre Vorgesetzten seien mit der Angelegenheit einverstanden, könnten die Operation jedoch offiziell nicht billigen und müßten in der Lage sein, stets glaubhaft leugnen zu können. Auch die Tatsache, daß der Mossad die rückhaltlose Unterstützung der örtlichen Dienststellen des Verfassungsschutzes gehabt habe, sei hilfreich gewesen[194].

Von Deutschland aus seien die Lkw nach Dänemark gefahren, wo ihre Ladung auf dänische Schiffe verfrachtet wurde. Von dort sei die Fracht dann in den Iran gegangen.

Schließlich haben die Israelis ihren BND-Verbindungsmann gefragt, wo und wie sie iranische Piloten ausbilden können. Die Ausbildung der Piloten der iranischen Luftwaffe habe dann größtenteils an fünf Simulatoren stattgefunden, die auf demselben Flughafen in Schleswig-Holstein aufgestellt waren, auf dem auch die für iranische Phantom-Kampfflugzeuge vorgesehenen Ersatzteile gelagert wurden. Neben dem Training vor den Simulatoren habe die Ausbildung der Kampfpiloten an einer zweimotorigen Cessna stattgefunden.

Nachdem die Verschiffung der Ware von dänischen Häfen aus aufgrund dortiger Widerstände nicht mehr hatte vorgenommen werden können, sollten die Waffenlieferungen nun über schleswig-holsteinische Häfen laufen. Der BND habe Ministerpräsident Barschel in die geplanten Geheimoperationen eingeweiht. Bei dieser Gelegenheit habe der BND-Vertreter dem Ministerpräsidenten jedoch mehr erzählt als aus israelischer Sicht verantwortbar gewesen sei. Barschel habe abgelehnt. Der Mossad habe daraufhin Pfeiffer, den Mitarbeiter des Springer-Konzerns, angesprochen und ihn mit Enthüllungen aus seiner Vergangenheit zur Mitarbeit veranlaßt. Ziel sei die Zerstörung des öffentlichen Ansehens des Ministerpräsidenten gewesen. Pfeiffer habe nun vorgeblich im Auftrag Barschels eine mehr als auffällige Observation des Mitbewerbers Engholm in der Landtagswahl um das Amt des Ministerpräsidenten organisiert. Die Tatsache der Bespitzelung sei der Presse zum Zwecke der Rufschädigung zugespielt worden. Wenige Stunden vor der Wahl habe Barschel nicht mehr reagieren können. Dadurch sei die Abwahl Barschels und die Wahl des kooperativeren Oppositionsführers gesichert gewesen.

Barschel habe versucht, sich über den BND Rehabilitation zu verschaffen. Doch dies hätte die Aufdeckung der streng geheimen Operationen nach sich gezogen. Barschel habe es abgelehnt, sich gegen eine hohe Abfindung aus der Politik zurückzuziehen und zu schweigen. Als Barschel vor dem Untersuchungsausschuß des Kieler Landtages habe auspacken wollen, habe man aus vielerlei Gründen einschreiten müssen[195]. Daher sei Barschel nach Genf gelockt worden. Ostrovsky beschreibt, wie Barschel von einem Kontaktmann des BND getäuscht und von einem Team des Mossad ermordet wurde. Seine Schilderung der Herbeiführung erst einer Bewußtlosigkeit und anschließender Einflößung der tödlichen fünf Medikamente mittels Magensonde stimmt mit den Ergebnissen der allerdings außerordentlich mangelhaften kriminalistischen Untersuchungen in Genf überein[196]. Die auf die Tatschilderung Ostrovskys angesprochene Lübecker Staatsanwaltschaft zweifelt an einigen Ortsangaben, kann jedoch den vom Hörensagen aus Mossad-Kreisen bekannten Zeugen nicht vernehmen, weil hierzu die Reisemittel fehlen.

Je mehr sich die Spuren des Falles Barschel verlieren, verwischen, zum Teil aber auch klären, um so merkwürdiger werden die Rollen der an der Affäre beteiligten deutschen Akteure. Da wird Pfeiffer – beim Mossad angeblich unter dem Aliasnamen Whistler geführt – als Angestellter des Springer-Konzerns »für grobe Arbeiten« im Wahlkampf in die Dienste des Landes Schleswig-Holstein und dessen Ministerpräsidenten abgeordnet. Er wird in dieser Zeit sowohl aus der Landeskasse besoldet als auch mit Zusatzmitteln des Springer-Konzerns ausgehalten. Im Amt erhält er vorgeblich den Auftrag, Björn Engholm, den Oppositionsführer und Herausforderer Barschels, auf Eheverfehlungen zu bespitzeln, besorgt sich auch die vertraulichen Einkommenssteuererklärungen des Finanzamtes. Rechtzeitig vor der Wahl verpfeift Pfeiffer sein rechtswidriges Tun an die Opposition und das Nachrichtenmagazin *Der Spiegel*.

Der Spiegel veröffentlicht unmittelbar vor der Landtagswahl die Pfeifferschen Enthüllungen und sorgt somit für den sicheren Sturz Barschels. Der *Stern* wiederum übernimmt die Aufklärung des sich anschließenden Selbstmord-Mordfalles. Der *Stern*-Redakteur kennt offensichtlich im vorhinein Ort und Zeit der geheimgehaltenen

Anreise von Barschel, quartiert sich im selben Hotel ein, ruft am Todestag gegen 12 Uhr im Hotelzimmer an, erhält keine Antwort und entdeckt auf eigene Faust den Toten. Das Foto des Verstorbenen zeigt den Uhrzeigerstand 12 Uhr 45. Die Genfer Polizei wird erst gegen 14 Uhr verständigt. Was der Reporter in dieser Zeit alles getan oder unterlassen hat, ist nicht ermittelt, geschweige denn objektiv überprüft worden. Der Reporter machte sich an die Entzifferung der Notizen des Toten. Die Benachrichtigung eines Arztes schien sich erübrigt zu haben. Auf jeden Fall kamen strafrechtliche Ermittlungen mit dem Ziel einer Anklage wegen unterlassener Hilfeleistung, die Wiederbelebungsfähigkeit Barschels unterstellt, nicht mehr in Betracht, weil die deutschen Ermittler erst nach Ablauf der fünfjährigen Verjährungsfrist tätig wurden. Die umfassende Spurensicherung vor Ort ist zum Teil nicht erfolgt, zum Teil wurde sie durch den langen Aufenthalt des *Stern*-Reporters in ihrer Aussagefähigkeit massiv eingeschränkt.

Ob der Spitzendetektiv deutscher Geheimdienste, Werner Mauss, der um den amtlich nie festgestellten Todeszeitpunkt herum unter einem Aliasnamen in einer Chartermaschine zusammen mit seiner Frau und einem weiteren Mann zwischen Frankfurt, Genf und Zürich hin und her flog und sich in der Tatnacht im benachbarten Hotel Le Richemond einquartiert hatte, mit dem von Ostrovsky genannten BND-Kontaktmann identisch ist oder nicht, ist bis heute öffentlich nicht geklärt. Ein Münchner Gericht hat die öffentliche Berichterstattung über die Hintergründe der hektischen Flugmanöver um die Todeszeit Barschels untersagt[197].

Es bleibt zu vermerken, daß *Der Spiegel* bis zur Stunde in Übereinstimmung mit den deutschen Nachrichtendiensten bei der Version des Selbstmordes bleibt und jede Abweichung von der Orthodoxie mit Eifer bekämpft[198]. Andererseits erlitt der von der Familie Barschel eingesetzte Schweizer Detektiv und frühere Mitarbeiter des Meisterdetektivs Mauss kurz vor Abschluß seiner Arbeiten einen Herzinfarkt. Seinen Aussagen zufolge stand er kurz vor der Aufklärung des Falles. Alle merkwürdigen Todesfälle der letzten Jahre hingen, so äußerte er sich kurz vor seinem Tod Dritten gegenüber, miteinander zusammen. Er meinte offensichtlich die Ermordung auch des schwedischen Premierministers Palme, die ausgeführt zu haben inzwischen ein ehemaliges Mitglied der südafrikanischen Todesschwadronen auf sich genommen hat. Bis dato haben die Schweizer Behörden die von dem Schweizer Detektiv zusammengestellten Akten weder der deutschen Staatsanwaltschaft noch der Öffentlichkeit zugänglich gemacht. Die deutschen Behörden sehen sich außerstande, die Darstellung Ostrovskys als richtig oder falsch oder als wahrscheinlich beziehungsweise unwahrscheinlich zu qualifizieren.

Der zweite Kanal – weitere Fälle

Mit Sicherheit gehören zum zweiten Kanal auch die österreichischen Waffenlieferungen an den Iran, die unter dem Begriff der Noricum-Affäre bekanntgeworden sind. Die Offenbarung der Sprengstofflieferungen der schwedischen Firma Bofors zunächst über Dynamit-Nobel Wien, dann über die Ostberliner Firma IMES, die Zwischenschaltung des Waffenhändlers Karl-Erik Schmitz, die marktschreierischen Interventionen der dänischen Seemannsgewerkschaft deuten auf die Zurschaustellung des zweiten Kanals hin[199]. Mit einiger Wahrscheinlichkeit hatte die Aktion auch das politische Ziel, die Partner in Europa in Bedrängnis zu bringen, die sowohl im Ost-West-Konflikt als auch in den feindseligen Beziehungen zwischen Israel und den Palästinensern einem Ausgleich der Interessen, einem Kompromiß beider Seiten, das Wort redeten. In diesem Zusammenhang könnten auch die Skandale, die die Regierung Kreisky aus Anlaß der Noricum-Affäre mit Waffenlieferungen an den Iran und des so spektakulär gescheiterten Versicherungsbetrugs mit dem Untergang des schrottbeladenen Schiffes *Lucona* im Pazifik erschütterten, tendenziell ihre Aufklärung finden.

In diese Affäre ist auch Monzer Al Kassar verwickelt, bei dem im Zuge einer Hausdurchsuchung entsprechende Rechnungen und Querverweise aufgetaucht sind. Von Monzer Al Kassar führt der Weg wiederum nach Polen zur dortigen Firma Centin einerseits und zum Ableger der palästinensischen Terrorgruppe Abu Nidal andererseits, für die ja auch die Ostberliner Firma IMES Spezialwaffen besorgt hatte. Wenn es zudem, wie von Ari Ben-Menashe angemerkt, eine generelle Abmachung über geheime Waffenlieferungen aus polnischen (und möglicherweise auch DDR-) Beständen an die USA unter Vermittlung des Verlegers Maxwell gegeben hat, dann wundert auch die Tatsache nicht mehr, daß zwei Angehörige des polnischen Geheimdienstes Mitinhaber der im Besitz der Gebrüder Al Kassar befindlichen Wiener Waffenhandlung Alkastronic gewesen sind.

Bestandteil beziehungsweise Nebenprodukt der großangelegten Waffengeschäfte war die Unterstützung der Contras in Nicaragua, aber auch anderer sogenannter Freiheitskämpfer in Angola[200], Mozambique, Kambodscha, Äthiopien und vor allem in Afghanistan[201]. In Nicaragua hatte sich die Reagan-Regierung auf die Unterstützung der im wesentlichen aus ehemaligen Angehörigen der Streitkräfte des diktatorischen Somoza-Regimes zusammengesetzten Rebellentruppe versteift, obgleich der amerikanische Kongreß für rund zwei Jahre jegliche Unterstützung mit Waffen verboten hatte. Die Israelis lieferten angeblich aus erbeuteten Beständen vor allem Ostblockwaffen, die sie auch in größerem Umfang auf dem Weltmarkt hinzukauften. Hier halfen vor allem die Polen aus, die im übrigen auch modernstes sowjetisches Gerät an die CIA lieferten. Die CIA soll als Gegenleistung die Überstellung eines hochleistungsfähigen Waffengerätes an die Sowjets zugesagt haben.

6
Rauschgifte:
Schmiermittel der Geopolitik

Noriega –
Figur im globalen Spiel

Das Duell der beiden Waffenkanäle um den Gewinn aus der Belieferung des Irans, aber auch die Sorge Israels über die Machenschaften der CIA, einen nuklear und chemisch aufgerüsteten Gegner in Nahost zu erhalten, führten zur Entdeckung bislang strikt verborgen gehaltener Geheimdienstverbindungen, die tiefe Einblicke in geheimgehaltene Methoden und Personenzuordnungen eröffnet. So wurde die instrumentale Bedeutung Panamas und seines Diktators Noriega, eines langjährigen CIA-Mitarbeiters, öffentlich bekanntgemacht. In den Anhörungen des US-Kongresses ebenso wie in der amerikanischen Presse erschienen Hinweise auf den Drogenverkehr über Panama in die Vereinigten Staaten, der über die Kanäle der von der Oliver-North-Gruppe ebenso wie Teilen der CIA mit Rat und Tat wie mit Waffen gestützten Contra-Bewegung lief[202].

In Nicaragua war es den sogenannten Sandinistas, einer zunächst sehr breit angelegten und volkstümlichen Rebellenbewegung, gelungen, den von den USA gestützten, jedoch verhaßten Diktator Somoza und dessen Armee niederzuringen[203]. Die Sandinistas hatten eine sich aus unterschiedlichen Gruppen zusammensetzende Revolutionsregierung gebildet, die sich unter anderem die Landreform, die allgemeine Volksgesundheit und die Alphabetisierung zum Ziel gesetzt hatte. Die katholische Kirche war über eine Reihe von Würdenträgern, die ein Ministeramt bekleideten, beteiligt[204]. Da die Reformansätze Amerikas Interessen berührten und auch marxistische Ansätze in der neuen Regierung vertreten waren, mußte naturgemäß die Unterstützung der Reagan-Administration tendenziell geringer ausfallen und, im System der kommunizierenden Röhren des Ost-West-Konfliktes, die des sogenannten sozialistischen Lagers entsprechend größer werden. Auf amerikanischen Druck drang der Vatikan auf Rückzug der katholischen Kirchenvertreter aus der Regierung.

Es kam sehr schnell zu Spannungen und dem Einsatz von sogenannten Freiheitskämpfern, die sich in El Salvador, Guatemala und Honduras aus Angehörigen der ehemaligen Somoza-Milizen zusammensetzten[205]. Die USA unterstützten die Contras zunächst aus Mitteln des Bundeshaushalts mit militärischen und humanitären Gütern. Darüber und über das oft brutale, sinnlose Vorgehen der Söldnertruppe kam es zu öffentlichen Auseinandersetzungen und schließlich zu einer Entschließung des mehrheitlich demokratisch zusammengesetzten Kongresses, wonach Mittel für den bewaffneten Kampf der Contra-Rebellen aus dem Bundeshaushalt nicht mehr zur Verfügung gestellt werden durften (Boland-Amendments). Präsident Reagan, der sich den Contras verbunden fühlte, sie zu Freiheitskämpfern emporstilisierte und nicht im Stich lassen wollte, sann mit seinen politischen Freunden auf Abhilfe. Die Verbündeten, insbesondere jene des ölreichen Nahen Ostens, sollten sich an der Finanzierung des Contra-Kampfes beteiligen. Ob tatsächlich Gewinne aus den Waffenverkäufen an den Iran für den Kauf und die Lieferung von Waffen an die Contras abgezweigt wurden, erscheint eher zweifelhaft. Die Israelis waren hierzu nicht bereit. Die Waffenhändler vermutlich auch nicht. Genaue Aufzeichnungen oder gar Abrechnungen gibt es nicht, wurden von den Kongreßausschüssen, die sich des Themas annahmen, auch nie eingefordert. Die Vermutung liegt nahe, daß das Geld etwa aus arabischen Quellen oder aus Spenden wohlhabender Privatleute nur der Schirm war, hinter dem sich weitaus gewichtigere Finanzierungen verbargen, die noch mehr das Licht der Öffentlichkeit zu scheuen hatten, als dies bei Abzweigungen aus dem illegalen Waffenhandel mit dem Iran der Fall war[206]. Man hat es folglich nicht mit dem Iran-Contra-Skandal zu tun, sondern mit zwei ganz gesondert zu betrachtenden Skandal-Szenarien.

Hinflug: Waffen und Bargeld der CIA,
Rückweg: Rauschgift

Die Waffen für die Contras wurden in der Regel mit Privatflugzeugen aus Florida und anderen Südstaaten der USA nach Panama, Honduras, Guatemala und El Salvador transportiert, von wo sie in die Hände der Contras in den Kampfregionen gelangten. Die Piloten waren größtenteils Drogenschmuggler, die auf ihren Flügen zwischen den USA und Kolumbien jeweils in Nicaragua, El Salvador oder Panama zwischenlandeten. Folglich lag es nahe, daß beide Seiten ihre Interessen zusammenspannten: die um Absicherung ihres Drogenschmuggels vor Strafverfolgung besorgten Piloten einerseits und die um verdeckte Hilfe für die Contras im Auftrag der Reagan-Regierung bemühte CIA beziehungsweise deren Mittelsmänner andererseits[207]. Und in der Tat wurde man schnell handelseinig. Die Piloten flogen Waffen, Kleidung und Munition in die Einsatzgebiete und Bereitschaftsräume der Contras, tankten dort ihre Flugzeuge auf und brachten auf dem Rückweg entsprechende Mengen an Kokain und Marihuana mit[208]. Peinlich für die CIA war dann 1986 der Absturz eines waffenbeladenen größeren Transportflugzeuges über Nicaragua. Der einzige Überlebende ebenso wie die Borddokumente wiesen auf Verbindungen zur CIA hin, zumal das Flugzeug der Fluggesellschaft Southern Air gehörte, die früher als ausgegründetes Tochterunternehmen ständig im Einsatz der CIA unterwegs gewesen war[209]. Eine Zeugin in Kolumbien hatte des öfteren das Beladen von Flugzeugen der Southern Air mit Kokain beobachten können. Sie sagte auch aus, das Führungsmitglied des Medellin-Kartells, Jorge Ochoa, habe sich gerühmt, bei der Lieferung von Kokain nach Florida mit der CIA zusammengearbeitet zu haben[210]. Zu diesem Zweck seien ein Bundesrichter, Zollbeamte und Luftraumkontrolleure in Miami bestochen worden[211].

Die Anhörungen des Repräsentantenhauses und des Senates zum Iran-Contra-Komplex vermitteln tiefe Einblicke in den Drogenhandel und dessen Nutzung durch die CIA[212], obwohl zwischen den führenden Senatoren des Untersuchungsausschusses und jenen des für die Geheimdienste zuständigen Ausschusses Einvernehmen darüber bestand, die unmittelbare Verbindung der CIA mit dem Drogenhan-

del in den Anhörungen nicht aufscheinen zu lassen[213]. Einige Zeugen
liefen vor ihren Aussagen Gefahr, entführt, gefoltert und ermordet zu
werden[214].

CIA – Rancher mit Landeplatz
für Waffen und Drogen

Aus den Zeugenaussagen ging unter anderem hervor, daß den Waf-
fen- und Drogenflugzeugen der Schmuggler eine Landepiste auf der
Ranch von John Hull in Costa Rica zur Verfügung stand, der seit Jahren auf das engste mit der CIA zusammenarbeitete[215]. Bei ihm wurden
sowohl die Waffen zur Abholung für die Contras als auch auf dem
Rückflug das Kokain zum Weitertransport in die Südstaaten der
USA zwischengelagert[216]. Söldner, die im Dienste der CIA standen,
und deren CIA-Berater beherrschten die Szene[217]. Die Drogenflieger
wußten über zu erwartende Drogenkontrollen in aller Regel im voraus Bescheid; zudem veranlaßte die CIA ganz offensichtlich, daß
die Beamten der Drug Enforcement Agency (DEA) bei Contra-Flü-
gen das Kontrollieren auf den Zielflughäfen unterließen[218]. Drogenschmuggler, die bei ihren oft millionenschweren Kokaingeschäften
erwischt worden waren, konnten meist durch kostenlose Mithilfe
beim Transport von Ausrüstungsgütern für die Contra-Operation im
Auftrag der CIA für sich den Schutz vor Strafverfolgung erwirken[219].
Daraus entstand im Laufe der Zeit der für die Strafverfolgungsbehörden, insbesondere des Bundesstaates Florida, höchst unerfreuliche
Zustand, daß in ein und derselben Schmugglerbande der eine, oft
sogar der Anführer und Besitzer einer ganzen Flugzeugflotte, dank
Protektion des Geheimdienstes sich vor Bestrafung schützen oder
zumindest dank den Privilegien der Kronzeugenregelung massive
Strafmaßerleichterungen aushandeln konnte, während seine Mitarbeiter zuweilen langjährige Gefängnisstrafen verbüßen mußten. Um
so bereitwilliger packten letztere in den Anhörungen des Kongresses
über die Praktiken des Drogenhandels und die Übertölpelung der
Drogenabwehr aus[220]. Der Rauschgiftausschuß des Parlamentes in
Costa Rica empfahl mit Zustimmung des ganzen Plenums, fünf Personen auf Dauer vom Betreten des Landes auszuschließen, weil sie

sich gesetzwidrig verhalten und dem Rauschgifthandel Tür und Tor geöffnet hätten: die Mitglieder des Sicherheitsrates, Oliver North und Generalleutnant Richard Secord, der Sicherheitsberater des amerikanischen Präsidenten, Admiral Pointdexter, der frühere amerikanische Botschafter in Costa Rica, Tambs, sowie der Chef der dortigen CIA-Station, Joseph Fernandez. Darüber schwieg die amerikanische Presse[221].

Drogenfahnder chancenlos: Korruption und CIA vereiteln Erfolg

Die Tausende kleiner und größerer Inseln der vor der Küste von Florida liegenden Bahamas waren ebenso wie die Cayman-Inseln hervorragend als Drogenumschlagplätze geeignet. Aus Kolumbien kommend, landeten Drogenpiloten mit ihren kleinen bis mittelgroßen Maschinen auf einer Insel der Bahamas mit kleiner Landpiste oder gar gewöhnlichem Verkehrsflughafen. Unmittelbar nach der Landung überreichte der Pilot dem Platzwart eine Gebühr, etwa 15 Prozent des Wertes der Ladung, die dieser nach einem gewissen Selbstbehalt an die Honoratioren der Insel und meist auch an die Mitglieder der Regierung einschließlich Regierungschef weiterleitete[222]. Die Ladung wurde in kleine Schnellboote und Freizeitkreuzer umgeladen, um dann an Wochenenden, wenn Zehntausende amerikanischer Freizeitkapitäne auf dem Weg zurück zur amerikanischen Küste nach Hause schippern, unauffällig mitgeführt und an Land gebracht zu werden. Nicht selten nehmen die Besitzer extrem leistungsfähiger Schnellboote, die sich ihr Geld mit dem Transport von Rauschgift von den Bahamas nach Florida verdienen, an internationalen Schnellbootrennen teil. Da der Stoffwert des Kokains oder Heroins verhältnismäßig gering ist und nur das Risiko, beim Schmuggeln gefaßt zu werden, den Warenwert in Schwarzmarkthöhen treibt, können es sich die Drogenschmuggler und ihre Hintermänner ohne weiteres leisten, nützliche Aufwendungen, das heißt beträchtliche Bestechungsgelder an Amtspersonen auf den Bahamas wie in den USA zu verteilen[223], um die Ware möglichst ungestört ins Endverbraucherland USA zu bringen. So erzählten die Schnellbootfahrer in den Hearings des US-

Kongresses, daß sie genau wissen, in welchem Seemeilenquadrat die amerikanische Küstenwacht Tag für Tag und Nacht für Nacht mit ihren Booten steht. Die Organisation der Drogenschmuggler beschattet die Zollbeamten an Land und erhält auf krummen Wegen die Computerausdrucke über die täglichen und wöchentlichen Dienstpläne und Einsatzgebiete der Drogenfahnder. Dank den hohen Einnahmen aus dem Drogengeschäft mangelt es weder in den Flugzeugen noch den Schnellbooten der Schmuggler an den modernsten nautischen, optischen und elektronischen Instrumenten zur Standortfeststellung der Drogenfahnder[224]. Natürlich sind die Schmuggler auch bestens darüber informiert, wann und auf welchen Routen die militärischen Luftaufklärungsflugzeuge AWACS Jagd auf Drogenflugzeuge machen. Auf Landeplätzen mitten im Lande kommt ab und zu die Polizei vorbei. Doch die vorsorglich geschmierten Sheriffs sehen nicht selten in die andere Richtung. Meldungen über besondere Vorkommnisse erübrigen sich auf diese Weise. Die Drogenflugzeuge landen zum Teil mitten auf dem großen Flughafen für Geschäftsflugzeuge in Miami. Zollbeamte schauen beim Entladen zu, doch die Schmuggler haben nichts zu befürchten, weil Mitarbeiter der CIA ihre schützende Hand über dem Vorgang halten. Zahlreiche exilkubanische Piloten aus Miami flogen für die CIA Waffen in die mittelamerikanischen Ausgangsregionen für den Kampf der Contras gegen die sandinistische Regierung und nahmen auf dem Rückflug ungehindert Drogen zum Weiterverkauf in den USA mit[225].

Inzwischen läßt sich ein noch genaueres Bild der Verwicklung der CIA in den Drogenhandel zeichnen[226]. Der ehemalige DEA-Agent Celerino Castillo hat über alle Flugzeuge, die jahrelang von dem Flughafen Ilopango der US-Luftwaffe in El Salvador große Mengen Kokain und Marihuana aus Kolumbien auf entlegene, geheimdienstgeschützte Flughäfen in die Südstaaten der USA transportierten, insgeheim Buch geführt[227].

Der CIA-Pilot Brenneke gibt an, mehrfach wöchentlich mit Dienstmaschinen allein auf dem Rückflug von Waffentransporten zu den Rebellen jeweils 500 Pfund Kokain im Auftrag seiner Dienstvorgesetzten nach Mena in Arkansas mitgenommen zu haben[228]. Ähnliche Aussagen liegen inzwischen auch von anderen Piloten vor, die von Honduras, Venezuela, Costa Rica und anderen Ländern Landeplätze in den USA anflogen[229]. Einer der Drogenflieger konnte regelmäßig auf dem Rückflug mit Tonnen von Marihuana auf einem Flughafen der U.S. Air Force in Florida landen[230].

Das Panama des Staatschefs Noriega ist dabei von besonderer Bedeutung, weil Maschinen der CIA-Fluggesellschaften außer Waffen auch das aus dem Verkauf von Kokain stammende Bargeld für die CIA zur Einzahlung in Panama City mitnahmen. Die panamaische Notenbank übernahm das Geld, um es direkt oder über Umwege der Notenbank der USA zu überweisen. Noriega war auch von daher ein strategischer Partner der CIA, der mehr wußte, als gemeinhin erlaubt sein konnte.

Dies wird der Grund dafür gewesen sein, daß bei der Intervention der amerikanischen Streitkräfte zur Vollstreckung des Haftbefehls gegen den Staatschef ein Sonderkommando sich der Sicherstellung der Akten annahm. Schließlich hatte Noriega sich noch vor Prozeßbeginn damit gebrüstet, Präsident Bush an seinen edelsten Körperteilen packen zu können[231]. Doch ein nach amerikanischem Verfahrensrecht über Kronzeugenregelung zurechtgeschneidertes Strafverfahren machte die Hoffnung des Ex-Agenten zunichte. Inzwischen hat sich allerdings herausgestellt, daß einer der wesentlichen Zeugen im Verfahren gegen Noriega für Art, Umfang und Begrenzung seiner Aussage vor Gericht Geld angenommen hat. Die Verteidigung strebt daher die Wiederaufnahme des Strafverfahrens an. Der Drogenhandel über Panama hat trotz der Intervention der amerikanischen Streitkräfte und der Überstellung Noriegas in die USA keineswegs ab-, vielmehr kräftig zugenommen. Das gleiche gilt für die Kriminalität[232].

Drogenkrieg des
amerikanischen Präsidenten

Das korrupte Treiben geschah in einer Zeit, in der Präsident Reagan die kraftvolle Bekämpfung der Drogenseuche zur Chefsache gemacht hatte. Reagan ebenso wie vor ihm die Präsidenten Carter und Nixon hatten den Drogenschmugglern medien- und wählerwirksam den Krieg erklärt und eigens hierzu jeweils einen mit Sondervollmachten ausgestatteten »Drogen-Zaren« ernannt. In koordinierten Großaktionen sollten Mannschaften und Gerät von Luftwaffe und

Marine zum Einsatz gebracht werden mit zum Teil durchaus beachtlichen Erfolgen, sofern man den Erfolg in Kilogramm oder Tonnen
beschlagnahmter Drogen mißt. Doch diese Meßlatte ist trügerisch
und dient eher der Irreführung der Öffentlichkeit. Da die Anbauko-
sten für Mohn oder Koka nicht höher liegen als die für Reis, Kartof-
feln, Gemüse oder Obst, kommt der phantastisch hohe Endverbraucherpreis mit den dabei ergaunerten Riesengewinnen nur aufgrund
der Kriminalisierung von Handel und Verbrauch in den Industrieländern des Nordens zustande[233].

Drogenabhängige sind süchtig nach ihrem Joint, ob der nun verboten ist oder nicht. Sie sind bereit, nahezu jeden Preis zu zahlen, auch
wenn sie an das Geld nur über schwere Diebstahls-, Betrugs- und
Raubdelikte herankommen. Das Angebot bestimmt den Preis und
hängt von der Intensität des kriminalpolizeilichen Fahndungsdrucks
gegen den Drogenhandel ab. Nun kalkulieren die Drogenbosse bei
der Festlegung der Höhe der Preise ein, den Drogenfahndern weltweit
zur Beschlagnahme jede gewünschte Menge Drogen zur Verfügung
zu stellen, damit die polizeilichen Erfolgsbilanzen in der Öffentlichkeit Entwarnungssignale von der Drogenfront vermitteln können.
Auch die Politiker brauchen fernsehgerecht vorzeigbar, sicherge-
stellte Rauschgiftpakete, um der verängstigten Bevölkerung Erfolge
vorgaukeln zu können.

Der einzige verläßliche Indikator einer erfolgreichen Drogenfahndung wäre das ständige Ansteigen der Preise durch Verknappung der
immer perfekter gejagten Waren und Schmuggler. Je wirksamer die
Bekämpfung des Drogengeschäftes, um so schwieriger der Schmuggel, um so höher der Endverbraucherpreis. Doch die Preise sinken
seit Jahren, ein Zeichen dafür, daß der Drogenkampf regelmäßig zu
Lasten der Polizei und der von ihr durchzusetzenden Drogenpolitik
verlorengeht.

Die Drogendealer von Miami

Der Drogenhandel, der für die Belieferung der Ballungszentren an der
Ostküste der USA in erheblichem Umfang über die Flug- und Seehäfen Floridas und hier insbesondere Miamis läuft, liegt in den Händen

kubanischer Emigranten. Daneben gibt es in Miami eine große kolumbianische Kolonie, die ebenfalls an der Dealerei teilhat. Bei der Wahl der Transportart, der Transportwege, der Methoden des Austricksens der Verfolgungsbehörden sind dem Erfindungsreichtum der Schmuggler naturgemäß keine Grenzen gesetzt. Die hohen Gewinne des Drogenschmuggels stacheln die Findigkeit der Schmuggler an. So gelang es einer Fischereiflotte für Shrimps, zwischen die gefrorenen Krabbenstiegen jeweils Drogenstiegen einzubauen[234]. Das gleiche Unternehmen engagierte sich in der Geldwäsche und stand Oliver North für Waffentransporte zur Verfügung. In einem anderen Fall wurde versucht, mit einem großen Verband von Schubschiffen aus dem Golf von Mexiko kommend, Hunderttausende von Kilo Marihuana den Mississippi aufwärts zum Hafen von St. Louis zu transportieren und dort an kriminelle Organisationen zur Weiterverteilung zu verkaufen[235]. Der Deal scheiterte schließlich an der Polizei, die vermutlich einen Hinweis von der Konkurrenz erhalten hatte, die angesichts derartiger Angebotsmengen um ihre Märkte fürchtete.

Die verlogene Drogenpolitik

Dabei offenbaren die Auseinandersetzungen um den Iran-Contra-Skandal Widersprüchlichkeiten der amerikanischen Politik, die an die Substanz der demokratischen Glaubwürdigkeit gehen. In den Innenstädten Amerikas geht ein Teil der jungen Generation an Drogen und der damit einhergehenden Beschaffungskriminalität zugrunde, verfallen ganze Stadtteile den Aggressionen und Verzweiflungstaten einer hoffnungslos gewordenen Bevölkerung[236], verkündet die amerikanische Politik den Krieg gegen die Sucht nach und den Handel mit Drogen, während der Geheimdienst dieser Nation schützend seine Hand über die Organisatoren der Drogenszene hält, weil er dieselben Personengruppen als Schmuggler seiner für bestimmte Rebellengruppen bestimmten Waffen benutzt oder diesen Rebellengruppen selbst die Drogeneinkünfte zur Finanzierung ihres Lebensunterhaltes beläßt. Denn in nahezu allen Verfahren vor amerikanischen Strafgerichten hatte der Hinweis der CIA, eine bestimmte Person sei von der

Verfolgung auszunehmen, da sie für die nationale Sicherheit, das heißt die Arbeit der CIA, unabdingbar sei, den Vorrang vor den Ansprüchen der Staatsgewalt auf Strafverfolgung von Rechtsbrechern[237].

Der Leiter einer Elitefahndungseinheit der Drug Enforcement Agency gab denn auch zu Protokoll, in seiner dreißigjährigen Erfahrung in der Drogenbekämpfung sei er bei den »dicken Fischen« im Drogengeschäft nahezu ohne Ausnahme auf eine Verbindung zur CIA gestoßen[238]. Da die Geheimdienste durchweg sich nicht in die Karten sehen lassen, sich hinter dem Schutzschild des Informantenschutzes und der Nichtpreisgabe der Methoden ihres Handelns zu verstecken pflegen, zudem innerhalb ihrer eigenen Amtshierarchie nur nach dem Prinzip *need to know* Kenntnisse weitergeben und sich daher der Rechenschaft gegenüber dem eigenen Amt ebenso wie gegenüber der verantwortlichen Politik entziehen, kommt es zumindest öffentlich vernehmbar selten oder nie zu einer rationalen Auseinandersetzung der einander widersprechenden Politikwege[239].

Im Falle der Contras wurden die vom US-Kongreß gestrichenen Unterstützungsgelder für den Kampf über Drittmittel fremder Staaten, mit Mitteln aus illegalen Waffenverkäufen und aus der Duldung des Drogenschmuggels wettgemacht. Wie sich die Mittel der Contras für den Kampf gegen die sandinistische Regierung im einzelnen zusammensetzten, welchen Anteil letztlich der Drogenhandel hatte, ist schwer zu bestimmen. Mit Sicherheit wußten die Drogenbosse des Medellin- wie des Cali-Kartells ebenso wie die weltweite Bruderschaft der Rauschgiftdealer, wie man am sichersten ohne das Risiko einer Beschlagnahme oder gar Inhaftierung, Rauschgift auf den Markt der Vereinigten Staaten bringt[240]. In den achtziger Jahren waren es unter anderem die Wege, die über die Contras in Nicaragua beziehungsweise die angrenzenden Länder führten[241].

Hinter scheinbaren Pannen steht ein System

Nun könnte man für die Entgleisung einer Regierung und deren Geheimdienste Verständnis haben, die versucht, den Folgen einer für verheerend falsch erachteten Entscheidung ihres Parlamentes aus dem Weg zu gehen, das den Freiheitskämpfern über Nacht und ohne Übergangsfrist die Unterstützung entzieht und sie damit dem sicheren Untergang preisgibt. Da mag es naheliegen, vorübergehend und an der Legalität vorbei einer zeitweiligen Abschirmung einiger Drogentransporteure das Wort zu reden, wenn dadurch Lebensunterhalt und zureichende Bewaffnung der Rebellen bis zu dem Zeitpunkt gesichert werden können, da bei der Geld bewilligenden Stelle, dem amerikanischen Kongreß, über Einsicht oder Wahlen die »Vernunft« einkehrt. Doch die in dem grundlegenden Werk *The Politics of Heroin – CIA Complicity in the Global Drug Trade* vorgestellten Arbeiten des amerikanischen Hochschullehrers Alfred McCoy zeigen in bezug auf Asien ebenso zwingend wie das sich auf Lateinamerika beziehende Buch Peter Dale Scotts, eines Professors an der Universität Berkeley in Zusammenarbeit mit dem Wirtschaftsredakteur des *San Francisco Chronicle,* daß die CIA über Jahrzehnte hinweg Duldung und Abschirmung einer weltweiten Drogenkriminalität als eines der wichtigsten Instrumente ihres globalen verdeckten Kampfes um Einfluß und Macht eingesetzt hat und mit Gewißheit weiterhin einsetzt[242]. Die amerikanische Politik veranstaltet folglich als Täuschung der Wähler beider Parteien einen angeblichen Kampf gegen die Verbreitung der Drogen und nutzt gleichzeitig über ihre Geheimdienste den weltweiten Drogenverkehr zur Beförderung ihrer verdeckten außenpolitischen Ziele. Politik und Verwaltung der USA haben sich de facto mit der inneramerikanischen Drogenelite und deren Banksystem arrangiert[243]. Nur so können die in mehr als 50 Ländern ohne Kenntnis der betreffenden Regierungen laufenden verdeckten Operationen weltweit spurenlos finanziert und damit in Gang gehalten werden[244]. Mit Sicherheit sind auch in Europa die Drogenwege so geschaltet, daß die Einnahmequellen der der CIA zuarbeitenden Aufstands- und Protestbewegungen und der für Geheimdienstzwecke nutzbaren organisierten Kriminalität nicht verschüttet werden. Befreundete Dienste stehen dabei hilfreich zur Seite[245]. So ließ das Bundeskriminalamt 1993 106 Kilogramm Kokain ins Land bringen, obwohl es hierfür keine Käufer gab. Die Beschlagnahme wurde als Erfolg des Amtes gewertet und dargestellt[246]. Das Bundeskriminalamt räumte 1995 ein, in Zusammenarbeit mit dem Zentralen Kriminalamt der Niederlande und der amerikanischen Drogenbehörde DEA 30 Tonnen Haschisch und Marihuana aus Pakistan über Deutschland in die Niederlande eingeführt zu haben. Zum Transport wurde eigens ein Schiff im Auftrag des BKA angeheuert. Die Operation sei zur Aufdeckung von Hintermännern erforderlich gewesen, meinte ein Sprecher des BKA[247]. Im Observatoire Géopolitique des Drogues rechnet man spaßeshalber bereits den Aufklärungsschmuggel des Bundeskriminalamtes in Hektar Anbaufläche für die Gewinnung von Hasch und Marihuana um, die in der Türkei, im Libanon und so weiter unter Vertrag genommen seien. 1995 verhandelte der Anbieter russischen Plutoniums mit dem bayerischen Landeskriminalamt über die kontrollierte Lieferung von zirka 500 Kilogramm Kokain. Im Laufe der Erörterung des Plutoniumdeals werden noch größere Mengen Kokain in kontrollierter Lieferung in Aussicht gestellt[247a].

In den Niederlanden importierte allein der Polizeidistrikt Haarlem 400 000 Kilogramm Weichdrogen und 400 Kilogramm Kokain, die hätten beschlagnahmt werden sollen, dann jedoch nicht mehr auffindbar waren[248]. Die V-Leute der Polizei bereicherten sich in Millionenhöhe. Ein Teil des Geldes wurde für Funkgeräte, Pkws der Polizei verwandt. Von Holland wurden große Mengen Kokain über diese Kanäle nach England geschmuggelt, ebenso wie 4,5 Millionen Ecstasy-Pillen, ohne daß die Polizei der Niederlande den britischen Kollegen Nachricht gegeben hätte. Angeblich hätten keine ausreichenden Beweise vorgelegen. Vor dem parlamentarischen Untersuchungsausschuß machten die Beamten häufig von Erinnerungslücken und Gedächtnisschwierigkeiten Gebrauch. Die Justizministerin des Landes muß von den Vorgängen gewußt haben, war sie doch als Generalstaatsanwältin zumindest von einer der Operationen der »kontrollierten« Durchlieferung unterrichtet.

Im Ansatz rechtswidrig

Geheimdienste arbeiten im geheimen, weil große Teile der geheimdiensttypischen Arbeit weder das Licht der Öffentlichkeit im eigenen noch im »Gastland« vertragen. Daher gibt es auch in den meisten Ländern wie in der Bundesrepublik keine klaren Rechtsgrundlagen für den Einsatz der Geheimdienste. Es müßte sonst öffentlich zugegeben werden, daß sämtliche für das Zusammenleben zivilisierter

Gesellschaften erforderlichen Bestimmungen eines Strafgesetzbuches im Interesse der Staatsraison nicht nur im Krieg, sondern auch im Frieden außer acht gelassen werden können. Lediglich die Vorschriften über die Kronzeugenregelung sowie Recht und Praxis der verdeckten Ermittler hängen ein für den Kenner oft durchlässiges Mäntelchen der Rechtmäßigkeit über die Verbindungslinien des Staates zur organisierten Kriminalität und eröffnen so Möglichkeiten der geheimdienstverdeckenden Gestaltung von Strafverfahren. Geheimdienste sammeln ja nicht nur geheime Nachrichten über das Innenleben gegnerischer Staaten. Hier müssen Wege, Methoden und Quellen ebenso wie die Rückschlüsse erlaubenden Ergebnisse geheimgehalten werden. Geheimdienste der Großmächte sowie der früheren Kolonialmächte führen in zahlreichen Ländern ihres politischen, militärischen und wirtschaftlichen Interesses verdeckte Operationen durch, indem sie sich mit Personen und Gruppen der Opposition, aufständischer Minderheiten, aber auch der organisierten Kriminalität verbünden. Diese Wege müssen verdeckt bleiben, das heißt, sie dürfen weder der betroffenen Regierung noch den benutzten Akteuren bekannt sein. Die Befehlsstränge zu den Führungspersonen, von denen die jeweiligen Ansprechpartner ihre Anweisungen erhalten, müssen für Außenstehende ebenso unerkennbar bleiben wie die Transportwege für Nachrichten, Material und Geld. Das Einbrechen in den Telefonverkehr über das Anzapfen von Leitungen, das Eindringen in den Richtfunkverkehr, der Mitschnitt von Telefonaten, Faxen, Telexverbindungen, Computerausstrahlungen aus dem Weltall müssen auch in anhängigen Gerichtsverfahren verschleiert werden. Nun ist es stets außerordentlich riskant, fremde Staatsangehörige zum Verrat ihres Landes zu veranlassen. Zwar gelingt es Geheimdiensten mit Bestechung, Erpressung, zuweilen auch unter Ausnutzung von Gewissensnot immer wieder, an entscheidende Knotenstellen der gegnerischen Staatsmacht vorzudringen. Doch der Aufbau eines verläßlichen, den aufzuklärenden und verdeckt zu beeinflussenden Staat wirksam durchdringenden Netzwerkes von Informanten gelingt von außen in der Regel nur in den Fällen eines verfallenden, total korrupten Staatsgebildes, in dem die Loyalität der Staatsbürger sich verflüchtigt hat und die materielle wie moralische Not der Bevölkerung dem mit harter Währung zahlenden Kontaktmann die Tore öffnet.

Ethnische Minderheiten

Die Geheimdienste der Großmächte, aber auch der ehemaligen Kolonialmächte nutzen ethnische und soziale Minderheiten zur verdeckten Beeinflussung und Schwächung ihrer Gegner, indem sie ihnen von außen stützend unter die Arme greifen, die Führer in ihrem Bestreben nach Autonomie, nach einem selbständigen Staatswesen unterstützen und Freischärlern in ihrem Kampf mit Waffen, Geld, Ausbildung, Rat und Tat beistehen[249]. Die Minderheit ergreift die rettende Hand des Geheimdienstes einer dem Staat des Mehrheitsvolkes in Spannung gegenüberstehenden ausländischen Macht gerne nach dem Motto »Auch der außenpolitische Feind meines Feindes ist mein Freund«[250]. Gerade die Beherrschungstechnik der Kolonialmächte suchte genau diesen Ansatz. Um riesige Territorien mit großen Bevölkerungsmassen ökonomisch, das heißt ohne den Einsatz eigener umfangreicher Truppenkontingente, unter Kontrolle zu halten, war es stets zweckmäßig, auf geeignet erscheinende, kriegerisch taugliche Minderheiten zu setzen, deren Angehörigen die Kolonialmacht gut besoldete Stellungen in Militär und Polizeidienst einräumte. Sie erhielten Waffen und sonstige Machtmittel, um die Mehrheitsbevölkerung in Schach zu halten. Die Minderheit wurde materiell und in ihrem persönlichem Schutz von der Kolonial- oder Führungsmacht abhängig.

In der jüngsten Auseinandersetzung der Volksgruppen des ehemaligen Jugoslawiens brechen die tiefsitzenden, jederzeit aufputschbaren Haßgefühle der je mit Konstantinopel/Istanbul, Wien/Berlin, Paris/London/Washington zum Teil über Jahrhunderte verbundenen jeweiligen Mehr- und Minderheiten wieder auf. Minderheiten werden von außen zur Manipulation der Mehrheit genutzt. Die Mehrheit, zuweilen über Jahrhunderte gereizt, rächt sich durch Ausgrenzung bis hin zur ethnischen Vertreibung der Minderheit. Das Ausschlachten der Spannungsverhältnisse von außen, die Finanzierung der Unversöhnlichkeit, die Prämie für das Aufschaukeln der Spannung machen das Zusammenleben unerträglich. Würde die Einmischung von außen unterbleiben, könnten sich die Partner oft arrangieren. Mehrheiten würden toleranter mit Minderheiten umgehen, Selbstverwaltung gewähren. Die Minderheit könnte auf ihre Minderheitenrechte vertrauen. Es fiele der Zentralregierung leichter, Autonomie und Menschenrechte zu gewähren. Doch die Technik der Spannung, des *divide et impera,* des Teile und Herrsche, zerstört von außen die Keime des Friedens.

Ein weiteres, schon klassisch gewordenes Beispiel sind die Kurden, denen im Ersten Weltkrieg für den gemeinsamen Kampf gegen das von der Türkei angeführte Osmanische Reich von England und Frankreich der eigene unabhängige Staat zugesichert worden war. Das Versprechen wurde 1918 nicht eingelöst. Seither ist es das Schicksal der Kurden, in der Türkei, im Irak und Iran jeweils als regionale Minderheit zu leben, auf deren Aufputschbarkeit die Geheimdienste der Anrainerstaaten, aber auch die USA noch heute mit Erfolg setzen. Über die in zahlreiche Gruppen zersplitterten Kurden können Spannungen für und gegen die Türkei, den Irak, den Iran, Syrien und die Sowjetunion genutzt werden. Kein Wunder, wenn sich hier die entsprechenden Geheimdienste einschließlich der CIA und des Mossad mit Geld, Ausbildung und Waffen engagieren. Als in den siebziger Jahren der Iran des Schah im Streit um die Grenzziehung mit dem Irak lag, unterstützten die US-Geheimdienste einen Teil der Kurden jährlich mit rund 16 Millionen Dollar, bildeten ihre Kämpfer aus, versahen sie mit Waffen und hielten sie zum Kampf gegen Bagdad an. Kaum war der Streit zwischen Iran und Irak beigelegt, stellten die USA die Zahlungen ein und vernichteten damit die materielle und zum großen Teil auch physische Existenz der bisherigen »Freiheitskämpfer«. Der Iran verweigerte den Rebellenhaufen über Nacht den rettenden Rückzug über die Grenze, mit der Folge, daß Tausende von Kämpfern ermordet wurden und 200 000 Flüchtlinge das Land verlassen mußten[251]. Auf die moralischen Verpflichtungen einer Großmacht angesprochen, meinte Henry Kissinger, der Sicherheitsberater Präsident Nixons, man solle doch nicht verdeckte Operationen mit Missionarsarbeit verwechseln[252]. Jeder weitere Versuch, dem Verbündeten der verdeckten Kämpfe eine vertraglich auszuhandelnde sichere Überlebenschance zu gewährleisten, wurde seinerzeit der Tagespolitik geopfert[253].

1996 ging die irakische Armee in den Nordprovinzen militärisch gegen die Kurden vor und brachte damit eine von der CIA mit rund 100 Millionen Dollar gegen Saddam Hussein finanzierte und in Stellung gebrachte Opposition der Kurden zum Scheitern.[254] Nur wenige der Beteiligten konnten gerettet werden. (Zur Nutzung der Kurden durch Geheimdienste vgl. auch S. 495 f.)

Wie Geheimdienstmanipulationen mit Minderheiten in der Dritten Welt über Nacht auch in Deutschland innenpolitisch wirksam werden können, zeigt das Beispiel der Tamilen, einer aufständischen Minderheit im Inselstaat Sri Lanka. Mitte der achtziger Jahre brachten Interflug- und Aeroflotflugzeuge Tamilen zum Flughafen Schönefeld in Ostberlin, von wo sie nach Westberlin zur Stellung von Anträgen auf Asylgewährung geschleust wurden. Als sich die öffentliche Erregung über die in großer Zahl über die westlicherseits nicht kontrollierte innerstädtische Berliner Grenze und in die Bundesrepublik einreisenden Tamilen immer mehr erhitzte, meinte der damalige Minister im Kanzleramt, Schäuble, zu seinem DDR-Gesprächspartner Schalck, daß er kein Geheimnis verrate, wenn er mitteile, daß von seiten der CDU/CSU das Problem des geltenden Asylrechts zum Wahlkampfthema gemacht werde. Wenn es dadurch und vielleicht mit Unterstützung der DDR gelänge, die SPD für eine entsprechende Änderung des Grundgesetzes zu gewinnen, so könnte durch diese Veränderung des Asylrechts in der BRD das Problem gelöst werden. Die Sache ist nicht ohne Pikanterie insofern, als in Sri Lanka die Tamilen ebenso vom Mossad beraten und ausgerüstet wurden wie die brutal gegen sie vorgehende Regierung. Die USA lieferten der Regierung Spezialwaffen zur Aufstandsbekämpfung, insbesondere langsam fliegende Flugzeuge, aus denen mit Maschinengewehren und Napalmbomben gegen die Rebellen vorgegangen werden konnte. Außerdem wurden Spezialberater zur Aufstandsbekämpfung ebenso wie Söldner vermittelt. Es wird von regelrechten Ausrottungsfeldzügen gesprochen. Mossad und CIA müssen bei den Operationen Hand in Hand gearbeitet haben, denn die Mossad-Truppe muß verdeckt aus der CIA-Niederlassung heraus gearbeitet haben. Die Massenflucht der Tamilen erreichte auch Indien, wo die Tamilen regional eine bedeutende Minderheit darstellen. Es wird berichtet, daß dort wiederum die CIA die Minderheit zu Aufständen gegen die indische Zentralregierung verwandt hat[255]. In Deutschland konnten sie noch zur Änderung des Asylrechts genutzt werden.

Jüngstes Beispiel der Nutzung von Minderheiten ist das wechselseitige Morden von Tutsis und Hutus in Ruanda und Burundi, wo sich Frankreich und die USA mit Minderheiten und Söldnern aus Südafrika und aus Serbien einen verdeckten Kampf um Einfluß, Öl, Gold, Kupfer und andere Bodenschätze Afrikas liefern[256].

Aus der Zeit der Dritten Reiches sei neben der systematischen Nutzung von Minderheiten für Kollaborationszwecke durch Wehrmacht und SS in der Sowjetunion und ganz Osteuropa die Steuerung der deutschen Minderheit in der ehemaligen Tschechoslowakei angeführt. Der Führer der Sudetendeutschen, Henlein, wurde als Angehöriger der SS zum kompromißlosen Konfrontationskurs gegen die tschechische Mehrheit angehalten mit der Folge der ethnischen Säuberung des Gebietes nach der deutschen Niederlage. Die Geschichte wiederholt sich in der Technik der Machtausübung und -beherrschung, einerlei, ob persisch, römisch, britisch, französisch, deutsch oder jetzt amerikanisch. Die Instrumente der Geheimdienste bleiben sich gleich. Die Folgen berechenbar bis zum heutigen Tag.

Geheimdienste und organisierte Kriminalität

Einen wichtigen Ansatz für das wirksame Durchdringen eines Landes bietet die organisierte Kriminalität, die eine Minderheit eigener Art darstellt[257]. Sie überzieht letztlich jedes Land der Erde mit einem lockeren bis dichten Netz von sich zur Durchführung krimineller Handlungen wechselseitig unterstützenden Personenkreisen, meist Familien-, nicht selten auch Stammesclans, deren wirtschaftliche Existenz vom wirtschaftlichen Erfolg des kriminellen Treibens abhängt. Dieses oft regional gegliederte Netzwerk plant und begeht die kriminellen Handlungen, besorgt Transport und Versteck der Beute beziehungsweise des Erlöses, verfügt über Rückzugsmöglichkeiten für die Akteure und kümmert sich bei Zwischenfällen um die Betroffenen und Angehörigen. Das Netz kennt die Bestechlichkeit von Amtspersonen in Politik und Verwaltung, deren Duldung, Schweigen oder sonstiges Fehlverhalten für den Erfolg unabdingbar ist. Sollte einer der beteiligten Gangster die Solidarität der kriminellen Gemeinschaft verlassen und sich zur Zusammenarbeit mit den Organen der Staatsgewalt entschließen, setzt ein der organisierten Kriminalität eigenes Sanktionssystem ein. Von der beiläufigen Verwarnung, der

Anrempelung, der Folterung bis hin zur Ermordung des gegen die Ganovenpflichten Verstoßenden stehen der organisierten Kriminalität drakonischere, unbürokratischere und damit »wirksamere« Mittel zur Verfügung als der rechtsstaatlich gebändigten staatlichen Strafrechtspflege. Zur Not werden die notwendigen Maßnahmen mit Waffengewalt durchgesetzt. Das gilt für das Morden in den amerikanischen Städten, wo die Endverteiler von Drogen, oft minderjährige Kinder, um ihre Gebiete mit der Waffe in der Hand zu kämpfen gewohnt sind, ebenso wie für die größeren Repräsentanten des Systems, die sich in der Regel mit Auftragsmorden durchzusetzen pflegen[258]. Man mordet nicht selbst, sondern bedient sich eines Berufskillers, der für den minutiös geplanten Tatablauf am Morgen der Tat aus dem Ausland einfliegt und unmittelbar nach Tatende das Tatland per Flugzeug und falschen Papieren verläßt, lange bevor die Strafverfolgung die Fährte des Täters aufzunehmen in der Lage ist.

Für Geheimdienste ist die Szene der organisierten Kriminalität in fremden Ländern von großem Reiz, weil die Verbrecherpopulation von dem nachrichtendienstlich zu durchdringenden Staat als Rechtsbrecher und Feind der Rechtsordnung verfolgt wird[259]. Diese Gruppe wird nicht selten gerne bereit sein, sich mit den Feinden ihrer Feinde zu verbinden. Das Netzwerk der organisierten Kriminalität bietet den Geheimdiensten den Vorzug, über ein mehr oder weniger flächendeckendes Netz kooperierender Ansprechpartner zu verfügen, das in der Lage ist, nahezu an jeder Stelle des gegnerischen Territoriums Aufträge zu erledigen. Die Kriminellen haben aus der Kriminalität ihr eigenes Auskommen, müssen folglich nicht wie feindliche Agenten besoldet werden. Sie bewegen sich in einem vor den Eingriffen des Staates weitgehend abgeschirmt gehaltenen Raum, in dem sie sich zudem besser auskennen, als jeder noch so gut geschulte Ausländer. Sie kennen den sie bewachenden und verfolgenden Staatsapparat und wissen auch, wer an welchen Stellen bestochen werden muß und kann, um erfolgreich operieren zu können.

Traumwelt der Ganoven:
Drogenschmuggel ohne Risiko

Doch die Zusammenarbeit zwischen einem Geheimdienst und der organisierten Kriminalität eines Landes kommt nur zustande, wenn auch der die Kontakte suchende Geheimdienst eine Gegenleistung zu bieten hat. Dies kann in der Regel nur der Schutz vor Verfolgung bei der Durchführung und Sicherung der kriminellen Handlung oder auch bei der Veräußerung der Beute sein[260]. Der Drogenlord in Kolumbien, der Schmuggler in München, Amsterdam oder Paris steht nur dann für CIA, BKA oder BND zur Verfügung, wenn gesichert ist, daß nicht die Drogenfahndung um die Ecke für lange Jahre des Verschwindens hinter schwedischen Gardinen sorgt. Für den Geheimdienst andererseits ist die Möglichkeit einer komplikationsfreien Trennung aus einer Verbindung zur organisierten Kriminalität von Bedeutung. Die an der Trennlinie zwischen organisierter Kriminalität und Geheimdienst arbeitenden Täter werden der Strafverfolgung im Interesse der Tätigkeit des Geheimdienstes so lange entzogen, wie die Verbindung sich als nützlich erweist. Sollte das Gegenteil sich abzeichnen, können die Kriminellen blitzschnell durch entsprechende Hinweise der Strafverfolgung überantwortet werden. Die Behauptung, sie hätten im Interesse eines Geheimdienstes gearbeitet, wird bestritten und als nicht zu beweisende Schutzbehauptung abgetan. Allerdings pflegt die organisierte Kriminalität vorzubeugen, indem sie ihrerseits versucht, die Geheimdienstoperateure in kriminelle Handlungen mit entsprechender Spurendokumentation zu verstricken und diese gegebenenfalls der Öffentlichkeit preiszugeben. Jüngstes Beispiel ist der Ablauf des Plutoniumskandals in Bayern unter Beteiligung des Bundesnachrichtendienstes, des Bayerischen Landeskriminalamtes und der politischen Verbindung in das Bundeskanzleramt in Bonn.

Wirtschaftliche Rahmenbedingungen
für den Drogenhandel

Bei der immer wieder auftretenden Verbindung von Rauschgifthandel und Geheimdiensten ergeben sich einige Besonderheiten. Der Handel mit Drogen läuft über transkontinental geknüpfte Netze, die an entscheidenden Knotenpunkten von der organisierten Kriminalität beherrscht werden. Auf mehr als hundert Milliarden Dollar beläuft sich der jährliche Umsatz weltweit. Das Geschäft ist nur deshalb finanziell so attraktiv, weil der Besitz von Rauschgiften ebenso wie deren Vertrieb in den reichen Industrieländern der nördlichen Halbkugel im Gegensatz zum konkurrierenden Alkohol unter hohe Strafandrohung gestellt ist. Der Bauer in den Bergen Birmas steht wie seine Kollegen in ähnlichen geologischen und klimatischen Verhältnissen etwa Asiens oder Südamerikas vor Beginn eines jeden Wirtschaftsjahres vor einer einfachen Entscheidung: Er wird im Frühjahr mit dem Anbau von Mohn zur Herstellung von Heroin beginnen, wenn der Preis, den die Abnehmer seines Rohstoffes für die Rauschgiftproduktion aufgrund der Einnahmen in den reichen Verbrauchsländern bieten, deutlich höher liegt als für Alternativprodukte wie etwa Reis oder Gemüse[261]. Nur die Sicherheit des Absatzes seiner Mohn- oder Kokaernte gegen ein ordentliches Entgelt gibt dem Bauer die Sicherheit, seine Familie in oft abgelegenen Gebirgsregionen durch Zukauf von Nahrungsmitteln aus dem höheren Erlös von Drogenrohmasse ernähren und die darüber hinausgehenden Einnahmen für eine leichte Steigerung seines Lebensstandards verwenden zu können.

Die Drogenbarone im Goldenen Dreieck von Birma, Thailand, Laos, im Goldenen Halbmond von Afghanistan, China, Pakistan und Indien oder in Kolumbien und auch in Mexiko organisieren das Geschäft vom Ankauf der Rohernte über die Raffinierung, die Verpackung bis hin zum Transport in die Länder des Verbrauchs. In den Anbauländern selbst ist der Verkauf von Heroin oder Kokain in der Regel straffrei oder allenfalls ein Kavaliersdelikt. Da jedoch die Regierungen der Anbauländer insbesondere von der amerikanischen Bundesregierung unter erheblichen Druck gesetzt werden, beim Kampf gegen die sich auf den amerikanischen Markt ergießende

Drogenflut mitzuwirken, werden nicht selten mit großer öffentlicher Ankündigung Anbauverbote erlassen oder chemische Vernichtungsmaßnahmen ergriffen, mit meist nur geringem oder keinem Erfolg. Es gibt in vielen Ländern namentlich Lateinamerikas mit US-Hilfe aufgebaute polizeilich-militärische Eingreifverbände, die, mit Hubschraubern ausgestattet, gegen Drogenbauern, Raffinerien und Drogenhändler vorzugehen versuchen. So werden die Brandrodungsfelder der Bauern mit Chemikalien besprüht, die die Ernte vernichten. Aber auch hier wird nur selten ein nachhaltiger Erfolg erzielt, die Verwaltungsapparate sind in der Regel korrupt, so daß die Aktionen vor Ort ins Leere gelenkt werden. Die Wut der vor der Existenzvernichtung stehenden Bauern sorgt für den Kompromiß, das Ausweichen, die Täuschungsmanöver. Zwar könnten mit einem Bruchteil der aus amerikanischen Steuermitteln für den Krieg gegen die Drogen aufgewandten Beträge – derzeit eine Größenordnung von jährlich rund 17 Milliarden Dollar – den Bauern in den Anbaugebieten attraktive Alternativen angeboten werden. Doch die Lieferung von militärischer High-Tech-Ausrüstung an die korrupten Drogenpolizeien der Welt und die Nutzung eines erheblichen Teiles des US-Militärapparates zur Drogenabwehr bringt der heimischen amerikanischen Industrie ein Vielfaches an Beschäftigung. Man denke nur an die Hubschrauberindustrie mit den weltweiten Absatzchancen über die amerikanische Militär- und Drogenbekämpfungshilfe.

Korruption von Militär, Polizei, Justiz und Politik

Die Maßnahmen zur Bekämpfung des Drogenanbaus führen in den Anbauländern zu einer deutlichen Militarisierung der Auseinandersetzung, zu massiver Korruption von Politik, Verwaltung, Polizei, Justiz und Militär[262]. In vielen Ländern bringt die Komplizenschaft mit den Drogenhändlern und Schmugglern den Ordnungshütern, aber auch den in den entlegensten Regionen operierenden Militärs ein nicht unbedeutendes Zusatz-, wenn nicht sogar das eigentliche Haupteinkommen, neben dem sich der Beamtensold wie ein Taschengeld ausnimmt. Es ist folglich nahezu ausgeschlossen, daß sich die Zentralregierung eines Landes der sogenannten Dritten Welt mit einem Bekämpfungsprogramm gegen diese Art von Korruption durchsetzen könnte[263]. Allerdings verlangen die Vereinigten Staaten von den Drogenanbauländern den Nachweis kontinuierlicher und energischer Mithilfe beim Kampf gegen die Drogenseuche. Die Forderung muß von den Drogenanbauländern ernst genommen werden, zumal da sie vom Fluß der amerikanischen Entwicklungs- und Militärhilfe abhängig sind. Da die Regierungen sich jedoch durchweg den eigenen Landsleuten gegenüber nicht durchsetzen können, meist auch von der stillschweigenden Deckung des Drogenhandels handfest profitieren, ziehen die betroffenen Politiker zu bestimmten Zeiten Washington gegenüber eine Show ab. Man tut alles, um dem State Department in Washington über die Drogenspezialisten in der amerikanischen Botschaft den Eindruck einer sich scheinbar bessernden Drogensituation zu vermitteln. Dazu gehören Verhaftungen von Drogenhändlern, die kurz darauf wieder freigelassen werden, der mediengerechte Aufmarsch martialischer Polizei- und Militärverbände, die Beschlagnahme großer Drogenmengen beim Erzeuger, wo sie ja auch so billig sind wie Reis oder Gemüse. Da Hubschrauber im Fernsehen immer wieder eindrucksvoll den Verfolgungswillen demonstrieren, werden entsprechende Einsätze mit amerikanischen Journalisten an Bord geflogen. Einige wenige Sekunden Sendezeit reichen für solche Vorführungen aus. In Washington legt das State Department dem Kongreß in der jährlichen Vorlage die Fortschritte in der Bekämpfung der Drogenseuche dar, die weiter auszubauen seien. Dann wird, mit erkennbarem Bauchgrimmen zwar, behauptet, das in Betracht kommende Land habe deutliche Fortschritte auf dem Weg der Drogenbekämpfung erzielt, sich auch den amerikanischen Bemühungen gegenüber zunehmend aufgeschlossen verhalten. Diese Feststellung genügt im allgemeinen, um den Kongreß erneut zur Freigabe der jährlichen Zahlungen der Entwicklungs- und Militärhilfe zu veranlassen[264]. Da die Wunschliste für die Hilfeleistungen des großen Bruders in der Regel vorher feststeht, die amerikanischen Lieferanten, etwa die Hersteller von Kampfhubschraubern bereits als Lobbyisten auf der Matte stehen und Druck auf die Mitglieder der Bewilligungsausschüsse ausüben, bedarf es oft nur einer das Gesicht wahrenden Erklärung von seiten des Drogenlandes wie des bestätigenden State

Departments, um die Washingtoner Geldschleuse geöffnet zu halten.

Die Regierungen der Drogenanbauländer wissen inzwischen hervorragend, wie man mit dem Regierungsapparat und dem Kongreß umzugehen hat. Sie schalten Anwaltskanzleien und PR-Agenturen in Washington oder New York ein, die rechtzeitig zu den absehbaren Terminen der Haushaltsaufstellung und -beratung die entsprechenden Zeitungsmeldungen auf dem amerikanischen Medienmarkt unterbringen, ihre Helfer im Kongreß mobilisieren oder sich mit Einzahlungen in Wahlkampfkassen und auf Schweizer Nummernkonten erkenntlich zeigen[265]. Die Verschwiegenheitspflicht des Anwalts hilft bei der diffizilen Arbeit am Rande oder jenseits der Legalität. Im übrigen pflegen die Drogen-Zaren der amerikanischen Regierung mindestens so häufig zu wechseln wie die Direktoren der CIA, ein Zeichen dafür, daß die Apparate entweder nicht in den Griff zu bekommen sind oder die Kontrollfunktion durch einen energischen Administrator von vornherein nicht erwünscht ist.

Der erste Drogen-Zar unter Nixon ließ Drogenbosse der korsischen Mafia von Spezialteams der DEA, gesteuert aus dem Weißen Haus, ermorden. Nutznießer waren die Bosse der italienischen Mafia. Dem Drogen-Zar waren auch die ehemaligen CIA-Agenten unterstellt, die die Watergate-Einbrüche für den Präsidenten erledigten. Der nächste Drogen-Zar wurde mit seinem Busenfreund, einem strafverfolgten Waffenschmuggler, an der mexikanischen Grenze entdeckt. Sein Nachfolger baute zusammen mit dem damals noch jungen Offizier Noriega, von dem man damals schon wußte, daß er engsten Umgang mit bekannten Spielhöllenbesitzern und verdächtigen Drogenhändlern pflegte, in Panama die Drogenbekämpfungsbehörde auf. Unter seiner Führung wurde das Ermittlungsverfahren gegen Robert Vesco wegen Finanzierung eines großen Heroingeschäftes eingestellt. Der Mitarbeiterstab eines Untersuchungsausschusses des amerikanischen Senates bescheinigte ihm, er habe das Umfeld seines Amtes durch Korruption, Unregelmäßigkeiten und mangelhaftes Management geprägt. Ein auf ihn folgender Drogen-Zar hing stolz ein Foto von Manuel Noriega in sein Dienstzimmer. George Bush ignorierte das Wissen um die Drogenverbundenheit des Diktators von Panama und befürwortete den Einsatz von Drogenschmugglern für die Unterstützung der Contras. Jenen Drogen-Zar löste ein späterer Generalbundesanwalt im Amt ab, der die Zahl der im Drogen-Brennpunkt Miami einzusetzenden Staatsanwälte kräftig verringerte. Der Kongreß urteilte, er habe seine wichtigeren Verantwortlichkeiten nicht angemessen wahrgenommen, er habe seine Erfolge aufgeblasen und sei seinen Verpflichtungen zur Einhaltung der Haushaltsvorgaben nicht nachgekommen. Nach außen sei er als ein führender Verfechter der »Null-Toleranz-Drogenpolitik« aufgetreten[266]. Drei der in Miami entlassenen Sonderstaatsanwälte begaben sich mit ihren Kenntnissen fortan in den Dienst der Drogenkartelle. Hohe Priorität hatte die Drogenbekämpfung stets nur in der Selbstdarstellung der Politik. Das eigentliche Rauschgiftgeschehen vermittelt das gegenteilige Bild.

Weltumspannende Wege

Wird der Drogenanbau, die Raffinierung und der Transport zu den ausländischen Häfen oder Flugplätzen von einem Geflecht von Drogenbaronen, Politikern und Militärs in Verbindung mit Geheimdiensten gesteuert, so liegt der Export über Drittländer in die USA und Europa in den Händen anderer mafioser, wiederum meist geheimdienstdurchsetzter Strukturen. Die korsische und die sizilianische Mafia etwa hatten sich auf den Heroinschmuggel in die USA spezialisiert. Dies lag nahe, weil in Gestalt der italienischen Mafiafamilien in den USA eine korrespondierende Struktur vorhanden war. Sie verfügen im Gegensatz zu Drogenbossen in Birma, Thailand, Vietnam oder Kolumbien auch über das Know-how im Umgang mit der amerikanischen Polizei und den Drogenbekämpfungseinrichtungen und nehmen auf die inneramerikanische politische Szene mit massiven Korruptionsversuchen Einfluß[267].

Die Kleinverteilung an den Endverbraucher wird in der Regel von Drogenabhängigen selbst organisiert, die damit ihren Bedarf an Stoff finanzieren. Die von den Endverbrauchern eingezogenen Bargeldmengen werden den Vormännern abgeliefert, die es an größere Geldsammelstellen weiterleiten. Von dort gelangt ein verhältnismäßig kleiner Teil des Bargeldes in die Taschen der bäuerlichen Produzenten. Daneben müssen zahlreiche zwischengeschaltete Institutionen durch Bargeldübermittlung ständig korrumpiert, das heißt am Gewinn beteiligt werden. Der größere Teil des Bargeldes muß jedoch den Weg der Geldwäsche antreten.

Ohne Geldwäsche kein Drogenhandel: Panama und BCCI

Die Geldwäsche wiederum beginnt in besonderen Finanzzentren, die die organisierte Kriminalität je nach Ruchbarwerden ihrer Aktivitäten nach Bedarf wechselt. Das Bargeld stellt aufgrund seines massenhaften Anfalls ein Problem in der Prozeßkette des Rauschgifthandels dar[268]. Deshalb werden zum Teil sogar Flugzeugladungen mit Bargeldcontainern zu den Einzahlungszentren geflogen[269].

In Panama wie in anderen Metropolen des massiven Bargeldanfalls wird die Geldmenge über Bargeldzählautomaten gemessen. Aus den Iran-Contra-Anhörungen liegen Schilderungen von Beteiligten darüber vor, wie in Panama von Mitarbeitern des Regierungschefs Manuel Noriega mit Banknoten beladene Flugzeuge absprachegemäß im militärischen Teil des Flughafens abgefertigt wurden[270]. Zudem transportierte die Luftwaffe von Panama bis hin zum Regierungsjet des Staatschefs kofferweise das Bargeld nach Panama[271]. Kraftfahrzeuge des Militärs geleiteten den Bargeldtransport zu den panamaischen Banken, die die Einzahlung entgegennahmen[272]. Der Skandal um die BCCI Bank mit deren seltsamen Verbindungen zu Geheimdiensten, Drogenhändlern und Terroristen hat weitere Einblicke in die Technik des Vorgehens geliefert[273]. Zwar wurde das Bargeld bei der BCCI-Filiale in Panama abgeliefert, die Gutschrift jedoch sofort elektronisch auf ein Konto der Bankfiliale in London vorgenommen. Von dort konnte der Kunde nun über das in Buchgeld umgewandelte Bargeld per Banküberweisung verfügen[274]. Das zuvor eingelieferte Bargeld jedoch wurde von der BCCI-Filiale oder einer anderen Privatbank in Panama gegen Gutschrift bei der Notenbank von Panama abgegeben, die es – ebenfalls gegen entsprechende Gutschrift – an die amerikanische Notenbank, die Federal Reserve in New York, weiterleitete. Der Name des Bargeldeinzahlers tauchte weder bei der Transaktion in Panama noch in New York auf.

Panama eignet sich deshalb gut zum Geldwaschen, weil dort der Dollar zugleich Nationalwährung ist, notenbankmäßig folglich zum Hoheitsgebiet der USA gehört[275]. Während das Bargeld seinen Weg in die Säcke der Federal Reserve findet, wandert die Gutschrift in London als Buchgeld weiter um den Erdball über mehrere Banken und nicht selten über Scheingeschäfte des Warenterminhandels, des Devisenhandels und anderer Techniken, bis es ununterscheidbar von nichtkriminellen Einlagen sein Nummernkonto in der Schweiz findet[276]. Die Schweiz wäscht zwar nicht weißer, wie ein Buchtitel des Schweizer Parlamentariers Ziegler nahelegt, sie liefert nur die schmucke Endverpackung der nunmehr blütenreinen Wäsche. Das kriminell gewonnene Geldvermögen steht fortan ohne Sorge um eine denkbare Rückverfolgung zur unbeschränkten Verwendung zur Verfügung. Die Identität des Täters mag zwar schlimmstenfalls in einem Strafverfolgungsverfahren geklärt werden, in der Schweiz aber kommt der Täter oder dessen Beauftragte mit einer Zahlenkombination an das Konto. Er bleibt also anonym, es sei denn, die elektronischen Spürhunde der amerikanischen Geheimdienste dringen in die Hochleistungsrechner der Schweizer Banken ein und machen damit einen Strich durch die Rechnung[277]. Dies scheint inzwischen in einem atemberaubenden Umfang möglich geworden zu sein, nachdem die Inslaw-Technik der Schleppnetzfahndung gegen jedermann sich mit Programmen hat verbinden lassen, die den elektronischen Überweisungsfluß von Bankgeldern überwachen und die Endkonten der Inhaber wie Katzen das Mauseloch bewachen können. Vorerst scheuen sich die Geheimdienste noch, ihre Methoden zu offenbaren, wenn sie die Inhaber von Nummernkonten den Strafverfolgungsbehörden bekanntgeben. Für Geheimdienste ist die Erpreßbarkeit des in Frage stehenden Personenkreises durchweg wichtiger als die Verfolgung der Drogentäter. Ganz abgesehen davon, daß Geheimdienste sich durch Beteiligung an der Drogenwäsche selbst verdeckte Einnahmen verschaffen.

Ohnmacht nationaler Bekämpfung

Man muß sich die globale Ausrichtung des Drogengeschäftes vor Augen halten, um nicht nur die Schwierigkeit, wenn nicht gar Unmöglichkeit einer wirksamen Bekämpfung durch nationale Polizeien zu erfassen. Die Aufgabe wird zusätzlich erschwert durch die Taktik der Drogenstrategen, das Geschäft durch Anbiederungen an Militärs und Geheimdienste weltweit so zu verbinden, daß sich das Risiko des Schmuggels und damit die Kosten gegen Null vermindern. Damit wird das Geschäft zumindest für die strategischen Operationen, die die eigentliche Menge des Drogenverkehrs ausmachen, risikofrei. Risikobehaftet bleibt der Ablauf für die kleinen Drogenschmuggler und Schieber, die mit kleineren Mengen, im Magen verschluckt, im doppelten Boden eines Koffers oder mit tausend anderen Transportarten, ihr Geld verdienen und ein Heer von Grenzkontrolleuren und lokalen Polizeibeamten auf Trab und mit dem Geld der Steuerzahler in Brot halten[278]. Die sensationellen Erfolgsgeschichten der Polizei lenken nur ab von der eigentlichen Musik, die über ganz andere Strecken spielt.

Rauschgifte via Mexiko

Ein erheblicher Teil der Kokaintransporte in die USA geht über die fast 3 000 Kilometer lange Grenze mit Mexiko[279]. Die Transportwege sind äußerst vielfältig und oft schwer zu durchschauen. Ein Drogenschmuggler schildert seine Erfahrung mit einem mexikanischen Militärflughafen. Um Ausschau zu halten, wo er künftig mit seinem Flugzeug auf dem Weg von Kolumbien in die USA in Mexiko zwischenlanden und auftanken könne, sei er aufs Geradewohl auf einem Militärflugplatz in der Nähe der Stadt Oachaca gelandet. Dort sei er schnell mit dem Kommandanten handelseinig geworden. Gegen Zahlung einer kräftigen Gebühr in Dollars, war der General bereit, das Flugzeug des Drogenschmugglers zwischenlanden und nach Wunsch aus den militärischen Spritbeständen auftanken zu lassen.

Andere Möglichkeiten ergeben sich auf den großen Transitstrekken zwischen Mexiko und Nordamerika, wo an den Grenzen die riesigen Containerlastwagen nur mangelhaft kontrolliert werden, weil die Grenzpolizei auf beiden Seiten systematisch bestochen wird. Amerikanische Berichte sprechen davon, daß jeder zehnte Beamte bestechlich sei. Demzufolge müßten neun von zehn Beamten an einem bestimmten Grenzübergang unbestechlich sein. Dem widerspricht die Lebenserfahrung, nach der an bestimmten Grenzübergängen die Mannschaft zu 100 Prozent korrumpiert sein muß oder die Transporte gezielt nur bei bestimmter personeller Zusammensetzung der Zöllnertruppe stattfinden. Auch in den USA, dem Empfängerland des Rauschgiftes, dürfte ein gehöriges Maß an Korruption zu verzeichnen sein, die umfangreichen Berichte über Strafverfahren gegen Polizisten und Drogenfahnder in zahlreichen Bundesstaaten sprechen eine eindeutige Sprache. Dabei begünstigt ein Anreizsystem des Bundes die institutionelle Korrumpierung inzwischen, indem die örtlichen Polizeidienststellen nach Maßgabe der dort sichergestellten Drogen aus dem Bundeshaushalt zusätzliche Mittel für ihren lokalen Polizeihaushalt erhalten. Die Drogenhändler helfen der Polizei, indem sie die für die Erreichung der Prämie erforderliche Menge Heroin, Kokain oder Crack zur Beschlagnahme auslegen, damit die Dienststelle die Staatskasse zur Verstärkung ihrer Ausrüstung optimal anzapfen kann. Oft wissen nun die Dienststellen nicht mehr, auf welche Ausgabetitel sie die Geldfülle überhaupt noch hinlenken sollen[280].

Und immer wieder sind die Geheimdienste mit von der Partie. Als zum Beispiel auf dem Flughafen Mena in Arkansas Flugzeuge der Contras aus Nicaragua starteten und landeten, um Waffen und anderes Material in die Rebellenstandorte mitzunehmen, konnten sie ungehindert auf den Rückflügen Drogen mitnehmen, die dann von Arkansas aus mehr oder weniger geheimdienstgedeckt ihren Weg zum Endverbraucher nahmen. Die letzten Nachrichten besagen, daß die amerikanischen Geheimdienste mindestens acht Jahre lang mit Transportflugzeugen einer verdeckt geheimdiensteigenen Fluglinie mehrmals wöchentlich rund 500 Pfund Kokain anlieferten, um es über kriminelle Kanäle in die Zentren des Verbrauchs in New York zu schleusen. Am Flughafen in Mena habe ein Vertreter der CIA zur Überwachung des Vorganges gestanden. Daneben habe ein Vertreter der Mafia in New York die Ware übernommen und abtransportiert, der zugleich engste Beziehungen zum Sicherheitschef des John F. Kennedy Airports in New York gehabt habe. In Little Rock sei das Bargeld dann zum Teil über Firmen gewaschen worden, die wiederum die Rechtsanwaltskanzlei der First Lady des Staates Arkansas und später des Bundes für ihre Geschäfte einspannten. Man erkennt den gezielten Versuch, die Politik auf beiden Seiten des politischen Spektrums so zu korrumpieren, daß sie unfähig wird, dem Rauschgifttreiben und dessen finanziellen Folgen Einhalt zu gebieten. Da in Kreisen der Geheimdienste einiger Länder, in Bankkreisen und in den Zentren der Drogenfahndung das Wissen über Zusammenhänge vorhanden ist, wird man davon ausgehen können, daß die Chance, jederzeit, falls erforderlich, einen Skandal lostreten zu können, zu Zwecken fortlaufender Erpressung genutzt werden kann.

Wer Drogenhandel politisch nutzt, kann Geldwäsche nicht behindern

Wenn rund 75 Prozent der von der Drug Enforcement Agency verfolgten Drogenkriminalität auf den Schutzpanzer der CIA stoßen, folglich als Mittel der verdeckten Unterstützung von Rebellenbewegungen in aller Welt geduldet und geschützt bleiben, dann muß der Schutz zwangsläufig die gesamte Kette der Aktionen und Transaktionen umfassen[281]. Können die Contras in Nicaragua oder die sogenannten Freiheitskämpfer in Afghanistan nur mit Hilfe des Drogenhandels ihren Lebensunterhalt und den ihrer Familien sichern, dann muß der sie deckende oder sich ihrer bedienende Geheimdienst die Protektion des Rauschgifttransports bis in die Zentren des Verbrauchs ebenso sicherstellen wie den Rücktransport des Bargeldes zu den Rebellen beziehungsweise die Geldwäsche bis hin zum sicheren Versteck der Gutschriften auf Nummernkonten. Gelänge es beispielsweise, das Drogengeschäft über die Bekämpfung der Geldwäsche erfolgreich zum Erliegen zu bringen, würden die Contra-Söldner in Nicaragua ihres Nachschubs und ihrer Lebensgrundlage beraubt werden. Um diese unerwünschte Nebenfolge zu vermeiden, ist der so operierende Geheimdienst gezwungen, jede Strafverfolgung, die die von ihm verfolgten Ziele gefährden könnte, mit allen nur denkbaren Mitteln zu unterbinden. Geheimdienste werden dergestalt zu Komplizen des Rauschgiftgeschäftes[282]. Für Rauschgifthändler sind sie folglich geradezu Traumpartner des Geschäfts.

Kriminalisierung der Suchtkranken und Beschaffungskriminalität

Da die Drogenabhängigen in den reichen Industriestaaten nicht in der Lage sind, die – gemessen am Material- und Verarbeitungswert – völlig überhöhten Preise ihrer täglichen Rauschgiftdosis aus eigenem Arbeitseinkommen zu bestreiten, gleiten sie in die Beschaffungskriminalität ab, die in Deutschland inzwischen ungefähr 80 Prozent der normalen Kriminalität ausmacht[283]. Drogenabhängige mußten schon vor Jahren Gegenstände im Wert von mindestens 60 000 bis 80 000 D-Mark pro Jahr durch Diebstahl, Einbruch, Erpressung an sich bringen und über Hehler meist zu Schleuderpreisen verkaufen, um die 20 000 D-Mark zu erlösen, die zur Befriedigung der Sucht erforderlich waren[284]. Die Rauschgiftpreise sind zwar kräftig gefallen, doch alles zusammengenommen, ergibt sich immer noch eine die Bürger extrem verängstigende Kleinkriminalität, die sich das Geld für Waren, die sie aus den Händen einer global operierenden organisierten Kriminalität erhält, durch Straftaten besorgt. Staatliche Strafandrohung, Polizei- und Strafverfolgung treiben die Preise für die Ware so in die Höhe, daß sich der Einsatz der organisierten Kriminalität überhaupt erst lohnt. Dabei werden die nationalen Polizeien von den weltweiten Drogenkartellen und Geheimdiensten gegeneinander ausgespielt, zum Teil korrumpiert und letztlich in die Irre geführt[285]. Helfend zur Hand gehen bestens bezahlte Investmentbanker, Rechtsanwälte, und Steuersachverständige[286].

7

Organisierte Kriminalität –
Fünfte Kolonne der Dienste –
Zur Geschichte

Wie diese weltweit operierende Kriminalitätsstruktur sich im einzelnen mit den Geheimdienstaktivitäten der CIA verbindet, geht aus der
grundlegenden Studie von McCoy und der auf den Anhörungen des
US-Kongresses aufbauenden Arbeit von Scott und Marshall hervor[287]. Hier können nur die wichtigsten Linien nachgezeichnet werden. Um die Kontinuität des seit Jahrzehnten praktizierten Vorgehens, das sich auch in Zukunft kaum ändern wird, erkennbar werden
zu lassen, sei ein Hinweis auf die historische Entwicklung erlaubt.

Landung 1943 in Sizilien –
New Yorker Gefängnisse liefern die Experten

Bei der Planung der Landung der Alliierten auf Sizilien für das Jahr
1943 fiel den amerikanischen Geheimdiensten auf, daß es den Lan-
dungstruppen an italienischsprechenden Dolmetschern und Personen
mangelte, die vor, bei und nach erfolgreicher Landung ortskundig
die Truppen hätten führen und Kontakte zu Persönlichkeiten anbahnen können, denen die Verwaltung der Insel und im Gefolge des Vor-
marsches ganz Italiens in Zusammenarbeit mit der Militärverwal-
tung hätte überantwortet werden können[288].

Nun hatte der Geheimdienst der US-Marine zur Verhinderung deut-
scher Sabotage- und Spionagehandlungen insbesondere im Hafen von
New York bereits Kontakte zur italienischstämmigen Mafia und deren
Verbindung zu den Schauerleuten aufgenommen. Ansprechpartner

war der im Zuchthaus streng bewacht einsitzende berühmte Mafia-chef Lucky Luciano sowie dessen gleichfalls öffentlich bekannter Fachmann für Finanztransaktionen, Meyer Lansky. Beide sorgten aus dem Gefängnis heraus für Abhilfe im Milieu, so daß die Sabotage-bemühungen der deutschen Geheimdienste in den Häfen der amerikanischen Ostküste künftig ins Leere liefen oder in Verhaftungen endeten. Nach der so erfolgreichen Indienstnahme der organisierten Kriminalität lag es nahe, die Inhaftierten auch über das Vorgehen bei der Landung in deren Heimat Sizilien und später auf der Italienischen Halbinsel um Rat zu fragen[289]. Die Mehrzahl der strategischen Bosse der Mafia, denen es in den Jahrzehnten zuvor gelungen war, den Drogenhandel in Amerikas Großstädten in die Hand zu bekommen, Raffinierung und Transport der Drogen in die USA im wesentlichen über Kuba und Mexiko zu organisieren, den gesamten Kreislauf durchzufinanzieren und mit riesigen Bestechungsgeldern gegen Nachforschungen der Verfolgungsbehörden wasserdicht zu machen, wurde nun aus den Gefängnissen in New York entlassen und kehrte als Ratgeber auf den Schiffen der U.S. Navy nach Sizilien und Italien zurück[290]. Wo immer die amerikanischen Truppen auf ihrem Weg in den Norden Italiens vorrückten, konnten sie sich unter anderem auf die lokalen und territorialen Strukturen des organisierten italienischen Verbrechertums stützen[291], das natürlich sogleich auch für das ständige Abzweigen amerikanischer militärischer und ziviler Nachschubgüter und deren Verkauf über entsprechende Schieberorganisationen sorgte. Weitere 200 italienischstämmige Schwerstverbrecher wurden zur Unterstützung der Truppe bei der Eroberung der alten Heimat aus den amerikanischen Gefängnissen freigelassen und nach Italien gebracht. Der Staat New York konnte sich in Übersee die Kosten und Risiken des Strafvollzuges sparen, indem man die Herren in Italien ihr weiteres Schicksal in die eigene Hand nehmen ließ.

Im Verein mit den haftentlassenen Köpfen des interkontinentalen Drogenhandels wandte sich nun die sizilianische Mafia mit Schwung den neuen Geschäftsmöglichkeiten zu. Aus der Türkei wurde der Rohstoff für die Drogen in den Libanon transportiert und dort eine schlagkräftige Organisation aufgebaut, der die Chefs der Polizei, des Flughafens und des Hafens von Beirut angehörten. Vom Libanon aus gelangte die Rohmasse nach Sizilien, wo die zahlreich entstehenden Raffinerien daraus reines Heroin herstellten. Die Ware gelangte dann über die eingespielten Kanäle, über die Strukturen der Mafia in den amerikanischen Großstädten, zur Endverteilung. Die im Krieg in den USA stark zurückgegangene Zahl Drogenabhängiger verdreifachte sich binnen kurzem und stieg über die Jahre weiter an. Zwar stießen die Drogentransaktionen über Sizilien in kurzer Zeit auf erhebliche Schwierigkeiten, da der italienische Staat den Verkauf von Chemikalien der heimischen chemischen Industrie stark erschwerte und die Kontrolle wirksam verstärkte. Doch konnte man über die italienisch- wie französischsprechende korsische Drogenmafia mit ihrem Schwerpunkt in Marseille ausweichen.

Mit der Mafia
gegen die Resistance

Sehr schnell gelangte die Vorgängerin der CIA, das Office of Strategic Studies (OSS), zu weitergehenden Überlegungen, wie man die sizilianische Mafia und die anderen regionalen Mafiaorganisationen für die Nachkriegspolitik einspannen konnte. Die Niederlage Italiens und Hitlerdeutschlands zeichnete sich bereits ab. Es wurde auch sichtbar, wie gefährlich weit die Truppen der Sowjetunion nach Westen vorzudringen offensichtlich in der Lage waren. Da schon lange vor dem Zweiten Weltkrieg die Gefahr des weltweit operierenden, von der Kontinentalmacht Sowjetunion global unterstützten Kommunismus weit mehr gefürchtet worden war als etwa der Faschismus in den verschiedenen Ländern Europas, machten sich in den US-Geheimdiensten schon frühzeitig Überlegungen breit, den Kampf gegen den Kommunismus ins Auge zu fassen und nicht über der Waffenbrüderschaft mit der Sowjetunion zu vergessen. Dabei waren die soeben noch mit Waffenabwürfen und Instruktionen unterstützten Partisanen in Italien wie Griechenland ein Anlaß zur Sorge. Dort kämpften eher links orientierte Kräfte, sehr oft auch Kommunisten für die Unabhängigkeit ihres Landes und gegen die deutsche Wehrmacht und SS, aber auch gegen die mit den Nazis kollaborierenden politischen und wirtschaftlichen Eliten[292]. Den amerikanischen Diensten bereitete der politische, militärische und moralische Einfluß dieser Resistance auf die politische Nachkriegsentwicklung

Sorge. So kam es, daß die von Mussolini zunächst in ihren Macht-strukturen zerschlagenen Mafiosi mit Hilfe der amerikanischen Dienste sich der neuen, hocherwünschten Aufgabe der Bekämpfung und Niederhaltung der Kommunisten und anderer linker Kräfte durchaus auch mit mörderischer Gewalt widmen durften[293]. Die amerikanischen Geheimdienstvertreter nahmen in Italien auch sehr früh den Kontakt mit den zurückweichenden deutschen Truppen auf und nutzten deren Kenntnisse und Verbindungen aus der Besat-zungszeit ebenso wie die der Partei- und Staatsfunktionäre des faschistischen Italiens[294]. Zu ihnen gesellte sich die katholische Kir-che mit ihrer ebenfalls nicht geringen Sorge vor einer kommunisti-schen Machtübernahme nach dem Scheitern des von ihr unterstütz-ten Faschismus. Es entstand eine Art geheimdienstlich und politisch ansetzender Zangenbewegung gegen die befürchtete Eroberung der Macht durch die gerade auch in Norditalien beachtlichen Partisanen-kräfte.

Mafia und CIA in Frankreich

Mafia und ungezügelter Kapitalismus ergänzen einander auf natürli-che Weise. Die Mafia kann in einem totalitären Staat nur sehr be-grenzt zur Blüte kommen. Entweder ist der Staat faschistisch, dann schützt er mit diktatorischen Machtmitteln effektiv die Interessen des Kapitals, oder er ist kommunistisch, dann werden die Kapitalin-teressen im wesentlichen außer acht gelassen und die tatsächlichen und vermeintlichen Interessen der kleinen Leute, in Wirklichkeit eher der Machterhalt der Partei- und Staatsfunktionäre, geschützt. Schlupfwinkel für das organisierte Verbrechen gibt es angesichts der Totalüberwachung in beiden Systemen nahezu nicht. Mafiose Strukturen entstehen in schwachen Staaten, wo sie einer vermögen-den Schicht, etwa den Latifundienbesitzern gegen regelmäßige Ent-lohnung Schutz angedeihen lassen können, den die örtliche Polizei und Gerichtsbarkeit zu gewährleisten außerstande ist.

Dank ihrer Fähigkeit, unliebsame Widerstände jederzeit und unter Ausschluß öffentlicher Gerichtsverfahren brechen zu können, waren die Angehörigen der unterschiedlichen Mafiaorganisationen in dem verdeckten Kampf gegen Kommunisten wegen ihrer Orts- und Personalkenntnis nicht nur in Italien, sondern auch in Frankreich gefragt.

Als aus Sicht der CIA die kommunistische Gewerkschaft in Frankreich aufgrund ihrer Streikbereitschaft insbesondere in den Häfen zu einer nennenswerten Gefahr für die Anlandung amerikanischer Truppen gegen Ende des Zweiten Weltkrieges und danach von Materialien im Zuge des anlaufenden Marshallplanes für Europa zu werden drohte, griff die CIA zur verdeckten Operation. Mit Geldern des Geheimdienstes betrieb sie die Spaltung der französischen Gewerkschaften, indem sie Gründung und Aufbau der Konkurrenz-Gewerkschaft, der Force Ouvrière, unterstützte. Die CIA nahm auch Kontakt mit der Mafia von Marseille auf[295]. Die Mafia, die bislang mit der deutschen Gestapo zusammengearbeitet hatte, versprach Abhilfe[296]. Und in der Tat ging die Entladung amerikanischer Schiffe reibungslos vonstatten, nachdem von der CIA bewaffnete Gangster zusammen mit der Polizei für klare Verhältnisse gesorgt hatten[297]. Führende Köpfe der Gewerkschaft fielen dem Zusammenwirken CIA-gestützter Banden mit der von kommunismusverdächtigen Beamten gesäuberten französischen Bereitschaftspolizei CRS zum Opfer. Eine in psychologischer Kampfführung ausgebildete Spezialtruppe der CIA wirkte mit Flugblättern, Radiosendungen und Plakaten auf die Streikenden ein. Die Organisationsgewalt der kommunistischen Einheitsgewerkschaft CGT wurde gebrochen.

Der für dieses Engagement zu zahlende Preis war das zwangsläufige Wiedererstarken der sizilianischen und korsischen Mafia in Italien und Frankreich. Mit der Mobilisierung der beiden Spitzengangster Lucky Luciano und dessen Finanzgenie Meyer Lansky kamen in der Folgezeit globale Rauschgiftstrukturen zustande, die rund vier Jahrzehnte lang Scharen von Hochkriminellen nahezu risikofrei mit unvorstellbaren Einnahmen belohnten[298]. Diese und in der Folge ähnliche Strukturen blieben mit wechselnden regionalen Knotenpunkten, Verbindungslinien und von Zeit zu Zeit auszutauschenden Teilelementen bis heute bestehen. Es sind Strukturen aus einem relativ einheitlichen strategischen Guß unter Einschluß des damit verbundenen gewaltigen Zahlungs- und Finanzverkehrs über alle Kontinente hinweg. Dazu gehörte das vorrevolutionäre Kuba mit seinen von der Mafia betriebenen Spielhöllen und Bordellen und der entsprechend korrumpierten Batista-Regierung.

Deal Nixon und Pompidou: Sieg der italienisch-kubanischen über die korsische Mafia. Geheimdienstliche Schwächung Frankreichs

Die Vorherrschaft der korsischen Mafia dauerte bis zu Beginn der siebziger Jahre. In diesen Nachkriegsjahren ging die Mafia in Marseille zur Absicherung ihrer Aktivitäten eine intensivere Bindung mit der sozialistischen Stadtregierung des Oberbürgermeisters Gaston Deferre sowie Abgeordneten der Nationalversammlung ein[299]. Die Mafia konnte einen beachtlichen Teil ihrer Gefolgschaft in der Stadtverwaltung unterbringen. Die Heroinlaboratorien schossen unbehelligt von Polizei oder Politik wie die Pilze aus dem Boden. Lange Jahre hielten sich Mafia und Politik in Paris an die Absprache, daß die Drogengeschäfte auch in Frankreich unangetastet bleiben sollten, solange beim Drogenabsatz im Inland Zurückhaltung geübt wurde[300]. Geschützt vor Polizeikontrollen und Störungen konnte die Mafia zu einer Art Zentrale des internationalen Rauschgifthandels heranwachsen, die rund 80 Prozent des amerikanischen Marktes mit Heroin belieferte[301].

Die erheblichen Anstrengungen der amerikanischen Drogenbehörde in der Bekämpfung der Seuche stießen nicht nur auf den verständlichen Widerstand der Drogenkönige in Frankreich, auch Angehörige des französischen Geheimdienstes SDECE (Service de Documentation Extérieure et du Contre-Espionage) verbündeten sich mit den Schlüsselfiguren der Mafia, die rechtzeitig über die anstehenden Nachstellungen der US-Drogenfahnder informiert wurden.

Die korsische Mafia in Marseille honorierte den Schutz durch die lokale wie nationale Politik mit Gegenleistungen[302]. Als General de Gaulle den Krieg in Algerien beenden und das Land in die nationale Verantwortung der Algerier zurückgeben wollte, drohte ein Staatsstreich von rechts unter Beteiligung führender Militärs, Angehöriger der Geheimdienste und, wie die Auguren munkeln, durchaus auch mit Unterstützung der amerikanischen Geheimdienste[303]. In Paris explodierten die nächtlichen Terrorbomben gegen Befürworter eines unabhängigen Algeriens[304]. Teile der Armee und Gladio-Einheiten waren auf dem Sprung zum Staatsstreich[305]. Ihre Mittelsmänner in Frankreich warteten auf das Signal. In letzter Minute mobilisierte

die gaullistische Regierung die Schlagkraft der korsischen Mafia, die
dem Schutz- und Ordnungsdienst für gaullistische Wahlkampf-
veranstaltungen, dem Service d'Action Civique (SAC), verbunden
war[306]. Der Vertreter der korsischen Mafia, Francisci, war seinerzeit
Betreiber des höchst exklusiven Casinos Cercle Haussmann in Paris,
wo er täglich Kontakt mit hochrangigen Vertretern der Regierung
pflegen konnte[307]. Außerdem war er der persönliche Freund zahlreicher gaullistischer Kabinettsmitglieder[308].

Drogenmafia als Hilfspolizei
in den Maiunruhen 1968

Während der immer weiter um sich greifenden Maiunruhen des Jahres 1968 soll der oberste Geheimdienstberater General De Gaulles
wiederum zur Wiederherstellung der öffentlichen Ordnung 5 000
Mann des SAC in die Straßenschlachten geworfen haben, wo die
zahlreichen Gangster brutal für »Ordnung« sorgten[309]. Der französische Geheimdienst konnte den SAC zur Ausführung schmutziger
Taten einsetzen, die ordentliche Staatsbeamte aus vielerlei Gründen
nicht hätten durchführen dürfen oder die ihnen nicht hätten zugemu-
tet werden können[310]. Als Gegenleistung waren die Angehörigen der
SAC von polizeilichen Durchsuchungen freigestellt und wurden in
ihren Bewegungen und Operationen von der Polizei nicht behelligt.
Einige Beobachter waren McCoy zufolge davon überzeugt, daß der
französische Auslandsnachrichtendienst SDECE Drogenhandel in
die USA sogar selbst organisierte, um damit SAC-Operationen mit
finanzieren zu können[311].

Die amerikanischen Drogenfahnder des Federal Bureau of Narcotics stießen nicht unerwartet immer wieder auf die Komplizenschaft
zwischen französischem Geheimdienst und dem Drogenhandel in
der Hand der von Vietnam über den Libanon, Frankreich nach Südamerika und bis in die USA reichenden korsischen und Marseiller
Mafia[312]. Im Laufe der Zeit verfiel jedoch im Zuge von Streitigkeiten
innerhalb der korsischen Mafia die Macht der Gangstersyndikate[313].
Der amerikanischen Drogenfahndung gelangen Einbrüche in das kriminelle Netzwerk. Im Generationenwechsel innerhalb der führenden

Gangsterfamilien in Marseille kam es zu Streitigkeiten. Die Enkel-generation stieg absprachewidrig in die Rauschgiftversorgung des bislang gesperrten französischen Marktes ein. Die Folge war eine Kehrtwendung der französischen Politik, die nun Hand in Hand mit der amerikanischen Drogenfahndung entsprechend einem Abkommen zwischen den Präsidenten Nixon und Pompidou einen Großteil der Heroinlabors schließen und zahlreiche Gangster in Haft nehmen ließ[314]. Mit der Verständigung zwischen den Präsidenten Nixon und Pompidou ging eine Säuberung der französischen Geheimdienste einher, bei der über 800 Mitarbeiter entlassen und die Führungs-mannschaft ausgetauscht wurden[315].

Zugleich gelang es den USA, die Türkei zur Aufgabe des Mohnan-baus zu bewegen. Von den 20 türkischen Provinzen, die Mohn zur Opiumherstellung anbauten, blieben zum Schluß noch vier übrig. Damit war die Rohstoffbasis für den gesamten Drogenkanal von der Türkei über den Libanon nach Marseille und von dort nach Amerika nicht nur gefährdet, sondern entscheidend geschwächt[316]. Es gibt Stimmen, die von einer Absprache zwischen dem amerikanischen und französi-schen Präsidenten, Nixon und Pompidou, ausgehen. Danach soll die Unterbrechung der französischen geheimdienstgeschützten Drogen-kette der Marseiller Mafia die Bedingung für die massive amerikani-sche Unterstützung der Wahl Pompidous zum Staatspräsidenten ge-wesen sein, die sonst äußerst fraglich gewesen sei[317].

Drogenkette neu gefädelt –
Exilkubaner und das organisierte Verbrechen

Inzwischen war Lucky Luciano, der geniale Organisator weltweiter Drogenoperationen, gestorben, andere Köpfe der Drogenmafia saßen im Gefängnis oder waren, wie das große Finanzgenie der orga-nisierten Kriminalität, Meyer Lansky, zu alt[318]. Die Reorganisation des gesamten Systems wurde nun in die Hand eines Mannes gelegt, dessen Vater der territorialgewaltige Gangsterboß Floridas und des karibischen Raumes, das heißt auch des Kubas der Vor-Castro-Zeit, war[319]. Santo Trafficante jr. machte sich in Südostasien auf die Suche nach neuen Rohstoffquellen, in Vietnam, Laos, Thailand, wo die korsische Mafia in der Struktur des französischen Kolonialreiches und durch jahrzehntelange Emigration bestens vertreten war. Gleichzeitig baute er neue Kurierdienste auf. Günstig wirkte sich für ihn aus, daß nach der Revolution Fidel Castros auf Kuba mit den Flüchtlingsströmen zahllose Angehörige des einst in hoher Blüte stehenden kubanischen Verbrechens nach Miami geflohen waren, um dort eine neue Existenz aufzubauen. Ebenfalls von Vorteil war, daß Kubaner bislang in den Nachforschungen der amerikanischen Drogenfahndung nicht sonderlich in Erscheinung getreten waren.

Trafficante pflegte einen neuen Führungsstil. Er hielt sich stets im Hintergrund, lebte bescheiden und zurückgezogen, hielt seine Familie aus Streitereien heraus und trat mehr wie ein altsizilianischer Don auf.

Südostchina, die neue Einnahmequelle der Kolonialverwaltung

Die Umorientierung des Heroinhandels von der Türkei in Richtung Südostchina folgte alten Kolonialhandelsrouten. Der Handel mit Opium war eine der Säulen des europäischen Kolonialgeschäftes mit China[320]. In den Ländern Asiens ist Opium von alters her als medizinisches Heil-, Schmerz- und Genußmittel bekannt. Die Portugiesen, nach ihnen die Holländer und schließlich die Engländer nutzten den Opiumhandel, um mit den Erlösen indischen Rauschgifts vor allem in China Tee und Porzellan zum Export nach Europa zu bezahlen. Die Briten zogen den gesamten Opiumhandel von der Abnahme des Rohopiums in den Herstellerländern bis zum Vertrieb in den Absatzländern an sich. Der Anbau indischen Opiums wurde auf jährlich festzulegende und das Preisniveau stabil haltende Flächen beschränkt. Lizensierte Händler kauften die Ernte auf, die dann in Städten wie Kalkutta meistbietend versteigert und auf Handelsschiffen nach China transportiert wurde. Die chinesische Zentralregierung bemühte sich, der in der eigenen Bevölkerung massiv um sich greifenden Drogensucht ihrer eigenen Bevölkerung durch Verbote, Strafen, polizeiliche Maßnahmen und Zollkontrollen ähnlich entgegenzuwirken, wie dies die heutigen Regierungen der reichen Industrieländer versuchen. Doch die Politik scheiterte unter anderem, weil die europäischen Kolonialgesellschaften die Verwaltungsbeamten des chinesischen Zolls und der chinesischen Küstenprovinzen nach allen Regeln der Kunst korrumpierten. Darüber hinaus zwang die Kolonialmacht England in zwei Opiumkriegen die chinesische Regierung zur Öffnung des chinesischen Marktes für den von England beherrschten Opiumhandel. Mit dem in China aus dem Verkauf des Opiums erlösten Geld konnten die Kolonialherren im Land Porzellan und andere Waren für den europäischen Markt einkaufen. In Indien wurde das Opium mit britischen Exportgütern, Textilien und Maschinen bezahlt. Bis hin zum Zweiten Weltkrieg wurde ein hoher, nicht unerheblicher Teil der Kosten der Kolonialverwaltung, aber auch der Korruptionseinkommen der Kolonialbeamten mit dieser Art von Dreieckshandel gedeckt. Der Opiumhandel trug, nebenbei bemerkt, wesentlich zur Förderung des Schiffsbaus bei. Immer schnellere Schiffe transportierten die erste Ernte, wie beim Tee, in die Verbraucherländer, da man die langsamere Konkurrenz auszustechen bemüht war. Riesige Kapitalien wurden auf diese Weise erwirtschaftet und bilden den Hintergrund so manchen schönen europäischen Stadtbildes mit seiner alten Kaufmannskultur.

In Südostasien sicherten sich die Kolonialverwaltungen, insbesondere die französische, laufende Einnahmen durch die Vergabe von Opiumlizenzen zum Verkauf an die Endverbraucher in den Opiumhöhlen mit Gewinnbeteiligung der Kolonialverwaltung. Die Opiumhöhlen, Dens, wie sie im Jargon genannt werden, hatten ihre eigene Machtstruktur. Die Pächter der Dens hielten sich Schlägertrupps zur Aufrechterhaltung der Ordnung und zur Sicherung ihrer Gewinne. Da die Opiumkonzessionäre es mit staatlichen oder auch privaten Opiummonopolen mit völlig überhöhten Preisen zu tun hatten, war die Versuchung, über den Opiumschmuggel auf billigere Anbieter auszuweichen, naturgemäß außerordentlich groß. Korruption staatlicher Stellen, der Polizei, des Zolls, des Militärs und Zusammenarbeit mit dem organisierten Verbrechen erschienen ebenso zwingend wie die Sicherstellung der Gewinne über Geldwäsche und Banken, die sich als Komplizen der Grauzonenkriminalität anboten[321].

Reis oder Mohn,
Ökonomie der Bergbauern

Das Grenzgebiet zwischen Birma, Thailand, Laos, China, Indien und Tibet bietet klimatisch, geologisch und von der Bodenqualität her die Möglichkeit des Mohnanbaus. Die dort meist in Gebieten mit dichter Waldbedeckung ansässigen Bergvölker gehören allenfalls formal bestimmten Nationen an, sie sprechen bis zu 30 völlig verschiedene Sprachen und erarbeiten sich ihren Lebensunterhalt mit dem Anbau von Reis. Während Reis die Nahrungsgrundlage der Familie sichert, ist der Anbau von Mohn für die Opiumherstellung eine Möglichkeit, an fernen Handelsplätzen Geld zu verdienen, mit dem auf lokalen Märkten die Waren des allgemeinen Gebrauchs gekauft werden können. Diese Bergvölker sind schwer zu erreichen, ihre Siedlungsgebiete sind zum Teil auch heute noch verkehrsmäßig schlecht erschlossen, ihre Überwachung und Kontrolle durch die sie umgebenden Nationalstaaten außerordentlich schwierig.

Die Opiumrohmasse muß daher oft beschwerlich mit Maultierkolonnen über Hunderte von Kilometern aus den Erntegebieten zu Laboratorien gebracht werden, die unter Anleitung von Chemikern das Opium raffinieren und zu möglichst reinem Heroin weiterverarbeiten. Die Maultierkolonnen müssen gegen Raubüberfälle, Übergriffe von Konkurrenten oder gegen das Eingreifen der Drogenbekämpfungsbehörden der Zentralregierung geschützt werden.

Die Labors zur Herstellung des reinen Opiums oder des aus dem Opium zu gewinnenden Heroins stellen bereits größere Kapitalanlagen dar, die den Drogenbekämpfern der Industrieländer gute Ziele bieten. Sie sind daher in Zonen angesiedelt, in denen die lokalen Militär- oder Polizeikräfte gegen entsprechendes Entgelt Schutz gewähren. Oder aber die betreffenden Kräfte der Polizei und des Militärs ziehen die Raffinerien als Regiebetriebe von Militärprovinzen auf und beteiligen sich am Weiterverkauf des Opiums oder Heroins. Der Weitertransport der raffinierten und im Vergleich zum Rohopium auf ein Zehntel des Gewichts veredelten Ware findet in aller Regel mit staatlichen Transportmitteln statt. Fahrzeuge von Luftwaffe, Heer oder Marine werden eingesetzt und den Übernehmern der Ware in Rechnung gestellt. Wird der Transport privat von der

Drogenmafia organisiert, dann muß über Bestechung und Gewinnbeteiligung der staatliche Überwachungsapparat neutralisiert werden.

Organisierte Kriminalität
und Endverteilung

Die Verteilung der Ware vor Ort, noch in den Ländern der Dritten
Welt, liegt in der Regel in der Hand der organisierten Kriminalität,
sofern die Verteilung von Drogen und deren Genuß untersagt sind,
oder aber es finden sich Formen, wie oben beschrieben, der konzes-
sionierten Opium- oder Heroinhöhle, nicht selten in Verbindung mit
größeren örtlichen Bordellen und sonstigen Vergnügungsstätten. Im
Falle der Konzession verdienen die lokale Verwaltung und Politik am
Drogengeschäft, nicht zuletzt durch die Korruption bei der Vergabe
oder Verlängerung der Konzession. Ob legal oder illegal, der örtliche
Verbrauch wird vorwiegend von Gangstersyndikaten gesteuert. Der
Weitertransport der Ware nach Europa und in die USA wird mit Hilfe
globaler Operateure organisiert. Als strategische Organisatoren bieten sich Familien an, die wie die Mitglieder der sizilianischen oder
korsischen Mafia über Kontinente verteilt wohnen und von der organisierten Kriminalität leben. Da beispielsweise die korsische Mafia
sich über die französische Kolonialverwaltung in den ehemaligen
Kolonien Frankreichs eingenistet hatte und im Mutterland ebenso
wie in den französischsprachigen Ländern des Mittelmeerraumes
vertreten war, fehlte es nicht an weitreichenden Verbindungen und
Schlupfwegen. Die Verbindung der korsischen zur sizilianischen
Mafia wiederum ermöglichte die Verbindung in den englisch- wie
spanischsprachigen Raum, in den Sizilianer scharenweise über Jahrhunderte ausgewandert sind. Hier kommt insbesondere die Verbindung in die Großstädte der USA ins Spiel, wo ein erheblicher Teil
der organisierten Kriminalität in den Händen der Abkömmlinge und
Verwandten der italienischen beziehungsweise sizilianischen Mafia
liegt.

Transatlantische Schmuggelrouten

Die Schmuggelwege verlaufen jedoch nicht direkt von den heroin-produzierenden in die wohlhabenden Endverbraucherstaaten. Zur Umgehung der Drogenverfolgung werden Umwege eingeschlagen. In Lateinamerika sind es mit wechselndem Schwerpunkt Staaten, die die Einfuhr nicht behindern, sondern wiederum im Wege der politischen Korruption zulassen. Da spielen zeitweilig Argentinien und Chile eine Rolle oder auch Brasilien, Paraguay oder Mexiko. Über Wege, die auch der Kokainschmuggel aus kolumbianischer, peruanischer, guatemaltekischer, mexikanischer Produktion nutzt, gelangt die Ware zum Endverteiler und von dort zum Endverbraucher. Die Endverteilung liegt nicht selten in den Händen drogenabhängiger Minderheiten· seien es nun Farbige, Kolumbianer, Puertoricaner, Chinesen und so weiter. Etwas anders sehen wiederum die Transportwege nach Europa aus. Hier bieten sich Minderheiten an, die die Verbindungswege zwischen ihrer Stammheimat und ihren Wohn- und Arbeitsorten nutzen können. Die Öffnung der Grenzen nach Osten führt zusammen mit den wirtschaftlichen, politischen und militärischen Umordnungsprozessen zur Anbahnung neuer Wege.

Geheimdienste –
Trittbrettfahrer des Rauschgiftgeschäftes

Entlang dem gesamten Weg, den die Drogenrohstoffe und Drogen von den einkommensschwachen Bauern in den Bergen der Dritten Welt bis in die Dschungel der Großstädte der hochindustrialisierten reichen Welt mit ihren drogenabhängigen Desperados nehmen, kommt es immer wieder zu »Arbeitsgemeinschaften« zwischen Geheimdiensten und organisierter Kriminalität. Ziel der Geheimdienste ist es dabei, ohne Steuermittel und von außen unerkennbar, mit Eindringtiefe, Reichweite und Schlagkraft begabte partisanenartige Kräfte für einen Kampf zu gewinnen, mit dem verdeckt eigene nationale Ziele verfolgt werden. Einer der obersten Grundsätze jedes geheimdienstlichen Handelns, die Verantwortlichkeit für umstrittenes oder unerlaubtes Handeln jederzeit von sich weisen zu können – mit anderen Worten: sich nicht erwischen zu lassen –, kann um so besser gewährleistet werden, wenn der Einsatz sich selbst finanziert und nicht im Bewilligungsverfahren vor einem Parlament offenbart werden muß.

So lieferte vor der Machtübernahme Chinas durch die kommunistische Partei unter Mao Zedong das gebirgige Grenzland zwischen Laos, Birma und China die Opiumrohmasse für die chinesischen Konsumenten in den großen Hafenstädten wie Shanghai. Die Militärgouverneure der Grenzregionen des vorkommunistischen Regimes unter Generalissimus Tschiang Kai-schek erhoben für den Durchzug der Schmugglerkolonnen eine Abgabe zur Aufbesserung ihrer Privatkasse.

Nach dem Sieg Mao Zedongs und dem Rückzug der nationalchinesischen Truppen auf die Insel Taiwan retteten sich einige Truppenteile der alten Tschiang-Kai-schek-Armee über die Grenze nach Laos, wo sie sich mit den Bergstämmen der Hmong nicht nur verbündeten, sondern auch durch Einheirat verschmolzen. Sie boten ihre Waffendienste nun den Amerikanern an, die von dort aus mit Kommandounternehmen die Festigung der kommunistischen Macht über China zu hintertreiben versuchten, Abhöranlagen betrieben und hofften, den Krieg erneut nach China hineintragen zu können. Die amerikanische Politik setzte auf eine vom Kommunismus enttäuschte Bevölkerung, die sich mit den eindringenden nationalchinesischen Soldaten verbrüdern und die neue Regierung durch Aufstand und Sabotage davonjagen würde. Da sowohl die einheimische Bergbevölkerung der Hmong-Stämme als auch die ehemaligen Soldaten der nationalchinesischen Armee von Einnahmen aus dem Opiumhandel lebten, die einen als Produzenten, die anderen als Bewacher und Begleiter der Transporte, verfiel man schnell auf den naheliegenden Gedanken, die Flugzeuge der CIA ohne Hoheitskennzeichen auf dem Hinflug für den Transport von Waffen und auf dem Rückflug für den Abtransport der Jahresernte an Opiumrohmasse zu nutzen. Es wurden zwei Fliegen mit einer Klappe geschlagen: Die einheimischen Krieger mußten nicht als Söldner aus dem Haushalt der CIA und damit vom amerikanischen Steuerzahler bezahlt werden, konnten sich vielmehr als aufständische »Freiheitskämpfer« ihren

Lebensunterhalt selbst verdienen[322]. Fragen nach einer Verwicklung der CIA in den Drogenhandel konnten glaubhaft verneint werden, da die Flugzeuge in der Regie einer privaten Chartergesellschaft betrieben wurden, von der niemand wußte, wem sie zuzurechnen sei, die sich später jedoch als eine über Scheinfirmen und Strohmänner verdeckte Einrichtung der CIA herausstellte[323].

Rauschgift als Ressource
des französischen Militärs in Indochina

Die Konstruktion war keine Erfindung der CIA, die nur übernahm, was die Vorgänger der französischen Geheimdienste und Militärs bereits zur allseitigen Zufriedenheit eingeführt hatten[324]. Als Vietnam gegen Ende des Zweiten Weltkrieges von englischen Truppen von der japanischen Besatzung befreit worden war, hatte Hô-Chi-Min, der Führer einer All-Parteien-Untergrund-Regierung die Engländer als Befreier mit einer Schale Reis begrüßen wollen. Doch die Geste ging daneben. Die Engländer und, ihnen folgend, die Franzosen hatten die Wiedererrichtung als Kolonie, nicht die Unabhängigkeit des Landes im Auge[325]. Zu diesem Zwecke setzten sie auf die Karte der alten französischen und vietnamesischen Großgrundbesitzer und deren Schützlinge. Dazu gehörte symbiotisch nicht zuletzt die in Saigon ansässige korsische Mafia mit ihren Verbindungen zum organisierten Verbrechen und zu den alten Kollaborateuren der japanischen Besatzungsmacht. Die Unterwelt kannte die Anhänger Hô-Chi-Mins in Saigon, so daß die Säuberung zur Wiederherstellung der alten Kolonialmacht schnell vonstatten ging, zumal nicht nur die Stadt Saigon, sondern auch die umgebenden Sümpfe als denkbare Rückzugsgebiete unter der Kontrolle der Gangstersyndikate standen. Darüber hinaus setzten die Franzosen ebenso wie später die Amerikaner auf die religiöse Minderheit der Katholiken in Vietnam als neuer Herrschaftselite über die buddhistische Mehrheit des Volkes.

Mohn anbauende Bergbauern
als Hiwis der Kolonialarmee

Zur Verstärkung der eigenen Kampfkraft und zur Kontrolle des fla-
chen und bergigen Landes sicherte sich die französische Armee über
ihre Geheimdienste die Unterstützung der Opium anbauenden
Hmong. Französische Offiziere überflogen mit Hubschraubern das
Siedlungsgebiet, um Söldner anzuwerben. Wurde freundlich ge-
wunken, gar die französische Trikolore geschwenkt, landete das
Kommando, um mit dem Dorfältesten Kontakt aufzunehmen und
diesen zur Zusammenarbeit im Kampf gegen die Vietminh zu gewinnen. Ziel war es, in jedem sympathisierenden Dorf einen Anführer
mit einem Trupp von 20 Mitkämpfern zu verpflichten. Die Ausbildung fand in mehrwöchigen Kursen in Saigon statt. So sollte eine
schachbrettartig angelegte, mit den französischen Ordnungskräften
loyal zusammenarbeitende Struktur innerer Sicherheit und Überwachung entstehen. Die Dienstverpflichtung bei den französischen
Streitkräften war für die Bergbevölkerung insofern willkommen, als
die französische Armee bei der Gewinnung zusätzlicher Einnahmen
aus dem Verkauf von Rohopium behilflich war. Der Dorfälteste
sorgte für das Einsammeln der Ernte, die entweder von französischen
Flugzeugen oder im Charterverkehr von Piloten der korsischen
Mafia abtransportiert wurde[326]. Über den Dorfältesten und seine
Rolle bei der Vermittlung zusätzlichen Einkommens suchte man sich
auch die Loyalität der Bevölkerung zu sichern. Das Prinzip war überzeugend. Ob es gegenüber Infiltrationen durch Kräfte des Vietminh
abgeschirmt war, bleibt zu bezweifeln. Die Loyalität der Bergbevölkerung reichte naturgemäß nur so weit, wie die Einnahmen aus dem
Verkauf des Opiums stimmten. Blieben die Bauern auf ihrer Jahresernte sitzen, weil der Abtransport, über welche Kanäle auch immer,
nicht reibungslos vonstatten ging, flaute die Bereitschaft zum Kampf
für die Interessen der fremden Kolonialmacht ab.

Dies bekamen die französischen Kolonialstreitkräfte in der End-
auseinandersetzung um das befestigte Lager Dien Bien Phu bitter
zu spüren. Die Festung schien an Kampfkraft allen denkbaren Attak-
ken des Vietminh gewachsen zu sein. In der Ebene um Dien Bien Phu
war die französische Seite an Feuerkraft und insbesondere Artillerie

einschließlich Munition überlegen. Die umliegenden Berge schienen für schwere Artillerie unzugänglich und waren in der Hand von Opium anbauenden Hilfsvölkern der französischen Armee. Doch dort war ein Fehler begangen worden. In diesem Teil des Landes hatte man nicht die Dorfältesten mit der Organisation des Mohnanbaus und seiner Vermarktung betraut, sondern eine aus einer lokalen ethnischen Minderheit gebildete Oberschicht, die mit niedrigsten Angebotspreisen für die Bauern den Gewinn des Opiumhandels allein einzustreichen suchte. Die Antwort folgte auf dem Fuß: die Bergvölker wandten sich nun dem Vietminh zu und transportierten in mühseligen Tag- und Nachtoperationen dessen Artillerie samt Munition auf die Dien Bien Phu umgebenden Bergkämme. Als sich dann die nunmehr an Feuerkraft und Munition überlegene und taktisch besser positionierte Artillerie der Vietminh auf das Lager der französischen Expeditionsarmee in Dien Bien Phu einzuschießen begann, war kein Halten mehr. Schließlich trieb die Infanterie Gräben in die mürbe geschossene Festung vor und nahm die stolze französische Streitmacht gefangen. Mit dieser Tragödie endete 1954 die Vorherrschaft Frankreichs in seiner Kolonie Indochina.

Befreiungsbewegungen und Kommunismus: die USA in Vietnam

Die USA hatten schon bisher den Kampf der französischen Streitkräfte in Indochina mit der Übernahme von rund 75 Prozent der Kosten bezuschußt[327]. Nach Ausbruch des Kalten Krieges hatte die Furcht in den USA vor einem globalen Sieg des Kommunismus im Zuge der Entkolonialisierung der Völker der Dritten Welt derart überhandgenommen, daß jede Befreiungsbewegung als kommunistisch unterwandert oder zumindest als für die von Moskau und Peking angebotene ideologisch verpackte Unterstützung empfänglich erachtet wurde. Dieses Schreckgespenst war um so wirkungsvoller, als der Fall Chinas zum Zankapfel der amerikanischen Innenpolitik zwischen den Kommunistenjägern um den republikanischen US-Senator McCarthy, der bereits das State Department als von kommunistischen Agenten verseucht verunglimpfte, und der in die Defensive geratenden Truman-Administration geworden war. Die CIA nahm daher, obgleich das internationale Genfer Friedensabkommen von 1954 jede weitere militärische Aktion verboten hatte, den verdeckten Kampf gegen die Führung Vietnams unter Hô-Chi-Min auf. Als erstes wurden die im Friedensabkommen allseits vereinbarten freien und überwachten Wahlen in Südvietnam von westlicher Seite verhindert, indem eine separatistische, auf die katholische Minderheit in Südvietnam gestützte Regierung nunmehr die Durchführung gesamtvietnamesischer Wahlen mit fadenscheinigen Gründen ablehnte. Die CIA übernahm die Führung und vor allem Bewaffnung der bisher im Sold der französischen Armee stehenden Bergvölker und konnte aus einer Gesamtbevölkerung von etwa 150 000 Menschen rund 30 000 Krieger gewinnen. Diese wurden im wesentlichen zum Zwecke der Beeinträchtigung des sogenannten Hô-Chi-Min-Pfades in Laos eingesetzt, über den ein Großteil des Nachschubes des Vietcong transportiert wurde[328]. In dem Berggebiet konnte auch eine für die Bombardierung von Hanoi, der Hauptstadt Nordvietnams, strategisch extrem wichtige Radarstation errichtet und kontinuierlich bemannt werden. Die CIA flog die einzelnen Weiler beständig mit ihren Hubschraubern an. Ein Sonderprogramm sorgte für den zügigen Ausbau entsprechender Landeplätze.

Partisanen der CIA:
Rauschgifterlös als Sold

Da die männliche Bevölkerung sich oft wochenlang im Kriegsgebiet aufhielt, kam die übliche Brandrodung im Herbst immer mehr in Verzug. Die CIA mußte nun die Ernährungsbasis der Bauernfamilien, denen die Männer zur Berarbeitung der Felder fehlten, durch den Abwurf von Nahrungsmitteln sicherstellen. Die Bergstämme, von der Notwendigkeit der eigenen Nahrungsvorsorge befreit, konnten sich verläßlich auf den Anbau von Mohn zur Gewinnung von Opium und Heroin verlegen. Die Dorfvorsteher übernahmen wieder das Einsammeln der von den Bergbauernfamilien anzuliefernden Rohmasse, die jetzt mit den Maschinen der CIA, wiederum als Chartermaschinen einer privaten Gesellschaft getarnt, nach Saigon transportiert wurden. Die Operation wurde kritisch, als im Laufe des Vietnamkrieges die Stammeskrieger dermaßen dezimiert wurden, daß nur noch Knaben und Greise zur Unterstützung der Familien übriggeblieben waren. Als die Bevölkerung sich zu weigern begann, ihre Knaben unter 13 Jahren für den Kampf abzustellen, wie von den Vertretern der CIA gefordert, wurde der Abwurf von Reis eingestellt. Die Verbitterung der Bevölkerung, insbesondere der ihrer Glaubwürdigkeit beraubten Ortsältesten, bekam McCoy bei seinen Recherchen für sein späteres Buch über die Komplizenschaft der CIA im weltweiten Heroingeschäft persönlich zu spüren. McCoy wurde auf seiner Exkursion zu den Erkenntnisquellen mehrfach mit dem Tode bedroht. Schließlich nahmen die für die Versorgung Verantwortlichen in der US-Botschaft in Saigon die Abwürfe von Reis über dem Söldnerland wieder auf, nicht zuletzt, weil man das Opiumgeschäft nicht gefährden wollte.

In Saigon lag der örtliche Verkauf von Heroin an die steigende Zahl drogenanfälliger amerikanischer Soldaten in den Händen der organisierten Kriminalität, die wiederum die südvietnamesische Regierung vom Präsidenten über die Minister bis zu den Generälen und Admirälen der südvietnamesischen Streitkräfte sowie der Polizei an den Einkünften beteiligte[329].

Niederlage:
Drogen und Drogenkorruption

Damit trug das diktatorische und korrupte Regime Südvietnams selbst zum Zusammenbruch der amerikanischen Position und Kampfführung in Vietnam mit bei. Zudem untergrub der verdeckte Kampf der CIA mit Söldnern, die nur um den Preis der Heroineinnahmen zum Krieg gegen den kommunistischen Feind zu motivieren waren, jede Aussicht auf Erfolg des amerikanischen Engagements. Die totale Korrumpierung des südvietnamesischen Partners durch die Teilhabe am Heroinabsatz förderte darüber hinaus den Schwarzmarkt mit amerikanischen Waffen und Versorgungsgütern[330].

Als die amerikanischen Streitkräfte die zur Führung der Bomberstaffeln auf Hanoi angelegte Radarstation in den Bergen der Hmong

an den Vietcong verloren hatten, die Bergstämme kaum mehr kriegs-
fähige Guerilleros stellen konnten und der Vietcong immer weitere
Gebietsgewinne verzeichnete, evakuierten die amerikanischen Streitkräfte die Bergstämme der Hmong per Flugzeug. Das Bergland
wurde flächendeckend bombardiert, die Vegetation durch Entlau-
bungsmittel nachhaltig zerstört. Der Bevölkerung wurde jeder
Lebensraum genommen, auch der zum Anbau von Opium.

Verdeckte Kämpfe und das Auf und Ab des Drogenkonsums

Mit dem Abzug der amerikanischen Truppen aus Vietnam verlagerte
sich das globale Drogengeschäft. Die verdeckten Kämpfe der CIA
hatten nicht nur die Drogenabhängigkeit erheblicher Teile der amerikanischen Truppen zur Folge, sondern auch eine beispiellose Ausbreitung der Seuche in den Vereinigten Staaten selbst. Ein erstes
Hoch hatte der amerikanische Drogenkonsum Ende der vierziger
Jahre, in der Zeit der Kämpfe um die Eroberung Chinas durch die
Truppen Mao Zedongs, erreicht, das zweite ereignete sich während
und unmittelbar nach den kriegerischen Auseinandersetzungen in
Vietnam, um dann während der Bekämpfung der Regierung der Sandinisten in Nicaragua, wo ebenfalls im verdeckten Kampf mit Rebellen auf das Schmiermittel des Rauschgiftschmuggels zurückgegriffen wurde, das dritte Hoch anzusteuern.

Hongkong und Singapur

Nach dem Ende des Vietnamkrieges verlegte sich der Drogenschmuggel nun erstmals mehr auf Südasien als Produktionsstandort.
Die Labors wurden in die Stadtstaaten Hongkong und Singapur verlegt, dort waren sie in der Hand chinesischer Gangstersyndikate,
ähnlich wie bei der sizilianischen und korsischen Mafia Familien
einer bestimmten Region, die auf festen Zusammenhalt rechnen
konnten[331]. Die Hongkonger Polizei wurde von den Heroinhändlern

korrumpiert. Der erfolgreichste Dealer lieferte der Polizei die mit ihm konkurrierenden Seilschaften ans Messer. So gelangen der Polizei eindrucksvolle und öffentlichkeitswirksame Zugriffe an der Drogenfront. Um so erfolgreicher jedoch gedieh zugleich das Drogengeschäft des Polizeiinformanten. Die Gewinne sollen die Milliarden-Dollar-Grenze überschritten haben. Bizarre Züge nahm das Geschehen an, als die Regierung von Hongkong nicht nur gegen den Drogenhandel selbst, sondern auch gegen die damit einhergehende Korruption in Kreisen der Polizei anzugehen versuchte. Die Maßnahmen waren offenbar dermaßen erfolgreich, daß über Wochen hinweg täglich mehr als 5000 Polizisten auf die Straße gingen, um gegen das Nachforschen und Abschneiden ihrer Nebenverdienste zu protestieren. Schließlich mußte der britische Gouverneur von Hongkong die Aktion abbrechen, um noch ein Minimum an Polizeipräsenz in dem Stadtstaat gewährleisten zu können.

Der Kampf gegen Korruption und Kriminalität im Drogengeschäft war möglich geworden, weil die erste Generation der mit dem schieren Drogenschmuggel beschäftigten kriminellen Banden und Familien inzwischen solche Reichtümer angesammelt hatte, daß sie sich nunmehr der Vermögenssicherung, der Geldwäsche von Drogeneinkünften und deren Anlage und Verwaltung in Form von Immobilien und Industriebeteiligungen, zuwandte. Auch sollten die eigenen Kinder in den Erfolgszyklus einer besseren Berufsausbildung gelangen und sich vom kriminellen Milieu absetzen. Letztlich ein Vorgang bei zahllosen honorigen Familien aller Nationen, wie er auch etwa bei den Kennedys in den USA zu verzeichnen gewesen war, die die Gewinne aus dem Alkoholschmuggel in der Prohibitionszeit nun in der dritten und vierten Generation zum Erwerb von Botschafterposten, Senatorenämtern und schließlich gar der Eroberung des Präsidentenamtes der Vereinigten Staaten einsetzen und dem gemeinen Volk ein Bild vom Treiben einer anspruchsvollen High-Society vermitteln konnten.

8

Rauschgift als Zahlungsmittel verdeckter Geheimdienstoperationen

Steuerung der Globalabläufe des Drogenhandels

Für die gesellschaftsfähig gewordenen Hongkonger Drogenschmuggler rückte nun der Aufbau und die Organisation weltweiter Verbindungen und Verbrechensabläufe in den Vordergrund ihrer geschäftlichen Aktivitäten. Die Großen im Drogengeschäft machen ihr Geld mit Rauschgift, meiden jedoch selbst in aller Regel das Laster. Das Drogengeschäft liegt strategisch nicht in der Hand der Schmuggler, erst recht nicht in der Entscheidung der armen Bergbauern, die das Ausgangsprodukt anbauen, sondern Drahtzieher sind jene, die den gesamten Vorgang vom Erzeuger bis zum Verbraucher einschließlich der Finanzkreisläufe zu organisieren und vor allem zu finanzieren verstehen. Konkurrenten müssen ausgeschaltet, die staatlichen Ordnungskräfte teils korrumpiert, teils mit ausreichenden Scheinerfolgen ausgestattet werden, damit die Hauptdrogenschiene möglichst lange unentdeckt bleibt und risikolos laufen kann. Bestechungsgelder müssen den Geschäftsablauf die gesamte Drogenpipeline aufwärts und die Geldpipeline abwärts schmieren. Die Hierarchie der Mitwisser muß eng begrenzt bleiben, das erfordert ein sorgfältiges Bestechungskonzept, zumal die politische Führung meist mehrerer Länder geneigt gemacht werden muß. Geldspenden für Wahlkämpfe über Rechtsanwaltsbüros, PR-Agenturen bis hin zu wohltätigen Einrichtungen müssen vertraulich auf den Weg gebracht werden[332]. Im Notfall müssen die kriminellen Syndikate dafür sorgen, daß Widerstände vor Ort mit brutaler Gewalt ausgeschaltet werden. Insbesondere gilt es die Tugend der absoluten Verschwiegenheit sicherzustellen, eine Tugend, deren Befolgung den Beteiligten in allen Bereichen der organisierten Kriminalität in Fleisch und Blut übergehen und zur Not auch mit Gewalt erzwungen werden muß[333].

Ohne gesicherte Geldwäsche
machen Geheimdienste keinen Stich

Schließlich müssen die Milliarden an Bargeldeinnahmen aus den Absatzländern der industrialisierten Welt in die Anbauländer zu den Bauern und den anderen die Hand aufhaltenden Projektbeteiligten zurücktransportiert werden, die es vorziehen, mit Bargeld entlohnt zu werden[334]. Der überwiegende Teil des Gewinnes muß gewaschen werden. Die Methoden sind vielfältig. Es werden Scheingeschäfte geschlossen oder Geschäftszweige mit hohem Bargeldumsatz mit dem Ziel des Beimischens von Drogengeld gesucht[335]. Das irgendwo auf dem Globus bar eingezahlte Geld wird sogleich einem Konto auf einem anderen Kontinent elektronisch gutgeschrieben[336], von dort wird über Geld- und Steuerparadiese unter penibler Einhaltung des Bankgeheimnisses weiterverfügt. Die Methoden müssen schnell gewechselt werden, um die Fahndung nicht auf eingefahrene Pfade aufmerksam zu machen[337].

Doch pflegen Geheimdienste selbstverständlich auch hierbei zu helfen. Geheimdienste, die Guerillaarmeen anheuern, Elemente der Unterwelt für ihre Zwecke einspannen, radikale Bewegungen in vielen Staaten finanzieren wollen, müssen eine Gegenleistung erbringen. Und die besteht im letzteren Fall im Schutz der kooperierenden Kriminellen vor dem Zugriff der Strafverfolgungs- und Drogenbekämpfungsbehörden, und zwar von Beginn der Straftat an bis zur erfolgreichen Verwertung der Beute. Würde auch nur an einer Stelle die Operation nachhaltig unterbrochen, würden die Akteure in Strafanstalten wandern, so wäre die symbiotische Lebensgemeinschaft zwischen Geheimdiensten und organisierter Kriminalität zerstört. Von daher verwundert es nicht, wenn Bankinstitute, die sich an vorderster Front, wo am Schalter das noch vom Blut der Fixer verschmutzte Bargeld zur Einzahlung angenommen wird, der Geldwäsche verschrieben haben, nicht selten von Geheimdiensten zu eigenen Zwecken benutzt und von Personen geleitet werden, die sich der Geheimdienstsache verbunden fühlen. Fazit: Die handelnden Bankpersönlichkeiten sind optimal gegen Verfolgung gesichert, der Geheimdienst seinerseits erlangt Einblick auch in anderweitige Operationen der Bank. Gegenüber den Drogenfahndern gilt fortan der gemeinsame Schulterschluß von Bank- und Staatsgeheimnis. Bei einer Marge von insgesamt zwischen zehn und 15 Prozent der zu waschenden Geldmenge bleibt für die Beteiligten ein guter Batzen risikolos zu verteilenden Gewinnes[338].

Pensionäre der CIA-Zeit bei der Geldwäsche – Nugan Hand Bank

Da derartige Banken nach gewisser Zeit einmal aufzufallen pflegen, möglicherweise auch ihre guten Dienste im Übermaß geleistet haben und in neuen Konfigurationen keinen Nutzen mehr bieten, entweder weil Geheimdienste den Schwerpunkt ihrer verdeckten Kämpfe in andere Krisengebiete verlagern oder die Drogentransaktionen in weniger auffällige Kanäle umgeleitet werden, fallen sie zuweilen dem Konkurs anheim. So geschah dies mit der in Australien ansässigen Nugan Hand Bank[339]. Der Bankskandal begann die Ermittlungsbehörden und die Öffentlichkeit in Australien zu beschäftigen, als 1986 der Rechtsanwalt und Mitgründer der Bank, Frank Nugan, nach einem angeblichen Selbstmord mit der Waffe in der Hand in seinem Auto in Sydney in Australien aufgefunden wurde. Wie zufällig trug er die Visitenkarte des ehemaligen CIA-Direktors Colby in seiner Tasche. Der Teilhaber der Bank war der Amerikaner Michael Hand, ein in Fort Bragg für den Guerilla- und Einzelkampf ausgebildeter Green Beret aus dem Vietnamkrieg, der sich in Australien hatte einbürgern lassen. Als einer ihrer Hauptmanager beschäftigten sie eine graue Eminenz aus Geheimdienstkreisen namens Maurice Bernard Houghton. Die Bank wurde durch Betrug im Jahre 1976 gegründet und endete mit Betrug an den Einlagekunden im Jahre 1986[340]. Den betrügerischen Auftakt machte Nugan mit der Einzahlung von nur fünf US-Dollar als Eigenkapital zuzüglich 80 Dollar Einlage. Auf dieser Grundlage ließ sich der Gründer Nugan von seiner neuen Hausbank einen Betrag von

980 000 Dollar als Darlehen auszahlen, mit dem er nun 440 000 Geschäftsanteile seiner neuen Bank von sich selbst kaufte. Nach außen konnte so eine Einlage von rund einer Million Dollar mit dem Schein der Glaubwürdigkeit dargestellt werden.

Über das verzweigte Netzwerk der Bank liefen fortan Geschäfte mit Verbrechersyndikaten und korrupten Lokalpolitikern in Sydney und einer ganzen Reihe verdeckter Waffenhändler der CIA sowie mit der CIA selbst[341]. Michael Hand hatte als Vertragssöldner der CIA in Vietnam zwei Jahre bei den Hmong, den Opium anbauenden Guerilleros, verbracht. Dort war er mit dem CIA-Stationschef in Vientiane, Theodore Shackley, in Verbindung gekommen und hatte sich mit Buddy King, einem Piloten der CIA-Vertragsluftlinie Air America, angefreundet, der jeweils Transporte zu den Außenposten der Bergvölker zu fliegen hatte.

In Shackleys Händen lag die Regie des sogenannten Phoenixprogramms, das Sondereinheiten der südvietnamesischen Armee mit amerikanischen Kommandoeinheiten der Green Berets zur systematischen Erfassung, Folterung und letztlich Ermordung von potentiellen kommunistischen Führungskäften des Vietcong in Südvietnam verband. Bügermeister, Lehrer, Intellektuelle, Handwerker, insgesamt zwischen 40 000 und 60 000 Menschen, wurden so in Überfällen auf die ländlichen Gebiete umgebracht in der Absicht, dem Gegner den Rückgriff auf menschliches Führungspotential zu verweigern[342]. Da es Prämien auf die monatlich erreichte Anzahl von Festnahmen gab, wurden kurzerhand auch Frauen und Kinder einbezogen[343]. Das Mordprogramm ging mit einer systematischen Vertreibung und Unterbringung der Landbevölkerung in militärisch bewachten Siedlungen einher. Damit sollte dem Gegner das Umfeld entzogen werden, in dem der Partisan getreu den Lehren Maos wie ein Fisch im Wasser hätte unerkannt und verdeckt operieren können[344].

Doch zurück zur Nugan Hand Bank in Australien und deren Verbindungen zur CIA. Der Texaner Maurice Bernard Houghton beteiligte sich im Jahre 1978 an der Bank und nutzte fortan seine Kontakte zu leitenden Mitarbeitern der CIA, um Waffengeschäfte vor allem nach Angola und Südafrika zu vermitteln[345]. Houghton hatte nach seiner CIA-Dienstzeit in Vietnam in Sydney ein Klubrestaurant eröffnet, das die aus Vietnam auf Urlaub ausgeflogenen US-Soldaten frequentierten. Als private Gäste beherbergte und verköstigte er neben korrupten Politikern die Führer des Drogensyndikats von Sydney, aber auch den CIA-Residenten in Australien. Houghton hatte Kontakt zu den meisten höheren Führungsoffizieren der amerikanischen Streitkräfte und Geheimdienste im asiatisch-pazifischen Raum. Die zur Aufklärung des Bankenskandals eingesetzte Königliche Kommission berichtete seinerzeit, daß Houghton Teil einer Geheimdienstgemeinschaft sei. Das *Wall Street Journal* nannte ihn einen Hans Dampf in allen Gassen, der vom Spielautomaten bis zu Opium mit allem und jedem handele.

Der Mitbegründer der Bank, Michael Hand, hatte sich Ende der sechziger Jahre mit dem Verkauf australischer Immobilien an in Südostasien diensttuende Amerikaner beschäftigt. Zu diesem Zweck wurde die Australasian and Pacific Holdings Ltd. gegründet mit 71 Anteilseignern, von denen 19 allein bei den Vertragsluftlinien der CIA in Indochina, der Air America und der Continental Air Services, beschäftigt waren.

Der thailändische Hausmeister des ehemaligen Air-America-Piloten Buddy King berichtete einem Rechtsanwalt, daß King für den Banker Michael Hand Heroin von Vietnam nach Australien fliege. Nachdem der Anwalt den Sachverhalt der australischen Drogenbehörde mitgeteilt hatte, stürzte King aus dem Fenster seiner Wohnung im zehnten Stock eines Gebäudes in Sydney.

Während Nugan von Sydney aus das australische Geschäft betrieb, indem er vor allem die Geldwäsche für die organisierte Kriminalität und den Drogenhandel organisierte, verlegte sich sein Teilhaber Hand auf das internationale Geschäft, das von der Zweigstelle in Hongkong aus betrieben wurde. Innerhalb von nur zwei Jahren gelang Hand der Aufbau eines erdumspannenden Netzes von zwölf Filialen in Asien, Afrika und Nord- wie Südamerika. Der Durchbruch kam 1986 mit der Zulassung auf den Cayman Islands, dem britischen Steuer- und Ganovenparadies, als Geschäftsbank[346]. Im Zuge der dramatischen Geschäftsausweitung konnte Hand unter Vermittlung seines Partners Houghton einige der erlesensten Namen aus den amerikanischen Streitkräften und Geheimdiensten zur Mitarbeit gewinnen, beispielsweise den ehemaligen Admiral und pensionierten Chefstrategen des amerikanischen Pazifikkommandos Earl Yates als Präsidenten der Bank. Als Manager der Niederlassung der Bank in Manila ließ sich General a. D. Leroy J. Manor, der frühere Spezialist des Pentagon für Bekämpfung und Unterdrückung öffentlicher Unruhen und spätere Chef des Stabes des amerikanischen Pazifikkommandos, einspannen. General a. D. Edwin F. Black, früher Nachrichtenoffizier des Office of Strategic Studies, des Vorläufers der CIA im Zweiten Weltkrieg, vor seiner Pensionierung Kommandeur der amerikanischen Streitkräfte in Thailand, wurde die Präsidentschaft über die Niederlassung in Hawaii übertragen. Dr. Guy Pauker, der Asienexperte der von Beratungsaufträgen des Pentagon und der amerikanischen Streitkräfte lebenden Rand Corporation, wurde zum Berater der Bank berufen. Der Direktor der CIA für Wirtschaftsforschung, Walter McDonald, wurde Bankmanager. Dale Holgrem, der frühere Vorsitzende der der CIA-zugehörigen Civil-Air-Transport-Fluggesellschaft, wurde zum Manager der Zweigstelle Taiwan berufen. Der frühere Chef der CIA, William Colby, schließlich fand als Rechtsberater der Bank Verwendung.

Mit dem weltweiten Operationsnetz und der personellen Einbindung ehemaliger Geheimdienstleute stellten Michael Hand und Maurice Bernard Houghton die Nugan Hand Bank der CIA als Instrument für deren Finanzierung verdeckter Operationen in der ganzen Welt zur Verfügung[347].

Dabei war die Nugan Hand Bank jedoch nie eine Bank, die die CIA selbst auch nur unter falscher Flagge und mit Strohmännern gegründet hätte. Aber sie stand der »Firma« für Aktionen zur Verfügung, die vor der Öffentlichkeit geheimgehalten werden mußten. Und sie öffnete dem Drogenhandel weit ihre Tore als Waschmitteleinlauf für das Bleichen krimineller Einkünfte in Milliardenhöhe.

Die Castle Bank in Nassau auf den Bahamas

Die Nugan Hand Bank mag zumindest in Teilen die Nachfolge einer Bank angetreten haben, die Mitte der siebziger Jahre in ähnliche Skandale verwickelt gewesen war und daher ebenfalls hatte geschlossen werden müssen: die Castle Bank & Trust in Nassau auf den Bahamas. Die Polizei in Sydney kam ebenso wie das *Wall Street Journal* bei ihren Recherchen zu dem Ergebnis, daß zwischen dem

Untergang der Castle Bank und dem Aufstieg der Nugan Hand Bank sehr wohl ein Zusammenhang bestanden haben könnte. Die Castle Bank war von einem Paul Helliwell nach dessen Rückzug aus der CIA gegründet worden[348]. Für die CIA hatte Helliwell Firmen wie die SEA Supply Inc. Bangkok und die mehrfach erwähnte Fluggesellschaft Air America organisiert und über die Castle Bank geheime Geldbewegungen der »Firma« abgewickelt. Das Geldinstitut geriet in Turbulenzen, als Beamte der amerikanischen Steuerbehörde die Kundenliste der Bank auf dem Schreibtisch eines leitenden Angestellten fotografieren konnten, der sich ahnungslos mit einer verdeckten Agentin der Steuerfahndung zum Mittagessen verabschiedet hatte. Die Steuerbehörde fand heraus, daß 308 Kunden zusammen 250 Millionen Dollar auf Nummernkonten der Bank eingezahlt hatten, darunter die Herausgeber des *Playboy* und des *Penthouse* sowie einige namhafte Angehörige der amerikanischen organisierten Kriminalität. Als die Steuerfahnder nun zum größten Schlag ihrer Geschichte wegen Hinterziehung von Steuern ausholen wollten, verfügte die vorgesetzte Behörde die Einstellung der Untersuchung. Die Entscheidung des Justizministeriums war auf Druck der CIA zustande gekommen, wie das *Wall Street Journal* herausfand. Die CIA berief sich auf nationale Sicherheitsinteressen, da der Dienst die Castle Bank offensichtlich zur Finanzierung von Anschlägen auf Kuba, von verdeckten Geheimdienstoperationen in Ländern Lateinamerikas und des Fernen Ostens genutzt hatte[349]. Der Gründer der Bank starb an einem Lungenemphysem Weihnachten 1976. Die Bank wurde liquidiert.

Netzwerk ehemaliger CIA-Mitarbeiter

Nahezu zeitgleich mit der Schließung der Castle Bank hatte sich die Nugan Hand Bank in Nassau auf den Bahamas registrieren lassen und eröffnete nun weitere Niederlassungen in der Karibik, für die sie, wie bereits dargestellt, wichtige ehemalige CIA-Mitarbeiter anheuerte, so daß die Struktur der neuen Bank der vormaligen Castle Bank sehr ähnlich war. Dies wiederum bestätigte ein früherer CIA-

Mitarbeiter, der der *National Times* in Sydney die Information gab, daß die CIA die Nugan Hand Bank für die Finanzierung der verschiedensten verdeckten Aktionen in aller Welt benutzt habe[350]. Dieser Ex-Agent wiederum war der Hauptbelastungszeuge in dem Strafverfahren gegen den früheren CIA-Mitarbeiter Ed Wilson. Dies ist insofern von Bedeutung, als die Nugan Hand Bank auf Vermittlung des späteren Bankteilhabers und Ex-Geheimdienstmitarbeiters Houghton die Verbindung zu der unter Führung Ed Wilsons stehenden Gruppe ehemaliger CIA-Mitarbeiter ausbaute und aus dieser Verbindung auch erhebliche Gewinne schöpfen konnte[351]. Houghton seinerseits machte die Zweigstelle der Bank in Saudi-Arabien auf. Nach der Ankündigung des Konkurses verließ die Mannschaft der Zweigstelle in Saudi-Arabien überstürzt das Land, während eine amerikanische Armeeeinheit das Bankgebäude vor der Erstürmung durch erboste Kunden schützte.

Ex-CIA-Mann Ed Wilson –
Partner Gaddafis

Die CIA hatte sich Ende der siebziger Jahre von ihrem langjährigen Mitarbeiter Ed Wilson und dessen engsten Freunden getrennt. Allerdings hinderte dies weder Wilson noch die amerikanischen Dienste an der weiteren Zusammenarbeit. So arbeitete Wilson für den Marinegeheimdienst und verkaufte dem Schah über diesen Kanal ein für den Export gesperrtes, streng geheimes Spionageschiff. Als die Operation ruchbar wurde, beendete der Dienst die Zusammenarbeit.

Ed Wilson verdiente danach vier Jahre prächtig an geheimen Geschäften mit dem Obersten Gaddafi, dem Staatschef Libyens, den die USA später zum Hauptanstifter und Unterstützer der Weltterrorszene erklärten und den sie unter Einsatz von Präzisionsbombern, die von US-Luftwaffenstützpunkten in Großbritannien starteten, zu ermorden versuchten[352].

In den Jahren von 1976 an verkaufte Wilson an Gaddafi 21 Tonnen C-4-Sprengstoff, einen der wirkungsvollsten konventionellen Sprengstoffe für Autobomben und Terroranschläge auf Zivilflugzeuge[353]. Der Sprengstoff amerikanischer Herkunft konkurriert auf dem Weltmarkt mit dem in der ehemaligen Tschechoslowakei hergestellten berühmten Semptex-Sprengstoff. Der Ex-CIA-Mann verkaufte dazu auch die in Fertigungsstätten der CIA hergestellten Spezialzeitzünder. Darüber hinaus vermittelte er jede gewünschte Lieferung von Waffen und Munition, aber auch ehemalige Einzelkämpfer der CIA zur Ausbildung von Terroristen der libyschen Streitkräfte. Wilson organisierte im Auftrag Gaddafis die Ermordung im Exil in Europa lebender innenpolitischer Gegner des Staatschefs[354]. Da Wilson jedoch mit den höchsten Spitzen der CIA in Verbindung blieb, kann man von der Indienststellung zahlreicher dieser Gegner durch die CIA selbst ausgehen. Einer der Mitarbeiter Wilsons bezeichnete sich nach seiner Verhaftung als Söldner, der im Auftrag von Regierungen und Wirtschaftsunternehmen Morde in Übersee ausführe[355].

Als ein CIA-Offizier und früherer Kollege Ed Wilsons Bedenken bekam und die Aktivitäten seiner Dienststelle meldete, würgte Theodore Shackley, ein alter Freund Ed Wilsons und stellvertretender Direktor der Abteilung für verdeckte Operationen der CIA, das Verfahren ab[356]. Eine Meldung in der *Washington Post* über Aktivitäten Wilsons mit dem weiteren Hinweis, daß Wilson noch immer Kontakte zu CIA-Beschäftigten halte, bewog dann den damaligen Chef der CIA, Admiral Stansfield Turner, den Fall untersuchen zu lassen. Schließlich stellte sich heraus, daß die Spitzenbeamten der CIA, Shackley und Clines, nach wie vor Wilson in enger Freundschaft verbunden waren. Beide wurden auf Nebenposten abgeschoben, woraufhin Clines seinen Dienst nach 30 Jahren quittierte und sich von Ed Wilson 500 000 Dollar lieh, um eine eigene Firma aufzumachen. Ein wenig später erhielt er bereits den CIA-Auftrag, Waffen im Wert von 71 Millionen Dollar an Ägypten zu liefern. Shackley, der zunächst längere Zeit sogar für die Nachfolge in der Leitung der CIA anstand, fiel in Ungnade und verließ ebenfalls die »Firma«, um sich im privaten Beratungsgewerbe nützlich zu machen. Nach 1990 soll er längere Zeit in Deutschland gelebt haben.

In das Bild paßt die Aussage des CIA-Mannes Richard Brenneke, daß in amerikanischen Gefängnissen ehemalige CIA-Leute säßen, die in Libyen Terroristen ausgebildet hätten, von denen wiederum einige zuvor in Italien im Einsatz gewesen seien. Die CIA habe die Verbindung zu diesen Personen immer abgestritten. Doch man solle sich nicht täuschen lassen, dies sei die klassische Art des geheimdienstlichen Vorgehens[357]. Den USA nach öffentlichem Eindruck feindlich gesinnte Nationen wie Libyen würden zur Abdeckung von Operationen genutzt, deren eigentliche Verursacher unerkannt bleiben müßten[358]. Ebenfalls in das Bild paßt die Nachricht, daß der Kopf der P2-Loge in Italien und vielfältige Verbindungsmann zwischen amerikanischen, italienischen und südamerikanischen Geheimdiensten, rechtsradikalen Gruppierungen und Bankern, Licio Gelli, ebenfalls eng mit Gaddafi zusammenarbeitete[359].

Die Ehemaligen aus Vietnam:
Bergbauern aus Birma auf
Karibik-Insel mit Drogenflugplatz

Unterdessen machten sich Hand und Houghton in Zusammenarbeit mit dem Netzwerk alter CIA-Verbindungen an ein neues, noch abenteuerlicheres Geschäft heran. Nachdem die Hmong in den Bergen des Grenzgebietes zwischen Laos und Vietnam für die CIA wertlos geworden waren und die Amerikaner nach der Evakuierung eines Großteils der Bevölkerung das Gelände mit chemischen Entlaubungsmitteln verseucht hatten, vegetierte dort ein Rest der Bevölkerung vor sich hin, der die Bergheimat nicht hatte aufgeben wollen. Angeblich aus humanitären Gründen, weil ihn diese Menschen so dauerten, suchte Drogenbankier Michael Hand nun nach einer Insel in der Karibik, auf der man die Kriegsvertriebenen und alten Drogenbauern ansiedeln könnte. Dabei verfiel er zunächst auf die Jacmel-Insel in der Bucht von Port-au-Prince vor Haiti. Um den Plan in die Tat umzusetzen und einen Kostenträger zu bekommen, verhandelte er nicht nur mit dem UN-Flüchtlingskommissariat, sondern auch mit Livingston WerBell III. Dieser Mann war alter Nachrichtenoffizier des Office of Strategic Services (OSS) aus dem Zweiten Weltkrieg, war Lehrer in den Künsten der Terrorbekämpfung und in Kreisen der Experten für Kommandounternehmen berühmt für die Entwicklung der von der CIA für Spezialaufgaben lange verwandten Ingram-Maschinenpistole. In den Jahren 1965/66 hatte WerBell vergeblich einen Anschlag zur Vertreibung François

»Papa Doc« Duvaliers, des Diktators von Haiti unternommen[360]. Nun sollte er für Michael Hand den Sohn des alten Duvalier, »Baby Doc« Duvalier, bedrängen, der Bank die Jacmel-Insel auf lange Frist zu verpachten. Als das Projekt scheiterte, machte sich US-Admiral a. D. Yates auf die Suche nach Alternativen und stieß dabei auf den früheren Stützpunkt der U.S. Navy auf den Turks- und Caicos-Inseln in der Karibik, die er für die Bank in Pacht zu nehmen gedachte. Bei dem Geschäftsvorgang half William Colby, der frühere CIA-Chef und Rechtsberater der Bank, der er für diese und andere Beratungen ein Honorar in Höhe von 45 000 Dollar in Rechnung stellte. Tatsächlich kam es zur Vertragsunterzeichnung mit der Regierung der Turks- und Caicos-Inseln. Als Gegenleistung sollten einige Millionen Dollar in eine Kasse für künftige Entwicklungsvorhaben auf den Inseln fließen[361].

Wer stellt wem ein Bein?

Da nun aber die Ansiedlung von 3 000 asiatischen Hmong-Bergbauern nahezu die Hälfte der Bevölkerung der Karibikinsel ausgemacht und die Ökologie der trockenen und unfruchtbaren Turks- und Caicos-Inseln völlig durcheinandergebracht hätte, folglich unsinnig gewesen wäre, schlußfolgerte die australische Kommission zur Untersuchung des Nugan-Hand-Bankskandals, daß ganz andere Motive dem Projekt zugrunde gelegen haben müssen[362]. In einer umfassenden Beweiswürdigung meinten die australischen Kriminalisten, Michael Hand könne letztlich nur finstere Absichten beim Leasen eines verlassenen Marinestützpunktes mit Docks und Flughäfen gehabt haben. Die Nähe zu einer Reihe von Drogenerzeugerländern Südamerikas mache die Inseln zum nachgerade idealen Umschlagsplatz für illegale Drogtransporte auf den nordamerikanischen Markt. Die Turks- und Caicos-Inseln liegen, hervorragend plaziert, an dieser Drogenschmuggelroute.

Doch bevor die weiteren Einzelheiten hätten ausgehandelt und umgesetzt werden können, wurde die Leiche Nugans gefunden. Der Zusammenbruch der Bank war nicht mehr aufzuhalten gewesen. Die Familie Nugan hatte zudem auf ihren Ländereien einer italienischen kriminellen Bande den Anbau von Marihuana erlaubt. Auch kam es zu Betrügereien im Früchte-Verpackungsgeschäft der Familie Nugan. Die Banken Australiens gaben ihren Kunden dezente Hinweise auf die Drogengeschäfte der Nugan Hand Bank. Als dann auch noch in Hongkong ein Kurier mit frischem Drogengeld verhaftet worden war, hatte Nugan seinen Teilhaber und Freund Houghton bedrängt, seine US-Kontakte spielen zu lassen, um von den USA aus den gefährlich werdenden Lauf der Dinge zu steuern. Dies gelang nur insoweit, als die australische Drogenbehörde ihre Untersuchungen einstellte und die Sache stillschweigend auf sich beruhen ließ. Doch eine australische Wirtschaftszeitung berichtete breit über die Angelegenheit. Die Folge war, daß die Kunden der Bank, allen voran die superscheuen kriminellen Konteninhaber, die Geldwäscher und Geheimdienste, ihre Konten räumten. Nugan selbst hatte zum Abschmettern von gegnerischen Anträgen in der Anteilseignerversammlung eine Horde von Kriminellen aus Sydney angeheuert. Der Generalstaatsanwalt verfügte die Eröffnung eines Untersuchungsverfahrens, das Parlament debattierte über den Marihuanahandel der Familie. Schließlich ließ auch die Wirtschaftsprüfungsfirma Price Waterhouse, die in der Folgezeit lange die Hand über die ähnlich operierende BCCI Bank halten sollte, wissen, daß man das Institut nicht mehr testieren könne. Es folgten Haftbefehle. Aus den später entdeckten Papieren ließ sich entnehmen, daß Nugan drei Monate vor seinem Selbstmord den Mitarbeiterstab der Bank in Sydney zusammengerufen und die Weisung ausgegeben hatte, illegale Kunden an andere Banken abzugeben und kriminelle Geschäfte in Zukunft nicht mehr zuzulassen.

Als Michael Hand vom Tod Nugans hörte, räumte er, wie er sich ausdrückte, den Mist auf, den ihm der »kleine Ficker« zurückgelassen hatte. Bernie Houghton löste noch von der Schweiz aus telefonisch das Büro der Zweigstelle in Saudi-Arabien auf. Er hinterließ im Genfer Büro Ed Wilsons zur sicheren Aufbewahrung eine Mappe mit Dokumenten. Aus diesen nahm Monate später Tom Clines ein Schriftstück mit ihn belastenden Aussagen heraus. Als der Name des Generals Secord, später bekannt wegen der Organisation der dem US-Kongreß verheimlichten Unterstützung der nicaraguanischen Contras, auftauchte, wurde auch dieses Dokument beseitigt. Unter Assistenz von Admiral Earl Yates vernichteten dann die Mitarbeiter systematisch die Akten. Vier Monate lang wurden in den Bankniederlassungen und Filialen die Konten geräumt und aufgelöst, so daß am Ende ein Fehlbetrag von 25 Millionen Dollar übrigblieb. Mit diesem Betrag erklärte Michael Hand die Bank für zahlungsunfähig.

Hand und Houghton tauchten unter. Houghton wurde mit Hilfe des früheren CIA-Agenten Thomas Clines per Flugzeug nach Manila, von dort in die USA und schließlich nach Acapulco geflogen. Hand gelang die Flucht mit Hilfe eines ehemaligen Green-Beret-Piloten über Fiji nach Vancouver in die USA, wo er untertauchen konnte. Ed Wilson wurde in der Folgezeit wegen seines illegalen Waffenhandels mit Libyen zu lebenslanger Haft verurteilt. Clines wurde wegen Betrugs in Höhe von acht Millionen Dollar zu Lasten der US-Regierung angeklagt. Der zuständige Staatsanwalt wies nach, daß Clines nur der Strohmann einer kriminellen Vereinigung gewesen war mit einflußreichen Hintermännern wie Ted Shackley, US-General Richard Secord und anderen. Doch die Anklage verzichtete auf wesentliche Teile der Strafverfolgung und begnügte sich mit einem Schuldanerkenntnis und der Verpflichtung zur Wiedergutmachung des Schadens in Höhe von drei Millionen Dollar. Gegen eine Geldstrafe von 10 000 Dollar wurde auch Clines auf freien Fuß gesetzt. General Secord ließ sich mit vollen Bezügen zur Ruhe setzen.

Anknüpfend an das für einen Geheimdienst unprofessionell erscheinende Gebaren der Beteiligten, läßt die Geschichte der Nugan Hand Bank einige Fragen offen, die Anlaß zu Vermutungen geben. Da ist der sehr zeitige Hinweis des Thai-Hausmeisters, daß der ehemalige Pilot der Air America Drogen für den Bankengründer Nugan fliege. Der Pilot wird ermordet, und die australischen Drogenfahnder nehmen schon zu Beginn des Bankabenteuers die Verfolgungsspur auf. Die Bank war folglich von Beginn an zum Scheitern verurteilt. Wesentliche, auf den langfristigen Drogenschmuggel und die Geldwäsche angelegte Geschäfte wie die um die Inseln vor Haiti oder in der Karibik scheiterten, wobei die Turks- und Caicos-Inseln später erneut auftauchten, als in den achtziger Jahren eine entsprechende Operation von Drogenhändlern aufflog und die Regierungschefs dieser Inseln daraufhin von der US-Regierung verhaftet und vor Gericht gestellt wurden. Es spricht viel dafür, daß auch die Operationen der Nugan Hand Bank von Insidern gezielt an die Öffentlichkeit getragen worden sind, um bestimmte eigene Ziele zu verfolgen. Dies heißt nicht, daß die offengelegten Geschäfte fingiert waren. Es bedeutet nur, daß der Betrachter sich angesichts der Einseitigkeit der Information vor schnellen Schlußfolgerungen in acht nehmen sollte.

Drogenfahnder systematisch fehlgelenkt

In der jahrzehntelangen, mit riesigen Aufwendungen betriebenen Bekämpfung der weltweiten Drogenoperationen sind weder auf amerikanischer noch auf europäischer Seite Erfolge zu verzeichnen, die geeignet gewesen wären, den Nachschub an Ware nachhaltig zu stören, geschweige denn zu unterbinden. Wäre der Nachschub an Ware gedrosselt oder unterbunden worden, so hätten die Preise steigen müssen. Doch das Gegenteil ist der Fall. Der Nachschub fließt immer reichlicher, die Rauschgifte werden immer preiswerter. Bei jedem Auffliegen eines Drogenhändlerringes, einer geldwaschenden Bank, kann folglich stets nur von relativen Erfolgen in der Bekämpfung der organisierten Kriminalität gesprochen werden. In der Regel gelingen Fahndungserfolge nur aufgrund von Tips aus der Szene der Konkurrenten. Die cleveren Drogenstrategen suchen gezielt die Nähe der Geheimdienste und Drogenfahnder, lassen sich als Informanten oder verdeckte Ermittler verdingen und können mit dieser Art Doppelfunktion um so wirksamer das eigene Geschäft abschirmen[363]. Als Gegenleistung erhalten die staatlichen Drogenfahnder Erfolge zugeschustert, sei es, daß Konkurrenten verpfiffen werden, sei es, daß Ware zur öffentlichkeitswirksamen Beschlagnahme geradezu ausgelegt wird. Die Veröffentlichung eines kriminalistischen Erfolges der Drogenpolizei verweist daher im allgemeinen auf die Verlagerung des Geschäftes auf eine andere Route oder auf die Ausschaltung eines Konkurrenten bei gleichzeitiger Absicherung und Stärkung der verdeckt fortlaufenden Geschäfte der Hinweisgeber. Die Geheimdienste wiederum dürfen sich bei Drogenoperationen nicht erwischen lassen, die über Jahre hinweg immer dreister die öffentliche Ordnung so massiv verletzen, daß schließlich hart recherchierende Journalisten, gefüttert von empörten Fahndern, die Öffentlichkeit alarmieren. Fahnder, die, wie in den USA, bei ihren Ermittlungen immer wieder auf die sogenannte CIA-Klausel der Straftäter stoßen, geben der Presse Hinweise, wodurch das Mißtrauen der Bevölkerung gegen diese Dienste und die für die Dienste verantwortlichen Politiker geschürt wird. Schließlich befördern Skandale der Geheimdienste und Drogenverfolgungsbehörden stets auch deren Operationsmethoden ans Tageslicht. Dies wiederum gefährdet nicht nur das Vertrauen tatsächlicher und potentieller Informanten in der Szene, sondern auch die lichtscheuen Gewinne der zahlreichen Beteiligten. Daher wird man mit einiger Regelmäßigkeit beobachten können, daß eingefahrene Wege sowohl im Interessen der Drogensyndikate als auch dem der Geheimdienste aufgegeben werden[364]. Ein umfassendes Bild über die tatsächlich ablaufenden Operationen, über ihre Hinter- und Abgründe, könnte die Öffentlichkeit nur gewinnen, wenn die Geheimdienste ebenso wie die Drogenfahndung ihre »Drehbücher« zumindest im nachhinein offenlegen und rechtfertigen müßten. Doch dagegen schützen sich Geheimdienste mit dem Hinweis, daß Methoden und Quellen ihrer Arbeit unter keinen Umständen offenbart werden dürfen. Wer sich folglich einen Überblick verschaffen will, ist auf die Analyse der unendlichen Ketten geplatzter Organisationen, Operationen und Geschäfte angewiesen und muß mit den alten Grundsätzen kriminalistischer Recherche versuchen, sich an die Wahrheit heranzutasten. Doch hierbei gerät der objektivste Betrachter sehr schnell auf Irrwege, nicht nur weil die Geheimdienste nach ihrem Selbstverständnis im Eigeninteresse nicht zur Wahrheit verpflichtet sind, sondern auch weil sie ihre Operationen mit großem Aufwand durch das Legen falscher Spuren, die Fälschung von Dokumenten, das Versteckthalten oder Außerlandesbringen von Personen, das Aushalten geheimdienstgeneigter Journalisten und Verleger, kurzum, durch aufwendigste Desinformation der Öffentlichkeit abzuschirmen pflegen[365]. Nicht selten werden gerade auch die berühmten investigativen Journalisten mit hervorragendem, in sich scheinbar stimmigem Beweismaterial genau auf die falsche Spur gesetzt, um die wahren Verwicklungen und Interessen zu verschleiern[366]. »Geheimdienste in aller Welt sind clever, wenn es darum geht, Journalisten auszutricksen. Sie spielen mit ihnen wie Menuhin auf seiner Stradivari.«[367]

Drogenbarone als
Freiheitskämpfer

In den achtziger Jahren trieben die Machtkämpfe in und um Afghanistan den Heroinhandel zu einer neuen Blüte[368]. Die Auseinandersetzung um die Macht in Afghanistan begann bereits, als eine der Sowjetunion zwar nicht unfreundlich gesonnene, doch aus Sicht der USA zu neutrale Regierung in Kabul die Macht übernommen hatte[369]. In einigen Landesteilen unterstützte daher die CIA Guerillakräfte bei der Destabilisierung des Staatsapparates[370]. Dies führte letztlich zu einer Machtverschiebung in Kabul, indem nun die kommunistische Fraktion der bisherigen Regierungsparteien die Führung übernahm und die Sowjetunion um Entsendung von Kampftruppen bat[371]. Mit dem Einmarsch der Sowjettruppen im Dezember 1979 schossen nun die Rebellenverbände der Mujaheddin aus dem Boden, in der westlichen Presse immer wieder als Freiheitskämpfer dargestellt, die, kraftvoll mit Waffenlieferungen über Pakistan unterstützt, den Sturz des Regimes betrieben. Im Gegensatz zu Vietnam, wo schließlich der kommunistische Vietcong siegte und die amerikanischen Kampftruppen fluchtartig das Land verlassen mußten, war der Kampf um Afghanistan insofern erfolgreich, als das ungeliebte Regime in Kabul am Ende der Kämpfe tatsächlich weichen mußte und diesmal die sowjetischen Truppen es waren, die sich aus dem Land zurückziehen mußten.

Der verdeckte Kampf der CIA folgte auch in Afghanistan dem bewährten Muster. Auf amerikanischer Seite war zunächst Zbigniew Brzezinski, der Sicherheitsberater von Präsident Carter, mit der Organisation der verdeckten Kampfführung gegen die sowjetische Armee in Afghanistan und gegen die Regierung in Kabul beauftragt[372]. Um die Rebellentruppen zum Kampf gegen die sowjetische Armee auszurüsten, mußten verdeckte Waffenlieferungen organisiert werden. In einem Spitzengespräch erklärte sich der ägyptische Präsident Sadat bereit, die Rebellen aus ägyptischen Lagern zu versorgen. Saudi-Arabien übernahm einen Teil der Rechnung in Höhe von 25 Millionen US-Dollar jährlich[373]. China, asiatische Ordnungsmacht und tendenzieller Gegner Moskaus wurde von den USA bearbeitet, ebenfalls Waffenlieferungen zu organisieren. Der größte Teil der Waffen mußte über Pakistan zu den Rebellen transportiert werden. Die Operation scheiterte zunächst am Widerstand des gerade erst durch Ermordung seines politischen Widersachers, des pakistanischen Ministerpräsidenten Zulfiqar Ali Bhutto, an die Macht gelangten Generals Zia ul-Haq. Dieser erklärte frank und frei, die von Präsident Carter als Gegenleistung für das Engagement seines Geheimdienstes in Afghanistan vorgesehene Militärhilfe für Pakistan von 400 Millionen Dollar als zu gering und weigerte sich, Pakistan als Durchgangsland zur Verfügung zu stellen. Dies änderte sich schnell mit dem Amtsantritt der Regierung Ronald Reagans in den Vereinigten Staaten, der die Hilfeleistung an Pakistan sofort auf drei Milliarden Dollar aufstockte, Saudi-Arabien und die Vereinigten Emirate in die Finanzierung mit einspannte und dazu die neueste Version des Kampfflugzeuges F 16 zu liefern bereit war. Somit konnte die Rebellen-Maschinerie anlaufen. Innerhalb weniger Wochen waren die Aufständischen im Besitz von panzerbrechenden Waffen und Schulterraketen aus China, Kalaschnikow-Sturmgewehren aus Ägypten und diversen sonstigen Waffen aus dem Arsenal der CIA[374]. Pakistan nahm in der Grenzregion um die Stadt Peschawar drei Millionen Flüchtlinge auf, aus deren Reihen der Rebellenführer Hekmatyar nun seine Kämpfer rekrutieren konnte. Über ihn liefen rund 50 Prozent der Waffenlieferungen an die Mujaheddin und sicherten ihm so den entscheidenden Einfluß auf das politische und militärische Geschehen.

Fundamentalisten der muslimischen Welt in westlichen Diensten

Aus der gesamten muslimischen Welt wurden nun Söldner mit vorgeblich fundamentalistisch-islamischer Mentalität ausgesucht und angeworben. Wenn heute in westlichen Berichten von der übergroßen fundamentalistischen Gefahr aus der muslimischen Welt die Rede ist, dann kommt sie personell nicht zuletzt aus der Ecke der CIA-Freiheitssöldner in Afghanistan, die nach ihrer Rückkehr nach Pakistan, in die Länder des Nahen Ostens oder Nordafrikas nun nach weiteren, den Lebensunterhalt sichernden Aufgaben suchten und heute noch suchen[375]. Nicht wenige von ihnen waren zuvor straffällig geworden und wurden von ihren Gemeinden dankbar in die Fremde abgeschoben. Mit hoher Wahrscheinlichkeit stehen einige der Kämpfer auch heute noch indirekt im Solde der amerikanischen Dienste, zum Beispiel in ethnischen Auseinandersetzungen im Kaukasus[376].

Die Entscheidung darüber, wer Förderung und Unterstützung erhalten sollte, trat die CIA weitgehend an General Zia und den pakistanischen Militärgeheimdienst Inter Service Intelligence (ISI) ab[377]. Der wiederum lenkte den größten Teil der Unterstützung und Waffenlieferung an den als brutal und korrupt bekannten Gulbuddin Hekmatyar, der schon als Studentenführer dazu aufgerufen hatte, allen Studentinnen, die nicht bereit seien, sich nach islamischem Brauch zu verhüllen, Säure ins Gesicht zu schütten. Hekmatyar konnte sich im Gefolge des Konfliktes nicht nur zum Waffenhändler, sondern auch zu einem der größten Drogenhändler der Region aufschwingen. Ein erheblicher Teil des in westlichen und israelischen Diensten stehenden »fundamentalistischen« Terroristenpotentials stammt aus diesen Rekrutierungen[378].

Die CIA selbst trainierte die Kämpfer teils in den USA, teils in besonderen Lagern in Pakistan. Die Waffen- und Verpflegungstransporte besorgte die Nachschuborganisation der pakistanischen Armee. Binnen zwei Jahren verdoppelte sich nun der Anbau von Mohn in den afghanischen Hochtälern, in denen vorher das Getreide für die Brotversorgung der heimischen Bevölkerung herangewachsen war. Die regionalen Kriegsfürsten zwangen die Bauern der Gegend, statt Getreide Mohn anzubauen. Die Ernte wurde gegen gute Bezahlung abgenommen. Der Absatz des Heroins und Opiums war gesichert. Aus den Anbaugebieten gelangte der Rohstoff zunächst über Karawanen in die nach und nach errichteten über 200 Heroinlaboratorien, in denen die Opiumrohmasse mit immer höheren Reinheitsgraden raffiniert wurde. Den Abtransport übernahm, vergleichbar der CIA in Vietnam, wiederum die Nachschubtruppe der pakistanischen Armee, deren Lastwagenkolonnen nach Ablieferung der Waffen das Rauschgift, abgeschirmt gegen Polizei- und Zollkontrolle dank der Absicherung durch den Geheimdienst, außer Landes brachten.

Von 1980 an stieg die Zahl der Drogenabhängigen in Pakistan von 5000 auf 70000 im Jahre 1983 und schließlich auf 1,3 Millionen

Menschen in weiteren drei Jahren. In Deutschland starben allein über 500 junge Menschen an einer Überdosis Heroin, weil sie den bislang unerreichten Reinheits- und damit Wirkungsgrad der Ware unterschätzt hatten. Die USA wurden regelrecht überschwemmt mit dem Heroin aus afghanischem Anbau und pakistanischer Raffinierung. Die der CIA und dem saudischen Geheimdienst verbundene BCCI Bank wickelte nicht nur die Finanzierung der Waffenlieferungen, sondern auch die Geldwäsche für die Drogenbarone ab[379].

Die Drogenfahnder
schauen zur Seite

Interessant sind auch hier wieder einige Aufschlüsse und Enthüllungen aus der politischen Szene: In der US-Botschaft in Islamabad, der Hauptstadt Pakistans, waren in Zeiten der intensivsten Kämpfe um Afghanistan 17 Beamte der amerikanischen Drogenfahndung DEA im Einsatz. Es ist kein Fall bekannt, bei dem diese Kräfte im Interesse der Unterbindung des Drogenflusses tätig geworden wären[380]. Die US-Botschaft wies in ihren Halbjahresberichten stets aufs neue darauf hin, wie erfolgreich die pakistanische Regierung Drogenanbau und Drogenhandel bekämpfe. Schließlich wurden sämtliche Vertreter der Drug Enforcement Agency aus Afghanistan und Pakistan abgezogen. Zurück blieben die Agenten der CIA[381].

Die Führer der afghanischen Kämpfer konnten die Auseinandersetzung mit den sowjetischen Truppen und der Zentralregierung dazu nutzen, das beste Land dem Anbau von Mohn zu widmen. So hatte Mullah Nasim Akhundzada, der bisherige Gebietsfürst für das afghanische Helmand-Tal, den Bauern der Region befohlen, die Hälfte des bebaubaren Landes fortan mit Mohnkulturen zur Heroingewinnung zu bepflanzen. Gegner dieser Anordnung wurden mit Mord und Kastration bedroht. Wenige Wochen nachdem die US-Botschaft in Islamabad erklärt hatte, die afghanischen Kämpfer seien zur Finanzierung ihrer Operationen nicht in Drogenaktivitäten verwickelt, hatte der Bruder von Nasim einem Korrespondenten der *New York Times* das genaue Gegenteil zu Protokoll gegeben. Er müsse Opium anbauen und verkaufen, um den Heiligen Krieg gegen die sowjetischen Ungläubigen finanzieren zu können. Zwischen den Kriegshaufen Hekmatyars und Nasims entbrannte ein heftiger Kampf um die Kontrolle der Mohnanbaugebiete, den Nasim schließlich in einer Schlacht um die Brücke, die vom Helmand-Tal zu den Heroinraffinerien Pakistans führte, für sich gewinnen konnte. Von da an kontrollierte Nasim allein das Tal. Mullah Nasim wurde in der neuen provisorischen Übergangsregierung Afghanistans stellvertretender Verteidigungsminister. In dieser Eigenschaft forderte er vom amerikanischen Botschafter in Pakistan die Zusage zur Zahlung von jährlich zwei Millionen Dollar als Gegenleistung für die Verbannung des Opiums aus dem Anbaugebiet. Die USA gingen auf den Deal ein, das Helmand-Tal schien frei von Mohnanbau, wie sich die Experten der Botschaft überzeugen konnten. Doch dann wurde Nasim von Hekmatyars Leuten ermordet. Dieser wiederum hatte sich über den Preisanstieg der verknappten Rohmasse aus dem Helmand-Tal empört, diente sie ihm doch als Ausgangsmaterial für den gewinnbringenden Betrieb der eigenen Heroinraffinerien.

Als Präsident Bush schließlich den Kampf gegen die Drogengefahr immer stärker in den Vordergrund seiner politischen Arbeit rücken wollte, häuften sich in den Zeitungen die Meldungen über den Umfang der Verstrickung sogenannter Freiheitskämpfer in das Drogengeschäft Afghanistans und Pakistans. Die Drogen waren nach der altbewährten Methode in den Bergregionen das entscheidende politische und ökonomische Zahlungsmittel geworden, das den amerikanischen Steuerzahler nicht belastete, dafür die Drogenabhängigen ebenso wie die Opfer der Beschaffungskriminalität in den Industrieländern zu den Kostenträgern der US-Geheimdienste und ihrer geopolitischen Machtspiele rund um den Globus machte.

Daß die »Freiheitskämpfer« ebenso wie der im Auftrag der US-Regierung unterstützend tätige pakistanische Geheimdienst und das Militär massiv im Drogensumpf steckten, gelangte erst nach Beendigung der Kämpfe und dem Abzug der sowjetischen Truppen aus Afghanistan an die Öffentlichkeit, darunter durch einen Heroinfall, in den der persönliche Banker von Staatschef General Zia verwickelt war. Um die Jahreswende 1983/84 war ein pakistanischer Händler mit 3,5 Kilogramm Heroin am Flughafen in Oslo gefaßt und verhaftet worden. Gegen Zusage einer geringen Strafe gab er Hintergründe preis, die ein norwegischer Detektiv in Islamabad als zutreffend ermitteln konnte. Der norwegische Generalstaatsanwalt erhob in der Folge Anklage gegen drei pakistanische Drogenhändler. Die pakistanische Untersuchungsbehörde reagierte mit der Verhaftung des stellvertretenden Vorstandsvorsitzenden der regierungseigenen Habib-Bank, in dessen Aktentasche sich wundersamerweise die persönlichen Bankauszüge des Zia ul-Haqs befanden. Von Ägypten aus versuchte nun die Frau des ins Zwielicht geratenen Staatspräsidenten einzugreifen und die Freilassung des Verhafteten zu erwirken. Der Banker hatte als engster Freund der Familie nicht nur die Residenz des Präsidenten, sondern auch dessen persönliche Finanzen verwaltet. Er wurde im Juni 1987 zu einer langen Freiheitsstrafe verurteilt, nachdem er zuvor den pakistanischen Zeugen der Anklage in Norwegen mit Morddrohungen überzogen hatte und Norwegen im Gegenzug Pakistan mit diplomatischen Schritten gedroht hatte.

Im August 1988 kamen Präsident Zia und der amerikanische Botschafter beim Absturz einer Militärmaschine der US-Luftwaffe über Pakistan ums Leben. Die Umstände des Absturzes ließen auf einen Anschlag schließen. Das dringende Angebot des amerikanischen FBI, seine Experten zur Untersuchung des Unglücks nach Pakistan zu senden, wurde an höchster Stelle in Washington aus wenig überzeugenden Gründen abgewürgt. Ein Untersuchungsausschuß des amerikanischen Kongresses kam zu keinen erhellenden Erkenntnissen.

Milliardengewinne aus Drogenhandel

Nachfolgerin des tödlich verunglückten Ministerpräsidenten wurde Benazir Bhutto, die Tochter des von Zia hingerichteten Zulfiqar Ali Bhutto. Auch die Regierung Bhutto mußte sich an der Bekämpfung des Drogenhandels aktiv beteiligen, wenn sie das jährliche Testat erfolgreicher Drogenbekämpfung und guter Zusammenarbeit mit der US-Regierung erhalten wollte, ohne das der US-Kongreß keine Mittel für Militär- und Entwicklungshilfe freizugeben pflegt. Frau Bhutto erklärte daher den pakistanischen Drogenkönigen offiziell den Kampf. Sie ließ zwei der höchsten Beamten des Militärgeheimdienstes ISI aus dem Amt entfernen und entließ General Fazle Haq, den tief in den afghanischen Drogenhandel verstrickten Gouverneur der Nordwestprovinz, de facto zugleich Kommandeur des Krieges in Afghanistan. Der Gouverneur soll nach Schätzungen ein Privatvermögen von mehreren Milliarden Dollar beiseite geschafft haben.

Kurz nach der Verhaftung des Generals meldete sich der Sohn des früheren Premiers Zia in einer Zeitung mit dem Hinweis zu Wort, der größte Heroinhändler Pakistans, Baig, pflege enge Beziehungen zum Sprecher des pakistanischen Abgeordnetenhauses, einem Führungsmitglied in Benazir Bhuttos regierender Volkspartei. Daraufhin wurde der Drogenhändler zwar verhaftet, gegen Kaution jedoch wieder auf freien Fuß gesetzt. Die Regierung geriet in die Defensive und zeigte sich außerstande, den in zehn Regierungsjahren Zias angewachsenen Drogenanbau und -vertrieb zu unterbinden, nicht zuletzt deshalb, weil die Einnahmen aus dem Drogenhandel von jährlich acht bis zehn Milliarden Dollar den Umfang des Staatshaushaltes übersteigen und rund ein Viertel des Bruttosozialproduktes Pakistans ausmachen. Inzwischen ist auch die Regierungschefin Bhutto wegen Korruption des Amtes enthoben worden. Das Karussell des Drogenmonopoly dreht sich derweil unter neuen Namen und Unternehmen unermüdlich weiter.

Die Flut des afghanisch-pakistanischen Heroins eroberte sich in den USA einen Marktanteil von 60 Prozent und verursachte eine Seuche ungeheuren Ausmaßes. Mit intensiver Kooperation des korrupten militärischen Geheimdienstes ISI ließen die Hilfskräfte der CIA Hekmatyar Waffen im Werte von 700 Millionen Dollar zukommen. Schätzungen gehen davon aus, daß nur 20 bis 30 Prozent der Waffen ihr Ziel tatsächlich erreichten[382]. Der Rest verschwand in den Lagern der Waffenhändler, Schmuggler und allseits korrupten Bürokratien auf ziviler wie militärischer Seite[383]. Trotz dringender Warnungen wurden sogar einige Hundert der hochwirksamen und für Terroranschläge gegen Flugzeuge bestens geeigneten Stinger-Flugabwehrsysteme an die »Freiheitskämpfer« geliefert[384]. Sie gelangten über den pakistanischen Geheimdienst an die radikalsten fundamentalistischen Gruppen. Von dort ließ sich 1987 der Weg einiger Dutzend Waffen dieses Typs in die Hände der iranischen revolutionären Garden verfolgen[385].

Die CIA nutzt, die DEA bekämpft
den Drogenhandel via Mexiko

Ein großer Teil des Heroins und später vor allem des Kokains aus den Bergländern Lateinamerikas wird seit eh und je über Mexiko in die Vereinigten Staaten geschmuggelt. Daher versucht die Regierung der USA im Zusammenwirken mit den mexikanischen Behörden sowohl Drogenhändler als auch Schmuggler zu bekämpfen. In Mexico City unterhält die amerikanische Drogenbekämpfungsbehörde eine personell stark besetzte Vertretung. Daneben ist auch die CIA mit einer beachtlichen Mannschaft im Nachbarland vertreten[386]. Beide Dienststellen arbeiten zuweilen an unvereinbaren Aufgaben. Die Arbeit wird nur selten koordiniert, im Zweifel gilt das Prinzip des *need to know,* das Verschweigen gegenüber dem Partner, wobei durchweg die CIA die Oberhand behält.

Im Zuge des Anti-Rauschgift-Programmes lieferten die USA seinerzeit Mexiko über 30 Flugzeuge zur luftgestützten Vernichtung der Koka- und Marihuanaernte in den Drogenanbaugebieten mit Herbiziden, um den Anbau unattraktiv zu machen, wenn nicht gar zu unterbinden. In der Öffentlichkeit und gegenüber den am Thema Drogenkampf interessierten Kongreßabgeordneten wurde das Programm immer wieder als großer Erfolg herausgestellt. In Wirklichkeit vereitelten die mexikanischen Partner die wirksame chemische Besprühung regelmäßig, indem sie entweder klares Wasser statt Giftbrühe in die Tanks füllten oder aber das Gift über unbebautem Land abließen. Zudem war die mexikanische Drogenbekämpfungsbehörde ebenso wie die schon traditionell korrupte mexikanische Gerichtspolizei in den siebziger Jahren fest in Händen der Drogenmafia[387]. Selbst die mexikanische Regierung war bis in die Umgebung des Staatspräsidenten in Drogengeschäfte verwickelt, so daß Mexiko objektiv eher einem Drogen- und Schmuggelparadies gleichkam[388]. An der Lage hat sich bis heute nichts geändert[389]. Die 3 000 Kilometer lange gemeinsame Grenze mit den USA bietet den Schmugglern unzählige Schlupflöcher[390]. Der Seeweg nach Florida zu den in Miami ansässigen Exilkubanern, denen die Weiterverteilung des Rauschgiftes ebenso wie die Wäsche des eingenommenen Bargeldes beträchtliche Einkommen verschafft, liegt bequem vor der Haustür Mexikos[391].

Die örtliche CIA-Vertretung in Mexico City wiederum hat bei entscheidenden Operationen der Drogenkette die Hand schützend über die Beteiligten gehalten, rekrutierte sie doch aus den Schmugglern, Dealern und Kriminellen die Akteure für den Sturz Fidel Castros in Kuba. Zu diesem Zweck waren in Guatemala Militärlager errichtet worden, in denen die CIA die Invasionstruppen schulte[392]. Die Dinge erleichternd kam hinzu, daß zuvor die guatemaltekische Regierung Arbenz gestürzt und durch eine Washington genehme Militärdiktatur ersetzt worden war[393].

CIA-Putsch in Guatemala und Chile – Schablonen für den Umsturz

In Guatemala haben wir den ersten Nachkriegsputsch der CIA vor uns, der mit Kräften und Finanzen aus dem Drogenmilieu im Zusammenspiel mit dem örtlichen Militär verwirklicht wurde. Es sind stets die gleichen Elemente, mit denen ans Werk gegangen wird. Aus dem über den Globus mäandernd gelenkten Strom der Rauschgifte vom Erzeuger zum Drogenabhängigen und dem gegenläufigen Strom des gewaschenen Geldes werden die für Staatsstreiche, Rebellionen und Putsche erforderlichen Söldner und deren Bewaffnung finanziert. Soll das geheimdienstliche Machwerk gelingen, muß das Gesamtsystem unter geheimdienstlichen Schutz gestellt, also staatlich sanktioniert werden. Es bietet sich folglich nahezu ohne Ausnahme stets das gleiche Bild: Wo Militärputsche ablaufen, schwer durchschaubare Stammeskämpfe die Ordnungsmacht einer Zentralregierung destabilisieren oder auch nur Spannungen erzeugen und aufrechterhalten, Rebellenhaufen jahrelang aus unwegsamen Regionen zuschlagen, da findet man bei näherem Hinsehen stets die Unterhalts- und Finanzquelle des Drogenhandels. Man findet dann auch schnell geheimdienstgedeckte Waffenlieferungen. Und man wird die Steuerung des Chaos und Umsturzes durchweg in einer geheimdienstnahen Umgebung ausmachen können.

Nach dem Staatsstreich des guatemaltekischen Militärs im Jahre 1994 hatten die in den USA ausgebildeten Offiziere der Militärjunta sofort die außerordentlich gemäßigte Landreform der gestürzten

Regierung Arbenz rückgängig gemacht. Arbenz hatte angesichts der Guatemala beherrschenden United Fruit Company den landlosen Bauern diejenigen Ländereien zur Nutzung übergeben wollen, die der United Fruit Company zwar als Eigentümerin gehörten, jedoch für den Anbau von Bananen nicht gebraucht wurden[394]. Dieser Programmpunkt allein hatte ausgereicht, um die gesamte Regierung Arbenz als kommunistisch unterwandert anzusehen. Der Staatsstreich selbst war über Scheinfirmen finanziert worden, über die die von der United Fruit Company zur Verfügung gestellten Mittel gewaschen worden waren. Kurz nach der Machtübernahme des Militärs gingen Todesschwadronen gegen oppositionelle Kräfte vor. Besonders betroffen war die ortsansässige Indiobevölkerung mit ihrem Landhunger, die in einigen Teilen des Landes regelrecht ausgerottet wurde. Art und Brutalität des Vorgehens waren, wie bereits erwähnt, die Antwort auf den Lehrsatz Mao Zedongs, wonach Partisanen sich wie Fische im Wasser inmitten der am Krieg nicht unmittelbar beteiligten Bevölkerung sicher bewegen könnten. Die dagegen entwickelte Taktik vertreibt die Bevölkerung oder rottet sie aus, um so den Fischen das Wasser abzugraben. Ähnliche Überlegungen standen, wie bereits dargelegt, in Vietnam bei der Umsetzung des berüchtigten Phönixprogramms der CIA Pate: Aus- und Umsiedlung der Landbevölkerung in befestigte Siedlungen und systematische Folterung und Ermordung denkbarer Vietcong-Führungskader[395].

Die materielle Entlohnung durch Teilhabe am Drogenhandel wurde im Laufe der Jahrzehnte weltweit nahezu allen meist extrem korrupten Militärjuntas als Entlohnung für die CIA-gestützte Beseitigung mißliebiger, weil reformerischer bis revolutionärer Zivilregierungen eingeräumt[396]. Ausgehend von einem geradezu hysterisch anmutenden Antikommunismus und durchweg Hand in Hand mit massiven nordamerikanischen Wirtschaftsinteressen, wurde jeder noch so bescheidene Ansatz einer Reform der oft noch aus Kolonialzeiten stammenden Besitzverhältnisse an Grund und Boden, an Bodenschätzen oder Industrieanlagen bekämpft[397]. In Chile wurde 1973 Präsident Allende durch Machenschaften der CIA gestürzt und ermordet[398]. Die Operation lief über mehrere Jahre und kostete die CIA ein Vermögen. Durch Finanzierung konkurrierender Parteien, durch Wahlkampffinanzierung und Ausrichtung der Medien auf sorgfältig ermittelte Ängste chilenischer Frauen, durch Verbreitung von Greuelmärchen, Rufmord, Bestechung von Abgeordneten[399], Aufkauf maßgeblicher Medien mit rund 7000 gesteuerten Negativmeldungen und Karikaturen, verbunden mit einer negativen Orchestrierung auch der internationalen Medien, Fälschung von Dokumenten, Aufhetzung der Streitkräfte mit gefälschten Horrormeldungen, Bearbeitung der Gewerkschaften, Spaltung von Parteien: kurzum, kein Mittel der Wahlbeeinflussung unter der Gürtellinie demokratischen Anstandes wurde außer acht gelassen. Die Slums wurden mobilisiert. Das Ende jeder freien Religionsausübung nach dem Sieg des unerwünschten Kandidaten wurde an die Wand gemalt. Der dem Faschismus nicht fernstehende katholische Orden Opus Dei übernahm die intellektuelle Federführung der Zersetzungsarbeit im Zusammenspiel mit CIA-finanzierten Denkfabriken, die die Stichworte für die Medienkampagnen gaben. Zur Vorbereitung des Umsturzes wurde die Wirtschaft des Landes chaotisiert: Die Kupferpreise wurden manipuliert, die internationalen Kredite der Weltbank und der Inter-American Bank wurden gestrichen. Die Kreditgarantien der Imex Bank unterbunden. Mit Latrinengerüchten wurden die Bankkunden zu Panikabhebungen veranlaßt. Amerikanischen Unternehmen wurde nahegelegt, die Ersatzteilversorgung des Landes zu unterlaufen, so daß der öffentliche Busverkehr mehr und mehr zum Stillstand kam. Die Lastwagenfahrer wurden zum Generalstreik angestiftet. Das medienträchtige Auftauchen vergifteter Trauben aus chilenischen Anbaugebieten in den amerikanischen Supermärkten ließ den Absatzmarkt der Weinbauern zusammenbrechen[400].

Während die wirtschaftliche Unterstützung Chiles auf null gedrosselt wurde, kletterte der Umfang der Militärhilfe in eine für ganz Lateinamerika ungeahnte Höhe[401]. Als der Generalstabschef der chilenischen Streitkräfte dennoch auf dem Primat der Politik beharrte und sich den Umsturzplänen der CIA widersetzte, wurde er ermordet. Die Putschisten um General Pinochet konnten sich auf die Organisationskraft des stellvertretenden Direktors des amerikanischen Elektronikkonzerns ITT in Chile, zugleich hochrangiger Mitarbeiter der CIA, ebenso stützen wie auf das Militär- und das CIA-Personal der US-Botschaft. In der ITT-Filiale waren die wichtigsten Cheforganisatoren des Umsturzes untergebracht. Publizistisch wurde der Akt von CIA-bezahlten in- und ausländischen Journalisten begleitet[402] bis hin zum Auftrag, Bücher gegen Allende zu schreiben, deren Absatz von der CIA und später von der an die Macht geputschten Regierung betrieben wurde[403]. Zur Absicherung des Putsches gegen Rückschläge wurden oppositionelle Führungskräfte ähnlich wie bei der Machtergreifung Hitlers im Deutschland des Jahres 1933 eingesperrt, gefoltert und umgebracht. In letzter Zeit wurde bekannt, daß die Marine Gegner des Regimes weit vor der chilenischen Küste aus Flugzeugen in den Atlantik stieß[404], Aktionen, die der CIA sicherlich nicht unmittelbar, sehr wohl aber mittelbar angelastet werden müssen[405]. Nach dem erfolgreichen Putsch in Chile standen in der Folgezeit Spezialeinheiten des argentinischen Militärs stets bereit, wenn es galt, Militärs der Nachbarstaaten in den Techniken der Verfolgung, des Folterns und des lautlosen Tötens auszubilden[406].

Nach Chile Argentinien, Honduras, El Salvador, Peru, Kolumbien, Paraguay

Ähnliche Putsche unter Anleitung der CIA und mehr oder weniger von ihr ferngesteuert fanden unter anderem in Costa Rica, Indonesien[407], Haiti[408], Ecuador, Brasilien[409], der Dominikanischen Republik, in Argentinien, Honduras, El Salvador statt[410]. Stets fand und organisierte die CIA bis Mitte der achtziger Jahre den Ausgangspunkt für den erwünschten politischen Umschwung in Kräften des Militärs, dort in der Regel entweder in den Offizieren aus alten, begüterten und sich gegen die befürchtete Einschränkung überkommener Besitzstände wehrenden Familien oder in Gestalt lenkbarer, durchweg korruptionsgeneigter Offiziere[411].

Die Drehbücher für den Umsturz, das taktische Vorgehen, die Vorbereitung der Bevölkerung mit Hilfe der nationalen und internationalen Medien, den Einsatz der psychologischen Kriegführung lieferte mehr oder weniger verdeckt von außen die CIA, in späteren Zeiten indirekt die bereits erfolgreich an die Macht geputschten Regime der Nachbarstaaten unter Vermittlung der CIA[412]. Dabei wird die zum Umsturz ausersehene Regierung zuvor mit allen nur denkbaren technischen und personellen Mitteln ausgespäht, manipuliert und die putschbereiten gegnerischen Gruppierungen durch Beteiligung am Drogengeschäft oder mit direkten Dollarzahlungen finanziert[413]. Nach erfolgreichem Putsch wird der neuen Regierung auffällig schnell die diplomatische Anerkennung zuteil, dazu militärische, wirtschaftliche und finanzielle Hilfe zugesagt. Zur Ausschaltung oppositioneller Führungskräfte und mißliebiger Bevölkerungsteile kommen stets aufs neue Mordbanden zum Einsatz, die nach nicht selten eigens von der CIA zusammengestellten Listen vorgehen[414]. Opfer waren sehr häufig die Vertreter demokratischer Parteien, gelegentlich Christdemokraten, meist Sozialdemokraten, immer Kommunisten, auch Gewerkschaftsfunktionäre, Geistliche, namentlich mit Hang zur Befreiungstheologie[415], oder auch schlicht Bergvölker mit ihrem Landhunger, die den Großgrundbesitzern als Bedrohung ihrer kolonialen Besitzstände erschienen. Dabei wird man kaum ein Land in der Putschgeschichte finden, in dem nicht zugleich massive Wirtschaftsinteressen der Vereinigten Staaten berührt gewesen wären[416].

Die Todesschwadronen erledigen schmutzige Arbeiten, die der Polizei, dem Militär und der Regierung nicht zugeordnet werden sollen. Der Grundsatz aller verdeckter Geheimdienstoperationen, von Amts wegen jederzeit die Verantwortung für kriminelles Geschehen glaubwürdig leugnen zu können, findet hier ebenfalls Anwendung. Bei näherer Betrachtung stehen die Todesschwadronen allerdings ausnahmslos im steten, wenn auch informellen Kontakt zu den Spezialeinheiten von Polizei und Militär[417].

Grundregel: Finanzierung verdeckter Operationen über Drogenhandel

Konstante in nahezu allen Fällen, in denen die CIA im verdeckten Kampf gegen linksverdächtige Regierungen der Dritten Welt vorgegangen ist, war und ist die Teilhabe der putschenden Militäreliten, Söldner, Aufständischen in welcher Form auch immer an den Einnahmen aus dem weltweiten Rauschgifthandel[418]. Ob Heroin aus Asien oder Kokain aus Lateinamerika: Vom Anbau der Pflanze über das Einsammeln, den Transport, die Raffinerien, die Bewachung, den Schmuggel über Kontinente und Länderketten hinweg, stets befindet sich der Strom des Rauschgiftes in die Länder des Verbrauchs in den Händen einer im Weltmaßstab planenden und operierenden organisierten Kriminalität. Und da es aus Sicht der amerikanischen Dienste in den Ländern der Dritten Welt stets aufs neue verdeckte Operationen gegen Regierungen oder Aufständische aus welchen Gründen auch immer zu führen gilt, wirkt der unwiderstehliche Anreiz, sich des Mittels der verdeckten Finanzierung der nur schwer als Hilfstruppen einer Supermacht auszumachenden Rebellenhaufen zu bedienen[419]. Den Söldnern dieses Kampfes, den Vermittlern, Waffentransporteuren, Ausbildern winken die Gewinne aus dem Drogenhandel[420]. Nichts ist einfacher für einen Staatsmann in Lateinamerika, Afrika oder Asien, als dem Militär, seiner Miliz oder der ihn stützenden organisierten Kriminalität die Teilhabe am Drogenhandel zu eröffnen, vorausgesetzt, er tut dies in Abstimmung mit Geheimdiensten, denen er bei der Durchführung und Absicherung verdeckter Operationen in anderen Ländern behilflich ist. Das kann im Bereich des illegalen Waffenhandels sein, das kann sich auf die Beherbergung, Förderung und Finanzierung von Terroristen und/oder Freiheitskämpfern beziehen, sich auch auf die Geldwäsche oder schlicht bestimmte Transportleistungen erstrecken[421].

In einer ununterbrochenen Kette von Interventionen wurden in den vergangenen Jahrzehnten mißliebige Regierungen durch gefügige ersetzt. Das erste Land war Guatemala, dessen Regierung Arbenz von Nicaragua aus mit Hilfe des korrupten, kriminellen Somoza-Regimes und der Luftunterstützung der CIA gestürzt und durch ein korruptes, blutrünstiges, auf Jahrzehnte die Früchte des Drogenhandels kassierendes Militärregime ersetzt wurde. Ebenfalls von Nicaragua aus wurden Umsturz- und Destabilisierungsversuche gegen die demokratisch gewählte Regierung von Costa Rica gestartet, und wieder waren es Kräfte der Somoza-Diktatur und Flugzeuge der CIA, die zum Einsatz kamen. Während das State Department in Washington der Regierung von Costa Rica auf dem Wege der Militärhilfe Flugzeuge zur Selbstverteidigung lieferte, griff die CIA mit Kampfflugzeugen die Streitkräfte der vom State Department gestützten Regierung an. Der einzige, wenn auch aus Sicht der CIA entscheidende Fehler des Regierungschefs Figuéres in Costa Rica scheint gewesen zu sein, daß er, obgleich überzeugter Antikommunist, allen von der CIA gestürzten Regierungschefs Lateinamerikas, Nichtkommunisten wie Kommunisten gleichermaßen, Asyl gewährte und diesen Persönlichkeiten mit Rat und Tat beistand bei dem Versuch, die eingepflanzten neuen Diktaturen wieder zu entwurzeln. Dabei hatte Figueres der CIA nahezu 30 Jahre lang in zahlreichen Fällen bei deren lateinamerikanischen Operationen selbst zur Seite gestanden, nicht zuletzt bei der Überwindung des Diktators Trujillo in Costa Rica.

In Guatemala kam es zu einer weiteren Intervention der CIA, als dort die Offiziere der guatemaltekischen Streitkräfte gegen ihre korrupte Regierung vorgingen und Anstoß an der Duldung der Ausbildungslager der CIA zur Vorbereitung der exilkubanischen Söldner auf die Landung in Kuba nahmen[422]. Kampfflugzeuge der U.S. Navy bombardierten vom US-Stützpunkt Guantanamo auf Kuba aus die Stellungen der Rebellen. Die Offiziere flohen zu den landlosen Bauern, mit deren Schicksal sie so zum erstenmal in ihrem Leben direkt und daher nachvollziehbar in Berührung kamen. Diese Militärs entwickelten sich später zu Guerillaführern, die wiederum von Todesschwadronen mit Billigung der amerikanischen Militärberater und Ausbilder vernichtet wurden.

Bekämpfung Castros durch die CIA

Die Landung einer Streitmacht von 1 300 Exilkubanern 1961 in der Schweinebucht auf Kuba ist als fehlgeschlagenes Unternehmen der CIA in die Geschichte eingegangen. Die kubanische Revolution Fidel Castros war der amerikanischen Politik ein kommunistischer Dorn im Auge, hatte Castro es doch gewagt, die Zuckerrohrplantagen auf der Insel, die sich seit der Vertreibung der spanischen Kolonialherren in amerikanischem Besitz befanden, zu enteignen[423]. Nach dem Sturz des korrupten und mit der amerikanischen Unterwelt verbundenen Batista-Regimes waren zahllose Kubaner, unter ihnen die korrupten und kriminellen Anhänger des Dikators, in das benachbarte Miami in Florida geflohen. Von dort trachteten sie die Revolution rückgängig zu machen. Die CIA unterstützte sie nach Kräften. Sowohl Präsident Eisenhower als auch dessen Nachfolger Kennedy räumten dem Sturz Castros höchste politische Priorität ein. Allerdings sollte es keine offenen Kämpfe unter amerikanischer Flagge und unter Beteiligung von US-Truppen geben. Die Aktion sollte wie eine Selbstbefreiung der Kubaner aussehen. Die Landung sollte die Initialzündung für den Anschlußaufstand der Einheimischen gegen die Herrschaft Castros sein. Die CIA übernahm das Training der Exilkubaner in Lagern in Nicaragua, Guatemala und Florida[424]. Zur Finanzierung der Invasion wurde auch auf Drogengeld von Exilkubanern zurückgegriffen, das über Transaktionen in und durch Mexiko auf dem amerikanischen Markt gewonnen worden war. Unter den Exilkubanern hatte sich mehr oder weniger zwangsläufig das gleiche kriminelle Milieu zwischen Spielcasinos, Prostitution und Drogen ausgebreitet, das bereits unter der Diktatur Batistas blühte. Diese einschlägigen Erfahrungen und Kenntnisse wurden nun in Miami nach Kräften zum Einsatz gebracht. Dazu kam die mit diesen Tätigkeitsfeldern einhergehende organisierte Kriminalität mit ihren Bindungen zur französischen und sizilianischen Mafia. Die CIA konnte bei der Mobilisierung der erforderlichen Kräfte gegen das Kuba Fidel Castros im Hintergrund bleiben[425]. Man mußte die Exilkubaner nur gewähren, ihnen Ausbildungshilfe angedeihen lassen und die Hand über sie halten, um sie vor Strafverfolgung und den Nachstellungen der Drogenbehörde zu bewahren. Der innenpolitische Preis: Unterhöhlung einer wirksamen Drogenbekämpfung in den USA selbst.

Das Training der Exilkubaner blieb nicht unbemerkt, zumal ihre Lager eingesehen werden konnten und mit Sicherheit die Stasi- und KGB-trainierten Geheimdienste Kubas genügend Informanten im Kreis der Exilkubaner hatten. Die Landung wurde an einer Stelle geplant, wo die CIA-Erkundungen zwar Seegras ausgemacht hatten, die Landungsboote jedoch an Korallenriffen scheiterten. Zudem war das Hinterland sumpfig und nur über wenige Pfade zu erreichen. Die kubanischen Streitkräfte empfingen die Landung mit starkem Abwehrfeuer. Die zuvor zugesagte Luftüberlegenheit durch Einsatz amerikanischer Kampfflugzeuge wurde von Präsident Kennedy im letzten Moment verweigert, wie auch jede Hilfe der amerikanischen Marine von See her auf ausdrücklichen Befehl unterblieb. Die Exilkubaner wurden in den Tod, in die Gefangenschaft getrieben oder zum Rückzug in die Landungsboote gezwungen. Die Blamage für die junge amerikanische Kennedy-Regierung war beträchtlich, weshalb nach Möglichkeiten Ausschau gehalten wurde, die Scharte wieder auszuwetzen[426].

Es war nicht zuletzt Robert Kennedy, der Bruder des Präsidenten und für die Verfolgung des organisierten Verbrechens zuständige Justizminister der USA, der auf die Beseitigung Castros mit anderen Mitteln drängte. Die CIA trug den Auftrag der Liquidierung Castros dem Boß der Mafia in Florida, Santo Trafficante jr., zur Ausführung an[427]. Doch das Projekt scheiterte oder wurde von seiten der Mafia nicht ernsthaft in Angriff genommen. Allerdings starben die in Aussicht genommenen Täter im Zuge von Auseinandersetzungen zwischen Verbrecherbanden rechtzeitig vor ihrer Vernehmung durch den Untersuchungsausschuß des Kongresses[428].

Schließlich versuchte die CIA ihrerseits Auftragskiller zu finden, darunter einen Castro-Gegner aus dem Kreis seiner früheren Freunde, Rolando Cubela, der immer noch Zutritt zum inneren Zirkel hatte. Der potentielle Mörder wiederum verlangte alle erdenklichen Mordwaffen, die die technischen Labors der CIA zu liefern und zu entwickeln in der Lage waren. Darunter vergiftete Zigarren, vergiftete Schwimm- und Tauchanzüge, vergiftete Muscheln, nach denen Castro hätte tauchen müssen und dergleichen mehr. Schließlich scheiterte auch dieser Mörder, das Todesurteil und die spätere Begnadigung durch Castro sprechen dafür, daß dieser Täter sich den kubanischen Behörden anvertraut hatte.

Mord an Präsident Kennedy – die CIA verschweigt Hintergründe

Dieser als Killer ausersehene Vertraute Fidel Castros war bei Kontakten sowohl mit KGB-Vertretern in Mexiko als auch mit dem Mafiaboß von Miami, Trafficante jr., beobachtet worden. In ihrem Bericht über mögliche personelle Hintergründe der Ermordung Präsident Kennedys verschwieg die CIA den von ihr gedungenen Mörder und dessen Hintergründe gegenüber den Strafverfolgungsbehörden und der Warren-Untersuchungs-Kommission. Die »Firma« unterließ seinerzeit auch jeden Hinweis darauf, daß sie einige ihrer Agenten als vermeintliche Gegner des Vietnamkrieges in die Sowjetunion hatte einschleusen lassen, die mit dieser Legende in den Propaganda- und Spionageapparat der Sowjetunion hätten einsickern sollen.

Es wurde nie aufgeklärt, ob der amtlich festgestellte Alleinmörder Kennedys nicht zu dieser Kategorie von Perspektivagenten gehörte. Oswald hatte zunächst in Vietnam gekämpft, hatte sich dann in der Sowjetunion niedergelassen und eine Russin geheiratet. Der KGB blieb jedoch deutlich auf Distanz zu dem späteren vermeintlich einsamen Attentäter, so daß ein Anschwärzen Moskaus aufgrund einer denkbaren Fernsteuerung des Mordes durch den KGB nicht ernsthaft hat behauptet werden können[429]. Oswald, der sich nach seinem UdSSR-Aufenthalt unter armseligen Lebensumständen in Atlanta niedergelassen hatte, wurde vor seiner Zeugenaussage von dem mit der Mafia verbundenen Jack Ruby ermordet. Restlos aufgehellt ist die Szene bis zum heutigen Tage nicht.

Die Kubakrise mit den an einem Nuklearkrieg vorbeischrammenden Auseinandersetzungen zwischen den USA und der Sowjetunion hat den Mordanschlägen der CIA auf Castro ein Ende bereitet. Dabei mag auch die schmerzliche Erkenntnis geholfen haben, daß die Szene der Exilkubaner in Miami mit derart vielen Agenten des kubanischen Geheimdienstes durchsetzt war und ist, daß Anschläge nicht unerkannt geplant, geschweige denn ausgeführt werden konnten. Auch die zuvor versuchten Anschläge auf die Wirtschaft und Infrastruktur Kubas durch fortwährende Kommandounternehmen von Exilkubanern führten zu keinem Erfolg. Die Kommandos wurden ohne Ausnahme gefangengenommen und abgeurteilt, ähnlich wie Aktionen gleichen Zuschnittes in Albanien, Ostdeutschland, Polen, der Ukraine und Rußland unmittelbar nach dem Zweiten Weltkrieg.

Immerhin hielt die CIA über Jahre an den Exilkubanern als Söldnern für eine Reihe von verdeckten Aktivitäten ebenso fest wie die sowjetische Seite kubanische Truppen auf dem afrikanischen Kontinent einsetzte.

9

Verdeckte Kriegführung
gegen Völkerrecht

*Rohstoffe der Erde,
Kolonialunternehmen und die CIA*

Bei aller Verwirrung über die unendliche Flut von Namen und Ereignissen über die Jahrzehnte hinweg bleibt festzuhalten, daß nahezu kein Land Lateinamerikas von verdeckten Geheimdienstoperationen zum Zwecke des Sturzes oder doch der massiven Einschüchterung seiner Regierung verschont geblieben ist. Rechtfertigung war stets die Gefahr, daß die zum Umsturz ausersehenen Regierungen dem Kommunismus verfallen könnten. Doch in aller Regel gingen diese Regierungen nur ihrem demokratischen Auftrag nach, Jahrzehnte nach der Entkolonialisierung nun endlich die Nutzung des Landes so wahrzunehmen, wie dies den Interessen des Landes selbst und weniger den ökonomischen Interessen der USA beziehungsweise der Regierungen in Washington genehm gewesen wäre. Bescheidene Landreformen, wie in Guatemala, wo brachliegendes Land der United Fruit Company an landlose Bauern verteilt werden sollte, die Einführung von Geboten zur Reinvestition von Gewinnen aus dem Lande wie in Chile, die Enteignung von Kupferminen, die angeblich zu lasche Verfolgung linksgerichteter Kräfte, die Einführung von Sozialsystemen, die sich an europäischen Vorstellungen und nicht an amerikanischen orientierten, alles wurde in der CIA von den Gralshütern des westlichen Systems als Verrat an der gemeinsamen Sache angesehen und entsprechend bekämpft[430].

Dies galt auch, wenn Regierungschefs sich hartnäckig weigerten, zum Beispiel bei Aktionen zur Disziplinierung Fidel Castros in Kuba sich politisch und militärisch in Reih und Glied mit der Hegemonialmacht zu stellen, etwa bei der Durchsetzung eines Handelsboykotts oder der Billigung einer militärischen Intervention mitzuwirken. In vielen Fällen reichte es bereits, in der Ost-West-Auseinandersetzung sich neutral verhalten zu wollen.

Ein Großteil der ursprünglich außerordentlich starken Gruppe von im Ost-West-Konflikt neutralen Staatsführern der Dritten Welt ist von der CIA mit Mordanschlägen, Staatsstreichen, meist in der Form des Militärputsches in Verbindung mit wirtschaftlichen Sanktionen sowie innnenpolitischen Destabilisierungsaktionen überzogen worden. Die dabei zum Einsatz gekommenen Mittel sind mit leichten Variationen und unterschiedlichen Dosierungen stets die gleichen. In der Regel wird operativ beim Militär angesetzt, dessen Spitzenvertreter und Spitzennachwuchskräfte schon frühzeitig auf die nach oben offene Spionage-Gehaltsliste der CIA gesetzt werden und damit Einkommen erzielen, die ihre kümmerliche heimische Besoldung um ein Mehrfaches übersteigen. Gleiches gilt für die Geheimdienste und die Polizei, die in Schulen der amerikanischen Armee, der CIA oder des FBI trainiert werden unter Einschluß der Techniken der Vernehmung unter Folter und der Terrorisierung der einheimischen Bevölkerung[431]. Selbstverständlich befinden sich Politiker der verschiedensten Schattierungen auf der Gehaltsliste der CIA[432]. Zeitungsverleger, Journalisten, Rundfunk- und Fernsehanstalten werden durch Zuwendungen und Vergünstigungen zur Mitwirkung an der psychologischen Kriegführung veranlaßt[433]. Die Pflege der Medienlandschaft wiederum ermöglicht das blitzartige und meist länderübergreifende Anschwärzen von Personen, Regierungen oder Parteien nicht selten mit falschen, aber berechnend wirksamen Verleumdungen[434]. Die Industrie- und Bankenwelt des Ziellandes kann durch Einflußnahme auf den internationalen Bankenapparat und entsprechende Verhaltensweisen auch außerhalb der ökonomischen Gesetze dazu veranlaßt werden, Not und Empörung der Bevölkerung und den Haß auf die Regierung zusätzlich zu steigern. Dazu kommen über die amerikanischen Gewerkschaften verdeckt gehaltene Fonds der CIA, aus denen leitende Funktionäre bezahlt werden, die ihre Gewerkschaften beeinflussen, unter Umständen auch als Agents provocateurs bei Ausständen wirken, Demonstrationszüge und Streiks organisieren können. Nahrungsmittel wie Reis und Mehl etwa, die im Rahmen der Entwicklungshilfe verteilt werden, erscheinen in bereits verdorbenem Zustand auf den Märkten der Empfängerländer und erhöhen so den Streß und die politische Empörung der Bevölkerung.

Hinzu kommt stets das nachrichtendienstliche Zusammenspiel zwischen der allumfassenden amerikanischen elektronischen Aufklärung und den zum Putsch angesetzten Gruppierungen im Zielland. Das Lagebild über die Situation im Land besitzt in der Regel schon nicht mehr die gewählte Regierung, sondern die CIA-gestützte Opposition, zumal die Verwaltung des Landes über gezielte Desinformation geblendet werden kann. Es versteht sich, daß bei den militärischen Einsätzen direkt und versteckt Hilfestellungen gegeben werden. So kann über die internationalen Ölgesellschaften sichergestellt werden, daß zum Beispiel Treibstoffe für putschende Streitkräfte zur Verfügung stehen, um auf diese Weise Generalstreiks und Boykottaufrufe der Gewerkschaften zu unterlaufen.

Geht es darum, Guerillakämpfern den Rückzug zu Völkerstämmen in Urwaldregionen abzuschneiden, oder um Rohstoffquellen in Regionen, die für amerikanische Unternehmen von Interesse sein könnten, so helfen zuweilen Missionsstationen christlicher Sekten weiter, die sich finanzieller Zuwendungen durch die CIA erfreuen[435]. Sie zeichnen sich zuweilen durch Hubschrauberlandeplätze und alle nur denkbaren Hilfsmittel der Fernkommunikation aus[436].

Anhänger der Befreiungstheologie der katholischen Kirche hingegen finden sich möglicherweise im Feuer von Todesschwadronen wieder, die den Nährboden für Führungskräfte von Reform- und Revolutionsbewegungen austrocknen. Auf kirchlicher Seite konnte die CIA-Philosophie direkt oder indirekt insofern einen durchschlagenden Erfolg verzeichnen, als die kapitalismusgefährdende Befreiungstheologie durch den politischen Schwenk der Kirche unter Papst Johannes Paul II. entscheidend geschwächt wurde. Statt dessen erhielt der eher nichtdemokratischen Vorstellungen zuneigende Orden Opus Dei den Vorrang auch vor den Jesuiten[437]. Dabei nimmt wunder, daß ein und derselbe Papst die Befreiung seines eigenen Vaterlandes vom sowjetischen Joch durch Weiterleitung von CIA-Geldern über Einrichtungen der Kirche an die Befreiungsbewegung Solidarność unterstützt, während er die Befreiung der Völker der Dritten Welt von den Ausbeutungs- und Unterdrückungsmethoden aus der Kolonialzeit wiederum Arm in Arm mit den amerikanischen Diensten vereiteln hilft[438] und die um ein Minimum an wirtschaftlichen

Entfaltungsmöglichkeiten für die Armen der Dritten Welt kämpfende Befreiungstheologie unnachsichtig zur Aufgabe zwingt[439].

Terrorismus
von Staats wegen

Um bei der Unterstützung anstehender Putsche nicht allzusehr in den Vordergrund treten zu müssen, hatten sich die Regierungen der größeren lateinamerikanischen Länder, sozusagen die »Ehemaligen«, die den proamerikanischen Putsch bereits erfolgreich hinter sich gebracht hatten, zu gemeinsamen Anstrengungen zusammengeschlossen. Dazu gehört als Gründerland neben Brasilien vor allem Argentinien, dessen Junta 1976 sich mit dem Sturz Isabel Peróns an die Macht geputscht hatte. Unter der Regentschaft des argentinischen Militärs waren in den Jahren nach dem Putsch mindestens 9 000 Zivilisten verschwunden, ein Großteil durch Aktionen von Kriminellen, denen man das Einrücken in amtliche Stellungen unter Einschluß der Geheimdienste ermöglicht hatte. Die gleiche Methode des Narco-Terrorismus wurde von Argentinien etwa in Bolivien unterstützt. Argentinien entwickelte sich ebenso wie das Chile des Generals Pinochet zum Exporteur der Technik der Todesschwadronen[440]. Beide Länder gründeten zusammen mit anderen die Organisation Condor, einen Zusammenschluß von Militärregimen Lateinamerikas mit dem Ziel grenzüberschreitender Operationen der Geheimdienste zur Bekämpfung und Liquidierung von Persönlichkeiten der Opposition[441]. Dabei wurde in der Vorstellungswelt der Militärregime in aller Regel jeder Kritiker des bestehenden Zustandes sehr schnell zum Kommunisten und konsequenterweise potentiellen Todeskandidaten gestempelt[442].

Der Mord 1976 an Orlando Letelier, dem ehemaligen, im Exil in
Washington lebenden Botschafter Chiles, eines lebhaften Kritikers
der chilenischen Politik Pinochets und der ihn stützenden Kräfte in
den USA, im Zusammenspiel mit Internationalem Währungsfonds
und Weltbank läßt übelste Machenschaften erahnen[443]. Der Mörder,
Berufskiller und Agent Michael Townley war Verbindungsmann des
chilenischen Geheimdienstes DINA zu Terroristengruppen in Argentinien, den USA, Spanien, Frankreich, Deutschland und Italien. Für
den DINA hatte er Aufträge in Holland, Belgien, Österreich und
Luxemburg übernommen sowie in ganz Lateinamerika paramilitärische Operationen durchgeführt. Bei seiner Auslieferung an ein
Gericht in den USA wurde vereinbart, daß ausschließlich der Mord
an dem Botschafter Gegenstand des Verfahrens sein dürfe und daß
die Strafe zwischen drei und zehn Jahren Gefängnis zu liegen habe.
Weitere Tatbestände mußten der Verhandlung ferngehalten werden.
Es wurde ausdrücklich untersagt, Geheimdiensten und Strafverfolgungsbehörden anderer Nationen über Hintergründe und Weiterungen des Falles Mitteilung zu machen oder gar Akten zur Einsichtnahme zu übergeben. Die Absprache schützte die Diktatur Chiles
vor höchst unangenehmen Offenbarungen, jedoch nicht minder ihre
Komplizen in den amerikanischen Diensten[444]. Die Mordbande,
neben Townley weitere Chilenen und einige Exilkubaner, war vom
israelischen Mossad ausgebildet worden. Vermittler war nach Ostrovsky der israelische hohe Geheimdienstoffizier und rechte Hand
Noriegas, Mike Harari. Die Exilkubaner aus Miami konnten sich der
Strafverfolgung entziehen[445].

Zu den zahllosen Ermordeten zählen des weiteren der ehemalige
chilenische Oberbefehlshaber General Carlos Prats, der frühere Präsident Boliviens, Juan José Torres, sowie Politiker und Militärs aus
zahlreichen lateinamerikanischen Ländern. Die geheimdienstlichen
Mordbanden versuchten den früheren chilenischen Oppositionsführer Bernardo Leighton in Italien umzulegen[446]. Ein unter Verschluß
gehaltener Bericht des US-Senates deutet an, daß die CIA um die
Machenschaften von Condor bereits im Jahre 1974 Bescheid wußte,
jedoch nur darauf achtete, daß die Mordorganisation nicht, wie

ursprünglich vorgesehen, Miami in Florida zum Hauptquartier bestimmen konnte. Dies hinderte aber nicht, daß die Exilkubaner als bewährte Allzweckkämpfer der CIA im Rahmen von Condor als Mörder auch innerhalb Argentiniens zum Einsatz kamen[447].

Kubaner und Rechtsterrorismus[448]

Das Commando of United Revolutionary Organizations (CORU)[449] war von rechtsterroristischen Exilkubanern als Dachorganisation gegründet worden, und wurde für Bombenattentate, Entführungen und Morde in ganz Amerika eingesetzt[450]. Der Anführer, Frank Castro, war von der CIA ausgebildet worden[451]. Er war an führender Stelle tätig bei der Bekämpfung der Sandinisten-Regierung in Nicaragua. Auf seine Anregung geht der Zusammenschluß von Geheimdiensten, Terroristen und kriminellen Kräften zur Contra-Bewegung zurück. Und es ist sicherlich kein Zufall, daß dieses Netzwerk wiederum engstens mit den Drogenkartellen und dem Drogenhandel verbunden war[452].

Das Kampfgebiet von CORU erstreckte sich über den gesamten lateinamerikanischen Kontinent von Mexiko bis nach Feuerland. Vorherrschend war die Erkenntnis, daß ideologische Kämpfe sich nicht an Ländergrenzen halten und deshalb Verteidigung wie Angriff weit im Vorraum des westlichen Lagers in Abstimmung mit der westlichen Führungsmacht, den USA, in Ansatz gebracht werden mußten. Diese Vorstellung war nach Aussagen des ehemaligen Geheimdienstmannes Sanchez Reisse im ersten Korps der chilenischen Armee entwickelt worden, deren Chef seinerzeit General Carlos Guillermo Suarez Mason war. Er galt in den späten siebziger Jahren als erfahrener und hartnäckiger Praktiker der schmutzigen Kriegführung gegen die chilenische Zivilbevölkerung. 1989 wurde er von einem amerikanischen Zivilgericht zur Zahlung von 60 Millionen Dollar an die Hinterbliebenen dreier verschwundener chilenischer Bürger verurteilt. Der angesehene argentinische Zeitungsverleger Jacob Timerman beschuldigte Suarez Mason, seine zweieinhalbjährige Inhaftierung und Folterung selbst angeordnet zu haben.

Feimaurerloge P2
und der transatlantische Terror

Suarez Mason wiederum verdankte seinen Aufstieg der geheimen italienischen Freimaurerloge Propaganda Due, gemeinhin P2 genannt. Sie hatte sich zum Ziel gesetzt, in Italien mit der Zusammenführung von Spitzenpolitikern, Großindustriellen, Militär- und Polizeiführern sowie den Chefs von Geheimdiensten zu gemeinsamem politischen Handeln verdeckt einen autoritären Staat zu schaffen. Die Loge war nach dem Bericht des italienischen Parlaments aus dem Jahre 1984 als neutrales Instrument für Operationen gedacht, die das italienische politische Leben beeinflussen und kontrollieren sollten[453]. Auf die Aktivitäten dieser Gruppierung wird im weiteren Verlauf einzugehen sein. Der CIA- und Mossad-Mitarbeiter Richard Brenneke sagte im italienischen Fernsehen aus, er habe die Loge P2 seit 1969 gekannt und mit ihr bis Anfang der achtziger Jahre zu tun gehabt. Die US-Regierung habe die P2 mit bis zu zehn Millionen Dollar im Monat unterstützt. Die CIA habe die Einrichtung genutzt, um in den siebziger Jahren günstige Bedingungen für eine regelrechte Explosion des Terrorismus in Italien und anderen Ländern zu schaffen. Die P2 sei auch weiterhin aktiv und werde zu den gleichen Zwecken benutzt wie zu Beginn der siebziger Jahre[454]. Der Großmeister der Loge, Licio Gelli, sicherte seinen Logenbrüdern die Geheimhaltung ihrer Namen zu. Lediglich das Pentagon in Washington besitze eine komplette Liste aller Logenbrüder[455].

Das Schöffengericht Bologna kam in einem Strafverfahren zu dem Ergebnis, daß die Loge P2 Kriminelle angestiftet, bewaffnet und finanziert habe, um mit Mitteln der Subversion und des Rechtsterrorismus im Rahmen einer »Strategie der Spannung« die Vorbedingungen für einen Staatsstreich zu schaffen[456]. Gelli arbeitete der sich unter dem vormaligen Ministerpräsidenten Aldo Moro abzeichnenden Tendenz zum Zusammengehen von Christdemokraten und Kommunisten in der italienischen Politik entgegen, indem er die offene wie verdeckte Kontrolle über Führungspositionen der italienischen Verwaltung anstrebte. Neben den bereits erwähnten führenden Vertretern des Militärs und der Polizei zog er drei Minister, 36 Mitglieder des Parlaments, die Polizeichefs der vier größten italienischen Städte

sowie die Spitzen zahlreicher anderer Verwaltungseinheiten in seine
Loge. In der italienischen Staatsverwaltung hatte die P2 insgesamt
422 Mitglieder, darunter 19 im Innenministerium, vier im Auswärtigen Amt, 32 im Erziehungs-, 21 im Staats-, 67 im Schatz-, drei im
Gesundheits-, 52 im Finanz-, 21 im Justiz-, vier im Kultus-, drei im
Forschungs- und zwei im Verkehrsministerium. Dazu gelang das Eindringen in die Bank von Italien mit Zugang zu wesentlichen Übersee-
verbindungen. Im einzelnen waren die Mitglieder nur dem Großmeister Gelli bekannt[457].

Hinzu kamen die P2-Kontakte zur Banca Nazionale del Lavoro,
einer Bank, über deren Filiale in den USA später subventionierte Kredite des amerikanischen Landwirtschaftsministeriums, die für die
Förderung der Ausfuhr amerikanischen Weizens bestimmt waren,
rechtswidrig in Kredite für Waffenlieferungen an den Irak Saddam
Husseins in der Größenordnung von rund fünf Milliarden US-Dollar
umgewandelt wurden[458].

Im Ergebnis habe es sich um eine Art Schattenregierung gehandelt, in der die P2, ein Teil der Geheimdienste, die organisierte Kriminalität und der Terrorismus unmittelbar miteinander verknüpft
gewesen seien[459]. Der förmliche Antrag eines amerikanischen Journalisten auf Freigabe der CIA-Akte Gelli nach dem »Freedom of
Information Act« wurde mit Hinweis auf die Schutzwürdigkeit
nationaler Interessen der Verteidigung und der Auswärigen Politik,
aber auch der Methoden und Quellen der CIA abgewiesen[460].

Killerbanden jagen
nicht genehme Persönlichkeiten

In Lateinamerika schuf die P2 ein dem italienischen vergleichbares
Netzwerk mit Schwerpunkten in Argentinien und Uruguay. 1986
nannte der argentinische Innenminister die P2-Gruppe eine unge-
heure kriminelle Verschwörung, die nach der Macht im Lande
strebe. Das Netzwerk der P2 soll Geld aus dem südamerikanischen
Drogenhandel und anderen kriminellen Quellen gezogen haben. So
wie Suarez Mason gehörte auch José López Rega dem Geheimclub
an. Rega wiederum war 1973 zusammen mit Juan Perón aus dem spa-

nischen Exil nach Argentinien zurückgekehrt und hatte nun in dessen Regierung das mächtige Sozial- und Wohlfahrtsministerium übernommen, dem auch die Dienstaufsicht über die Polizei zugeordnet war[461]. Außerdem wurde ihm inoffiziell die Zuständigkeit für die Argentinische Antikommunistische Allianz (AAA) übertragen, eine Killereinheit, die wiederum mit Omega 7, einer dem Rauschgifthandel verbundenen terroristischen Exilkubaner-Gruppe, zusammenarbeitete. Omega 7 erhielt in der Folge den Auftrag zur Schulung der gegen die Sandinisten in Nicaragua eingesetzten Contra-Rebellen. Nach Beseitigung der Perón-Regierung im Zuge eines Militärputsches hieß es, López Rega habe seine verschwörerischen Aktivitäten aus dem Großhandel mit Kokain finanziert[462]. Während Rega ins Exil ging, stieg Suarez Mason weiter auf und setzte seine Vorstellung von den ideologischen Grenzen, die international verteidigt werden müßten, mit einer später als Anden-Brigade berüchtigten Einheit in die Tat um. Sie war eine Art verdeckter Fremdenlegion Argentiniens, deren Aufgabe die grenzüberschreitende Einschüchterung und Ausrottung von kommunismusverdächtigen Oppositionellen war. Der Kampf galt insbesondere der sogenannten Monteneros-Guerilla und ihren Helfern. Das argentinische Militär unterstellte den Monteneros Geschäfte mit Drogenhändlern. Deshalb nahmen sie nun selbst Verbindung zu den Drogenhändlern auf, um die Einnahmen des Geschäftes an sich ziehen zu können.

Kokain-Putsch mit Klaus Barbie, Gestapochef von Lyon und CIA-Mitarbeiter

Der sogenannte Kokain-Putsch gegen die kurzlebige bolivianische Zivilregierung fand im Juli 1980 statt[463]. Zur Vorbereitung hatte Argentinien Agenten nach Bolivien geschleust, die unter Führung Klaus Barbies, des früheren Gestapochefs von Lyon, der bei Kriegsende in die Dienste des amerikanischen Armeegeheimdienstes CIC (Counter Intelligence Corps) getreten war, mit den Putschisten zusammenarbeiteten[464]. Bei der Durchführung des Putsches engagierte sich neben dem auf 200 Mann verstärkten argentinischen Militärattachéstab an der Botschaft in La Paz auch der in Israel ausgebildete argentinische Geheimdienstmann Alfredo Mario Mingolla, der zwischen 1976 und 1980 in den Militärdiensten von Honduras und Guatemala eingesetzt gewesen war. Nach erfolgreichem Putsch beriet er die neue bolivianische Regierung in Sachen psychologischer Kampfführung[465]. 1982 war er wegen eines Mordanschlags auf den Vizepräsidenten Boliviens festgenommen worden. 1987 wurde er erneut verhaftet, als er in São Paulo 357 Kilogramm Kokain mit sich führte. Barbie, der lange in La Páz wohnte, über hervorragende Kontakte zum bolivianischen Militär verfügte und von der CIA bei der Ermittlung der Standorte von Guerilleros, darunter Che Guevaras, eingesetzt worden war, wurde erst fallengelassen, als man der Risiken gewahr wurde, die das Bekanntwerden der Verbindung für den amerikanischen Geheimdienst hätte mit sich bringen können[466]. In dieser Zeit ließ die Drug Enforcement Agency wider besseres Wissen das Vorgehen gegen die Drogenmafia oft schleifen, um das vorrangigere Counter-Insurgency-Programm der CIA zum Ausmerzen linker Oppositionskräfte nicht zu gefährden[467]. Immerhin konnte Barbie über die Firma Estrella, ein Unternehmen des SS-Kameradenwerkes, das im Zusammenspiel mit der BND-Firma Merex Waffenhandel betrieb, seinen Lebensunterhalt unter anderem durch Vermittlung von Rohstoffen für die Chininproduktion der Firma Boehringer bestreiten, die das Präparat an die im Vietnamkrieg eingesetzten amerikanischen Streitkräfte verkaufte[468].

Stefano Delle Chiaie in Kolumbien

Ein weiterer argentinischer Agent, der sich beim Kokain-Putsch in Bolivien engagierte, war Stefano Delle Chiaie, ein italienischer Flüchtling, der in seiner Heimat wegen zahlreicher Bombenanschläge, politischer Morde und Schändung jüdischer Friedhöfe gesucht wurde[469]. Als Auftragsmörder der Condor-Gruppe für Chile, Argentinien und möglicherweise weitere Länder hatte Delle Chiaie für den chilenischen Geheimdienst DINA den Mordversuch an dem früheren chilenischen Oppositionspolitiker Bernardo Leighton 1975 in Rom in die Wege geleitet. Ende der siebziger Jahre hatte sich Delle

Chiaie nach Argentinien begeben, wo er über einen längeren Zeitraum mit den Todesschwadronen der Alianza Argentina Anticommunista (AAA) zusammenarbeitete. Er wollte in den Dienst des argentinischen Militärregimes treten und Buenos Aires, die Stadt, von der aus Suarez Mason seine Operationen durchführte, zu einem internationalen Zentrum des Neofaschismus machen. Gemeinsam mit verschiedenen anderen europäischen Extremisten beteiligte sich Delle Chiaie an der Vorbereitung des Putsches in Bolivien. Dabei trat er verdeckt als argentinischer Geheimdienstoffizier auf und arbeitete eng mit dem bolivianischen Obersten Luis Arce Gomez zusammen. Phönix-Kommando nannte Delle Chiaie sein internationales Mörderteam. Am 17. Juni 1980, vier Wochen vor dem Putsch, trafen sich die sechs wichtigsten Drogenhändler Boliviens mit den Putschisten, um die Gegenleistung für eine langfristige Absicherung ihres Drogengeschäfts auszuhandeln. Die Ergebnisse blieben nicht geheim. In einer Zeitungsnotiz hieß es, ein führender bolivianischer Geschäftsmann habe vorgeschlagen, den sich abzeichnenden Coup als »Kokain-Putsch« zu bezeichnen.

Der blutige Umsturz am 17. Juli 1980 ging mit Massenverhaftungen, Folterungen und Morden einher. Mindestens 40 bolivianische Offiziere waren noch vor dem Putsch nach Argentinien gereist, um sich in antisubversiven Techniken unterweisen zu lassen. Der zum Innenminister ernannte Freund Delle Chiaies, Oberst Luis Arce Gomez, von Jack Anderson, dem amerikanischen Kolumnisten, als »Idi Amin der Anden« bezeichnet, ging mit rücksichtsloser Gewalt gegen die Opposition vor[470]. Seine offene Zusammenarbeit mit den bolivianischen Drogenbaronen lag nahe, da sein Vetter Roberto Suarez sich bereits zum größten Rauschgifthändler Boliviens emporgearbeitet hatte. Der Innenminister des neuen Regimes entließ die rechtskräftig abgeurteilten Drogenschmuggler aus den Gefängnissen, um sie für seine paramilitärischen Kampfgruppen zu gewinnen[471]. Die militanten neofaschistischen Kämpfer erhielten von Gomez den Auftrag, unter der Leitung des Ex-Gestapo- und späteren Ex-CIA-Mannes Klaus Barbie den größeren Kokainbossen Boliviens Personenschutz angedeihen zu lassen und zudem den Schutz der Drogentransporte zu sichern. Die Söldnertruppe nannte sich stolz »Verlobte des Todes«. Einer dieser Verlobten, ein deutscher Neonazi, sagte später aus, Delle Chiaie sei zugleich der Verbindungsmann zwischen dem bolivianischen Militär und der sizilianischen Drogen-mafia gewesen[472].

Der bolivianische »Kokain-Putsch« und dessen nationale wie internationale Betreiber und Förderer wurden anläßlich eines Tref-fens des Bundes lateinamerikanischer Antikommunisten in Buenos Aires am 2. September 1980 groß gefeiert. General Suarez Mason war Gastgeber. Anwesend war sein Mitarbeiter Delle Chiaie ebenso wie der zum Regierungschef Boliviens aufgerückte Luis Garcia Meza[473]. Hinzu gesellten sich der Chef der Todesschwadronen von Guatemala, Mario Sandoval Alarcón, sowie dessen Ableger in El Salvador, Roberto d'Aubuisson, der sechs Monate zuvor die Ermor-dung des katholischen Erzbischofs Oscar Romero angeordnet hatte[474].

D'Aubuisson gelang es nun, binnen zweier Monate mindestens 50 Experten der »unkonventionellen Kriegführung« nach El Salvador zu bringen, die dort den Antikommunisten bei der Arbeit helfen soll-ten. Die Ergebnisse des schmutzigen Krieges stellten die Greuel in Argentinien bei weitem in den Schatten[475].

Doch die Zeiten änderten sich auch wieder. Nachdem in Bolivien im Juli 1982 eine zivile Regierung die Geschäfte übernommen hatte, mußte Delle Chiaie das Land verlassen. Er war auf der Flucht vor dem Haftersuchen der italienischen Regierung, die ihn wegen zahl-reicher Terrorakte in Europa vor Gericht stellen wollte. So wich er nach Argentinien aus. Zusammen mit dem später bei dem berühmten Autounfall umgekommenen Abdullah Catli, einem führenden Hero-inhändler der türkischen rechtsradikalen Grauen Wölfe, reiste er nach Miami. 1987 wurde Delle Chiaie von der venezolanischen Ge-heimpolizei DISIP verhaftet. In seinem Apartment fand man Hin-weise auf Verbindungen zum internationalen Drogenhandel und Ter-rorismus. Daß er zuvor drei Jahre lang, obgleich international per Haftbefehl gesucht, in Caracas unentdeckt hatte leben können, spricht für eine gewisse Protektion durch den venezolanischen Geheimdienst[476].

Der andere Kopf der Alianza Anticommunista Argentina, der frü-here militärische Geheimdienstchef und General Suarez Mason, mußte Argentinien verlassen, nachdem die Junta nach verlorenem Falklandkrieg die Macht an eine zivile Regierung abgegeben hatte. 1985 berichtete die italienische Presse, Mason halte sich in Miami

versteckt und sei nun einer der größten Rauschgifthändler Lateiname-
rikas. Mason wurde schließlich im Mai 1988 verhaftet und an Argen-
tinien ausgeliefert, wo er wegen illegaler Zusammenarbeit mit
Rauschgift- und Waffenhändlern steckbrieflich gesucht wurde. Sein
Anwalt Josue Prada wurde einige Monate später in einem großen
Rauschgiftverfahren unter Anklage gestellt, in das auch die Führer
des Medellin-Kartells, Pablo Escobar und José Gonzalo Rodriguez
Gacha, verwickelt waren.

Exportartikel Todesschwadron

Die so wirkungsvolle Verbindung von Rauschgiftfinanzierung und
Terrorsöldnertum des Suarez Mason wirkte sich auch auf die von
US-Präsident Reagan so massiv unterstützten Contras in deren Kampf
gegen die sandinistische Regierung in Nicaragua aus. Ende der siebziger Jahre hatte Suarez Mason mit dem Export von Veteranen des
schmutzigen Krieges in mehrere Länder Lateinamerikas begonnen,
um auch dort die Praxis der Todesschwadronen einzuführen[477]. So bildete Argentinien über 200 guatemaltekische Offiziere in Verhörme-
thoden unter Folter aus. Mit Hilfe israelischer Spezialisten wurde ein
computergestütztes Geheimdienstzentrum in Guatemala geschaffen,
um über das bereits dargestellte Schleppnetzermittlungsprogramm
Promis/Inslaw die Dissidenten des Landes auf Schritt und Tritt verfolgen zu können. Zu diesem Zweck mußte Guatemala erst einmal com-
puterisiert werden. Das Programm wurde aus Mitteln des Drogenhandels bezahlt. Ähnliche Hilfen gab es für Honduras. Die Kombination
von Politik, Drogen, Militär und Geheimdiensten unter steter Einbeziehung von Mitarbeitern oder ehemaligen Stipendiaten der CIA hielt
in allen Ländern Süd- und Mittelamerikas Einzug.
    Natürlich ist zu berücksichtigen, daß alle hier wiedergegebenen
Erkenntnisse oft auf Nachrichten und Hinweisen beruhen, die nicht
selten dem zielstrebigen Ausschalten konkurrierender Drogen- und
Waffenschmugglernetze zu verdanken sind. Kommt es in den Kreisen der organisierten Kriminalität zum Zusammenstoß konkurrierender Interessen, will beispielsweise eine Gruppe eine andere aus
dem Drogengeschäft drängen, liegt es nahe, der Drogenfahndung

entsprechende Hinweise zu geben. Auch kann man einerseits davon ausgehen, daß jede korrupte Staatsführung, die vom Drogenschmuggel oder der Geldwäsche profitiert, alles unternehmen wird, um den störungsfreien Fluß dieser außerordentlichen Einnahmequelle zu sichern. Andererseits werden Militärs in führenden Regierungsfunktionen, die sich über einen längeren Zeitraum mit Hilfe des Drogenhandels korrumpieren lassen, spätestens nach zehn Jahren auf den natürlichen Futterneid der nachwachsenden, schlecht besoldeten Offiziersgeneration treffen, die mit den Hufen zu scharren beginnt, um die Chance des Lebens nicht zu verpassen. Sollte eine drogenkorrumpierte Führungsmannschaft diese Regel mißachten und länger an der Macht bleiben wollen, so wird man in schöner Regelmäßigkeit Hinweise in der internationalen Presse auf die unerhörte Korruption des Regimes finden, die Berichterstattung der amerikanischen Botschaft wird entsprechend negativ ausfallen. In der Bevölkerung wird schließlich Unruhe aufkommen, der amerikanische Kongreß, möglicherweise auch das eine oder andere europäische Parlament werden sich mit dem Sachverhalt beschäftigen und Druck auf Neuordnung der Verhältnisse ausüben.

Vermutlich sorgen bereits die kriminellen Organisationen selbst, seien es die sogenannten Drogenkartelle auf der Anbau- und Veredelungsseite oder die Transporteure und Verteiler in den europäischen und amerikanischen Zentren des Verbrauchs, für eine rechtzeitige Verlagerung auf neue Wege und liefern die bisherigen Komplizen der Strafverfolgung durch die Drogenfahnder aus. In Dutzenden von Staaten stehen von der Staatsführung über das Militär bis zum Großverbrechertum jeweils zahlreiche Aspiranten für den Segen des Drogengeldes zur Verfügung. Aber auch innenpolitische Spiele sind denkbar. So wirkt die Andeutung, daß ein Geheimdienst Material über einen Politiker in der Hand hat, oft Wunder bei dem Betroffenen. Gleiches gilt international. Wer sich über die Außenpolitik meint allzu stark in die inneren Angelegenheiten eines anderen Landes einmischen zu müssen, kann einen Fingerzeig über die Presse erhalten und zum Schweigen gebracht werden, sofern er Dreck am Stecken hat.

Bei den Offenbarungen über die geradezu aberwitzigen Mordpläne der CIA gegen Fidel Castro vermuten Betrachter der Szene, die Absurdität der gewählten Ansätze ergebe nur einen Sinn, wenn man in Betracht ziehe, daß ein interner Kreis innerhalb der CIA die Annäherung der Kennedy-Administration an Kuba habe torpedieren wollen. So sei mit hoher Wahrscheinlichkeit anzunehmen, daß der mit der Ermordung seinerzeit beauftragte Mafia- und Drogenboß Trafficante nach damaligen FBI-Erkenntnissen in ständiger Verbindung mit Fidel Castro gestanden habe, folglich eine Art Doppelagent gewesen sein müsse. Die Beauftragung des Ganoven sei somit vermutlich ein mit Absicht in Szene gesetzter Rohrkrepierer gewesen mit negativen Folgen für den amerikanischen Präsidenten und dessen Kuba-, Vietnam- und Ostpolitik[478].

Drogen als Kraftquell der Kriminalität – Türöffner der Geheimdienste

Ohne hier im einzelnen die minutiösen Recherchen amerikanischer Wissenschaftler und investigativer Journalisten ausbreiten zu können, bleibt doch als Erkenntnis festzuhalten, daß der weltumspannende Rauschgifthandel Geheimdiensten wie der CIA das Eindringen in nahezu alle Staaten der Welt Arm in Arm mit der organisierten Kriminalität ermöglicht[479]. Geheimdienste erhalten so scheinbar unentgeltlich den Zugang zu nahezu jedem bewohnten Ort der Erde, nicht selten sogar in die Schaltzentren der Macht, in die Nähe der Regierenden. Ihnen eröffnen sich damit Quellen der Aufklärung, die sonst nur in den seltensten Fällen durch rechtzeitig, Jahrzehnte im voraus plazierte Spione, durch Korruption und Erpressung und oft nur unter großem materiellem Aufwand zu Lasten der Steuerzahler hätten aufgebaut werden können. Dies mag auch einer der Gründe gewesen sein, daß die CIA wie andere Geheimdienste der USA der von Präsident Carter eingesetzten Kommission zur Erarbeitung neuer Ansätze in der Bekämpfung des Drogenmißbrauchs und Rauschgifthandels, der der US-Außenminister ebenso wie der Generalbundesanwalt angehörten, jeden Zugang zu ihren geheimen Unterlagen verweigerten. Auf Erkenntnisse der Weltbank über die Rolle des Dollars im weltweiten Drogengeschäft angesprochen, gaben die Behörden entweder vor, nichts zu wissen oder warteten mit Lügen auf[480].

Nach den bisherigen Aufklärungsergebnissen muß allerdings davon ausgegangen werden, daß der Drogenhandel nicht nur Türöffner und Verstärker der Durchschlagskraft von Geheimdiensten ist, sondern daß Geheimdienste wie die CIA, aber auch der Mossad sich selbst aktiv am Drogenhandel beteiligen, um die eigenen geheimen und gegen Einflußnahme von außen geschützten Kassen zu füllen und gefüllt zu halten[481]. Die vielen unaufklärbaren und mysteriösen Todesfälle haben vermutlich sehr viel mehr mit Hintergründen des Drogen- als des vergleichsweise weniger anstößigen Waffenhandels zu tun.

Die Jagd auf Drogenabhängige erhöht Gewinne für Dealer und Geheimdienste

Dabei muß man die Rauschgiftbahnen rund um den Globus in ihrer Allmacht und Vielfältigkeit sehen. Grundlegende Voraussetzung für den Kraftstrom der organisierten Kriminalität wie der Geheimdienste sind Verbot und massive polizeiliche wie stafrechtliche Bekämpfung des Drogenkonsums in so gut wie allen reichen Industrieländern der Welt. Nur die Bevölkerung in den Ländern mit hohen Masseneinkommen kann es sich leisten, die astronomischen Preise für das mit vermeintlich hohem Risiko geschmuggelte Rauschgift zu zahlen. Drogenabhängige, die den Stoff nicht aus eigenem Einkommen bezahlen können, finden bei der wohlhabenderen Bevölkerung reichlich Gelegenheit zu Raub und Diebstahl, um sich das Geld für die tägliche Dosis Rauschgift zu beschaffen. In den reichen Industrieländern wie Deutschland dienen 80 Prozent aller Eigentumsdelikte der Finanzierung des Drogengeschäfts. Würden der Drogenbesitz und -konsum entkriminalisiert, könnte mit Rauschgift nicht mehr exzessiv Geld verdient werden, wäre nicht nur der organisierten Kriminalität, sondern in ihrem Gefolge zugleich dem größten Teil der Kleinkriminalität die Grundlage entzogen[482]. Wer über Geld verfügt, ein hohes Einkommen hat, bleibt beim Drogenhandel in der Regel unauffällig. Wer hingegen arm und süchtig ist, gerät schnell in die Fänge der Strafverfolgungsbehörden. Das sind in den USA die Schwarzen, die schlecht ausgebildet werden, kaum Jobs erhalten

und daher leicht den Drogen als Dealer wie als Konsumenten zuspre-
chen. Sie machen zwölf Prozent der Bevölkerung aus, zählen mit 13
Prozent zu den regelmäßigen Drogennutzern. Auf sie entfallen 35
Prozent aller Festnahmen, 55 Prozent aller Verurteilungen wegen
Drogenmißbrauchs und 74 Prozent aller Haftstrafen[483].

Das Rauschgift-Management

Der Bauer in den Anden, in den Hochtälern Afghanistans oder Birmas ist darauf angewiesen, daß die im Frühjahr angebaute Ernte auch
im Herbst mit Gewißheit abgenommen wird. Für einen nicht vorhandenen oder sich nicht erschließenden Markt regt sich keine Hacke.
Ohne gesicherten Absatz für Rauschgifte würden Nahrungsmittel,
für den eigenen Bedarf oder den regionalen Absatz, angebaut werden, zumal die Flächenausstattung der Bergbauern oft nur aus einem
Flecken brandgerodeten Waldes besteht. Wer folglich, wie die französischen Dienste und später die CIA, unter einer entlegenen Ge-
birgsbevölkerung verdeckte Kämpfer für die eigene Sache anwerben
will, der muß den Familien gesicherte Einkommen verschaffen. Tendenziell wird daher eine Geheimdienstorganisation wie die CIA nicht
nur versucht sein, den gesamten Kreislauf von Eingriffen der Drogenfahndung und der Strafverfolgung freizuhalten[484]. Wären zu Zeiten des Vietnamkrieges die Gelder auf dem Rückweg zu den Bauern
durch die Drogenfahndung oder die Aufsichtsorgane für Geldwäsche
eingezogen worden, so wäre auch der Guerillaeinsatz in den Bergen
von Laos, Kambodscha, Vietnam zum Erliegen gekommen. Gleiches
gilt für die Contras in Nicaragua oder jetzt die Rebellengruppen im
Kaukasus.
  Die Aufrechterhaltung der Kampfmoral der für Drogenlords und
Geheimdienste gleichermaßen arbeitenden »Freiheitskämpfer« setzt
folglich zwingend voraus, daß die gesamte Kette geschützt bleibt.
Dazu gehört der Abtransport der Drogenrohmasse zu den Labors/
Raffinerien und dort die Herstellung möglichst reinen Heroins in
den an den Drogenanbau grenzenden Ländern. Dort wird das Aus-
gangsprodukt auf ein Zehntel seines Ursprungsgewichtes unter
Zusetzung zahlreicher Chemikalien raffiniert, die in nennenswertem

Umfang auch aus der Bundesrepublik Deutschland geliefert werden. Von den Labors aus geht es in der Regel weiter per Flugzeug in Dritt- länder, von denen aus die Zentren des Verbrauchs angesteuert wer- den. Dabei wird immer eine Vielzahl paralleler, mehr oder weniger miteinander konkurrierender Handelsstrecken eingeschaltet sein. Aus der Sicht der Rauschgiftstrategen unter den Verbrechermultis wird es darauf ankommen, die Wege in einer gewissen Konkurrenz zueinander zu halten, damit ein Umschalten bei auftretenden Störun- gen jederzeit gewährleistet ist. Nicht selten wird die organisierte Kri- minalität von sich aus auf das rechtzeitige Abschalten ausgetrampel- ter Schmuggelwege drängen, da sonst die Gefahr der Aufdeckung allzu offensichtlich wird.

Dies gilt aus ähnlicher Motivation auch für Geheimdienste, die die Transportkette über die Zentren und Regionen verdeckter Geheim- dienstaktionen laufen lassen, wenn nicht gar den Rauschgiftschmug- gel selbst betreiben, wie das dem langjährigen stellvertretenden Direktor der CIA, Theodore Shackley, und dem stellvertretenden Verteidigungsminister der Reagan-Administration, Armitage, nach- gesagt wird[485]. Zeugen, die gegenüber ihren Verteidigern, vor Ge- richt, in den Medien glaubwürdig darlegen können, sie hätten mit Duldung und im Interesse eines Geheimdienstes gearbeitet, können für die Dienste wie für die Staatsführung gefährlich werden[486]. Die Verbindung muß folglich von Zeit zu Zeit aufgegeben werden. Viele Richter und Staatsanwälte lassen die »CIA-Einrede« als unglaub- würdige Schutzbehauptung eines Schwerverbrechers nicht gelten. Der Geheimdienst wird seinerseits jede Zusammenarbeit leugnen nach dem Grundsatz jederzeit gesicherter Dementierbarkeit[487]. Der Drogendealer wiederum wird sich mit beiseite geschafften Beweis- mitteln und hinterlegtem Wissen zu schützen suchen. Sicher ist nur, daß das Zusammenspiel zwischen Drogenkriminalität und Geheim- diensten aus Sicht der Geheimdienste personell und zeitlich begrenzt gehalten werden muß[488]. Hinter Gittern kann der drogendealende Geheimdienstagent schließlich kaum noch gefährlich werden.

Korruption
bis zur Staatsspitze

Entlang den Drogenrouten pflegt sich die Korruption tief in das politische, administrative, militärische und polizeiliche System hineinzufressen. So steht in einer Reihe von Staaten der Handel mit Rauschgiften grundsätzlich unter dem Schutz der obersten Staatsführung[489]. Dazu gehört der Staatschef selbst, der die höchsten Tantiemen aus dem Geschäft erzielt. Die Chefs von Militär und Polizei, die Chefs der Geheimdienste, die Spitzen der Zollverwaltung und nicht zuletzt in der Regel die Chefs der Behörde zur Bekämpfung des Drogenhandels, die die Ersuchen um Hilfe und Zusammenarbeit der amerikanischen Drug Enforcement Agency oder von Interpol entgegenzunehmen und mit Geschick ins Aus zu leiten haben. Auch die eine oder andere Antiterroreinheit dürfte direkt oder indirekt sich am Drogenstrom zu schaffen machen. Die Korruption pflegt sich bis auf die unterste mit Drogenfragen befaßte Verwaltungseinheit durchzuprägen, wie bereits am Beispiel der Bahamas aufgezeigt, wo der Flughafenwärter von den einfliegenden Drogenmaschinen den Anteil auch für die Staatsspitze mitkassiert und abführt.

Natürlich bieten sich für derartige Durchsetzungsstrukturen weniger demokratisch kontrollierte Staaten als vor allem Diktaturen an. Nur dort kann die Kritik am Vorgehen der Staatsspitze jederzeit unterbunden, die Opposition an der Entfaltung gehindert und das Hereinschwappen kritischer Stellungnahmen aus dem Ausland verhindert werden. Unliebsame Mitwisser können ohne Aufhebens liquidiert oder in Unfälle verwickelt werden. So lassen sich die günstigen Standortfaktoren für eine nachhaltige Ausbeutung des Drogenhandels schaffen. Dabei ist das Militär ein stets außerordentlich leistungsfähiger Verbündeter der Drogenkartelle. Militärs und ihre Einrichtungen und Liegenschaften unterliegen in der Regel keiner oder allenfalls einer oberflächlichen Kontrolle durch die zivile Gewalt. Die Öffentlichkeit bleibt aus den abgeschirmten und bewachten Terrains wirksam ausgeschlossen. Über Dienstgeheimnisse zu plaudern ist seit eh und je strafbar und kann disziplinarisch im Verein mit einer diktatorischen und ebenfalls korrupten Truppengerichtsbarkeit unterbunden werden. Das Militär verfügt über Flughäfen, weitreichendes Fluggerät, unbegrenzte Treibstoffmengen, über eigene Kriegsschiffe, die durchweg von anderen Staatsorganen nicht kontrolliert werden[490]. Die Beziehungen über die Grenzen hinweg zu anderen Streitkräften sind beachtlich, der Zugang zu Wartungseinrichtungen in den Lieferländern des militärischen Gerätes außerordentlich[491].

Solange entlang der Drogenkette ein Interesse etwa eines Dienstes wie der CIA parallel denen eines Teils der Drogenmafia läuft, wie dies in den Jahrzehnten des Kalten Krieges wohl stets der Fall gewesen war, ergeben sich für die Rauschgiftmafia und deren Günstlinge rund um den Globus phantastische, weil risikofreie Bereicherungsmöglichkeiten. Die Gewinnspannen sind der durch geheimdienstliche Abdeckung gewährleisteten Risikofreiheit des Geschäfts zu verdanken. Das volle Risiko trifft nur die Kleinen, die ohne den Schutz die Härte des Verfolgungsapparats der Verbraucherstaaten zu spüren bekommen und zudem nicht selten von den Großen des Geschäfts an die Behörden verraten werden. So können die Hauptströme des Drogenhandels unbehindert ihre Ziele erreichen. Drogenmafia und Geheimdienste stützen sich in ihren jeweiligen Geschäften, und die Strafverfolgung erhält zur Legitimation der lautstarken Antidrogenpolitik ihre jeweiligen Beschlagnahmeopfer. Der Öffentlichkeit kann eine energische Drogenbekämpfung vorgegaukelt werden. Wird das über längere Zeit eingefahrene Rauschgiftsystem für die Kartelle oder die Mafia zum Problem, so wird man die deckenden Regierungen der Bloßstellung und Abdankung preisgeben und auf längst vereinbarte und eingeübte neue Konkurrenzwege übergehen[492]. Das heißt, die Diktatoren, Militärs, Politiker der die Umschlagsplätze sichernden Länder müssen sich in einem bestimmten Zeitraum von schätzungsweise höchstens zehn Jahren so bereichert haben, daß sie den Rest ihres Lebens für sich und ihre Familie und die Stabilisatoren ihrer Herrschaft ausgesorgt haben[493].

Drogenschmuggel und Politik:
Honduras

Wie das System des drogenfinanzierten Terrors für verdeckte Operationen eines Landes wie der USA genutzt werden kann, läßt sich anschaulich an der den Contra-Rebellen in Nicaragua über ein Land wie Honduras durch die Reagan- und darauffolgende Bush-Administration gewährten verdeckten Unterstützung aufzeigen. Honduras war eines der Hauptaufmarschgebiete für die Contras zum Sturz der sandinistischen Regierung, die im wesentlichen aus ehemaligen Angehörigen der Nationalgarde des gestürzten Diktators Somoza aus Nicaragua bestanden. Die honduranische Polizei war zuvor von den Argentiniern in der Kunst der Folter und dem Einsatz von Mordbanden gegen mißliebige oppositionelle Teile der Bevölkerung geschult worden. Ihr Chef war der in Argentinien ausgebildete honduranische Oberst Gustavo Alvarez Martinez.

In jener Zeit blühten militärische Korruption und Drogenhandel. Von Honduras brachten Piloten mit Kleinflugzeugen Infantriewaffen in die Nähe der Einsatzgebiete der Contras, um von dort, unbehelligt von Kontrollen, Drogen in die Südstaaten der USA mitzunehmen. Als der Vertreter der Drug Enforcement Agency in Honduras bei seiner Behörde dringend um Genehmigung einer in die Tiefe gehenden Studie über die Wege des honduranischen Rauschgifthandels einkam, wurde er ersatzlos aus Honduras abgezogen, so daß die Ganoven fortan völlig ungehindert verfahren konnten. Zur gleichen Zeit wurde die amerikanische Botschaft in Tegucigalpa mit über 300 Beschäftigten zu einer der größten Botschaften der USA ausgebaut, was sich allerdings mehr auf der Habenseite der CIA niedergeschlagen haben mag als auf der des State Department. Denn die CIA-Stationschefs lassen nicht selten bei wichtigsten Operationen den örtlichen Botschafter über Ziel, Umfang und Art ihrer verdeckten Operationen im unklaren[494]. Das Verhältnis zwischen beiden Repräsentanten ist daher oft erheblich gestört, wobei die maßgebliche Politik der USA zuweilen eben eher aus dem Weißen Haus über den Präsidenten, dessen nationalen Sicherheitsberater und den verdeckt arbeitenden Vertreter der CIA vor Ort läuft als über das an sich zuständige State Department und den amerikanischen Botschafter im Gastland[495].

Im Fall Honduras bleibt festzuhalten, daß der Einfluß der Argentinier auf die Ausbildung der Polizei- und hier insbesondere der Unterdrückungskräfte in rechtsradikalen Vorstellungen bestand, die sich bereits in Argentinien organisatorisch eng mit dem Drogenhandel verbunden hatten. Auch hier wieder lassen sich im Vorlauf die Einflüsse des italienischen Neofaschisten Delle Chiaie und der Loge P2 sowie deren Anbindung an Geheimdienste und faschistische Terrorkräfte nachweisen, die wiederum im engsten Zusammenhang mit maßgeblichen Vertretern der CIA standen.

Der könnte Lieder singen, die wir lieber nicht hören wollen

Kennzeichnend für die Lage in Honduras war der aus den Einnahmen eines riesigen Rauschgiftgeschäfts finanzierte Mordanschlag auf den seinerzeitigen Staatschef Roberto Suazo Cordova, an dem der honduranische Generalstabschef General José Bueso Rosa beteiligt war. Er wurde später als Mittäter an einer Mordverschwörung von einem US-Gericht verurteilt. Auf Intervention höchster Stellen in Washington fiel die Strafe außergewöhnlich niedrig aus. Oliver North, der Mitarbeiter des Sicherheitsberaters des amerikanischen Präsidenten, übte auf die amerikanischen Justizbehörden Druck aus, um selbst den außerordentlich milden Urteilsspruch noch weiter herunterzuschrauben. In einer Stellungnahme an seinen Vorgesetzten schrieb North, General Bueso Rosa sei der Mann, mit dem vier höhere Regierungsbeamte der US-Administration, North selbst eingeschlossen, Vorkehrungen für den Nachschub, die Ausbildung und andere Hilfsmaßnahmen für die Contras vereinbart hätten. Wenn Bueso sein Schweigen über die Contras in Nicaragua und andere empfindsame Operationen aufgebe, könne er »Lieder singen, die wir lieber nicht hören wollen«, warnte Oliver North in seiner Vorlage an Admiral Pointdexter, den Sicherheitsberater Präsident Reagans[496].

Der ehemalige amerikanische Botschafter in Costa Rica, Francis McNeil, zog aus den außerordentlichen Bemühungen der Reagan-Administration, den Fall herunterzuspielen und das Strafmaß weiter abzumildern, den Schluß, daß ein Bezug zum Rauschgiftgeschäft nicht auszuschließen sei. Der für die amerikanische Politik wertvolle General durfte seine Strafe schließlich verhältnismäßig unbelästigt auf einem militärischen Gelände der amerikanischen Streitkräfte in Florida absitzen.

Der andere Tatbeteiligte an dem Mordkomplott gegen den Staatspräsidenten war der internationale Waffenhändler Gerard Latchinian. Latchinian, wie General Bueso Rosa unter Drogenhändlern als ein Mann bekannt, der für einen bestimmten Preis dem Drogenhandel in Honduras Sicherheit vor Verfolgung verschaffen konnte, hatte ebenfalls Verbindungen zu den Contras und deren unmittelbaren Helfern. In Nicaragua hatte Bueso Rosa der CIA geholfen, Nachschub und Schulungspersonal für die Rebellen bereitzustellen. Latchinian war der frühere Geschäftspartner von Felix Rodríguez, der den Contra-Nachschub aus El Salvador besorgte. Sein Partner war der israelische Waffenhändler Pesakh Ben Or aus Guatemala, der gleichfalls Waffen an die Contras lieferte.

Der Mordanschlag auf den honduranischen Präsidenten war aufgeflogen, nachdem die beiden Verschwörer gleich mehrfach dem FBI in die Falle gegangen waren. Zum einen beschlagnahmten FBI-Agenten am 28. Oktober 1984 auf einer entlegenen Landebahn in Florida 763 Pfund Kokain im Wert von zehn Millionen Dollar, Großhandelspreise unterstellt. Zum anderen versuchten die Verschwörer ein Mörderteam mit dem Anschlag auf den Staatschef anzuheuern. Als Entlohnung wurden 300 000 Dollar geboten, dazu 20 Pfund Heroin, ein Jet und diverse High-Tech-Waffen. Doch die Partner für den Auftragsmord erwiesen sich als verdeckte Ermittler des FBI in Gestalt zweier ehemaliger U.S. Army-Kommandoführer.

Das Kokain zur Mitfinanzierung des Anschlages stammte vom Polizeichef in Honduras, der einen der Verschwörer um Rat gefragt hatte, wie man mehr als eine Tonne Heroin in die USA transportieren und dort absetzen könne. Der israelische Waffenhändler Ben Or wiederum war der Kompagnon des mit dem späteren Staatschef Noriega von Panama im Waffen- und Drogengeschäft zusammenarbeitenden Mike Harari, ehemals dritter Mann des israelischen Geheimdienstes Mossad, der angeblich in Ungnade gefallen war wegen der irrtümlichen Liquidierung eines palästinensischen Kellners in Lillehammer, Norwegen, den er mit Ali Hassan Salameh, einem der Planer des

Attentates auf die israelische Nationalmannschaft bei den Olympischen Spielen 1972 in München, verwechselt hatte[497]. Ari Ben-Menashe, der israelische Geheimdienstmann, schreibt in seinem Buch *Profits of War; Inside the Secret U.S.–Israeli Arms Network,* Ben Or habe in Guatemala unter maßgeblicher Einbeziehung eines Deutschen namens Manfred Herrmann dafür gesorgt, daß das Promis/Inslaw-Computerprogramm zur Ausforschung und Aufspürung unerwünschter Oppositioneller eingeführt wurde und damit nicht nur der guatemaltekischen Regierung, sondern auch dem Mossad jederzeit zum Mitlesen Einblick in Aufenthaltsort und Aktivitäten oppositioneller Kräfte gegeben. Ähnliches darf man für Panama unterstellen, wo der Partner Mike Harari als ehemaliger Mossad-Mann ja auch an der Ausbildung von Todesschwadronen nicht nur für den Bedarf Panamas, sondern ganz Lateinamerikas und darüber hinaus beteiligt war.

Die Firma Sedra des Deutschen Manfred Herrmann in Guatemala wiederum war eine Vertretung der israelischen Waffenhandelsfirma ORA, Herrmann selbst stand in Verbindung mit einem Baldur K. Kleine, der von Maitland in Florida aus ganz Lateinamerika mit Waffen belieferte[498]. In das Bild des Drogen-Waffen-Geheimdienstkonglomerates paßt die Nachricht, daß Hercules-Transportmaschinen der israelischen Luftwaffe in großen Paketen Drogen aus Fernost nach Panama geflogen haben sollen, die von Harari weiterverteilt wurden[499].

Wundersames Eindringen mitten in die USA

Geht man der Transaktionskette des globalen Rauschgifthandels von den Labors der Kokain- und Heroinraffinierung weiter nach, so stößt man auf die Transportrouten über bestimmte Drittstaaten, von denen aus der Transport in die USA oder auch nach Europa abgewickelt wird. Dazu gehören die Staaten des mittelamerikanischen Raumes, nicht zuletzt das an die USA angrenzende Mexiko. Von dort läßt es sich unter Einbeziehung von Korruption in den USA über die lange Grenze nahezu ungehindert bis zu den Zentren des Endverkaufs an die Drogensüchtigen vordringen[500] – ob nun Landebahnen in Florida oder weiter im Inneren, etwa in Arkansas, angesteuert werden. Überall fällt eine merkwürdige Zurückhaltung der Kontrolle in Verbindung mit geheimdienstlichen Aktivitäten zur Unterstützung der Contras auf[501]. Auch politische Hintergründe werden immer wieder eine Rolle spielen. So sind die inzwischen eingebürgerten Exilkubaner auf Florida eine für die innenpolitische Landschaft der USA wichtige Gruppierung geworden, deren Führung aus wahltaktischen Gründen nicht herausgefordert werden darf, die aber auch unbehelligt bleiben muß, weil aus den Gewinnen des Drogen- und Geldwäschegeschäftes Staatsstreiche, Anschläge und Guerillaaktionen nicht zuletzt gegen Fidel Castro finanziert werden[502]. Diese exilkubanischen Gruppen wiederum verbinden sich in ihren kriminellen Elementen über das ganze Land mit Teilen der organisierten Kriminalität, zum Beispiel dem kriminellen Teil der Transportarbeitergewerkschaft und der regionalen Mafia. Andererseits hält auch das FBI seine Verbindung zum organisierten Verbrechen, um Informanten zur Aufklärung von Straftaten in der Szene selbst zu gewinnen.

Natürlich entspricht die Intervention der CIA zugunsten bestimmter Personen im Drogenhandel nicht primär dem Wunsch, den Drogenhandel in den USA zu fördern, wie neuerdings ein Vorwurf insbesondere aus Kreisen der schwarzen Bevölkerung etwa in Los Angeles unterstellt. Doch eine Duldung ist unabdingbar, will die CIA nicht ihre vom Drogengeld lebenden Söldner, sei es in den Bergen Afghanistans, den laotischen Gebirgsregionen oder in Gestalt der Waffen transportierenden Flugzeugpiloten nach Nicaragua, verlieren. Schließlich lassen sich Länder der Dritten Welt bereitwillig für den Drogenhandel einspannen. Ein mexikanischer Präsident, der sich in den sechs Jahren seiner Amtszeit am Rauschgifttransit in die USA durch Abgaben der Drogenmafia bereicherte oder seinen Wahlkampf finanzieren ließ, kann sich anschließend mit mehreren Milliarden Dollar Gewinn im Ausland zur Ruhe setzen und damit den Unterhalt für den Rest seines Erdenlebens bestreiten. Auch lassen es sich Geldanlageunternehmen, wie Dow Jones in New York, nicht nehmen, derart potente Ratgeber nach Ablauf ihrer Amtszeit in den Kreis ihrer Manager aufzunehmen, wie es dem letzten unter erdrückendem Verdacht des Rauschgifthandels wie der Unterschlagung von Ölgeldern stehenden mexikanischen Präsidenten Salinas gelungen ist[503]. Während der Amtszeit eines derart korrupten Präsidenten kann es kein Zufall sein, daß ein rauschgiftkorrupter Beamter zum Chef der mexikanischen Drogenbekämpfungsbehörde ernannt wird oder ein nicht minder korrupter Beamter zum Chef der Gerichtspolizei, vom Militär ganz zu schweigen. Sollte ein Spitzenpolitiker eines solchen Transitlandes es wagen, gegen den jährlich 100 Milliarden Dollar schweren Drogenhandel vorzugehen, die Kooperation mit den Drogenhändlern aufzukündigen und der politischen Szene die Einnahmen verweigern zu wollen, so dürfte seine Amts- oder Lebenszeit ihr schnelles Ende finden.

Bargeldwäsche mit beigemengten Falschgeldern

Die Technik der Wäsche von Bargeld ist eine Kunst für sich. Zunächst ist die Anlieferung großer Bargeldmassen ein stets verdächtiger Vorgang. Alle Veranstaltungen und Einrichtungen, die traditionell mit kleiner Münze bezahlt zu werden pflegen, eignen sich zur Geldwäsche. Gaststätten, Großveranstaltungen, Kinos, Hotelketten, Spielhöllen, aber auch Staatseinnahmen, die in Form von Bargeld, zum Beispiel zur Straßenmaut, zur Begleichung von Visagebühren und dergleichen, bezahlt werden.

In Containern und Flugzeugladungen antransportierte Geldmassen müssen zunächst gezählt werden. Dies geschieht in der Regel mit Zähl- und Wiegeautomaten. Sie werden selbst in Ländern der Dritten Welt trotz extrem preiswerter Handarbeit in großem Umfang eingesetzt. Menschliche Mitwisserschaft bedeutet Gefahr, die durch Automaten vermieden werden kann.

Die Kehrseite beim Einsatz von Automaten ist, daß er Geldfälschern ideale Arbeitsbedingungen bietet. Würde man dem Bargeld aus dem Verkauf von Drogen einen beachtlichen Teil Falschgeld beimengen, so wäre dies nahezu nicht zu erkennen[504]. Das Thema ist insofern von einer gewissen Brisanz, als es leistungsfähige Geheimdienste gibt, die sich auf das Fälschen von Geldnoten jeglicher Währung verstehen[505]. Der Dollar gehörte bislang zu den am leichtesten zu fälschenden Noten. Und eine technisch perfekte Ausstattung vorausgesetzt, können zum Beispiel gefälschte Dollarnoten der obersten Qualität allenfalls von zwei bis drei Notenbanken auf der Welt mit Aussicht auf Erfolg als Blüten erkannt werden. Da sich insbesondere in den Ländern der ehemaligen Sowjetunion, aber auch solchen der Dritten Welt, Unmassen gefälschter Dollarnoten als Zahlungsmittel im Umlauf befinden, Zweigbanken der großen internationalen Banken jedoch sehr häufig diese Banknoten unerkannt in andere Währungen umtauschen, würden bei einer erfolgreichen Mitarbeit zur Erkennung von Fälschungen die Mutterbanken unter Umständen letztlich selbst auf größeren Beträgen gefälschter Dollarnoten sitzenbleiben. Aus diesem Grund wird der Wille zur Zusammenarbeit mit den Fahndern nach Falschgeld oft nur sehr unzureichend in die Tat umgesetzt. Von der Gestapo ist bekannt, daß sie Dollar- und Pfundnoten in großem Umfang gefälscht hat, unter anderem mit dem Ziel, den Wert der britischen Währung zu untergraben. KGB und Staatssicherheitsdienst der DDR wird man die Fähigkeit zum Drucken und Einschleusen von Falschgeld ebenfalls zutrauen können. Auch die USA selbst sollen in Ländern der Dritten Welt Agenten zum Teil mit gefälschten Dollarnoten bezahlt haben[506]. Die Dienststelle der DEA in Nicosia, die mit der Geheimdienststation der amerikanischen Botschaft in Athen eng zusammenarbeitet, hat nach Beobachtungen des DIA-Agenten Coleman riesige Mengen gefälschter Dollarnoten zum Aufkauf von Drogen in Europa, den USA und Mexiko eingesetzt. Die Banknoten soll die Dienststelle der DEA in Nicosia über Monzer Al Kassar bezogen haben[507].

Dem Schah-Regime haben die USA deutsche Notenpressen zum Drucken fremder Banknoten geliefert, mit denen bei Verwendung der entsprechenden Papiere Banknoten anderer Währungen nahezu ununterscheidbar hergestellt werden können. Da es aus ökonomischen Gründen keinerlei Anlaß gegeben haben dürfte, ausgerechnet dem mit Öleinnahmen gesegneten Schah-Regime mit dem Druck fremder Währungsnoten Einnahmen zu verschaffen, eine Notenpresse zudem aus deutscher Fertigung zur Verfügung zu stellen, ist eher davon auszugehen, daß geheimdienstliche Hintergründe eine Rolle gespielt haben. Möglicherweise konnte man sich so bei Einhaltung des Grundsatzes, jederzeit glaubwürdig leugnen zu können, beim Partnerdienst die erforderliche Menge an Blüten abholen. Es wäre auch nicht verwunderlich, wenn Fachleute der ehemaligen

Stasi, wie in den USA vermutet wird, sich dem jetzigen Revolutions-Regime zur Verfügung stellten, um die Qualität der Blüten auch künftig zu sichern. Daß damit Verzerrungen im Währungsgefüge etwa der USA hätten herbeigeführt werden können, Traum jedes auf Destabilisierung des gegnerischen Währungs- und Wirtschaftssystems angelegten verdeckten Kampfes eines Geheimdienstes, erscheint angesichts des im Vergleich zum Bargeld soviel umfangreicheren Umlaufes an Buchgeld ausgeschlossen[508]. Wenn jedoch in der amerikanischen Presse auch heute noch Anregungen erscheinen, man möge doch im Kampf gegen ein unerwünschtes Regime zum Mittel der Banknotenfälschung greifen, so kann man daraus schließen, daß das Thema in Hinterköpfen virulent bleibt und nicht an den Haaren herbeigezogen erscheint[509].

Kriminelle Gelder und das internationale Finanzsystem

Wenn es allerdings zutrifft, daß das Volumen des internationalen Rauschgiftgeschäftes Jahr für Jahr eine dreistellige Milliarden-Dollar-Summe ausmacht, wenn die weltweiten Einnahmen der transnationalen organisierten Kriminalität bereits die Summe von 1 000 Milliarden Dollar erreichen[510], dann wirft das auch Fragen nach dem Einfluß auf das Weltwirtschaftsgefüge, auf die Wechselkurse unter den Währungen und deren Beeinflussung unter anderem durch die Masse an hoch flüchtigen, Anlage suchenden Geldern kriminellen Ursprungs auf[511]. Aus der Tatsache, daß zum Beispiel die Familie Ochoa mit ihrem Einkommen aus dem Drogengeschäft auf den 14. Platz der reichsten Familien dieser Erde gemessen an den Kriterien der amerikanischen Zeitschrift *Forbes* aufsteigen konnte[512], kann man ermessen, in welcher Größenordnung allein aus Drogengeschäften stammende Gelder weltweit Anlagemöglichkeiten suchen und wie begehrt diese Kundschaft für Banken und Anlageberater in New York, London, Hongkong, Frankfurt, Singapur, Genf oder Tokio sein mag[513]. Die amerikanische Politik der Reagan-, Bush- und Clinton-Administrationen hat dem Drogengeld letztlich nur noch pro forma Hindernisse in den Weg gelegt, in Wirklichkeit ist auch dort

»dereguliert« worden, um den Strom des Geldes an den eigenen Bankzentren nicht vorbeigleiten zu lassen[514].

Der gemessen an der Kaufkraft geradezu absurd übersteigerte Kurs des Schweizer Franken zu einem Großteil der Weltwährungen, insbesondere dem Dollar, wird mit Sicherheit in hohem Maße damit zusammenhängen, daß die Schweiz bislang der begehrte Endlagerungsort für illegal angehäufte Vermögen rund um den Globus darstellt. Drogenhändler, Waffenhändler, korrupte Politiker, Beamte, Militärs, Steuerhinterzieher, Geheimdienste[515], alle bedienen sie sich der Endlagerungsmöglichkeit ihres weiß gewaschenen Geldes auf einem Schweizer Nummernkonto, das ihnen die gewünschte Anonymität und Sicherheit beim Umgang mit dem ergatterten Vermögen sichert, vorausgesetzt, die Bespitzelung durch amerikanische Dienste aus dem Weltraum oder durch das Software-Tor via PC und Modem im Falle des Mossad hat nicht inzwischen auch die Schweizer Banktresore gläsern und die Geldanleger erpreßbar gemacht[516]. Auch das Wechseln aus dem Dollar in die D-Mark soll zuweilen illegal erworbene Vermögen dem Zugriff etwa der amerikanischen Drogenfahndung oder der Bankenaufsicht entziehen.

Denkt man mehr in wirtschaftlichen und politischen Kategorien aus Sicht eines amerikanischen Geheimdienstes, der ja auch das Wohlergehen der amerikanischen Volkswirtschaft im Konkurrenzkampf mit den Herausforderern in Europa und noch mehr in Asien zu beeinflussen die Aufgabe hat, so böte sich zur Niederhaltung ausländischer Konkurrenz an, Narco-Dollars ebenso wie die zahlreichen anderen kriminellen und zweifelhaften Geldströme[517] gezielt und kontinuierlich in eine andere Währung wie die D-Mark gleiten zu lassen, um dadurch deren Wert und damit die Exportpreise bis hin zur Konkurrenzunfähigkeit nach oben manipulieren zu können. Einige Indizien deuten in der Tat in diese Richtung[518]. So wurden in den letzten Jahren Dollarexporte in den D-Mark-bestimmten Wirtschaftsraum Europas künstlich verbilligt und Importe von dort in den Dollar-Wirtschaftsraum, das heißt im wesentlichen USA, Kanada, Lateinamerika und Asien, künstlich verteuert. Im Fahrzeugbau, insbesondere aber in der Flugzeugindustrie, kann dies von entscheidender Bedeutung sein, auch im Bereich der Waffenindustrie oder des Computerbaues. Kurzum, die Zukunftsträchtigkeit ganzer

Industriezweige kann in einem Erdteil wie Europa entmutigt und im Dollar-Raum ermutigt werden.

Die CIA hat sich bereits in den siebziger Jahren und mit besonderem Schwerpunkt nach dem Ende der Ost-West-Konfrontation die Auseinandersetzung um die wirtschaftliche Vorherrschaft in der Welt zur Aufgabe gemacht[519]. Neben der inzwischen breit angelegten Wirtschaftsspionage und Spionagebekämpfung würde sich das Feld weltweiter Währungsspekulation für oder gegen ein als Konkurrenz empfundenes Land mit Hilfe auch der Unmassen krimineller Gelder als Betätigungsfeld für einen global um die Vorherrschaft kämpfenden Geheimdienst anbieten[520]. Das Know-how der weltweiten Geldanlage sitzt in den Brokerbüros in New York, mit Sicherheit auch in London und den asiatischen Geldzentren wie Tokio oder Hongkong[521]. Zwischen den amerikanischen, aber auch israelischen Diensten und den großen Brokerhäusern bestehen nicht selten enge, auch personelle Verbindungen[522]. So wurden große Teile der Geheimdienstfonds aus den israelisch-amerikanischen Waffenverkäufen über das Brokerhaus Drexel Burnham gewaschen und angelegt, das aufgrund dieser Einlagen wiederum sogenannte Junk Bonds aufkaufen konnte, Staatsanleihen aus Ländern der Dritten Welt, die am Rande des Staatsbankrotts entlangschrammten und deren Schuldtitel nur geringe Chance auf Rückzahlung boten. Die Papiere waren folglich spottbillig. Doch über die gezielte Bestechung führender Politiker der Dritten Welt, zum Beispiel via BCCI Bank, gelang dann oft die von dem uneingeweihten Marktbeobachter nicht zu erwartende Rückzahlung gerade dieser Schuld[523]. Andererseits leitete der israelische Likud die via Drexel Burnham gewaschenen Gelder über einen rechtsradikalen Rabbi im New Yorker Stadtteil Brooklyn, der damit die auf den Friedensprozeß in Nahost keine Rücksicht nehmende jüdische Landnahme in den besetzten Gebieten fördern und nebenbei so auch die Wählerschaft des Likud in Israel mehren konnte[524]. Zum Zusammenbruch des New Yorker Brokerhauses führte schließlich der innerisraelische Streit mit der orthodoxen Partei, die einen anderen Weg des Geldes für ihre Zwecke durchsetzen konnte.

Da sich Geheimdienste zur Durchsetzung ihrer Ziele auch innerstaatlich nicht an die allgemeinen Vorschriften des Bankenverkehrs zu halten haben, liegt die Nutzung eines geheimdienstbedingt strafverfolgungsfreien Insiderhandels nahe[525]. Von daher mag es nicht verwundern, wenn der langjährige Chef der CIA unter Reagan und Bush zuvor Chef der amerikanischen Wertpapieraufsicht gewesen war und sein Geld unter anderem in Unternehmen angelegt hatte, die wiederum in den Genuß streng geheimer CIA-Aufträge gelangt waren[526]. Darüber hinaus sitzen CIA-Vertreter als Verbindungsoffiziere im Finanzministerium und sorgen dafür, daß Beobachtungen von Gesetzesverstößen etwa im Wertpapierhandel mit Partnern, die für die CIA arbeiten, nicht weiterverfolgt werden[527]. Zusammen mit dem Wissen um Herkunft und Übertragungswege des weltweit Anlage suchenden Geldes bietet dies eine vorzügliche Möglichkeit, das Auf und Ab an sämtlichen Börsen zu beeinflussen, Insidergeschäfte anzustoßen und auch den Dollarkurs etwa so zu steuern, daß die Konkurrenten aus Europa und Asien in den zukunftsträchtigen Technologiefeldern niedergehalten werden können.

Doch zurück zum Thema der weltweiten Geldwäsche. Von den Ansatzmöglichkeiten her könnte die Bekämpfung der Geldwäsche durchaus erfolgversprechend sein und dem Drogenhandel von seiner Endstation her die Gewinnträchtigkeit nehmen. Überall dort, wo auf der Welt bei Banken lokal oder regional ein Bargeldüberangebot entsteht, dessen sich die Banken durch Weitergabe an die nationale Zentralbank und diese wiederum durch Weitergabe an die amerikanische Federal Reserve entledigen will, um eine Gutschrift zur globalen Verwendung im Bankgeschäft zu erhalten, könnte angesetzt werden. Es könnten bei anhaltendem Bargeldüberschuß Einzelnachweise verlangt werden[528]. Das Geschäft des Geldwaschens könnte zu einer rufschädigenden Angelegenheit der ins Gerede kommenden Bank werden, so daß die Banker von selbst Abstand nehmen. Doch genau dieses wird nicht einmal ansatzweise versucht. Alle Raffinesse wird auf immer neue Konstruktionen der Irreführung der nationalen Bankaufsichten verwandt, sofern diese nicht längst zum augenzwinkernden Komplizen der Geheimdienste gemacht wurden[529]. Auf jeden Fall halten sich die Zentralbanken mit bankeigentümlicher Diskretion zurück[530]. Man kann sich den Zynismus der mit den jeweiligen nationalen Geldwäschegesetzen belästigten Bankenwelt vorstellen, wenn amerikanische Banker zu Protokoll geben, die beste Möglichkeit, Geldwäsche (auf kleiner Ebene) zu verschleiern, sei die amtlichen Formulare bei Bargeldtransaktionen über 10 000 Dollar

wahrheitsgemäß auszufüllen. Die Zigtausende von täglich ausgefüll-
ten Anzeigeformularen könnten von den Behörden aus Personalman-
gel niemals ordentlich bearbeitet werden, blieben folglich unerledigt
liegen[531].

Im übrigen werden die Varianten der Geldwäschetechnik täglich
erweitert, verändert und vor allem so globalisiert, daß nationale Verfolger, auf sich allein gestellt, keinerlei Chance haben[532]. So vermittelte eine Tochter der BCCI Bank Verträge über Futures, über Waren-
mengen zu bestimmtem Preis und Zeitpunkt. Im Geldwaschvorgang
wurden nun von den beteiligten Unternehmen über die gleiche
Warenmenge sowohl Kauf- als auch Verkaufsaufträge zum leicht dif-
ferierenden Preis und gleichen Zeitpunkt erteilt[533]. Über Schachtel-
konstruktionen ist die Identität von Verkäufer und Käufer nicht zu
ermitteln. Der Verlust des einen ist der Gewinn des anderen. Und
wenn beide Parteien mit der geldwaschenden Organisation oder Person identisch sind, entsteht keinerlei Verlust. Die Geldwaschgebühr
besteht dann in den Tantiemen der vermittelnden Broker. Auf
Anweisung wird das Geld, über 30 internationale Brokerbüros aufgeteilt, über die Banktresen der Welt ausgezahlt, darunter zum Beispiel
Merill Lynch oder Prudential Bache in Tokio. Allein über die sogenannten Futures konnte so Geld im Umfang von 90 Milliarden Dollar
verdeckt gewaschen werden[534].

10

Terroristen als Werkzeug psychologischer Kriegführung

BCCI: Bank für Drogenhandel, Terroristen und Geheimdienste

Auf der Suche nach den Methoden und Ansatzpunkten für verdeckte Handlungen der Geheimdienste, insbesondere der Supermacht USA, stößt der Beobachter stets auf ähnliche Grundmuster mit deren institutionellen, methodischen und personellen Verflechtungen. Die Operationen, in jeweils 50 Ländern gleichzeitig ablaufend, sind zwar mehr oder weniger raffiniert angelegt, greifen jedoch in Konzeption und Durchführung auf ein Baukastensystem zurück. Dies ergibt sich unter anderem aus der Betrachtung einer weiteren Bank, die sich mit Schwerpunkt der Geldwäsche verschrieben hatte und die in einem der größten Finanzskandale unterging: Die Bank for Credit and Commerce International (BCCI). An ihrem Fall kann ebenso wie schon bei der oben besprochenen Nugan Hand Bank die Technik des Systems anschaulich gemacht werden. An den Aktivitäten der Bank waren Terroristen der Abu-Nidal-Gruppe, die CIA, die Geheimdienste Saudi-Arabiens und Pakistans beteiligt. Die Bank beschäftigte sich im Schwerpunkt mit den Geldtransaktionen von rund 3 000 Drogen- und Waffenhändlern, Terroristen und Geldwäschern. Da eine nationale Bank diese Aufgabe perfekt nicht hätte leisten können, erfand man ein internationales Bankgebilde, das in Ländern mit einem großen Aufkommen krimineller Gelder Zweigbanken errichtete, die sich der Bankenaufsicht einzelner Nationen weitgehend entziehen konnten[535]. Über diese Bank erhielten dann die Kämpfer in Afghanistan, die muslimischen Fundamentalisten der arabischen Staaten und Terroristen ihre geheimdienstlichen Zuwendungen[536]. Die Bank wurde von einem pakistanischen Banker zusammen mit dem ehemaligen Chef des saudischen Geheimdienstes gegründet und zu einem sehr bald weltumspannenden, insbesondere die Länder der Dritten Welt einbeziehenden Netzwerk von Zweigbanken ausgebaut. Unter Mithilfe eines in fast allen Nachkriegsregierungen der USA in Funktionen des Sicherheitsmanagements tätigen früheren amerikanischen Verteidigungsministers und jetzigen Anwalts in Washington kaufte die Bank an der amerikanischen Bankenaufsicht vorbei und diese bewußt täuschend eine amerikanische Bank auf, die im Einzugsgebiet der Bundeshauptstadt Washington die Gehaltskonten einer großen Zahl von Regierungsangehörigen führt[537]. Auch die CIA wickelte einen erheblichen Teil ihrer geheimen Geldoperationen über die Bank ab. Ein beachtlicher Teil des Bankumsatzes entfiel auf Operationen der Geldwäsche der in den Zweigstellen Miami und Panama angelieferten baren Rauschgiftdollars[538]. Zum Waschvorgang gehörte die körperliche Einzahlung des Geldes in Panama bei gleichzeitiger elektronischer Buchung auf ein Konto in London, wobei die Bank selbst ihren Geschäftssitz in Luxemburg hatte. Von London lief das Geld dann über Bankenketten weiter, bis es unter Zwischenschaltung von Scheingeschäften letztlich blütenweiß in Luxemburg oder in der Schweiz diskret zur jederzeitigen Verfügbarkeit per Nummernkonto bereitgestellt wurde[539].

Terrorist Abu Nidal als Vermögensberater der Ölscheichs

In einer Abteilung der Bank in London arbeitete der Terrorist Abu Nidal. Seine Aufgabe war die spezielle Vermögensberatung ausgewählter Depots aus den reichen Ölstaaten. Vom Staate Kuwait erhielt Nidal 1987 zur Zeit des Golfkrieges einen Betrag von 60 Millionen Dollar überwiesen. Informelle Mitarbeiter einer BCCI-Filiale in London berichteten den britischen und amerikanischen Diensten laufend über die Vorgänge[540]. Per Zufall oder auch mit Hintergedanken wurde Abu Nidal von einem französischen Terroristenfahnder auf einem Bild einer Illustrierten entdeckt und geoutet[541]. Mit der Gruppe des Abu Nidal eng zusammen arbeiteten der schon mehrfach erwähnte Monzer Al Kassar und seine Brüder aus der syrischen Waffen- und Drogenhändlerfamilie mit Freundschaftsbanden zum syrischen Geheimdienst und dem Präsidentenpalast in Damaskus[542], aber auch Verbindungen zur CIA.

Monzer Al Kassar, die CIA
und die polnischen Kompagnons

Monzer Al Kassar vertrieb über seine Wiener Firma Alkastronic Waffen in den Iran, nach Afghanistan und zu den Contras in Nicaragua und dies im Zusammenspiel mit den USA, vor allem unter Einbeziehung der Gruppe um den stellvertretenden Sicherheitsberater des amerikanischen Präsidenten, Oliver North, der wiederum Chef der Terroristenbekämpfung im Weißen Haus war. Im Wiener Handelsregister waren neben Monzer Al Kassar zwei Angehörige des kommunistischen polnischen Geheimdienstes eingetragen. Die Drogengeschäfte allerdings oblagen wohl eher arbeitsteilig dem Bruder Ghassan, der in Zusammenarbeit mit dem syrischen Geheimdienst seine Geschäfte aus dem syrisch besetzten libanesischen Bekaa-Tal betrieb. Ghassan, der mit der Tochter eines Generals der ehemals bulgarischen Volksarmee verheiratet ist, lebte zeitweise in Sofia und konnte folglich von einem Land des Ostblocks aus seine Geschäfte mit den westlichen Industrienationen betreiben. Man sieht auch hier wieder die allseitige Nähe der verschiedensten Geheimdienste aus West und Ost bei der Nutzung von Rauschgift, Waffenhandel und Terrorismus als Medien der Beförderung geheimdienstlicher Zwecke über Blockgrenzen hinweg[543]. Doch auch hier blieben Pannen, die den Blick auf Terror- wie Geheimdienstszene schärfen helfen, nicht aus.

Verdeckte Herointransporte
und die Lockerbie-Katastrophe

Wenngleich es zahlreiche Anhaltspunkte gibt, daß der Absturz des Boeing-Jumbos PanAm 103, *Maid of the Seas,* über dem schottischen Lockerbie kurz vor Weihnachten 1988 mit über 200 Passagieren an Bord mit den Drogentransporten des Monzer Al Kassar zu tun haben könnte, steht ein endgültiger Beweis immer noch aus. Die Angehörigen der dem Terroranschlag ohne Ausnahme zum Opfer gefallenen Fluggäste warten bis heute ebenso auf eine überzeugende Aufklärung des Unfalls wie auf ihre endgültige Entschädigung, weil immer noch nicht feststeht, wer für den Absturz der Maschine letztendlich haftet, die Fluggesellschaft wegen mangelnder Kontrolle der Gepäckabfertigung auf dem Flughafen Frankfurt beziehungsweise Heathrow oder die amerikanische Regierung wegen Duldung einer jahrelang geheimgehaltenen Drogenoperation, die die Gebrüder Al Kassar im Zusammenspiel mit den amerikanischen Behörden CIA und DEA sowie dem deutschen Bundeskriminalamt in Wiesbaden betreiben konnten. Auch die Weitergabe von Warnungen an Bedienstete amerikanischer Behörden, nicht jedoch an die übrigen Flugpassagiere, spielt eine gewisse Rolle[544]. Die Einzelheiten sind zutiefst umstritten. Nicht umstritten ist die Tatsache, daß über die PanAm-Verbindung Frankfurt über fünf Jahre lang eine Drogenlinie der amerikanischen Drogenfahndung (DEA) oder auch der CIA lief, unter der Vorgabe, auf diesem Wege den Drogenverteilernetzen in Chicago und anderen Städten der USA auf die Spur zu kommen. Diese Operation, die im Wege des regelmäßigen Vertauschens echter Pilotenkoffer gegen identisch aussehende Drogenkoffer im Mannschaftsraum der PanAm in Frankfurt abgelaufen sein soll, könnte, so die Vorstellung, von den Terroristen aufgeklärt und für eigene Zwecke, das Einschleusen eines Bomben- statt des erwarteten Drogenkoffers, mißbraucht worden sein. Statt des Drogenkoffers wäre demnach ein Koffer mit einem umfrisierten Radiogerät verladen worden, in das wiederum der Sprengstoff mit Zeitzünder eingebaut gewesen sein könnte. Die Vertauschung der Koffer soll auf Videofilm aufgenommen worden sein. Das BKA soll die Niederlassung Frankfurt der CIA rechtzeitig auf auffällige Besonderheiten des Koffertausches hingewiesen haben, von dort jedoch die Anweisung erhalten haben, nichts weiter zu unternehmen. Das gleiche Bundeskriminalamt hatte wenige Tage zuvor 16 Angehörige der palästinensischen Terrorgruppierung PFLP-GC in einem Versteck in Neuss gestellt, durchsucht und Bombenmaterial sichergestellt, die Gruppe jedoch bis auf ein Mitglied wieder auf freien Fuß gesetzt[545]. Der Anschlag auf das PanAm-Flugzeug soll von dieser Gruppe unmittelbar vorbereitet worden sein[546].

Bei dem Unglück kam der ehemalige Privatsekretär Olof Palmes um, dessen Privatwohnung ebenso wie die Diensträume samt Safes bei der UNO nach dem Bekanntwerden des Absturzes und der Passagierliste durchsucht worden sein sollen. An Bord der abgestürzten Maschine war auch eine Mannschaft der CIA, die im Libanon den Auftrag hatte, die Aufenthaltsorte amerikanischer Geiseln, darunter des CIA-Residenten in Beirut, Buckley, ausfindig zu machen und Maßnahmen zur Befreiung zu erkunden[547]. Die Truppe soll über ihre Vorgesetzten und deren Handhabung der Geiselaffäre im Libanon dermaßen erbost gewesen sein, daß sie mit der Veröffentlichung des peinlichen Ergebnisses ihrer Recherchen gedroht hatte[548]. Nähere Einzelheiten wurden jedoch nie veröffentlicht[549]. Binnen einer Stunde nach dem Absturz befand sich bereits eine Mannschaft der CIA am Unfallort, um, getarnt in Uniformen der PanAm und ohne mit den offiziellen Untersuchungsteams Kontakt aufzunehmen, in dem Trümmerfeld zwischen den Flugzeugteilen, den Körperteilen der Opfer und deren Hab und Gut nach Unterlagen und Beweisstücken zu fahnden. Die entfernten Beweisstücke wurden der Registrierung nicht zugeführt[550].

Ein Telefongespräch zwischen der britischen Premierministerin Thatcher und Präsident Bush wurde abgehört, in dem beide darin übereinkamen, bestimmte Beweismittel der Öffentlichkeit nicht zur Verfügung zu stellen. Die Hinterbliebenen verklagten die inzwischen in Konkurs gegangene, früher weltberühmte Fluggesellschaft PanAm auf Schadensersatz und Schmerzensgeld mit der Behauptung, Personal der PanAm habe die Gepäckabfertigung in Frankfurt am Main so schlampig vorgenommen, daß mit Leichtigkeit die Bombe habe an Bord geschmuggelt werden können. PanAm setzte sich unter anderem mit der Behauptung zur Wehr, ein Zusammenhang zwischen dem Flugzeug und einer Geheimoperation der US-Administration

mit dem Waffen- und Rauschgifthändler Al Kassar sei nicht auszuschließen. Zum Beweis wurde auf 14 Dokumente und Unterlagen
der amerikanischen Regierung Bezug genommen, deren Vorlage vor
Gericht beantragt wurde. Diese Forderung lehnte die amerikanische
Regierung in einer geheimen Vier-Augen-Unterredung mit dem Vorsitzenden Richter des Bezirksgerichts in Manhattan mit dem Hinweis
ab, aus Gründen der Staatssicherheit könne keines der 14 Dokumente
freigegeben werden. Die Frage, ob die von keiner Seite bestrittene
Tatsache einer Rauschgiftschmuggellinie über PanAm in die USA
für den Anschlag genutzt worden war oder nicht, ist folglich bis heute
abschließend ungeklärt[551].

Allerdings geht aus einem Buch eines ehemaligen Mitarbeiters des
Geheimdienstes Defense Intelligence Agency (DIA) hervor, daß in
der Tat eine beachtliche, langjährige Drogenlinie über PanAm und
Frankfurt in die USA gelaufen ist, daß DEA und CIA sich kurz vor
dem Absturz über Lockerbie geeinigt hatten, größere Drogenmengen
als bisher auf diesem Weg in die USA zu schaffen und daß die DEA-
Vertretung auf Zypern ihre Geschäfte äußerst unprofessionell gehandhabt habe[552]. Der Agent berichtet, in der Dienststelle der amerikanischen Drogenbekämpfungseinheit auf Zypern sei ein so offenes
Kommen und Gehen von Besuchern zu beobachten gewesen, daß die
Besucher der Dienststelle der DEA durch Beobachter kontinuierlich
hätten aufgeklärt werden können, weil einfachste Regeln der
Geheimhaltung und Konspiration verletzt worden seien. Der an CIA
und DEA Kritik übende Autor des Buches floh aus den USA und beantragte in Schweden Asyl, als er gewahr wurde, wie seine Anstellungsbehörde ihn als potentiell lästigen und gefährlichen Zeugen auszuschalten versuchte. Auf Weisung seines Amtes hatte er sich zur
Verschleierung seiner Identität als Angehöriger der DIA einen Aliasnamen zulegen müssen. Als er nun unter diesem Aliasnamen weisungsgemäß die Ausstellung eines Passes bei seiner amerikanischen
Heimatbehörde beantragte, wurde stehenden Fußes ein Strafverfahren wegen falscher Namensführung und Paßvergehens gegen ihn
eingeleitet. Die Behörden setzten nun alles daran, den unliebsamen
Zeugen als Kriminellen darzustellen, der sich falsche Papiere zu
erschleichen sucht. So wurde gegen ihn neben dem Vorwurf der falschen Namensführung auch der der eidlichen Falschaussage erhoben.
Er habe in seinen Angaben zur Person fälschlich ausgeführt, der ara-

bischen Sprache mächtig zu sein. Zum Glück konnte der Mann nachweisen, daß er mit seinen Kindern täglich arabisch gesprochen hat. Bei aller Detailbesessenheit können Geheimdienste zuweilen so schlampig sein, daß dem Verfolgten der Nachweis der Manipulation der Beweismittel durch den Dienst gelingt. Naheliegend wäre auch, daß mitfühlende Kollegen im Amt aus Solidarität mit dem in Not geratenen Kameraden den Flop gegen den eigenen Dienst in die Prozeßführung einbauten.

Weitere Vorwürfe erheben die Angehörigen der Absturzopfer gegen die eine objektive Untersuchung unterbindende US-Regierung, die trotz Wechsel des Präsidenten bis heute nicht bereit ist, die entsprechenden Dokumente in einem Gerichtsverfahren offenzulegen[553]. Die später eingeführte Behauptung, Libyen stehe hinter dem Attentat, stützt sich auf die Zeitschaltuhr, die die Explosion zur Auslösung brachte. Sie stammte aus einer Genfer Feinmechanikerwerkstatt und sollte ausschließlich an Libyen verkauft worden sein[554]. Inzwischen stellte sich heraus, daß auch die Stasi in Ostberlin bei der Firma Kunde war[555]. Dem Meister der Uhrmacherwerkstatt wurde im übrigen verwehrt, den Zeitzünder mit eingravierter Nummer selbst in Augenschein zu nehmen. Die USA und Großbritannien haben die Auslieferung zweier Libyer, die des Terroranschlags verdächtigt werden, verlangt. Das internationale Recht allerdings sieht die Strafverfolgung in derartigen Fällen durch den Heimatstaat des Attentäters, also Libyens, vor. Libyen hat weder mit Großbritannien noch mit den USA ein Auslieferungsabkommen, ist jedoch bereit, die beiden Angeschuldigten zu einer Gerichtsverhandlung in Libyen selbst zu laden oder einem dritten Land zu überstellen. Der Streit wegen der Verhängung eines Embargos gegen Libyen durch den Sicherheitsrat der Vereinten Nationen ist vor dem Internationalen Gerichtshof in Den Haag anhängig. Der Prozeßvertreter der USA warnte den Gerichtshof eindringlich vor einer in die Tiefe gehenden Untersuchung der Lockerbie-Aufklärung durch die internationale Staatengemeinschaft. Ein solches Vorgehen des Gerichts würde das künftige Strafverfahren gegen die verdächtigten Libyer präjudizieren und hochempfindliche Fragen der nationalen Sicherheit berühren[556]. Der Internationale Gerichtshof in Den Haag entschied inzwischen, daß Libyen nicht zur Auslieferung verpflichtet sei.

Schlachtschiff Vincennes *und Abschuß der*
Iran-Air-Maschine über dem Persischen Golf

Zwischen dem Absturz der PanAm-Maschine im Dezember 1988 über Lockerbie und dem Abschuß eines Iran-Air-Airbus im vorangegangenen Frühjahr durch den amerikanischen Zerstörer *Vincennes* im Persischen Golf besteht ein offensichtlicher Zusammenhang[557]. Die iranische Linienmaschine war planmäßig von einem Flughafen am Persischen Golf zu einem Kurzstreckenflug nach Dubai gestartet. Den Angaben des Kommandanten der *Vincennes* zufolge waren er und seine Mannschaft trotz modernster technischer Ausstattung des eine Milliarde Dollar teuren Schiffes angeblich außerstande gewesen, sich vor dem Abfeuern einer Flugabwehrrakete Gewißheit darüber zu verschaffen, ob es sich bei dem anfliegenden Flugzeug um ein auf vorgesehenem Kurs befindliches großes Passagierflugzeug oder um ein in den Umrissen viel kleineres Kampfflugzeug der iranischen Luftstreitkräfte gehandelt hatte[558]. Auch sei es dem Marineschiff nicht gelungen, den üblicherweise kontinuierlich ausgestrahlten Code des Airbus der Iran Air aufzufangen, geschweige denn mit dem Piloten oder der Flugsicherung in Kontakt zu treten. Dabei befanden sich die USA mit keinem der Golfkriegsparteien im Krieg. Der Krieg zwischen Iran und Irak zog auch die Ölschiffahrt in Mitleidenschaft, zu deren Schutz US-Kriegsschiffe wie die *Vincennes* im Persischen Golf patrouillierten. Man hätte annehmen können, daß die zivilen Flugpläne der Region in den Computern der amerikanischen Navy gespeichert waren, daß die stets in der Luft befindlichen Radarflugzeuge der ebenfalls im Persischen Golf kreuzenden amerikanischen Flugzeugträgergruppe ein ziviles Flugzeug hätten rechtzeitig identifizieren und von einem wesentlich kleineren Kampfflugzeug unterscheiden können. Aus anderen Quellen geht hervor, daß sich die *Vincennes* zudem noch völkerrechtswidrig in iranischen Hoheitsgewässern aufgehalten haben muß[559].

In der amerikanischen Marine wurde die Verkennung der Passagiermaschine einem extrem skandalträchtigen Beschaffungsvorgang eines vielfach als mangelhaft getesteten, sündhaft teuren Waffensystems angehängt. Der als Draufgänger berüchtigte Kapitän erhielt später trotz der Einsatztragödie mit 270 Toten eine Auszeichnung, dem Vernehmen nach auch, weil er sich bei einem verdeckten Kommandounternehmen verdient gemacht habe[560]. Man fragt sich unwillkürlich, ob es sich bei dem Vorgang um die abgrundtiefe Unfähigkeit eines Kapitäns mit einer ausgewählten Mannschaft einer in einem hochexplosiven Krisengebiet operierenden Weltmacht handelte oder um das gezielte Herbeibomben extremistischer Terrorantworten, auf deren groben Klotz dann erneut die Rechtfertigung für einen ebenso groben Keil, den Absturz der PanAm 103 über Lockerbie, gesucht wurde. Wer immer den Terrorakt ausgeführt hat, der Befehl soll aus Teheran gekommen sein. Nur über Teheran ergibt sich der auch zeitlich enge Zusammenhang zwischen Lockerbie und dem Abschuß der Iran Air[561].

Korean Airline 007
über sowjetischem Territorium

In diesem Zusammenhang sollte auch an den Abschuß des Korean Airline Flugzeuges 007 im Januar 1983 über Sibirien durch sowjetische Kampfflugzeuge erinnert werden[562]. Der Jumbo war kurz nach seiner Zwischenlandung in Alaska auf dem Flug nach Seoul vom vorgeschriebenen und angegebenen Kurs in einem Ausmaß abgewichen, daß von einem Irrtum des Piloten und Kopiloten ebensowenig gesprochen werden kann wie von einer Fehlanzeige des Autopiloten oder der Navigationsinstrumente der Boeing 747. Die Piloten der Maschine mußten nicht nur von den eigenen Instrumenten einschließlich des Autopiloten darauf aufmerksam gemacht worden sein, daß der tatsächliche Kurs nicht mit dem angemeldeten, vorgeschriebenen und eingegebenen Sollkurs übereinstimmte. Unzählige amerikanische und japanische, militärische wie zivile Radarstationen beobachteten den Flug und das Einfliegen auf die sowjetische Landseite, über die Pilot und Kopilot das Flugzeug für nahezu zwei Stunden lenkten. Kaum zufällig führte die tatsächliche im Gegensatz zu der eigentlich vorgeschriebenen Flugroute über mehrere hochsensible Einrichtungen der Luftverteidigung der sowjetischen Raketenstreitkräfte. Und sicherlich ebensowenig zufällig flog eine kleinere Boeing 707 der amerikanischen Funkaufklärung just zu diesem Zeitpunkt fortlaufend im Radarschatten des größeren koreanischen Jumbos, konnte folglich von ihr auf den Radarschirmen der Sowjets zumindest für eine beachtliche, sicher aber besonders kritische Zeit verdeckt werden. Zusätzliche elektronische Störsendungen zur Blendung der sowjetischen Bodenradarstationen mögen zu einem Tohuwabohu der sowjetischen Aufklärung am Boden geführt haben. Schwerlich dem Zufall zuzurechnen ist auch die Tatsache, daß ein amerikanischer Spionagesatellit so in Stellung gebracht worden war, daß er das funktechnische und elektronische Geschehen aus Anlaß des Überfluges vom Weltall aus minutiös aufzuzeichnen und zur Auswertung an amerikanische Dienststellen abzusetzen in der Lage war. Die koreanische Maschine ging nicht auf die Aufforderungen von Bodenstationen und Abfangjägern der sowjetischen Luftverteidigung zur Landung ein. Schließlich erhielten die Piloten der die koreanische Maschine begleitenden sowjetischen Kampfflugzeuge die Aufforderung zum Abschuß des Flugzeuges. Das Leben völlig unschuldiger Menschen endete mit dem Absturz der Maschine. Die Welt protestierte zu Recht gegen das grausame Vorgehen. Allerdings ist nicht nur die sowjetische Haltung unentschuldbar[563]. Auch die terroristische Geiselnahme der Passagiere für funkelektronische Spionagespielereien der koreanischen und amerikanischen Dienste steht dem sowjetischen Vorgehen an Zynismus in nichts nach[564].

Wer ist Feind, wer Freund im Geschäft des internationalen Terrorismus?

Die Freund-Feind-Verwechslung scheint auch im Bereich des Terrorismus immer mehr zum Problem des Kampfes gegen den Terrorismus selbst zu werden. Nachdem das Bundesamt für Verfassungsschutz mit Hilfe seines »Aussteigerprogrammes« einen der letzten überlebenden Terrorverdächtigen der Rote Armee Fraktion (RAF) zum Auftauchen und Nachweis eines Alibis für die angenommenen Tatzeiten gebracht hat und nachdem sich die vom Bundeskriminalamt und der Bundesanwaltschaft wider jeden gesunden Menschenverstand verfolgte angebliche RAF-Spur hinter dem Attentäter des Chefs der Deutschen Bank, Alfred Herrhausen, als verfälscht darstellt, muß den Autoren des Buches *Das RAF-Phantom* Kredit einge-räumt werden für die These, es gebe keine Nachfolge der Gründerge-neration der Rote Armee Fraktion und habe sie nie gegeben. Die An-nahmen des Bundeskriminalamtes wie der Bundesanwaltschaft in Karlsruhe seien Konstrukte, die mit der Wirklichkeit nicht in Ein-klang zu bringen seien.

Das Bundeskriminalamt wie die Bundesanwaltschaft haben seit 1985 offensichtlich die Spur zu den Tätern verloren. Die Anschläge auf Ernst Zimmermann, Karl Heinz Beckurts, Gerold von Braun-mühl, Alfred Herrhausen und Detlef Karsten Rohwedder hat die RAF in Formelschreiben zwar reklamiert, doch Ansätze zur Aufklä-rung finden sich offensichtlich nicht. Es häufen sich die Merkwür-digkeiten[565], zuletzt die Schlußstricherklärung der RAF, deren Echt-heit das Bundeskriminalamt in atemberaubender Geschwindigkeit meinte feststellen zu können, obgleich die Irreführung des BKA pro-fessionellen Fälschern kaum Probleme bereitet haben dürfte, keine der einsitzenden Personen des deutschen Terrors an der Abfassung beteiligt war, die Sprache deutlich von bisherigen Diktionen ab-weicht und nunmehr der vierten Generation von RAF-Terroristen zugeschrieben wird, wo immer diese sich befinden mögen[566].

In den Stasi-Akten der achtziger Jahre zum Terror der radikalen Palästinenser findet sich die Einschätzung, daß der größte Teil der ursprünglich idealistisch gesonnenen Kämpfer inzwischen faul, geldgierig und korrupt geworden sei und sich nur noch mit der Ver-waltung des eigenen Vermögens befasse. Aus israelischer Darstel-lung des ehemaligen Mossad-Mannes Ari Ben-Menashe ist zu ent-nehmen, daß die zu den radikalsten Terroreinheiten der achtziger Jahre zählende Abu-Nidal-Gruppe letztlich vom israelischen Ge-heimdienst gesteuert wurde. So sei der besonders widerwärtige Ter-roranschlag auf das italienische Kreuzfahrtschiff *Achille Lauro,* bei dem der jüdisch-amerikanische Rollstuhlfahrer getötet und ins Meer geworfen worden war, von israelischer Seite gezielt zur Herabset-zung der arabischen beziehungsweise palästinensischen Friedensfor-derungen an Israel in Szene gesetzt worden. Der Anschlag der Gruppe sei – nach Ben-Menashe – so gesteuert worden, daß die empörte Weltmeinung sich der israelischen Sicht, daß ein ehrlicher Frieden zwischen Israel und den Palästinensern letztlich unmöglich sei, habe anschließen müssen[567]. Die Tat wurde wenige Wochen vor

der Aufnahme von Gesprächen zwischen einer jordanisch-palästi-
nensischen Delegation und der britischen Regierung in London verübt. Die Briten sagten den Termin nach dem Anschlag ab[568].

Auch sonst scheinen die Likud-nahen Geheimdienstleute des
Mossad vor der Ermordung auch israelischer Anhänger des Friedensprozesses nach dem Muster Frieden gegen Rückgabe israelisch
besetzten Landes nicht zurückgeschreckt zu sein[569].

Der israelische Geheimdienstmann berichtet von mindestens 18
Morden in ganz Europa, die durch israelisch angeleitete Palästinenser durchgeführt wurden. Yallop ergänzt in seinen Nachforschungen,
daß der Vertreter der PLO in London, Said Hammani, ermordet
wurde, nachdem er 1978 streng geheime Verhandlungen mit Vertretern der israelischen Regierung geführt hatte mit dem Ziel, im West-
jordanland und Gazastreifen einen palästinensischen Kleinstaat im
Gegenzug für eine Anerkennung des Staates Israel zu schaffen. Said
sei von der britischen Geheimpolizei (Spezial Branch) davon unterrichtet worden, daß er auf der Mordliste des Mossad stehe. Der »Job«
der Ermordung sei der Abu-Nidal-Gruppe zugeteilt worden[570].

Aus den lateinamerikanischen Ländern wird die gleiche Erscheinung gemeldet. Im Regierungsauftrag unterwandern Agents provocateurs die Rebellengruppen und nehmen mit Mordanschlägen, Terror, Unterdrückung und sinnloser Zerstörung den auf Reform
angelegten Gruppen den Wind der öffentlichen Meinung aus den
Segeln[571]. Doch angesichts dieses Ergebnisses zynischer psychologischer Kriegführung fragt sich, was an dem gesamten Terrorismusge-
schehen echt ist und was zur Beeinflussung der öffentlichen Meinung, zur Lenkung der Wähler von außen wie von innen in Szene
gesetzt wird[572].

Die psychologische Reaktion von Durchschnittsbürgern und Wäh-
lern auf erregende Ereignisse wie Krieg, brutale Verbrechen, einen
Terroranschlag läßt sich exakt berechnen. Zynische Politiker, deren
Wahlkampfstrategen sowie ihnen verbundene Geheimdienstleute
können Szenarien ablaufen lassen, die der Normalbürger nicht zu
durchschauen vermag. Es ist keineswegs undenkbar, daß illoyale
Teile eines Geheimdienstes im Zusammenspiel mit innenpolitischen
Kräften die Terroristenszene gezielt anheizen, entweder um eine
Regierung hilflos und unfähig dastehen zu lassen oder sie mit dem
Siegeslorbeer des harten und erfolgreichen Durchgreifens gegen

brutale internationale Banden kurz vor einer Wahl zu krönen. Das Beispiel der manipulierten US-Wahl Ronald Reagans im Zuge der Geiselaffäre in Teheran war nur ein Beispiel von vielen. Der Münchner Plutoniumschmuggel ist eines der letzten deutschen Beispiele in dieser Kategorie.

War die Abu-Nidal-Gruppe zur Zeit des Attentats auf das Kreuzfahrtschiff *Achille Lauro* bereits unter israelischer Führung, dann erscheinen auch die Folgeereignisse in einem merkwürdigen Licht. Die palästinensischen Terroristen nehmen bei dem Anschlag auf das Schiff Geiseln, um den freien Abzug zu erpressen. Ihnen wird ein Flugzeug für den Flug nach Kairo zur Verfügung gestellt. Von dort werden die Ganoven mit einem Linienjet weitergeflogen, der ein Ostblockland zum Ziel hat. Über dem Mittelmeer wird die Maschine von amerikanischen Kampfflugzeugen abgefangen und zur Landung auf einem Militärflughafen in Italien gezwungen. Eine Aktion in der Befehlskette der Antiterrormannschaft des Oliver North, gesteuert aus dem Keller des Weißen Hauses in Washington[573]. In Italien werden die Terroristen jedoch nicht den amerikanischen Militärs überstellt, die darauf bestehen, das Verbrechen an ihrem Landsmann von der Justiz in den USA aburteilen zu lassen. Vielmehr wird die zivile Maschine in einem ersten Kreis von italienischen Polizeieinheiten umstellt, hinter ihnen bilden GIs einen weiteren Kreis, beide Teile sind schwer bewaffnet und halten sich scheinbar gegenseitig in Schach. Die italienische Politik und Justiz setzt sich schließlich durch. Die Täter werden in Italien zu langen Freiheitsstrafen verurteilt. Einer kleinen Zeitungsnotiz im Jahre 1996 konnte der aufmerksame Leser entnehmen, daß zumindest einer der Täter nach einem Freigang nicht mehr ins Gefängnis zurückgekehrt war, also fliehen konnte.

Ganz Ähnliches geschah mit den fünf Terroristen, die die italienische Polizei wegen eines im letzten Moment angeblich durch das Eingreifen von Mossad-Agenten im Bereich des Flughafens von Rom vereitelten Raketenanschlages auf das Regierungsflugzeug der israelischen Ministerpräsidentin Golda Meir, 1972, verhaften konnte, dann jedoch ohne Gerichtsverfahren nach Libyen entkommen ließ[574].

Ebenfalls aus Italien wird gemeldet, daß rechtsradikale Kreise mit Duldung und unter Förderung der Geheimdienste Fluchthelferdienste aufgebaut haben, die wegen Terroranschlägen in Italien steckbrieflich gesuchte Täter ins Ausland schleusten[575]. Und dies wiederum trotz hervorragender Zusammenarbeit zwischen den Geheimdiensten Italiens mit dem Mossad[576].

Ebenso eigentümlich ist die Ausschleusung zahlreicher westdeutscher Terroristen in die DDR, denen die Staatssicherheit eine neue Identität verpaßte und für deren Unterkunft und Arbeit sie sorgte. Der Fahndungsapparat der Bundesrepublik wußte über diese Entsorgung Bescheid. Die Regierung mit Sicherheit auch, zumindest einige ausgewählte Personen. Die wegen angeblicher Strafvereitelung im Amt angeklagten Stasi-Führungsoffiziere der entsorgten Terrormannschaft wurden mit lächerlichen Strafen belegt. Das Gericht lehnte eine Beweisaufnahme über die Hintergründe des Falles ab. Immerhin beriefen sich die Stasi-Mitarbeiter darauf, daß ihr eigener Staatschef den Vorgang gebilligt habe und mit Sicherheit zumindest die amerikanische CIA informiert gewesen sei.

Überall stellen sich Fragen nach den tatsächlichen Hintergründen. War die Abu-Nidal-Gruppe indirekt bereits von der Propagandamaschine Israels gebucht, so wurde mit dem Weltpublikum Theater gespielt. Dann war jedoch die Verfolgung der Gruppe durch die amerikanische Luftwaffe möglicherweise ebenfalls eine Farce. Und dann hätte auch die Handhabung der Angelegenheit durch die italienische Seite ihre logische Rechtfertigung. Aus Zeitungsnotizen ergibt sich, daß Mitglieder der Abu-Nidal-Gruppe sich in den USA haben niederlassen können, dort allerdings vom FBI mit Abhörtechnik überwacht werden[577].

Die Wissenschaftler, die sich am Aufbau eines irakischen Chemiewaffenprogramms beteiligten, wurden von Palästinensern ermordet, denen nicht bewußt war, daß sie im Dienste des Mossad gestanden hatten. Sie glaubten, von einer sizilianischen Mafiagröße zu deren Zwecke angeheuert worden zu sein, die ihrerseits jedoch mit dem Mossad zusammenarbeitete. Welche Gegenleistung der Mossad dem sizilianischen Mafioso hat zuteil werden lassen, ist nicht bekannt. Die Wahrscheinlichkeit spricht für Duldung und Unterstützung von Kriminalität, mit hoher Wahrscheinlichkeit von Drogengeschäften.

Weltweit stehen erhebliche Killerpotentiale zur Verfügung, zum Beispiel in Gestalt der lateinamerikanischen und exilkubanischen Todesschwadronen – meist – unter dem Kommando von in den

USA, Israel oder von lateinamerikanischen Geheimdiensten ausgebildeten Führern[578]. Doch auch bei großzügigster Auslegung der Anforderungen an die Staatsräson ist das Verhalten zahlreicher Geheimdienste, nicht nur der östlichen, sondern gerade auch der westlichen Seite, in den letzten Jahrzehnten bis in die Gegenwart hinein nicht mehr zu rechtfertigen[579].

Um den weltweiten Terror wirksam zu bekämpfen, dringen Geheimdienste in den engsten Kreis derer ein, die Terroraktionen planen und ausführen. Dabei müssen die V-Leute nicht nur das abgrundtiefe Mißtrauen ihrer Mitterroristen überwinden und stets im Zaum halten, sie sind auch gezwungen, sich dem Lebensrhythmus von Terroristen rund um die Uhr anzupassen. Zumindest in der Startphase der nicht selten im idealistischen Überschwang sich zusammenfindenden Gruppe ein schwieriges, wenn nicht unmögliches Unterfangen für Beamte und Beamtinnen, die ihrerseits den Drang zum Privat- und Familienleben wie zur Freizeit und Entspannung verspüren.

V-Leute aller Dienste aufgetaucht: das Ende des Terrorismus?

Allerdings können Geheimdienste davon ausgehen, daß zumindest auf Dauer kaum einem Terroristen Menschliches fremd ist. Irgendwann sehnt sich auch der Terrorist und die Terroristin nach einem Leben ohne Verfolgungsstreß, nach Familie, Geborgenheit und kleinem Glück, nach Bummelngehen, Einkaufen, Kontakten, Angebereien und Muße. Folglich kann man davon ausgehen daß alle derartigen Personen mit Geld, vor allem aber durch Gewährung von Schutz vor strafrechtlicher Verfolgung korrumpierbar sind. Da in allen Staaten die Bekämpfung des Terrors oberste politische Priorität besitzt, die Themen Kriminalität und Terror für das Auf und Ab demokratischer Wahlen von entscheidender Bedeutung sind, steht für diesen Zweck außerordentlich viel Geld zur Verfügung, sicher nicht weniger, als möglicherweise ölreiche Staaten zur Förderung des Terrors im Nahen Osten auszugeben bereit sind. Auch die Medien der hochindustrialisierten Staaten versuchen ihre Leserschaft aus erster Hand über die Terrorgruppen zu unterrichten. Für die Angehörigen der Terrorszene bietet sich so ein gangbarer Weg des relativen Ausstiegs und der Eröffnung einer Zweitkarriere als Spitzel und Informant der Dienste, aber auch der Medien an. Als Gegenleistung für den Schutz vor Strafverfolgung beziehungsweise die Gewährung mildernder Umstände als Kronzeuge der Anklage wird die Fortsetzung terroristischer Aktivitäten vereinbart, um so den Führungsoffizieren von Geheimdiensten und Sonderkommissionen der Kriminalpolizeien die erwarteten Informationen zu übermitteln. Dies setzt jedoch voraus, daß der Informant nicht nur zum Schein sein Terroristenleben fortführt, er muß sich auch an kriminellen Akten der Gruppe beteiligen, um nicht Gefahr zu laufen, enttarnt zu werden. Das Nachrichtenaufkommen der Dienste stammt folglich zumeist nicht von in die Terrorgruppen von außen eingeschleusten Informanten, sondern von ausstiegsbereiten, umgedrehten Terroristen, die im Interesse der Ermittler in der Szene verbleiben. Die Terrorszene ist so international wie die sie jagenden Polizeien und Geheimdienste. Die Dienste bieten den Terroristen strengste Vertraulichkeit nach innen und außen, hohe Geldbeträge und im Strafprozeß Intervention zugunsten einer geringen Strafe, eventuell auch die Gewährung einer neuen Identität außerhalb des eigenen Landes. Schaut man sich den Aufmarsch all der Institutionen an, die mit lockenden, hohen Bargeldbeträgen die Terrorszene zum Einfangen von Informanten bevölkern, so kann man das Geschäft der Terroristen und Scheinterroristen erahnen.

In Deutschland sind allein das Bundesamt für Verfassungsschutz und die früheren 12, inzwischen 16 Verfassungsschutzämter der Bundesländer im Inland, der Bundesnachrichtendienst im Ausland und das Bundeskriminalamt im In- und Ausland, zuweilen auch der Militärische Abschirmdienst der Bundeswehr mit V-Männern/-Frauen und Quellen beteiligt. Die Szene in Deutschland kann man auf andere Länder hochrechnen, man denke, um nur ein paar Adressen zu nennen, an die USA, Großbritannien, Frankreich, Israel, Italien, Griechenland, Türkei, von Stasi, KGB/FSB, polnischen, bulgarischen, rumänischen und chinesischen Geheimdiensten ganz zu schweigen. Hinzu kommen die Dienste der arabisch-muslimischen Welt, also Jordaniens, Saudi-Arabiens, Kuwaits, Syriens, Ägyptens, des Iraks, des Irans, Marokkos, Algeriens, Libyens, des Sudans und so weiter, die zwar mit der palästinensischen Seite offiziell sympathisieren mögen, die aber auch jedes Interesse daran haben, von dort nicht mit destabilisierenden Tendenzen überzogen zu werden. Sie alle brüsten sich gegenüber ihren Regierungen und den sie begleitenden Medien mit Erkenntnissen aus der Szene, werden über das Treiben der Terrorszene von ihren Informanten mehr oder weniger exklusiv auf dem laufenden gehalten und schützen ihre Quellen hinter einem Wall der Geheimhaltung. Mit an Sicherheit grenzender Wahrscheinlichkeit kann man davon ausgehen, daß die Mehrzahl der Terrorist/Innen seit Jahren jeweils im Dienst mindestens eines, wenn nicht mehrerer Geheimdienste stehen, die wechselseitig ihre »Quellen« und »Methoden« voreinander schützen wie die Skatspieler ihr Blatt[580]. Müßten in dieser Art Blindekuhspiel der Geheimdienste weltweit zu gleicher Zeit sämtliche Führungsoffiziere von Terroristen ihre jeweilige Quelle preisgeben, es würde sich kaum noch eine Terroristenpersönlichkeit finden lassen, die nicht im geheimdienstlichen Haupt- oder Nebenerwerb ihr Auskommen fände[581]. Mit Sicherheit würden die geschäftstüchtigsten unter ihnen die Führung durch die Geheimdienste mehrerer Länder eingestehen müssen. Mit anderen Worten: Man muß von einer Art Marionettenspiel ausgehen, bei dem die verschiedensten Geheimdienste der Welt ihre jeweiligen Puppen agieren lassen, ohne daß die Globalleitung zu erkennen gibt, wer für wen spielt und einsteht[582].

Es erhebt sich allerdings die Frage, ob dieses Marionettenspiel der nach den Zunftregeln untereinander abgeschotteten Geheimdienste letztlich wieder einer Gesamtstrategie unterliegt, indem in der weltweiten Auseinandersetzung eine Weltmacht versucht, die Supervision zu übernehmen und den Antiterroristenkampf für ihre eigenen Zwecke zu Lasten anderer Länder zu mißbrauchen[583]. Die These klingt noch zu abenteuerlich, doch gibt es zahlreiche Indizien, die genau diese Vorstellung wahrscheinlich machen[584].

Für wen arbeitet Carlos?

Zweifel drängen sich zum Beispiel nicht nur bei der Betrachtung der Abu-Nidal-Gruppe unter israelischer Steuerung und anschließender Entsorgung in den USA auf, sondern auch bei der Terroristengruppe um den Venezolaner Carlos. Folgt man der Darstellung des ehemaligen Mossad-Mannes Victor Ostrovsky, dann war der für die Planung der weltweit Entsetzen, Abscheu und Scham auslösenden Geiselnahme und Ermordung der israelischen Gewichtheber bei den Olympischen Sommerspielen in München zuständige »Rote Prinz« Ali Hassan Salameh der Terrorgruppe Schwarzer September eng mit dem Chef der faschistischen christlichen Milizen im Libanon, Gemayel, befreundet. Gemayel wiederum stand in den Diensten der CIA, aber auch des Mossad, von dem oder über den er monatlich 20 000 Dollar für die Duldung einer geheimen Radarstation der israelischen Marine auf libanesischem Territorium erhielt, in der 30 israelische Soldaten ihren Dienst verrichteten. Der eigenen Regierung legte der Mossad die Einschätzung vor, Gemayel meine es mit Israel aufrichtig[585]. Dies schloß nicht aus, daß der von CIA und Mossad genutzte christliche Phalangist sich wiederum mit den Terroristen des Schwarzen September zusammentat, um mit fachmännischer Unterstützung italienischer Tresorspezialisten die British Bank of the Middle East in Beirut zu knacken und 100 Millionen Dollar zu erbeuten, die unter den Beteiligten gedrittelt wurden[586]. Noch unheimlicher wird die Zusammenarbeit, wenn die Darstellung Ostrovskys zutrifft, wonach der General der israelischen Armee und designierte Mossad-Chef Kuti, der für den friedlichen und fairen Ausgleich zwischen Israel und den arabischen Nachbarstaaten eintrat und von daher der im Mossad nach und nach die Schaltstellen der Macht übernehmenden Likud-Seilschaft ein Dorn im Auge war, durch einen der Hisbollah in die Schuhe geschobenen Mordanschlag noch vor Amtsübernahme beseitigt wurde. Der Zeitpunkt des Abschiedsbesuchs des israelischen Generals bei seiner früheren Truppe konnte im voraus nur Eingeweihten bekannt sein. Den Mord führte ein 14jähriger Junge aus, der nach der Tat auf der Stelle erschossen wurde. In seinen Kleidern fand man das Foto des Opfers. Die Weitergabe des gefundenen Beweismittels an die Untersuchungskommission unterblieb aus unerfindlichen Gründen. Ein tödlich verwundeter Hisbollah-Kämpfer soll Ostrovsky noch kurz vor seinem Tode zu Protokoll gegeben haben, er habe von seiner Gruppe den Auftrag zur Tötung des Generals im Zusammenwirken mit dem 14jährigen Knaben erhalten[587]. Folglich müßte das Foto des Mordopfers ebenso wie Ort und Zeit des Truppenbesuchs aus den Reihen des

Mossad über die Hisbollah an den Täter gelangt sein. Das Ziel war erneut die Beseitigung eines Anhängers des Friedensprozesses in Nahost.

Der Gesamteindruck wird vervollständigt durch Hinweise, wonach die christlichen Phalangisten einschließlich der führenden Gemayel-Familie eng mit dem Drogengeschäft verbunden waren[588].

Innerhalb der für das Münchner Attentat verantwortlich gemachten Terrorgruppe Schwarzer September stand als zweiter Mann hinter dem für Europa zuständigen und in Paris lebenden Algerier Boudia Michel Moukharbel, der bereits 1973, wenige Monate nach dem Attentat in München in die Dienste des Mossad getreten war[589]. Nachdem der Mossad Boudia, der bestrebt war, die Vielzahl der Terrorgruppen zusammenzufassen und im Libanon fachlich ausbilden zu lassen, per Autobombe erledigt hatte, wurde Moukharbel und nicht, wie die Desinformation behauptet, dem als völlig unfähig eingeschätzten Venezolaner Carlos das Kommando über die Gruppe anvertraut. Moukharbel konnte nun auf die in Europa verteilten Waffenlager des Schwarzen September zurückgreifen. Carlos wurde widerstrebend dem neuen Chef unterstellt. Der Mossad war folglich spätestens von da an über sämtliche Anschläge nicht nur der Gruppe Schwarzer September, sondern auch der Carlos-Gruppe bestens informiert, ja konnte sie nach Belieben steuern[590]. Im übrigen behauptet das *Wallstreet Journal*, der Chefplaner des Anschlages in München, Salameh, sei nach dem Attentat in den Dienst der CIA getreten[591]. Von daher wird wiederum verständlicher, daß der italienische Geheimdienst, der angeblich auf das engste mit dem Mossad zusammenarbeitete, Terroristen des Schwarzen September, die auf frischer Tat mit zwei Luftabwehrraketen erwischt worden waren, gegen Kaution freiließ. Drei weitere Attentäter wurden, wie bereits erwähnt, nach Libyen entlassen. Da der Palästinenser und Mossad-Agent Moukharbel über seine Planungen, Überlegungen, Personalauswahl und Finanzen peinlichst Buch zu führen pflegte und die entsprechenden Aufzeichnungen auch regelmäßig mit sich führte und durch die Kontrollen der Flughäfen in Nahost wie Europa zu bringen versuchte[592], werden diese Dokumente von Zeit zu Zeit immer wieder in Kopie als heiß begehrte Nachrichtenware in die Hände gut bezahlender und nach Aufklärung und Beweismitteln suchender Geheimdienste gefallen sein. Das Ziel der Operation dürfte die Desinformation einiger europäischer Geheimdienste gewesen sein.

Der Friede in Nahost und der Mord
an den israelischen Olympiasportlern

Von der Entstehungsgeschichte her spricht vieles dafür, den Schwarzen September als Kind der Geheimdienste anzusehen. Der Likud-lastige Mossad hatte den Versuch der Regierung Peres, zu einem Friedensschluß zwischen Jordanien und Israel zu gelangen, schon frühzeitig torpediert. Der Plan sah vor, Jordanien in einen Staat für die Palästinenser umzuwandeln, die dort bereits 75 Prozent der Einwohnerschaft ausmachten. Es sei daher beschlossen worden, so berichtet der Mossad-Agent Ostrovsky, Jordanien bis zur totalen Anarchie zu destabilisieren. Den Auftrag schildert ein Beamter des Mossad: »Sie wollen das Land mit riesigen Mengen Falschgeld überschwemmen, so daß es zu Mißtrauen auf den Märkten kommt, man will religiöse Fundamentalisten bewaffnen, ähnlich der Hamas und der Moslembruderschaft, um einen Zusammenbruch zu erzwingen. Sie haben vor, führende Persönlichkeiten zu ermorden, die Symbole der Stabilität sind, Krawalle an den Universitäten zu provozieren, um die Regierung zu harten Maßnahmen zu zwingen, damit sie ihre Popularität einbüßt.« Dies sei für Jordanien geplant gewesen. Das gleiche Vorgehen sei für Ägypten in Aussicht genommen worden[593].

Der König von Jordanien selbst soll seit 1957 in Diensten auch der CIA stehen[594]. Hussein erhielt von dort jährliche Zahlungen von über 300 Millionen Dollar, die die amerikanische Seite vorzuenthalten drohte, als sich Hussein weigern wollte, scharf gegen rebellierende Palästinenser in Jordanien vorzugehen. Zum Schüren der Unruhen hatten CIA und Mossad nach Yallop zusätzlich Provokateure ins Land geschleust. Aus der brutalen Niederschlagung des Aufstandes entstand dann die Terrorgruppe Schwarzer September, die mit dem Anschlag auf die israelischen Gewichtheber bei den Münchner Olympischen Sommerspielen 1972 in die Geschichte einging[595]. Die Vermutung spricht dafür, daß auch die Agents provocateurs des Mossad sich nach der Niederschlagung der Unruhen in den Reihen der neuen Terrorgruppe wiedergefunden haben.

Dafür spricht auch die Darstellung eines Mossad-Agenten, der von der damaligen israelischen Ministerpräsidentin Golda Meir den Auftrag erhalten hatte, mit einem Sonderkommando die Geiselnehmer und Mörder von München weltweit zu jagen und zu liquidieren[596]. Das Unternehmen wird in dem Buch *Vengeance, The True Story of an Israeli Counterterrorist Mission* von George Jonas näher beschrieben. Der Anführer des Kommandos, im Buch unter dem Aliasnamen Avner, war selbst Sohn eines früheren israelischen Mossad-Agenten mit Einsatzschwerpunkt Frankfurt. Der heute in New York lebende Avner war in seiner Jugend am Main aufgewachsen und mit einem Kameraden zur Schule gegangen, von dem sich bei näherem Hinsehen herausstellte, daß er sich innerhalb der Baader-Meinhof-Gruppe um die Finanzen des Terrorgeschäftes zu kümmern hatte. Avner zahlte seinem geldklammen Schulfreund umgehend 100 000 D-Mark, der dafür die Verbindung zu einem Finanzmanager in Zürich vermittelte, der wiederum dem größten Teil der europäischen Terrorszene gegen Bargeld die Finanzierung der Beschaffung all dessen, was Terroristen zur professionellen Ausübung ihrer Todesarbeit bedürfen, in die Wege leitete. Während die Geldmittel über Zürich laufen, kann die Gruppe der israelischen Rächer bei ihrer Todesarbeit in Frankreich, Italien, Spanien, Zypern, Beirut, Athen, in den Niederlanden und der Schweiz stets auf einen in der Nähe von Paris operierenden kleinen Familienbetrieb zurückgreifen. Die Führung liegt in den bewährten Händen eines ehemaligen Widerstandskämpfers und Angehörigen der rechtsradikalen französischen OAS. Es kann mit einiger Sicherheit angenommen werden, daß es sich um eine Art ausgegliederte Einrichtung eines oder mehrerer Geheimdienste handelt. Der Leistungkatalog umfaßt die Belieferung eines Großteils der international agierenden Terroristen mit den für deren Schreckensarbeit erforderlichen Informationen über denkbare Ziele. Die Firma liefert Waffen, gefälschte Personalpapiere und sonstige Dokumente. Auch die Anmietung von Häusern, in denen Terroristen mit und ohne Geiseln Unterschlupf finden können, gehört zum Angebot. Aus der täglichen Zusammenarbeit ist dieser Organisation der jeweilige Aufenthaltsort eines Großteils der internationalen Terroristen bekannt. Für den verschwiegenen Familienbetrieb arbeiten Agenten in zahlreichen Ländern, die mit Hilfe von kleinen Tipgebern in Hotels, auf Flughäfen, in Reisebüros, an Grenzübergängen gegen ein Taschengeld Erkenntnisse zum Aufspüren von Personen, Lebensläufen, Aufenthaltsorten liefern. Der Service umfaßt das Anmieten von Leihwagen, die Irreführung der nationalen Polizeien, Chauffeurdienste, das Entsorgen des Tatortes von Waffen, Spuren und Toten. Einschränkungen gibt es nahezu nicht.

Das aus europäischstämmigen Mossad-Agenten zusammengestellte Racheteam erhielt nun vom Dienstherrn eine Liste von elf angeblichen Terroristen, die sie ohne Rücksprache mit der Zentrale zu liquidieren hatten. Dabei fiel den Mitgliedern unmittelbar nach Erhalt des Auftrages die Unausgewogenheit der Liste auf. Neben den auch öffentlich bekannten Namen des palästinensischen Terrors fanden sie den Namen des Algeriers Boudia in Paris, den sie als einen Mann des Theaters und der Literatur erkannten, für völlig harmlos hielten, der jedoch von der Führung des Mossad als Chef der Terrorgurppe Schwarzer September für das Operationsgebiet Europa eingeschätzt wurde[597]. Ein anderer lebte als mittelloser Poet in Rom. Insgesamt zählte die Gruppe vier der elf Personen als zu den »weichen Zielen« gehörig, als im Grunde harmlos, unbewacht und unbewaffnet und ohne konspirativen Lebenswandel. Die anderen sieben Personen waren höhere Funktionäre teils der PLO teils der Terrorszene, streng bewacht, bewaffnet, im geheimdienstlichen Verhalten geschult. Diese wurden als »harte« Ziele kategorisiert. Nähere Einzelheiten wurden der Killergruppe nicht an die Hand gegeben. Um keine Zeit zu verlieren, machten sie sich zunächst an die »weichen Ziele« heran, die sie in der Tat mit Hilfe der perfekt zuarbeitenden Terrorlogistik aus Paris, Brüssel und Zürich erfolgreich mittels Auto- und Telefonbomben oder mit der Schußwaffe erledigen konnten. Auch die in einem Schließfach beim Schweizerischen Bankverein in Genf zu hinterlegende Entlohnung in bar mehrte sich, wie vereinbart. Doch als dann die Gruppe den »harten Zielen« nachzujagen begann, wandte sich das Schicksal. Die Informationen, die aus Paris über die »harten Ziele« eingingen, stellten sich nun als irreführend heraus. Die Gruppe wurde fälschlich auf Ziele angesetzt, die nicht auf der Liste standen. So wie eine andere Gruppe, von der sie erst nachträglich Kenntnis erhielten, unter Anführung Mike Hararis, des späteren Beraters Noriegas, in Lillehammer statt den Anführer des Schwarzen September einen einfachen palästinensischen Kellner umlegte[598], erschoß die Gruppe um Avner in der Schweiz drei unbeteiligte Araber. Die Dinge begannen schiefzulaufen. Zum Schluß waren auch die gelieferten Waffen nicht mehr einwandfrei, und die Munition erwies sich als fehlerhaft. Die Mitglieder der Gruppe sahen sich ihrerseits Mordanschlägen ausgesetzt. Drei der fünf Mitglieder waren Attentaten zum Opfer gefallen. Der Anführer Avner überlebte nur aufgrund des blitzschnellen und rechtzeitigen Erkennens einer Polizeifalle in München, die angeblich auf ihn angesetzt worden war. Die Gruppe gab schließlich entnervt auf. Als Avner in Genf den vereinbarten Lohn des Mossad zur Gründung einer neuen Existenz aus dem Bankschließfach nehmen wollte, war dieses bereits geräumt.

Wenn diese Darstellung zutreffen sollte, dann wurde bereits der Befehl Golda Meirs zur Rächung der israelischen Sportler in München umgemünzt in Attentate gegen im wesentlichen harmlose Palästinenser, während deren harter Kern sich der Fürsorge des Dienstes erfreute. Die Ermordung von drei der ursprünglich fünf Angehörigen des Kommandos, dessen Anführer Avner als vierter nur per Zufall entkam, spricht für geheimdienstliche Auftraggeber. Es steht insgesamt zu vermuten, daß auch das Attentat auf die israelischen Sportler im Olympiazentrum in München geheimdienstgesteuert gewesen sein muß. Bei keiner anderen Gelegenheit hätte einer in die Hunderte von Millionen gehenden Fernseh-Zuschauergemeinde in aller Welt live dargestellt werden können, daß mit den Verantwortlichen eines Volkes, die friedliche Sportler bei Olympischen Spielen überfallen und kaltblütig ermorden, ein Friede nicht zustande kommen kann. Außerdem war sicher von Vorteil, der israelischen Nation, den angstgeplagten Überlebenden des Holocaust, die Fortdauer ihrer Gefährdung durch die auf deutschem Boden in die Fußstapfen des nationalsozialistischen Deutschlands tretenden arabischen Terroristen des Schwarzen September eindringlich vor Augen zu führen. Unabhängig hiervon beeindruckt die Perfektion der Zulieferbetriebe für die Industrie des Terrors. Laut Autor George Jonas kennt die deutsche Polizei sehr wohl den Zürcher Unternehmer, der im Buch unter dem Namen Lenzlinger die Finanzkontakte zur Baader-Meinhof-Gruppe ebenso wie zu anderen Terrormannschaften unterhalten habe. Lenzlinger soll 1976 unter mysteriösen Umständen gestorben sein[599].

Mossad, Carlos und die
Internationale des Terrorismus

Ostrovsky berichtet über die Zusammenarbeit des Mossad mit der faschistischen Action Directe und bestätigt die Vermutung der Pariser Polizei, drei Attentate mit Autobomben im Paris des Jahres 1973 seien auf das Konto dieser rechtsradikalen Organisation gegangen[600]. Doch er fügt hinzu, der venezolanische Terrorist Carlos habe der Action Directe geholfen, die Bomben herzurichten und sie zu plazieren[601]. Gegen Informationen über geplante Angriffe auf jüdische Ziele habe der Mossad der Action Directe unter anderem mit gefälschten englischen Pässen ausgeholfen. Im übrigen habe es Einschränkungen in der Zusammenarbeit mit Terroristen allenfalls dann gegeben, wenn diese israelische Ziele hätten angreifen wollen. In solchen Fällen sei die Belieferung mit Waffen und Zerstörungsmitteln aus israelischen Beständen ausgeschlossen gewesen[602]. Sonst jedoch offensichtlich nicht. Auf das Konto der Carlos-Gruppe gehen der Anschlag auf die Tagung der Ölminister der OPEC in Wien, die in ein Pariser Straßencafé geworfene Handgranate mit zahlreichen Toten und Verletzten sowie die Bombe im französischen Hochgeschwindigkeitszug auf der Strecke von Paris nach Marseille, in dem sich der damalige Bürgermeister von Paris und derzeitige französische Staatspräsident, Jacques Chirac, hätte befinden sollen, wenn nicht im letzten Moment dessen Mitfahrt abgeblasen worden wäre[603]. Die Carlos-Gruppe bezog ebenso wie die Abu-Nidal-Gruppe zwischen ihren Terroraktionen Ruheräume in den sozialistischen Ländern. Dazu gehörten Ungarn, die ČSSR, Bulgarien, Jugoslawien und auch die DDR.

Westdeutsche V-Männer, die in den Kreis deutscher Terroristen hatten eingeführt werden können, flogen mit ihren Zöglingen, in Westberlin die innerdeutsche Grenze querend, vom DDR-Flughafen Schönefeld nach Ungarn und Bulgarien und müssen folglich über das Treiben der Banden informiert gewesen sein. Gleiches kann den anderen westlichen Geheimdiensten unterstellt werden, dem israelischen wie dem amerikanischen, dem französischen und dem englischen. Dazu kam von östlicher Seite die hervorragende Aufklärung durch die Dienste der Warschauer-Pakt-Staaten, der Stasi, des ungarischen, rumänischen, bulgarischen und ČSSR-Geheimdienstes. Die Akten der ehemaligen Satellitenstaaten sind interessanterweise auch heute noch zum Teil top secret und werden der Öffentlichkeit nicht zur Einsichtnahme freigegeben. Dies gilt auch und gerade für die Akten des früheren ungarischen Geheimdienstes in bezug auf den Terroristen Carlos. Allerdings erhielt der Ermittlungsrichter des Landgerichts Paris Einblick, nachdem die französischen Dienste Carlos in einer Mischung von Kidnapping und Auslieferung aus dem Sudan nach Frankreich gebracht hatten. Syrien hatte den jahrelang in Syrien ansässigen Carlos in den Sudan abgeschoben. In Syrien hatte Carlos mit seinem deutschen Komplizen Johannes Weinrich zusammengearbeitet, der sich dort auf offiziellen Empfängen der deutschen Kolonie ungeniert zu zeigen pflegte.

Weinrich wurde von Syrien an die Bundesrepublik zum Zwecke der Strafverfolgung ausgeliefert, so daß der Aufklärung des Gesamtkomplexes letztlich nichts mehr im Wege stehen sollte. Ob es freilich dazu kommt, ist angesichts der verworrenen Interessenlage der Staaten und Geheimdienste zweifelhaft.

Allein die Persönlichkeit des Rechtsanwaltes, der Carlos vor Gericht und den französischen Behörden vertrat, gibt zu Fragen Anlaß. Maître Vergès ist nicht nur der Verteidiger von Carlos, er vertrat auch Klaus Barbie, den früheren Gestapochef von Lyon, der sich bei Kriegsende in die Dienste des Army Counter Intelligence Corps (CIC) und später der CIA begeben hatte. Vergès, Sohn einer Vietnamesin und eines französischen Kolonialbeamten, in dessen Lebenslauf angeblich rund sieben Jahre dokumentarisch nicht erfaßt sind, wird deshalb auch zuweilen direkt mit der CIA in Verbindung gebracht[604]. Alte Geheimdienststrukturen könnten eine Rolle spielen, zumal Vergès auch in dem Prozeß um den alten, bei der Deportation französischer Juden in die Vernichtungslager in Polen mit den deutschen Behörden eng zusammenarbeitenden Polizeichef des französischen Vichy-Regimes und späteren Finanzminister der Vierten Republik, Papon, auftritt.

Eine weitere Merkwürdigkeit besteht in der Hilfestellung, die der Genfer Bankier François Genoud dem Terroristen Carlos angedeihen ließ[605]. Genoud war bis zu seinem Tod im Jahre 1996 ein überzeugter Anhänger des deutschen Nationalsozialismus und glühender Bewunderer Hitlers. In seinem Haus in Genf hingen in einem getäfelten

Saal Fahnen und Porträts der Nazizeit, standen Büsten der Nazi-größen. Gegen Ende des Krieges half er beim Beiseiteschaffen des Nazivermögens[606]. Weltweit verfügte er im Interesse der Erben über die Rechte an wichtigen nationalsozialistischen Schriften, war eng verbunden mit Waddi Haddad, dem führenden Kopf der geschäfts-tüchtigen palästinensischen Terroristenszene und half nun nicht nur Barbie, sondern auch dem ihm freundschaftlich verbundenen Terro-risten Carlos, dem er nach der Entführung aus dem Sudan für den anstehenden Prozeß in Paris den Anwalt Vergès vermittelte. Auch algerischen und palästinensischen Terroristen ist er als Finanzier zu Diensten gewesen.

François Genoud, Paul Dickopf und die Terroristen

Seit der Zeit des Nationalsozialismus war Genoud bis zu seinem Tode eng befreundet mit Paul Dickopf, dem früheren Chef des Bundes-kriminalamtes und späteren Präsidenten von Interpol. Dickkopf war im Dritten Reich Mitglied der SS und bei der Abwehr tätig gewesen. Genoud arbeitete während des Dritten Reichs als deutscher Agent in der Schweiz mit Dickopf eng zusammen[607]. Dickopf eröffnete ihm von Amts wegen die Möglichkeit, bis Kriegsende im Reichsgebiet und in Belgien ungehindert zu reisen und Geschäfte zu machen.

Der Chef des Bundeskriminalamtes gab zu Protokoll, er habe sich aus Opposition gegen Hitler schon 1943 in die Schweiz abgesetzt und habe bei Genoud, dem Freund und Nazi-Enthusiasten Unterschlupf gefunden. Merkwürdigerweise meldet die SS die Desertion ihres Mitgliedes und Mitarbeiters der Abwehr seinerzeit nicht, zahlte viel-mehr der Familie das Gehalt bis kurz vor Kriegsende fort[608]. Der Genoud-Biograph Laske und andere führen dies darauf zurück, daß SS und Abwehr ganz im Gegensatz zu der Darstellung Dickopfs die-sen rechtzeitig vor dem Zusammenbruch in die Schweiz verpflanzt hätten, um die seit Ende 1943 anlaufende Rettung des Nazivermö-gens in die Wege zu leiten. Dabei habe der Genfer Nationalsozialist Genoud mit seinen vielseitigen Bankverbindungen die Wege gewie-sen[609]. Man wird daher davon ausgehen müssen, daß es sich bei

Genoud um einen der wichtigsten Vermögensverwalter der überlebenden, ausgewanderten oder untergetauchten Naziwelt handelt[610]. In der Schweiz schmuggelte Dickopf bis unmittelbar vor Kriegsende Nazifunktionäre über die italienische Grenze[611], nahm zudem Verbindung zu Allen Dulles auf, dessen OSS, dem Vorläufer der CIA, er Bericht erstattete. Daneben stellte er sich auch den Schweizer Diensten zur Verfügung.

Es fällt schwer, an Zufall zu glauben, daß zwei Freunde aus SS-Zeiten wie Genoud und Dickopf sich über Terrorismus in dessen widerwärtigster Blütezeit nicht sollten ausgetauscht haben. Da finanziert der Genfer den internationalen Terrorismus[612], bringt Mitglieder des rechtsradikalen Front National Frankreichs mit den Terroristen Habasch, Ahmed Jibril und Abu Nidal in seiner Wohnung zusammen, während sein Freund, der oberste deutsche Kriminalbeamte, angesichts der Ermordung der israelischen Sportler während der Olympiade in München vor der größten Herausforderung seines Lebens steht, jedoch das ihn beschäftigende Thema offensichtlich im Gespräch mit dem Freund außen vor läßt[613]. Doch in der Tat, auch bei Interpol ist zwei Wochen nach dem brutalen Überfall auf die von israelischen Sicherheitsbeamten just zur Tatzeit unbewacht gelassenen Athleten der internationale Terrorismus kein Thema[614]. Es ist die Hochzeit der Flugzeugentführungen – zwischen 1969 und 1971 werden 15 Verkehrsflugzeuge pro Jahr entführt, 1973 mit dem Auftreten der Gruppe Schwarzer September erhöht sich diese Zahl auf 50 Entführungen. In Palästina baut Waddi Haddad gegen Bezahlung eine regelrechte Fremdenlegion von Terroristen auf, in der Holländer, Deutsche, Lateinamerikaner, Ägypter, Algerier und nicht zuletzt Andreas Baader und Ulrike Meinhof geschult werden. Doch dies hindert den Finanzmann des internationalen Terrorismus und den BKA-Chef und späteren Chef von Interpol nicht, am Thema vorbei in freundschaftlicher Verbindung und regelmäßigem Kontakt zu bleiben[615].

Ein weiterer Umstand gibt zu denken: Bei Genoud kann man davon ausgehen, daß er spätestens seit den dreißiger Jahren von allen bedeutenden Geheimdiensten der westlichen wie östlichen Welt, insbesondere dem amerikanischen OSS, dem britischen MI6, dem französischen Auslandsnachrichtendienst überwacht wurde. Zitate aus Genouds abgehörten Telefonaten mit der Terrorszene finden sich auf dem internationalen Zeitungsmarkt wieder. Man kann folglich davon ausgehen, daß die Telefongespräche des Terror- und Nazibankers lückenlos abgehört wurden. Es fragt sich, warum aus der Fülle dieser und anderer Informationen es nicht möglich war, dem internationalen Terrorismus besser Paroli zu bieten, als dies bislang gelungen ist[616].

Es bleibt nachzutragen, daß die Organisation Carlos 20 Millionen Dollar von Saudi-Arabien erhielt, die Summe, die zur Freilassung der in Wien als Geisel genommenen Ölminister vereinbart worden war[617]. Schließlich beehrte sich Carlos, aus Dschidda in Saudi-Arabien seine Vermählung mit der im Gefängnis einsitzenden Magdalena Kopp aus Ulm anzuzeigen, und lud neben seinem Kompagnon Weinrich als Trauzeugen einen Schweizer Bankier, offensichtlich Genoud, zu den Feierlichkeiten ein[618]. Angesichts der in der Regel engen Abstimmung der amerikanischen Dienste mit den saudischen eine ebenfalls erstaunliche Entwicklung[619]. Aus den Erkenntnissen, daß die CIA und der französische Geheimdienst mehr als zweimal interveniert hatten, um den mehrfachen Mörder Carlos zu schützen, schließt Yallop, daß es Übereinkünfte zwischen Carlos und diesen Diensten gegeben haben müsse[620]. Dementsprechend erklärte auch ein Mitarbeiter der CIA auf die Frage, warum die CIA Carlos offensichtlich beschützt habe: »Sie kümmert sich eben um ihre Leute.«

Abu Ijad, der von einem Angehörigen der Abu-Nidal-Gruppe 1991 ermordete Sicherheits- und Geheimdienstchef der PLO, bestätigte, daß Carlos ein Doppelspiel betrieben habe. »Carlos«, so die Aussage, »hatte und hat noch immer viele Chefs. Ich weiß mit aboluter Sicherheit, daß er für annähernd ein Dutzend Geheimdienste Operationen durchgeführt hat ... Die CIA betrachtete Carlos als Mitarbeiter[621].« Das Strafverfahren gegen die beiden ehemaligen CIA-Angehörigen Edwin Wilson und Frank Terpil, die dem libyschen Staatschef Gaddafi beim Aufbau einer Terrortruppe zur Seite gestanden, mit sieben Instruktoren die Ausbildung betrieben und die notwendige Masse an Bombenmaterial beigebracht hatten, ergab, daß Frank Terpil Illyich Ramirez Sanchez, genannt Carlos, im Auftrag der CIA sogar ausgebildet hatte[622].

Den Schlußstein kritischer Betrachtungen über die Verbindung von Terror und Geheimdienst beziehungsweise staatlicher Antiterroreinheiten würde die Tatsache setzen, wenn sich Gerüchte bewahrheiteten, daß Carlos längere Zeit im Frankfurter Raum gelebt und sich zusammen mit Beamten des Bundeskriminalamtes auf einem Schießstand eines Schützenvereins im Taunus verlustiert haben soll. Die Anwesenheit soll anhand eines unter Ausschluß der Öffentlichkeit durchgeführten Verfahrens wegen unerlaubten Waffenbesitzes nachzuweisen sein, das von anderen laufenden Verfahren gegen Angehörige des Bundeskriminalamtes abgetrennt wurde. Es gibt Bilder ebenso wie Schriftproben, die auf Carlos hinweisen. Das Material befindet sich in den Händen eines Autors, der – allerdings in der Regel bundeskriminalamtsfreundlich – über Terrorismus schreibt.

Der britische Autor David A. Yallop kommt nach umfangreichen Recherchen und Interviews mit Tätern und Geheimdienstjongleuren zu dem Ergebnis, daß der Carlos der internationalen Medienlandschaft zu großen Teilen das Produkt einer von CIA, dem britischen MI6, dem Mossad und in deren Gefolge einer Vielzahl anderer Geheimdienste angeführten Desinformationskampagne sei[623]. Von der angeblich revolutionär verbrachten Jugend über die Ausbildung auf Kuba, dem angeblichen Besitz von nuklearen, chemischen und biologischen Waffen bis hin zu einem auf allen Erdteilen jeder Zeit zuschlagenden und sogar aus den Fesseln des KGB ausbrechenden Totalverbrecher bleibe wenig übrig, trotz des Blutes, das an seinen Händen klebe.

Die Frage nach den Beweggründen der Geheimdienste schiebt sich immer mehr in den Vordergrund. Wer falsche Beschuldigungen mit raffinierten Legenden aufbaut, hat eigenes Verhalten zu verdekken, verwischt Spuren und setzt die Waffen des Terrors zur Erzielung berechneter Wirkungen auf die nationale wie internationale politische Landschaft ein. Dies gilt zum Beispiel auch für das Hit-Team, das angeblich im Auftrag Gaddafis Präsident Reagan nach dem Leben getrachtet haben soll. Am Ende stellte sich heraus, daß es sich um einen Propagandaakt des Mossad zur Desinformation und Beeinflussung der amerikanischen Öffentlichkeit handelte[624].

Irische Braut mit
Mossad-Bombe im Gepäck

1986 verwies die britische Regierung unter Führung der energischen Ministerpräsidentin Thatcher den syrischen Botschafter des Landes und ließ die Botschaft in London schließen. Präsident Reagan rief unter Protest den amerikanischen Botschafter aus Damaskus zurück, und die Europäische Gemeinschaft verhängte Sanktionen gegen Syrien. Hintergrund war der im letzten Augenblick verhinderte Anschlag auf einen Jumbo-Jet der israelischen Fluggesellschaft El Al in London-Heathrow, der im Begriffe stand mit mehr als 400 Passagieren, darunter 200 Amerikanern, nach Israel zu fliegen. Die Bombe sollte von einer Irin an Bord gebracht werden. Doch zu guter Letzt konnten israelische Sicherheitsagenten die Übergabe der Bombe vereiteln. Die Bombe war der Schwangeren nach Durchlaufen der peniblen Gepäckkontrolle über einen palästinensischen Gepäckabfertiger zugesteckt worden, angeblich um »Probleme mit dem Übergewicht« zu umgehen. Die Irin war mit einem Palästinenser befreundet, von dem sie ein Kind erwartete. Der Freund überredete die werdende Mutter, ihre zukünftigen palästinensischen Schwiegereltern in Israel zu besuchen, ohne sie selbst begleiten zu wollen. In der Tasche mit den angeblichen Geschenken für die Eltern befand sich die Bombe, die die Schwangere zusammen mit den über 400 Passagieren hätte in den Tod befördern sollen. Der verlogene Bräutigam wurde verhört und gab seinerseits an, die Bombe von einem syrischen Luftwaffenattaché mit dem Ziel erhalten zu haben, ein israelisches Flugzeug zum Absturz zu bringen, um so der gemeinsamen arabischen Sache zu nutzen. Die Empörung über den Vorgang spiegelt sich in den Handlungen der britischen und amerikanischen Regierung ebenso wider wie in dem Verhalten der Europäischen Gemeinschaft. So jedenfalls die Schilderung des Tathergangs, die die Vertreter des FBI bei Anhörungen vor den Ausschüssen des US-Kongresses abgaben[625].

Doch der israelische Geheimdienstmann Ari Ben-Menashe schildert den Vorfall als Bestandteil eines israelischen Plans, mit dem das westliche Wohlwollen für die arabische und palästinensische Sache zerstört werden sollte. Der Mossad hatte einen Oberst der jordanischen Armee mit Geld-, Alkohol- und Frauengeschichten in London umgedreht und für seine Arbeit eingespannt. Der Mann erhielt den Auftrag, seinem Vetter 50 000 Dollar anzubieten, damit dieser mit Hilfe seiner schwangeren Freundin eine Bombe an Bord des El-Al-Jumbos bringe und der palästinensischen Sache einen Dienst erweise, in Wahrheit ihr nachhaltig Schaden zufüge. Der nun als Agent in israelischen Diensten stehende Oberst brachte seinen Vetter mit Angehörigen des syrischen Geheimdienstes zusammen, um ihn in der Gewißheit zu wiegen, im Sinne der arabischen Interessen zu handeln, gleichzeitig jedoch das Problem mit seiner zur Last gewordenen schwangeren Freundin lösen zu können. Der Freundin wurde nach der Paß- und Gepäckkontrolle das Paket mit den Geschenken für die künftigen Schwiegereltern übergeben, in dem die Bombe versteckt war. Der Mossad wiederum sorgte dafür, daß die britischen Sicherheitsdienste das Gepäck sofort einer besonderen Untersuchung unterzogen und der Skandal wie geplant seinen Verlauf nehmen konnte. Der in israelischen Diensten stehende Oberst der jordanischen Armee war es dann auch, der die Befehle zur Tötung des amerikanischen jüdischen Rollstuhlfahrers auf dem Luxusdampfer *Achille Lauro* gegeben hat[626].

Die Planung der Terroraktion lag in den Händen einer Abteilung des israelischen Geheimdienstes unter Führung von Rafi Eitan, des Antiterrorberaters von Ministerpräsident Begin[627]. Die scheinbaren Terroranschläge wurden aus einem Geheimfonds finanziert, der aus Waffenverkäufen gespeist worden war. Die Befehlskette lief über einen britischen Söldnervermittler, der für den israelischen Geheimdienst arbeitete und Waffen an palästinensische Terroristen vermittelte[628].

Al Kassar und die Entführung
der Landshut

Weitere Fragen zur verdeckten Vernetzung von Terrorismus, Waffen- und Rauschgifthandel und dem internationalen Geflecht der Geheimdienste ergeben sich auch aus der bereits eingeführten Figur des Syrers Monzer Al Kassar und dessen Akte beim Bundeskriminalamt. Die Kassar-Brüder Monzer und Ghassan werden in einem Bericht des amerikanischen Kongresses über den BCCI-Skandal als Kunden der Bank bezeichnet, die sich dem Terrorismus, dem Waffen- und Drogenhandel im Zusammenspiel mit der syrischen Regierung widmen und darüber hinaus Ostblockwaffen für die Contras in Nicaragua vermittelt hätten[629]. Nicht erwähnt wird in dem Bericht die Tatsache, daß die Verhaftung des Monzer Al Kassar in Paris an dem auffälligen und damit Warnung vermittelnden Verhalten von CIA-Vertretern gescheitert sei. Die CIA war offensichtlich an einer Strafverfolgung Al Kassars nicht sonderlich interessiert, was mit der Beziehung des Waffenhändlers zu Oliver North in Verbindung gebracht werden kann. Ganz anders das Bundeskriminalamt, das, obgleich die Tätigkeitsfelder der Brüder Al Kassar Syrien, Bulgarien, Österreich, Polen, die DDR, die Schweiz, Großbritannien, Frankreich, zum Teil Italien und Dänemark, aber auch Holland und nur am Rande die Bundesrepublik berührten, sich bemüßigt fühlte, eine schriftliche Zusammenstellung aller internationalen Schandtaten des Syrers auszuarbeiten und zum Gegenstand einer Interpol-Konferenz zu machen. Der Eifer des BKA führte schließlich, wie erwähnt, zur Festnahme Monzer Al Kassars an der deutsch-österreichischen Grenze, danach wurde er der französischen Justiz zur Auslieferung angeboten. Doch die wollte den »nationalen« Haftbefehl ihrer Justiz nicht in einen internationalen verwandeln, so daß Al Kassar auf freien Fuß gesetzt werden mußte. Auch die spanische Justiz, die ihn in seinem luxuriösen Ferienort Marbella später festhält, spricht ihn letztlich aus Mangel an Beweisen frei, allerdings erst, nachdem der zunächst zuständige Richter hinwegbefördert worden war.

Aus dem Dossier des Bundeskriminalamtes ergibt sich, daß Monzer Al Kassar für seine Transaktionen, die im Schwerpunkt wohl eher dem internationalen Waffenhandel in Richtung Afghanistan, Iran, CIA und Terrorgruppen galten, sein schnelles Düsenflugzeug zwischen West, Ost und Nahost, die streng bewachte Nato-War-schauer-Pakt-Grenze als Verfolgungshindernis nutzend, hin und herfliegen läßt. Als einer der Begleiter des Monzer Al Kassar, der Palästinenser Zaki Helou, in Madrid im Auto von einem Motorradfahrer angeschossen und schwer verletzt wurde, ließ Monzer Al Kassar den Verletzten nach Warschau in eine Spezialklinik fliegen. Nicht nachprüfbare Hinweise gehen davon aus, daß der Anschlag auf Helou eine Aktion des Mossad gewesen sei, die Stasi-Akten sprechen von einem internationalen Waffenhändlerring, das eine schließt das andere nicht aus.

Zaki Helou wiederum gehörte zum Kreis der palästinensischen Terroristen, die im kommunistischen Südjemen ein Ausbildungslager unterhielten. Mit ihm verheiratet war die Frankfurterin Monika Haas, von der in Stasi-Akten vermutet wird, sie sei Mitarbeiterin des BND oder auch des Mossad gewesen. Eher nachrichtlich berichten die Stasi-Akten, daß die Palästinenser der Abu-Abbas-Gruppe Monika Haas als Verräterin ansähen und ein Exekutionskommando bereits unterwegs sei, die Todesstrafe an ihr zu vollstrecken. Doch Monika Haas arbeitete seinerzeit, wiederum laut Darstellung der Stasi-Akten, ungehindert als Taxifahrerin in Frankfurt. Später war sie als Krankenschwester in den Frankfurter Krankenanstalten beschäftigt und wurde dort zur Personalratsvorsitzenden gewählt. Inzwischen hat die Bundesanwaltschaft sie vor dem Staatsschutzsenat Frankfurt angeklagt. Ihr wird vorgeworfen, 1977 an der Entführung der Lufthansamaschine *Landshut* mitgewirkt zu haben, indem sie in Mallorca der palästinensischen Entführungsmannschaft den Sprengstoff besorgt und zugeführt habe, mit dem die Maschine hätte in die Luft gesprengt werden sollen. Die Anklage beruht auf den Hinweisen in den Stasi-Akten sowie der Aussage der einzigen Überlebenden der Terroristenmannschaft, der in Norwegen lebenden Suhaila Andrawes, einer in einem sehr behüteten, wohlhabenden Elternhaus in Palästina aufgewachsenen, streng katholisch erzogenen Palästinenserin. In ihrer Aussage, nach tagelangem Verhör durch die Bundesanwaltschaft und unter dem Hinweis, daß sie als Kronzeugin in den Genuß von Vorteilen im eigenen Strafverfahren gelangen werde, bestätigte Andrawes schließlich, daß sie Monika Haas als diejenige wiedererkenne, die in Mallorca, in einem Kinderwagen mit einem schwarzhaarigen Kind versteckt, die Granaten überbracht habe. In einem kleinen Detail ist die Aussage offensichtlich insofern unrichtig, als das altersmäßig in Betracht kommende Kind von Monika Haas blond und nicht schwarzhaarig ist. Die Monika Haas belastende Aussage ist inzwischen von Andrawes unter Protest gegen die korrumpierende Wirkung der Kronzeugenregelung wieder zurückgenommen worden. Gleichwohl wurde sie mit einer geringeren Haftstrafe für diese Kronzeugenaussage belohnt.

Monika Haas selbst bestreitet jede Beteiligung an der Tat. Sie sei Ehefrau des Zaki Helou gewesen, habe sich um ihre Kinder gekümmert, allerdings auch einmal im Auftrag der Palästinensergruppe im Jemen Kurierdienste nach Nairobi in Kenia übernommen. In Nairobi sei sie allerdings sofort verhaftet worden, eine Abschiebung nach Israel bestreitet sie.

Der einheitliche Sachverhalt der Entführung der Lufthansamaschine wurde von der Bundesanwaltschaft zur Verhandlung den Staatsschutzsenaten Hamburg und Frankfurt übergeben und in zwei miteinander nicht verbundenen Verfahren mit jeweils getrennter Beweisaufnahme und Beweiswürdigung angeklagt und verhandelt. Beide Gerichte sind so kaum in der Lage, sich ein Gesamtbild von den tatsächlichen Sachverhaltsabläufen zu machen. Die Anwendung der Kronzeugenregelung, die Unterbreitung von Teilsachverhalten, die Hintanhaltung von Zeugen aus dem Geheimdienstmilieu legen den Verdacht nahe, daß die Richter allenfalls über eine Art von Designer-Sachverhalt mit Designer-Zeugen zu Gericht sitzen können, sofern sie sich nicht überhaupt weigern, unter diesen Umständen Recht zu sprechen. Einige italienische Richter sind in ähnlichen Fällen zu mutigeren Horizonten aufgebrochen als ihre manipulationsgefährdeten deutschen Amtskollegen. Doch darüber wird später zu berichten sein.

Inzwischen sind weitere Merkwürdigkeiten zutage getreten. Da findet sich die Aussage der Palästinenserin Suheila Andrawes, daß in Mogadischu bei der Erstürmung der Maschine im Oktober 1977 durch den GSG 9 des Bundesgrenzschutzes einer der Beamten des Kommandos zum finalen Schuß auf sie angelegt habe, was jedoch ein den Arm des deutschen Grenzschützers beiseite schlagender somalischer Polizeibeamter verhindert habe. Die Version wurde von dem Kommandeur der GSG 9, Wegener, empört zurückgewiesen[630]. Immerhin hätte die Erschießung der Palästinenserin Andrawes die einzige noch überlebende Zeugin der unmittelbar an der Tat beteiligten Tätergruppe beseitigt.

Eigentümlich bleibt nach wie vor der Umstand, daß die sechs Personen, die den Sprengstoff nach Mallorca transportiert und sich dort zur Vorbereitung des Anschlages aufgehalten haben, nicht haben ermittelt werden können.

Der RAF-Häftling Peter-Jürgen Boock gab nach dem Geständnis

seiner Beteiligung an dem Attentat auf den Arbeitgeberverbandsprä-
sidenten Schleyer der Berliner *Tageszeitung* Hinweise auf Hintergründe. Boock, der als zentrale Figur der Attentate von 1977 gilt,
meint, die Zusammenhänge zwischen dem Schleyer-Attentat und
der Entführung der Lufthansamaschine *Landshut* seien der Bundesanwaltschaft womöglich klarer als manches andere. Er glaube, daß
bei der Flugzeugentführung mehrere Geheimdienste mitgemischt
haben, so daß die Wahrheit vermutlich nie herauskommen werde.
Er könne sich vieles im Ablauf der Ereignisse nur mit einer partiellen
Kooperation zwischen Stasi und BND erklären, denn die DDR habe
seinerzeit kein Interesse daran gehabt, Helmut Schmidt zu stürzen.
Die Selbstbestimmung der RAF, auf die sich die Terroristen so viel
eingebildet haben, sei zu großen Teilen Fiktion und Selbstbetrug
gewesen. Vermutlich seien sie von Geheimdiensten des öfteren wie
die Pfingstochsen am Ring durch die Arena geführt worden[631]. Im
weiteren Verlauf wird auf die geradezu atemberaubenden Fehler der
deutschen Ermittlungsbehörden im Falle Schleyer zurückzukommen
sein.

Graue Wölfe, CIA, KGB
und das Papstattentat

Bei dem Versuch, hinter das Terror-Geheimdienst-Netzwerk und
dessen Ausrichtung zu kommen, ist das Attentat auf den Papst im
Jahre 1981 von besonderer Bedeutung. In Rom schoß der junge
Türke Mehmet Ali Agca auf Papst Johannes Paul II., der gerade die
Menschenmassen segnend im offenen Fahrzeug des Vatikans langsam über den Petersplatz fuhr. Über die Hintergründe des Attentats
gibt es zwei sich gegenseitig ausschließende Sachverhaltsdarstellungen, die die Strafverfolgungsbehörden, die Medien und sogenannte
Sachverständige für internationalen Terrorismus der Öffentlichkeit
darbieten[632].

Der auf frischer Tat ertappte Attentäter Agca war in Ostanatolien
aufgewachsen. Schon als Schüler hatte er sich den damals in der Türkei und ganz Europa mit Methoden des Terrors vorgehenden Grauen
Wölfen angeschlossen, die sich wiederum als Jugendorganisation

der rechtsradikalen türkischen Nationalist Action Party (NAP) verstehen. Die Partei war von einigen pensionierten türkischen Militärs in ein rechtsradikales Fahrwasser getrieben worden. Agca war im Jahre 1979 schon einmal wegen der Ermordung eines türkischen Zeitungsverlegers zu einer längeren Haftstrafe verurteilt worden. In seinem Geständnis hatte er sich trotz erheblicher Zweifel der türkischen Ermittlungsbehörden zur Alleintäterschaft bekannt. Kurze Zeit darauf befreiten die Grauen Wölfe den Kameraden aus dem Gefängnis, indem sie, verkleidet in Militäruniformen den Häftling an acht Wachkontrollen vorbei aus dem Gefängnis in die Freiheit schleusten. Anschließend wurde der junge Mann 18 Monate versteckt gehalten. Trotz eines Interpol-Aufgebots schafften ihn die Gesinnungsgenossen unter falschem Namen und mit gefälschtem Paß aus der Türkei. Seine Flucht führte ihn durch insgesamt zwölf Länder, darunter Bulgarien. Von der Schweiz aus wurde er mit einer Waffe versehen, die von einem österreichischen Waffenhändler und Neonazi namens Grillmaier besorgt worden war. In Deutschland erhielt er vom Repräsentanten der Grauen Wölfe in Frankfurt finanzielle Unterstützung[633].

Bei dem Attentatsversuch auf dem Petersplatz wurde ein zweiter Türke namens Oral Celik erkannt, der derselben Zelle der Grauen Wölfe angehört hatte. Auch Celik hatte sich an der Ermordung des türkischen Zeitungsverlegers und an der anschließenden Befreiung seines Kameraden aus dem Gefängnis beteiligt. Die Zelle der Grauen Wölfe war wie viele andere am Drogen- und Waffenschmuggel beteiligt[634]. Ein früheres Mitglied der Grauen Wölfe gab zu erkennen, daß eine der größten Einnahmequellen der Partei NAP das Schmuggeln von Rauschgift darstelle. Heroin und Haschisch werde von der Türkei aus nach ganz Europa ausgeführt. Die Vermarktung liege zu einem erheblichen Teil in den Händen der Grauen Wölfe. Von den Rauschgifteinnahmen wiederum würden Waffen in der Türkei gekauft. Eine britische Quelle berichtet von erheblichen Mengen Heroin, die von NAP-Mitgliedern in die USA transportiert worden seien, wo sie über kriminelle Kontakte Zugang zum Kauf von Waffen erhalten hätten.

Lange vor dem Attentat in Rom, im Jahre 1979, hatte Agca in einem offenen Brief dem Papst anläßlich des anstehenden Besuches in der Türkei mit einem Anschlag gedroht[635]. Zur Begründung seines

Hasses verwies er auf die Rolle, die der Papst als Oberhirte der westlichen Christenheit in der Unterdrückung und Bekämpfung der muslimischen Völker spiele. Die Attentatsandrohung fiel in eine Zeit, in der die rechtsradikale NAP mit ihren Grauen Wölfen daranging, nach Kräften die türkische Gesellschaft zu destabilisieren. Mörderische Attentate gegen politische Gegner wurden verübt, denen auch Lehrkräfte an Schulen zum Opfer fielen, und das, obgleich die NAP im türkischen Kabinett den Unterrichtsminister stellte. Die Partei vertritt Vorstellungen von einer Groß-Türkei, die die Siedlungsräume der Turkvölker in der früheren Sowjetunion, dem Iran und China mit einschließt und insofern an Zeiten der Kollaboration türkischer Kräfte mit den Nationalsozialisten und der deutschen Wehrmacht, etwa im Kaukasus, anzuknüpfen versucht.

Die Wehrmacht hatte seinerzeit mehr als 100 000 turkstämmige Kriegsgefangene der Roten Armee aus den Gefangenenlagern herausgesucht, bewaffnet und den kämpfenden Wehrmachtsverbänden angegliedert. Es handelte sich folglich um ein bekanntes und seit Jahrzehnten mobilisierbares Potential gegen die russische beziehungsweise sowjetische Zentralgewalt in Moskau.

Nach dem Attentatsversuch auf den Papst wurde Agca festgenommen und in Untersuchungshaft gehalten. Dort bekam er Besuch von Vertretern westlicher Geheimdienste. Mehrfach waren Vertreter des italienischen militärischen Geheimdienstes SISMI, des italienischen Verfassungsschutzes, aber auch der CIA in seiner Zelle. Nach anderthalb Jahren Untersuchungshaft gab der Täter eine sensationell neue Version des Tatablaufes zum besten, die die noch im Kalten Krieg befindliche westliche wie östliche Welt aufhorchen ließ. Danach will Agca vom bulgarischen Geheimdienst im Auftrag des damaligen KGB-Chefs und späteren Staatspräsidenten der Sowjetunion, Juri Andropow, das Attentat auf den Papst verübt haben. Der Plan sei vom bulgarischen Geheimdienst im Auftrag des sowjetischen KGB ausgearbeitet und durchgeführt worden. Er, Agca, sei in Sofia in einem Hotel für mehrere Wochen abgestiegen, habe einen an der bulgarischen Botschaft in Rom beschäftigten und auf Fotos wiedererkannten Agenten in dessen Wohnung besucht. Auch habe ihm ein Angehöriger der bulgarischen Botschaft in Rom beim Papstattentat helfend zur Seite gestanden, dessen Aufgabe es gewesen sei, die Aufmerksamkeit möglicher Augenzeugen vom eigentlichen Geschehen abzulenken. Nach der Tat hätte man ihn in einem für das kontroll-freie, verplombte Passieren aller europäischen Grenzen zugelasse-nen T.I.R.-Lastwagen außer Landes und nach Bulgarien bringen wollen. Der Lastwagen habe im Hofe der bulgarischen Botschaft gestanden. Bei Gelegenheit gab Agca auch zu Protokoll, die bulgari-schen Führungsoffiziere hätten ihn zu schnellem Handeln angehal-ten, weil davon auszugehen gewesen sei, daß der französische Ge-heimdienst bereits von den Attentatsplänen Wind bekommen und dem Vatikan entsprechende Warnungen habe zukommen lassen. Garniert wurde die Darstellung in den Medien mit Hinweisen über gemeinsame Transaktionen der türkischen Drogenmafia mit dem bulgarischen Geheimdienst, der eine Schmuggelroute für Drogen und Gold von Istanbul über Sofia nach Mailand eingerichtet habe.

In Zeiten des Kalten Krieges waren Aktivitäten des bulgarischen Geheimdienstes im Zusammenspiel mit der türkischen wie italieni-schen Mafia durchaus denkbar. Bulgarien war als Durchgangsland in alle Himmelsrichtungen für die Geheimdienste aus Ost und West gleichermaßen von Interesse. Es fehlt nicht an Hinweisen, daß die Schmugglerrouten von der Türkei über Bulgarien nach Italien und umgekehrt auch vom italienischen militärischen Geheimdienst nach Kräften genutzt wurden. Und von drei CIA-Angehörigen in Rom wird berichtet, sie seien in erhebliche Schwierigkeiten geraten, da der Drogen- und Waffenschmuggel zwischen Sofia und Mailand möglicherweise auch von der CIA gezielt für das Einschleusen von Agenten in den Ostblock genutzt wurde.

Das Geständnis mit der neuen Version vom Tathergang, ein-drucksvoll im Gefängnis vor den zu einer Pressekonferenz mit dem Gefangenen geladenen Fernseh- und Rundfunkanstalten wiederholt, rief ein riesiges Medienecho in Italien, weltweit, vor allem aber in den USA hervor. So zweifelhaft und windig die neuen Tatsachenbe-hauptungen auch gewesen sein mögen, *Time*, *Newsweek*, die *New York Times*, *Reader's Digest* und berühmte amerikanische und euro-päische Nachrichtensendungen verbreiteten die KGB-Bulgarien-Papst-Attentats-Konspiration als die nun endlich ans Licht gebrachte lautere Wahrheit[636].

Was jedoch allein schon hätte stutzig machen müssen, war die Beteiligung alter CIA-Weggefährten an der publizistischen Kampa-gne gegen die kommunistische Weltverschwörung[637]. An vorderster

Stelle engagierte sich Paul Henze, ein jahrelanger Mitarbeiter der CIA, der in den fünfziger Jahren für die der CIA zuzuordnenden Sender Stimme Amerikas und Radio Freies Europa in München tätig gewesen war. Dort lernte er den Korrespondenten Ruzi Nazar kennen, einen aus Taschkent in der Sowjetunion gebürtigen Turkmenen, der im Zweiten Weltkrieg aus der Roten Armee desertiert und zur Wehrmacht übergelaufen war. Nach der Niederlage Nazideutschlands wurde Nazar wie große Teile des Kollaborationsnetzes der ehemaligen Wehrmacht, der SS und der Naziverwaltung in die Dienste der CIA übernommen. Henze wurde 1959 an die CIA-Station in Ankara versetzt. Er nahm Nazar mit in die Türkei, der dort sehr erfolgreich die türkischen faschistischen Bewegungen für die CIA durchdrang, just zu der Zeit, als sich der spätere Papstattentäter Agca als Mörder anheuern ließ. Als der Hintergrund des CIA-Mitarbeiters Nazar 1974 in der Türkei öffentlich bekanntwurde und Henze 1979 gar zum Chef der CIA-Station Ankara aufstieg, mußte Nazar außer Landes geschafft werden. Er wurde an die amerikanische Botschaft in Bonn versetzt. Dort gehörte es zu seinen Aufgaben, wie der türkische Journalist Ugur Mumcu recherchiert hat, die Organisation der Grauen Wölfe in Westdeutschland für die CIA zu durchdringen. Gleichzeitig sollte er die Verbindungen zu Oberst Türkes halten[638].

Wieweit nun die CIA wiederum mit den Grauen Wölfen selbst operativ verbunden war und ist, läßt sich nicht mit letzter Sicherheit feststellen. Es gibt Vermutungen, daß die Verbindung der CIA zu türkischen Rechtsradikalen über die türkische Antiguerillaorganisation, eine Abteilung des türkischen Generalstabes für Sonderkriegführung, lief. Dabei gab es nach Darstellung eines türkischen Verfassungsrichters eine sehr enge Arbeitsbeziehung zwischen den bewaffneten Kommandos der rechtsradikalen NAP zum türkischen Geheimdienst MIT. Die dem Militär zugeordnete Antiguerillagruppe förderte ihrerseits rechtsradikale terroristische Aktionen zur Destabilisierung der ihr mißliebigen türkischen Regierung und zur Vorbereitung der militärischen Staatsstreiche von 1971 und 1980. Immerhin soll sich Henze in Washington nach dem Staatsstreich mit der Bemerkung gebrüstet haben : »Our Boys have done it«.[639]

Eine andere Studie bemerkt, daß das Hauptquartier der amerikanischen Militärmission in Ankara in dem gleichen Gebäude untergebracht ist wie die Antiguerillagruppe der türkischen Streitkräfte und daß die Ausbildung der Offiziere dieser Einheit stets in den USA begonnen habe. Die Studie behauptet, die CIA habe in den sechziger Jahren Pläne für die Massenverhaftung von oppositionellen Kräften in der Türkei vorbereitet, die dann 1971 in die Tat umgesetzt worden seien. Ähnliche Behauptungen finden sich immer wieder auch in bezug auf andere europäische und außereuropäische Länder. Da sie für zahlreiche Länder belegt sind, steht zu vermuten, daß die Struktur einer generellen Linie folgt, die für alle Länder von strategischem und wirtschaftlichem Interesse für die USA gilt.

Vor diesem Hintergrund entfacht nun der CIA-Mann Henze mit der Attentatsdarstellung des jungen Grauen Wolfes Agca eine weltweite Kampagne über die sowjetisch-bulgarische Geheimdienstverschwörung zur Ermordung des Papstes. Ziel des Anschlages sei es gewesen, den in Polen so überaus beliebten Papst zu beseitigen, der der KP Polens und der sowjetischen Führungsmacht so große Schwierigkeiten bereite. Bei der Kampagne Henzes helfen an vorderster Front weitere Weggefährten der CIA, darunter die Journalisten de Borchgrave und Robert Moss, sowie Claire Sterling, Journalistin und Autorin eines Buches über den weltweiten, angeblich sowjetgesteuerten Terrorismus.

Henze und Moss – letzterer zugleich im Dienste des britischen Auslandsnachrichtendienstes – waren kurz zuvor auf einer Konferenz des israelischen Jonathan-Institutes zusammengekommen, an der der damalige Chef der CIA und spätere US-Präsident Bush zusammen mit zahlreichen Geheimdienstleuten, Politikern und Journalisten aus den USA, Frankreich, Großbritannien und vor allem Israel teilnahm[640]. Das Institut trägt den Namen eines Mitglieds jenes Sonderkommandos der israelischen Streitkräfte, das bei der Befreiung der als Geiseln gehaltenen Passagiere des Air-France-Flugzeuges in Entebbe ums Leben gekommen war. Es handelte sich um den Bruder des späteren Ministerpräsidenten Netanjahu. Die Likud-geführte Regierung unter dem damaligen Ministerpräsidenten Begin sah sich heftigen Angriffen der Carter-Administration ausgesetzt, die Israel der fortgesetzten Verletzung der Menschenrechte an den Palästinensern beschuldigte und Frieden in der Region nach der Richtschnur Frieden gegen Rückgabe der seit dem Sechstagekrieg von Israel besetzten Gebiete durchzusetzen versuchte. Große Teile der eher liberal gesonnenen jüdischen Gemeinden in den USA appellierten seinerzeit an Vernunft und Friedensbereitschaft des israelischen Volkes und dessen Regierung.

Begin, der selbst ebenfalls an der Konferenz teilnahm, gab dort die Losung aus, die internationale Terrorgefahr gehe von den Palästinensern aus und werde von der Sowjetunion finanziert und gesteuert[641]. Die Botschaft fiel in die Zeit des Präsidentschaftswahlkampfes in den USA, in dem das Team Reagan–Bush den Sieg davontrug. Reagan suchte die Wähler, wie so viele Präsidentschaftskandidaten vor ihm, davon zu überzeugen, daß der demokratische Präsident Carter die USA in den Zustand nahezu hoffnungsloser militärischer Unterlegenheit gegenüber der Sowjetunion habe treiben lassen, daß massive zusätzliche Rüstungsanstrengungen unternommen werden müßten, daß der Entspannungsprozeß gestoppt, das Land auf die Veteidigung aus dem Weltraum vorbereitet werden müsse. Der um die Wiederwahl kämpfende, durch die Geiselnahme in der amerikanischen Botschaft in Teheran und die unter spektakulären Begleitumständen gescheiterte militärische Befreiungsaktion tief gedemütigte Präsident Carter wurde mit den Themen *soft on communism, soft on terrorism* und *soft on defense* vorgeführt. In die Kampagne paßte der Vorwurf der Naivität gegenüber den Friedenschancen in Nahost.

Henze, zeitweilig auch Mitarbeiter Zbigniew Brzezinskis, des Sicherheitsberaters von Präsident Carter, späteren Mitarbeiters der Rand Corporation und Harvard-Professors, wurde nun von *Reader's Digest* beauftragt, die »wahren« Hintergründe des türkischen Grauen Wolfes und Papstattentäters Agca zu ergründen. Henzes »Erkenntnisse« fanden dann ihren Niederschlag in einem Artikel Claire Sterlings in *Reader's Digest*. Henze selbst verkaufte seine Recherche an Fernsehstationen und an die Zeitschrift *Newsweek*. Fortan wurde – mit wenigen Ausnahmen – die Geschichte des Mordversuches an Johannes Paul II. als Ausgeburt einer bulgarisch-sowjetischen Geheimdienstverschwörung dargestellt[642]. Henzes Material wurde von der *New York Times* aufgegriffen und von der *New York Herald Tribune* weiterverbreitet. Kurzum, der Wirbel in der amerikanischen wie der Weltpresse läßt sich letztlich auf Henzes Version der Dinge zurückführen. Alle Zweifel an Fakten, die Geheimdienstexperten, Wissenschaftler, Politiker zu äußern wagten, wurden als Schlappheit vor dem Feind, als Kuschen vor den verdeckt weltweit operierenden Sowjets mit ihren Hintersassen wie Gaddafi und den internationalen Terroristen ausgelegt und gebrandmarkt.

Eine Woche vor den Reagan-Wahlen erschien in der Beilage der *New York Times* ein Artikel des CIA-Journalisten Robert Moss unter dem Titel »Terror: Ein Sowjet-Export«. Moss war zuvor schon bekanntgeworden als von der CIA bezahlter Autor eines Buches gegen den chilenischen Präsidenten Allende. Die Auflage von 10 000 Exemplaren hatte das Pinochet-Regime nach erfolgreichem Militärputsch aufgekauft und an Multiplikatoren in und außerhalb des Landes versandt (vgl. S. 219).

Nun hätte die auch heute noch in bestimmten Zeitungen fortwirkende Spekulationsblase über die KGB-Hintergründe des Papstattentates sich nicht aufbauen lassen, wenn nicht auf italienischer Seite ebenfalls massiv Einfluß im Sinne der Verschwörungstheorie genommen worden wäre. Da findet sich ein Richter, der die italienischen und amerikanischen Geheimdienste bei dem Häftling Agca ein und aus gehen ließ, der persönlich in die USA reiste, um sich von de Borchgrave, einem ebenfalls der CIA zuzuordnenden Journalisten – der inzwischen zum Herausgeber der *Washington Times*, einem rechtslastigen Blatt im Eigentum der koreanischen Moon-Sekte avanciert ist –,[643] erzählen zu lassen, daß auch der Chef des französischen Geheimdienstes im voraus über den Anschlag auf den Papst informiert gewesen sei und daß die französischen Dienste den Vatikan zuvor gewarnt hätten[644].

Doch neben all diesen Ungereimtheiten hielten die zur Stützung der Verschwörungstheorie zu Protokoll gegebenen Fakten einer genaueren Nachprüfung nicht stand. So hatte Agca einen bulgarischen Komplizen benannt, den er aus einer Reihe ihm vorgehaltener Fotos bestimmte. Doch der so identifizierte bulgarische Staatsangehörige konnte ein durch mehrere glaubwürdige Zeugen bestätigtes Alibi aufweisen.

Das Hotelpersonal in Sofia, in dem Agca sich mehrere Wochen aufgehalten haben will, konnte sich an ihn weder erinnern, noch wiesen die Eintragungen auf das angegebene Hotelzimmer auch nur einen Namen auf, der mit einem der vielen gefälschten Pässe und Namen, deren sich Agca in dieser Zeit bediente, hätte identisch sein können. Dies allein will freilich in einer kommunistischen Diktatur mit ihren Fälschungs- und Manipulationsmöglichkeiten wenig besagen. Doch Agca konnte sich auch an Lage und Grundriß der Wohnung seines Agentenführers nicht einmal andeutungsweise erinnern, obgleich er angeblich mehrfach dort gewesen sein will.

Der Lastwagen, der ihn nach der Tat hätte entführen sollen und der nach Angaben des Attentäters auf dem Hof der bulgarischen Botschaft in Rom abgestellt war, stand in Wirklichkeit zur angegebenen Zeit auf einer belebten öffentlichen Straße und unter ständiger Aufsicht des italienischen Zolls.

Das angebliche Tatmotiv, die sowjetische Führung habe mit der Ermordung des polnischen Papstes dessen Ausstrahlung auf sein kommunistisch regiertes und tiefgläubiges katholisches Heimatland unterbinden und der oppositionellen Solidarnoś-Führung schaden wollen, kennzeichnet die Argumentationslinie des Grauen Wolfes. Zur Zeit des Attentats war Solidarnoś überhaupt noch nicht gegründet. Ganz abgesehen davon, daß die Einhaltung des obersten Gebotes auch einer sowjetischen Geheimdienstoperation, allzeit offiziell und überzeugend die Verantwortung für das Geschehen leugnen zu können, hier wider Erwarten exakt in ihr Gegenteil verkehrt worden wäre. Die Vorstellung, die Führung eines kommunistischen Staates ordne die Ermordung eines weltweit hochgeachteten Oberhauptes der katholischen Kirche durch den eigenen oder befreundeten Geheimdienst an und könne sich damit einen wohltätigen propagandistischen Einfluß auf die gegenüber der kommunistischen Herrschaft aufmuckende polnische Bevölkerung verschaffen, ist so absurd, daß man die erforderliche Torheit nahezu keinem Geheimdienst der Welt und erst recht nicht einer sowjetischen Staatsführung in ihren theoretischsten Gedankenspielen unterstellen kann. Die Durchführung der Tat mit Hilfe von Tätern, die sofort als offensichtliche Agenten eines Ostblock-Geheimdienstes erkennbar sind, ist so stümperhaft, daß sie sich von selbst als das entlarvt, was sie ganz offensichtlich war und sein sollte: eine massive Desinformations- und Propagandakampagne der westlichen Seite[645]. Im übrigen hat der Attentäter wesentliche Teile seiner Aussagen in dem späteren Verfahren zurückgezogen. In einem Brief an den Vatikan spricht er von Pressionen, die auf ihn ausgeübt worden seien[646]. In einem Brief an den amerikanischen Militärattaché bekennt er, daß er seine »Geständnisse« auf Drängen amerikanischen Personals gemacht habe[647].

Zu den Grauen Wölfen ist nachzutragen, daß sie der Partei der vormaligen Ministerpräsidentin und Außenministerin Çiller nahestehen und unter dem Schutz der türkischen Geheimdienste Terroraktivitäten mit dem Rauschgifthandel verbunden haben.

Ein schwerer Unfall erleuchtete schlagartig die nationale wie internationale Szene[648]. Am 3. November 1996 raste auf der Autobahn bei Susurluk eine schwarze Mercedes-600-Limousine in einen Lastwagen. Drei der vier Insassen waren sofort tot, der vierte überlebte schwer verletzt. Nicht der Unfall selbst, sondern die Zusammensetzung der Insassen erschütterte die Türkei[649]. Bei dem einzigen Überlebenden handelte es sich um den Abgeordneten der Partei des Rechten Weges der stellvertretenden Ministerpräsidentin Tansu Çiller, Sedat Bucak. Bucak unterhält in seinem Heimatort eine Art Privatarmee, die gegen die kurdische PKK zu Feld zieht und verdächtigt wird, im Heroinhandel tätig zu sein und politische Morde zu organisieren. Zu den Toten zählten Bucaks enger Freund und allmächtiger Chef der Abteilung Terrorismusbekämpfung der Istanbuler Polizei, Hüseyin Kocadag, ein türkisches Topmodell und schließlich Abdullah Catli, ehemaliger Vorsitzender der Grauen Wölfe in Ankara und seit Jahren steckbrieflich mit einem Haftbefehl von Interpol gesuchtes Mitglied der Drogenmafia. Abdullah Catli wird auch im Zusammenhang mit dem Papstattentat als wahrscheinlicher Komplize des Attentäters Mehmet Ali Agca gesucht. In dem Wagen wurden Schnellfeuerwaffen, Schalldämpfer, Abhörgeräte und falsche Pässe gefunden.

Geheimdienstspezialist Mahir Kaynak bestätigte, daß es eine mit den Geheimdiensten und der Mafia zusammenarbeitende Antiguerillatruppe gegeben habe. Nach Presseberichten hatten die Insassen des Unfallwagens gemeinsam mit dem ehemaligen Polizeipräsidenten und amtierenden Innenminister in einem Hotel übernachtet. Der Innenminister verwickelte sich bei seinen Erklärungen des Vorfalls in derartige Widersprüche, daß er schließlich sein Amt niederlegen mußte. Der ums Leben gekommene Mörder und Drogenhändler Catli war 1982 bei der Einreise nach Miami in Begleitung des italienischen Terroristen Stefano Delle Chiaie beobachtet worden, der in das Bombenattentat gegen den Hauptbahnhof in Bologna involviert war[650]. Über die Grauen Wölfe laufen Verbindungen zu faschistischen Terrororganisationen in ganz Westeuropa. Aus Frankreich kamen die falschen Papiere, aus Deutschland Geld und über Gladio-Kommandos in Italien wurden die Verbindungen in die USA geknüpft[651]. Der Bundesnachrichtendienst habe Catli seinerzeit eine hübsche Summe Geldes angeboten für eine Aussage, wonach das Attentat auf den Papst in engem Zusammenhang mit dem bulgarischen und sowjetischen Geheimdienst stehe[652]. Catli war offensichtlich im Auftrag des türkischen Staates auch damit befaßt, einen Putschversuch gegen den aserbaidschanischen Präsidenten zu inszenieren. Nach türkischen Zeitungsberichten soll die Aktion aus dem Geheimfonds der damaligen Ministerpräsidenten Çiller finanziert worden sein.

BKA und französische Dienste
aufs Kreuz gelegt?

Wenn nun aber die CIA und die italienischen Geheimdienste Agca zu einer ganz offensichtlichen Falschaussage bewegten, die von Journalisten wie Moss und de Borchgrave über die Medien als Propaganda gegen die Sowjetunion genutzt wurde, dann fragt sich, aus welcher Quelle der französische Geheimdienst seine eigenständige Information über das bevorstehende Attentat bezogen haben soll. Auch das Bundeskriminalamt will entsprechende Hinweise erhalten haben, und zwar unmittelbar aus dem engsten Führungskreis einer palästinensischen Terroristengruppe. Der entsprechende Beamte des BKA, der dem Vernehmen nach dort zwei Quellen, darunter den für die Planung von Terroranschlägen verantwortlichen zweiten Mann, geführt haben soll, soll auf diesem Weg über nahezu alle wesentlichen Terroranschläge in Europa vorab unterrichtet gewesen sein, darunter über den Anschlag auf den Papst ebenso wie über die Anschläge der Carlos-Gruppe. Der Agentenführer hat jahrelang im Nahen Osten als Vertreter des BKA gesessen. Seine Bedeutung, aber auch seine Verbindungen, ergeben sich aus der Beobachtung, daß er eines Tages von einem Hubschrauber der U.S. Navy auf einen Flugzeugträger im Mittelmeer gebracht worden sein soll, um ihn vor einer besonderen Gefährdung zu bewahren.

Wenn nun aber das Papstattentat in der CIA-gesponserten Darstellung so nicht hat stattfinden können, das BKA jedoch ebenso wie der französische Geheimdienst angeblich vorab von dem Anschlag des bulgarischen Geheimdienstes gewarnt worden waren, dann haben diese Quellen den deutschen wie den französischen Dienst schlicht mit Propagana, mit Desinformation, gefüttert. Dies leuchtet insofern ein, als die Glaubwürdigkeit der amerikanisch-italienischen Manipulation über gesteuerte Quellen befreundeter Dienste so künstlich verstärkt hat werden können. Fortan konnte die amerikanische psychologische Kriegführung sich nicht nur auf die eigenen »Erkenntnisse«, sondern auch auf die der Bündnispartner stützen. Man wird aus dem Vorfall und dessen Hintergründen entnehmen können, daß es bei der Handhabung der Informationen über den internationalen Terrorismus zu Manipulationen befreundeter Dienste, der übermächtigen Dienste der USA, aber auch Israels gekommen sein muß[653]. Es ist überdies davon auszugehen, daß diese Manipulationen sich bis in die Erkenntnislage der östlichen Dienste, auch der Hauptverwaltung Aufklärung des Ministeriums für Staatssicherheit in Ostberlin ausgewirkt haben. Bei der Bekämpfung des internationalen Terrorismus wurden Sachverhalte verfälscht und gezielte Fehlspuren gelegt, eine Vorstellung, die einigen Mitarbeitern des Bundeskriminalamtes, des Bundesnachrichtendienstes und des Bundesamtes für Verfassungsschutz sicherlich als Alptraum erschienen sein mag. Eine Täuschung durch Bündnispartner, vermeintliche Freunde, anzunehmen, fällt schwer, liegt jedoch auf der Hand. Nicht auszuschließen ist dabei, daß in den zur Bekämpfung des Terrors eingesetzten Amtsstellen der Bundesrepublik wie Frankreichs dem großen Bruder zuarbeitende Zellen jeweils Manipulationen und Einsätze mitsteuern, während das Gros der kriminalistischen Mitarbeiter sich an der Aufklärung der ausgestreuten Desinformationen die Zähne ausbeißen darf. Dann wären nicht nur die Terroristen von den Geheimdiensten wie Pfingstochsen an der Nase herumgeführt worden, sondern mit ihnen zugleich die gutgläubigen Verfolger. Letztlich dürfte kein Weg an der Erkenntnis vorbeiführen, daß Geheimdienste nicht nur das Papstattentat durch Zeugenmanipulation und weltweite Propagandaaktivitäten verfälscht haben. Die Dienste müssen bereits den Attentatsversuch selbst in Szene gesetzt haben.

Italienische Richter erwischen CIA
und eigene Geheimdienste beim Terror

Diese zunächst absonderlich erscheinenden Überlegungen gewinnen an Bedeutung angesicht der Skandale, in die CIA und italienische Geheimdienste nach dem Papstattentat durch richterliche Ermittlungen und parlamentarische Untersuchungsausschüsse in Italien verwickelt wurden.

Bei der Aufklärung zahlreicher Terroranschläge der siebziger und achtziger Jahre stießen Richter und Parlament letztendlich auf die Spuren der italienischen Geheimdienste und deren internationale Verbindungen[654].

Einer der Fälle, bei denen dieser Hintergrund greifbar wurde, war der Tod dreier Carabinieri, die einen Autounfall untersuchen wollten und beim Öffnen der Motorhaube von einer explodierenden Plastikbombe zerfetzt worden waren. Kurz darauf erfolgte der Anschlag auf den Intercity-Zug München – Mailand, dem zahlreiche Reisende zum Opfer fielen. Als nächstes wurde ein Anschlag auf den Bahnhof von Bologna verübt mit 85 Toten und über 200 Schwerverletzten, und schließlich kam es zur Geiselnahme und Ermordung des christdemokratischen italienischen Nationalrats- und ehemaligen Ministerpräsidenten Aldo Moro, der im Begriffe stand, die inzwischen längst von Moskau abgerückten italienischen Kommunisten in eine von Christdemokraten geführte Regierung aufzunehmen, wie dies einige Jahre später der ersten Regierung Mitterrand in Frankreich gelang.

Die amtliche Aufklärung all dieser Terroranschläge zeichnete sich durch Hilflosigkeit, mangelnde Organisation und ein totales Versagen der Geheimdienste aus, die eher falsche Spuren legten, als zur Aufklärung beitrugen. Vermutungen über denkbare Täter wurden stets in die linke Richtung gelenkt, während sich im folgenden herausstellte, daß durchweg rechtsradikale Kräfte die Anschläge organisiert und durchgeführt hatten[655]. Hinweise von Tatbeteiligten, die vor der Aussage vor Gericht nicht selten einem Mord zum Opfer fielen, führten auf die Spur insbesondere des italienischen militärischen Geheimdienstes, der, obgleich nicht zuständig, sich der Terrorbekämpfung widmete, in Wirklichkeit jedoch massiv an der Planung und Ausführung von Terroranschlägen beteiligt war.

Linksterror treibt
Wähler nach rechts

Die Hintergründe sind kompliziert, werden jedoch vor dem Hintergrund des Kalten Krieges angesichts der strategischen Lage des Mittelmeeranrainers Italien und der Sorge der USA vor einem Verlust dieses Landes entweder durch einen sowjetischen Einmarsch oder als Folge der internen Machtübernahme oder auch Machtbeteiligung der Kommunisten an einer italienischen Regierung verständlich. Ein frühes Instrument zur Verhinderung einer derartigen Entwicklung war die Zusammenarbeit amerikanischer Dienststellen mit der Mafia, die bei Kriegsende mit dafür sorgte, daß die den Kommunisten nahestehenden Kräfte aus der Zeit des aktiven Widerstands gegen Mussolini und die deutsche Besatzung im Nachkriegsitalien nicht an die Macht gelangen konnten. Die Freilassung der italienischstämmigen Mafiabosse aus den Gefängnissen der USA und deren Verwendung als Mittler der amerikanischen Geheimdienste zur Vorbereitung und Begleitung der Landung amerikanischer Truppen in Sizilien war der Anfang, der bei der Eroberung der Italienischen Halbinsel konstruktiv fortgesetzt wurde (vgl. S. 172 ff.). Parallel dazu griffen die amerikanischen Dienste bei der Besetzung Italiens sowohl auf die zurückweichenden deutschen Polizeidienststellen als auch auf die früheren Funktionäre des faschistischen Herrschaftssystems zurück. Die amerikanische Seite drängte darauf, daß diese wenig demokratischen, jedoch gesichert antikommunistischen Führungskräfte auch in der künftigen Nachkriegsverwaltung im Amt blieben oder dorthin zurückkehrten. Damit war ausgeschlossen, daß eher linksgerichtete oder gar Angehörige des kommunistischen Widerstandes nach den Jahren der Verfolgung und der Entbehrung Ansprüche auf Mitgestaltung der Nachkriegszeit und der Versorgung mit Ämtern im neuen, demokratischen Italien erheben konnten[656].

Darüber hinaus versuchten sich die alten faschistischen Kräfte in den Jahren zwischen 1960 und 1970 mehrfach an Militär- und Polizeiputschen, die jedoch samt und sonders fehlschlugen. Mit einer »Strategie der Spannung« trachteten sie, die Bürger zu verängstigen und von der Wahl linksgerichteter Parteien abzuhalten. Im Gegenzug sollte den rechtsgerichteten Parteien als den Hütern von Gesetz und

Ordnung ein Popularitätsvorsprung verschafft sowie der Bevölkerung die Notwendigkeit der Einschränkung von Bürgerrechten zum Zwecke des Kampfes gegen Chaos, Terror und Kriminalität einsichtig gemacht werden[657]. Geheimdienstkräfte unterwanderten sowohl die rechte als auch die linke Terrorszene, nicht selten mit dem voraussehbaren Ergebnis, daß die Terrorszene beider Seiten nahezu vollständig von den Geheimdiensten gesteuert wurde[658]. Der ehemalige Mitarbeiter des militärischen Abschirmdienstes, Roberto Cavallaro, erklärte in einem Interview der italienischen Wochenzeitung *L'Europeo* im November 1984, die Geheimdienste seien Verbindungen sowohl mit dem organisierten Verbrechen als auch dem Terrorismus eingegangen. Die Geheimdienste kontrollierten die terroristischen Gruppen auf der linken wie auf der rechten Seite[659]. Die Dienste spielten in allen Anschlägen dieser Zeit eine Rolle, mal als Anstifter, mal als Verhinderer des Durchgriffs der Strafverfolgungsbehörden gegen die Täter, mal als Quelle der Desinformation, des Hinweisgebers in die falsche Richtung, indem sie verdächtige Sündenböcke zumeist auf der linken Seite des politischen Spektrums fälschlich benannten.

Doch ein Ermittlungsrichter aus Trient folgt bei der Aufklärung der Bombenanschläge einer Spur, die die extreme Rechte Italiens, die Geheimdienste und die internationale Zentrale für die Vermittlung von Söldnern in Portugal, Aginter Press, in gemeinsamer Aktion verbindet[660], einer Deckadresse, hinter der wiederum jahrelang die CIA mit ihrer der verdeckten Medienarbeit gewidmeten Zentrale in Paris stand[661]. Mit dem Entzug des Verfahrens und Zuweisung des Falles an ein anderes Gericht wird die Spur zunächst allerdings nicht weiterverfolgt[662].

Propaganda Due, Organisationszentrum für Terror und Karriere

Die tiefgestaffelte Einflußnahme auf das politische Geschehen Italiens durch rechtsradikale, demokratiefeindliche Kräfte ging dabei jahrelang von einer Einrichtung aus, die von einem Mann geleitet wurde, der 20 Jahre im Exil in Argentinien gelebt hatte, nachdem bekanntgeworden war, daß er unter Mussolini an der Ermordung und Folterung italienischer Partisanen beteiligt gewesen war. Licio Gelli hatte schon in der italienischen Schwarzhemdendivision an der Seite des faschistischen Generals Franco im Spanischen Bürgerkrieg gekämpft. Im Zweiten Weltkrieg kämpfte er zunächst in Albanien. Später trat er der Waffen-SS bei, wurde dort Untersturmführer und Verbindungsoffizier der Nazis. Als solcher spürte er italienische Partisanen auf und verriet sie an die deutschen Befehlshaber. Unmittelbar vor Kriegsende war er so schlau, für kurze Zeit mit den Partisanen gegen die faschistische Armee in der Nähe seiner Heimatstadt Florenz zu kämpfen mit der Folge, daß er erfolgreich Fürsprache aus diesen Kreisen bei der Verhinderung der Strafverfolgung wegen Beteiligung an Folterung und Ermordung von Oppositionellen in der faschistischen Zeit erhielt. In Argentinien hatte Gelli sich erneut faschistischen Kräften angeschlossen. Von dort kehrte er 20 Jahre nach Kriegsende als Wirtschaftsberater der argentinischen Regierung wieder nach Italien zurück[663].

In Italien wurde er unter anderem mit der Begründung, er sei in der Lage, besonders qualifizierte Logenbrüder zu werben, in eine Freimaurerloge aufgenommen.

1971 wurde Gelli zum Sekretär der Loggia Propaganda Due gewählt, die später nur noch die Gelli-P2-Gruppe genannt wurde. Gelli rekrutierte gezielt im Bereich des italienischen Militärs, der Polizei, der Geheimdienste, der Politik. Ganz im Gegensatz zu den Bestimmungen der Freimaurer, politische Diskussionen und Beschäftigungen vom Logengeschehen zumindest offiziell fernzuhalten, politisierte Gelli die Versammlungen seiner Loge. Eines der Diskussionsthemen war die politische und ökonomische Lage Italiens, die Gefahr einer drohenden kommunistischen Machtergreifung im Zusammenspiel mit (linken) Teilen des katholischen Klerus sowie die zu erwartende Lage nach einer Machtübernahme der »Klerico-Kommunisten«. Nahezu 200 hochrangige italienische Offiziere waren bis 1981 in der P2 aufgenommen, darunter 92 im Rang des Generals oder Obristen. Mitglieder der Loge waren 56 Carabinieri-Offiziere, darunter zwölf Generale und acht Obersten, dazu acht Admirale der italienischen Marine, 22 Generale der Armee, fünf Generale der Finanzverwaltung (Guardia di Finanza) und vier Generale der Luftwaffe[664]. Der Abschlußbericht des Untersuchungsausschusses des italienischen Parlaments spricht davon, daß das in die Loge aufgenommene Personal die Spitzen der militärischen Macht Italiens auf den höchsten Rangstufen darstelle. Der Bericht stellt ferner fest, Gelli habe die Mitglieder seiner Loge mit politischen Vorstellungen manipulieren können, die mit den Zielen einer Demokratie und demokratischer Einrichtungen unvereinbar seien. Die Mitglieder seien von außen in eine demokratiefeindliche Haltung gesteuert worden.

Ein Staatsanwalt kam zu dem Ergebnis, daß Gelli die Karrieren in den Geheimdiensten bestimmte, Einfluß auf Anlage und Richtung von Untersuchungsverfahren nahm, jederzeit den Schutz der Geheimdienste in Anspruch nehmen konnte und im übrigen für Auslassungen, Lügen und Irreleitung delikater Untersuchungsverfahren mit dem Ziel, die Strafverfolgung rechtsradikaler Terroristen zu verhindern, verantwortlich sei[665].

Gelli, faschistischer Drahtzieher über Kontinente

Der Bericht des italienischen Parlaments über die Machenschaften der Geheimdienste und der Loge P2 führt ferner aus, Gelli sei selbst Angehöriger des italienischen Geheimdienstes gewesen. Die Leiter aller drei Geheimdienste, des Verfassungsschutzes (General Grassini), des militärischen Geheimdienstes (General Santovito) sowie der Leiter des Auslandsnachrichtendienstes (Präfekt Pelosi von der CESIS) waren allesamt Mitglieder der P2. Gelli gewann über die Mitglieder der P2 Einfluß auf die Dienste, die die unterwanderten subversiven Gruppen und Organisationen bei kriminellen Operationen unterstützten[666]. Zu den Aktionszielen gehörte vornehmlich die Destabilisierung des politischen Systems, um noch in den siebziger Jahren für die mehr oder weniger faschistisch gesonnene Rechte, der sich Gelli in führender Funktion angedient hatte, mit Hilfe einer durch Terroranschläge völlig verunsicherten Wählerschaft die Macht zu erringen. So wurden die Anschläge auf den Intercity München–Mailand im Jahre 1974 und auf den Hauptbahnhof von Bologna im Jahre 1980 in Wirklichkeit von rechtsradikalen Gruppen verübt, die

Täterschaft jedoch von den mit der Aufklärung beauftragten Sicherheitsdiensten linksextremen Gruppen in die Schuhe geschoben[667]. Die darauf folgende Antiterrorgesetzgebung ermächtigte wiederum die Sicherheitsdienste in Militär und Polizei, sich, ungehindert von rechtsstaatlichen Einschränkungen, noch eingehender der Bekämpfung linkslastiger Gruppen zu widmen.

Die verschärften Antiterrorbestimmungen gaben zum Beipiel den Strafverfolgungsbehörden im Gefolge des Papstattentats die Möglichkeit, den Bulgaren Antonov zu inhaftieren und bis zu fünf Jahren ohne Gerichtsverhandlung in Haft zu halten.

Herrschaft über Medien

Bei der systematischen Durchdringung der italienischen Gesellschaft war für Gelli natürlich eines der wichtigsten Ziele die Gestaltung der Medienlandschaft. Es gelang ihm und der P2 die Rizzoli-Verlagsgruppe zu erwerben, die den Mailänder *Corriere della Sera,* die führende italienische Tageszeitung, herausgibt. Bei der finanziellen Überprüfung der Unterlagen der Rizzoli-Gruppe ergab sich, daß Roberto Calvi, der Präsident der von der P2 kontrollierten Banco Ambrosiano, selbst 100 Prozent des *Corriere della Sera* besaß. Der Chefredakteur Franco DiBella war seit dem 10. Oktober 1978 Mitglied der Loge P2. Hinzu kamen weitere Zeitungen, Zeitschriften, Agenturen, mit dem Ergebnis, daß schließlich ein Großteil der italienischen Medienlandschaft in den Einfußbereich Gellis und seiner Loge geraten war. Nimmt man die bereits erwähnte Durchdringung der Geheimdienste, der Polizei, des Militärs und der Administration hinzu, so kann man von der systematischen Zusammenstellung eines Potentials für einen Generalangriff auf die italienische Demokratie sprechen. Gelli konnte mit diesem Instrumentarium hochflexibel nach eigenem Gutdünken und unkontrolliert von anderen Institutionen die Lage in Italien ganz wesentlich mitsteuern[668].

Ein Bild von noch größerer Tiefenschärfe entstand aufgrund richterlicher Ermittlungen, Geständnisse und Zeugenaussagen. Der Mord an den drei Carabinieri, die durch eine Autobombe umgekommen waren, führte zunächst infolge anonymer Anrufe auf die Spur der Roten Brigaden und zur Verhaftung von 200 Kommunisten, Dieben und Strichjungen, gegen die allerdings keine Anklage erhoben wurde. Das Verfahren ruhte mangels hinreichender Ermittlungsergebnisse.

Zehn Jahre nach der Tat griff ein mutiger Staatsanwalt aus Venedig den Fall erneut auf. Aus den Akten ergab sich, daß die Polizei vor Ort keinerlei Untersuchungen durchgeführt hatte. Ein Sprengstoffsachverständiger der Geheimdienste legte dem Richter eine irreführende Analyse vor. Seine erneuten Ermittlungen stießen auf hartnäckige Widerstände und Verzögerungen. Dennoch kam der Staatsanwalt dem Mitglied einer als »Neue Ordnung« auftretenden militanten Gruppe auf die Spur, das seine Tat gestand und zu einer lebenslänglichen Freiheitsstrafe verurteilt wurde. Der Täter weigerte sich, seine Mittäter zu benennen, schilderte jedoch die amtliche Vertuschung: Die Carabinieri, das Innenministerium, die Zollverwaltung, die zivilen und militärischen Geheimdienste seien schon 20 Tage nach der Tat in voller Kenntnis der Tatumstände wie seiner Person als Täter gewesen. Sie hätten sich jedoch aus politischen Gründen entschieden, die Angelegenheit auf sich beruhen zu lassen. Nach seinen Motiven befragt, erklärte der überzeugte Neofaschist, seine Tat sei ein Akt der Revolte gegen die Manipulation des Neofaschismus seit 1945 durch die ganze auf »Gladio« zurückzuführende sogenannte Parallelstruktur gewesen.

Gladio – Deckmantel
auch für innenpolitischen Kampf

Der Richter war inzwischen im Besitz von Unterlagen, die die gesamte politische Führungsspitze Italiens belasteten. Zum erstenmal in der Geschichte Italiens forderte nun ein Richter den Präsidenten der Republik Italien, Francesco Cossiga, auf, bei der Aufklärung der Tathintergründe behilflich zu sein. Weitere Spitzenpolitiker wurden gebeten, dem Gericht bei den Ermittlungen zur Seite zu stehen. Schließlich entschloß sich der in Bedrängnis geratene Ministerpräsident Giulio Andreotti, Altmeister christdemokratischer Nachkriegspolitik und seit Jahrzehnten als Minister und Ministerpräsident an nahezu allen Nachkriegsregierungen beteiligt[669], ein 30jähriges Geheimnis offenzulegen und die Organisation Gladio im Detail zu beschreiben[670]. Dabei fällt es schwer, die originären, aus der unmittelbaren Nachkriegszeit von der CIA in Zusammenarbeit mit den italienischen Geheimdiensten entwickelten Strukturen von dem zu trennen, was unter dem Namen Gladio (*gladius* – Kurzschwert der römischen Legionäre) aufgeführt wurde, um Verantwortung von den eigenen, nationalen Schultern fernzuhalten und auf übernationale oder transatlantische zu schieben[671].

Der NATO-Vertrag gab die Rechtsgrundlage ab für eine Reihe von Aktivitäten der amerikanischen Dienste in Italien und den anderen Bündnisstaaten. Eine Geheimklausel der ursprünglichen NATO-Vereinbarung aus dem Jahre 1949 verlangte von jeder Nation die Errichtung einer Behörde zur internen Bekämpfung des Kommunismus unter anderem auch durch verdeckt zu haltende antikommunistische Milizen oder »Bürgerwehren«. Neben der für den Fall der militärischen Überrollung vorgesehenen *Stay-behind*-Organisation gingen diese eher für einen Bürgerkrieg gedachten Einheiten auf die Arbeit eines Geheimkomitees zurück, das auf Drängen der US-Regierung innerhalb des Nordatlantikpaktes geschaffen wurde, zu dessen halbjährlichen Sitzungen in Brüssel jeder Mitgliedstaat Delegierte zu entsenden hatte[672].

Ende 1950 ermächtigte der National Security Council der Vereinigten Staaten die amerikanischen Streitkräfte mit angemessenen militärischen Mitteln auch dann gegen Kommunisten vorzugehen, wenn diese über demokratische Wahlen, also legal die Teilhabe an der Macht eines verbündeten Landes erlangen sollten. Desgleichen sollte militärische Gewalt bei solchen Regierungen eines verbündeten Landes eingesetzt werden können, die in ihrer Entschlossenheit zur inneren und äußeren Bekämpfung des Kommunismus Schwächen erkennen lassen. Die Weisung wurde von der CIA umgesetzt, die nicht selten mit Rückgriff auf Veteranen der Geheimen Staatspolizei aus der Mussolini-Zeit und auf alte Kämpen des Spanischen Bürgerkrieges auf der Seite General Francos streng geheime Kommandotrupps aufbaute[673]. Diese wurden in der Kunst der Aufklärung und der Gegenspionage gegen Kommunisten und andere sogenannte Feinde des Status quo trainiert. Die Pläne zur Anwendung »außergewöhnlicher Mittel« orientierten sich am Vorbild der Sureté Nationale des militarisierten französischen Geheimdienstes. In Italien wurde der militärische Nachrichtendienst SIFAR[674] gegründet, der seine Arbeit 1949 verdeckt unter amerikanischer Führung begann. Die Operationen der damaligen Zeit wurden von Innenminister Mario Scelba geleitet, der gegen Arbeiter und Bauern vorgehen ließ, die eine Verbesserung ihrer armseligen Nachkriegsbedingungen mit Demonstrationen, Streiks und gewerkschaftlicher Organisation einzufordern wagten. Auch vor Morden wurde nicht zurückgeschreckt[675]. Nachdem die Amerikaner den italienischen Geheimdienst eingerichtet hatten, erhielt SIFAR 1952 geheime Anweisungen von Washington, politische, paramilitärische und psychologische Maßnahmen zu ergreifen mit dem Ziel, die italienische Kommunistische Partei, ihre Finanzen und ihren Einfluß auf die Regierung nach Kräften zu schwächen. Die Operation »Demagnetisierung« brachte die institutionelle Verfestigung des Systems Gladio mit sich[676]. Die Operation, die werbend als Strategie der Stabilisierung ausgegeben wurde, sollte vermutlich schon damals bewußt das Gegenteil erreichen, eine Destabilisierung des politischen und gesellschaftlichen Systems Italiens mit der Chance, die Verschiebung der innenpolitischen Koordinaten zugunsten einer autoritären und mehr rechts orientierten Machtstruktur zu ermöglichen.

Die italienische Demokratie
aus den USA gesteuert

Claire Boothe Luce, die amerikanische Botschafterin in Italien und Frau des Verlegers der Wochenzeitschriften *Time* und *Life*, betrieb 1956 erfolgreich die Ernennung des Generals Giovanni De Lorenzo zum Chef des Geheimdienstes SIFAR, der die Führung der Gladio-Aktivitäten übernahm. 1962 sorgte die CIA dafür, daß De Lorenzo Chef der nationalen Polizeieinheiten, der Carabinieri, wurde, zugleich aber den Zugriff auf den Geheimdienst behielt. Zusammen mit 17 SIFAR-Offizieren säuberte De Lorenzo nun die Carabinieri von Kräften, die einer ausreichend rechten Gesinnung ermangelten. Der seinerzeitige amerikanische Militärattaché Vernon Walters, der im Laufe seiner langen Karriere immer wieder in Umstürze von als zu linkslastig erachteten demokratischen Regierungen verwickelt war, legte dem Geheimdienstchef in einer Denkschrift nahe, doch künstlich eine nationale Krise herbeizuführen, um so den Weg zu einer Mitte-Links-Regierung zu verbauen, innerhalb der Sozialisten für Spaltung zu sorgen und im übrigen Kräfte zu unterstützen, die für die Erhaltung des Status quo in Italien eintraten[677].

Nach 1984 in Rom aufgefundenen CIA-Unterlagen, heuerte die CIA-Vertretung in Italien rund 2000 Männer für Terrorgruppen an, die Bomben werfen, Anschläge durchführen und ihre jeweiligen Aktivitäten mediengerecht zu Propagandazwecken in Szene setzen sollten[678]. Zum Einsatz kamen die Teams erstmals 1963 bei Auseinandersetzungen mit den Gewerkschaften. Als Polizisten und Zivilkräfte verkleidet, griffen sie friedlich demonstrierende Bauarbeiter an. Zweihundert Verwundete waren die Folge, ein erheblicher Teil der Innenstadt Roms lag in Scherben. Die Urheberschaft von Gladio kam wesentlich später aufgrund der Aussage eines ehemaligen Geheimdienstgenerals ans Licht.

Gladio wurde von Anbeginn aus amerikanischen Mitteln finanziert. Der Name, gleichbedeutend mit dem römischen Kurzschwert, tauchte erstmals 1956 auf. Nach Dokumenten aus dem Jahre 1956, die seit 1990 in Italien öffentlich zugänglich sind, wurde Gladio in mehrere, unabhängig voneinander operierende Zellen eingeteilt, die von einer CIA-Zentrale auf Sardinien geführt wurden. Die insgesamt 40 Spezialeinheiten waren in zehn Sabotagetrupps, sechs Trupps für Spionage, Propaganda, Flucht- und Ausweichoperationen untergliedert, zwölf Trupps waren für Guerillataktiken vorgesehen. Eine weitere Einheit widmete sich der Führung von Agenten und Kommandounternehmen. Die Spezialeinheiten hatten Zugang zu unterirdisch angelegten Waffenarsenalen mit Handfeuerwaffen, Granaten, Hochleistungs-Explosivstoffen, Dolchen, 60-Millimeter-Mörsern, Maschinen- und Präzisionsgewehren. Die Fortbildung für die Ausbilder auf Sardinien lag in den Händen der amerikanischen Armee. In Bad Tölz wurden Fortbildungskurse abgehalten, wie der italienische General Seravalle 1974 vor dem Ermittlungsrichter aussagte[679]. Dort scheint auch die Technik der doppelten Terrorschiene mit rechten und linken Terroristen gelehrt worden zu sein[680]. Ganz ähnlich konnten ja auch die PLO-Ausbildungslager im Libanon und im Jemen mit beiden ideologischen Kampfrichtungen umgehen.

Oberstleutnant Renzo Rocca vom Geheimdienst SIFAR hatte für die Herbeiführung einer nationalen Krisenlage eine zivile Miliz aufgebaut und ausgebildet, die aus ehemaligen Soldaten und Mitgliedern der paramilitärischen Einheiten des früheren Mussolini-Anhängers und Faschisten Junio Valerio Borghese[681], der Decima MAS, zusammengesetzt war, und auf die Durchführung eines Staatsstreichs vorbereitet wurde[682].

Angeblich soll seinerzeit sogar Staatspräsident Antonio Segni in den Plan eingeweiht gewesen sein, den christdemokratischen Premierminister Aldo Moro zu ermorden, weil dieser sich als zu weich im Umgang mit Kommunisten erwiesen habe. Der Putsch scheiterte daran, daß die für den Einsatz vorgesehenen Carabinieri-Einheiten wider Erwarten in ihren Unterkünften blieben. Oberst Rocca, der Direktor der industriellen Gegenspionage, der von Industriellen das Geld zum Aufbau von zivilen Milizgruppen erhalten hatte, schied kurz vor seiner Aussage vor einem parlamentarischen Untersuchungsausschuß aus dem Leben, einer von vielen mysteriösen Selbstmorden[683]. Drei Untersuchungen des Putschversuches scheiterten an der Standarderklärung der italienischen Regierung, der Fall berühre wesentliche Staatsgeheimnisse. Die Aufklärung der Sachverhalte litt am Boykott des Staatsapparates[684].

Strategie der Spannung

Doch trotz des gescheiterten Putsches wurden die Aktivitäten, das gezielte Schüren öffentlicher Ängste, zur Veränderung der Machtverhältnisse in Italien unvermindert fortgesetzt. Die Methode des Vorgehens ist unter dem bereits erwähnten Begriff »Strategie der Spannung« bekanntgeworden.

So wurde im Mai 1965 mit dem Ziel, Unterstützung bei Intellektuellen zu finden, ein Kongreß unter dem Motto »Der Revolutionäre Krieg« veranstaltet. Versammelt waren alte und neue Anhänger des Faschismus, ausgesuchte konservative Journalisten und Militärs[685].

Einige Teilnehmer der Tagung hatten bereits an zahlreichen antikommunistischen Aktionen und terroristischen Übergriffen teilgenommen. Dazu gehörte der Geheimagent und Journalist Guido Giannettini, der wenige Jahre zuvor in einem Seminar der U.S. Naval Academy in Annapolis über »Techniken und Aussichten eines Staatsstreiches in Europa« einen Vortrag zum Thema »Der Revolutionäre Krieg« gehalten hatte[686].

Auch der bekannte Faschist Stefano Delle Chiaie, der angeblich schon 1960 als Geheimagent angeworben worden war, nahm an der Konferenz teil. Delle Chiaie hatte seine eigene Gruppe in Terrortaktiken trainiert, die später in dem Plan Solo zur Ausführung kommen sollten[687]. General De Lorenzo, dessen Geheimdienst SIFAR nun in SID umbenannt worden war, spannte derartige Charaktere in sein Gladio-Projekt ein. Ziel war die Schaffung eines Netzwerkes, das alle wichtigen Regierungsfunktionen insgeheim überwachte, um Personen, die noch nicht im Zuge einer verdeckt Gladio-gesteuerten Säuberungsaktion aus dem Amt entfernt worden waren, unter Kontrolle zu halten. Als Parallel-SID bekannt, reichten die Tentakel der Struktur in jede Schlüsselfunktion des italienischen Staates. General Vito Miceli, der spätere Chef der SID, sagte aus, die Parallelstruktur sei auf Anforderung der Amerikaner und der NATO eingerichtet worden[688].

Die Freimaurerloge Propaganda Due mit ihrem aus dem argentinischen Exil zurückgekehrten Großmeister Licio Gelli durchwirkte und beeinflußte das Gladio-Netzwerk von außen. Auch Gelli hatte nach seiner Zusammenarbeit mit SS und Wehrmacht zu Kriegsende beim Geheimdienst der amerikanischen Armee, dem Counter Intelligence Corps (CIC), angeheuert. Anfang der fünfziger Jahre warb der italienische militärische Sicherheitsdienst SID den Altfaschisten als Mitarbeiter. Nach der Rückehr gelangte er, wie bereits geschildert, schnell in Spitzenfunktionen der Freimaurer. Er war General Alexander Haig freundschaftlich verbunden, damals Assistent Henry Kissingers, des Sicherheitsberaters von Präsident Nixon. Gelli wurde nun der Mittler zwischen der CIA und dem italienischen Geheimdienst SID von General De Lorenzo. Gellis erster, angeblich unmittelbar aus dem Weißen Haus erteilter Auftrag, lautete weitere 400 Spitzenkräfte aus Italien anzuwerben[689]. Angeblich um unzuverlässige Leute fernzuhalten, fingen Gelli und De Lorenzo an, Dossiers über Tausende von Personen einschließlich Abgeordneter und Geistlicher anzulegen. Als bei einer Durchsuchung eine Liste von 157 000 derartiger Dossiers beim Geheimdienst SID entdeckt wurde, die sowohl dem Verteidigungsminister als auch dem Innenminister zugänglich waren, brach der Skandal aus. Das Parlament verlangte die Vernichtung von 34 000 Akten, deren Duplikate sich allerdings längst in den Archiven der CIA in den USA befanden[690]. Beweis für Gellis Einfluß und Verbindungen in den USA wie in Italien war seine Einladung und Anwesenheit als einziger italienischer Staatsbürger bei den Feierlichkeiten aus Anlaß der Amtseinführung der amerikanischen Präsidenten Ford, Carter und Reagan. Zur Inauguration Ronald Reagans war Gelli sogar zum Mittagessen geladen[691].

Kommandoausbildung auf Sardinien

1968 begann die CIA mit der Ausbildung der Gladio-Kommandos auf einem abgesonderten Teil eines NATO-Übungsplatzes auf Sardinien. In wenigen Jahren waren rund 4 000 Absolventen des Kurses in strategische Verwaltungspositionen gehievt worden. Den Teams standen 139 Waffenlager, zum Teil in Carabinieri-Unterkünften zur Verfügung. Im Fall des Todes eines Gladio-Streiters versprach die CIA die Ausbildungskosten der Kinder zu übernehmen. Im übrigen entschädigte ein üppiges Gehalt die Herren für ihr riskantes Doppelleben.

Wurden 1968 in Italien 147 terroristische Anschläge durchgeführt, so stieg deren Zahl im Jahre 1969 auf 398 und erreichte die Höchstmarke von 2 498 im Jahre 1978, um danach langsam wieder zurückzugehen. Der Rückgang war unter anderem die Folge eines Gesetzes, das Informanten aus dem Terrorbereich Strafmilderung und Strafverschonung einräumte.

1969 erschütterte eine größere Explosion die Mailänder Piazza Fontana, zu beklagen waren 18 Tote und 90 Verletzte. Polizei und Strafverfolgungsbehörden behaupteten in diesem Fall wie bei den folgenden Anschlägen und Massakern stets, die Täter gehörten anarchistischen und linken Kreisen an. In Mailand kam es nach einem anonymen Anruf zur Verhaftung von 150 Personen, von denen einige als Anarchisten vor Gericht gestellt wurden. Zwei Jahre darauf führten jedoch neue Beweismittel zur Anklage gegen Neofaschisten und Geheimdienstoffiziere des SID. Drei zunächst verurteilte Anarchisten wurden freigesprochen. Die letztlich Verantwortlichen für das Attentat wurden von der italienischen Justiz allerdings nicht belangt.

Eine sichere Gladio-Spur tat sich auf, als im November 1973 der venezianische Richter Carlo Mastelloni feststellte, daß das aufgrund einer Explosion abgestürzte Flugzeug des Typs Argo-16 die Mission gehabt habe, Ausbilder und Munition zwischen dem amerikanischen Stützpunkt auf Sardinien und Gladio-Anlagen in Nordostitalien zu transportieren[692]. Der Höhepunkt der Bombenanschläge war erreicht, als in Brescia bei einer antifaschistischen Demonstration ein Bombenwerfer acht Menschen tötete und 102 verletzte. Auch dort wurde die Tat zunächst Anarchisten in die Schuhe geschoben. Später stellte sich heraus, daß der Missetäter Mitglied des Parallelgeheimdienstes des SID gewesen war.

Obgleich stets Angehörige linker Gruppen verhaftet und vor Gericht gestellt worden waren, traten immer wieder Faschisten beziehungsweise Neofaschisten im Zusammenwirken mit Gladio-Gruppen und dem italienischen Geheimdienst als die eigentlichen Täter zutage. Die meisten wurden dank ihren Verbindungen in die höchsten Regierungs- und Geheimdienstkreise trotz der Widerwärtigkeit ihrer Taten später freigelassen. Die extreme Linke organisierte schließlich mit den Roten Brigaden die offenbar als fällig erachtete Rache, die dann tatsächlich für eine Reihe von Jahren dafür sorgte, daß Italien sich nahe am Abgrund eines Bürgerkrieges bewegte[693]. Oberst Oswald le Winter, der frühere Verbindungsmann der CIA in Rom, gab zu erkennen, daß die Roten Brigaden unterwandert waren und den Instruktionen des Generals Santovito, dem Schutzherrn *(grand patron)* des Militärischen Abschirmdienstes SISMI, folgten[694].

»Stabilitätsoperationen« der US-Dienste in befreundeten Ländern

In der Folgezeit versuchten rechtsgerichtete Gruppen immer wieder, unter verdeckter, das heißt nur schwer von außen zu erkennender Förderung durch Agenten und Beamte der US-Regierungen, in die Nähe der Macht zu gelangen[695].

Ein Erklärungsmuster für das amerikanische Vorgehen findet sich in der Heeresdienstvorschrift für »Stabilitätsoperationen« in »Gastländern« aus dem Jahre 1970, das als Anhang B des U.S. Army's Field Manual 30-31 in die Öffentlichkeit geraten war[696]. Das Handbuch faßt frühere Anweisungen und Richtlinien des National Security Council und der CIA zusammen. Danach muß in einem befreundeten Land, das nicht mit hinreichender Konsequenz gegen den Kommunismus vorgeht, mit besonderer Sorgfalt an der Veränderung der politischen Strukturen gearbeitet werden. Zu diesem Zweck soll der Geheimdienst der US-Armee ausgewählte Gruppen veranlassen, zielgerichtet gewaltlose wie gewalttätige Handlungen zu begehen[697].

Vor dem Hintergrund derartiger Bürgerkriegsrezepte und Tausenden, von den amerikanischen Streitkräften inzwischen ausgebildeten Bürgerkriegskämpfern, versuchten faschistische Kräfte 1979 erneut die italienische Regierung zu stürzen und die Regierungsgewalt an sich zu reißen. Diesmal gingen die Aktivitäten vom sogenannten »Schwarzen Prinzen« Borghese aus[698]. Fünfzig Mann unter der Führung des Stefano Delle Chiaie besetzten das Innenministerium in Rom, nachdem sie in der Nacht zuvor vom Adjutanten des Polizeichefs, Federico D'Amato, eingelassen worden waren. Die Aktion wurde abgeblasen, nachdem Borghese einen mysteriösen Anruf des Chefs des militärischen Nachrichtendienstes, General Vito Miceli, erhalten hatte, dessen Inhalt bisher nicht aufgeklärt werden konnte. Die mit 180 Maschinengewehren bewaffneten Putschisten verließen unbehelligt das Innenministerium. Drei Monate nach der Tat bekam die Presse Wind von dem Vorfall. Doch da waren die beteiligten Herren bereits über alle Berge und Grenzen, in der Mehrzahl im Exil in Spanien[699]. Obgleich die Hauptdrahtzieher später belangt und verurteilt werden konnten, wurden die Strafen höchstinstanzlich wieder aufgehoben und die Täter auf freien Fuß gesetzt. Eine Reihe von Mafiabossen gab bekannt, daß sie zur Beteiligung an dem Putsch aufgefordert worden waren. Ihnen sei gesagt worden, die Geheimdienste stünden ebenso wie die Amerikaner hinter der Sache[700].

Einen weiteren terroristischen Komplex in Norditalien bildete die Rosa di Venti, die Windrose, bei dessen Aufklärung der Untersuchungsrichter Tamburino aus Padua den Chef der italienischen Geheimpolizei verhaften ließ. Hier wurden mit Hilfe des Finanziers

Sindona vor allem rechtsradikale Gruppen nach Bedarf geschaffen und finanziert mit dem Ziel, über Rechtsterrorismus den Linksterrorismus voranzutreiben und mit diesen Vorgängen die Bürger nachhaltig zu verunsichern, Polizei und Geheimdiensten mehr Eingriffsmöglichkeiten zu verschaffen und das Vordringen der Kommunistischen Partei zu verhindern[701].

Der Mord an Aldo Moro

Die verdeckte Kriegführung um die angeblich gefährdete politische Grundrichtung Italiens erreichte ihren Höhepunkt, als Mitte der siebziger Jahre die Gefahr einer tatsächlichen Regierungsbeteiligung der Kommunisten Wirklichkeit zu werden drohte, weil führende Christdemokraten um den Nationalratspräsidenten Aldo Moro eine Öffnung nach links zur Durchsetzung grundlegender Reformen in Italien für erforderlich hielten. Dieser Schritt erschien Moro nicht so problematisch wie der damaligen US-Administration, zumal die italienischen Kommunisten im Gegensatz zu ihren französischen Genossen sich schon früh von den stalinistischen Regierungsmodellen Moskaus und des Ostblocks deutlich und wiederholt distanziert, den Einmarsch der Truppen des Warschauer Paktes in die ČSSR verurteilt, die NATO-Mitgliedschaft Italiens befürwortet hatten und eine Art von Eurokommunismus anstrebten[702]. Schon früher hatte Moro an eine Verbreiterung der parlamentarischen Regierungsbasis gedacht. Doch damit biß er bei der amerikanischen Regierung, zum Beispiel bei Henry Kissinger und der Geheimdienstmannschaft in Washington, auf Granit[703]. Die Witwe Aldo Moros deutete an, daß ihrem Mann seinerzeit bei einem Besuch in Washington der Hinweis mit auf den Weg gegeben worden sei, entweder das Ziel einer Innenpolitik auf breiter Basis aufzugeben oder aber teuer dafür bezahlen zu müssen[704]. Moro soll nach Aussagen eines Mitarbeiters am folgenden Tag krank geworden sein und seine USA-Reise abgebrochen haben. »Ich bin durch mit der Politik«, soll seine knappe Einlassung gewesen sein.

Am 16. März 1978 wird der Abgeordnete und Nationalratspräsident der italienischen Christdemokraten Aldo Moro am hellichten Tage entführt. Erschossen werden der Fahrer und die Sicherheitsbegleitung des Politikers. Sofort übernehmen die Roten Brigaden die Verantwortung für die Tat, die in vielerlei Hinsicht der Entführung Hanns Martin Schleyers wenige Monate zuvor in Köln entspricht. Die Forderungen auf Austausch von Moro gegen Freilassung von Gefangenen wird erst Wochen später gestellt. Die Regierung unter Ministerpräsident Andreotti schlägt sofort eine harte Linie ein und weigert sich bis zur Ermordung Moros, auf die Angebote der Entführer einzugehen.

Die Hintergründe der Tat geben zu denken[705]. Zur Zeit der Entführung Moros saßen einige Führer der Roten Brigaden in Haft, die von einem Informanten der Geheimdienste der Entführung eines Richters beschuldigt worden waren. Nach Angaben des Journalisten Cipriani fanden sich bei einem der inhaftierten Brigadisten Telefonnummern und persönliche Unterlagen mit Hinweisen auf hohe Funktionäre des Geheimdienstes SID, der sich seinerseits stets hervorragender Kontakte zu Informanten aus dem inneren Kreis der Roten Brigaden gerühmt hatte. Weitere Hinweise führten zur Entdeckung einer Druckmaschine im Büro der Roten Brigaden, die zuvor beim Geheimdienst SID Verwendung gefunden hatte. Ballistische Tests ergaben, daß mehr als die Hälfte der 92 Kugeln, die auf der Entführungsszene des italienischen Nationalratspräsidenten gefunden worden waren, aus Munitionsbeständen der Gladio-Depots stammten. Fachleute kamen zu dem Ergebnis, daß das hochkomplexe Entführungsunternehmen den Roten Brigaden allein kaum zuzutrauen gewesen sei[706].

Zwei Tage nach der Tat teilte ein Geheimdienstoffizier der Presse mit, die Entführer hätten ganz offensichtlich eine spezielle Kommandoausbildung erhalten. Die Hoffnung, aus den in der Geiselhaft geschriebenen Briefen Aldo Moros auf die näheren Umstände der Tat rückschließen zu können, erwies sich als vergeblich. Es stellte sich heraus, daß wesentliche Teile der Briefinhalte beim Abschreiben unterschlagen worden waren. Doch in einer Passage zeigt sich Moro besorgt darüber, daß die geschmeidige Beziehung des christdemokratischen Ministerpräsidenten Andreotti zu den Kollegen von der CIA sein, Moros, Schicksal sehr wohl zu beeinflussen in der Lage sei[707]. Die beiden über den Inhalt der Briefe Aldo Moros am besten informierten Personen wurden ermordet. Der Polizeioffizier Carlo Alberto Della Chiesa wurde nach Sizilien versetzt und dort 1982 im

Mafiastil exekutiert, wenige Monate nachdem er Fragen nach den fehlenden Briefen gestellt hatte. Der Journalist Mino Pecorelli wurde in Rom im Jahre 1979 auf offener Straße erschossen, nachdem er berichtet hatte, er sei im Besitz einer Liste von 56 Faschisten, die Logenboß Gelli der Polizei preisgegeben hatte.

Thomas Buscetta, ein Mafiainformant, der mit chirurgisch verändertem Gesicht und neuer Identität in den USA unter dem Zeugenschutzprogramm verborgen gehalten wird, behauptet, der zwischen 1976–79 amtierende christdemokratische Ministerpräsident Andreotti habe die Ermordung der beiden Zeugen aus Angst vor Aufdeckung der Tat veranlaßt[708].

In einem späteren Interview mit der BBC sagte der italienische Staatspräsident Cossiga, der zum Zeitpunkt des Todes von Aldo Moro Innenminister gewesen war: »Aldo Moros Tod lastet immer noch schwer auf den Christdemokraten ebenso wie die Entscheidung, die ich zu treffen hatte und meine Haare weiß werden ließen, Moro letztlich zu opfern, um die Republik zu retten.« Im Klartext bringt Cossiga damit zum Ausdruck, daß die Republik in die Abgründe eines Staatsstreiches gestürzt wäre, hätte der Präsident Italiens, wie von den Entführern gefordert, die Freilassung aller in Haft gehaltenen Mitglieder der Roten Brigaden zur Rettung Moros angeordnet.

In den 55 Tagen seiner Geiselhaft hatte Moro des öfteren an die Regierung appelliert, die Forderung der Entführer doch zu erfüllen. Doch die italienischen Spitzenpolitiker blieben hart. In einem später aufgefundenen Brief prophezeite Moro: »Mein Tod wird wie ein Fluch auf alle Christdemokraten fallen, und er wird den katastrophalen und unaufhaltsamen Zusammenbruch des ganzen Parteiapparates auslösen.«

Henry Kissinger leugnet vehement, für den Untergang Aldo Moros auch nur entfernt Verantwortung zu tragen. Doch mit der Rückgriffsmöglichkeit auf Gladio, letztlich aber auch auf die Mafia, besaß Washington das perfekte Instrumentarium, um terroristische Verbrechen in Szene zu setzen, ohne auch nur die geringste Spur zu hinterlassen[709]. Das zu jeder Zeit glaubwürdige Leugnen war stets gewährleistet[710].

Denn auch die Roten Brigaden waren seit Jahren von Kräften der CIA und der italienischen Geheimdienste unterwandert[711]. Ziel war es, durch exzessive Gewaltakte angeblich linksradikaler Täter die politische Linke insgesamt in der Öffentlichkeit in Mißkredit zu bringen[712]. Die Roten Brigaden waren hierfür besonders gut geeignet. Sie standen links von der KPI, die sie als bieder und harmlos ansahen. Die Öffnung Moros und der Christdemokraten nach links taten sie verächtlich als kompromißlerisch ab. Andererseits erhielten die Brigaden Zuwendungen aus den USA[713].

Weitere Hinweise auf die Steuerung der Aktion durch amerikanische Dienste lassen sich aus der engen Zusammenarbeit der Roten Brigaden mit der Sprachschule Hyperion in Paris gewinnen, deren Sprachlehrer, wenn auch nicht in toto, so doch zahlreich mit der CIA eng verflochten waren[714]. Die Schule war von drei pseudorevolutionären Italienern gegründet worden, von denen einer, Corradi Simioni, für die CIA schon bei Radio Free Europe gearbeitet hatte. Ein anderer, Duccio Berio, gestand, Informationen über italienische linke Gruppen an den Geheimdienst SID weitergegeben zu haben. Hyperion eröffnete kurz vor der Entführung Moros eine Zweigstelle in Rom, um sie wenige Monate später wieder zu schließen. Ein italienischer Polizeibericht besagt, Hyperion könne als das wichtigste Büro der CIA in Europa bezeichnet werden. Mario Moretti, der für die Roten Brigaden Waffengeschäfte und die Verbindung zu Hyperion vermittelt und persönlich den Nationalratspräsidenten entführt hatte, gelang es, sich drei Jahre lang der Verhaftung zu entziehen[715]. Daß die staatlichen Stellen es mit der Aufklärung des Falles nicht sonderlich eilig hatten, geht aus der Klage des Ermittlungsrichters im Fall Moro hervor, außer einer Sekretärin habe er auf keinerlei Ermittlungspersonal zurückgreifen können, ja ihm sei nicht einmal ein eigener Telefonanschluß zur Verfügung gestellt worden[716].

Der venezianische Richter Carlo Mastelloni jedenfalls kam 1984 zu der Erkenntnis, daß die Roten Brigaden jahrelang Waffen von der PLO erhalten hätten. Dabei habe es eine stillschweigende (de facto) Geheimdienstvereinbarung zwischen den USA und der PLO gegeben, die für die Untersuchung des Verhältnisses der Roten Brigaden zur PLO von nicht unerheblicher Bedeutung sei. Philip Willan[721] kommt zu dem Ergebnis, daß das Waffengeschäft zwischen der PLO und den Roten Brigaden Teil eines Geheimabkommens der USA mit den italienischen Geheimdiensten darstelle. Seine Nachforschungen deuten an, daß die Übereinkunft im Jahre 1976 zustande kam, ein Jahr nachdem die Vereinigten Staaten Israel die Zusage gegeben hätten, mit der PLO keine politischen Kontakte zu unterhalten. Mitglieder der Roten Brigaden hätten sich in den siebziger Jahren kostenlos Waffen bei der PLO teils zum eigenen Gebrauch, teils zur Weiterleitung an ETA, IRA und Rote Armee Fraktion (RAF) in Deutschland besorgt. Die Absprachen seien über die Hyperionschule in Paris gelaufen[722]. Es spricht folglich alles dafür, daß die Geheimdienste der USA über Verbindungen zur PLO auch die Roten Brigaden in Italien und darüber hinaus das gesamte terroristische europäische Umfeld beeinflußt, wenn nicht ganz oder teilweise gesteuert haben[723].

US-Botschafter kauft Sendezeit bei Radio Monte Carlo

Doch wieder zurück nach Italien. Dort haben die amerikanischen Dienste auch im Bereich der italienischen Massenmedien nach Kräften mit Geld und Personal Einfluß genommen. In der Propagandaschlacht um das Attentat des bulgarischen Geheimdienstes auf den Papst hatten sich 1981 insbesondere die Autoren Claire Sterling und Michael Ledeen zu Wort gemeldet. Beide verfaßten früher vorzugsweise Artikel für italienische Medien, in denen sie über die kommunistische Gefahr für die Welt im allgemeinen und für Italien im besonderen aufklärten. Der Journalist Michael Ledeen arbeitete für den rechtslastigen Mailänder *Il Giornale*, der gewöhnlich der politischen Linie der USA zu folgen pflegt[724]. Als 1976 wieder einmal »Schicksalswahlen« in Italien anstanden und in Washington die Sorge herrschte, die Italiener könnten von den damals noch staatlichen Fernseh- und Rundfunkanstalten nur unzureichend über die drohende Gefahr einer kommunistischen Teilhabe an der Macht in Italien informiert werden, kaufte der US-Botschafter in Rom kurzerhand in großem Umfang Sendezeit beim privaten Fernsehsender Monte Carlo, der weit nach Italien hinein Radio- und Fernsehsendungen ausstrahlt. Die gemietete Zeit wurde mit antikommunistischen Sendungen ausgefüllt, die größtenteils wieder von der Redaktion des Mailänder *Il Giornale* unter Mithilfe Michael Ledeens konzipiert und erstellt worden waren.

In den siebziger und frühen achtziger Jahren war Michael Ledeen Freund und Mitarbeiter von Francesco Pazienza, einem italienischen Geschäftsmann mit Kontakten zur Mafia und engen Verbindungen sowohl zu Schlüsselpersonen der P2 und des italienischen militärischen Nachrichtendienstes SISMI als auch der CIA, des französischen Nachrichtdienstes SDEC und nicht zuletzt auch Libyens[725]. Pazienza war eng mit Licio Gelli befreundet, dem er eine Jacht zur erfolgreichen Flucht aus der Haft zur Verfügung gestellt hatte. Auch Michael Ledeen kannte offensichtlich Gelli, wie sich aus Telefonmitschnitten entnehmen ließ. Beide, Ledeen und Pazienza, waren wiederum mit dem späteren US-Außenminister Haig befreundet[726], dessen Sonderberater Ledeen wurde[727]. Pazienza war ein Partner von Roberto Calvi, dem ermordeten Chef der mit der Vatikan-Bank eng zusammenarbeitenden Banco Ambrosiano. Vor seinem Tod hatte Calvi mehr als eine Milliarde Dollar über eine Kette von Banken verschoben, ein Geschäft, bei dem sowohl die Loge P2 als auch die Vatikan-Bank mit einbezogen waren. Als die Krise der Banco Ambrosiano ihren Höhepunkt erreichte, verhalf Pazienza Calvi zur Flucht. Er machte Calvi mit Flavio Carboni bekannt, der diesen vermutlich als letzter vor seiner Erhängung unter der Themsebrücke in London gesehen hat. Zur Zeit des Papstattentates war General Giuseppe Santovito Chef des militärischen Nachrichtendienstes SISMI, ein Mitglied der Loge P2, das seine Hand über Pazienza hielt. Während der Amtszeit von Santovito verfügte Pazienza über eine ungewöhnliche Fülle von Macht und Einfluß[728]. Er war die beherrschende Figur in einer kleinen Schar von »Klempnern« des Geheimdienstes, die sich samt und sonders aus Logenbrüdern der P2 zusammensetzte, Dienste der SISMI in Anspruch nehmen konnte und nur Santovito gegenüber rechenschaftspflichtig war.

Italienische Staatsanwälte konnten nachweisen, daß SISMI, Pazienza und Michael Ledeen Billy Carter, den Bruder des amerikanischen Präsidenten, gezielt in den Geruch einer Lobbyverbindung zu dem wegen terroristischer Machenschaften verhaßten libyschen Staatschef Oberst Gaddafi brachten. Die italienische Zeitung *La Repubblica* schrieb seinerzeit:

»Dies skandalöse Material wurde überwiegend von Pazienza und seinem amerikanischen Freund Michael Ledeen zusammengestellt … Pazienza nutzte Geheimagenten und Geldmittel des SISMI zur Durchführung des skandalösen Planes. Die Drahtzieher scheinen für ›Billy-Gate‹ riesige Belohnungen erhalten zu haben.« Darüber hinaus erfreuten sich Santovito und Pazienza quasi als Belohnung bei der Durchführung obskurer Geschäfte der Unterstützung hoher Beamter der Reagan-Administration. Da die »Billy-Gate«-Ermittlungen nicht zu den Amtsgeschäften des militärischen Nachrichtendienstes gehörten, verfolgte der Richter Sica die Beteiligten wegen Amtsmißbrauchs zu privaten Zwecken[729].

Nach der Abwahl Jimmy Carters und der Wahl Reagans zum Präsidenten der USA fand Ledeen gut bezahlte Arbeit beim Pentagon und State Department in Washington.

Nimmt man »Billy-Gate« als Modellfall, wie in den USA zu Wahlkampfzwecken die öffentliche Meinung durch das mißbräuchliche Zusammenspiel von oppositionellen Geheimdienstangehörigen mit lichtscheuen Elementen aus der kriminellen Szene manipuliert werden kann, so fällt es nicht schwer, sich auch das drehbuchartige Zusammenwirken bei der öffentlichkeitswirksamen Manipulation des Papstattentates gut vorzustellen. Der Graue Wolf Agca empfing im Gefängnis den Besuch von Major Petrocelli vom militärischen Nachrichtendienst, gefolgt von dem später verhafteten Oberst Giuseppe Belmonte, ebenfalls Angehöriger des SISMI. Auch der Mafiaverbindungsmann Francesco Pazienza besuchte mehrfach das Gefängnis in der Zeit, als der türkische Papstattentäter dort einsaß.

Geldspenden des US-Botschafters an Neofaschisten

Bleibt noch nachzutragen, daß kräftige Spenden in die Wahlkampfkassen der italienischen Parteien flossen. So zahlte die CIA an 21 ausgewählte, zumeist christdemokratische Parlamentskandidaten im Jahre 1972 zehn Millionen Dollar, ebenso wie schon seit Kriegsende kräftige Wahlkampfspenden sowohl Christdemokraten als auch Sozialisten zugute gekommen waren.

Eine Summe von 800 000 Dollar erhielt der Chef des militärischen Nachrichtendienstes General Miceli, Mitglied der Loge P2[730], aus der Hand des Botschafters Graham Martin, diesmal allerdings unter Umgehung der CIA, zur Weiterleitung an die Partei der Neofaschisten, um so in eine »längerfristige Perspektive zu investieren«[731]. Miceli wurde später wegen seiner Beteiligung am Borghese-Anschlag belangt, jedoch letztlich unbehelligt gelassen[732].

11

Vatikanfinanzen, Mafia, Geheimdienste und der Tod des kerngesunden 33-Tage-Papstes

Zu anständig für das Amt

In einer kleinen Seitenbetrachtung sei hier des Papstes gedacht, der 33 Tage nach seiner Wahl plötzlich im September 1978 verstarb. Nach David A. Yallop hat es sich um einen Mord gehandelt, dessen Drahtzieher und Organisatoren in den hier geschilderten Kreisen der Loge P2 in und um den Großmeister und Faschisten Gelli zu finden seien[733].

Nicht nur wurde die Beerdigung des Papstes ohne den von einem Arzt unterzeichneten Totenschein vorgenommen. Auch der Zeitpunkt des Todes wurde weder festgehalten noch nachträglich zu bestimmen versucht. Untersuchungen und entsprechende Messungen unterblieben. Als Todesursache wurde offiziell Myokarditis angenommen. Alle Sachverständigen stimmen darin überein, daß eine derartige Todesursache ohne Autopsie nicht festgestellt werden kann. Die Schwester, die den Toten als erste frühmorgens um 5 Uhr 30 entdeckte, wurde zum Stillschweigen verpflichtet. Statt dessen wurde wahrheitswidrig angegeben, Kardinal Villot, Staatssekretär des Vatikans, habe den Toten als erster gesehen. Der Hausarzt des Verstorbenen wurde vom Tode seines Patienten nicht benachrichtigt. Erst der vierte Anruf des Staatssekretärs galt nach der Entdeckung des Todesfalls einem Arzt, der allerdings den Papst nie zuvor behandelt hatte. Der Staatssekretär hat alle persönlichen Gegenstände des Papstes sofort beseitigt, darunter ebenso das hinterlassene Testament wie die Liste der vom Papst in Aussicht genommenen Personalveränderungen im Vatikan. Bereits wenige Minuten nach Auffinden des Toten beauftragte der Staatssekretär ein Institut mit der sofortigen

Einbalsamierung des Leichnams. Damit wurde verhindert, daß auch nur ein Tropfen Blut entnommen werden konnte, um eine denkbare Vergiftung feststellen zu können. Die von zahlreichen Stellen auch innerhalb der Kirche erhobene Forderung nach einer Leicheneröffnung wurde mit dem unzutreffenden Hinweis abgelehnt, das kanonische Recht sehe eine derartige Maßnahme nicht vor. Die Öffentlichkeit erfuhr erst Stunden nach dem Ereignis vom Ableben Johannes Pauls I. Dabei wurde mit entsprechenden Hinweisen der Eindruck erweckt, der Verstorbene habe unter einer bereits angeschlagenen körperlichen Verfassung gelitten. Der behandelnde Hausarzt und die Familie des Papstes widersprachen dieser Behauptung, indem sie auf den trainierten und begeisterten Bergwanderer verwiesen. Die internationalen Medien übernahmen mit wenigen Ausnahmen ungeprüft die amtliche Darstellung.

Die Hintermänner

Als Täter oder Anstifter kommen nach David Yallop die Personen auf einer Liste in Betracht, die der Papst seinem Staatssekretär übergeben hatte und die nach dem Tod verlorenging. In dem Dokument waren die Namen all jener Funktionsträger des Vatikans aufgeführt, denen im wesentlichen die nationalen und internationalen Finanzgeschäfte oblagen. Der Papst hatte angeordnet, jede Beziehung zu dem Finanzimperium der Banco Ambrosiano in Mailand abzubrechen. Über diese Bank war die Vatikan-Bank an einer Reihe hochspekulativer und krimineller Geschäfte beteiligt.

Papst Johannes Paul I. war innerhalb der 33 Tage seines Pontifikats nach intensivem Aktenstudium und zahlreichen Gesprächen zu dem Ergebnis gekommen, daß erhebliche Teile seiner unmittelbaren, insbesondere mit Finanzgeschäften befaßten Umgebung ausgetauscht werden sollten. Möglicherweise war es politisch und taktisch unklug, sofort nach Amtsantritt eine derart umfassende Veränderung nicht nur ins Auge zu fassen, sondern sogleich in die Tat umsetzen zu wollen. Doch die Nachrichten aus der italienischen und amerikanischen Justiz, aber auch die Kenntnis um die Verbrechen, in die Mitglieder der geheimen Freimaurerloge P2 unter Anführung des Großmeisters Gelli verstrickt waren, mögen zur Eile gedrängt haben. Schließlich ergab sich aus einer Liste, die der kurz darauf ermordete Journalist Pecorelli dem Papst unter Umgehung des Vatikan-Apparates persönlich zugestellt hatte, daß die gesamte unmittelbare Umgebung des Papstes Mitglied der Loge P2 war.

Bereits in seiner Zeit als hoher Würdenträger und Kardinal der Diözese Venetien hatte Albino Luciani, der spätere Papst, mitansehen müssen, wie es dem in vielerlei kriminelle Machenschaften verstrickten Bankier Calvi, der später in London erhängt aufgefunden werden sollte, gelungen war, sich unter Mithilfe des für die Vatikan-Bank zuständigen Bischofs Marcinkus die Aktien der Banca Cattolica Venetia zu verschaffen. Eigentümer der Bank waren an sich die venetischen Diözesen. Zur Absicherung der für Kirchen- und Gemeindebauten vergebenen Darlehen hatten die Gemeinden jedoch jeweils ihre Geschäftsanteile bei der Vatikan-Bank hinterlegen müssen. Somit im Besitz der Anteilsscheine, konnte Marcinkus nach außen unanfechtbar über das Vermögen der Gemeinden verfügen. Weder wurden die Gemeinden als Eigentümer der Bank vom Verkauf benachrichtigt noch der zuständige Kardinal Albino Luciani. Die Empörung war gewaltig, zumal auch die bisherigen Vorzugszinsen für Priester und Gemeinden vom neuen Eigentümer kräftig erhöht wurden. Der Kardinal sprach im Vatikan vor und protestierte, dennoch war an der Transaktion nichts mehr zu ändern.

Mit dem Erwerb der Bank war es Calvi gelungen, in die Finanzsphäre des Vatikans einzubrechen, die ihm zusätzliches Renommee, vor allem aber religiös verbrämte Seriosität verschaffte. Seit dieser Zeit konnte der spätere Papst aus eigener böser Erfahrung die Finanztransaktionen des Vatikans mit Skepsis und Unbehagen verfolgen. Auf Pecorellis Liste fand der Papst den Namen seines persönlichen Sekretärs, Kardinal Jean Villot, ebenso wieder wie den des für die Finanzen der Vatikan-Bank zuständigen Bischofs Marcinkus aus Chicago. Alle vom neuen Pontifex maximus für die Ablösung vorgesehenen Funktionsträger des Vatikans gehörten der Loge P2 an. Von daher war intrakurialer wie extrakurialer Widerstand vorprogrammiert. Doch der eigentliche, das Mittel des Mordes offensichtlich nicht scheuende Widerstand erwuchs aus der personellen Verflechtung der Finanzverantwortlichen des Vatikans mit weltweit agierenden Wirtschaftskriminellen, deren Verbindungen zu Politik und

Geheimdiensten und den aus einer schonungslosen Revision der Verhältnisse zu erwartenden weltweiten Enthüllungen.

Die drei Figuren, die außerhalb des Vatikans die Fäden in der Hand hielten, waren die mit verschiedenen Zweit- und Dritt-Staatsangehörigkeiten und -pässen ausgestatteten Italiener Sindona, Calvi und Gelli.

Michele Sindona

Der Sizilianer Michele Sindona betrieb vor der Landung der Amerikaner in Sizilien im Zweiten Weltkrieg Schwarzmarktgeschäfte mit Lebensmitteln, deren Produktpalette er nach der Landung mit zahlreichen Artikeln aus amerikanischen Heeresbeständen wesentlich ausweiten konnte. Die Tätigkeit führte ihn in das innere Beziehungsgeflecht der sizilianischen Mafia, der vor allem daran gelegen war, die Bareinnahmen aus kriminellen Geschäften durch Geldwäsche unantastbar zu machen und auf die so unverfänglichen Bankkonten jederzeit ungehindert Zugriff zu haben[734].

Später fand Sindona, ausgestattet mit einem Empfehlungsschreiben des Erzbischofs von Messina, in Mailand Beschäftigung, wo er sich darauf spezialisierte, amerikanischen Nachkriegsinvestoren an den italienischen Steuer- und Devisengesetzen vorbei Geldanlagen zu vermitteln. So kam die Verbindung zu den Mafiafamilien Gambino und Inzerillo zustande, deren Clanmitglieder in New York und Palermo ihrem Verbrecherhandwerk nachgingen. Das Hauptgeschäft war schon damals Heroin, das diese Familien in 30 Schiffen, teils als Rohmasse zur Veredelung, teils als Endprodukt nach Sizilien brachten. Von dort wurde die verkaufsfertige Ware, in Koffern verpackt, als Fluggepäck aufgegeben und in New York für 50 000 Dollar je Koffer am Flughafen abgeholt. Jährlich fielen Gewinne von 600 Millionen US-Dollar an, die gewaschen und angelegt werden mußten. Michele Sindona kaufte daher 1959, anderthalb Jahre nach einer Gipfelkonferenz der Mafiaclans von Palermo im November 1957, mit Geldern der Mafia eine Mailänder Bank auf, die Banca Privata Finanziaria, die zuvor einem faschistischen Ideologen des Mussolini-Regimes gehört hatte und für Spezialtransaktionen genutzt worden war. Die Bank wird allerdings nicht direkt, sondern über den Umweg einer Holding, der Fasco AG in Liechtenstein, gekauft. Kurz darauf übernahm Sindona auch die Banco di Messina, die mit ihren Dienstleistungen kundennah den Geldwaschbedürfnissen der Mafiaclans Siziliens entgegenkommen konnte. In Mailand machte sich Sindona bei Kardinal Giovanni Battista Montini, dem nachmaligen Papst Paul VI., beliebt, indem er die Kosten eines neuerbauten kirchlichen Altersheimes übernahm. Wie der ehemalige Mitarbeiter der CIA, Victor Marchetti, später feststellte, handelte es sich bei Sindonas Spende in Wahrheit um Gelder der CIA, die einflußreichen Italienern zukommen sollten, die in der Lage waren, die Wahlerfolge der Kommunistischen Partei Italiens in Grenzen zu halten. Die CIA bediente sich der Dienste Michele Sindonas im übrigen auch, um Gelder zur Unterstützung rechtsgerichteter Gruppen in Italien verdeckt einzuschleusen.

Das Wohlwollen des örtlichen Kardinals begleitete Sindona beim Ausbau seiner Kirchenkontakte. So kam er persönlich wie geschäftlich mit dem Geschäftsführer des Instituts für die religiösen Werke des Vatikans (IOR) in Verbindung, dem Kern der Vatikan-Bank. Massimo Spada, der Geschäftsführer des IOR (der Vatikan-Bank) wiederum saß im Aufsichtsrat von 24 italienischen Großunternehmen. Enge Kontakte konnte Sindona auch mit Luigi Mennini, einem Spitzenmann der Vatikan-Bank, anbahnen. Schließlich hielt er Verbindung zu Pater Macchi, dem Sekretär des Kardinals. Freundschaftlich verbunden war Sindona mit dem Sektionsleiter des Vatikans für besondere Finanzfragen, Monsignore Sergio Guerri. Die Sektion geht auf das Konkordat des Pacelli-Papstes Pius XII. mit dem italienischen Diktator Mussolini aus dem Jahre 1929 zurück. In diesem Konkordat überschrieb die Republik Italien dem Vatikan einen Geldbetrag von 750 Millionen Lire sowie Staatspapiere im Werte von einer Milliarde Lire, nach heutiger Kaufkraft rund 500 Millionen Dollar. Die Verwaltung der Gelder wurde Bernardino Nogera übertragen. Im Sektionsvorstand saß der Bruder des Papstes, Francesco Pacelli. Die Gelder sollten ohne Rücksicht auf religiöse oder doktrinäre Gesichtspunkte angelegt werden und wurden im wesentlichen für Spekulation mit Devisen, Edelmetallen und Anlagen im Warenterminhandel verwendet. Zur Abwicklung konnten die vatikaneigenen Banken Banco di Roma, Banco di Santo Spiritu und die Cassa di Risparmio di Roma eingesetzt werden. Als die Banco di Roma zahlungsunfähig zu werden drohte, schoß Mussolini nochmals nach, indem er die Bank für 630 Millionen Lire in die staatseigene Holding I.R.I. übernahm.

Mit der engen Verbindung zur Vatikan-Bank, dem IOR, hatte Sindona nun Zugang zu einem weltumspannenden Bankennetz gewonnen, das die Rothschild-Banken in Paris und London, den Crédit Suisse in der Schweiz, die Hambros Bank in London, die Morgan Bank und die Chase Manhattan Bank in New York, die First National und die Continental Bank of Illinois sowie die Bankers Trust Company New York umfaßte. Sindona gelang es, an seiner Banca Privata in Mailand mit je 22 Prozent die Hambros Bank in London, die seit alters über enge Beziehungen zum Vatikan verfügte, sowie die Continental Bank of Illinois zu beteiligen, die seit jeher die Geldanlagen des Vatikans in den USA besorgte und auf das engste mit dem Erzbischof von Chicago, John Cody, verbunden war.

Roberto Calvi

Ein weiterer Pfeiler in dem Geflecht von Bankenwelt, organisierter Kriminalität, Geheimdiensten und der Kirche war der Mailänder Bankier Roberto Calvi, der sich einst brüstete, zusammen mit Michele Sindona die Mailänder Börse zu beherrschen. Doch ihr Arm reichte weiter, im Verein mit dem Dritten im Bunde, Licio Gelli, und dessen P2 genannter geheimer Freimaurerloge konnte das Trio einen gewaltigen Einfluß auf das wirtschaftliche und politische Geschehen Italiens ausüben. Roberto Calvi war mit Sindonas Hilfe Teileigentümer der Banco Ambrosiano in Mailand geworden[735]. Unter Mithilfe von Sindona kaufte Calvi, wie bereits dargelegt, die der Diözese Venetien und deren Gemeinden gehörende Banca Cattolica von Bischof Marcinkus.

Weitere strategische Schritte zum weltweiten Geldwäsche- und Transaktionsimperium war die Gründung von Zweigbanken in Steuer- und Fluchtgeldparadiesen außerhalb Italiens. In Nassau auf den Bahamas gründete Calvi die Banco Ambrosiano Overseas, in Buenos Aires die Banco Ambrosiano del Sud, in Peru die Banco

Ambrosiano Andino und schließlich in Luxemburg die Banco Ambrosiano Holdings. Den für die Vatikan-Bank zuständigen Bischof Marcinkus setzte Calvi gar in der Ambrosiano-Bank auf den Bahamas zum Direktor ein[736]. Von daher fanden in Nassau laufend Sitzungen des Vorstandes unter Teilnahme von Marcinkus statt. Demzufolge verbrachte der Bischof auch zahlreiche Urlaube auf den Inseln. Der Vatikan-Bank bot Calvi für Geldeinlagen stets ein Prozent höhere Habenzinsen als seinen übrigen Kunden, so daß sich die Geldanlage bei der Ambrosiano-Bank auch aus der Sicht der Finanzstrategen des Vatikans stets rechnete und somit auch rechtfertigen ließ[737]. Roberto Calvi war ebenso wie Michele Sindona mehr oder weniger als Folge der Wahl des früheren Kardinals von Mailand zum Papst Paul VI. zu Ratgebern des Vatikans bei Geldanlagen geworden.

Calvi war zudem Kämmerer der Loge P2 und wurde von deren Großmeister Gelli regelmäßig zur Zahlung größerer Summen an das Netzwerk der Loge aufgefordert. Wie Sindona und Gelli stand Calvi politisch nicht nur stark rechts, er war überzeugter Anhänger des Faschismus. Zusammen mit seinem Bruder hatte er für den Militärputsch General Francos gegen die spanische Republik gekämpft. Zunächst Mitglied der Schwarzhemden, schloß er sich später der Waffen-SS an, in deren Reihen er in Rußland gegen die Rote Armee kämpfte.

Im Bankgeschäft spielte Calvi mit Michele Sindona zusammen, dessen Funktionen als Vertrauensbanker der Mafia er im Begriffe war zu übernehmen. Er war Spezialist für alle denkbaren Arten des rechtswidrigen Kapitaltransfers, der Steuerhinterziehung, der Börsenmanipulation, der Bestechung und nicht zuletzt, falls erforderlich, raffinierter Mordarrangements.

Licio Gelli

Als Dritter im Bunde ist nochmals auf Licio Gelli einzugehen, der wie die Spinne im Netz die weltweit agierende Loge P2 führte. In Italien hatte er den Spitznamen »Burattinaio«, der Mann, der die Puppen tanzen läßt. In seinem Panzerschrank fand die Polizei die Liste der 962 Mitglieder der Loge P2[738], dazu geheime Regierungsdokumente und Dossiers über zahlreiche Persönlichkeiten des öffentlichen Lebens. Gelli war Offizier des italienischen Geheimdienstes SID und Mitarbeiter der CIA. Der italienische Innenminister Scalfaro hielt ihn, solange er nicht hinter Schloß und Riegel gebracht sei, für eine Gefahr für die italienische Demokratie. Auch Gelli kommt aus dem rechtsradikalen, faschistischen Lager[739]. 1954 setzte er sich nach Südamerika ab. Dort schloß er sich einer rechtsradikalen Gruppierung an, die den argentinischen General und Staatschef Juan Perón unterstützte[740]. Als dessen Macht schwächer wurde, unterstützte er einen erfolgreichen Militärputsch und baute von Argentinien aus sein Netzwerk auf, das vor allem Paraguay, Brasilien, Bolivien, Kolumbien, Venezuela und Nicaragua umspannte (vgl S. 233 f.). Bei seinen Aktivitäten bereitete es ihm kaum Schwierigkeiten, mal ein Empfehlungsschreiben der italienischen Kommunistischen Partei vorzuweisen oder ein Telefonbuch mit Nummern und Namen der CIA zur Erhöhung der Glaub- und Förderungswürdigkeit einzusetzen.

1972 ernannte ihn die argentinische Regierung zu ihrem Wirtschaftsberater und sandte ihn zur Vertretung argentinischer Wirtschaftsinteressen nach Italien. Im Schwerpunkt widmete er sich dem Waffenhandel. Die von ihm nach den italienischen Bestimmungen rechtswidrig, weil geheim gegründete Loge Propaganda Due, genoß von der Startphase an die massive Unterstützung der CIA-Vertretung in Italien[741]. Aktive Ableger der Loge wurden in der Folgezeit in Venezuela, Paraguay, Bolivien, Frankreich, Spanien, Portugal und Nicaragua gegründet, mit einigen Mitgliedern auch in der Schweiz und den USA. Die Loge war ebenso mit den Spitzen der Mafia in Italien, Kuba und den USA wie mit den Militärregierungen Lateinamerikas und zahlreichen neofaschistischen Gruppen verzahnt. Hinzu kam die alte Verbindung zur CIA und dem Vatikan. Zu seinen Freunden zählte er die Gruppe um Stefano Delle Chiaie, Pierluigi Foghera und Joachim Fiebelkorn, die als »Bräute des Todes« vor allem in Südamerika ihre Mordtaten gegen tatsächlich oder vermeintlich linksgerichtete Kräfte begingen. Mit von der Partie war dort die Gruppe um Barbie, den Gestapochef von Lyon und späteren CIC-Mitarbeiter, den Gelli mit Hilfe eines kroatischen Priesters nach Kriegsende über die sogenannte Rattenlinie der Nazi- und SS-Größen nach Südamerika geschmuggelt hatte. Barbie widmete sich der Aufgabe, gegen beträchtliche Konkurrenz eine Kokain-Großindustrie aufzubauen, um durch weltweite Transaktionen höchste Gewinne ziehen zu können[742].

Gelli erhielt von Zeit zu Zeit Audienzen bei Papst Paul VI. und speiste nicht selten mit dem für die Finanzen des Vatikans zuständigen Bischof Marcinkus.

Synergieeffekte: Geistliche Finanzen und kriminelle Transaktionen

Dank den guten Verbindungen zwischen Vatikan-Bank und dem Dreigespann Gelli, Sindona, Calvi konnten nun die geistlich-finanziellen mit den kriminellen Elementen zu Synergieeffekten gekoppelt werden. Die als international über jeden Zweifel erhabene, hochreputierliche, jedoch außerhalb der nationalen italienischen Bankenaufsicht stehende Vatikan-Bank wurde zeitweilig Drehscheibe nicht kontrollierter, dem Bankaufsichts- und Strafverfolgungssystem Italiens aufgrund der Extraterritorialität des Vatikans entzogener krimineller Geschäfte[743]. Zusätzlich von Vorteil war dabei der Status der Vatikan-Bank als international anerkannte Nationalbank, vergleichbar der Federal Reserve in den USA oder der Deutschen Bundesbank. Als Zentralbank wird sie zwangsläufig in alle internationalen Bemühungen zur Eindämmung krimineller Handlungen einbezogen, wird entsprechend informiert, zu Tagungen eingeladen und erhält Zugang zu den Datenbanken. Marcinkus steht mit dieser Bank dem kriminellen Netzwerk zur Verfügung, Gelli und Calvi sorgen für die Abdekkung durch die italienischen Geheimdienste und die CIA. Kardinal Villot schirmt die Bank gegenüber dem Papst und dessen unmittelbarer Umgebung, aber auch nach außen ab, indem er den Nachstellungen der italienischen Notenbank, des Finanzministeriums sowie ausländischer Strafverfolgungsbehörden im Namen der Souveränität des Vatikans entgegentritt. Und so beginnen die dunklen Geschäfte um den Globus zu laufen, die die Strafverfolgungsbehörden der USA, Italiens, der Schweiz, aber auch die Währungsüberwachungsbehörden und die Finanzministerien allenfalls rudimentär ermitteln konnten.

Italienische Staatsanwälte, Richter und Konkursverwalter, die dem Team allzu gefährlich wurden, sind entweder umgelegt oder massiv eingeschüchtert worden. Die weltlichen Beteiligten werden samt und sonders wegen Mordes verfolgt, können sich jedoch stets aufs neue mit ihren meist auf Aliasnamen ausgestellten Diplomatenpässen zahlreicher Länder der Verfolgung entziehen. Die Bestechung von Politikern und Beamten in welchem Land auch immer bringt die Strafverfolgung an den Rand des Scheiterns.

Die Geschäfte, die »gedreht« wurden, können nur in den bekannt-gewordenen Fällen exemplarisch dargelegt werden. So scheute Gelli keine Mühe, zum Beispiel laufend Koffer mit Bargeld aus dem national-italienischen Teil der Stadt Rom in den Vatikanstaat zu transportieren und dort die Bankenverbindungen mit kriminell erworbenem Bargeld zur Geldwäsche zu füttern. Insgesamt dürfte nur ein Bruchteil der kriminellen Handlungen an das Licht der Öffentlichkeit gekommen sein, und das nur dort, wo es hartnäckigen Strafverfolgern gelang, Täter und Spuren über Kontinente hinweg zu verfolgen und sich durch das Dickicht von Banken, Zweigbanken, Scheingeschäften, Scheinfirmen, gefälschten Dokumenten, aussageunwilligen oder vor der Aussage per Mord beseitigten oder durch Bedrohung schweigsam gemachten Zeugen hindurchzuarbeiten.

So gelang es Gelli im Zusammenwirken mit Sindona und der Vatikan-Bank, ein Geschäft mit steuerbefreitem Heizöl zu organisieren. Ein italienischer Ölmagnat und P2-Mitglied wird veranlaßt, dem als Heizöl deklarierten Dieselölkraftstoff gesetzwidrig den vorgeschriebenen Farbstoff nicht beizumischen und den gewaltigen Preisunterschied in die eigenen Kassen zu lenken. Der Chef der italienischen Finanzpolizei, General Raffaele Giudice, ebenfalls bei der P2 registriert, sorgt für die Unterlassung der Einfärbung und die Fälschung der Papiere. Der Gewinn beträgt zweieinhalb Milliarden Dollar, die über die Vatikan-Bank auf Geheimkonten bei der Finabank eingehen. General Giudice war zuvor auf Empfehlung des Kardinalvikars Poletti von Ministerpräsident Andreotti für dieses Amt bestimmt worden.

Ein weiteres Geschäftsfeld galt der Kapitalflucht aus Italien. Um den rechtswidrigen Kapitalexport zu ermöglichen, werden bei Ex- und Importgeschäften überhöhte oder kostenwidrig niedrige Preise vereinbart. Die Differenz wird unter Umgehung der Devisengesetze des Landes Italien auf ausländischen Bankkonten eingezahlt. Entsprechend fließen beim Einkauf ausländischer Ware überhöhte Lirabeträge aus dem Land und werden im Ausland in Schweizer Franken, Dollar oder D-Mark umgetauscht und auf Konten in der Schweiz oder Luxemburg angelegt. Bei der Ausfuhr werden die Waren gegenüber der italienischen Devisenaufsicht und Steuerverwaltung scheinbar unter Wert verkauft. Entsprechend niedrig fallen die Steuern in Italien aus, dafür sind die schwarzen Devisen im Ausland um so höher. Die illegalen Gelder wandern in die Fluchtgeldparadiese und werden von dort zur Geldanlage weltweit eingesetzt.

Neben der Geldwäsche machen sich Calvi und Sindona, stets unter Gewährung von Provision für die Vatikan-Bank, als Mittler und Geldgeber an die betrügerische Aussaugung von Banken und Geldanlegern. Dies geschieht über das künstliche Hochtreiben und Manipulieren von Aktienkursen und Immobilien. Im Kettenverkauf von Bank zu Bank, zum Teil über Strohmänner, um die letztliche Identität von Verkäufer und Käufer bei diesen Geschäften zu verschleiern, werden die Börsenwerte und Immobilienpreise auf das Mehrfache des Marktwertes getrieben. Nicht selten wird bei der Begleichung der kontinuierlich und spekulativ steigenden Kaufpreise zugleich das Bargeld aus Geldwäscheoperationen zum Einsatz gebracht. Die Operationen werden in der Regel nie mit Eigenkapital finanziert. Mindestens 95 Prozent des erforderlichen Kapitals stammen aus anvertrauten Fremdgeldern. Findet man einen letzten Käufer, der über den aufgeblähten Preis schließlich in die Pleite stolpert, so bleiben die Manipulateure von den Folgen verschont.

Als die Aktien-, Unternehmensbeteiligungs- und Immobilienblase schließlich bei Sindona und Calvi selbst platzt, scheint ihnen dies keinen oder nur einen geringfügigen Verlust beigefügt zu haben, haftete doch zum Beispiel die Banco Ambrosiano Overseas auf den Bahamas nur mit dem eingezahlten Eigenkapital von nicht mehr als 5 000 Dollar. Folglich traf der Verlust diejenigen Banken, die ihr Geld der windigen Konstruktion auf den Bahamas anvertraut hatten. Und dort wiederum ließen sich die naiven globalen Geldanleger ganz offensichtlich mit Hilfe des blendenden Aushängeschildes eines Chefs der Vatikan-Bank im Vorstand über die geringe Eigenkapital- und damit Haftungsdecke der Bank hinwegtäuschen. Der Vatikan-Bankier Marcinkus war folglich für die Ganoven-Banker Calvi und

Sindona Gold wert. Dafür lohnte sich der Aufwand eines ordentlichen Gehaltes auf einem Privatkonto des Geistlichen ebenso wie die Beteiligung der Vatikan-Bank an der Banco Ambrosiano selbst in Höhe von zunächst zwei, später acht Prozent. Einer solchen Konstruktion Geld anvertraut zu haben konnte weltweit gegenüber Bankenaufsicht und Aufsichtsgremien nicht als leichtfertig und verantwortungslos bezeichnet werden.

Zusammenbruch des Sindona-Imperiums

Als das Finanzimperium Sindonas Mitte der siebziger Jahre zusammenbrach, war ein Schaden von mehreren Milliarden Dollar entstanden. Das Fiasko zog eine Reihe von Banken Europas und der USA mit in den Abgrund. In Deutschland waren dies die Bankhäuser Wolff aus Hamburg und Herstatt aus Köln.

Sindona hatte sich 1970 mit großen Fremdgeldbeträgen, teils kriminellen teils geistlichen Ursprungs, an die Übernahme der amerikanischen Franklin Bank herangewagt, die in der US-Rangfolge an 20. Stelle stand. Die Bank war bereits vor dem Kauf konkursverdächtig. Sindona kaufte die Bank zu einem überhöhten Preis wohl in der Annahme, daß das Jonglieren mit Geldmassen über Ketten von Banken hinweg nicht viel mehr benötige als eine gute Adresse und ein ordentliches Telexgerät. Als kurz nach der Übernahme das letzte Halbjahresergebnis ein Absacken des Umsatzes um 28 Prozent anzeigte, verließ sich Sindona auf seine Verbindungen in alle Finanzzentren der Welt und meinte, wer mit Sindona Geschäfte tätige, der werde dies auch mit der Franklin Bank tun. Doch hier liefen die Dinge nicht mehr wie gewünscht. Die amerikanische Bankenaufsicht ging der Sache auf den Grund. Eine Sonderkommission des Finanz- und Justizministeriums, des FBI und der Börsenaufsicht leitete ein formelles Untersuchungsverfahren ein, als die zahlungsunfähige Bank zur Absicherung ihrer Kunden die amerikanische Bankeneinlagensicherung mit zunächst zwei Milliarden Dollar in Anspruch nehmen mußte. Das Geld war, nachdem die Bank dann später in Konkurs gegangen war, unwiederbringlich verloren. Doch darüber später.

Ein weiteres Geschäft bezog sich auf die Fälschung von Wertpapieren, die bei der New Yorker Mafia in Auftrag gegeben worden war. Es handelte sich um ein Paket von Aktien im Börsenwert von rund einer Milliarde Dollar. Auftraggeber, so später das FBI, soll eine hochgestellte Persönlichkeit im Vatikan mit Entscheidungsbefugnis in Finanzangelegenheiten gewesen sein. Mit dem Aktienpaket sollte der italienische Mischkonzern Bastogi aufgekauft werden. Die Vatikan-Bank sollte für die gefälschten Papiere einen Kaufpreis von 625 Millionen Dollar entrichten, von dem 150 Millionen Sindona als Provision zustehen sollten. Den Fälschern der Mafia sollten folglich 475 Millionen Dollar verbleiben. Die Vatikan-Bank hätte ein Aktienpaket im Werte von einer Milliarde Dollar in Händen gehalten[744]. Um die Gutgläubigkeit des Marktes hinsichtlich der Echtheit der Papiere zu testen, wurden Papiere im Werte von eineinhalb Millionen Dollar der Zürcher Handelsbank und der Banco di Roma zur Überprüfung gegeben. Von beiden Banken kam die Bestätigung der Echtheit. Doch beide Banken reichten die Wertpapiere weiter an die Bankers Association in New York, die die Papiere für gefälscht erklärte und die Strafverfolgungsbehörde einschaltete. Eine Abordnung amerikanischer Justiz- und FBI-Beamter erschien im Vatikan, um den Sachverhalt aufzuklären. Bei der Ermittlung hatten zwei notorische Betrüger geholfen, deren Aussagen, Behauptungen und Hinweise die Abordnung aus den USA überprüfen wollte. Nach der Vernehmung äußerten die amerikanischen Beamten, die Herren, die ihnen unter Leitung von Marcinkus gegenüber gesessen und verhandelt hätten, hätten den Eindruck einer verschworenen Gemeinschaft erweckt. Weder seien sie bereit gewesen, die Liste der gefälschten Papiere herauszugeben, noch sei man geneigt gewesen, eigene Nachforschungen anzustellen. Die Bankvertreter hätten die Vorwürfe für so lächerlich gehalten, daß man deretwegen das Bankgeheimnis nicht verletzen könne und wolle.

Die Finabank Lausanne

Dem Ausschleusen von Fluchtkapital aus Italien diente vor allem die Banque de Financement Lausanne, kurz Finabank genannt, an der der Vatikan mit 29 Prozent beteiligt war. Gleichfalls beteiligt an den Geschäften waren die Banca Privata Finanziaria (BPF) in Mailand im Zusammenspiel mit der Continental Bank Illinois und der Hambros Bank in London. Nach Aussagen des Zeugen Bordoni liefen über die Konten der Vatikan-Bank gigantische Spekulationsgeschäfte, die letztlich in kollossalen Verlusten endeten. Hier war es insbesondere die Scheinfirma Liberfinco (Liberian Financial Company), die zu Verlusten von zunächst 35 Millionen Dollar, nach späteren Feststellungen der schweizerischen Bankenaufsicht von 45 Millionen Dollar führten. Die Schweizer Aufsichtsbeamten stellten die Teilhaber Sindona, die Vatikan-Bank, die Hambros Bank in London und die Continental Bank of Illinois vor die Entscheidung, die Liberfinco entweder selbst zu liquidieren, oder die Finabank amtlicherseits für bankrott erklären zu lassen. Sindona schoß mit geliehenem Geld in die Finabank nach, so daß wenigstens auf Zeit der Fortbestand gesichert war.

Carlo Bordoni, der bei der amerikanischen Bankenaufsicht über die Spekulationsgeschäfte ausgepackt hatte, war bei der Mailänder Niederlassung der First National City Bank of New York beschäftigt gewesen, bevor er von Sindona abgeworben und mit der Geschäftsführung einer Maklerfirma namens Moneyrex betraut wurde, die sich ausschließlich der Vermittlung von Devisengeschäften widmete. Als er sich aus dem Sindona-Unternehmen später wieder verabschieden wollte, erpreßte Sindona den Banker zum Bleiben mit der Drohung, er werde der italienischen Bankenaufsicht von den 45 Millionen Dollar Mitteilung machen, die sich auf Geheimkonten in der Schweiz befänden.

Für die CIA hilfreich
in Griechenland und Italien

Für die CIA war Sindona in vielfältiger Weise tätig. So verwaltete und verteilte er nicht nur in der Umbruchszeit nach dem Zweiten Weltkrieg Gelder an rechtsradikale Gruppen, sondern auch in der Folgezeit unter anderem in Griechenland. Im Auftrag der CIA zeichnete Sindona eine jugoslawische Staatsanleihe in Höhe von zwei Millionen Dollar. Die Staatspapiere wurden an Persönlichkeiten im Jugoslawien Marschall Titos weiterverteilt, deren Kontakt und Einfluß für die CIA bedeutsam war.

Auch in anderer Weise half Sindona der CIA. Den umstrittenen Betrieb einer in Italien erscheinenden amerikanischen Tageszeitung, des bislang von der CIA finanzierten *Daily American*, kaufte Sindona der Agency ab. Die CIA konnte das Unternehmen in »bewährte Hände« geben und sich damit zugleich vor den immer bedrohlicher werdenden Auseinandersetzungen in der amerikanischen Öffentlichkeit über Sinn, Unsinn und Rechtswidrigkeit des Engagements der CIA in allen nur denkbaren Staaten der Welt in Sicherheit bringen.

In Italien erwarb Sindona, ohne daß allerdings ein CIA-Auftrag nachweisbar wäre, die Verlagsgruppe, die den *Corriere de la Sera* herausgibt (vgl. S. 309), die größte und einflußreichste Tageszeitung Italiens. Er ließ den politischen Parteien Italiens – den Christdemokraten, den Sozialisten und teilweise sogar den Kommunisten – beachtliche Gelder zukommen. Den Parteien wurden bei seiner Finabank Konten eingerichtet. Nachdem die illegalen Kapitaltransaktionen ins Ausland die Lira schwer geschädigt hatten, beteiligte er sich an Spekulationen zu ihrer Stützung und wurde dafür von Ministerpräsident Andreotti in einer Rede in New York zum Retter der italienischen Währung erklärt.

US-Botschafter in Rom:
Sindona Mann des Jahres 1973

Der amerikanische Botschafter in Rom überreicht Sindona im Jahre 1973 die Ehrung als Mann des Jahres. Dabei gibt es eine Akte über Sindona, die ihn in enge Verbindung mit den 253 Familienmitgliedern und über 1147 Mitarbeitern der Gambino-Familie bringt. Zu fünf Mafiafamilien in New York, den Colombos, den Bonannos, den Gambinos, den Luccheses und den Genoveses, pflege er beste Beziehungen. Zusammen mit diesen Familien handele Sindona mit Heroin, Kokain, Marihuana, Prostitution, Glücksspiel, Pornographie, betreibe Kreditwucher, Schutzgelderpressung, Unterwanderung der Gewerkschaften, Großbetrügereien, Unterschlagung und Veruntreuung von Bankeinlagen und Pensionskassen. Diese Erkenntnisse fanden sich interessanterweise nicht in den Computern des FBI oder von Interpol, sondern in den Unterlagen der CIA, die Sindona als Werkzeug für vielfältige Aktivitäten eingesetzt hatte[745]. Das Finanzimperium Sindonas brach 1974 nahezu zeitgleich mit dem Rücktritt des mit Sindona eng befreundeten amerikanischen Präsidenten Nixon aus Anlaß der Watergate-Affäre zusammen[746].

Turboeffekte: Geheimdienst
und organisierte Kriminalität

Der organisierten Kriminalität steht zur Beseitigung und Abstrafung geschwätziger Partner, zur Ermordung hartnäckiger Strafermittler oder unerschrockener Richter ein ungehemmtes Machtpotential zur Verfügung. Der 33-Tage-Papst mag ein Beispiel unter vielen sein. Das Schicksal des Bankiers Calvi ist ein weiteres. So bedrohte die mafiose Superstruktur einen Staatsanwalt in New York, auf dessen Tod die Ganovenwelt 5000 Dollar ausgelobt hatte. Der Mord fand zu diesem Preis offenbar keinen Täter. Als Sindona selbst keinen Ausweg mehr sah und sowohl in den USA als auch in Italien mit lebenslänglicher Haft zu rechnen hatte, war er bereit, vor einem Gericht seiner italienischen Heimat auszupacken. Doch wenige

Tage vor seiner Vernehmung durch Vertreter der amerikanischen Justiz brach er trotz lückenloser Videoüberwachung und trotz Ernährung mit eigens hergestellten und für den Transport plombierter Speisen nach einem Schluck aus der Kaffeetasse mit dem Ausspruch, »Man hat mich vergiftet«, tödlich zusammen[747]. Sein Partner Calvi wurde in London an der Blackfriars-Brücke erhängt aufgefunden, acht Tage nachdem ihn der Autor des Buches über die Hintergründe des frühen Papsttodes angerufen und um Informationen gebeten hatte. Nur wenige Stunden vor dem Tod des Bankers wiederum war dessen Sekretärin aus dem vierten Stock der Zentrale der Ambrosiano-Bank in Mailand gestürzt. Das gleiche Schicksal ereilte einen weiteren leitenden Mitarbeiter. Der Mailänder Richter, der das Zusammenspiel von Vatikan-Bank und Banco Ambrosiano beim Waschen von Mafiageldern durchleuchtet hatte und unerschrocken der Finanzierung der Loge P2 und anderen Aktivitäten nachgegangen war, wurde bei der morgendlichen Fahrt ins Gericht von Kugeln durchsiebt. Die Ermittlungen gehen von fünf gedungenen und auf das Opfer angesetzten Mördern aus. Die Verantwortung für die Tat übernahm eine angeblich linke terroristische Vereinigung. In Wirklichkeit war es eine mafiose Auftragsarbeit zur Ausschaltung einer für die Unterwelt gefährlichen, nicht korrumpierbaren Persönlichkeit.

Nach dem Konkurs des Sindona-Finanzimperiums wurde der Wirtschaftsanwalt Ambrosoli Giogio als Konkursverwalter der Banca Privata Italiana eingesetzt. Nach vier Jahren Arbeit hatte er den Fall Sindona auf 100 000 Blatt Papier einschließlich zahlreicher Fotokopien dokumentiert und war nun von dem New Yorker Richter zur Endvernehmung geladen. Doch dieser Auftritt wurde verhindert. Der Anwalt wurde vor den Augen seiner Frau beim Verlassen des Hauses erschossen. Die Mörder entkamen in die Schweiz, wo sie sich von einem der Konten Sindonas bei der Banca del Gottardo, einer Bank aus dem Calvi-Imperium, 100 000 Dollar abholten.

Dem Journalisten Pecorelli, der dem frisch gewählten Papst die Liste der im Vatikan tätigen Mitglieder der Loge P2 übermittelt hatte, bot Gelli nach dem Tod des Papstes Schweigegeld an. Doch Pecorelli versuchte den Preis des Schweigens in die Höhe zu treiben und drohte mit Enthüllung[748]. Gelli lud daraufhin den Journalisten zu einem guten Essen ein. Doch die Mahlzeit fand nicht statt, da der

Journalist auf der Fahrt zum Treff auf dem Vordersitz seines Wagens erschossen wurde. Die Tötungsart weist auf die sizilianische *sasso in bocca* (Stein im Mund) hin, die für Menschen bestimmt ist, die zuviel reden. 1983 wird der Täter, der ebenfalls der Loge P2 angehört, wegen Mordes an dem italienischen Geheimdienstoffizier Antonio Viezzer verhaftet[749].

Carboni, Doyen der römischen Unterwelt, hatte, wie ein abgehörtes Telefonat ergab, den Auftrag, auch den Stellvertreter Calvis bei der Banco Ambrosiano umzulegen, der sich offensichtlich entschlossen hatte, bei der Aufklärung der Hintergründe des zusammengebrochenen Geldinstituts mit einer Gruppe geschädigter Aktionäre zusammenzuarbeiten. Die geprellten Ambrosiano-Aktionäre hatten sich schriftlich, in polnischer Sprache, an Papst Johannes Paul II. gewandt und ihn darauf hingewiesen, daß die Vatikan-Bank IOR (Istituto per le Opere Religiose) nicht nur Aktionär der Banco Ambrosiano sei. Sie sei zudem mit Roberto Calvi eng verbunden. Calvi sitze als Erbe Sindonas an einer der wichtigsten Schaltstellen zwischen einem Freimaurertum der verkommensten Art (P2) und Kreisen der Mafia. Dies geschehe unter Einbeziehung von Personen wie beispielsweise Ortolani, der vom Vatikan großzügig gepäppelt und umhegt werde und zwischen dem Vatikan und mächtigen Gruppen der internationalen Unterwelt Verbindung halte. Geschäftspartner Calvis zu sein bedeute zugleich Geschäftspartner Gellis und Ortolanis zu sein, unter deren gebieterischem Einfluß Calvi stehe. Der Vatikan sei somit, ob es ihm gefalle oder nicht, aufgrund seiner Verbindung mit Calvi ein aktiver Partner von Gelli und Ortolani. Der Brief schloß mit der Bitte um Rat und Hilfe, blieb jedoch trotz unmittelbarer Zustellung ohne Antwort.

Daß sich das Netzwerk von Mafia, Geheimdiensten und Vatikan-Finanzen auch im Waffenhandel verdingte, versteht sich am Rande. Sowohl Gelli als auch Calvi waren unter Einschaltung von Vatikan-abhängigen Firmen bei der Beschaffung von französischen Exocet-Raketen für die argentinische Regierung im Falklandkrieg beteiligt. Als Calvi in London erhängt aufgefunden wurde, war er gerade damit beschäftigt, weitere Exocets an die argentinischen Streitkräfte zu vermitteln. Die letzten Exocets trafen allerdings zu spät ein, um das Kriegsglück noch für die Argentinier zu wenden. Hierfür wurde von argentinischer Seite insbesondere Calvi verantwortlich gemacht.

Zu der Gruppe derer, die an einer möglichst umgehenden Beseitigung des Papstes seinerzeit großes Interesse hatten, zählt Yallop im übrigen auch den inzwischen verstorbenen Kardinal von Chicago, John Cody. Cody leitete die reiche Diözese Chicago, deren Geldanlagen er der Continental Bank of Illinois anvertraut hatte. Im Aufsichtsrat dieser Bank saß David Kennedy, der spätere Finanzminister des amerikanischen Präsidenten Richard Nixon, auf den das Finanzgenie Sindona einen nachhaltigen Eindruck gemacht hatte. Kardinal Cody hatte als Oberhirte der stark polnisch bestimmten Diözese Chicago engste Verbindungen zu polnischen Kardinälen und zudem beste Beziehungen in den Vatikan hinein. Nach Yallop soll er sich dank regelmäßigen Bargeldgeschenken an führende Vertreter des Vatikan-Klerus dort einer außerordentlichen Beliebtheit erfreut haben. Mit seinem eigenen Klerus ging er weniger pfleglich um. So wurden binnen eines Jahrzehnts rund 30 Prozent aller Priester der Diözese Chicago zur Niederlegung ihres Amtes gedrängt. Die Überwachung der Priesterschaft mit Hilfe von Dossiers war eine Spezialität des Kardinals.

Die Bestandteile des hier wie auch an anderer Stelle immer wieder aufscheinenden Netzwerkes sind einigermaßen phantastisch. Alte Faschisten, Angehörige der Mafia, Drogenhändler, Geldwäscher, allesamt verquickt mit terroristischen, wenn auch stets antikommunistischen Militärregimen Süd- und Mittelamerikas. In diesem undurchsichtigen Gewebe tauchen im Wechsel von Schuß und Faden an entscheidenden Stellen Geheimdienste auf – vor allem die Meisterregie der CIA mit rechts- oder linksradikalen Terrorgruppen, die wiederum in großem Umfang geheimdienstunterwandert sind – sowie ein halbkriminelles Bankensystem unter Mitwirkung der Finanzabteilung des Vatikans. Das Ganze, so abenteuerlich es klingen mag, war offensichtlich kein Zufall, sondern hatte Methode und kehrt über die Jahrzehnte hinweg in der einen oder anderen Form und Kombination wieder. Dabei wechselten die Institutionen, vielleicht auch hier und da die Methoden. Doch das Zusammenspiel der beteiligten Kräfte blieb sich gleich. Das Zusammengehen von Geheimdiensten mit der organisierten Kriminalität, insbesondere des Drogenhandels, aber auch jeder sonstigen Form des kriminellen Gelderwerbes, diente als Schmier- und Finanzierungsmittel mancher hochverdeckt gehaltenen geheimdienstlichen Aktivität. Dabei korrumpierte die Methode zwangsläufig die Angehörigen und Mitspieler der Geheimdienste in höchstem Maße selbst.

An den Untersuchungen über den unerwarteten Tod des Papstes ist neben der Verschränkung von Kriminalität, Finanzwelt und Terror die Instrumentalisierung einer Freimaurerloge von Interesse, die systematische Durchdringung der obersten Exekutivorgane eines Staates, insbesondere des inneren, äußeren und militärischen Geheimdienstes, der Polizei und der Finanzverwaltung, die Steuerung dieser Einrichtungen zur verdeckten Förderung von Links- und Rechtsterrorismus und die Verbindung zur NATO-Einrichtung Gladio. Hinzu kommt der tiefe Einblick in die Verkettung dieses staatsdurchdringenden, teils staatsparallelen Netzes mit dem der italienisch-amerikanischen Mafia, deren Beteiligung am Drogenhandel und deren Bankenverbindungen zum Waschen krimineller Gelder unter Einbeziehung der genialen Waschanlage mit dem Aushängeschild des Vatikans, hinter dem keine Geldaufsichtsbehörde der Welt kriminelle Machenschaften je vermutet hätte. Über ihren Großmeister Gelli verband die Loge P2 das gesamte auf Italien abgestützte, stark mafiadurchsetzte System mit dem Gladio-System der NATO und den Bedürfnissen des amerikanischen Geheimdienstes CIA nicht nur in Italien und Europa, sondern zugleich in Lateinamerika, wo es galt, der Linkstendenz verdächtige Regierungen durch staatsterroristische Militärregime zu ersetzen[750]. In der jeweiligen Vorbereitung auf den Putsch wie in der Ausbeutung der gewonnenen Machtposition kommt es durchweg zu einer breit angelegten Beteiligung am internationalen Drogenhandel in die USA und nach Westeuropa.

Motive für Information und Desinformation

Die Erkenntnisse aus dem Buch von Yallop über den unerwarteten Tod des unbestechlichen Papstes sind natürlich mit der gebotenen Vorsicht aufzunehmen. Wie bei zahlreichen anderen Fällen aus dem Milieu von Geheimdiensten, verdeckten Operationen, Mafia und Drogenhandel fällt auch hier die unvermittelt hervorbrechende Offenlegung eines geradezu phantastisch anmutenden Netzwerkes auf. Es mögen viele Zufälle zusammengekommen sein, die den Einblick in derartige, von den Beteiligten an sich strikt geheimzuhaltende Vorgänge ermöglichten. Die Krise, in die die CIA durch das Bekanntwerden der zahlreichen Morde an ausländischen, nicht genehmen, meist fälschlich als kommunistisch eingeschätzten politischen Führern überwiegend aus der Dritten Welt in den USA geraten war, mag zu mehr Offenheit und Bereitschaft zur Aussage beigetragen haben. Der amerikanische Kongreß stellte umfangreiche, zum Teil sehr kritische Untersuchungen an. Mitarbeiter der CIA, die mit den unmoralischen und undemokratischen Mitteln und Methoden ihrer Behörde Schluß machen wollten, gingen an die Öffentlichkeit. Sie erhielten Schützenhilfe von einigen unerschrockenen Staatsanwälten und Richtern diesseits und jenseits des Atlantiks, vor allem in Italien.

Auch das wohl endgültige Fallenlassen von Julio Andreotti, einem alten getreuen Gefolgsmann der USA in Italien, gehört hierher, der als maßgeblicher Politiker in über 40 Jahren an führender Stelle in der italienischen Außen- und Innenpolitik fast immer in Ministerverantwortung sich nun einem Prozeß stellen muß, in dem er auf ein Heer von Zeugen trifft, die ihn der kontinuierlichen Zusammenarbeit mit der Mafia überführen sollen. Andreotti werden Handlungen und Verhaltensweisen vorgeworfen, die vom Beginn des nachfaschistischen Italiens an vom großen Ziehmeister CIA jenseits des Atlantiks den italienischen Politikern aller Couleurs, auch dem ins tunesische Exil geflüchteten Sozialistenführer Craxi, ans Herz gelegt worden waren[751]. Offensichtlich ist diese mehrere Jahrzehnte während Verbindung nicht mehr zweckdienlich. Durch Veröffentlichungen in den USA und in Italien kompromittiert, muß sie daher, so scheint es, um das Wuchern von Metastasen am Körper der CIA, aber auch der Drug Enforcement Agency zu unterbinden, mehr oder weniger brutal abgesprengt werden.

Daß die bisher am Spiel beteiligten Mafiafiguren, ihren eigenen Untergang vor Augen, zurückschlagen, ist so verständlich wie das Marodieren entlassener Söldner, die bei Kriegsende ohne Beschäftigung dastehen[752]. Sindona verhält sich nach diesem Muster, indem er vor seiner Ermordung die Verbindungen in den wichtigsten Einzelheiten vor den Ermittlungsbehörden ausbreitet. Andreotti, als bislang wertvolles politisches Instrument der Vereinigten Staaten hochgehalten, schlägt in dieselbe Kerbe, wenn er, persönlich in die Enge getrieben, seiner Nation die Hintergründe von Gladio darstellt. In die gleiche Kategorie fällt, daß man in einem Panzerschrank nun endlich die vollständige Liste der P2-Angehörigen findet und damit einen zuverlässigen *Who's Who* der mafiosen politischen Oberschicht Italiens in Händen hält.

Daß nicht Interpol oder die italienische Polizei die Frage nach den Daten des mafiosen Bankiers Sindona unterbreitet, sondern ausgerechnet die CIA, die dabei Gefahr läuft, der Komplizenschaft mit den Gelli, Calvi, Sindona, Marcinkus, Cody und deren Netzwerken geziehen zu werden, ist verwunderlich, wahrscheinlich jedoch die Folge einer Kombination der hier aufgezeigten Umstände. Ein anderer Grund für das Aufplatzen mag sein, daß es einem Geheimdienst wie der CIA bei Aktionen, die der verdeckten Kriegführung dienen und nichts mit dem Sammeln von Nachrichten und Erkenntnissen zu tun haben, ganz offensichtlich sinnvoll erscheint, in regelmäßigen Abständen die kriminellen Partner abzuschütteln und auszutauschen. Das Ende der Ost-West-Konfrontation eröffnet neue Aufgabengebiete, etwa in den asiatischen Teilen der Sowjetunion, in den Grenzrepubliken des Kaukasus, in den für die Erdölförderung und den Erdöltransport wichtigen Gebieten mit ihren hervorragend nutzbaren ethnischen Minderheiten[753]. Außerdem kann es nicht immer und nicht in allen Ländern kontinuierlich gelingen, alle Operationen der für Geheimdienstzwecke mitbenutzten kriminellen Strukturen vor den Recherchen der Strafverfolgungsbehörde, der Steuerfahndung, des Zolls, der Bankenaufsicht und den entlang von Pannen und personellen Kontinuitäten hartnäckig recherchierenden Journalisten zu schützen. Da erscheint es sinnvoller, die Verbindung rechtzeitig wieder abzubrechen und die ehemaligen Partner in ihren Skandalen umkommen oder hinter Gefängnismauern verschwinden zu lassen.

Massiven Schaden erleiden bei der Abstoßung ausgedienter Helfershelfer die raffgierig gutgläubigen Mitspieler zum Beispiel der Geldwaschanlagen. Mit der laufenden Annahme neuen kriminellen Geldes zum Zwecke der Wäsche können sich die Eigentümer der Waschanlagen über Bankenketten und bankähnliche Einrichtungen ohne jedes Eigenkapital ein Imperium zusammenfinanzieren. Sie holen ihre prozentualen Gewinne aus dem milliardenschweren Durchschleusen des Bargeldes und schieben ihr Scherflein rechtzeitig auf gesicherte Konten in den Bankparadiesen und von dort in die

Schweiz, die USA, Großbritannien, Österreich, Luxemburg oder auch die Bundesrepublik. Das Geschäft wird dadurch erleichtert, daß kriminelle Gelder etwa aus der Steuerflucht beim Zusammenbruch einer Geldwäscherbank in der Regel aus Angst vor der Steuerfahndung nicht reklamiert zu werden pflegen. Mit Sicherheit bricht jedoch bei nachhaltiger Unterbrechung der Zufuhr weiterer krimineller Gelder die Waschanlagekonstruktion zusammen. Doch bis dieser Fall eintritt, haben die Sindona, Calvi, Gelli, wahrscheinlich auch die Marcinkus über Geheimkonten ihre Berufsrisiken für den Rest des Lebens längst abgedeckt, so daß als Geschädigte einige Aktionäre und gutgläubige Geldanleger bleiben.

Bei den Pleiten der Nugan Hand Bank, der BCCI oder auch der Bankenkonstruktion mit der Vatikan-Bank als Vermittlerin von Heiligenscheinen werden nicht selten gerade Geheimdienste – und nicht zuletzt von Konkurrenten – aufs Kreuz gelegt. So bringt man die Konkurrenz in Verdrückung, indem an irgendeiner Stelle des Systems heraussickert, daß zum Beispiel Sindona und die Vatikan-Bank von der CIA zur Durchführung von Sonderaufträgen in Vietnam genutzt wurde, herrschte doch dort eine katholische Minderheitenführung über die Mehrheit eines andersgläubigen Volkes. So kommt dann beiläufig heraus, daß über die Vatikan-Bank die Gelder der CIA an die polnische Oppositionsbewegung Solidarność liefen, offensichtlich in einem Umfang, daß der Bankier Calvi in einem mitgeschnittenen Telefongespräch dem erwähnten Berufskiller Carboni bedeutete, Kardinal Marcinkus möge auf seinen Kardinalskollegen Caserolo aufpassen. Wenn der etwa von New Yorker Finanziers, die für Marcinkus arbeiteten, erfahre, über welche Konstruktionen wie viele Gelder an Solidarność gelangt seien, dann bleibe im Vatikan kein Stein mehr auf dem anderen, dann gute Nacht Marcinkus, gute Nacht Woytyla, gute Nacht Solidarność. Dann müsse der Vatikan sich hinter dem Pentagongebäude in Washington versteckt halten.

Wie schnell organisierte Kriminalität, korrumpierte Politik und Geheimdienstmilieu sich zu extrem schädlichem Treiben im Finanzsektor verbinden können, zeigt die Geschichte der Spar- und Kreditgenossenschaften in den USA[754]. Als die Hochzinsphase in den USA diese vor allem in der Finanzierung des privaten Hausbaus engagierten Genossenschaften mit niedrigen Spar- und ebenfalls niedrigen Darlehenszinsen in große Schwierigkeiten trieb, legte der Kongreß die Ausfallhaftung der Bundeskasse für in Konkurs fallende Genossenschaftsbanken gesetzlich fest. Da diese Banken mit geringem Eigenkapital von Privatinteressenten aufgekauft werden können, waren sie schnell für große Betrügereien im Zuge der Immobilienspekulation in Stellung zu bringen. Die mit der organisierten Kriminalität verbundenen Banker bliesen nun unter Nutzung von Scheinunternehmen, Insichgeschäften und ungesicherten Darlehen Spekulationsblasen an, die nach Wertsteigerungen um das Fünf- bis Zehnfache regelmäßig platzten. Beteiligt waren in der Regel Angehörige der Mafia, fast durchweg mit CIA-Verbindungen, und immer wieder hochrangige Politiker[755]. Wer letztlich in den Genuß der veruntreuten Gelder gekommen ist, läßt sich so gut wie nie feststellen. Auf jeden Fall hat der amerikanische Steuerzahler eine Schadenssumme von 300 bis 500 Milliarden Dollar über die Bundeshaushalte der kommenden Jahrzehnte abzuzahlen[756].

Ganz ähnliche Entwicklungen bahnen sich im internationalen Finanzwesen an. Die Finanzzentren geben leichtfertig nicht selten aus kriminellen Quellen stammende Milliarden-Dollar-Darlehen ohne ausreichende Sicherung an Staaten und Unternehmen, bei deren Zahlungsunfähigkeit weltwirtschaftliche Verwerfungen drohen. Dies führt dazu, daß Weltbank und Internationaler Währungsfonds das Schuldenmanagement übernehmen und letztlich zu Lasten der Steuerzahler die Leichtfertigkeit der Kreditgeber und der mit dem ausgeliehenen Geld spekulierenden Kreditnehmer ausbügeln. Und da die Spekulanten wiederum als Spender an den amerikanischen Wahlkampfkassen stehen, verschwinden in Windeseile die sonst üblichen Vorsichtsmaßregeln. Mexiko war das erste Beispiel dieser Art, augenblicklich kommen die Tigerstaaten und Japan dran, und auf die Misere der russischen Kredite wird man Wetten abschließen können[757].

Nutzlose Veteranen des
Ost-West-Konfliktes werden zur Last

Gegenstand der Betrachtungen über das Wirken von Geheimdiensten im Bereich der organisierten Kriminalität ist hier nicht die aufsehenerregende Tatsache der Ermordung eines Papstes, eines Bankers, Richters oder Nationalratspräsidenten. Gegenstand ist das stets aufs neue anzutreffende Netz krimineller und geheimdienstlicher Aktivitäten in ihrem jeweiligen Zusammenspiel. In Italien wurde das angeblich der NATO unterstellte Gladio-Netz in Verbindung mit italienischen und amerikanischen Geheimdiensten, im Zusammenwirken mit terroristischen Vereinigungen, mit Geheimbünden wie der Loge P2 und alten wie neuen Faschistennetzwerken politisch genutzt. Die Wähler wurden durch brutale Mordanschläge verunsichert und durch Desinformation in die gewünschte politische Richtung getrieben. Die Mörder wurden dank der Vernetzung der Geheimdienste mit der organisierten Kriminalität aus diesem Milieu gewonnen. Dies, zumal die Strafverfolgungsbehörden nicht selten durch erstaunlich gezielt wirkende Desorganisation bis hin zu einem offen zur Schau gestellten Desinteresse an der Verfolgung den Tätern immer wieder faktische Straffreiheit signalisiert und im Ernstfall auch gewährt haben. So konnten auch politisch unerwünschte oder dem hysterischen Antikommunismus gefährlich erscheinende Politiker wie Aldo Moro durch Entführung und Mord aus dem italienischen politischen Rennen genommen werden. Das Spiel ging gut, bis es auf den Willen einiger Staatsanwälte und Richter stieß, die sich daranmachten, der eingewurzelten Staatskriminalität ihres Landes gegen alle Widerstände Einhalt zu gebieten. Möglicherweise war diesen Juristen und Polizeibeamten nur deshalb Erfolg vergönnt, weil sich die Prioritäten auch der Geheimdienste geändert hatten, weil das Ende des Ost-West-Konfliktes Italien als den ehemaligen geostrategisch optimal gelegenen Flugzeugträger der USA im Mittelmeer nun weniger interessant machte und weil man sich von den immer schädlicher werdenden Skandalenthüllungen durch Preisgabe der Kollaborateure trennen wollte.

12

Psychologische Steuerung der Nachkriegsgesellschaften Europas

Nur in Italien?
Handeln einer Weltmacht

Der Geheimdienst einer Supermacht, die, ohne öffentliches Aufsehen zu erregen, die innenpolitische Entwicklung der verbündeten Nationen unter Kontrolle halten will, wird nach einem verhältnismäßig einheitlich angelegten Muster vorgegangen sein. Von daher wird man in allen NATO-Staaten ebenso wie bei den strategisch wichtigen neutralen Staaten Europas immer wieder auf die Spur ähnlicher Strukturen stoßen und zur Deutung und Vervollständigung des Bildes sinnvollerweise auf die Erkenntnisse in Nachbarstaaten zurückgreifen können und müssen.

Hier interessiert noch die Frage, welche Rolle der Gladio-Komplex in anderen Ländern des NATO-Bündnisses gespielt hat[758]. Der Versuch der Regierungen zahlreicher NATO-Länder, das Thema Gladio auf Italien und die dortigen Affären zu beschränken, ist letztlich gescheitert[759]. Man muß wohl von einem das ganze nichtkommunistische Europa umfassenden Komplex sprechen[760]. Ein Teil der Aktivitäten von Gladio befaßte sich mit rein militärischen Aufgaben wie dem Auftrag, im Falle eines Überrennens Westeuropas durch sowjetische Truppen nachrichtendienstliche Erkenntnisse der sich zurückziehenden und den Gegenangriff planenden NATO-Truppen und deren Führungsmacht USA zur Verfügung zu stellen. Dazu sollten während eines Angriffes der sowjetischen Truppen Sabotageakte verübt werden, die den Vormarsch ebenso wie die Inbesitznahme des Landes erschwerten oder verhinderten. Großbritannien und die Vereinigten Staaten haben noch vor der Gründung der NATO den Aufbau dieser geheimen wehrwolfartigen Partisanenverbände angeregt und in die Wege geleitet. Später wurden diese Gruppen der NATO unterstellt. Daneben gab es die Aktivitäten der CIA und deren Vorgängerorganisation aus dem Zweiten Weltkrieg, dem Office of Strategic Studies, die den Widerstand gegen die Gefahr kommunistischer Beeinflussung, Infiltration und Machtübernahme in den einzelnen NATO-Ländern, aber auch in den neutralen Staaten wie der Schweiz, Schweden und Österreich im politischen wie gesellschaftlichen Bereich zum Gegenstand hatten[761]. Die Aktivitäten dieser teils militärischen, teils operativ-politischen Gruppen mögen sich in einigen Ländern überschnitten haben, in anderen in ihren Funktionen und Zuordnungen voneinander getrennt gehalten worden sein. Mal wird es der nationale Geheimdienst gewesen sein, der die nichtmilitärischen Programme steuerte, in anderen Fällen wird die Aufgabe von vornherein von dem auf verdeckte Operationen spezialisierten amerikanischen Geheimdienst CIA wahrgenommen worden sein, der bei Ahnungslosigkeit der gesamten oder zumindest großer Teile der Regierung des jeweiligen Bündnispartners seine Hände im Spiel hatte und womöglich heute noch hat. Mit Sicherheit ist die hinter diesen Aktionen und Einrichtungen stehende Politik nicht auf ein einziges Land beschränkt[762].

Sprengstoffanschläge in Südtirol

Schon aus der hier dank den Quellen breiter geschilderten italienischen Szene ergibt sich eine Verbindung in die bundesrepublikanische. Als in den sechziger und siebziger Jahren in Südtirol Sprengstoffanschläge auf Stromleitungen und Denkmäler die Öffentlichkeit erregten und den Ausgleichsprozeß zwischen Italien mit seiner Provinz Südtirol und Österreich als Schutzmacht der Interessen der deutschsprachigen Minderheit zu zerstören drohten, wurden die Attentäter in der Regel entweder nicht ausfindig gemacht oder nach kurzer Haft ohne Strafverfahren wieder freigelassen[763]. Bei den damaligen Ermittlungen fielen handfeste Hinweise auf die Beteiligung italienischer Geheimdienste an den Anschlägen an, denen aus verständlichen Gründen nicht nachgegangen wurde[764]. Von dort führen aber auch Hinweise in die deutsche rechtsradikale Szene bis hin zu einem Fregattenkapitän im Bundesverteidigungsministerium in Bonn, der sich lebhaft für das Schicksal der Südtiroler zu interessieren schien und zumindest vorübergehend der Terrorszene glaubte Hilfe leisten zu müssen. Die Spuren verbinden sich mit Doppelagenten, die den Terror unterstützten, gleichzeitig dem italienischen Geheimdienst wie der Stasi zutrugen, die zur Wehrsportgruppe Hoffmann und deren Finanzierung führen, zu einer Stiftung mit einem Vermögen von 120 Millionen Mark, die in Nordrhein-Westfalen verwaltet und beaufsichtigt wird und aus der der Rechtsradikalismus im allgemeinen und Funktionäre und Wahlkämpfe der Nationaldemokratischen Partei Österreichs, einer Vorläuferin der heutigen FPÖ, im besonderen finanziert werden[765]. Spuren, denen im Dunstkreis von Terror, Geheimdiensten, Wirrköpfen von rechts und Desinformation überzeugend nicht nachgegangen wurde und vielleicht auch nicht werden konnte. Wenn Norbert Burger, der inzwischen verstorbene Führer der Nationaldemokratischen Partei in Österreich, darauf verwies, daß weltweite finanzielle Hilfe aus CIA-Quellen, über rechtskonservative Vereinigungen gewaschen, an die Empfänger in verschiedenen Länder gelange und daß mindestens ein Drittel seines Budgets aus den USA stamme[766], dann könnte es sich auch bei dieser Düsseldorfer Stiftung um eine geheimdienstliche Geldwaschanlage handeln.

Wir treffen folglich wieder auf die Spuren von Gladio oder dessen Parallelstruktur zum Einsatz auf einem denkbaren Bürgerkriegsschauplatz. In Südtirol wurde diese Strategie der Spannung in den Einzelheiten ausgetestet. Wie international schon damals die Anlage war, schildert ein Bozener Korrespondent des italienischen Rundfunks, der in der Umgebung von Verona ein Treffen rechtsradikaler Kräfte beobachten konnte. Dort wurde die Organisation Giovane Europa, Junges Europa, aus der Taufe gehoben unter Beteiligung des Franzosen Jean Thiriart, des britischen Neonazis Sir Oswald Mosley, eines südafrikanischen Fallschirmspringers und einer größeren Teilnehmerzahl aus Südtirol[767]. Im Jahre 1993 stellte das Studio 1 des ZDF einen Oberstleutnant der Stasi vor, der Videoaufnahmen von Neonazis zeigte, darunter Verbindungsleute zur Wehrsportgruppe Hoffmann, sowie einen Kreisvorsitzenden der NPD, die samt und sonders von seiner Abteilung abgeschöpft worden seien[768]. Man kann folglich davon ausgehen, daß Ostberlin ebenso wie die westlichen Dienste über die Terroraktionen und deren Hintergründe stets gut informiert war.

Nach Auffassung italienischer Beobachter war Südtirol die Versuchslandschaft, in der schon in den sechziger Jahren die Taktik der psychologischen Beeinflussung der Massen durch Gewaltakte in allen Schattierungen erprobt wurde, und zwar im Zusammenspiel mit rechtsradikalen Kräften aus Italien, aus Kreisen der Südtiroler Autonomiebewegung, der österreichischen und deutschen rechtsradikalen Szene[769]. 1962 hatte Vernon Walters, der damalige Sprecher der CIA in Rom, die Anweisung gegeben, in verdeckter Weise auf die Vorbereitung und den Ausgang der Wahl in Italien Einfluß zu nehmen. Alle Gruppen, die sich einer Veränderung der politischen Verhältnisse widersetzten, sollten finanziell unterstützt werden. Ferner sollten Aktionen zur Schwächung und Spaltung der Sozialisten in Szene gesetzt werden. Im Bereich der Medien sollten alle Kräfte gestärkt werden, die die öffentliche Meinung in diesem Sinne beeinflussen könnten. Daraufhin eröffneten die italienischen Dienste eine Kampagne, die die schlechte wirtschaftliche und politische Lage des Landes zum Gegenstand hatte. 1963 wurden aus einem Kreis von 2000 ausgewählten Personen Gruppen gebildet, die willens und in der Lage waren, Bomben zu legen, Attentate zu verüben und diese Aktivitäten zur Beeinflussung der öffentlichen Meinung in Szene zu setzen[770].

Sprengstoffanschläge in Belgien

In Belgien erbrachten Sprengstoffanschläge auf Warenhausketten Hinweise auf rechtsradikale Täter, die unter der Bezeichnung »Catena« wiederum parallel mit der mehr im militärischen Bereich angesiedelten Gladio-Sphäre verbunden waren[771]. Selbst der belgische Verteidigungsminister schloß in einer Erklärung vor dem Parlament nicht aus, daß die Dossiers von Gladio und Catena mit den nicht aufgeklärten Fällen der organisierten Kriminalität und des Terrorismus der achtziger Jahre in Verbindung stehen könnten[772]. Zwischen 1982 und 1985 fielen insgesamt 82 Menschen solchen Gewalt-akten in Brabant zum Opfer. Ein junger belgischer Polizist packte seinerzeit gegen seine Kollegen aus, weil er, obgleich innerhalb des paramilitärischen Front de la Jeunesse Mitglied einer rechtsradikalen Gruppe junger Gendarmen, nicht bereit war, an Terrorakten teilzu-nehmen. Vom Instrukteur des Front wurden die Gendarmen zu Angriffen auf Ausländertreffpunkte angesetzt. Die Hinweise des jun-gen Gendarmen, Kollegen von der Gendarmerie seien ebenso wie Angehörige der belgischen Armee in die wöchentlichen Massaker in den Supermärkten verwickelt, wurden mit dem Hinweis, er möge schweigen und seiner Arbeit nachgehen, beiseite geschoben. Nach Aussage des Gendarmen sei das angepeilte Ziel der Operationen gewesen, ein Klima der Verunsicherung zu schaffen. Dabei sei es um zwei Stoßrichtungen gegangen: Zum einen sollten eigens dafür zusammengestellte Banden Raubüberfälle und blinde Mordan-schläge verüben. Zum anderen sollten vorgeblich »linke Bewegun-gen« organisiert werden, die durch Terror die Einstellung der Bevöl-kerung in Richtung *law and order* treiben sollten. Schließlich habe die Krise um die Euroraketen und die wachsende Macht des europä-ischen Pazifismus zu einer Konsolidierung des polizeilichen Repres-sionsapparates führen sollen[773].

Bei den Untersuchungen des belgischen Parlaments stellte sich heraus, daß nach Kriegsende im wesentlichen Elemente, die dem Faschismus und der Kollaboration mit dem nationalsozialistischen Deutschland verbunden oder in dieser Zeit in Amt und Würden waren, in die Gladio-Struktur eingebunden wurden. Dies scheint wiederum ein durchgängiges Bauprinzip in allen NATO-Nationen gewesen zu sein, die gefallenen Helden des europäischen Faschismus in der Nachkriegszeit vor Rache zu bewahren und mit Aufgaben der rückhaltlosen Bekämpfung des internationalen und nationalen Kom-munismus zu betrauen. Drohte die Bevölkerung per Wahlzettel zu sehr linkslastig zu werden oder schienen Regierung und Parlament die Herausforderung aus der kommunistischen Ecke nach Auffas-sung der Hintermänner in den Geheimdiensten nicht ernst genug zu nehmen, so konnte dies offenbar zu Aktionen führen, die wie in Ita-lien die öffentliche Meinung und die politischen Vertreter wieder auf den Pfad der Tugend zurückführten, meist über einen Regierungs-wechsel oder eine Regierungsumbildung. In Italien waren dies nicht selten die Mittel des vorgetäuscht linken Terrors, in Belgien mögen ähnliche Erwägungen Pate gestanden haben.

Der israelische Geheimdienstmann Ostrovsky bestätigt diese Darstellung, wenn er von der Instrumentalisierung der rechtsradikalen Gladio-Szene durch den israelischen Geheimdienst Mossad berichtet. Dessen Antiterrorismusabteilung habe die geheime Guerillatruppe der NATO im Einverständnis mit dem belgischen Staatssicherheitsdienst für ihre Zwecke genutzt. Der Nachrichtenoffizier Barda habe den belgischen Kollegen klargemacht, daß extreme Methoden gefordert seien, terroristische Greueltaten, die man den Kommunisten in die Schuhe schieben müsse, um eine starke Reaktion und die Forderung nach einer Verstärkung der Sicherheitskräfte zu provozieren. Der belgische Geheimdienst habe auf ein schier unerschöpfliches Reservoir rechter Fanatiker zurückgreifen können, so auf eine faschistische Gruppierung, die sich Westland New Post nannte. Die sich formierenden Rechten, zu denen einige aktive Polizisten zählten, hätten unter dem Schutz des belgischen Geheimdienstes eine Serie von Raubüberfällen von extremer Brutalität verübt. Das Ziel, so der israelische Geheimdienstmann, sei reiner Terror und die Destabilisierung der angeblich nach links abdriftenden belgischen Regierung gewesen. Drei Mitglieder der Gruppe hätten 1985 das Land verlassen müssen. Sie seien nach Israel gebracht worden, wo sie in Erfüllung eines Abkommens mit dem extremen rechten Flügel des belgischen Partners eine neue Identität erhalten hätten. Außerdem habe Israel über Umwege der rechten Szene Waffen zukommen lassen[774].

Rechtsterroristen
in Frankreich

In Frankreich kam es ebenfalls zu einer Reihe von Attentaten, die an italienische Vorbilder erinnern. So mokierte sich die in der Regel hervorragend informierte Zeitschrift *Le Canard Enchainé* darüber, daß der französische Geheimdienst DST unter der Bezeichnung FLB (Front de Libération de la Bretagne) selbst Anschläge verübe. Ein Attentatsversuch galt gar dem Direktor des eigenen Geheimdienstes. In Lissabon brachten Angehörige des französischen Geheimdienstes Bomben an Bord eines Flugzeuges der Air France, um sich in Terrorgruppierungen einzuschleichen. Die Beigabe eines militärischen Ausbilders der französischen Fallschirmspringer an korsische Terroristen führt zu der Überlegung, ob nicht gewisse Geheimdienste, so der *Canard Enchainé*, ihren Agenten die Aufgabe stellten, selbst Attentate zu planen und durchzuführen[775].

Schließlich bleibt zu erwähnen, daß Staatspräsident Mitterrand ein Scheinattentat der OAS, einer Terrororganisation zur Aufrechterhaltung Algeriens als Kolonie Frankreichs, gegen sich selbst inszenierte, möglicherweise um sein Image als früherer Justizminister, der Mord und Folter der französischen Verwaltung in Algerien gedeckt hatte, gegen das eines liberalen Sozialisten zu vertauschen. Auch Präsident Reagan und seine Mannschaft nutzten den Gag eines vorgetäuschten Attentatsversuches durch libysche Terroristen, um sich in Szene zu setzen. Die Medien fielen nahezu ausnahmslos auf die amtliche Ente herein.

Auch in Frankreich bestand ein Netzwerk aus paramilitärischen Einheiten, dazu die Parallelorganisation Catena, die sich den Kampf gegen den Kommunismus, aber auch die Erhaltung der Hoheit Frankreichs über seine Kolonien zum Ziel gesetzt hatte[776]. Ebenso wie in allen anderen Ländern richtete sich der Kampf auf die Ausschaltung ehemaliger, als linkslastig erachteter Widerstandskämpfer und ihres Einflusses auf die französische Nachkriegspolitik[777]. Ehemalige Kollaborateure mit den Nationalsozialisten, die alten Anhänger der Vichy-Politik des Marschalls Pétain, die zu Kriegsende Gefahr liefen, von den Anhängern der Resistance verfolgt zu werden, erhielten ein unverhofftes Betätigungsfeld und wurden gegen Angriffe abgesichert und entsprechend finanziert[778]. Der französische Geheimdienst SDEC bediente sich Catenas auch unter dem Aliasnamen »Brain Trust« als Instrument für die Ermordung mißliebiger Persönlichkeiten[779]. Die Organisation stand ganz offensichtlich hinter dem Putsch gegen Staatspräsident de Gaulle, als dieser den algerischen Befreiungskrieg beenden und die französische Armee aus Algerien abziehen wollte. Die Putschisten verloren den Kampf, weil der Regierung de Gaulle seinerzeit unter Einschaltung der Mafia die Beseitigung, Einschüchterung und schließliche Überwindung der Putschistenanführer im Mutterland wie in Algerien gelang[780]. Durch den bürgerkriegsartigen Zustand des Landes waren die Herrschafts-instrumente der gewählten Regierung bis tief in die Reihen der Ge-heimdienste offensichtlich gelähmt. Die demokratisch gewählte Regierung konnte sich der Loyalität der Dienste nicht sicher sein. Daß der Rückgriff auf die Kräfte der außerhalb der Staatsorganisa-tion stehenden korsischen Mafia ebenso seinen Preis hatte wie das Zusammenspiel der amerikanischen Geheimdienste bei der Landung in Sizilien, der Eroberung Italiens oder auch der Bekämpfung der Kommunisten in den französischen Seehäfen bei Anlaufen des Mar-shallplanes, versteht sich von selbst. Mit Sicherheit geht auf diese Operationen auch die langjährige Haltung der französischen Regie-rungen in Sachen Drogenbekämpfung zurück (vgl. S. 177 ff.). Sie besteht darin, energisch gegen die Endverbraucher von Drogen, die Süchtigen, vorzugehen, die hinter dem internationalen Drogenhan-del stehende Infrastruktur der korsischen Mafia jedoch unangetastet zu lassen.

Rechtsterrorismus in der frühen Bundesrepublik und die CIA

In der Bundesrepublik gab es unter Führung des Bundesnachrichten-dienstes eine Einrichtung, die wie in allen anderen NATO-Staaten auch als Stay-behind-Organisation bezeichnet wurde. Diese militä-risch und geheimdienstlich geschulten Kräfte sollten sich bei einem Einmarsch der sowjetischen Armee überrollen lassen und aus und in dem besetzten Land Nachrichten übermitteln, Sabotageaktionen durchführen, Fluchtwege organisieren und die Rückeroberung vor-bereiten helfen. Sie unterstanden dem NATO-Oberkommando in Brüssel und übten national wie international ihre Aufgaben für den Ernstfall. Verdeckte Lager an Waffen und sonstigem Material sollten in Kriegszeiten das Überleben sichern. Auch diese Organisation soll erst 1990 letztlich nach dem Ende des Ost-West-Konfliktes und aus Anlaß der Diskussionen in Italien, Belgien und Frankreich aufgelöst worden sein.

Daneben betrieb und unterstützte die CIA zumindest in den fünf-ziger Jahren auch in der Bundesrepublik Organisationen, die der nazistischen und rechtsradikalen Szene zuzuordnen waren. Es war der hessische Ministerpräsident Zinn, der sich 1952 öffentlich darüber beschwerte, daß der rechtsradikale Bund Deutscher Jugend von der CIA mit Kadern aus alten Nazis und SS-Veteranen aufgebaut, finanziert und unterstützt werde, daß er seine Übungen unter anderem im Odenwald abhalte und daß man Listen von gegebenenfalls zu ermordenden oder unschädlich zu machenden linken Politikern, nicht zuletzt sozialdemokratischen Oberbürgermeistern und Abgeordneten, gefunden habe[781]. Der bayerische Ministerpräsident meldete ähnliche Umtriebe in seinem Land mit Waffen aus amerikanischen Beständen[782]. Dergleichen geschah in Schleswig-Holstein. Der Skandal beschäftigte die deutsche Öffentlichkeit, führte zu Debatten im hessischen Landtag und im Deutschen Bundestag und zur Versicherung der amerikanischen Dienststellen, man habe die geförderte Organisation inzwischen aufgelöst. Die Strafverfolgung der deutschen Teilnehmer der Terrororganisation hatte die Bundesanwaltschaft in Karlsruhe an sich gezogen, wo sie an mangelndem Diensteifer scheiterte, letztlich vor allem deshalb, weil die rechtsterroristische Vereinigung nicht nur die Unterstützung der CIA, sondern auch amtlicher Stellen in Bonn, im Kanzleramt, im Gesamtdeutschen Ministerium, im Innenministerium und beim stellvertretenden Leiter des Bundesamtes für Verfassungsschutz, einem Vertrauten des BND-Chefs Gehlen, gefunden hatte. Den Präsidenten des Verfassungsschutzes Otto John hatte man in Unwissenheit gehalten.

Die amerikanischen Gelder liefen über Firmen wie Coca-Cola, Jan Reemtsma, Bosch und Sarotti. Die rechtsradikale Vereinigung bot zahlreichen ehemaligen SS-Angehörigen eine gut bezahlte, vollamtliche Stelle, verfügte über Dienstwaffen und begann gegen alle denkbaren Institutionen einschließlich der Landesämter für Verfassungsschutz in den verschiedenen Bundesländern wegen angeblicher Linkslastigkeit zu ermitteln. Auf der Liste der im Ernstfall auszuschaltenden, das heißt umzulegenden Persönlichkeiten standen die Namen mehrerer sozialdemokratischer Minister und Oberbürgermeister, samt und sonders über jeden Verdacht erhaben, mit Kommunisten je gemeinsame Sache machen zu wollen.

Listen auszuschaltender
Politiker

Schwarze Listen über zu beseitigendes Führungspersonal finden sich in nahezu allen Ländern wieder, in denen der amerikanische Geheimdienst in enger Kooperation mit den Sicherheitsdiensten des jeweiligen Landes steht. In Südafrika waren die Mitglieder des oppositionellen ANC aufgeführt, in Griechenland führte die Liste zur Verhaftung einer großen Zahl oppositioneller Politiker, Wissenschaftler und Militärs im Zuge des Obristen-Putsches. Gleiches gilt für die Türkei. In Indonesien wurden Hunderttausende von Menschen nach Maßgabe derartiger Listen umgebracht[783]. Auf den Mordlisten des Bundes Deutscher Jugend aus den fünfziger Jahren standen hingegen keine aktiven Kommunisten, sondern nichtkommunistische Fach- und Führungskräfte, deren sich eine potentielle sowjetische Besatzungsmacht zur Verwaltung des frisch eroberten Landes aus Sicht amerikanischer, vermutlich der Geisterbeschwörung des Senators McCarthy in den USA verhafteter Geheimdienstleute, beraten von deutschen Kräften gleicher Gesinnung und Verstandes, möglicherweise hätte bedienen können. Exakt die gleiche Denkweise stand hinter dem späteren Phoenixprogramm in Vietnam. Auch dort genügte der Verdacht der Einbaubarkeit einer Persönlichkeit in eine kommunistische Administration aus der Sicht der örtlichen CIA-Kräfte und deren meist hochkorrupten Informanten, um die Killerkommandos tatsächlich ausrücken zu lassen[784] (vgl. S. 196 und 217).

Großmacht-Geheimdienst:
Methode Schema F

Die Erkenntnis, daß ein weltweit auf allen Kontinenten in den strategisch, wirtschaftlich, politisch und technologisch wichtigen Ländern operierender Geheimdienst innenpolitisch aktivierbare Stör- und Hilfskräfte, und seien es die des rechts- wie linksradikalen Spektrums, nicht auf ein Land der Bundesrepublik Deutschland beschränkt, sondern nach einheitlichem Muster vorzugehen pflegt, ist damals der hessisch wie deutsch begrenzten Sicht entzogen gewesen. Dabei geht es hier nicht so sehr um die paramilitärische Stay-behind-Organisation als vielmehr um die Stör- und Einflußkräfte in den für den Bürgerkrieg vorgesehenen Formationen, die zur Beeinflussung der innenpolitischen Entwicklung nicht nur Hessens beziehungsweise der gesamten Bundesrepublik in Stellung gebracht und paramilitärisch geschult werden sollten, sondern um ein gesamteuropäisches Programm[785]. Schließlich gibt es in der CIA ebenso wie im State Department ein European Desk und darunter das German Desk, bei dem man davon ausgehen kann, daß Ansatz und Techniken des Vorgehens je Land so unterschiedlich nicht sein und nicht gewesen sein können[786]. Die Vorfälle von 1952 zeigen daher nur einen Mosaikstein, der seine Entsprechung in allen Ländern Europas und mit Sicherheit auch allen wichtigen Staaten des Erdballs findet. Da in anderen Ländern des Bündnisses, nicht zuletzt in Italien und Frankreich, die Aktivitäten der CIA zur Beeinflussung der innenpolitischen Landschaft uneingeschränkt weiterliefen, kann und muß dies auch für die Bundesrepublik unterstellt werden. Die CIA wird auf die Geister, die sie seinerzeit rief, auch in der Folge letztlich nicht verzichtet haben[787]. Im laufenden Skandal mit Schwerpunkt Hessen wurde eine die junge deutsche Demokratie beruhigende Frontbegradigung vorgenommen. Um die gleiche Zeit lief damals die sogenannte Naumann-Affäre, die einen ehemaligen Staatssekretär in Goebbels' Propagandaministerium betraf, der ein Netz von Tausenden von Nazis im Jahre 1953 befehligte und über erhebliche Geldmittel verfügte. Die Organisation war vom Bundesamt für Verfassungsschutz unter der Leitung Otto Johns aufgeklärt worden. Die Beteiligten wurden zwar verhaftet, dann jedoch namentlich nach ihrer Flucht aus der französischen und englischen in die amerikanische Besatzungszone freigelassen. Die gefundenen Papiere enthielten Pläne zur Unterwanderung von Parteien mit dem Ziel der Machtübernahme[788].

Parallelnetze in den neutralen Ländern
Schweiz und Schweden

In den neutralen Ländern Schweden, Schweiz und Österreich hatte die CIA Organisationen mit den Aufgaben des Gladio-Netzes in der Regel in Absprache mit den Geheimdiensten oder Teilen dieser Dienste und unter Mitwisserschaft von Teilen der jeweiligen politischen Führung aufgebaut. Allerdings wird auch dort die politische Führung allenfalls vom militärischen Teil der Operation gewußt haben, seltener von dem zivilen, extrem rechtslastigen Parallelnetz, das fast ausschließlich über Kanäle der CIA gesteuert worden sein dürfte. Das schwedische Netz wurde von niemand anderem als William Colby, dem späteren Direktor der CIA und früheren Stationschef in Stockholm, in Zusammenarbeit mit schwedischen Veteranen der Nordischen Legion der Waffen-SS aufgebaut[789].

Parallelnetz Türkei

In der Türkei ging die CIA ähnlich wie in Italien oder Belgien vor. Wie schon aus den Betrachtungen zum Mordversuch an Papst Johannes Paul II. durch den Grauen Wolf Agca abgehandelt, wurden Kräfte zur Bekämpfung von Unruhe und Aufruhr auch in der Türkei gebildet, die in etwa mit den Gladio-Einheiten der anderen NATO-Staaten zu vergleichen sind. Der Antiguerillatruppe des türkischen Militärs gehörten Offiziere an, die samt und sonders in den USA ausgebildet und später in der Türkei von CIA-Agenten sowie Militärberatern weiter trainiert wurden. Eine der hierfür grundlegenden Ausbildungsschriften hatte der CIA-Mitarbeiter David Gallula ausgearbeitet, sie wurde 1965 vom türkischen Generalstab übersetzt, in einer Auflage von 1750 Exemplaren gedruckt und an die verschiedenen Einrichtungen innerhalb der Streitkräfte verteilt[790]. In dem Handbuch zur Unterdrückung von Volksaufständen in Theorie und Praxis heißt es, die neben offenen Angriffen weitaus gefährlichere Bedrohung gehe von Erneuerungs- und Reformansätzen aus, die auf Veränderungen innerhalb eines Landes abzielten. Es gehe daher nicht nur um Bürgerkriege und Volksaufstände, sondern auch um demokratische Reformbewegungen. »Unsere Absicht ist es, diese und ähnliche Ansätze zu verhindern. Haben diese Bewegungen einen Reifegrad erreicht, wo sie Widerhall bei der Bevölkerung finden, dann stehen zwei Wege der Verhinderung zur Verfügung: Für unsere eigene Sicherheit und für die Sicherheit der nichtkommunistischen Länder müssen wir unsere befreundeten Regierungen mit bewaffneten Mitteln unterstützen. Eine solche militärische Intervention kann entweder mit klassischen Militärstrategien oder mit den Mitteln der Diplomatie durchgeführt werden. Dieses militärische Eingreifen hat seine eigene Dynamik und sein eigenes Wesen.«

Die türkische Antiguerillatruppe wurde in der Beherrschung von Sprengmitteln, der Herstellung von Bomben, dem Einsatz von Agenten, der psychologischen Kriegführung, dem Einsatz von Agents provocateurs und Guerillas, der Befragung und Unterwanderung von Guerillaorganisationen ausgebildet. Für die Organisation und Praxis der Antiguerilla wurden die Handbücher der US-Armee übersetzt und vertrieben. Diese Heeresdienstvorschriften *(field manuals)* über innere Unruhen und Katastrophen enthalten Kapitel über Streitkräfte gegen Aufständische, Partisanenkampf, Taktik und Technik des Partisanenkampfes der Special Warfare School, Bewaffnete Operationen in kleinen Einheiten, Zivile Katastrophen, Ranger-Training und Operationen, Operationen im Gebirge.

In der von Franklin A. Lindsay erstellten Lehreinheit für nichtkonventionelle Kriegführung der U.S. Army School Europe werden die zu ergreifenden Terrormaßnahmen beschrieben: »Ziel des psychologisch indirekten Terrors ist es, die Bevölkerung für Situationen zu sensibilisieren, die den Anschein von politischem Chaos innerhalb linker Gruppen erwecken, wobei direkter Terror, wie Bombenanschläge, Brandstiftungen und Attentate, gezielt durchgeführt werden. ... Diese Art des Terrors soll die unpolitische Bevölkerung manipulieren. Das Volk wird zur Stellungnahme gezwungen und damit gleichzeitig zum passiven Helfershelfer konditioniert. In verschiedenen Orten des Landes werden kleine Beamte, Polizisten, Briefträger, Mitglieder des Stadtrates, Lehrer und manchmal ein Bürgermeister, also Menschen, die, im Gegensatz zu den höheren Beamten, im engen und unmittelbaren Kontakt zur Bevölkerung stehen, geopfert, um so den Menschen die Greueltaten der Revolutionäre vor Augen führen zu können…

Liberal eingestellte Personen neigen dazu, mit den Aufständischen zusammenzuarbeiten. Daher sind sie Zielscheiben terroristischer Anschläge…

Sympathisanten erhalten die Aufgabe, von der Bevölkerung Geld zu sammeln. Da das Geld für den Krieg notwendig ist und eine Seite stärkt, kann man aus dem Ergebnis der Geldsammlung wichtige Informationen entnehmen. Von denen, die sich weigern, bringt man einige um. Die Attentate sind nur solange von Bedeutung, als sie als demonstrative Beispiele dienen können. Die Anschläge sollten daher offen und nicht geheim durchgeführt werden.«

Nach dem Strickmuster dieser Vorschrift der amerikanischen Armee scheint man in der Türkei insbesondere nach dem Regierungsantritt des Sozialdemokraten Bülent Ecevit vorgegangen zu sein, zumal interne Berichte des US-Außenministeriums Ecevit ebenso wie in Italien Aldo Moro wegen der angeblichen Linksentwicklung seiner Partei als »Gefahr für das westliche Bündnis« dargestellt hatten. Es kam zu mehreren Attentatsversuchen gegen Ecevit.

Die Machenschaften der Antiguerillatruppe wurden seinerzeit nur bekannt, weil aus dem türkischen Geheimdienst heraus einer Tageszeitung entsprechende Dokumente zugespielt worden waren. Nach der Veröffentlichung der Dokumente erklärten zwei türkische Senatoren, die »Antiguerillazentren« seien unter Anleitung der CIA von einem Armeegeneral als Antwort auf die erstarkende linke Bewegung in der Türkei gegründet worden. Nachdem Ministerpräsident Ecevit zunächst einer rückhaltlosen Aufklärung der Hintergründe der neuen Antiguerillatruppe das Wort geredet hatte, erklärte er später, eine derartige Organisation gebe es nicht.

Im Falle der Türkei bleibt zu erwähnen, daß zum Beispiel auch die amerikanische Ölfirma Aramco jahrelang türkische islamische Fundamentalisten finanziell unterstützt hat, und dies mit Sicherheit nicht ohne Wissen und Absprache mit der CIA.

Amerikanische informelle Mitarbeiter in der türkischen Staatsverwaltung

Die Durchsetzung der türkischen Administration mit Informanten der amerikanischen Dienste beklagte schon in den sechziger Jahren der seinerzeitige türkische Ministerpräsident Ismet Inönü, der seinen Kabinettskollegen auf die Forderung nach einer etwas eigenständigeren Politik antwortete, man verlange Unmögliches. Hinter jedem türkischen Beamten stehe ein ausländischer Experte. Eine derart revolutionäre Änderung der politischen Ausrichtung des Landes würde entweder nicht ausgeführt, auf die lange Bank geschoben oder mit Gegenmaßnahmen beantwortet. Bevor er, Inönü, das Ergebnis seiner Dienstanweisungen erfahre, sei Washington bereits informiert, und er erhalte die entsprechende Antwort vom amerikanischen Botschafter.

Die türkische Polizei und erhebliche Teile des Militärs sympathisierten mit den Gladio-Gruppierungen. Die Bewaffnung wurde ihnen von der Armee zur Verfügung gestellt. Dem Bericht eines deutschen Generals, Horst Wendler, ist zu entnehmen, daß »nach dem Geheimplan 10/1 die CIA ein Programm entwickelt hatte, um in der Nähe von Istanbul ein Ausbildungslager für Kommandos und Guerillaeinheiten aufzubauen. Dirigiert wurden diese Einrichtungen aus der US-Botschaft in Ankara und und dem US-Generalkonsulat in Istanbul heraus.«[791] Die in diesen Lagern gelehrte Kunst der Behandlung einer aufständischen oder rebellischen Bevölkerung konnte dann in den siebziger Jahren vor allem an Kurden in der Nähe der Ausbildungslager erprobt werden, wo Folterungen an der Tagesordnung waren.

Auch die Organisation der Grauen Wölfe unterhält Kommandotrupps, die es sich zur Aufgabe machen, liberale und linke Organisationen mit Terror zu überziehen. Die Grauen Wölfe, Ende der dreißiger Jahre von Nazideutschland gefördert, sind Bestandteil der europäischen neofaschistischen Szene und üben gemeinsam mit ihren deutschen, italienischen, französischen oder belgischen Gesinnungsgenossen. Wie in der rechtsradikalen Szene des übrigen Europas finden sich die Gründer unter ehemaligen Anhängern einer nationalsozialistisch-antikommunistischen Gesinnung mit Elementen einer

pantürkischen, auf ethnische Säuberung beziehungsweise Unterdrükkung Andersdenkender ausgerichteten Grundeinstellung. Die Blind-
heit deutscher Verfassungsschutzämter bis hin zur angeblichen Bestechung der die Gruppen betreuenden oder beobachtenden Beamten
wird in der Abhandlung von Roth/Tabylan, *Die Türkei – Republik
unter Wölfen,* dargelegt. Daß Rauschgift bei der Finanzierung der
Grauen Wölfe eine herausragende Rolle spielt, haben Untersuchungen stets aufs neue ergeben. Es liegt daher nahe, daß diese Einnahmequelle nicht nur in der Türkei von der rechten Szene angezapft wurde.

Der Fall Griechenland

Im benachbarten und mit der Türkei verfeindeten Griechenland finden sich schon unmittelbar nach Kriegsende entsprechende Strukturen. Der britische MI6 setzte ebenso wie das amerikanische OSS und
dessen Nachfolger CIA gegen Ende des Krieges alle Kräfte in Bewegung, um die als linkslastig erachteten Freiheitskämpfer und Partisanen aus der deutschen Besatzungszeit in Schach zu halten. Auch dort
stützten sie sich folglich auf die profaschistischen Ordnungsmächte
und Kollaborateure in Staat und Gesellschaft[792]. Unter der Führung
des CIA-Mitarbeiters und Obristen Papadopoulos, der durch einen
Putsch die konservative Regierung Karamanlis beseitigte, entstanden Gladio-ähnliche Verbände[793]. Das Vorgehen entspricht den Lehr-
büchern. Die zuvor listenmäßig mit Unterstützung der CIA erfaßten
oppositionellen Kräfte, darunter der spätere Ministerpräsident Griechenlands, Andreas Papandreou, werden festgenommen und in Ver-
wahrung gebracht[794]. Der Putsch erstreckte sich später mit einiger
Gewißheit in Abstimmung mit der CIA auch auf das noch ungeteilte
Zypern, als der im Ost-West-Konflikt eher bedächtig einen neutralen
Kurs steuernde Staatspräsident und griechisch-orthodoxe Erzbischof
Makarios sich weigerte, die Insel ins NATO-Lager ziehen zu lassen[795]. Der einseitig griechische Eingriff des Athener Obristen-Re-
gimes in die inneren Angelegenheiten der aus Griechen und Türken
bestehenden zyprischen Nation führte nahezu zwangsläufig zur Lan-
dung der türkischen Armee, der Besetzung von rund 60 Prozent des
Landes durch türkische Verbände und der ethnischen Vertreibung der

griechischen Bevölkerung aus dem türkischen und der türkischen Bevölkerung aus dem griechischen Teil der Insel[796].

Von der Junta in Athen laufen die neofaschistischen Verbindungen nach Italien. Die griechischen Machthaber gratulieren in einem geheimen Papier der italienischen Regierung zu den Fortschritten, die sie im Zuge der Anwendung der Strategie der Spannung gemacht habe und laden die neofaschistische Jugend Italiens zu Besuchen in Griechenland ein[797].

Stay-behind und
Gladio NATO-weit

Die hier nur kurz angerissene Struktur von Stay-behind-Strukturen in ihrer mehr militärischen Ausrichtung und den Gladio- und Gladio-parallelen Strukturen mit ihrer Befähigung zum Kampf nach innen dürfte von Land zu Land ziemlich ähnlich gewesen sein. Immer ist es ein Geflecht von Organisationen und Gruppen mit in der Tendenz extrem rechtslastiger Mitgliederschaft, von Strukturen, die sich mit Personen des Sicherheits- und Geheimdienstapparates ebenso wie mit Sondereinheiten der bewaffneten Streitkräfte vernetzen und absprechen. Da diese Strukturen in einigen Ländern von der britischen MI6 in Abstimmung mit der CIA, in anderen Ländern von der westlichen Führungsmacht USA selbst angelegt und benutzt wurden, mal mit, mal ohne Wissen der Gastregierung, kann man von einem einigermaßen einheitlichen Aufbaubild ausgehen. Der Durchblick dürfte keinem europäischen Politiker vergönnt gewesen sein. Hier handelte es sich um Herrschaftswissen der Supermacht.

Man wird ferner davon ausgehen müssen, daß hinter dem größten Teil des linken »Euroterrors« zumindest Teile der nationalen und amerikanischen Geheimdienste stehen, die es verstanden haben, über ein halbes Jahrhundert mit den europäischen Demokratien und deren Politikern im wohlverstandenen Interesse des Westens, wie es in Washington definiert worden war, Katz und Maus zu spielen[798].

Zur Finanzierung konnte die CIA seinerzeit unter anderem auf Mittel des Marshallplanes zurückgreifen. Die Mittel waren insofern beachtlich, als die Empfängerländer rund zehn Prozent der für den Wiederaufbau des zerstörten Europas verausgabten Beträge in Kassen, über die dann die CIA verfügen konnte, einzuzahlen hatten. Eingeweihte berichten, man habe seinerzeit riesige Probleme gehabt, die Springflut der Geldmittel rechtzeitig unterzubringen. Allein im Mittelmeerraum habe man rund 200 Millionen kurzfristig verteilen müssen.

Einheitlich war ganz offensichtlich auch das Vorgehen in bezug auf die gefallenen Eliten und Marodeure des Nationalsozialismus und deren Kollaborationspartner in allen Staaten Europas. Nicht viel anders soll sich im übrigen die Szene in Japan entwickelt haben.

13

Mit Naziveteranen
zum Kampf

Die Geheimdienstoperationen der Nachkriegszeit, des Kalten Krieges und bis in die Gegenwart lassen sich nur aus der Perspektive des Kampfes gegen Kommunismus und Nationalsozialismus der Kriegs- und Vorkriegszeit verstehen. Aus dem Sieg der Sowjetunion über Hitler-Deutschland, dem Vorrücken des kommunistischen Systems in die Mitte Zentraleuropas, der inzwischen klar übernommenen Führungsrolle der Vereinigten Staaten als Weltmacht, die einer Sowjetunion in allen Erdteilen wirksam Widerpart zu leisten imstande sein wollte, einerseits und dem Rückzug insbesondere Großbritanniens und Frankreichs aus weltumspannenden Kolonialmachtrollen andererseits erwuchsen Verwerfungen und Umkehrungen von Allianzen, die aus der Sicht der handelnden Geheimdienstoperateure einsichtig, für die betroffenen Völker Europas jedoch wenig durchschaubar waren. Die Vereinigten Staaten hatten nach ihrem zunächst durch einseitige Waffenlieferungen faktischen, später aufgrund der Kriegserklärung Nazideutschlands auch völkerrechtlich wirksamen Kriegseintritt den Kampf gegen die deutschen Armeen auf dem europäischen Kontinent zunächst der Sowjetunion überlassen. In dieser Zeit gelang es der sowjetischen Führung nicht nur, die kriegswirtschaftlich entscheidenden Industriekapazitäten allen Prognosen zum Trotz rechtzeitig hinter den Ural zu verlagern und damit den Kriegszerstörungen und der Nazikontrolle zu entziehen. Die Rote Armee hatte auch mit einem ungeheuren Aufwand an menschlichen und materiellen Opfern den Einmarsch der deutschen Truppen zum Stehen gebracht und war sogar in der Lage, den Hinauswurf der Agressoren in Angriff zu nehmen.

Das hinter der angelsächsischen Haltung stehende Kalkül des Abwartens war aus deren Sicht politisch, wirtschaftlich und militärisch sinnvoll, aus sowjetischer Sicht mehr als bitter. Die Sowjetunion mußte sich zum Schutz des eigenen Landes zwangsläufig in einen Kampf auf Leben und Tod einlassen[799]. Das deutsche und sowjetische Potential vernichteten sich gegenseitig, während sich die amerikanische und britische Seite auf das Hochfahren der Rüstungsproduktion konzentrieren und Landungen erst im Mittelmeer und später an der Kanalküste gegen einen inzwischen abgekämpften und erschöpften deutschen Feind vorbereiten konnten.

In der Zwischenzeit griff die angelsächsische Seite aus der Luft zunächst Wohnzentren und später zur Vorbereitung und Durchführung der Landung wirtschaftsstrategische Ziele an und konnte so langfristig die für den Krieg entscheidende Industriebasis des Angreifers zerstören[800]. So sehr Präsident Roosevelt sich der Partnerschaft mit dem Kriegsverbündeten Stalin bis hin zu den Abkommen von Jalta und Potsdam verpflichtet gefühlt haben mag, sein Vizepräsident und Nachfolger im Präsidentenamt, Harry S. Truman, hatte bereits als US-Senator zu Beginn des Weltkrieges zu erkennen gegeben, man solle doch beide Seiten gegeneinander kämpfen und einander schwächen lassen, um am Ende auf der Seite des Verlierers in die Auseinandersetzungen einzugreifen: im Falle eines deutschen Siegs auf der der Sowjets und im umgekehrten Fall auf der der Deutschen.

Internationale Maxime: Mit dem Faschismus gegen den Kommunismus

Man darf bei derartigen Äußerungen nicht außer acht lassen, daß die in der Sowjetunion zur Macht gelangte Idee einer auf Gemeineigentum gegründeten Gesellschaftsform mit der Gewißheit des letztendlichen Sieges der überlegenen Idee im welthistorischen Maßstab bei den alten Eliten, den Besitzern von Vermögen, sei es Geld, Aktien oder Bodenvermögen, und nicht zuletzt bei den Kolonialmächten geradezu panische Angst hervorgerufen hatte. Hinzu trat für jedermann erkennbar schon in den zwanziger Jahren des Jahrhunderts der erschreckende Anschauungsunterricht terroristischer Säuberungen der Stalin-Zeit. Ein Land wie Großbritannien, das zu Zeiten der Oktoberrevolution von 1917 weite Teile der Erdoberfläche in seinem Kolonialreich unter Kontrolle und Ausbeutung gebracht hatte, mußte den Kommunismus als epochale Herausforderung im weltweiten Kampf um die besten Gewinnquellen der Besitzenden und ihrer Führungseliten bis hin zum Banken- und Geldanlagezentrum der City von London ansehen. Churchill war es denn auch, der schon 1917 äußerte, ein Kind wie der Kommunismus müsse noch in der Wiege erwürgt werden[801]. Folgerichtig fanden die ersten Interventionen englischer, amerikanischer, türkischer, polnischer, tschechischer und japanischer Truppen noch in den Jahren 1917/18 gegen die junge Sowjetunion statt, sei es vom Nordmeer her über Murmansk oder von Süden über Landungen am Schwarzen Meer, oder über Land[802]. Da die vielfältigen Versuche letztlich mißlangen, blieb es bei der tödlichen Herausforderung im globalen Maßstab für alle vom Kommunismus bedrohten gesellschaftlichen und politischen Ordnungsverhältnisse.

Man wird das Entstehen der faschistischen Bewegungen in Europa nur verstehen können, wenn man die Angst vor dem Aufbruch des Kommunismus zur Weltherrschaft als treibende Kraft für das Handeln der politischen Führungseliten der westlichen Welt erkennt. Die Monarchie hatte ihre Bindungskraft für die Massen in Deutschland spätestens als Folge des Ersten Weltkrieges weitgehend eingebüßt. Die Demokratie war ungefestigt und galt als zu schwach, um mit dem Kommunismus fertigzuwerden, ganz abgesehen davon, daß schon das Gleichheitsprinzip des *one man – one vote* als Gefahrenpotential nicht nur für die politischen, sondern auch für die materiellen Besitzstände der wohlhabenderen Schichten angesehen wurde. Insofern gab es nach 1918 in allen Ländern insbesondere Kontinentaleuropas große Vorbehalte gegen die Demokratie als Staatsform und deren vermeintliche Anfälligkeit gegenüber sozialen und sozialistischen Bewegungen. Diese Stimmungslage hatte auch die Führungsspitze der katholischen Kirche erfaßt, die in einigen Ländern Kontinentaleuropas über eigenständige und einflußreiche politische Parteien verfügte, deren sie sich zur Durchsetzung ihrer Ziele bedienen konnte[803]. Auf die protestantischen Kirchen kam es weniger an, sie waren in der Regel staatsnah, dem demokratischen Experiment von vornherein abgeneigt und in der Folge in hohem Maße von der

demokratiefeindlichen Bewegung des Nationalsozialismus ange-
fochten. Unabhängig von der Einstellung der Amtskirchen war dies
in den überwiegend protestantischen Gebieten Deutschlands an den
überragenden Wahlergebnissen der Nationalsozialisten bei Reichs-
tagswahlen abzulesen.

Der politische Katholizismus stellte erst in Italien gegenüber Mussolini[804], dann auch in Deutschland gegenüber dem Führer und
Reichskanzler Hitler nahezu über Nacht die bis dahin heftigsten Vorbehalte hintan und gab die eigene katholische Partei, das Zentrum,
bedingungslos der Auflösung preis für Zusagen, deren Einhaltung
man zu erzwingen dann nicht mehr in der Lage war[805]. So hatte das
Zentrum noch bis in das Jahr 1932 hinein eine strikt antinational-
sozialistische Politik betrieben, die Naziführer fast wortgleich mit
den Einlassungen der Sozialdemokraten als Verbrecher, hergelaufe-
nes Gesindel, Taugenichtse bezeichnet, um 1933 fast übergangslos
und ohne Diskussion mit der eigenen Parteibasis im Einklang mit
den anderen bürgerlichen Parteien dem Ermächtigungsgesetz zuzu-
stimmen und sich aufzulösen. Die in Italien und Deutschland parallel
verlaufende Entwicklung[806] und zahlreiche Äußerungen aus dem
Vatikan wie der kirchlichen Hierarchie lassen erkennen, daß nicht
bessere Einsicht in den Charakter der nationalsozialistischen Führungsmannschaft und deren paramilitärisches Gefolge oder gar die
nationalsozialistische Programmatik den Schwenk bewirkte. Es war
vielmehr die Überzeugung, daß nur mit einem Instrument wie dem
Faschismus die Massen gebändigt, vom Kommunismus abgehalten
und dem weltweiten Gespenst des Kommunismus unter Stalins Führung der Garaus gemacht werden konnte[807]. Diese Überlegungen hatten offensichtlich nicht nur den Vatikan unter der Ägide des äußerst
deutschfreundlichen Papstes Pius XII. auf diesen für Europa so ver-
hängnisvollen Weg gebracht, sie wurden auch in der angelsächsischen Welt weitgehend geteilt. Nur so sind die anfänglich so pronazi-
stischen Stimmen aus England zu erklären, die sogar die Industrie-
und Bankenwelt Deutschlands ermunterte, sich der neuen Bewegung
trotz aller Skepsis anzuvertauen und entsprechende Spendengelder
lockerzumachen. Der Chefredakteur der *Times* half nach, indem er
alle Nachrichten über Hitler unterdrückte, die in England eine negative Einstellung hätten bewirken können[808].

Nur unter diesem Aspekt ist auch die Haltung der französischen

Führungsschicht beim Einmarsch der deutschen Truppen in Frankreich und die breite Kollaboration der Vichy-Regierung unter General Pétain zu verstehen. »Lieber die Nazis im Land als die Volksfront an der Regierung« scheint die allgemeine Stimmung im bürgerlich-katholischen Lager gewesen zu sein[809]. Die Bischöfe des Landes stützten nahezu ohne Ausnahme Pétain und dessen Vichy-Regime[810].

Die Ausrottung der streng katholischen polnischen Intelligenz durch die nationalsozialistische Mordmaschine konnte weder den Vatikan zu einem weithin vernehmbaren Protest veranlassen noch die katholischen deutschen Soldaten dazu bringen, ihre Loyalität dem Führer gegenüber aufzukündigen. In Litauen erklärte 1941 der Erzbischof Skvireckas, die in Hitlers Buch *Mein Kampf* zur bolschewistisch-jüdischen Seuche zum Ausdruck gebrachten Ideen seien glänzend... sie bewiesen nicht nur, daß Hitler ein Feind der Juden sei, sondern allgemein gesprochen die richtigen Ideen habe. Ganz in diesem Sinne forderte sein Hilfsbischof Brizgy den litauischen Klerus auf, den bedrängten Juden in keiner Weise behilflich zu sein[811].

Von Beginn des Hitler-Regimes 1933 an fällt auf, daß der Vatikan, wie die gesamte westliche Staatenwelt Hitler über mehrere Jahre hinweg Anfangserfolge in der Außenpolitik in den Schoß legte, die einer demokratischen Führung Wahlerfolg über Wahlerfolg beschert und zur nachhaltigen Festigung des demokratischen Systems beigetragen hätte. Nach der Inhaftierung aller operativ für gefährlich erachteten politischen Gegner erhielt Hitler durch das Konkordat mit dem Vatikan schon wenige Wochen nach der Machtübernahme die krönende Anerkennung des Papstes. Der Vatikan setzte offensichtlich auf Hitler als Instrument auch seiner Interessen. Und die lagen in der Bekämpfung des Kommunismus.

Es ist überdies sonderbar, daß alle militärischen Übergriffe Hitlers, die selbst bei nur minimalem Widerstand auf alliierter Seite der Mannschaft um den Generalobersten Beck die Rechtfertigung zur Durchführung eines Staatsstreichs gegen den Führer hätte verschaffen können, ganz im Gegensatz zu Zeiten der Weimarer Republik nunmehr allenfalls mit mildem Widerspruch hingenommen wurden. Der Einmarsch in das entmilitarisierte Rheinland wäre militärisch ein Desaster geworden, wenn Frankreich und England sich zumindest zu einem Anfangswiderstand aufgerafft hätten. Auch der Anschluß Österreichs hätte mit den unterlegenen und schlecht ausgerüsteten deutschen Verbänden in einer Katastrophe geendet, hätten die Gegner Widerstand geleistet. Nur wenige Jahre zuvor hatten die Alliierten die demokratische Reichsregierung gezwungen, den Außenminister Curtius zu entlassen, weil dieser es gewagt hatte, eine Zollunion mit der österreichischen Regierung auch nur zu erörtern. Gegen den dringenden Rat des auf einen Anlaß zum Losschlagen wartenden deutschen Widerstandes um Generaloberst Beck, der alliierten Seite durchaus bekannt, wurde der Anschluß zum Jubel der meisten Österreicher hingenommen.

Es folgte der Einmarsch in die Tschechoslowakei, obwohl hier die noch keineswegs perfekte Militärmaschine Nazideutschlands an einem entschlossen operierenden Ausland und nicht zuletzt der als hervorragend beurteilten tschechischen Armee ebenfalls leicht hätte scheitern können. England und Frankreich entmutigten hingegen schon im Vorfeld des Münchner Abkommens gezielt sowohl die Prager Regierung, den an sich fälligen Widerstand in Stellung zu bringen, als auch die um Intervention bittenden Widerständler innerhalb Deutschlands[812].

Hitler war auf dem jahrelang ausgerollten Teppich der Westmächte inzwischen so populär und unanfechtbar geworden, daß von nun an jeder Widerstand von militärischer wie ziviler Seite als dem Volk nicht mehr zu vermittelnder Hochverrat angesehen worden wäre[813]. Man wird den Eindruck nicht los, als sei dieses bewußte Gewährenlassen, dieses massive Unterstützen der nationalsozialistischen Sache in Deutschland nicht nur der Naivität und Beschränktheit deutscher Führungskräfte in allen Teilen der Gesellschaft zuzuschreiben gewesen, sondern einem eigennützigen Kalkül auch der ausländischen Partner entsprungen: Dem Kommunismus, den allerdings schon Stalin nicht mehr als revolutionären Weltexportartikel gehandhabt wissen wollte, in einer kriegerischen Auseinandersetzung ein für allemal den Garaus zu machen, das Kind, das in der Wiege nicht hat umgebracht werden können, in einem blutigen Duell erledigen zu lassen[814]. So gesehen mag es nahegelegen haben, die deutsche Seite geradewegs in die Auseinandersetzung in Richtung Osten hineinzulocken[815]. Da mußte ganz offenbar die Rücksichtnahme auf die von der Ausrottung bedrohte slawische, im Falle Polens auch katholische Intelligenz ebenso zurückstehen wie die Möglichkeit einer Intervention zugunsten der vor der industriellen

Ausrottung stehenden Juden[816]. Statt die Bevölkerung deutscher Städte Tag und Nacht in ihren besonders leicht entflammbaren Altstadtwohnvierteln zu bombardieren, wäre wohl eine Zerstörung der Wege zu den Konzentrationslagern und den dortigen Mordeinrichtungen ohne weiteres denk- und machbar gewesen. Das Wissen um die Mordmaschinen von Auschwitz, Majdanek und anderen Todeslagern war auf alliierter Seite von Beginn an und über vielfältige Quellen vorhanden[817]. Doch nichts dergleichen geschah. Die amerikanische Politik wie die Medienwelt der USA unterdrückten das Thema mit wenigen Ausnahmen.

Damit wiederum mag zusammenhängen, daß die NSDAP bereits 1923, während der breite Massen an den Rand der wirtschaftlichen Vernichtung drängenden Inflation, auf ausländische Währungen zurückgreifen konnte, die von Spendern aus den USA, aus Großbritannien, aus Frankreich, Südafrika und der Schweiz kamen. Das erlaubte es der Partei als Arbeitgeber mitten in der tiefsten Krise Arbeitslose zuhauf in ihre SA-Bataillone aufzunehmen, mit deren Hilfe der Rechtsstaat ins Aus geprügelt werden konnte. Diese Zusammenhänge wurden bereits 1923, fünf Jahre nach Ende des Ersten Weltkriegs, aus Anlaß der Untersuchungen des bayerischen Landtags über die Hintergründe des gescheiterten Hitler-Putsches in München offenbar[818]. Damals lauschten wohl auch die amerikanischen und britischen Dienste den Vorschlägen Adolf Hitlers, dessen Vorstellungen darauf gerichtet waren, die Demokratie im Zusammenwirken mit den Kommunisten zu beseitigen, um dann die Führung im Reich mit dem Ziel der Ausrottung der Kommunisten zu übernehmen[819].

Die Geheimdienste West
werben die Mörder des Holocaust

Es ist notwendig, sich diese Hintergründe vor Augen zu halten, um zu verstehen, was auf der Ebene der Geheimdienste um die Kriegswende herum in Europa geschah. Nachdem Millionen von Juden erst ihres Vermögens beraubt und dann mit Frauen und Kindern bestialisch umgebracht worden waren, teils von Mordkommandos der Nazis, teils von den mit ihnen kollaborierenden Völkerschaften, nachdem Millionen russischer Kriegsgefangener dem Hungertod überantwortet oder in deutschen Fabriken zu Tode verbraucht worden waren, nachdem Europa von den Nazischergen ausgeblutet und ausgebeutet war, flohen die Täter der SS, der Gestapo, der Wehrmacht mit ihren Kollaborateuren aus den besetzten Gebieten, den baltischen Staaten, der Ukraine, Weißrußlands, Ungarns, Polens vor den vorwärtsstürmenden sowjetischen Truppen in Richtung Westen. Auch aus den von deutschen Truppen besetzten westlichen Ländern wie Frankreich, Holland, Belgien, Dänemark und Norwegen machten sich die Schergen auf die Flucht. Sie wußten seit dem Kriegseintritt der USA, spätestens seit Stalingrad, daß ein Sieg nicht mehr möglich war, daß die Niederlage und mit ihr die Gefahr der Rache und der Sühne bevorstand. Das Ende galt es jetzt ebenso wie einen rettenden neuen Start in Deutschland oder Übersee zu bedenken und zu regeln[820].

Die SS stand mit ihrer Führungsspitze, Himmlers Adjutanten, dem Obersturmbannführer Wolff sowie dem SS-General Schellenberg, zuständig für die Sicherheit der Nazis in Italien, seit April 1943 mit Allen Dulles, dem Vertreter des amerikanischen Geheimdienstes in Bern und späteren ersten Direktor der CIA, in Verbindung[821]. Hinter dem Rücken des amerikanischen Präsidenten Roosevelt wurden 1943 ebenfalls geheime Verhandlungen zwischen dem Office of Strategic Studies und dem früheren Reichskanzler und Mitglied des katholischen Zentrums, von Papen, geführt mit dem Ziel, den Krieg nun gemeinsam gegen die Sowjetunion zu wenden und Deutschland dafür mit der Ukraine zu belohnen[822]. Dies Ziel wurde verfehlt, hingegen wurde die vorzeitige Kapitulation der Wehrmacht und der Waffen-SS in Italien, aber auch die sofortige Zusammenarbeit der amerikanischen Armee mit den deutschen Sicherheitsstellen in Italien zur Aufrechterhaltung von Sicherheit und Ordnung in den von amerikanischen Truppen eroberten Gebieten vereinbart[823].

Als Ordnungselemente zur Abwehr von linkslastigen Tendenzen und Personen wurden von amerikanischer Seite, wie bereits dargelegt, einerseits das organisierte Verbrechertum und andererseits die »bewährten« Kräfte aus der Mussolini-Zeit herangezogen[824]. Das Ziel war, einen von den Amerikanern schon früh befürchteten Machtrutsch auf die – zuletzt im Norden Italiens – im Widerstand kämpfenden, Rechenschaft verlangenden und auf Rache sinnenden linken Kräfte der Partisanenverbände zu verhindern. Es kam zu einer politisch-administrativen Zangenbewegung, die über das unmittelbar bevorstehende Kriegsende anhielt. Die bisherigen faschistisch orientierten Sicherheitskräfte der Regierung Mussolini blieben letztlich in ihren Ämtern, die deutschen Sicherheitskräfte kooperierten mit den einrückenden amerikanischen Truppen. Diese hatten als verlängerten Arm und zugleich nachrichtendienstliche Quelle und Operationsbasis die amerikanisch-italienischen Mafiaverbindungen zur Verfügung. Dazu noch die flächendeckende und in der Regel Mussolinifreundliche Organisation der katholischen Kirche mit ihren zahlreichen, in die feinsten Verästelungen der Gesellschaft hineinreichenden Untergliederungen[825].

Eine wesentliche Rolle bei der Festlegung der langfristigen Marschrichtung spielte, wie erwähnt, Allen Dulles, der Vertreter des amerikanischen Geheimdienstes OSS in Bern, mit seinen Kontakten zum Reichssicherheitshauptamt unter Himmler und später Kaltenbrunner. Allen Dulles und sein Bruder, der spätere Außenminister John Foster Dulles, waren von Hause aus Rechtsanwälte und hatten schon vor der Machtübernahme Hitlers mit deutsch-amerikanischen Industrieinteressen zu tun[826]. Für sie waren Kommunisten Ausgeburten des Satans auf Erden, die man mit allen Mitteln bekämpfen, ja ausrotten mußte. Als überzeugte Katholiken lagen sie mit dieser Anschauung auf einer Linie sowohl mit dem britischen Premier Churchill als auch dem Vatikan, der die katholischen Parteien der Vorkriegszeit mit ihrer loyalen Basis um das Fähnlein des Faschismus geschart hatte, nicht aus Begeisterung für diese Bewegung, sondern um mit dessen Hilfe eine konkurrierende Ideologie, die durch Enteignung der besitzenden Schichten das Paradies auf Erden versprach und von daher in jeder Hinsicht als extrem gefährlich eingeschätzt wurde, niederzuringen.

Die Protokolle, die Allen Dulles ab 1943 mit der SS führte, sind auch heute noch nicht vollständig zugänglich. Spätestens mit der Übernahme der Führung des Reichssicherheitshauptamtes durch den sich weniger kirchenfeindlich und vorgeblich (nach Stalingrad) weniger judenfeindlich gebenden Kaltenbrunner schien sich eine Allianz der alten Kämpfer des NS-Regimes in Deutschland und des Mussolini-Regimes in Italien zusammen mit den in zahlreichen Ländern Europas gehaltenen Kollaborationsgruppen anzubahnen mit dem Ziel, den Kampf nach Kriegsende verdeckt oder offen gegen die Sowjetunion und deren weiteres Vordringen fortzusetzen[827]. Da mag es Ansichten gegeben haben, die einen heißen Krieg und sogar einen Präventivschlag unter Nutzung des zeitweiligen Monopols der USA im Bereich der Kernwaffen befürworteten, während andere dem verdeckten Kampf mit geheimdienstlichen Methoden das Wort redeten. Auf jeden Fall kam es zu einer in Ergebnis und Auswirkung unerfreulichen Befruchtung amerikanischer geheimdienstlicher Vorstellungen durch die Ideologen und Praktiker des Naziregimes.

Der Geheimdienst einer Großmacht wird aufgebaut

Der politische Schwenk der Langfriststrategen der amerikanischen Geheimdienste bereitete die Grundlage für die geschmeidige Aufnahme, Übernahme, Einfädelung und Tarnung hochbelasteter Nazifunktionäre zur antikommunistischen Nutzung in der Ära der Blockkonfrontation bis 1990.

Das Kalkül, den auf Osteuropa ausgerichteten nationalsozialistisch-deutschen Eroberungstrieb zur Bekämpfung und Beseitigung des sowjetischen Regimes zu lenken, war ja nur unvollständig aufgegangen. Die Sowjetunion war zwar geschwächt, stand jedoch mit ihren Streitkräften in der Mitte Europas, in Berlin, in Deutschland, sie hatte Polen, Ungarn, Rumänien und die ČSSR erobert und erwartete nun mit Kriegsende einen Frieden, der ihren Ansprüchen auf Entschädigung der erlittenen personellen und materiellen Verluste sowie Erstattung wenigstens eines Teils der Kosten des Wiederaufbaus des von Wehrmacht und SS als verbrannte Erde zurückgelassenen Landes gerecht werden würde. Doch dies hätte den unerwünschten Balg in der Wiege, der inzwischen volljährig und sogar überstark geworden war, nur noch weiter gestärkt und kam daher aus der Sicht etwa eines Winston Churchill nicht in Betracht. Der ideologische, ökonomische und militärische Kampf um die Legitimität des kommunistischen Anspruches ging weiter, und so kam es zur Zweckehe mit den Ehemaligen der faschistischen Bewegung zunächst im Bereich der Geheimdienste, dann nach dem Tod Präsident Roosevelts auch der Regierung unter dem in die Präsidentschaft nachrük-kenden Harry Truman[828]. Zwar suchte der Geheimdienst der US-Armee in Europa zielstrebig und durchaus erfolgreich nach den Kriegsverbrechern. Etwa acht Millionen Gefangene befanden sich zusammen mit den mit Wehrmacht, SS und Gestapo kollaborieren-den und ebenfalls geflohenen ausländischen Gruppen in Lagern. Sie waren listenmäßig erfaßt, und man wußte, nach wem man suchte. Zugleich war man jedoch auf Informanten angewiesen, die beim Auffinden der Gesuchten behilflich waren. Doch die Behauptung einer energischen Verfolgung der Kriegsverbrecher entsprach nicht der Wahrheit, und die CIA war sich dessen bewußt[829]. Zunächst einmal nahmen die amerikanischen Geheimdienste Kollaborateure der Nationalsozialisten in den besetzten Ländern des Westens, die Vertreter des Vichy-Regimes in Frankreich zum Beispiel, sehr schnell in ihre Dienste oder unterstützten diese in ihren Bestrebun-gen, auch in der Nachkriegszeit trotz der Belastung durch die Zusam-menarbeit mit einem verbrecherischen, bestenfalls zweifelhaften Regime, einen geschützten Platz im wirtschaftlichen, administrati-ven und politischen System Nachkriegsfrankreichs zu erhalten[830]. Dazu war es innenpolitisch unerläßlich, die Wissensträger außerhalb der Kollaboration, etwa im kommunistischen Teil der Resistance, unter Kontrolle und eher in der Defensive zu halten. So ergab sich eine Übereinstimmung zwischen den bangen Hoffnungen der Kolla-borateure auf eine angemessene Nachkriegsbeschäftigung mit den Vorstellungen der machtvollen und vor allem finanzstarken amerika-nischen Geheimdienste, die die Jagd auf Kommunisten in ganz Europa aufzunehmen begannen, die sie in einem schon krankhaft zu nennenden Verständnis ausnahmslos als Vollstrecker eines in der Sowjetunion ausgeheckten Planes zur systematischen Eroberung der Welt erachteten.

So kam es, daß Klaus Barbie, der Gestapochef von Lyon, Wochen zuvor noch verantwortlich für Geiselerschießungen, Folterung und zum Teil bestialische Ermordung von Widerstandskämpfern im besetzten Frankreich, sich beim Korps der U.S. Army für Gegenspio-nage, dem CIC, melden und in dessen Dienst übernommen werden konnte. Die amerikanischen Spionageleute wußten, wen sie unter ihren Fittichen hatten. Barbie war inzwischen in Frankreich in Abwe-senheit zum Tode verurteilt worden, stand auf der Liste der gesuchten Kriegsverbrecher und hätte an die französischen Behörden ausgeliefert werden müssen. Diese Verpflichtung wurde, ebenso wie in zahllosen ähnlich gelagerten Fällen, durchkreuzt, indem das CIC Barbie unter dem Aliasnamen Klaus Altmann registrierte, unter dem er nicht gesucht wurde, mit der zwangsläufigen Folge, daß Barbie als nicht auffindbar gemeldet und schließlich aus der Suchliste herausgenommen wurde[831].

Der Neuling CIA und Geheimdienst der Wehrmacht Fremde Heere Ost

Wie auch in Italien wechselte das CIC den Schwerpunkt seiner Aktivitäten weg von der Suche nach Kriegsverbrechern und Nazifunktionären hin zur Ausschaltung gefährlich erachteter Kommunisten. So verwandelte sich die Liste der Kriegsverbrecher schnell in eine Kartei von Experten, deren Wissen in der anstehenden Auseinandersetzung mit dem Kommunismus unersetzlich schien. Klaus Barbie kannte sich in Frankreich in der personellen Zusammensetzung und Verbindung des Gestapo- und SS-Netzes und dessen Übergängen zu dem französischen Polizei- und Geheimdienstnetz bestens aus[832]. Und er kannte die Zuträger der Gestapo in der Bevölkerung wie in den Ämtern. Dieser Personenkreis konnte in der Nachkriegszeit genutzt werden, sofern Schutz vor Rache und Strafverfolgung sowie eine bürgerliche Existenz gewährleistet blieben.

Zusammen mit den alten Helfern aus der Mafia, zum Beispiel in Marseille, konnte man den Einfluß kommunistischer Gewerkschaftsfunktionäre auf die Hafenarbeiter kenntnisreich ausschalten, diese gezielt isolieren, konkurrierende Gewerkschaftsorganisationen aufbauen und gegebenenfalls Einschüchterungen vornehmen[833]. So half Barbie dem CIC bei der Durchdringung des französischen Geheimdienstes. Darüber hinaus aktivierte er die alten Spionage- und Sabotagenetze im kommunistisch gewordenen Rumänien und baute die Verbindung zu rechtsstehenden ukrainischen Emigrantenorganisationen wieder auf. 1951 wurde Barbie, versehen mit der neuen Identität des Klaus Altmann, über die sogenannte Rattenlinie nach Argentinien verfrachtet[834]. Als die Affäre Barbie in den siebziger

Jahren ruchbar wurde, befaßte sich das US-Justizministerium mit der Untersuchung des Falles. Der 200 Seiten starke Bericht kam zu dem Ergebnis, daß das CIC Barbie im Jahre 1947 angeworben, man ihn auch vor den Nachstellungen der französischen Justiz geschützt und nach Argentinien gebracht habe, doch seien weder CIC noch CIA über die Hintergründe informiert gewesen. Im übrigen sei Barbie der einzige Nazi gewesen, dem eine derartige Vorzugsbehandlung zuteil geworden sei[834a].

Abteilung Fremde Heere Ost der Wehrmacht in CIA-Diensten

Der entscheidende Brückenschlag von geradezu strategischer Bedeutung auch für das Ost-West-Verhältnis geschah mit der Übernahme der Abteilung Fremde Heere Ost der ehemaligen Wehrmacht unter Leitung General Gehlens durch den amerikanischen Geheimdienst[835]. Gehlen hatte bei Kriegsende eine Gruppe von Generalstabsoffizieren um sich versammelt, allesamt Spezialisten für das Operationsgebiet von Wehrmacht und SS im Osten und insbesondere der Sowjetunion. Er hatte das gesamte Material seiner Abteilung auf Mikrofilmen gesichert und auf einer abgelegenen Alm in den bayerischen Alpen vergraben. Gehlen ergab sich zunächst allein, dann mit seiner Mannschaft dem CIC. Die Abteilung wurde in ein Gefangenenlager in Oberursel gesteckt, wo sie die Geschichte des Zweiten Weltkrieges aus ihrer Sicht niederzuschreiben hatte. Für den amerikanischen Geheimdienst von Bedeutung war die Vermittlung von detaillierten Orts- und vor allem Personenkenntnissen sowie das Wissen und der Zugang der Offiziere zu den zahllosen ethnischen Minderheiten in der Sowjetunion, die sich dem Kampf der deutschen Truppen gegen die Sowjetunion angeschlossen hatten.

Das Wissen hatten sich die Männer der Abteilung Fremde Heere Ost unter anderem durch die systematische Befragung der Kriegsgefangenen erworben. Sie hielten damit einen Schatz in Händen, dem kein westlicher Dienst so schnell Vergleichbares entgegenzusetzen hatte. Daß dieses Wissen die Frucht oft brutaler Folter und Ausfluß der Todesangst der Befragten war, konnte den Erkenntnisdrang der

Amerikaner nicht schmälern[836]. Mehr als dreieinhalb Millionen Kriegsgefangene sind in den Lagern der Wehrmacht verhungert, sofern sie nicht in den SS-Arbeitslagern gewinnbringend an die Waffenschmieden der Nazidiktatur vermietet und dort zu Tode geschunden wurden. Angesichts der Alternative Arbeitslager oder Fangschuß, werden viele ausgesagt und sich anschließend zum Mitkämpfen in der sogenannten Wlassow-Armee bereit erklärt haben.

Kerntruppe aus SS und Gestapo

Die amerikanischen Geheimdienste, die nach dem Krieg vor einer grundlegenden Neuorganisation standen und in Washington verbissen um Platzvorteile im Kampf um die Anerkennung durch Administration und Kongreß standen, suchten sich die Mikrofilmunterlagen ebenso wie das Wissen und die fortbestehenden menschlichen Kontakte der Organisation Gehlen zu sichern. Allerdings mußte Gehlen seinen Gesprächspartnern offiziell versichern, keine ehemaligen Angehörigen der SS, des Sicherheitsdienstes (SD) oder der Gestapo zu beschäftigen. Die Zusicherung wurde wider besseres Wissen – mit Sicherheit auch der amerikanischen Seite – gegeben[836a]. Mindestens sechs der insgesamt 20 Mitglieder der Kerngruppe der Organisation Gehlen waren ehemalige SS- oder SD-Angehörige, darunter SS-Obersturmbannführer Hans Sommer, der im Oktober 1941 in Paris sieben Synagogen hatte in Brand stecken lassen. Zur ersten Mannschaft Gehlens nach dem Krieg zählte SS-Standartenführer Willi Krichbaum, der der oberste Gestapochef in Südosteuropa gewesen war, ebenso wie SS-Sturmbannführer Fritz Schmidt, der ehemalige Gestapochef von Kiel. Die ersten SS-Veteranen der Organisation Gehlen wurden unter falschem Namen und mit gefälschten Papieren angestellt, so daß papiermäßig die Bedingungen der Amerikaner erfüllt waren. Der zuständige General der US-Armee, Sibert, wußte allerdings um die Fakten. Den amerikanischen Geheimdiensten ging es bei der uneingeschränkten Übernahme der Organisation Gehlen in erster Linie um den Wiederaufbau und Erhalt der alten Geheimdienstverbindungen zu den sowjetfeindlichen Kollaborateuren der Wehrmacht in der Ukraine und den zahlreichen Minderheiten des

Sowjetreiches, die zum verdeckten oder offenen Kampf zu gebrauchen waren. Hierzu mußte Gehlen die Mitarbeiter aktivieren, die während des Dritten Reiches von Berlin aus die Verbindungen gehalten hatten. Es waren dies unter anderem die SS-Veteranen Franz Six und Emil Augsburg. Beide gehörten der Abteilung VI des Reichssicherheitshauptamtes an, einer SS-Behörde, deren Aufgabenspektrum die geheimdienstliche Arbeit, Sabotage und Propaganda verband. Sie verfügte über zahlreiche Agenten, besaß umfangreiche Aktenbestände, konnte Saboteure in der Sowjetunion aktivieren und auf erfahrene Propagandaspezialisten zurückgreifen.

Viele Spitzenfunktionäre der Abteilung VI waren maßgeblich an der systematischen Ausrottung der Juden beteiligt. Sowohl Six als auch Augsburg hatten an der Ostfront mobile Mordkommandos zur Hinrichtung von Juden und Kommissaren der KPdSU geführt. Andere waren als Verwaltungsbeamte und Planer des Holocaust tätig gewesen. Franz Six war Gehlens Mann für die Verbindung mit und den Einsatz von russischen Emigranten in der Sowjetunion.

Franz Six gehörte zusammen mit Walter Schellenberg und Otto Ohlendorf zu einer Art Planungszelle der SS. Die Gruppe war in deren Wannsee-Institut in Berlin angesiedelt, das lange vor Kriegsbeginn begonnen hatte, strategische Informationen über die UdSSR, deren Rüstungspotential, die Fünfjahrespläne, die Lagerstätten von Erdöl und wichtigen Mineralien, die Personalien wichtiger Parteifunktionäre sowie Landkarten und Stadtpläne zu sammeln und auszuwerten. Hinzu kamen wertvolle Kenntnisse über Zusammensetzung und Siedlungsgebiete ethnischer Minderheiten in der Sowjetunion, die den deutschen Kampfverbänden an der Ostfront als Kollaborateure hilfreich zur Seite stehen konnten. Die ethnischen Unterlagen des Instituts mit ihren genauen Karteneintragungen zeigten den Mordkommandos den schnellsten und wirksamsten Weg zur Ausrottung der jüdischen Bevölkerung. Die jeweiligen Berichte des Wannsee-Institutes waren als streng geheim eingestuft. Die meisten der zwanzig Mitarbeiter waren Überläufer der Roten Armee, die die Arbeit zusammen mit Emigranten aus der Sowjetunion planten und in die Wege leiteten. Zu ihnen gehörte der nach Kriegsende in den USA lebende Veteran der Organisation, Nikolai Poppe.

Als die Alliierten Six 1946 offiziell noch als Kriegsverbrecher suchten, arbeitete er bereits für Gehlen. Bei seinem Auftrag, in der

Region Stuttgart-Schorndorf nach beschäftigungslosen ehemaligen deutschen Geheimdienstveteranen zu suchen, wurde er von SS-Hauptsturmbannführer Hirschfeld erkannt, der seinerseits für eine amerikanisch-britische Gruppe arbeitete, die angeblich nach Kriegsverbrechern fahndete. Wegen Beteiligung an den mobilen Mordkommandos um Smolensk wurde Six in den Nürnberger Prozessen zu 20 Jahren Haft verurteilt, jedoch nach vier Jahren von John McCloy, dem amerikanischen Hohen Kommissar für Deutschland, begnadigt.

Gehlens zweitwichtigster Mitarbeiter für Ostangelegenheiten war Augsburg, der ehemalige SS-Standartenführer aus Himmlers Stab in Polen. In den Personalunterlagen der NSDAP wird Augsburg als ein absolut vertrauenswürdiger Nationalsozialist dargestellt, der bei Sondereinsätzen außergewöhnliche Ergebnisse erzielt habe. Im SS-Jargon hieß dies: im Vollzug des Massenmordes an Juden. Augsburg hatte im Wannsee-Institut eine sehr genaue und brauchbare Kartei von Persönlichkeiten der Sowjetunion angelegt, die zur Beschaffung von Informationen wie zur Planung von Mordaktionen genutzt werden konnte und in seiner Zeit bei der Organisation Gehlen tatsächlich noch genutzt wurde. Augsburg war der einflußreichste Sachverständige des Naziregimes für Osteuropa. Er arbeitete nach dem Zusammenbruch nicht nur für Gehlen, sondern auch für das Gegenspionagekorps der US-Armee, für das er offiziell nach deutschen Wissenschaftlern suchte, in Wirklichkeit jedoch seine Kenntnisse bei der Anwerbung alter Geheimdienstagenten einsetzte. Auch einer französischen Geheimdienstbehörde konnte er mit seinen Kenntnissen und Verbindungen helfen. Augsburg war im übrigen in einem Hilfswerk ehemaliger SS-Offiziere unter der Leitung des früheren SS-Generals Bernau tätig.

Augsburg und Six hielten nach Kriegsende die Verbindung mit ihren ehedem von Berlin aus geführten und finanzierten Emigrantengruppen und berieten nun die CIA bei der Auswahl von Agenten, die in Osteuropa für Sabotageakte, Propaganda und auch Morde hinter den Linien des Eisernen Vorhangs eingesetzt werden konnten. Die CIA förderte mit erheblichem Aufwand die stark rechtslastigen Emigrantenorganisationen, die ihr die deutsche Abwehr zur weiteren Nutzung hinterlassen hatte. Die Kollaborateure als SS- und SD-Angehörige waren fast ausnahmslos mit den zurückweichenden deutschen Truppenverbänden gezogen oder hatten ihr Land fluchtartig verlassen. Aufgabe der Organisation Gehlen war es, aus diesem Pool die Guerillakämpfer für künftige Einsätze in der Sowjetunion herauszufiltern.

Aus den amerikanischen Lagern der sogenannten Displaced Persons wurden zeitweilig bis zu 30 000 Mann als Söldner geworben, die in Deutschland und Österreich zwar offiziell als Wachmannschaften, Lkw-Fahrer, Lagerverwalter aufgeführt, in Wirklichkeit jedoch ausgebildete und im Guerillakampf fortgebildete Kämpfer für den Einsatz in der Sowjetunion und den von ihr besetzten Ländern waren. Ihre Offiziere waren durchweg SS-Veteranen aus den Hilfstruppen der Waffen-SS. Zu den Operationen gehörte unter anderem, Emigranten mit meist von deutschen Mitarbeitern des amerikanischen und britischen Geheimdienstes gesteuerten Schnellbooten an der Ostseeküste abzusetzen, Agenten per Flugzeug einzuschleusen, die militärische Anlagen in den Staaten des Ostblocks auskundschaften sollten. Nach ihrer Rückkehr fanden die entsprechenden geographischen Angaben Eingang in die Koordinaten der nuklearen Zielplanung der amerikanischen Luftwaffe.

Eine Großoperation fand in den Karpaten statt, wo sich kurz nach Kriegsende ukrainische SS-Einheiten in schwer zugänglichen Gebieten versteckt hielten. Sie sollten erneut gegen die ihnen verhaßte Sowjetmacht in Stellung gebracht werden und mit Waffenabwürfen unterstützt und mit Personal verstärkt werden. Die ortsansässige und unter dem kommunistischen Regime leidende Bevölkerung stellte allerdings, erbost über Plünderungen, Vergewaltigungen und Zerstörung ganzer Dörfer durch die Naziveteranen, die Hilfe für die Aufständischen ein, die nun ohne Nahrungsmittel der Verfolgung und dem Hungertod überlassen blieben.

Ähnlich schief liefen die amerikanischen Versuche, die Führungsschicht der Ukraine und anderer Minderheiten in der Sowjetunion zum Widerstand aufzurufen. Die Emigrantenorganisationen rühmten sich zwar der Organisation Gehlen und ihren neuen Brotgebern in den amerikanischen Geheimdiensten gegenüber einer großen Anhängerschaft, ja sie behaupteten, über Scharen von Untergrundkämpfern zu verfügen. Doch trotz erheblicher Geldmittel erwies sich ihr verdeckter Kampf in der Regel als unwirksam.

Dies war nicht zuletzt der sowjetischen Gegenspionage zu verdanken. Die sowjetische Abwehr hatte noch unter dem Hitler-Regime eigene V-Leute in die jeweiligen Minderheiten eingeschleust, die später auch mit in die Emigration gingen, um in den Emigrantenorganisationen ihr Doppelspiel zu treiben. So kam es, daß die den Amerikanern gemeldeten Kampfeinheiten sehr schnell von der sowjetischen Abwehr ausgeschaltet werden konnten. Zwar bemerkten die westlichen Geheimdienste verhältnismäßig schnell, wie problematisch der Einsatz geworden war, und wollten die alten Netze aus der Nazizeit nur noch zur frühzeitigen Erkennung einer etwaigen Mobilmachung der Roten Armee nutzen. Doch in der Erregung des Koreakrieges hofften Pentagon und Außenministerium, in kürzester Frist eine Guerillaarmee von 370 000 Mann aus dem Boden stampfen zu können. Daher wurden 1 200 in den USA in der Organisation von Aufständen geschulte Spezialisten mitsamt Ausrüstung per Fallschirm in Osteuropa und über der Sowjetunion abgesetzt. Doch alle verfingen sich im Netz der sowjetischen Abwehr, wurden als Märtyrer des Antikommunismus verheizt und dienten auf beiden Seiten allenfalls noch als Kanonenfutter des Propagandakrieges.

Die CIA hatte sich die alten SS- und SD-Veteranen in der Organisation Gehlen nicht selbst ausgesucht. Im Interesse der aus Sicht der amerikanischen Geheimdienste anstehenden Auseinandersetzung, verzichtete man darauf, sie wegen ihrer Verbrechen in der Nazizeit zur Rechenschaft zu ziehen. Die gestrandete Masse der Naziorganisationen und ihrer Kollaborateure und Söldner war das Beste, was man für wenig Geld einkaufen konnte. »Wir nehmen selbst das größte Schwein, Hauptsache es ist ein Kommunistenfeind«, war die Devise. Dieses bereitwillige Hintanstellen von Moral und Recht hatte seinen Preis. Jeder umfassenderen deutschen Aufarbeitung der Vergangenheit unmittelbar nach der Katastrophe, selbst wenn sie ernsthaft betrieben worden wäre, wurde so die Grundlage entzogen. Die Zugehörigkeit zur SS, zur Gestapo oder zum SD war zu einem Markenzeichen geworden, das in Geheimdienstkreisen, aber nicht nur dort, für eine schnelle Aussicht auf Anstellung sowie hinreichend Schutz vor Verfolgung und Bestrafung sorgte. Sehr häufig gelang der Wechsel in die amerikanische Staatsangehörigkeit und die Beschäftigung zu sehr einträglichen Bedingungen bei den amerikanischen Geheimdiensten oder in deren Einflußbereich.

SS-Mann Bolschwing
Mitarbeiter der CIA

Wie verquickt die alte Nazigeheimdienstlandschaft mit der neuen, nun unter amerikanischer Führung stehenden Gehlen-Mannschaft war, geht zum Beispiel aus der Anwerbung des SS-Mannes Otto von Bolschwing hervor, der schon im Jahre 1945 von dem gleichen CIC angeworben wurde, das auch für den Gestapomann Barbie Verwendung fand.

Bolschwing war als Vertreter der SS in Bukarest an einem Putschversuch und Pogrom der Eisernen Garden gegen die dort ansässigen Juden beteiligt. Das Vorgehen der Eisernen Garden wird als viehisch geschildert, jedoch von Bolschwing ausdrücklich gebilligt. Als der Putsch letztlich scheiterte, brachte Bolschwing die Rädelsführer heimlich außer Landes. Gegen Kriegsende fanden sich große Teile der am Pogrom beteiligten Mannschaft in der Obhut des Vatikans in Rom und Umgebung wieder.

Die Beziehung Bolschwings zur CIA war umfassend und beständig. 1949 wurde er der in amerikanischen Diensten stehenden Organisation Gehlen beigegeben. Seine Aufgabe war die offensive Nachrichtenbeschaffung durch Absetzen von Agenten und Kundschaftern im Hinterland des Gegners. Die CIA versah ihn mit dem erforderlichen Geld, einer streng geheimen Unbedenklichkeitsbescheinigung und Reisemöglichkeiten für ganz Europa. Offiziell war Bolschwing beim Austria-Verlag in Wien angestellt, einer Zweigstelle der österreichischen Liga für die Vereinten Nationen. Auf energische Intervention der amerikanischen Geheimdienstorganisation wurde Bolschwing durch die österreichische Entnazifizierungskommission vom Verdacht jeder NS-Aktivität freigesprochen.

Auf dem Höhepunkt des Bürgerkrieges in Griechenland gab im Sommer 1948 der amerikanische Führungsoffizier dem nun in amerikanischen Diensten stehenden Bolschwing den Auftrag, mit den alten Freunden von den Eisernen Garden in Rumänien und im Exil in Italien Kontakt aufzunehmen, um Einfluß auf die Situation in Griechenland zu nehmen. Bolschwing setzte sich mit dem früheren Minister der Eisernen Garde, Constantin Papanace, in Verbindung, dem er seinerzeit das Leben gerettet hatte und der im Schutze des

Vatikans in der Nähe von Rom wohnte. Bolschwings Kontaktleute unter den Eisernen Garden, darunter einige, die noch in Rumänien lebten, wurden nun zu Schlüsselfiguren im Spionagenetz der CIA, die schon 1947 einen allerdings gescheiterten Umsturzversuch in Rumänien ins Werk zu setzen versucht hatte. Bolschwing, der die Amerikaner damals vor einer Unterwanderung der Organisation Gehlen durch feindliche Mächte warnte, erhielt von der CIA Geld für den Aufbau einer weiteren deutschen Geheimdienstorganisation, die parallel zur Organisation Gehlen arbeiten sollte. Es erscheint nicht ausgeschlossen, daß es sich hier um die ersten Ansätze des Gladio-Konzeptes gehandelt haben könnte. 1954 gelangte Bolschwing mit Hilfe der CIA unter Umgehung der Einreisevorschriften in die USA, obgleich die Dienste mit Sicherheit wußten, daß er in Kriegsverbrechen verstrickt war.

Alte Nazikader als Doppelagenten bei CIA und BND

Die Bereitschaft, sich nahezu ausschließlich auf die alten Kader des Nazireiches und da auf die Abteilung VI des ehemaligen Reichssicherheitshauptamtes zu verlassen, zu deren Aufgabe die Vorbereitung des Holocaust gehört hatte, machte es der Gegenspionage der Sowjetunion besonders leicht, nun die Organisation Gehlen zu unterwandern. Da die Organisation Gehlen als Untergliederung des amerikanischen Geheimdienstes zudem in Dollar bezahlt wurde, winkte den in Pullach Dienst tuenden Doppelagenten des KGB als zusätzlicher Anreiz die Entlohnung zu amerikanischen Gehaltsbedingungen[837].

Dies zeigte sich exemplarisch, als der Fall des SS-Obersturmführers Felfe aufgedeckt werden konnte. Felfe hatte in der Reichskristallnacht Nazibanden angeführt, die Geschäfte plünderten und Synagogen in Brand steckten. Geworben wurde er von dem SS-Veteranen Hans Clemens, der seinerseits vom ehemaligen SS-Standartenführer Willi Krichbaum zur Einstellung empfohlen worden war. Und Krichbaum gehörte zum Stammpersonal derer, die Gehlen persönlich 1946 zur Fortsetzung der Geheimdiensttätigkeit angeworben hatte. Krichbaum verließ sich bei der Werbung neuer Agenten auf die Empfehlung von SS- und SD-Veteranen. Inzwischen weiß man, daß bereits der SS-Mann Clemens in sowjetischen Diensten stand. Die sowjetische Seite fütterte Felfe nun über zehn Jahre mit interessantem Material über wichtig erscheinende Agenten, die zu entlarven auf Felfes Erfolgskonto gebucht werden konnte. Zudem erhielt er Informationen über den Aufbau der ostdeutschen Geheimdienste zugespielt.

Felfe konnte so zum bevorzugten Mitarbeiter Gehlens aufsteigen, der ihm schließlich die Leitung der Spionageabwehrabteilung des Bundesnachrichtendienstes übertrug mit weitreichenden Vollmachten der Zusammenarbeit mit der CIA und anderen westlichen Geheimdiensten. Als dann über einen aufgefangenen Funkspruch das Doppelspiel 1961 aufflog, zeigte sich ein unermeßlicher Schaden. Allerdings folgte dem Skandal nur einige Monate später der Fall des hohen britischen Geheimdienstagenten Philby, der der Zunft westlicher Geheimdienste einen weiteren Tiefschlag versetzte. Die Aufräumarbeiten innerhalb des Bundesnachrichtendienstes waren vom Umfang her zwar beachtlich, dennoch wurden nur wenige Angehörige der Organisation entlassen und nur wenige Verbindungen gekappt.

Ein weiterer hochrangiger früherer SS-Mitarbeiter sowohl der CIA wie der Organisation Gehlen war der berüchtigte SS-Sturmbannführer Alois Brunner. Brunner war der Spitzenmann der SS für Deportationen gewesen, ein erfahrener Verwaltungsbeamter, dessen Spezialität das Zusammentreiben von Juden in Gettos und der Abtransport von dort in die Vernichtungslager war. Das Simon-Wiesenthal-Zentrum lastet Brunner persönlich den Mord an 128 500 Juden an. Die französische Regierung hatte seine Verurteilung in Abwesenheit zum Tode ausgesprochen. Die Amerikaner retteten ihm jedoch das Leben, als sie 1946 den Vertrag mit Gehlen unterzeichneten.

Durch Vermittlung des ebenfalls in CIA-Diensten stehenden SS-Mannes Skorzeny war Brunner für die CIA beim Aufbau des ägyptischen Geheimdienstes eingesetzt worden[838]. Für seine Mitarbeit bei einer deutschen Wissenschaftlergruppe, die im Auftrag Ägyptens Raketenanlagen aufbaute, empfing er vom israelischen Geheimdienst eine Briefbombe, die ihn an der Hand verletzte. Daraufhin wich er nach Syrien, zuletzt als Gehlens Resident in Damaskus, aus und ging dort auch in den Ruhestand[839]. In Syrien kümmerte sich Brunner vornehmlich um Waffenhandel im und mit dem Nahen Osten, sicher nicht gegen den Willen der ehemaligen Kameraden beim Bundesnachrichtendienst und vermutlich in Kooperation mit dem in Spanien angesiedelten SS-Mann Skorzeny[840].

Der Vermittler Brunners zur CIA, Otto Skorzeny, von Hause aus Lastwagenfahrer der SS, später Schwiegersohn des ehemaligen Reichsbankpräsidenten Hjalmar Schacht, war spezialisiert auf die Ausbildung von Teams für Sabotage und Anschläge hinter den feindlichen Linien. Skorzeny war nach Kriegsende bis zu seinem Tode für die CIA tätig. Neben dem Projekt der Ausbildung ägyptischer Geheimdienstler war er im internationalen Waffenhandel tätig, kümmerte sich um die afrikanische Uranindustrie, half den Biafra-Rebellen und soll auch an der Durchführung politischer Morde mitgewirkt haben. Seine Beteiligung bei der Vermittlung von Maschinenanlagen für die Giftgasfabriken von Rabta in Libyen und der entsprechenden Einrichtung im Irak, wurde bereits erwähnt (vgl. S. 128).

Die Beispiele der personellen Verflechtung von CIA und Organisation Gehlen beziehungsweise dem späteren Bundesnachrichtendienst mit dem Geheimdienst- und SS-Milieu der Nazizeit mögen genügen, um zu zeigen, wie breit die Überführung des faschistischen Personals in die Aufgabe des ununterbrochenen und in der Sache kaum veränderten Kampfes gegen den sowjetischen und internationalen Kommunismus angelegt war.

Gleichzeitig wurden die Weichen gestellt, die belasteten Nazifunktionäre in der Nachkriegszeit vor Verfolgungen zu schützen. Soweit nicht ehemalige SS- und SD-Angehörige, meist unter falschem Namen, mit neuer Identität und gefälschten Papieren in die Dienste der CIA, des BND und anderer westlicher Geheimdienste aufgenommen wurden oder als einstige NS-Wissenschaftler für biologische Kriegführung, die an Häftlingen der Konzentrationslager ihre Versuche durchgeführt hatten, in amerikanischen Wissenschaftseinrichtungen beschäftigt wurden, konnten Zigtausende hochbelasteter Nazis und Kollaborateure unter Vermittlung der Organisation Gehlen und der CIA sowie unter tatkräftiger Mithilfe des Vatikans nach Lateinamerika, nach Südafrika und in Länder des Nahen Ostens ausgeschleust werden[841].

In und um den Vatikan gab es zahllose Fluchthilfeorganisationen, die sich der Kollaborationsveteranen annahmen[842], etwa die katholische Organisation Intermare, die vor und im Krieg sowohl mit dem Reichsministerium für die besetzten Ostgebiete unter Minister Rosenberg als auch mit der Abwehr der Wehrmacht zusammengearbeitet und sich nach der erhofften sowjetischen Niederlage für eine Aufteilung der Sowjetunion in selbständige Einzelstaaten eingesetzt hatte. Zu Kriegsende widmete sich die Gruppe mehrere Jahre lang nahezu ausschließlich der Fluchthilfe aus den Ostblockstaaten und der Sowjetunion in verfolgungssichere Länder[843].

Der dem brutalen Ustascha-Regime verbundene kroatische katholische Priester Draganovitch erhielt vom CIC den Auftrag, Ausschleusungswege für Geheimdienstagenten ausfindig zu machen, die unter dem Schutz der USA standen, für deren offizielle Ausreise sich die USA jedoch aus Angst vor negativem Aufsehen in der Weltöffentlichkeit nicht offen einsetzen wollten oder konnten.

Das gesamte Programm wurde um die sehr großzügige Aufnahme ganzer Emigrantengruppen in die USA ergänzt. Diese Gruppen, aus denen sich immer wieder geeignete Mitarbeiter gewinnen ließen, erhielten von der CIA über die Jahre massive finanzielle und organisatorische Unterstützung. Die CIA half nicht selten bei Ausnahmegenehmigungen für die Einreise und Einwanderung in die USA. Dabei erklommen in vielen Emigrantenorganisationen gerade die hochbelasteten Führungskräfte aus den kollaborierenden Polizei- und SS-Einheiten die Vorstandsetagen. Sie konnten mit den von der CIA zur Verfügung gestellten Mitteln, teils aus dem Bundeshaushalt in Washington, teils mit Geldern, die aus der Verwertung beschlagnahmten Vermögens Nazideutschlands stammten, eine Öffentlichkeitsarbeit betreiben, die in ihrer Wirkung, von der CIA nicht unerwünscht, in die inneramerikanische politische Auseinandersetzung ausstrahlte.

Zahlreiche Emigranten sind bei den CIA-Sendern Radio Free Europe und Radio Liberty untergekommen. Die Emigrantenvereinigungen verbanden sich in den USA mit den dort in einigen Regionen schwerpunktmäßig angesiedelten Volksgruppen und erreichten so im inneramerikanischen politischen Wirkungsgeflecht einen oft unverhältnismäßig großen Einfluß auf die amerikanische Innen- und Außenpolitik[844]. Dies wiederum vor dem Hintergrund der Finanzierung durch den Auslandsgeheimdienst CIA sowie dessen Einwirkung auf die Rundfunkstationen Radio Free Europe und Radio Liberty. So konnten mit CIA-Geldern geförderte Medienauftritte, Zeitungsartikel und Bücher vom Ausland her den inneramerikanischen Medienmarkt nachhaltig beeinflussen[845]. Da die großen Zeitungs- und Radiomacher der amerikanischen Medienlandschaft zudem häufig im Beirat von Radio Free Europe oder Radio Liberty oder den Dachorganisationen der Emigrantengruppen saßen, oder auch als Berater der CIA selbst zur Verfügung standen, fanden die Aktivitäten in den USA weithin Widerhall[846]. Über diese Verbindung vermochte die CIA das ausdrückliche Verbot der politischen Betätigung im Inland elegant zu umgehen und den für sie und ihre Ziele günstigen Meinungsdruck aufzubauen[847]. Schließlich saßen in den Auslandsredaktionen von Associated Press (AP) und United Press International (UPI) bezahlte Agenten, die jederzeit gesteuerte Nachrichten über ihre Ticker einspeisen konnten. Alles in allem genommen war mit diesen Instrumenten ungefähr die Hälfte der lesenden Weltbevölkerung zu erreichen und entsprechend zu konditionieren[848].

Kriegskassen der Nazis

Da bei dem gesamten Vorgang der Ausschleusung, Neuansiedlung und Umpositionierung des personellen Nazierbes Geldmittel eine überragende Rolle spielten, verwundert es nicht, daß erst nach Jahrzehnten eine intensivere, allerdings auf Europa und hier die neutralen Länder beschränkte Diskussion einsetzt. Eine Vorstellung von den Aktivitäten zur Sicherung des geraubten Vermögens der Nazielite gibt der Bericht eines amerikanischen Agenten über die berühmt gewordene Zusammenkunft deutscher Industrieller am 10. August 1944 im Roten Haus in Straßburg[849]. Leiter der Veranstaltung war SS-Obergruppenführer Scheid. An dem Treffen nahmen die Vertreter zahlreicher Großunternehmen teil, darunter Krupp, Röchling, Messerschmitt, Rheinmetall, Büssing, VW, Brown Boveri, Bosch[850].

Da der Krieg nicht mehr zu gewinnen sei, müßten jetzt Schritte für die Nachkriegskampagne eingeleitet werden[851]. Jeder Industrielle solle individuell Verbindungen zu ausländischen Firmen aufnehmen, um keinen Verdacht zu erregen. Es folgten Beispiele aus der Vergangenheit, die auf die Situation anzuwenden wären.

In einer weiteren, von einem Vertreter des Reichsministeriums für Rüstung und Kriegsproduktion geleiteten Sitzung wurden die Industriellen darauf vorbereitet, daß die NSDAP der Industrie von nun an große Summen überweisen werde, so daß jeder sich eine sichere Nachkriegsbasis im Ausland schaffen könne. Die bestehenden Finanzreserven im Ausland müßten zur Verfügung der Partei gehalten werden. In seiner Bewertung der Erkenntnisse verwies der Informant der Amerikaner darauf, daß das bisher strikt eingehaltene NS-Verbot, Kapital ins Ausland zu tragen, nun gänzlich aufgehoben sei. Die neue Nazipolitik sei bestrebt, soviel Kapital wie möglich im Ausland in Sicherheit zu bringen. Bisher hätten die Industriellen dies nur heimlich und dank besonderer Beziehungen erreicht. Die Partei versuche ihre Pläne für Nachkriegsoperationen voranzubringen. Die deutschen Industriellen würden sich nicht nur in die Landwirtschaft einkaufen, sie legten ihr Kapital auch im Ausland, vorwiegend in den neutralen Ländern an. Zwei Hauptbanken seien dabei behilflich: die Basler Handelsbank und die Schweizerische Kreditanstalt in Zürich. Nach der Niederlage Deutschlands rechne die Partei mit der Verurteilung ihrer exponiertesten Führer als Kriegsverbrecher. Dennoch bringe sie eine Reihe weniger bekannter, aber sehr wichtiger Mitglieder in Zusammenarbeit mit den Industriellen als technische Spezialisten oder als Angehörige von Forschungs- und Entwicklungsbüros in verschiedenen Fabriken Deutschlands unter[852].

Die hier angesprochenen Gelder wurden von alliierten Aktionen nur in beschränktem Umfang in Beschlag genommen. In einem Bericht des amerikanischen Finanzministeriums ist von mindestens 750 Firmen die Rede, die am Ende des Krieges mit Mitteln der NSDAP im Ausland errichtet wurden[853]. Mit den so geretteten Mitteln konnten sich zahlreiche hochbelastete Nazikader längere Zeit über Wasser halten. Ehemalige SS-Leute aus dem Reichssicherheitshauptamt waren in Südamerika bei den bekanntesten deutschen Unternehmen in den verschiedensten Funktionen noch Jahre nach Kriegsende beschäftigt, darunter der Holocaustvollstrecker Eichmann, der mit Hilfe der Caritas und falschen Papieren aus den Händen eines österreichischen Bischofs das Weite gesucht und gefunden hatte[854].

Das verschwundene Reichsbankgold

Andere Vermögensmassen standen in der Umbruchzeit des Jahres 1945 dem beherzten Zugriff sowohl der SS wie der Alliierten offen[855]. Nach einem Bombentreffer auf die Berliner Reichsbank wurden die Gold- und Devisenreserven per Bahntransport nach Thüringen und Bayern verlagert. Einen Großteil der in Thüringen, in der Nähe von Mühlhausen, in einem Salzbergwerk eingelagerten Goldbestände nahmen die vordringenden amerikanischen Truppen in Beschlag. Es ist davon auszugehen, daß diese Gelder für die Nachkriegsoperationen gerade auch der CIA eingesetzt wurden. Nebenbei bemerkt, verschwanden bereits auf dem Transportweg nicht unerhebliche Teile des wertvollen Transportgutes in den Taschen von Leuten, die der SS nicht ferngestanden haben. Auch die in der Umgebung von Mittenwald vergrabenen Schätze der Reichsbank konnten die amerikanischen Dienststellen nur teilweise sicherstellen. Die beschlagnahmten Goldbarren und Devisensäcke verschwanden bereits auf dem Weg von Mittenwald in die regionale Zentrale des CIC, des Vorgängers der CIA. Das gleiche Schicksal traf die Goldtransporte von Thüringen nach Frankfurt. Alle Untersuchungen der amerikanischen Armee über den Verbleib blieben erfolglos, wurden nicht zuletzt mit beachtlicher Energie von den vorgesetzten Dienststellen abgeblockt und behindert. Der Raub des Nazigoldes ist als der größte bislang unaufgeklärte Raub aller Zeiten in das Guiness-Buch der Rekorde eingegangen[856]. Das Rätsel ist bis heute ebensowenig gelöst wie die Guthaben auf Schweizer Bankkonten der in den Gaskammern der Nationalsozialisten umgekommenen europäischen Juden. Es steht zu vermuten, daß nur Geheimdienstkreise über den Verbleib der Mittel wirklich Auskunft gegen könnten, sei es, daß Teile des Geldes der Rattenlinie nach Lateinamerika folgten, andere Teile den geheimen, dem Budgetverfahren des US-Kongresses entzogenen Fonds der CIA zugeführt wurden oder schlichtweg SS-Angehörigen, GIs oder mafiosen Elementen zum Opfer fielen[857]. Mit Sicherheit ist bei der Ausplünderung der Nationen Europas und insbesondere der vermögenden Juden, sei es in den Konzentrationslagern, sei es bei der Arisierung der jüdischen Firmen, Unterschleif und Bestechung gang und gäbe gewesen, Gelder, die den Grundstock für Nachkriegskarrieren via Schweizer Konten bildeten.

Propagandamaterial für Kalten Krieg

Der Deal der amerikanischen Geheimdienste mit der Organisation Gehlen hatte nachhaltige Wirkungen auf die vier Jahrzehnte des Kalten Krieges. Die Gehlen-Mannschaft und später der in die Organisationsgewalt der Bundesrepublik überführte Bundesnachrichtendienst fütterten die neue CIA mit Nachrichten, die, so einer der früheren Chefauswerter der CIA, schon von ihrer Anlage her nicht objektiv waren. Die Organisation verfälschte eine zum Teil durchaus vorhandene innenpolitische Bedrohung der westlichen Demokratien durch den Kommunismus in eine reale, mit potentieller Urgewalt hervorbrechende militärische Bedrohung durch die östliche Führungsmacht. Im Gegensatz hierzu gingen eigenständige amerikanische Geheimdienstanalysen der Jahre 1945 und 1946 noch davon aus, daß die Sowjetunion angesichts der im Zweiten Weltkrieg erlittenen ungeheuren Zerstörungen und des gewaltigen Aderlasses von 20 Millionen Gefallenen auf Jahre, wenn nicht Jahrzehnte hinaus außerstande sei, zu einer ernsthaften Gefahr für Westeuropa und die Vereinigten Staaten zu werden.

Die Westmächte hatten nach anfänglicher Aufgeschlossenheit die Forderung der Sowjetunion auf Ausgleich zumindest eines Teils der erlittenen Kriegsschäden an Mensch und Material in der Höhe von zehn Milliarden Dollar, zu leisten aus dem gesamtdeutschen Wirtschaftspotential, zurückgewiesen. Die Sowjetunion ging daher dazu über, sich bei der Durchsetzung ihrer Entschädigungsforderungen auf die ihr nach dem Abkommen von Jalta zustehende Besatzungszone zu beschränken. Dort demontierte sie in großem Umfang die Gleisanlagen, Weichen, Signal- und Rangieranlagen, die sie, hätte sie einen weiteren Vormarsch in Richtung Westen tatsächlich geplant, dringend benötigt hätte, um ihre nach Westen vordringenden Truppen mit Nachschub zu versehen. Die Rote Armee war seinerzeit noch wesentlich abhängiger vom Eisenbahnbetrieb als ihre potentiellen westlichen Gegner.

Der Oberbefehlshaber der britischen Truppen im Zweiten Weltkrieg, General Montgomery, der seinerzeit die Sowjetunion bereiste, berichtete von den ungeheuren Zerstörungen, der Ermattung nach der Kriegsanstrengung und der Depression, die dem für die Sowjetunion letztlich glücklichen Ende des Krieges gefolgt sei. Montgomery kam zu dem Schluß, daß innerhalb der nächsten anderthalb Jahrzehnte ein Angriffskrieg der sowjetischen Armee kaum vorstellbar sei.

Gehlen liefert Bedrohungsanalyse für die Rüstungsindustrie

Doch die Pullacher Experten wußten es besser. Und ihre Analysen, die sicherlich auch getragen waren von dem Bedürfnis nach handwerklich-militärischer Bestätigung, letztlich nicht von einem schwachen, sondern einem phänomenal überlegenen Feind besiegt worden zu sein, kamen jetzt den Kräften in den USA entgegen, die auf Weiterbeschäftigung der riesigen industriellen Kriegsmaschine drängten, zu der die amerikanische Volkswirtschaft im Zweiten Weltkrieg aufgewachsen war. Schließlich war es ja der frühere Oberkommandierende der alliierten Truppen in Europa und spätere US-Präsident Eisenhower, der in seiner Abschiedsansprache an das amerikanische Volk die Gefährlichkeit des militärisch-industriellen Komplexes und seine zerstörerische Einflußnahme auf die amerikanische Demokratie warnend hervorhob. Dieser Einfluß verschwand nicht mit dem siegreichen Ende des Zweiten Weltkrieges, im Gegenteil. Die amerikanische Wirtschaft begann unter der Abrüstung, dem Frieden in Europa und Asien zu leiden, die Kapazitäten waren nicht mehr ausgelastet, das Personal mußte entlassen werden, die Rendite glitt ins Minus. Daher war es nur folgerichtig, daß sich die Lobby der kriegswirtschaftlichen Industrie mit jeder politischen Strömung zusammenzutun bereit war, die den Fortbestand der Unternehmen samt deren Anspruch auf bequeme und außergewöhnlich hohe Gewinne sichern konnte. Die Preise für die Rüstungsgüter wurden nach dem Richtsatz »Herstellungskosten plus prozentualer Gewinnaufschlag auf die Kosten« festgelegt. Je höher die Kosten, desto höher der prozentuale Gewinn für das Unternehmen und seine Eigentümer. Damit war ein geradezu zwingender Anreiz gegeben, die Kosten in die Höhe zu treiben. Da in die Kosten überdies Gelder für »wissenschaftliche« Studien einflossen, die die kommunistische Gefahr durchaus auch mit schamloser Übertreibung an die Wand malten, zahlte sich die Finanzierung derartiger Kampagnen obendrein bei den Erträgen aus. Auch Spenden an die lautstarken Emigrantengruppen lagen im Interesse der amerikanischen Rüstungsindustrie. Da diese Industrie wiederum den Löwenanteil der Anzeigen in den überregionalen Medien in Auftrag gab, übten sie auf redaktionelle Tendenzen und Personalauswahl in den Medien beträchtlichen Einfluß aus[858].

Nun wird zur Rechtfertigung und zum Verständnis der Entwicklung immer das schockartig erlebte Abdriften Chinas in das Lager des Kommunismus genannt, ebenso wie der Angriff Nordkoreas auf Südkorea. Doch die Argumentation hat ihre Schwächen. Der Führer des kommunistischen Chinas, Mao Zedong, konnte nur an die Macht gelangen, weil die Herrschaft des Generals Tschiang Kai-scheck so durch und durch korrupt war, daß die Bevölkerung ebenso wie die Streitkräfte schließlich die Gefolgschaft verweigerten. Außerdem hätten die USA die neue Führung durchaus freundlich in eine nicht sowjetisch beherrschte Welt geleiten können. Nahezu alle führenden Politiker der Dritten Welt hatten in ihren Vorstellungen ein positives, kooperatives Verhältnis zu den USA ins Auge gefaßt. Das galt auch für den Vietnamesen Hô-Chi-Min.

Der Koreakrieg brach unter anderem deshalb aus, weil die USA in den Friedenskonferenzen den Sowjets zu verstehen gegeben hatten, daß sie nicht so recht wüßten, was mit dem von den Japanern befreiten Land überhaupt anzufangen sei. Die Vereinigten Stabschefs der USA erklärten gar wenige Monate vor Ausbruch des Krieges öffentlich, es gäbe kein Land, das für die USA von geringerer strategischer Bedeutung sei als Korea. Doch nach dem Abtreten der alten Roosevelt-Administration scherte die Truman-Mannschaft alles und jedes über den Kamm eines Weltringens mit dem Kommunismus. Und in dieser Sicht war China nichts anderes als eine Ausgeburt der Sowjetunion, der Angriff Nordkoreas auf Südkorea ein Ausfluß des weltumspannenden Eroberungsplans Moskaus.

In diese Hysterie nun paßten die Erkenntnisse der gescheiterten deutschen Generale über die Bedrohung wie der Schlüssel ins Schloß. Die gerade neugeschaffene CIA machte sich zum Sprachrohr, indem sie die deutschen Erkenntnisse abschrieb und den Entscheidungsträgern im Weißem Haus und im Kongreß auf den Tisch legte. Die bisherigen Erkenntnisse der amerikanischen Aufklärung, daß die Sowjetunion in absehbarer Zeit vor allem aus logistischen Gründen nicht in der Lage sein werde, einen strategischen Vormarsch auf Westeuropa in Gang zu setzen, wurden fortan unter den Teppich gekehrt. Die Tatsache, daß nicht nur die westliche, sondern auch die sowjetische Seite nach Kriegsende ihre Soldaten zu ganz wesentlichen Teilen nach Hause geschickt hatte, wurde unterdrückt und öffentlich das Gegenteil behauptet. Infolgedessen kehrte sich die Einschätzung binnen weniger Monate um 180 Grad in ihr Gegenteil um.

Nun hieß es, Stalin wolle in naher Zukunft ganz Europa unter seine Kontrolle bringen, die Sowjetunion halte 175 Divisionen voll ausgerüstet in hoher Einsatzbereitschaft. Die Sowjetunion sei in der Lage gleichzeitig eine Offensive gegen Westeuropa einschließlich Italiens und Siziliens zu starten, die Britischen Inseln zu bombardieren, einen Feldzug gegen den Nahen Osten unter Einschluß der griechischen Inseln, der Türkei und der Suezkanalzone voranzutreiben, eine Kampagne gegen China und Südkorea zu organisieren, dazu Luft- und Seeoperationen gegen Japan und die amerikanischen Stützpunkte in Alaska und im Pazifik vorzunehmen sowie kleine Einwegangriffe gegen die USA und Kanada, eventuell kleine Zweiwegangriffe in Richtung Pugetsound an der Westküste der USA durchzuführen und insgesamt mit See- und Luftstreitkräften gegen die angelsächsischen Schiffsverbindungen vorzugehen. Subversive Aktivitäten gegen anglo-amerikanische Interessen seien in allen Erdteilen zu unterstellen. Darüber hinaus seien die Sowjets gleichzeitig in der Lage, einen Feldzug gegen Skandinavien und Luftangriffe gegen Pakistan zu unternehmen.

Gehlen entdeckt die Raketenlücke

Gehlen gelang dann im Laufe der fünfziger Jahre, dieses Alptraum-szenario noch durch das Phantom einer Raketenlücke zu ergänzen und in die innenpolitische Diskussion der USA zu lancieren. Diese Lücke griff der junge demokratische Präsidentschaftskandidat Kennedy auf, um seinen Konkurrenten, den amtierenden Präsidenten Nixon, der Leichtfertigkeit in Sachen Kommunismus und militärischer Verteidigungsbereitschaft zu zeihen, ein Pfeil, der sonst in der Regel aus dem Köcher republikanischer Wahlkampagnen auf Demokraten abgeschossen zu werden pflegte.

Die amerikanische Luftaufklärung versuchte herauszufinden, was an der Behauptung einer Raketenlücke dran sei. Die berühmten U-2-Aufklärungsflugzeuge flogen die Bahnstrecken der UdSSR ab, um entsprechende Einrichtungen für unterirdische Interkontinentalraketen zu finden, vergebens. Es gab sie nicht. Das ganze war Unsinn, meinte denn auch der Chefauswerter der CIA für das Territorium der Sowjetunion. Doch inzwischen beherrschte das Thema die Innenpolitik der USA, nicht zuletzt die Haushaltsberatungen des US-Kongresses. Es kam zur Aufstockung des Rüstungshaushaltes, und die Raketenlobby konnte sich unter anderem in Pullach bedanken.

Der ehemalige CIA-Mitarbeiter Marchetti urteilte über Gehlen: Die CIA liebte Gehlen, weil er uns erzählte, was wir hören wollten. Doch die aufgebauschten Märchen über den russischen schwarzen Mann haben den USA schweren Schaden zugefügt[859]. Die starke Stellung in der politisch-militärischen Geheimdienstlandschaft der USA verschaffte Gehlen wiederum Rückhalt bei der Überführung seiner Organisation in die Dienste der Bundesrepublik Deutschland.

»Machen Sie Schluß mit der Nazibande«

Unmittelbar vor der Überführung der Organisation Gehlen aus der Untergliederung der CIA in den Bundesnachrichtendienst der neuen Bundesrepublik Deutschland wurde Bundeskanzler Adenauer in den

USA eindringlich von einem General der amerikanischen Geheimdienste vor Gehlen und seiner Organisation gewarnt. Er möge doch reinen Tisch machen mit dieser Nazibande, meinte der General. Die Äußerung gelangte in die Presse, es setzte wütende Dementis von seiten des Chefs der CIA, Allen Dulles, und seines Bruders, des amerikanischen Außenministers John Foster Dulles. Der General wurde einer anderen Verwendung im Pazifik zugeführt und verließ wenige Jahre darauf die amerikanischen Streitkräfte[860].

Munition für die McCarthy-Kampagnen

Der Teil der CIA-Mannschaft, der sich unter dem Chefauswerter McCormack den Märchen aus Pullach noch widersetzt hatte, geriet nun systematisch in das Schußfeld der fanatischen und hysterischen Kommunistenfresser des Ausschusses für unamerikanische Umtriebe. Als einflußreicher Stichwortgeber dieser Kampagnen erwies sich ein früherer Mitarbeiter der CIA namens Grombach, der seit Jahren auf freiberuflicher Grundlage gegen Entlohnung den Nachrichtendiensten Erkenntnisse zuspielte. Grombach legte Listen von amerikanischen Beamten an, denen er Homosexualität, Liberalismus oder Agententätigkeit zugunsten der Sowjetunion oder auch der chinesischen Kommunisten nachsagte. Die so namhaft gemachten Personen mußten dann vor Kongreßausschüssen erscheinen, deren Mitglieder, soweit sie der extremen Rechten angehörten, die Dossiers des Herrn Grombach exklusiv und im vorab erhielten. Grombach war einer der Hauptlieferanten des einseitigen, meist verfälschten Hintergrundmaterials für die Hexenjagden des berüchtigten Senators McCarthy. Meist waren es Erkenntnisse aus Übersee, die McCarthy seinen innenpolitischen Gegnern vorzuhalten suchte. Die Quellen lagen fast ausschließlich im Bereich der früheren SS, der Abwehr, der osteuropäischen Kollaborateure und der Naziherrschaft.

Nach Aussagen des seinerzeitigen CIA-Generalinspekteurs Lyman Kirkpatrick arbeitete Grombach außerhalb der normalen Regierungsstruktur, stand nie unter der Kontrolle der Bundesverwaltung, nutzte jedoch alle normalen Tarn- und Kommunikationseinrichtungen der amerikanischen Geheimdienste. Er erhielt Anfang der fünfziger Jahre jährlich eine Million Dollar aus dem Bundeshaushalt und betrieb damit für die äußerste Rechte eine private Auslandsspionageagentur, deren Erkenntnisse sich mit den Inlandsnachrichten des mit McCarthy eng zusammenarbeitenden FBI-Chefs Hoover verbinden und ergänzen ließen.

Grombach sammelte politischen Unrat, sexuelle Verdächtigungen, jede Art von kompromittierender Information, durchstöberte zahllose Mülleimer, wie der Generalinspekteur der CIA sich ausdrückte. Er sammelte Skandale und lancierte im Kongreß Verleumdungen. Über seine Rivalen im Geschäft legte er Erpressungsakten an, die er der CIA Stück für Stück verkaufte. So machte er nicht nur auf die Gehlen-Kritiker unter den Auswertern der CIA Jagd. Er trieb auch die Chinaexperten des State Department vor sich her, die angeblich den Sturz Tschiang Kai-scheks nicht vorausgesagt hatten, um nur ja den Sieg Mao Zedongs nicht zu gefährden, wie er unterstellte. Zum Beispiel prangerte er einen CIA-Mitarbeiter an, der vorgeschlagen hatte, eine linksgerichtete, kommunistenfreundliche Denkfabrik für die CIA einzuspannen, um so realitätsnähere Berichte aus dem gerade kommunistisch gewordenen China zu erhalten. Das wurde dem Beamten als Versuch der Einschleusung kommunistischer chinesischer Agenten in die CIA ausgelegt. Der Gedanke, das China Mao Zedongs etwa gegen die Sowjetunion ausspielen zu können, lag damals noch außerhalb des Vorstellungsvermögens, bis Präsident Nixon den Ansatz einige Jahre später zur offiziellen Politik erhob.

Ein weiteres Opfer sollte der US-Botschafter in Moskau, Bohlen, werden. Ihm wurde aufgrund der Aussage eines übergelaufenen sowjetischen Geheimdienstmitarbeiters nachgesagt, er sei als Botschafter eine »mögliche« Informationsquelle für das NKWD, den Vorläufer des KGB, gewesen. Der übergelaufene Informant war schon unter deutscher Regie in der Sowjetunion an Judenverfolgungen beteiligt gewesen und war von der CIA selbst Ende der vierziger Jahre unter Umgehung der einschlägigen Einwanderungsgesetze in die USA geschleust worden. Seine Aussagen konnten den Ausschuß dann letztlich nicht völlig überzeugen, der Vorsitzende McCarthy wurde überstimmt. ·

Die amerikanischen Geheimdienste unter Führung der Gebrüder Dulles haben nicht nur vereinzelt, sondern in einer extrem breit angelegten und systematischen Operation den amerikanischen Diensten das zum Teil hochbelastete, dafür um so kampfbereiter und fanatischer gegen die Sowjetunion ins Feld zu führende Potential des nationalsozialistischen Deutschlands, des faschistischen Italiens, des Vichy-regierten Frankreichs, des faschistischen Franco-Regimes mitsamt dem ehemals bis in den Kaukasus mit dem Nazireich kollaborierenden Agenten- und Funktionärsnetzwerk gesichert. Sie haben den größten Teil des an den Mordaktionen der Nationalsozialisten, der SS, der Sicherheitsdienste und der Wehrmacht beteiligten Führungspersonals entsorgen helfen, indem sie mit Unterstützung des Vatikans, der Organisation Gehlen und einer Vielzahl anderer Einrichtungen die schlimmsten Verbrecher und potentiellen Dauerbelastungen für das deutsche Volk nach Lateinamerika, in den Nahen Osten oder auch in die USA schafften[861]. Ein anderer Teil wurde als einplanbare, kriegsbereite Söldnermasse aus den Reihen der Displaced Persons gewonnen. Aus den bis heute mit öffentlichen Mitteln unterhaltenen Emigranten, meist den Kollaborateuren und belasteten Personen aus den Sowjetrepubliken und Osteuropa, wurde das Personal für Sondereinsätze hinter den feindlichen Linien rekrutiert. In Nürnberg wurde zwar den Hauptangeklagten der Prozeß gemacht, das Verfahren jedoch nach Bestrafung einiger weniger abgebrochen. Auch die Entnazifizierung kam im Zuge des aufflammenden Kalten Krieges schnell ins Stocken. Dies erlaubte den ehemaligen Nationalsozialisten ein Comeback oder genaugenommen das Ausharren in den jeweiligen Stellungen. Insofern hat es eine souveräne deutsche Aufarbeitung der Nazizeit unmittelbar nach Kriegsende weder gegeben, noch hat es sie objektiv geben können[862].

Der Verfasser und Kommentator der Nürnberger Rassengesetze, Globke, konnte unter dem ersten deutschen Nachkriegsbundeskanzler als Chef des Kanzleramtes installiert werden und so allen Belasteten des Naziregimes die Sicherheit vor Verfolgung signalisieren. Spiegelbildlich negativ wurde mit den Emigranten verfahren. Sie erhielten als Gegner des Nationalsozialismus zumindest in Westdeutschland nur am Rande geduldete Chancen der Rückkehr und Einflußnahme. Die Hintergründe der Auseinandersetzungen über diese Nachkriegsgeschichte haben die innenpolitischen Auseinandersetzungen in der Bundesrepublik mit Zuspitzung im Jahre 1968, letztlich jedoch bis heute, geprägt.

Landesverrat oder landesverräterische Intrige?
Otto John

Der BND nahm nach Kriegsende in hohem Maße Einfluß auf die Auswahl des Personals für Regierung und Verwaltung der jungen Bundesrepublik. Das galt insbesondere für Besetzungen im Sicherungsapparat von Polizei und Verfassungsschutz. So war nicht nur der BND völlig einseitig besetzt worden, er versuchte auch auf die Personalentscheidungen in den Landesämtern und vor allem im Bundesamt für Verfassungsschutz einzuwirken. Noch vor Amtseinführung des probritischen und nazikritischen Otto John war dort ein Vizepräsident installiert, ein Mann Gehlens. Otto John, ein Mitglied der alten Abwehr, der unter Canaris an der Vorbereitung des Attentats auf Hitler am 20. Juli 1944 beteiligt gewesen war und nun auf einen auch personell einigermaßen bereinigten demokratischen Neuanfang hoffte, hatte schon im Kanzleramt Adenauers einen schweren Stand. John hatte rundum zu kämpfen gegen die alten Seilschaften im Bundesnachrichtendienst, im Bundesministerium des Inneren, im Bundesministerium für Gesamtdeutsche Fragen und im Bundeskanzleramt.

Spätestens seit dem Skandal um den CIA-gestützten und finanzierten Bund Deutscher Jugend mit dem Ausschaltungsprogramm linker Politiker war klar, daß Informationen wie Operationen an ihm vorbei direkt über seinen BND-nahen Stellvertreter liefen, eine Masche, die unter Geheimdiensten immer wieder anzutreffen ist[863]. Die Erkenntnis des Umgangenwerdens von höchster Regierungsseite mag dazu beigetragen haben, daß John 1954 den Versuch einer direkten Einflußnahme auf den Chef der CIA, Allen Dulles, in den USA unternahm, dort jedoch genauso abblitzte wie der US-General, der Konrad Adenauer riet, die Nazibande in Pullach davonzujagen. Wenige Tage nach dem Besuch in Washington nahm Otto John an der Gedenkfeier zum Jahrestag des 20. Juli in Westberlin teil. Bei dieser Gelegenheit besuchte er einen Westberliner Arzt. Von dessen Wohnung aus geriet er bis heute ungeklärt über die noch nicht mit Mauer und Stacheldraht versperrte Ostgrenze in die Fänge der angeblich völlig überraschten KGB-Residentur.

Der Skandal, ob John Landesverrat begangen hatte oder entführt wurde, ist bis heute nicht abschließend geklärt. Die letzten Versuche Otto Johns, noch zu Lebzeiten gerichtlich seine Lauterkeit klären zu lassen, sind gescheitert. Der frühere Spionagechef der DDR, Markus Wolf, erklärte 1996, daß es einen Auftrag etwa des KGB oder der Stasi zur Entführung Otto Johns nicht gegeben habe, daß es sich folglich allenfalls um ein eigenmächtiges Vorgehen eines Agenten gehandelt haben könne. Amerikanischen Darstellungen ist ein sehr vorsichtiger Hinweis zu entnehmen, daß es sich um eine westlich eingeleitete Intrige gehandelt haben könnte mit dem Ziel, den der Wiedereingliederung der NS-Funktionäre, der Wiederbewaffnung und dem Personal des Bundesnachrichtendienstes skeptisch bis ablehnend gegenüberstehenden John um Amt und Einfluß zu bringen[864]. Dann hätte es sich nicht um ein Manöver des KGB, sondern um ein verdecktes Zusammenspiel von CIA und BND zur Entführung des Chefs des Bundesamtes für Verfassungsschutz möglicherweise durch einen Doppelagenten gehandelt. Bundespräsident von Weizsäcker hat Jahrzehnte nach dem Vorfall Otto John per Gnadenakt eine Pension zugebilligt, eine Geste, die vor diesem Hintergrund verständlich wäre.

Hysterischer Antikommunismus
in den USA

In den USA mehr noch als in Europa wurde die Angst vor dem totalitären System des Kommunismus – zumal in Wahlkämpfen – ins geradezu Hysterische gesteigert[865]. An der Schraube drehte nicht nur die sowjetische Führung in Moskau. Viele Einzelinteressen fanden hier ihr Spielfeld: Der militärisch-industrielle Komplex mit seinem überragenden Interesse, nicht abrüsten zu müssen, das Militär, das nicht bereit war, so zu schrumpfen, wie es in Absprache mit der Sowjetunion möglicherweise aushandelbar gewesen wäre. Allen voran waren aber Kräfte am Werk, die die Niederwerfung des Kommunismus um jeden Preis zu Ende führen wollten. Sie sahen im Kommunismus die Gefahr einer womöglich durchaus erfolgversprechenden Durchsetzung der neuen, die Besitzverhältnisse umstürzenden Gesellschaftsordnung. Folglich richtete man sich ohne den Versuch eines einigermaßen fairen Ausgleichs mit der Sowjetunion von vornherein auf den Kampf hinter den Kulissen ein. Und dies wurde für mehr als vier Jahrzehnte der nicht erklärte und verdeckt geführte Krieg der Geheimdienste. Angesichts des vorgeblichen Weltgeltungsanspruches des Kommunismus stellten sich die maßgeblichen Geheimdienstleute der USA auf eine weltumspannende Auseinandersetzung ein, die sie wohl in erster Annäherung gemeinsam mit den britischen Vettern des MI6 angehen und in die sie die kontinentaleuropäischen Kräfte mit einbinden wollten. Der Kampf ging um Menschen, um Völker, um strategische Territorien, aber nicht zuletzt um die Ressourcen dieser Erde. Auf denen saßen 1945 im wesentlichen noch die Kolonialmächte Großbritannien, Frankreich, die Niederlande, Belgien sowie die Spanier und Portugiesen, soweit sie nicht vor und mit der Monroe-Doktrin an die USA gefallen waren. An diese Ressourcen durften die Feinde jenseits des Eisernen Vorhangs unter keinen Umständen herangelassen werden.

Dies war natürlich nicht nur die Auffassung der Geheimdienste der westlichen Siegermächte, sie wurde auch von all jenen Unternehmen geteilt, die außerhalb der eigenen Nationalgrenzen auf Ressourcen anderer Länder, insbesondere der Dritten Welt, zurückgriffen und damit ihre oft unverhältnismäßig hohen Gewinne erzielten. Es ging um den Zugriff auf Rohstoffe wie Öl, Kupfer, Gold, Silber, Bauxit, Titan, desgleichen um die Bananen der United Fruit Company in Mittelamerika, um Kaffee, Baumwolle, Tee und so weiter.

In den ehemaligen Kolonien drohten Befreiungsbewegungen die alten Privilegien zu beseitigen, sich zu bewaffnen und in das Fahrwasser der kommunistischen Doktrin zu geraten. Die entscheidenden Köpfe der CIA gingen von Anfang an davon aus, jede Befreiungsbewegung, sogar schon jede Reformbewegung in der Dritten Welt werde von Kommunisten entweder gegründet oder doch zumindest binnen Kürze unterwandert werden[866]. Diese Bewegungen mußten daher westlicherseits teils unterdrückt, teils unterwandert, auf jeden Fall jedoch unschädlich gemacht werden.

14

Verdeckter Kampf:
Fortsetzung der Politik im Nichtkrieg

So gut sein wie der
KGB und besser

Spätestens die Schauprozesse der Stalin-Zeit zeigten, daß auch kommunistische Kader zur Durchsetzung ihrer strategischen Ziele vor keiner Gemeinheit, vor keiner Schandtat, vor keinem Mord und keinem Terror zurückschrecken würden. Der geheimdienstliche Vollstrecker des kommunistischen Weltwillens war das NKWD, später der KGB, der nach westlichen Vorstellungen zwangsläufig über unbegrenzte Mittel verfügen mußte.

Es gehörte zum Selbstverständnis der amerikanischen Geheimdienstexperten, ihre Dienste nach dem Weltkrieg so auszubauen, daß der zu erwartende globale, nicht offen erklärte Krieg der Geheimdienste westlicherseits gewonnen werden könne[867]. Rücksichten etwa aus humanitären Gründen kamen nicht in Betracht. Die Auseinandersetzung würde zum Teil grausam sein. Doch ein Krieg heiligt die Mittel, wenn das Überleben der westlichen Welt vom Sieg über einen zu allem entschlossenen, skrupellosen Gegner abhängt[868]. Die CIA hat daher schon von der eigenen Einstellung her nie Skrupel gezeigt, es dem KGB nicht nur gleichzutun, sondern ihn in seinen Mitteln sogar zu übertreffen[869].

Die CIA ist daher nicht so sehr eine Organisation, die sich dem Sammeln und Auswerten möglichst objektiver Daten widmet. Der Schwerpunkt der CIA-Herausforderung wurde von Beginn an in der verdeckten Operation, dem Krieg ohne Kriegserklärung, gesehen. Ein Krieg, der keine Grenzen kennt, der durch Völkerrecht nicht eingedämmt ist und den die amerikanische wie die Weltöffentlichkeit in keinem der betroffenen Ländern als amerikanische Amtshandlung mit Verantwortlichkeit für das Geschehen sollte wahrnehmen können. Dabei wird man davon ausgehen können, daß in den strategischen Hirnen der USA von Beginn an nicht nur der Ost-West-Konflikt als die einzige Herausforderung gesehen wurde. Immer auch stand die Nachfolge in die Weltherrschaftsinstrumente des Kontinente umspannenden britischen Kolonialreiches im Vordergrund der Überlegungen. Wie kann der Weltmachtanspruch der USA einschließlich der zu sichernden wirtschaftlichen Interessen mit einem Minimum an Kosten und Opfern über die strategisch wichtigen Länder auf allen Kontinenten gesichert werden?

Innenpolitisch mußte sowohl in den USA als auch in Westeuropa nach Kriegsende alles darangesetzt werden, daß die öffentliche Meinung einem damals für denkbar gehaltenen, zum Teil sogar befürworteten kurzen, äußerst verlustreichen und möglicherweise unmittelbar bevorstehenden Atomkrieg nicht in den Rücken fallen konnte oder sich weigerte, die für eine langanhaltende Auseinandersetzung erforderlichen ungeheuren materiellen Anstrengungen und Menschenopfer zu tragen. Wer hierzu nicht bereit war, wurde tendenziell in allen westlichen Ländern als *soft on communism* oder später in der Sprache Margaret Thatchers als »Waschlappen« geschmäht.

Den Willen zu einem Ausgleich mit der bei Kriegsende schwer zerstörten Sowjetunion zu gelangen, das Ausloten fairer Bedingungen, um etwa die Teilung Deutschlands und Europas zu vermeiden oder später wieder aufzuheben und Osteuropa von sowjetischer Besetzung freizuverhandeln, hat es ernsthaft nicht gegeben.

Somit werden erst aus dem Blickwinkel des globalen Ringens mit dem als einheitlicher Willensmacht erscheinenden Kommunismus die verschiedenen Ansätze der amerikanischen Geheimdienste verständlich. Sie nahmen die Holocaust-besudelten Kader des Naziregimes in Europa, ob Deutsche, Italiener oder Kollaborateure in den west- wie osteuropäischen Ländern, bei sich auf, gaben ihnen neue Identitäten und konnten geheim wie offen auf die Loyalität der im Vergleich zu ihrer verarmten Nachkriegsumgebung unverhofft in Dollargehälter aufsteigenden neuen Mitarbeiter zählen.

Mit den neuen Mitarbeitern und Verbündeten konnte in den verschiedenen europäischen Nationen der Kommunismus nun auch von innen wirksamer bekämpft werden.

Der auf Ausgleich zwischen Griechen und Türken setzende Erzbischof und Ministerpräsident von Zypern wurde gestürzt, weil er sich nicht dem amerikanisch geführten Lager anschließen wollte. In Italien gelang es dem konzentrischen Angriff der Sicherheitsdienste, der Mafia, der Kirche und dem Einfluß der CIA ein Abdriften des Landes in Richtung Mitte-Links zu verhindern.

Der Preis der angewandten Mittel und Methoden, mit denen die Nachkriegsgesellschaft durch eine Großmacht von außen politisch auf »Vordermann« gebracht wurde, führte zu einer unerhörten Korrumpierung der italienischen wie auch der amerikanischen Politik. Die weltweite Inanspruchnahme der Mafia, des organisierten Verbrechens, für geheimdienstliche Zwecke war und ist verbunden mit der verdeckten Inkaufnahme des Drogenhandels und sämtlicher damit einhergehender Verbrechen.

Auf dem Hintergrund der CIA-Finanzierung und Einflußnahme gelang es in Frankreich wie in Italien, die mehrheitlich kommunistisch dominierten Gewerkschaften zu spalten. Gelegentlich half auch hierbei der Rückgriff auf Elemente des organisierten Verbrechens.

Mit dem Anreiz der Mittel des Marshallplans zum schnelleren Wiederaufbau Westeuropas wurde zugleich der Widerstand insbesondere Frankreichs gegen den europäischen Einigungsprozeß zurückgedrängt.

Ohne die Leistung von Schumann, De Gasperi, Monnet, Adenauer, der Männer der ersten europäischen Stunden, schmälern zu wollen, sollte ehrlicherweise zugegeben werden, daß der Aufbau Europas ohne die begleitende Manipulation der öffentlichen Meinung, die Niederhaltung nachhaltiger Opposition, die Unterdrückung der Nachkriegsabrechnung innerhalb der westlichen Gesellschaften, kaum gelungen wäre, sehr zum Vorteil der Deutschen, nicht zuletzt aber auch der USA[870].

Da eine Auswechselung der Richterschaft ebenso wie der Bürokratien systematisch in keinem westeuropäischen Land stattfand und zum Teil auch aus praktischen Gründen nur begrenzt möglich gewesen wäre, standen Kollaborateure, ganz im Gegensatz zu Kommunisten, vor verständnisvollen Richtern. Das galt für Deutschland, für Italien, Frankreich wie die Beneluxländer. In Korea wie auch in Japan wurde ganz ähnlich vorgegangen[871].

In allen westeuropäischen Ländern wurden wehrwolfartige Verbände aufgezogen, die sich bei einer sowjetischen Aggression hätten überrollen lassen und dann aus dem besetzten Land Ausschleusungen, Nachrichtenübertragungen und Sabotageakte vornehmen sollen. Dazu kamen Netzwerke von Kampfgruppen für den verdeckten Bürgerkrieg, die auch den Zugang zu geheimen Waffenlagern hatten. Die amerikanischen und englischen, zum Teil auch französischen Geheimdienste gründeten und förderten für diesen Zweck meist von faschistischen Offizieren angeführte rechtsradikale Organisationen, die für den innenpolitischen Einsatz zur Ausschaltung von Widerstand und Opposition bereitstanden[872].

In Belgien, Holland, Italien, Griechenland und der Türkei waren derartige Gruppierungen in Terroraktivitäten Anfang der siebziger Jahre involviert. Die Personaldaten der Kämpfer, die Ausrüstung und die Befehlskette liefen stets aus den USA und Großbritannien zu den unterschiedlichsten Zellen, die nach Bedarf aktiviert werden konnten.

Auf das geistige Leben wurde in vielfältiger Form Einfluß genommen. So soll nach amerikanischen Berichten zum Beispiel der Springer Verlag in den frühen fünfziger Jahren aus den Händen der CIA sieben Millionen Dollar zum Aufbau seines Medienimperiums in Deutschland erhalten haben[873]. Der Verlag bestreitet die Behauptung, doch dem kommt im Bereich von Geheimdienstmanipulationen keine wahrheitsfindende Bedeutung zu. Man kann wohl davon ausgehen, daß mit den CIA-Geldern nicht zuletzt das Kampfblatt *Bild*-Zeitung zur Beeinflussung der deutschen Massen auf den Markt geworfen werden konnte. Die Konfrontation der Springerpresse Ende der sechziger Jahre namentlich in Westberlin, hatte mit der bedingungslosen Unterstützung des korrupten Schah-Regimes im Iran und der aufwiegelnden Berichterstattung über die Auseinandersetzung mit den aufmüpfigen Studenten einen nicht geringen Anteil an der Eskalation von Gewalt in Westdeutschland, ohne daß damit die Verantwortung der Gewalttäter selbst verharmlost werden sollte[874].

Mit Sicherheit sind weitere Zeitungsverlage aus den Händen der CIA mit Zuwendungen bedacht worden[875]. Dies gilt auch für Journalisten und Buchautoren[876]. So erhielt der deutsche Buchautor Heinz Bongartz Gelder von der CIA, um, unterstützt von der Organisation Gehlen, unter dem Pseudonym Jürgen Thorwald ein beschönigendes Porträt der Wlassow-Armee zu verfassen, die aus Kriegsgefangenen und Deserteuren der Sowjetarmee zusammengestellt und im Zweiten

Weltkrieg Seite an Seite mit Wehrmacht und SS gekämpft hatte. Das Buch wurde ein Bestseller. Dies wiederum war für die medienwirksame Abdeckung des Rückgriffs der amerikanischen Dienste auf die Kollaborateure der Nazimordmaschine erwünscht und erforderlich. Wie überhaupt die öffentliche Meinung der gesamten westlichen Welt kontinuierlich nicht nur durch eine alarmistisch überhöhte und oft die Fakten verfälschende Darstellung der sowjetischen Gefahr manipuliert wurde, sondern auch durch die Finanzierung einer Unzahl von Zeitschriften, Kongressen, Emigrantenpublikationen, bezahlten Radio- und Fernsehsendungen, großzügig bedachten Journalisten und Autoren, die die CIA-Sicht der Dinge durchsetzen und kritische Stimmen eher zum Schweigen bringen konnten[877].

Die Mittel wurden und werden aus den Fonds der Partnerdienste in den befreundeten Ländern ergänzt, die sich die Verbindung zu den Medien ebenfalls einiges kosten lassen und sei es nur in der Form der Bitte um Mitarbeit bei Publikationen, um Schulung der Mitarbeiter oder die Nutzung von Journalisten als informelle Mitarbeiter im In- und Ausland[878].

Hinzu kam die Einwirkung auf Politiker über direkte und indirekte Geldzuweisungen in nahezu allen Ländern Europas, aber auch Japans. Um Politiker im entscheidenden Augenblick in der Hand zu haben und erpressen zu können, wurden Bestechungen insbesondere über Rüstungsbeschaffungen organisiert. Die Lockheed-Skandale der fünfziger und sechziger Jahre in Japan wie in Europa mögen Anwendungsfälle unter vielen gewesen sein.

Die Finanzierungswege der breit und ohne Rücksicht auf die Souveränitätsrechte der betroffenen Völker angelegten Aktivitäten der CIA bleiben in der Regel im Dunkel der von Strafverfolgung freigestellten Geheimdienstwelt.

Die faschistischen Führungskräfte konnten alles in allem genommen global und flächendeckend für den antikommunistischen Kampf einschließlich des verdeckten Krieges der Geheimdienste in Stellung gebracht werden. Sie kämpften in ihren neuen Heimatländern gegen die tatsächliche oder die von den amerikanischen Geheimdiensten vermutete kommunistische Gefahr[879]. Sie sicherten sich den Lebensunterhalt durch Beteiligung am internationalen Waffenhandel, der nicht selten unter Duldung des Verkaufs von Drogen finanziert wurde[880].

Über derartige Nationen überspannende Netzwerke ließen die westlichen Geheimdienste an allen Exportbeschränkungen vorbei Waffen dorthin gelangen, wo dies aus Gründen der vermeintlichen Staatsraison notwendig schien, jedoch nie hätte öffentlich werden dürfen.

So erhielt das sich in Rassentrennung verbohrende Südafrika über Jahrzehnte trotz allen öffentlich eingegangen Boykott- und Embargoverpflichtungen der USA und ihrer Verbündeten die Waffen, die es zur Unterdrückung von Befreiungsbewegungen in Schwarzafrika benötigte. Als Gegenleistung standen den westlichen Geheimdiensten unter anderem die Erkenntnisse über den internationalen Schiffsverkehr an und um das Kap der Guten Hoffnung zur Verfügung.

Die weißen Regierungen Südafrikas führten mit ihren brutalen Söldnertruppen wiederum den Stellvertreterkrieg für die USA gegen die als kommunistisch eingeschätzten Befreiungsbewegungen[881].

In Südamerika beteiligten sich die strafverschonten dankbaren Söldner des Faschismus am Sturz der als links oder auch nur reformerisch erachteten Regierungen und deren Ersatz durch putschende Militärregierungen[882]. Die Drehbücher hierzu wurden in der CIA-Zentrale in Verbindung mit den Residenturen in den Zielländern geschrieben und durchweg von der politischen Spitze der USA gutgeheißen und angeordnet. Im Vollzug der Unterdrückung demokratischer oppositioneller Kräfte bedienten sich Militär, Polizei und Geheimdienste in den Ländern der Dritten Welt, insbesondere in Lateinamerika, privater Killerbanden, auch Todesschwadronen genannt, die von Armee und Polizei unterstützt wurden und an deren Rand angesiedelt sind (vgl. S. 220 ff.).

In schöner Regelmäßigkeit sind die Militärs und Polizeiführer der späteren Putsche zuvor Absolventen amerikanischer Schulen gewesen, in denen das Foltern zum Lehrprogramm gehört.[883] Als die Kritik in den USA zu laut wurde, verlegte man das Schulungszentrum aus Washington D.C. in die unter amerikanischer Verwaltung stehende Panamakanalzone, wo vermutlich noch ungenierter an der Drangsalierungstechnik von Opponenten gearbeitet werden kann als in den USA selbst[884].

Zu Militärputschen kam und kommt es in berechenbarer Regelmäßigkeit stets dort, wo die wirtschaftlichen Interessen großer US-

Firmen gefährdet sind, wo Bodenschätze wie Öl und Gas, Silber und Gold, Uran und strategische Metalle leicht und billig zu fördern sind, wo große Kupferminen ausbeutbar sind oder nur das Land für den Plantagenanbau landwirtschaftlicher Produkte in Betracht kommt. Man muß sich nur den Umgang der aus den einschlägigen Geschäftsbereichen stammenden Industrie- und Eigentümerelite der USA mit den jeweiligen Präsidenten und deren jeweiliger Regierungsmannschaft anschauen, um zu erkennen, wie schnell und geschickt sich die Sorge um die Enteignung von Ausbeutungsobjekten in der Dritten Welt hinter der geheimdienstlich mit allen Mitteln zu bekämpfenden weltweiten Bedrohung durch den Kommunismus verbergen läßt. Aus dieser Ecke stammt, neben den Mitteln aus dem militärisch-industriellen Komplex, zumeist ein Großteil der Gelder für die amerikanischen Wahlkämpfe, nicht zuletzt die der Präsidentschaftskandidaten.

Wo den Geheimdiensten bei verdeckten Umsturzoperationen der Rückgriff auf Kräfte im Militär oder der Polizei versagt bleibt, bietet sich häufig die Chance, auf Minderheiten zu setzen und deren Gegensätze zur Mehrheit, zu anderen Minderheiten oder zur Regierung so zu schüren, daß nutzbare Instabilität mit der Chance verdeckter Steuerung von außen entsteht. Von außen gesehen ist es die Strategie der Spannung, von der heimgesuchten Gesellschaft her betrachtet, eine Strategie der Destabilisierung[885].

Die Technik ist einfach und so alt wie die Menschheit. Zunächst werden innerhalb der Minderheiten diejenigen Führungskräfte ausgeschaltet und niedergehalten, die zur Vernunft, zum Kompromiß, zum Ausgleich, zur friedlichen Lösung drängen. Um dies zu gewährleisten, werden die Unversöhnlichen, die alles oder nichts Fordernden, die Haßprediger und Gewaltbereiten so massiv gefördert, daß sie sich mit ihren bestens ausgestatteten und besoldeten Organisationen in den Vordergrund spielen und die vernünftige Mitte, den Kompromiß, in das publizistische und damit oft auch demokratische Aus drängen.

Behalten Vernunft und Kompromiß in der Bevölkerung weiterhin die Oberhand, so können einige besonders niederträchtige und hinterhältige terroristische Anschläge helfen, der Bevölkerung ebenso wie der Regierung zu signalisieren, daß mit friedlichen Mitteln ein Ausgleich nicht erreicht werden kann, daß nunmehr durchgegriffen werden muß[886].

Kräfte für derartige Anschläge findet man allenthalben unter fanatisierbaren Jugendlichen, religiösen und ideologischen Eiferern, verkrachten Existenzen und in der kriminellen Szene. Die entsprechende Kampagne wird über die Beeinflussung der Medien so hochgeputscht, daß auch die »Tauben« im Regierungslager sich frustriert weiterer Bemühungen um friedlichen Ausgleich enthalten. Im Oppositionslager ebenso wie in den Medien geraten die Kräfte, die friedenspolitischen Initiativen das Wort reden, in die Minderheit, aus Angst als *soft on terrorism/communism/moslem fundamentalism* gescholten, abgekanzelt und mit Sicherheit abgewählt oder abgeschoben zu werden.

Der innenpolitische Mechanismus in den Mediendemokratien ist überall gleichermaßen wirksam, ob es sich um die Weichheit gegenüber dem Kommunismus, den angeblichen Schulterschluß mit dem Terror bei der Nachgiebigkeit in Sachen Drogenpolitik oder um die mangelnde Härte gegen Kriminalität handelt. Die Anwendung dieser Manipulationstechnik schaltet in jeder Demokratie die Vernunft berechenbar und verläßlich aus. Sie ist die Folge einer abrufbaren massiven publizistischen Unterstützung derjenigen Führungskräfte und Parteien, die für Kompromißlosigkeit, Unerbittlichkeit und rücksichtsloses Durchgreifen stehen. Und niemand außer den Eingeweihten weiß, wer von den Journalisten in der Medienlandschaft ein gutes zweites Gehalt einstreicht.

Inzwischen reicht es in vielen Ländern schon aus, daß ein die Fernsehstationen beherrschender internationaler Medienmogul den Daumen in die ihm genehme Richtung bewegt, nachdem er zuvor die Personalpolitik seiner Sender entsprechend ausgerichtet hat. Und damit dort keine »schrägen Vögel« ihr Auskommen finden, gibt es Einrichtungen, die Personalauskünfte aus privaten Datenbanken erteilen. Bleibt eigentlich nur die Frage, wer den Aufstieg der Medienmogule finanziert und woher die Kapitalien letztendlich stammen[887].

Nun muß jedoch Terroristen für die kriminelle Aufgabe, die Empörung des unwissenden und zugleich gutmütigen, auf Ausgleich bedachten Teils der Bevölkerung durch abstoßende Taten, durch Morde und Entführungen anzuheizen und die damit einhergehende Gefahr der Strafverfolgung, Einkommen zugeschustert werden, die ihnen eine Entschädigung für das einzugehende Risiko bieten. Wenn dabei die Spur der Täter auf keine verdeckt von außen intervenierende Macht weisen, folglich glaubwürdig abstreitbar bleiben soll, kommt nur das Anheuern von Söldnern nicht zuletzt aus dem Umkreis der organisierten Kriminalität in Betracht. Da das Auskommen der Terrorgruppe oder des Terrortäters in attraktiver Währung zugeschanzt werden muß, ist die einfachste Lösung nicht selten die Duldung der Teilhabe an einem funktionalen Teil des internationalen Drogenhandels. Aber auch alle anderen Formen der organisierten Kriminalität kommen als geduldete Haupterwerbsquelle für Operateure der Geheimdienste in Frage.

Dies wird um so unvermeidlicher, je größer die Anzahl der zu finanzierenden Kämpfer in einem Lande wird. Bei Bürgerkriegskämpfen, die im Interesse einer Großmacht und deren Geheimdienste ausgenutzt oder vom Zaun gebrochen werden, sind dies nicht selten beachtliche Größenordnungen.

So setzte die CIA in Afghanistan wie in Nicaragua und zuvor in Vietnam auf Drogenbarone als Organisatoren des verdeckten Kampfes. Auf Veranlassung und mit Unterstützung der CIA wurden im gesamten arabisch-muslimischen Raum vornehmlich aus angeblich fundamentalistischen, vermutlich jedoch eher kriminellen Kreisen, Söldner angeheuert, über Pakistan zum Kampf nach Afghanistan verfrachtet und dort als Freiheitskämpfer von der westlichen Medienwelt verherrlicht[888]. Die Drogen- und Waffenlieferungen über den pakistanischen militärischen Geheimdienst wurden bereits an anderer Stelle geschildert (vgl. S. 209).

Alle Geheimdienste der westlichen und nahöstlichen Welt investierten in dieser Zeit in die sogenannten Fundamentalisten nicht zuletzt des Sudans, Ägyptens und des gesamten nordafrikanischen Raumes[889]. Jetzt machen die landauf landab als Afghanis bezeichneten Kämpfer durch Fortsetzung terroristischer Aktivitäten auf sich aufmerksam, suchen und finden neue Arbeit und Entlohnung.

In Algerien betreiben diese Kräfte derzeit mit Mord, Vergewaltigung, Raub und Brandschatzung die Vertreibung von Kleinbauern, die nach der Flucht der französischen Großgrundbesitzer im Zuge der Unabhängigkeit zur Bewirtschaftung des äußerst fruchtbaren Landes angesiedelt worden waren. Die bevorstehende Privatisierung der drei Millionen Hektar reizt zur Vertreibung der landhungrigen Fellachen in die Städte. Dank Terror, Vertreibung und Korruption sinkt der Bodenpreis[890]. Die zum Teil in wenigen hundert Metern Entfernung von Armeekasernen oft stundenlange Abschlachterei von Kindern, Frauen und Alten wird mit dem Ziel betrieben, der Bevölkerung die Entscheidung zur Flucht nahezulegen. Die kriminellen Banden bereichern sich an Hab und Gut der Flüchtenden, die eigentlichen Nutznießer und Organisatoren sind mit der Regierung verbundene Kräfte, die auf entsprechende Bereicherung hoffen. Zum Sprachgebrauch nach außen werden die Grausamkeiten als Taten religiöser Fundamentalisten dargestellt. Hinter dieser Desinformation der nationalen und internationalen Öffentlichkeit kann dann die Regierung gegen die eigentliche Opposition im Lande vorgehen und gleichzeitig westlicherseits die dort auf fruchtbaren Boden fallende neue Bedrohungshysterie bedienen. Die in die Großstädte fliehende Landbevölkerung bietet das neue Potential für künftigen Radikalismus, vor dem dann wieder gewarnt werden kann. Fluchtbewegungen nach Europa, insbesondere Frankreich, lassen sich voraussehen und treiben dort die Mühlen der radikalen Rechten. Im übrigen geht es in Algerien um große Öl- und Gasvorkommen. Dies war bereits beim Kampf um die Loslösung von Frankreich bekannt[891]. Insofern gehört Algerien zu den Ländern mit Bodenschätzen, nach denen es zu greifen gilt. Und da kann Unruhepotential im Lande immer von Vorteil sein. Den Meldungen zufolge sind die sogenannten muslimischen Fundamentalisten nicht so töricht, gegen die in Algerien tätigen westlichen und amerikanischen Ölgesellschaften vorzugehen[892].

So baut sich im Zuge der Strategie der Spannung/Destabilisierung mit Hilfe der Veteranen des Afghanistankonfliktes Streß in den muslimischen Staaten auf und bietet, als religiös fanatisierte Bewegung verbrämt, die Rechtfertigung für den Beibehalt der riesigen Militär-, Geheimdienst- und Spionageapparate des bisherigen Ost-West-Konfliktes. *Auf der Suche nach Feinden* lautet der Buchtitel der Erinnerungen des CIA-Mitarbeiters Stockwell, der die absurde Politik seiner CIA-Vorgesetzten in Angola und Zaire in den siebziger Jahren beschreibt. Die Operationen der CIA seien stets auf aggressive Intervention, auf verdecktes Schüren von Konflikten, nie auf Ausgleich, Kompromiß und Frieden angelegt gewesen[893].

Man wird offen aussprechen müssen, daß der Aufbau der muslimischen Bedrohungsfront durchaus auch im Interesse der den

Friedensprozeß abwürgenden Politik des Likud-Regierungschefs Netanjahu in Israel liegt. Nur mit einer dem Terror, der Unruhe und dem Chaos verfallenden muslimischen-arabischen Welt läßt sich die anhaltende Vertreibung der Palästinenser durch den systematisch gesteuerten Siedlungsbau in den besetzten Gebieten öffentlich durchhalten, ohne zugleich die USA als Schutzmacht zu verlieren.

Wenn zutreffen sollte, was der israelische Geheimdienstmann Ari Ben-Menashe in seinem Buch *Profits of War* schildert, daß die Siedlungen mit ihren außerordentlich günstigen Kaufbedingungen im wesentlichen mit Einnahmen aus dem Drogenhandel finanziert werden[894], dann schlösse sich dort ein zynischer, aber um so wirksamerer Kreislauf. Die Opfer der drastisch gestiegenen Kleinkriminalität in den Industriestaaten finanzieren den täglichen Drogenkauf ihrer Süchtigen und Abhängigen in den USA und Europa. Die durch Teilhabe am Drogenhandel für kriegerische Anschläge vom üblichen Nahrungserwerb freigestellten Freiheitskämpfer, in Wirklichkeit häufig nichts anderes als Ansammlungen abgeschobener und angelockter Krimineller, betreiben unter dem Mäntelchen des angeblich muslimischen Fundamentalismus als Söldner die Destabilisierung gemäßigter Regierungen der muslimischen Welt und füttern so die Likud-Propaganda von der Unmöglichkeit des Friedens. Man findet die Afghanis derzeit in Algerien, im Sudan, in ganz Nahost, in Bosnien, auf den Philippinen und jetzt in den Kämpfen im Kaukasus[895]. In den Auseinandersetzungen um die Aufteilung Jugoslawiens werden Kriminelle aus aller Welt zur ethnischen Vertreibung der unerwünschten Minderheitsbevölkerung und der Drogenhandel zur Finanzierung eingesetzt[896]. Die Herren morden, was das Zeug hält, finden aber auch in Deutschland, den USA und England immer wieder Unterschlupf[897]. Afghanis legten die Bombe im World Trade Center in New York. FBI und CIA hatten ihre Informanten in der Gruppe, wußten im vorhinein von dem Anschlag, verhinderten jedoch die unter den Agenten abgesprochene Unterbindung der Straftat mit der Folge vieler Tote und rund tausend Verletzter. Die Gruppe steht in engem personellem Zusammenhang mit den Mördern des ägyptischen Staatspräsidenten Anwar el Sadat und wurde bereits damals westlicherseits gefördert. Anschläge gegen Mubarak und den ägyptischen Innenminister scheiterten zwar, kennzeichnen jedoch die Szene. Der Anschlag auf die Touristen in Luxor geht auf das Konto der gleichen Gruppierung zurück[898].

Nun ist das Mörderhandwerk, das die in ihren verschiedenen Herkunftsländern oft als Kriminelle zur Fahndung ausgeschriebenen Ex-Freiheitskämpfer bei dem pakistanischen ISI und den CIA-Ausbildern gelernt haben, eine Sache. Die andere betrifft die Intelligenz, die Führung dieser Killerbanden. Hier kann es nicht anders sein, als daß Geheimdienste die Ziele vorgeben, insbesondere dann, wenn es um Putsch- und Mordversuche an Staatsoberhäuptern geht.

Daß der Popanz der muslimisch-fundamentalistischen Bedrohung der abendländischen Welt herbeikonstruiert wird, diese Vermutung drängt sich geradezu auf. In der Zeit von 1979 bis 1991 wurden für die Kämpfe in Afghanistan 5000 Saudis, 3000 Jemeniten, 2000 Ägypter, 2800 Algerier, 400 Tunesier, 370 Iraker, 200 Libyer und jede Menge Jordanier von den westlichen und pakistanischen Geheimdiensten angeworben. Die Aufgabe wurde in die Hände von Drogenbaronen wie Hekmatyar gelegt, die ihre Geschäfte machen und Konkurrenten ausstechen wollten. Die westliche Führungsmacht USA war über die Verhältnisse bestens informiert, hat jedoch bewußt nicht eingegriffen. Wenn jetzt die Veteranen dieser Auseinandersetzung nahezu in allen muslimischen Staaten ihr extrem kriminelles Unwesen treiben, so werden die USA diese Verantwortung schultern müssen. Und es spricht vieles dafür, daß das Treiben ebenso geduldet, wenn nicht gefördert wird wie das der altfaschistischen und exilkubanischen Terrornetze in der Vergangenheit.

Mit der Finanzierung religiöser Ausbildungszentren des muslimischen Fundamentalismus etwa in Ägypten fördert die CIA ebenso wie die Saudis den religiösen und ehrbaren Überbau des Fundamentalismus, auf den sich die Mörder dann zu berufen suchen. So kann die eigentliche Stoßrichtung des Geschehens verdeckt bleiben. Und die israelischen Geheimdienste besorgen im Zusammenwirken mit anderen Einrichtungen das Geld, mit dem ihr Staat, der bereits 40 Prozent seines Staatshaushaltes für Verteidigung ausgibt, die teuren Bauprogramme in und um Jerusalem finanzieren kann. Dies wiederum heizt den örtlichen Widerstand der Palästinenser zu Terrortaten an, die einer Hamstermühle gleich Schlag und Gegenschlag weiter antreibt. Damit gelingt es auch, den zu befürchtenden Rückschlag in der öffentlichen Meinung der Welt aufzufangen und durch das

Werk der angeblich fundamentalistischen Terroristen, die oft nichts anderes sind als *guns for hire,* käufliche Kanonen, zu konterkarieren.

Bei der Berichterstattung über derartige Vorgänge fällt auf, daß die Medien die zentralen Fragen »Wem nutzt es? Woher kommen die Waffen, der Sprit, das Geld?« in aller Regel nicht stellen. In den Presseverlautbarungen von Regierungen, die an den Marionettenfäden ziehen, kommen Hinweise hierzu ebensowenig vor wie bei der Medienpräsentation der »Rebellen« oder der »Freiheitskämpfer«, obwohl die Herren in der Regel in größeren Verbänden auftreten, mit Flugzeugen und Panzern sich bewegen, über Sprit wie Raketen verfügen und scheinbar sorglos fern von ihren Familien in einem rätselhaft idealistischen und selbstlosen Einsatz unterwegs sind.

Doch ohne Unterhaltssicherung, ohne tarifgerechte Bezahlung ist kein Kämpfer auf der Welt bereit, außerhalb seiner eigenen Heimat, vor den Toren seiner Stadt oder seines Dorfes seine Gesundheit und sein Leben in die Schanz zu werfen. Informationen, die auf derartige Fragen keine Antwort geben, gehören in die Kategorie der Desinformation. Erstaunlich, wie viele Berichterstatter sich immer wieder in deren Dienst stellen lassen. Dies mag wieder damit zusammenhängen, daß sich Geheimdienste ausbedingen, Reportern zuweilen das zweite Gehalt zuzustecken gegen die harmlos erscheinende Gegenleistung, die amtliche verfaßte Falschmeldung unter die Leute zu bringen.

Insgesamt scheint weniger der islamische Fundamentalismus im Vormarsch als vielmehr eine neue Geheimdienstfront mit hochmanipulierten Ängsten, die die Rechtfertigung für Konfrontation, Beibehaltung der Hochrüstung, Überwachung durch Geheimdienste bis hin zu militärischen Interventionen verheißen. Die theoretische Grundlage wird nicht nur von den akademischen Anhängern der Moslembruderschaften mit ihrer eigentümlichen Finanzierung geschaffen[899], sondern kommt spiegelbildlich aus den USA, wo ein alter Ideengeber der CIA, Samuel P. Huntington, Professor am Harvard Center for International Affairs in seinem neuen Buch *Kampf der Kulturen* die neue Gefahr für den Westen an die Wand malt. Huntington hat schon zuvor Auftragsarbeiten für die CIA erstellt, darunter eine Untersuchung über die Gefahren, die den Interessen der USA beim Tod von Diktatoren und einem sich anschließenden Aufstand der Massen drohen[900]. Das neue Werk geht von der Feststellung aus, daß menschliche Gesellschaften sich letztlich nur über Abneigung, wenn nicht gar Haß gegen Feinde mit sich selbst identifizierten, daß die Welt in Staaten organisiert bleibe, die jeder für sich und in kulturell nahestehenden Gruppen ihre Macht auszuweiten bestrebt seien, den Machtzuwachs anderer Staaten zu begrenzen trachteten, daß die Welt multikulturell und multipolar bleiben werde, daß der Westen an Einfluß verliere, der Islam aufgrund der Bevölkerungsexplosion entsprechend gewinne, daß der Westen zunehmend in Konflikt mit anderen Kulturkreisen gerate und zwischen Muslimen und Nichtmuslimen Bruchlinienkriege stattfinden würden und daß schließlich ein weltweiter Kampf der Kulturen nur vermieden werden könne, wenn die Mächtigen der Welt bereit seien, eine globale Politik zu akzeptieren und aufrechtzuerhalten, die unterschiedliche kulturelle Werte berücksichtige.

Man sieht, wie hier neue Freund-Feind-Linien aufgezeigt werden, wie der Zerfall von Staaten aufgrund multikultureller Spannungen mit naturwissenschaftlicher Gewißheit vorausgesagt wird. Entsprechend werden sich die Geheimdienste im Zerfallsprozeß dieser Staaten der jeweiligen Elemente bedienen und so den Prozeß zu steuern versuchen. Letztlich wird eine Entwicklung beschworen, die eher abstoßend die erschreckende Manipulierbarkeit westlicher Demokratien durch einen kleinen Teil der Staatsdiener aufzeigt, der sich, versteckt hinter den Erfordernissen geheimdienstlicher Tätigkeit, der demokratischen und öffentlichen Verantwortung entzieht für das Leid, das durch derartige Ideologien weltweit verursacht wird.

Ein blinder Mullah im Angriff auf Wolkenkratzer New Yorks

Daß die Förderung des muslimischen Fundamentalismus als Abwehrkraft gegen den Kommunismus keineswegs mit dem Ende der Ost-West-Konfrontation ein Ende genommen hat, beweist die Verurteilung eines blinden Mullahs durch ein New Yorker Geschworenengericht. Scheich Omar Abdel-Rahman hatte in Pakistan im Auftrag der CIA und des pakistanischen Geheimdienstes aus dem gesamten muslimischen Raum Söldner angeworben. Nach seiner aktiven

Dienstzeit soll er vom fernen Kairo aus eine fundamentalistische Muslimgruppe im Staate New Jersey zum Anschlag auf einen der beiden Wolkenkratzer des World Trade Centers im benachbarten New York Anfang 1993 angestiftet haben. Der Druck der amerikanischen Regierung reichte aus, den Mullah an die USA auszuliefern. Da nach amerikanischem Recht zur Verurteilung eines Angeklagten wegen Bildung einer kriminellen Vereinigung schon die ausdrückliche Billigung einer Bandentat genügt, reichten verhältnismäßig oberflächliche Beweisführungen, um den Mann hinter Schloß und Riegel zu bringen.

Inzwischen stellte sich heraus, daß die Terrortruppe in New Jersey lange vor ihrem Anschlag auf das World Trade Center von CIA und FBI unterwandert war. Bei der Tat war mit dem Führungsoffizier des FBI abgesprochen, die zur Verwendung vorgesehenen Chemikalien rechtzeitig gegen harmlose auszutauschen, so daß die Täter zwar hätten in die Falle gelockt, ein Schaden jedoch hätte vermieden werden können. Doch im letzten Augenblick wies der Führungsoffizier seinen Informanten an, die Chemikalien doch nicht auszutauschen. Man habe andere Wege gewählt[901]. Im Prozeß verwiesen die Kriminellen zu ihrer Verteidigung auf die Erfahrung, die sie in den Kampfverbänden des afghanischen Freiheitskämpfers, Drogenbosses und CIA-Partners Hekmatyar gewonnen hatten[902]. Das FBI hatte die Kämpfer zwar auf die Liste des Einreiseverbots in die USA setzen lassen. Doch die CIA sorgte für die Umgehung. Der die USA tief verunsichernde Anschlag mit einem Schaden von 500 Millionen Dollar gab Präsident Clinton die Chance, ein Antiterrorgesetz im Kongreß durchzusetzen. Er konnte sich als *tough on terrorism* darstellen.

Soldiers of Fortune – private Mordausbildung für globalen Einsatz

Ein weiteres Potential, auf das Geheimdienste wie die CIA jederzeit zurückgreifen können, nennt sich »Soldiers of Fortune«, Söldner, die nicht selten von ehemaligen Militärs und Geheimdienstleuten auf Camps in den USA ausgebildet werden[903]. Die Ausbilder melden ihre aus der ganzen Welt anreisende Klientel in der Regel den zuständigen Stellen der CIA und des FBI, die so eine Datenbank mit weltweit einsetzbaren Killern aufbauen können.

In einem der Anhörungsverfahren des US-Kongresses wird der Fall des Söldnerführers Frank Camper aus Alabama geschildert, der in seinem Lehrgang über Mordtechniken und den Bau und Einsatz von Bomben indische Sikhs ausbildete. Seine Farm wurde geschlossen, nachdem herauskam, daß die Sikhs mit Wissen des FBI, der CIA und des Büros für Tabak, Alkohol und Feuerwaffen an dem Lehrgang teilgenommen hatten, einen Anschlag auf den indischen Premierminister Rajiv Gandhi versucht und später, im Juni 1985, den Absturz des Air-India-Fluges 182 mit 329 Toten verursacht hatten[904].

Aus derartigen Kreisen können Geheimdienste immer wieder Gruppen zu Anschlägen und Staatsstreichen zusammenstellen, ohne sich selbst die Hände schmutzig zu machen[905]. Sollten die Geschäfte schiefgehen, kann auf die Verantwortlungslosigkeit der privaten Söldnerausbildungsstelle hingewiesen und deren sofortige Schließung angeordnet werden[906].

Auf dem Markt sind derzeit vor allem Söldner aus Südafrika, die wegen ihrer früheren Verwicklung in die Unterdrückung der schwarzen Bevölkerung aus ihrem Land hatten fliehen müssen und auch beim verdeckten Kampf in den Anrainerstaaten Südafrikas keine Arbeit mehr finden[907]. Sie werden von einem Büro in London vermittelt. Ein weiteres Büro vermittelt in London rund 4000 Söldner aus 30 Nationen, darunter Kroaten, Serben, Muslime aus Jugoslawien mit ihren Erfahrungen in ethnischer Vertreibungstechnik. Hinzu gesellt sich eine von ehemaligen Generalen der US-Armee, darunter dem ehemaligen Oberbefehlshaber der amerikanischen Truppen in Europa, Kroesen, geführte amerikanische Einrichtung. Sie hat unter anderem die kroatische Armee für die Eroberung und ethnische Vertreibung der zu 90 Prozent von Serben bewohnten Kraina trainiert, mit Sicherheit wiederum mit Wissen und Duldung der amtlichen Politik.

Glaubwürdige Dementis
und Irreführung der Öffentlichkeit

Geheimdienste wie die CIA wären keine Geheimdienste, wenn sie nicht nach jeder verdeckten Operation die Beteiligung und Verantwortung mit Entrüstung und guten Gründen abstreiten könnten. Wie es überhaupt das oberste Prinzip jeden Geheimdienstes ist, verdeckte Operationen sowohl von den eingesetzten Personen, dem verwandten Geld und Material sowie dem Geschehensablauf her so zu planen und durchzuführen, daß der Verdacht, gerade dieser Geheimdienst stecke hinter einer Aktion, nur als Ausfluß einer krankhaften Wahnvorstellung empfunden werden kann. Nicht nur die Aktion selbst, nicht nur das Erreichen des gesteckten Zieles muß gewährleistet sein, die Aktion muß auch mit einer zumindest ebenso perfekt geplanten Täuschung gegnerischer Dienste, der eigenen Strafverfolgungsbehörden, vor allem aber der für Wahlen entscheidenden Öffentlichkeit einhergehen. *Plausible deniability* und hervorragende Desinformation sind gefragt.

Man wird der CIA nie vorwerfen können, im Verlauf des Ost-West-Konfliktes eine weltweite Verschwörung gegen die Sowjetunion in Gang gesetzt zu haben. Diese Unterstellung ist allerdings auch nicht erforderlich. Es reicht aus, daß die Geheimdienste der USA und in ihrem Gefolge der gesamten westlichen Welt in Zeiten des Kalten Krieges, den sie kräftig selbst mit anheizen halfen, in ihrer Aufgabenstellung von einer Weltverschwörung der Gegenseite, des KGB, ausgingen. Daher waren sie, gemäß ihrer Geheimdienstlogik gezwungen, die östliche Verschwörung weltweit zu bekämpfen. Und da sie hinter jeder noch so gemäßigt vorgehenden Reformbewegung, hinter jeder Bewegung zur Befreiung einer Kolonie vom Joch des Kolonialherren und dessen Unternehmen, hinter jeder Friedens-, Umweltschutz- und Antiatomkraftinitiative die den Westen schwächende Machenschaft ihres Gegners, des KGB, witterten, tappten sie selbst in die Falle einer weltumspannenden Wahnvorstellung. Wen wundert es da, daß dem östlichen KGB, so wie er in den Hirnen westlicher Geheimdienstexperten spukte, die westlichen KGBs analog entgegengesetzt wurden.

Mord als Bestandteil
der verdeckten Kriegführung

Daß auch westlicherseits vor Mord nicht zurückgeschreckt wurde, kam schon zum Ausdruck[908]. Schließlich befand man sich im Zustand eines nicht erklärten Krieges, wie die Experten stets glaubten annehmen zu müssen. Und unter Kriegsbedingungen gilt bekanntlich allenfalls Kriegsrecht oder hilfsweise der Satz, daß Not kein Gebot kenne[909]. Dabei muß ja nicht immer gleich ein Bundesbediensteter der US-Regierung den Dolch, den Giftpfeil ins Ziel lenken, die manipulierte Steuerung eines Autos einbauen, ein Flugzeug zum Absturz bringen oder, wie bei Fidel Castro, die vergiftete Muschel auf den Meeresgrund legen müssen, nach der der Maximo Leader hätte tauchen sollen. Er hätte auch den mit einer tödlich wirkenden Substanz behafteten Tauchanzug nicht selbst als Geschenk überreichen müssen. Nein, dafür werden entweder Killer von außerhalb herangezogen über dritte und vierte Personen, die der CIA nicht angehören, ihr jedoch bei Bedarf zu Händen sind. Oder es wird einem befreundeten Dienst unter vier Augen ohne Aktenspur eine Operation nahegelegt, etwa dem südafrikanischen Geheimdienst, dem Mossad oder auch einem der Geheimdienste der Militärregierungen Lateinamerikas[910]. Doch auch diese werden meist im Umfeld der organisierten Kriminalität um »Amtshilfe« bitten. Die Anzahl der Morde, die von der CIA vorgenommen oder veranlaßt wurden, sind sicherlich beachtlich, lassen sich jedoch nur in engen Grenzen exakt beweisen[911].

Mordliste

Aus einer Liste, die William Blum, ein erfahrener, langjähriger Mitarbeiter von Untersuchungsausschüssen des US-Kongresses im Verantwortungsbereich der Geheimdienste zusammengestellt hat, gehen folgende Anschläge auf Staatschefs hervor, die erfolgreich verübt oder versucht worden sind:

1949	Kim Koo, Oppositionsführer in Korea
1950/2	CIA/Neonazi-Liste auszuschaltender SPD-Politiker in Westdeutschland
1955	José Antonio Remón, Präsident von Panama
1950 ff.	Sukarno, Präsident von Indonesien
1950 ff.	Zhou Enlai, Premierminister von China, mehrere Attentate
1951	Kim Il Sung, Präsident von Nordkorea
1950ff.	Claro M. Recto, Oppositionsführer auf den Philippinen
1955	Jawahrlal Nehru, Premierminister von Indien
1957	Gamal Abdul Nasser, Präsident von Ägypten
1959/63	Norodom Sihanouk, Führer von Kambodscha
1960	Abdul Karim Kassem, Brigadegeneral, Führer des Iraks
1950/70	José Figuéres, Präsident von Costa Rica, zwei Mordversuche
1961	François »Papa Doc« Duvalier, Führer von Haiti
1961	Patrice Lumbumba, Premierminister von Kongo (Zaire)
1961	General Rafael Trujillo, Führer der Dominikanischen Republik
1963 ff.	Fidel Castro, Präsident von Kuba, 24 Mordversuche nach kubanischer, mindestens acht nach Berichten des US-Kongresses
1963	Ngo Dinh Diem, Präsident von Südvietnam
1960 ff.	Raúl Castro, hoher Regierungsfunktionär in Kuba
1965	Francisco Caamaño, Dominikanische Republik, Oppositionsführer
1965	Pierre Ngendandumwe, Premierminister von Burundi
1965/6	Charles de Gaulle, Präsident Frankreichs
1967	Che Guevara, Führer in Kuba
1970	Salvador Allende, Präsident von Chile
1970	General René Schneider, Oberbefehlshaber der chilenischen Armee
1970 ff./81	General Omar Torijos, Führer von Panama
1972	General Manuel Noriega, Geheimdienstchef von Panama
1975	Mobutu Sese Seko, Präsident von Zaire
1976	Michael Manley, Premierminister von Jamaika

1980/86	Muammar Gaddafi, Führer von Libyen, zahlreiche Attentatsversuche
1982	Ayatollah Khomeini, Führer des Irans
1983	General Ahmed Dlimi, Kommandeur der marokkanischen Armee
1983	Miguel d'Escoto, Außenminister von Nicaragua
1984	Neun Kommandanten des Sandinistischen Nationalen Direktoriums in Nicaragua
1985	Scheich Mohammed Hussein Fadlallah, libanesischer Schiitenführer, Anschlag mit 80 Toten
1991	Saddam Hussein, Führer des Iraks

In der Liste nicht enthalten sind Auftragsmorde von zum Beispiel in den USA angesiedelten Gruppen von Exilkubanern.

Immerhin hat Präsident Ford nach den Enthüllungen der siebziger Jahre eine Anordnung erlassen, die der CIA das Ermorden führender Staatsmänner/frauen künftig untersagt[912]. Unterhalb des Staatsoberhauptes blieb die Jagd für Mordagenten nach wie vor frei[913]. Ganz abgesehen davon, daß es Kriminelle gibt, die die Wünsche hinsichtlich der Beseitigung unerwünschter Zeitgenossen ohne Hinterlassen dokumentarischer Spuren von den Lippen abzulesen bereit sind[914]. Das gezielte Bombardement der Residenz des libyschen Staatsoberhauptes Gaddafi aus B-111-Bombern der amerikanischen Luftwaffe unter der Reagan-Administration ist ein Beispiel dafür, daß die Ermordung unliebsamer Staatsmänner noch keineswegs obsolet geworden ist, sofern sie als verdiente Antwort auf eine Aktion des Terrors deklariert werden kann. Auch die gezielte Ermordung etwa der Führer der kolumbianischen Drogenkartelle wird für zulässig gehalten[915].

Aus der Phase heftiger Kritik an den Aktivitäten der CIA ging der sogenannte Pike Report hervor, der eine Fülle von Einzelheiten über die Ermordung ausländischer Staatsmänner enthält. Die Regierung wollte den Bericht ursprünglich geheimhalten, doch durch Vorveröffentlichungen waren wichtige Teile bereits an die Öffentlichkeit gedrungen[916].

Die Außenpolitiken der USA:
State Department und Sicherheitsberater

Die Auseinandersetzung um diese verdeckte Kriegführung, hinter der eine verdeckte, inoffizielle Außenpolitik stand und steht, wird in aller Regel nicht im State Department, sondern von den Geheimdiensten im Dialog mit dem Sicherheitsberater des Präsidenten selbst entworfen und gebilligt[917]. Es ist dies eine Politik, die den gezielten, oft mit Hilfe der organisierten Kriminalität ausgeführten Mord nicht ausschließt, die Medien-, Finanz- und Wirtschaftsmanipulationen mit einschließt und auch vor der Nutzung des Terrors nicht zurückschreckt[918]. Die Präsidenten geben ihre persönliche Anordnung oft nur andeutungsweise zu erkennen, um jederzeit und glaubwürdig leugnen zu können. Auf der anderen Seite ist nicht davon auszugehen, daß wesentliche Aktionen der amerikanischen Geheimdienste an der politischen Leitung vorbei in Szene gesetzt werden[919]. Die Pike Commission des amerikanischen Kongresses hielt in diesem Zusammenhang als Ergebnis der Beweisaufnahme fest, daß die CIA keineswegs außer Kontrolle stehe, vielmehr immer verantwortlich die Anordnungen des Präsidenten und seines Nationalen Sicherheitsberaters ausgeführt habe. Dieses Urteil stammt allerdings aus der Zeit vor der Präsidentschaft Jimmy Carters, hinter dessen Rücken sich republikanische Seilschaften in der CIA zu schaffen machten[920].

Empörung und Reformansätze
werden ausgesessen

Im Gefolge des Vietnamkrieges, nach dem Sturz Allendes, nach der fast flächendeckenden Einführung von Militärregierungen in Lateinamerika und in vielen Staaten Afrikas und gegen die jeweiligen Oppositionskräfte eingesetzten Mordbanden traf die Politik auf den anschwellenden Widerstand einer erschrockenen Öffentlichkeit[921]. Mitarbeiter der CIA distanzierten sich von den Methoden des Dienstherren, informierten engagierte Journalisten und Kongreßabgeordnete.

In der Politik erhielten Abgeordnete und Senatoren, die sich kritisch mit dem Geheimdienstapparat der USA und dessen demokratisch nicht legitimierten weltweiten Aktivitäten auseinandersetzten, zunächst Unterstützung von einer breiten Öffentlichkeit. Diese Phase der Öffnung zur Kritik und der Bereitschaft zur Reform ging jedoch sehr schnell wieder ihrem Ende entgegen. In Athen war der CIA-Repräsentant auf offener Straße erschossen worden, wie es hieß, nachdem in den USA sein Name von Kritikern der CIA in aller Öffentlichkeit genannt worden war[922]. Doch in Athen wußte jeder, der es wissen wollte, wo der Vertreter der CIA wohnte. Und der hatte sich trotz dringender Warnung der Zentrale standhaft geweigert, eine andere Wohnung zu beziehen[923]. Nun nutzten die CIA und das Weiße Haus den Vorfall, um den Mord der angeblich zu weit gegangenen Aufklärung, insbesondere über die Personalia der CIA, der kritischen Presse anzulasten[924]. Die Presse stellte daraufhin ihre Berichterstattung über laufende CIA-Skandale im wesentlichen ein[925]. Fortan wurden die Berichte der Kongreßausschüsse über die Ermordung von Staatsmännern und andere Aktivitäten außerhalb der Legalität von der Mehrheit der Kongreßabgeordneten nicht mehr freigegeben und gelangten nun allenfalls über Indiskretionen in die Öffentlichkeit[926]. Die Veröffentlichung der Mordpraktiken der CIA führte auch zu Umgehungskonstruktionen, indem eine Einrichtung wie Condor in den lateinamerikanischen Ländern geschaffen wurde, der nun die schmutzige »nasse« Arbeit überlassen werden konnte[927].

Doch nun begann eine größere Mannschaft aus dem riesigen Heer ehemaliger Geheimdienstangehöriger unter Führung einiger als besonders belastet vorzeitig aus der CIA entfernter Agenten in Verbindung mit konservativen und rechtsradikalen Gruppen und Geldgebern sich in den demokratischen Prozeß der Vereinigten Staaten einzumischen. Abgeordnete und Senatoren, die durch ihre Kritik an den Geheimdiensten aufgefallen waren, wurden in ihren Wahlkreisen nicht wieder aufgestellt oder nicht wiedergewählt. Die Vereinigung der Ehemaligen der CIA suchte die Aufstellung zu den Kongreßwahlen und den Ablauf des Wahlkampfes zu beeinflussen, indem sie in den Medien die in den USA verbreitete Negativwerbung gegen unerwünschte Kandidaten einsetzte[928]. Die Taktik verspricht schnellen Erfolg, da die Wahlkampfkosten ungeheuer hoch und insbesondere mit Ausgaben für die Fernsehwerbung belastet sind, die aus einer mager bestückten Privat- wie Parteikasse nicht bezahlt werden können. Die Abgeordneten sind daher von bundesweiten Sonderwahlkampfkassen abhängig. Es ist dabei inzwischen gang und gäbe, schon gegen die Aufstellung und vor allem Wiederaufstellung nicht genehmer Kandidaten Fernsehwerbung zu schalten[929]. So werden sich Anhänger einer nennenswerten Abrüstung mit der geballten Kraft der Rüstungsindustrie auseinandersetzen müssen. *Soft on communism* wäre die entsprechende Negativbotschaft.

Wer für eine Beschränkung des freien Verkaufs von Feuerwaffen an die Bevölkerung eintritt, hat es in den USA mit der allmächtigen National Rifle Association zu tun, die in Fernsehspots zu bedenken gibt, daß der Kandidat die Bevölkerung wehrlos dem organisierten Verbrechen zu opfern bereit ist. *Soft on crime* heißt diese Botschaft.

So arbeiteten die »Ehemaligen« flächendeckend Kandidat für Kandidat gegen Bestrebungen, der CIA in ihrem weltweiten Kampf gegen die »Weltverschwörung des Kommunismus«, die Gefahr des muslimischen Fundamentalismus, des Terrorismus oder neuerdings gegen jede Gefährdung der USA als einzige unangefochtene politische, wirtschaftliche und militärische Weltmacht Fesseln anzulegen[930]. Da die CIA über ein großes Know-how in Techniken der Meinungsmanipulation verfügt, führt der Einsatz meist auch zum Erfolg. Berücksichtigt man ferner die Verbindungen in die organisierte Kriminalität und deren Nutzung für die eigene Strategie, kann man die Gefahren für die Integrität des demokratischen Prozesses erkennen. Fest steht, daß am Ende von ein bis zwei Legislaturperioden die engagierten Kritiker der CIA abgewählt und die Zeiten des Anziehens der »Daumenschrauben« für lange Zeit vorbei waren[931].

So blieb als Ergebnis der kurzen Aufräumperiode nach erbitterten Auseinandersetzungen nichts als eine PR-Strategie übrig, die dem Publikum das Bild einer CIA vermittelte, die nach einigen bedauerlichen, inzwischen jedoch bereinigten Ausrutschern an ihre wesentlichen und nach wie vor wichtigen Aufgaben gehen konnte und mußte. Der Zyklus konnte von vorn beginnen.

Herrschaft per Fernsehen:
Manipulierte Demokratie statt Militärdiktatur

Inzwischen dürfte die hohe Zeit der nach Drehbüchern der amerikanischen Geheimdienste installierten Militärdiktaturen ihrem Ende entgegengehen. Der öffentliche nationale und internationale Widerstand gegen die Brutalität und die Korruption derartiger Regime mit ihren Todesschwadronen stößt auf Widerstand, bringt die Geheimdienste im eigenen Land ins Kreuzfeuer der Kritik und weltweit die USA von Zeit zu Zeit auf die Anklagebank. Dies erschwert wiederum in vielerlei Beziehung das Geschäft und führt zur Abkehr vom Instrument der korrupten Militärherrschaft und zur Hinwendung zur mediengerecht manipulierten Demokratie.

Endlich steht ein wirksameres, heimtückischeres Instrument zur Verfügung als die nackte Gewalt: das Fernsehen, die Nachrichtenmanipulation der Bevölkerung und der fernsehgerecht manipulierte Politiker mit Kurzaussagespot. Während das Buch nur langfristig die Einstellung der Leserschaft grundlegend beeinflussen kann, Zeitungen die Chance bieten, kurzfristig Emotionen zu schüren, eröffnet das Fernsehen der Politik ungeahnte neue Möglichkeiten. Gegen manipulierte Bilder sich zur Wehr zu setzen erfordert Wissen, Sachverstand, unabhängige Meinung, ein gereiftes Urteil. Darüber verfügen nur wenige Bürger, auf die es von der Zahl der Stimmen immer weniger ankommt.

Bestes Beispiel hierfür ist der einstige amerikanische Westernheld und Alt-Präsident Ronald Reagan, der nach allen Erkenntnissen seiner unmittelbaren Umgebung für das Amt des Präsidenten der Vereinigten Staaten weder Vorkenntnisse noch die Bereitschaft zum Lernen mitbrachte, der jedoch auf die Massen via Fernsehen charmant und beruhigend wirkte, in einer Umbruchszeit konservative Signale im Sinne der Zeitumstände ausstrahlte, den Massen Sicherheit und Vertrauen einflößte. Allerdings halfen ihm bei seiner Wahl in das Präsidentenamt nicht nur seine Getreuen in Finanz und Wirtschaft, sondern auch die in der Manipulation menschlicher Individuen, Gruppen und Gesellschaften bestens bewanderten ehemaligen Agenten der amerikanischen Geheimdienste[932].

Das Fernsehen macht es möglich, kleinere kriegerische Handlungen maßstabswidrig in moralisch wie faktisch unangemessene Dimensionen aufzublasen. Gutes Beispiel hierfür war 1983 der Großangriff amerikanischer Streitkräfte auf die kleine Inselrepublik Grenada mit ihren rund 110 000 Einwohnern, regiert von einer auf Verbesserung des Lebensstandards sinnenden Regierung[933]. Ausschlaggebendes Argument der US-Regierung für den Überfall der See-, Luft- und Marinestreitkräfte war der Bau eines Flughafens mit einer auf 3 200 Metern Länge ausgelegten Landepiste, den die Europäische Gemeinschaft aus Mitteln der Entwicklungshilfe zum Aufbau des Fremdenverkehrs auf der Insel finanzierte. Da auf der Baustelle kubanische Bauarbeiter beschäftigt waren, wurde das Projekt in der Darstellung der Reagan-Regierung zu einem sowjetisch-kubanischen Militärflughafen hochstilisiert mit dem sowjetischen Ziel, von dort mit weitreichenden, nuklearwaffenbestückten Kampfbombern die Vereinigten Staaten angreifen zu können. Die Lächerlichkeit des Vorwandes muß nicht vertieft werden. Entscheidend war der fernsehgerechte Aufmarsch der amerikanischen Streitkräfte, der auf den heimischen Bildschirmen den Eindruck einer Neuauflage einer Weltkrieg-Zwei-Landung an den Küsten der Normandie vermitteln konnte und sicherlich auch sollte. Da nur militär- wie regierungsfromme Medienvertreter bei dem Spektakel zugelassen waren und der Kontakt mit der karibischen Bevölkerung erst nach Tagen gestattet wurde, gelang die Manipulation der öffentlichen Meinung zur vollen Zufriedenheit der Regierung. Ein Sprung in der heimischen Popularitätsskala des Präsidenten war die Folge.

Auch Margaret Thatcher hatte es mit dem Einsatz britischer Streitkräfte auf den Falklandinseln bei striktem Durchgriff der Pressezensur geschafft, von einer äußerst unpopulären Politikerin zur Jeanne d'Arc einer Wiedergeburt der britischen Nation aufzusteigen. Ein Ergebnis hervorragender Medienmanipulation durch zum Teil künstlich geschaffene Konfrontationsereignisse.

Das gleiche Spiel läßt sich auch innenpolitisch inszenieren. Hier kann es, je nachdem, ob die regierende Mannschaft das Handeln des eigenen Geheimdienstes wie auch fremder Dienste in der Hand hat, zu Helden- wie Trottelvorführungen auf der Bühne der Terror-, Drogen- oder auch Plutoniumschmuggel-Bekämpfung kommen.

In den Industriestaaten, deren Bevölkerung die Komplexität der Lebensverhältnisse kaum noch durchschaut, lassen sich mit dem

Instrumentarium der manipulierten Demokratie inzwischen Ergebnisse erzielen, die denen einer Diktatur in nichts nachstehen. Mit dem fernsehträchtigen Kandidaten im Schaufenster, einer wirtschaftlich und finanziell manipulierten Presse in der Hinterhand und dem geschickten Einsatz von Brot und Spielen, heute *tititainment* genannt, können die phantastischsten Kombinationen erreicht werden. In den Ländern der Dritten Welt, aber auch den Diktaturen Asiens, in denen die Bevölkerung für Hungerlöhne zu arbeiten gezwungen ist, daher geneigt sein könnte, auf die Straße zu gehen und den Umsturz zu proben, beteiligen sich Militär und Polizei im Einvernehmen mit der Staatsverwaltung an der Unterdrückung des aufmüpfigeren Restes der Bevölkerung. Dafür wird Korruption zur Bereicherung der Führungskräfte von der Spitze bis zur Basis hingenommen. Die Presse kann zumindest auf Zeit von Kritik ferngehalten werden.

Sollten die Zustände für die Wahlbevölkerung allzu durchsichtig werden, kann auf eine alternative Politikerreihe gesetzt werden mit ebenso manipulierten Kandidaten wie den Auszutauschenden. Auch hier wird man von einem Zeitraum von durchschnittlich zehn Jahren ausgehen können, in der die eine Korruptionsmannschaft durch die nächste »Reinigungsmannschaft« abgelöst wird. In diesem Zeitraum müssen die betreffenden Herrschaften ihren Gewinn für den Rest ihrer Lebenszeit eingefahren und im Ausland sicher angelegt haben. Ganze Landstriche wie die Côte d'Azur übernehmen die gastliche Aufnahme der geldanlagestarken Politflüchtlinge und leben davon oft nicht schlecht.

Die Strategie der Spannung

Wem es gelingt, Spannung in einer Gesellschaft zu erzeugen, der kann die entstehenden Gegensätze nach den Prinzipien des Teile und Herrsche ohne großen eigenen Aufwand nutzen, kann Gegner klein, Alternativen kraftlos halten. Die Elemente, aus denen die Strategie der Spannung erzeugt wird, wechseln von Land zu Land. In vielen westlichen Ländern wurden von 1945 an stets aufs neue neofaschistische Gruppen unter Bezeichnungen wie Avanguardia Nazionale,

Ordine Nuovo, Ordre Nouveau oder Action Directe in Frankreich, der Front National der Jugend in Belgien, die Organisatione Grece und Europa Civiltà oder auch die Grauen Wölfe in der Türkei von nationalen und amerikanischen Geheimdiensten gefördert und innenpolitisch in Stellung gebracht[934]. Aber auch in die linksradikale Szene arbeitete sich die CIA zusammen mit ihren Vermittlern und Partnern aus den italienischen Geheimdiensten vor. Schließlich wurde über verdeckte Terroranschläge Streß und Chaos zur Beeinflussung der Massen erzeugt. Ähnliches geschah in Griechenland und in der Türkei mit Ausstrahlungen auch in die Bundesrepublik und nach Frankreich.

Nach der bereits erwähnten Dienstanleitung des Geheimdienstes der US-Armee (vgl. S. 318 f. und 364 f.) hat der »Große Bruder« nachzuhelfen, wenn die Regierungen befreundeter Nationen die Bekämpfung der kommunistischen Gefahr nach amerikanischer Auffassung nicht ernst nehmen oder auch die Gesellschaft in ihrer antikommunistischen Wachsamkeit nachläßt[935]. Es ist dabei letztlich alles erlaubt, was den zu manipulierenden Freundesstaat auf den Pfad der Tugend und einen amerikafreundlichen Kurs zurückzuführen in der Lage ist. Dazu gehört die Unterwanderung der befreundeten Geheimdienste, Verfassungsschutzorganisationen, Militärischer Abschirmdienste oder Kriminalpolizeien, die Unterwanderung radikaler rechter wie linker Gruppen, das Vordringen in Spitzenpositionen auch von Terrororganisationen, um als Agents provocateurs selbst Anschläge zu planen und zu steuern[936].

In jedem beliebigen Land Europas, Lateinamerikas, Asiens oder Afrikas kann es zu aus sich selbst heraus nur schwer erklärbaren Unruhen und Terrorakten kommen, bei deren Beurteilung auch der kundige Betrachter oft nicht sicher sein kann, ob nicht ein gegnerischer Geheimdienst wie der der Staatssicherheit der früheren DDR oder aber auch der Geheimdienst einer verbündeten Supermacht, oft in Kombination mit gekauften und illoyalen Teilen der eigenen Dienste, dahintersteht.

Wenn der israelische Geheimdienstagent Ari Ben-Menashe recht hat, dann stand zum Beispiel die palästinensische Terrorgruppe des Abu Nidal noch vor dem Übergriff auf das Kreuzfahrtschiff *Achille Lauro* über Mittelsmänner in Diensten der israelischen psychologischen Kriegführung. Abu Nidal ging in der Londoner Filiale der auch vom CIA für vielerlei Geldtransaktionen genutzten Bank BCCI ein und aus und betreute dort spezielle Geldanlagen reicher arabischer Konteninhaber[937].

Aus den Beobachtungen des Ministeriums für Staatssicherheit in Ostberlin geht hervor, daß die radikalen, allzeit terrorbereiten Palästinensergruppen schon sehr früh in erheblichem Umfang als korrumpiert galten. Die Mehrzahl der Terroristen sei, so heißt es, vor Gründung der Abu-Nidal-Gruppe mehr oder weniger nur noch mit der Verwaltung ihrer erworbenen Vermögen und dem materiellen Wohlergehen beschäftigt gewesen[938]. Daher die Abspaltung einer noch radikaleren Gruppierung. Doch wenn auch diese kurz nach ihrer Startphase in die Abhängigkeit israelischer oder auch amerikanischer Geheimdienste geriet, dann ist nicht auszuschließen, daß diese beiden Geheimdienste mit Agents provocateurs bereits an der Gründung der Gruppe beteiligt waren, um nicht nur im Bilde zu sein, sondern das terroristische Geschehen mit steuern zu können[939].

Wer sind die Drahtzieher des internationalen Terrorismus?

Von daher wird man bei so mancher Terrorgeschichte der letzten Jahrzehnte bösgläubig werden und bittere Fragezeichen anbringen müssen, solange die beteiligten Dienste nicht rückhaltlos ihre Karten auf den Tisch legen. Doch davon kann nicht die Rede sein. Man ist folglich auf Indizien angewiesen, um sich an den amtlichen Desinformationen vorbei in die Nähe der wahrscheinlichen Geschehensabläufe vorarbeiten zu können. Ein wenig befriedigendes Ergebnis. Die Durchdringung des Terrorismus mit Agenten ist Aufgabe der auf die Bekämpfung von Terror spezialisierten Dienste.

Man muß dabei nicht immer so plump und töricht vorgehen wie das niedersächsische Landesamt für Verfassungsschutz, das zusammen mit Sprengstoffexperten des Bundesgrenzschutzes und wohl nach Absprache mit dem Bundesminister des Innern, dem Abteilungsleiter des BKA für Terrorbekämpfung, dem Justizminister von Niedersachsen unter Umgehung zahlreicher sonstiger Amtsträger letztlich dabei ertappt wurde, mit einer geballten Sprengladung die

Umfassungsmauer des Gefängnisses von Celle durchlöchert zu haben, um einigen hochkriminellen V-Leuten Zugang zu einem dort einsitzenden deutschen Terroristen zu verschaffen. Bevor die Öffentlichkeit hinter die Geheimdienstspiele der Terrorbekämpfer aus Bund und Land kommen konnte, war der Presse wider besseres Wissen der Hinweis verkauft worden, es handele sich bei dem Bombenattentat wieder einmal um einen besonders dreisten Anschlag aus terroristischen Kreisen zur Befreiung ihrer in Haft gehaltenen Genossen. Mit von der Partie war seinerzeit ein Exilkroate, der, mit dem deutschen Superagenten Mauss zusammenarbeitend, in Jugoslawien wegen zahlreicher Straftaten gesucht wurde und dem es angeblich gelungen war, sich in das Vertrauen der deutschen linken Terrorszene einzuschleichen. Dies konnte um so leichter gelingen, als er den Terroristen bereits Waffen und Sprengstoffe im Auftrag des Bundeskriminalamtes besorgt hatte[940].

Disko La Belle in Westberlin

Während die amerikanische Regierung vor allem unter der Präsidentschaft Reagans keine Gelegenheit ausließ, um jedweden Fall von Terror dem libyschen Staatschef anzulasten, blieben in der Regel eindeutige Beweismittel aus. Sie fehlen im Falle des Lockerbie-Desasters ebenso wie in dem der Bombardierung der von amerikanischen Soldaten aufgesuchten Diskothek La Belle in Westberlin[941]. Die angeblich abgehörten Funksprüche der Ostberliner Vertretung Libyens, man werde in Kürze einen Anschlag gegen ein wichtiges Ziel starten, und der Funkspruch am folgenden Tag nach der Tat, man habe Grund zur Freude wegen des eingetretenen Erfolges, sind Sachverständigen der arabischen Sprache in den amerikanischen Geheimdiensten nie zur Begutachtung und Auswertung vorgelegt worden. Es dürfte auch mehr als zweifelhaft sein, ob libysche Agenten so töricht sein können, im offenen Funkverkehr derartige Sprüche abzusetzen. Die Berliner Polizei hat zu Beginn wie am Ende der Untersuchungen stets betont, daß ein Hinweis auf eine libysche Beteiligung nicht zu finden sei. Im Gegensatz hierzu erklärten jedoch die amerikanische wie die britische Regierung Libyen für verantwortlich und nutzten die Tat als Rechtfertigung für ein Bombardement des Regierungssitzes von Muhamad Gaddafi. Den von England aus gestarteten amerikanischen F-111-Bombern hatte allerdings Frankreich das Überfliegen seines Territoriums verweigert. Opfer des Anschlags war eine kleine Nichte des Diktators, ansonsten die Zivilbevölkerung in der Anflugschneise auf die Residenz des Staatschefs in Tripolis und nicht zuletzt die französische Botschaft, die einen Volltreffer erhalten hatte[942]. Die Operation wurde, wie inzwischen üblich, so angesetzt, daß die frühen Fernsehnachrichten der amerikanischen Ostküste live berichten konnten[943].

Inzwischen ist vor dem Landgericht Berlin Anklage gegen den angeblichen libyschen Täter des Diskoanschlages erhoben worden. Fraglich bleibt, ob es sich bei der Anklage nicht um einen Akt der Gefälligkeit gegenüber nachhaltigen amerikanischen Vorstellungen handelt. Die Anklage beruft sich ebenso wie bei der Strafverfolgung gegen Monika Haas in Sachen *Landshut*-Entführung auf die inzwischen zugänglich gewordenen Stasi-Unterlagen. So gut die Staatssicherheit im Ost-West-Verhältnis aufgeklärt und den BND zum gläsernen Unternehmen gemacht haben mag, wenn die These, daß Geheimdienste ganz wesentlichen Anteil am Einsatz des Terrorismus zur Steuerung der öffentlichen Meinung haben, dann wurden BND und Stasi vermutlich gleichermaßen genarrt. Der für die Aktennotizen zuständige Stasi-Offizier ist nach der Wende auf eigentümliche Weise einem Autounfall in Griechenland zum Opfer gefallen[944]. Die CIA hat den deutschen Behörden die Stasi-Akten zum Teil vor der Nase weggeschnappt und behält damit Einfluß auf das, was deutsche Augen überhaupt zu sehen bekommen und was den berühmten *American eyes only* vorbehalten bleibt, eine Klausel, die schon bei vielen nichtamerikanischen NATO-Offizieren in Brüssel die Freundschaft beeinträchtigend gewirkt hat.

Der israelische Geheimdienstmann Ari Ben-Menashe jedenfalls berichtet zum Attentat auf die Disko La Belle, ein Kommandounternehmen des Mossad habe eine Funkreflexanlage in die unmittelbare Nähe des Präsidentenpalastes in Tripolis gebracht und darüber Funksprüche simuliert, die dann von den amerikanischen Diensten in Europa abgehört werden konnten. Die amerikanische Politik habe sich auf die gefälschten Beweise gestürzt, um die Rechtfertigung für den Mordversuch an Gaddafi in die Hand zu bekommen[945]. Der andere israelische Geheimdienstmann Ostrovsky bestätigt den Vorgang, an dem er selbst beteiligt gewesen sei. Die Operation sei von der Desinformationsabteilung des Mossad vorgenommen worden. Der Mossad habe über diese Anlage eine ganze Latte von terroristischen Befehlen an verschiedene libysche Botschaften und Volksbüros elektronisch übermittelt. Damit habe der Eindruck erweckt werden sollen, als stünde Libyen hinter vielen terroristischen Aktivitäten in aller Welt. Und dies wiederum habe die Glaubwürdigkeit der vom Mossad den Partnerdiensten zugespielten Berichte untermauern sollen. Franzosen und Spanier seien den Informationen nicht auf den Leim gegangen, meint der israelische Geheimdienstmann Ostrovsky[946]. Aus den Akten der Stasi läßt sich nach Ansicht von Beobachtern auf ein Rattennest von Doppel- und Dreifachagenten schließen. Die Stasi selbst kam zu dem Ergebnis, die Verschwörer in Sachen La Belle hätten Kontakt zum Bundesnachrichtendienst, der CIA und der Polizei gehabt[947].

Es fehlt nicht an zahlreichen weiteren Merkwürdigkeiten. So befindet sich eine Münchner Firma Telemit im Miteigentum des libyschen Staates, verfügt über ganz offensichtlich sehr nahe Verbindungen zum Bundesnachrichtendienst und beliefert Libyen mit Spezialanlagen der Mikroelektronik. Die Giftgasanlage in Rabta wurde ebenso wie die des Iraks mit Wissen und Duldung der westlichen Dienste installiert, möglicherweise versehen mit Einrichtungen, die die Selbstzerstörung der Anlage vor Inbetriebnahme zugelassen haben.

Der saudische Geschäftsmann Adnan Kashoggi, Verwalter unter anderem auch des Marcos-Vermögens, der sich einer engen Freundschaft mit dem Ehepaar Reagan rühmt, ist zugleich Partner in Ölgeschäften mit Libyen. Es fällt bei diesen personellen Konstellationen schwer, an die exorbitante terroristische Gefährdung durch Libyen zu glauben. Gleichwohl wird der Staatsführer unter dem Vorwand der Terrorismusbekämpfung gerade durch Maßnahmen und Eingriffe der USA stets aufs neue so gereizt, daß man sein Ausweichen als Vertreter eines verhältnismäßig schwachen Staates in terroristische Handlungen geradezu heraufbeschwört. So haben vor Jahren die USA Manöver ihrer See- und Luftstreitkräfte nicht nur in der 120-Meilenzone, sondern unmittelbar in dem zwölf Meilen breiten Gürtel der Hoheitsgewässer vor der libyschen Syrte im Mittelmeer abgehalten und damit die libyschen Streitkräfte nach den Aussagen britischer Radartechniker, die aus Anlaß von Reparaturaufgaben das Geschehen beobachten konnten, schließlich geradezu gezwungen, auf die in den Hoheitsraum eindringenden US-Kampfflugzeuge zu schießen[948]. Die ausgreifende Antwort hierauf war der Abschuß zweier libyscher Kampfflugzeuge über dem Mittelmeer durch amerikanische Flugzeuge und die Versenkung einer Reihe von libyschen Schiffen. Im übrigen gleicht das aggressive Eindringen der amerikanischen Marine in die Zwölfmeilenzone dem Verhalten des Schlachtschiffs *Vincennes* im Persischen Golf, das aus einer ähnlichen völkerrechtswidrigen Position den Airbus der Iran Air abschoß[949].

Aus Presseveröffentlichungen geht hervor, daß die Dienste in Amerika wie in Europa, und hier besonders der Bundesrepublik, über die Verhältnisse in Libyen, die Streitkräfte und Polizeieinheiten ebenso wie über die Rüstungsprogramme und die wirtschaftlichen Aktivitäten des Ölstaates, bestens informiert sein müssen. Amerikanische Söldner haben über Vermittlung des berüchtigten CIA-Agenten Ed Wilson libysche Sonderkommandos ausgebildet, die Jagd auf libysche Staatsfeinde machten. Der La-Belle-Attentäter hat zuvor in Westberlin einen libyschen Oppositionellen ermordet, eine Tat, deretwegen er jedoch in Berlin nicht vor Gericht gestellt wird[950]. Ed Wilson besorgte Gaddafi 1977 rund zehn Tonnen des Spezialsprengstoffs C-4, den man für Bombenanschläge an und mit Autos und Flugzeugen benötigt. Es war die größte Menge an hochelastischem, haltbarem Sprengstoff, die je illegal verkauft wurde[951]. Auch die Ausbilder für den Umgang mit den Terrormaterialien wurden über diese Quelle vermittelt[952]. Bundeswehrangehörige beteiligten sich an der Ausbildung der Leibgarde Gaddafis. Deutsche Firmen beteiligten sich an den Absicherungsmaßnahmen der Regierungsgebäude. Die Flugzeuge, mit denen Gaddafi ebenso wie Idi Amin flogen, stammten teils aus israelischen, teils aus CIA-Beständen. Die Maschinen waren mit Wanzen versehen, und die Flugmannschaften bestanden aus Mossad-, wahrscheinlich zum Teil auch aus CIA-Agenten[953].

An der Nase
herumgeführte Europäer

Beim Durchsehen der internationalen Literatur drängt sich der Eindruck einer ganz massiven und kontinuierlichen Manipulation zumindest der kontinentaleuropäischen Geheimdienste und Kriminalpolizeien auf. Dazu gehört auch, daß die kritische Auseinandersetzung mit den Diensten stark tabuisiert und die parlamentarische Kontrolle an der Oberfläche bleibt. Die Rechtsprechung zeigt kaum Anflüge von Skepsis gegenüber den von der Bundesanwaltschaft, dem Bundeskriminalamt, den Ämtern für Verfassungsschutz unter Ausnutzung der mißbrauchsanfälligen Kronzeugenregelung unterbreiteten Teilsachverhalte eines oft nur in der Gesamtschau zu durchdringenden Geschehens. Dies zeigt sich in den bereits behandelten Fällen der Monika Haas und der Palästinenserin Suheila Andrawes vor den Staatsschutzsenaten Frankfurt und Hamburg (vgl. S. 290 f.), wo Rand- und Teilrollen des Terrorgeschehens zum Gegenstand der Verfahren gemacht werden. Dabei stellt sich dann die Frage, in welchen Ketten Geheimdienste ihre Informationen und Desinformationen weitergegeben haben. So ist den Aussagen ehemaliger Mossad-Mitarbeiter zu entnehmen, daß zum Beispiel die skandinavischen Geheimdienste wie sicher auch die der Bundesrepublik auf das engste mit dem israelischen zusammenarbeiten. Der Mossad wußte in der Vergangenheit über jeden Palästinenser Bescheid, der sich auf dänischem oder skandinavischem Boden bewegte. Arabischsprechende Angehörige des Mossad konnten in norwegischen Polizeiuniformen sogar palästinensische Asylbewerber vernehmen, auch unter Anwendung von Gewalt. Aus diesem Kreis wurden neue Mitarbeiter für den Mossad gewonnen[954]. Die Überwachung des nahöstlichen Telefonverkehrs haben die dänischen Nachrichtendienste jahrelang Angehörigen des Mossad überlassen, die das Aufkommen nach ihren Interessen manipulierten, zuweilen Erkenntnisse, die nicht ins Konzept paßten, verschwinden ließen[955].
  Berücksichtigt man nun, daß nach der Ermordung Mohamed Boudias, des für Europa zuständigen Chefs der Terrorgruppe Schwarzer September, dessen Stellvertreter Moukharbel – der ein Jahr nach dem Anschlag auf die israelischen Sportler in München bereits in

die Dienste des Mossad getreten war – in die Position des Europaverantwortlichen nachrückte, dann werden weitergehende Überlegungen immer gespenstischer. Dann dürfte auch die Entführung der Lufthansamaschine *Landshut* auf dem Flug von Mallorca nach Frankfurt am 13. Oktober 1977, einer der letzten Akte des kranken Waddi Haddad, dem Mossad schon in der Planungsphase nicht entgangen sein[956]. Demnach hätte auch dieser Anschlag verhindert werden können.

Die Liste der Anschläge mit offenen Fragen zur Urheberschaft ließe sich fortsetzen. Am 27. Juni 1976 wurde eine Maschine der Air France auf ihrem Flug von Tel Aviv nach Paris kurz nach der Zwischenlandung in Athen von einem deutsch-arabischen Terrorteam entführt. Die Geschichte endete mit dem Tod der Terroristen und der berühmt gewordenen Erstürmung der Maschine durch eine Sondereinheit der israelischen Streitkräfte in Entebbe. Vor dem Sturmangriff der Israelis berieten sich der deutsche Terrorist Böse und sein Kommando an Bord der Maschine per Funk mit drei Männern, die auf dem Flughafen zugegen waren und von denen das Bordkommando seine Befehle empfing. Eine Dreiviertelstunde vor dem Eintreffen des israelischen Kommandos verließen diese drei Männer den Flughafen und fuhren zum Abendessen ins nahe Kampala. Dadurch entgingen sie dem Schicksal der Entführer, die samt und sonders bei der Erstürmung der Maschine ums Leben kamen. Nach Yallop handelte es sich bei den drei Männern um Waddi Haddad, Chef des Schwarzen September, Antonio Bouvier, Chefplaner der Entführung, sowie den berühmten Carlos[957]. Nebenbei bemerkt spielte sich das Ganze in Uganda, im Lande des Diktators Idi Amin ab, ursprünglich mit CIA-Hilfe an die Macht geputscht, von Israel unterstützt und unter anderem von CIA-Mitarbeiter Frank Terpil beraten, der dem Diktator zum Beispiel bei der Beschaffung von Giften zur Ermordung politischer Gegner, aber auch von Bomben mit Fernzündung zur Sprengung von Flugzeugen behilflich war[958].

15

Marionettenspiele
über Kontinente

CIA-Bruch mit
Rechtsterrorismus glaubhaft?

Mag die CIA 1952 auch auf die Beendigung der Förderung rechts- wie linksradikaler Elemente in der Bundesrepublik heilige Eide geleistet haben. Nachrichtendienstliche Eide sind ein Widerspruch in sich.

Führt man sich die Intensität der Destabilisierungsmethoden und -mittel vor Augen, die die amerikanischen Dienste in den befreundeten Staaten der NATO über die Jahre hinweg genutzt haben, berücksichtigt man die Forderung des Field Manuals 30/31 auf Nutzung terroristischer Gruppen und deren Einsätze zur Konditionierung der öffentlichen Meinung und der Regierung befreundeter Staaten, dann kann man aus dem Beobachtungswinkel einer weltweit operierenden Großmacht nur unterstellen, daß für jedes als wichtig erachtete Land auf dem Globus entsprechende innenpolitische Hebel der Einflußnahme und Steuerung gesucht, gefunden und unterhalten werden[959]. Alles andere würde ein Außerachtlassen dieser Vorschrift und damit ein Dienstvergehen der Verantwortlichen darstellen.

1981 werden nahe der innerdeutschen Grenze Waffenlager gefunden, auf die neonazistische Jugendgruppen bei ihren Waffenspielen zurückgreifen. Bundeswehroffiziere gehen mit rechtsradikalen Gruppen auf Wochenendübungen am Zonenrand. Und es werden stets neue faschistische Gruppen gebildet, bewaffnet und in ihren Führungskadern gut besoldet[960]. Ähnliches kann auf österreichischem Boden beobachtet werden.

Da finden wir in den Unterlagen italienischer Richter Hinweise auf die Verzahnung der meisten terroristischen Banden Europas. Die Roten Brigaden und die RAF werden bei den Palästinensern ausgebildet, denen wieder CIA-genutzte Zwischenhändler wie Al Kassar die Waffen liefern. Da gibt es die Hyperion-Sprachschule in Paris als Deckadresse zahlreicher CIA-Mitarbeiter, die mit internationalen Terrorbanden zusammenarbeitet. Die Querverbindungen reichen von dort zur irischen IRA[961], zur baskischen ETA[962] und zur PLO und Al Fatah[963]. Da findet sich bei der Wohnungsdurchsuchung in Paris in den Papieren Al Kassars die Adresse des deutschen rechtsradikalen Hepp. Da kommen Abmachungen der Wehrsportgruppe Hoffmann mit den christlichen Phalangisten zutage, seinerzeit zum Teil rücksichtslos unterstützte Bündnispartner des Mossad und der CIA für die Ausbildung ihrer Kämpfer im Libanon. Einem sich um Feuchtbiotope auf der Schwäbischen Alb kümmernden, mit der Wehrsportgruppe Hoffmann verkehrenden Zögling explodierte kurz vor den Bundestagswahlen 1980 auf dem Weg zu einem Abfallkorb eine Bombe in der Nähe des Eingangs zum Oktoberfest, 14 Menschen starben, mehr als 100 wurden verletzt. Kameraden, die die Szene beobachteten und möglicherweise die Sprengung fernzündeten, konnten entkommen. Die Tat wurde nie voll aufgeklärt, jedoch unmittelbar zum Wahlkampfthema hochgeputscht nach dem Muster »Wen kann man der Schwäche in der Terrorbekämpfung zeihen?«[964]. Während das Bundeskriminalamt von mehreren Tätern ausging, beharrte das bayerische Landeskriminalamt auf der These eines Einzeltäters. Franz Josef Strauß verdächtigte gar die DDR, die Wehrsportgruppe Hoffmann zu steuern.

Italienische Terroristen rücken nach ihren deutschen Kameraden in die gleichen Ausbildungslager in Nahost ein[965]. Sowohl CIA als auch Mossad richten zur gleichen Zeit alle ihre Energien auf eine Zusammenarbeit im Libanon mit den christlichen Phalangisten. In Frankreich arbeitet der Mossad mit der rechtsradikalen Action Directe zusammen und versucht mit allen Terrorgruppen Kontakte über unverfängliche Dritte zu organisieren. Das gleiche gilt für rechtsextremistische Gruppen in Belgien und Holland.

Da finden wir in Genf einen Bankier, der im Zweiten Weltkrieg mit den Nazis zusammenarbeitete und in der Nachkriegszeit den internationalen Terrorismus finanzierte, während er im Hauptberuf die Vermögen der Nazioberen verwaltete. Da der Bankier zugleich den schweizerischen Diensten an die Hand ging und schon während des deutschen Zusammenbruchs mit dem späteren Chef der CIA,

Allen Dulles, zusammenarbeitete, darf man annehmen, daß die Dienste der USA über die Zusammenhänge nicht uninformiert sind.

Scientology und der Chef des Bundeskriminalamtes

Bemerkenswert an diesen Hintergründen ist unter anderem auch, daß die Zusammenhänge um den ersten Präsidenten des Bundeskriminalamtes Paul Dickopf und dessen SS-Zugehörigkeit ausgerechnet von Angehörigen der Scientology-Sekte ausgegraben wurden, die sich über den Zugang zu amerikanischen Akten Erpressungspotential gegen den wichtigsten Mann der deutschen Polizei besorgen konnten[966].

Das Vorgehen der Scientologen weist Ähnlichkeiten mit dem von Geheimdiensten auf, was auch Verbindungslinien zu den amerikanischen Diensten vermuten läßt. Schließlich war Hubbard, der Sektengründer, der die Gewinnung von Macht und Geld als Ziel seiner Religion nannte, selbst einmal Mitglied des Marinegeheimdienstes der USA. Zwei seiner engsten Mitarbeiter hatten in der Nachkriegszeit bei CIA- und FBI-Programmen über Einsatzmöglichkeiten der Telepathie, der Gehirnwäsche und von Drogen für geheimdienstliche Zwecke einschließlich der Methodik der psychologischen Kriegführung mitgewirkt[967]. Hohe CIA-Offiziere sollen auch heute der Sekte angehören, wie sich neuesten Presseberichten aus Anlaß der amerikanischen Kritik an dem Vorgehen deutscher Behörden entnehmen läßt. Die Sekte hat nach dem Zusammenbruch des sowjetischen Reiches ihren Schwerpunkt auf die Aus- und Fortbildung von Managern aus den Waffenschmieden sowie den Öl- und Gaskombinaten der früheren Sowjetunion verlegt.

Bei einer anderen religiösen Gruppe ist die enge Verbindung zur Welt der Geheimdienste offensichtlich geworden: der Moon-Sekte[968]. Sie arbeitet mit der (koreanischen) KCIA sowie dem Mossad zusammen[969] und hat sich darüber hinaus über die Moon-geförderte Organisation CAUSA aktiv an der Bekämpfung linksgerichteter Bewegungen insbesondere in Lateinamerika beteiligt[970]. Dort nahmen ihre höchsten Repräsentanten an Konferenzen rechtsradikaler, terroristischer Kreise teil[971]. Moon trat als einer der Sponsoren des rechtsradikalen Front National von Le Pen in Frankreich auf, bis dieser in den Genuß der großen Erbschaft eines Zementunternehmers gelangte[972]. Die Sekte hat in Frankreich punktuell auch mit Scientology zusammengearbeitet und von einem Zentrallager in Paris aus sowohl die Organisation CAUSA als auch den Front National mit in der Moon-Druckerei hergestelltem Wahlkampfmaterial beliefert[973].

Nach Aussage der geschiedenen Frau Le Pens finanziert die Moon-gesteuerte Einrichtung CAUSA mit beträchtlichen Beiträgen den Front National[974]. Dabei ist wiederum von Bedeutung, daß Moon selbst sich weniger aus koreanischen als aus japanischen Beiträgen finanzieren soll. So sind allein zwischen 1975 und 1984 800 Millionen US-Dollar aus japanischen Quellen an die U.S. Unification Church geflossen, von denen ein wesentlicher Teil in die amerikanische Innenpolitik weitergereicht worden sein soll[975]. Zur Bekämpfung linksgerichteter politischer Strömungen wurde auch auf die Mitarbeit der japanischen Verbrechersyndikate zurückgegriffen. Daneben gibt es Hinweise, wonach unter Präsident Nixon Gelder aus Geheimmitteln des Weißen Hauses über die Moon-Sekte in die Studentenarbeit geflossen sein sollen[976]. Nicht uninteressant ist, daß der ehemalige US-Präsident und frühere CIA-Direktor Bush auf Einladung und Bezahlung der Moon-Sekte in Japan auf Vortragsreise geht[977]. Die derzeitige Administration ebenso wie Teile des Kongresses werden massiv von den Scientologen bearbeitet. Die Einflußnahme von Scientology auf die Gewährung der für Kirchen geltenden Steuervergünstigung bei den für Einkommens- und Körperschaftssteuer zuständigen Beamten in den USA sprechen ebenso wie die seltsamen Angriffe des Auswärtigen Ausschusses des US-

Kongresses auf die Bundesrepublik in Sachen Scientology eine deutliche Sprache[978].

Nach Ostrovsky lieferte der Mossad der Moon-Sekte über den japanischen Geheimdienst die Namen der in Dänemark um Asyl bittenden Koreaner.

Der Pike Report über den Mißbrauch der CIA im In- und Ausland spricht von einer beträchtlichen Zahl ziviler, religiöser, beruflicher und gewerkschaftlicher Einrichtungen, die die CIA verdeckt gefördert und damit beeinflußt beziehungsweise gesteuert habe[979]. Wie verschlungen die Wege der öffentlichen Beeinflussung durch die weltumspannenden westlichen Geheimdienststrukturen mitunter sein können, zeigt die Zahlung südafrikanischer Geheimdienstgelder an die Moon-Sekte zur Förderung überseeischer Projekte in den achtziger Jahren[980].

Die Katz- und Mausspiele
der Dienste

In der Aufarbeitung des Terrorgeschehens der letzten Jahrzehnte in und um die Bundesrepublik Deutschland bleiben riesige, angesichts des ungeheuren finanziellen und personellen Aufwandes erstaunliche Aufklärungslücken. Welche Terroranschläge der vergangenen Jahrzehnte originäre Anschläge von autonomen, nicht von außen gesteuerten Terrorgruppen sind, bleibt in wesentlichen Teilen offen.

Wie kommt es zum Beispiel, so wird man fragen dürfen, daß der Staatschef der DDR, Erich Honecker, einer größeren Zahl westdeutscher Terroristen den Ausstieg aus der Terrorszene und die Niederlassung in der DDR mit einer neuen Identität ermöglichte? Die Exterroristen waren für die DDR selbst ohne Nutzen, konnten jedoch jederzeit zu einer großen Belastung für deren internationales Ansehen werden. Daß die Bundesregierung von der Terroristenentsorgung gewußt hat, wird zwar behauptet, jedoch von dem seinerzeit zuständigen Innenminister Zimmermann heftig verneint. Auf jeden Fall gingen sehr früh Fahndungshinweise von Zeugen ein, die einen der Westterroristen in der DDR beim Universitätsstudium kennengelernt und folglich verläßlich hatte identifizieren können. Angeblich wurde der Hinweis wieder einmal nicht weitergegeben, weshalb Bonn nichts wußte und daher auch nicht aktiv werden konnte[981].

Was hat es dann aber mit dem Hinweis der verantwortlichen Offiziere der Staatssicherheit auf sich, die CIA sei mit Sicherheit über die Schleusungen durch Mauer und Stacheldraht in die DDR informiert gewesen? Könnte es sein, daß hier die Kader der Strategie der Spannung im verdeckten Zusammenspiel mit der DDR entsorgt wurden[982]?

Auch der unablässig Schmutzarbeit auf sich nehmende deutsche Spitzenagent Mauss soll unter einem Aliasnamen an den Rechtsanwalt und Verteidiger des Terroristen Andreas Baader herangetreten sein und im Namen einer internationalen Presseorganisation gegen Zahlung einer Ausstiegsprämie von 500 000 Mark je Fall und gegen ausschließliche Vermarktungsrechte Aussteigehilfe für ehemalige TerroristInnen angeboten haben[983]. Da Mauss für das Bundeskriminalamt, einige Landeskriminalämter, das Bundesamt für Verfassungsschutz, den BND und gegen Bezahlung der deutschen Versicherungswirtschaft zu arbeiten pflegte, kann man wohl getrost ein breiteres Wissen und Wollen unterstellen, als offiziell eingeräumt wird.

So wie ja auch der Mossad im vorhinein wußte, daß ein Bombenanschlag auf die amerikanischen Marines in Beirut geplant war, dem im Oktober 1983 über 241 Soldaten zum Opfer fielen. Der Mossad kannte sogar die Beschreibung des Einsatzfahrzeuges, wenn auch nicht die letzten Einzelheiten[984]. Die Information war unter dem Vorwand, man müsse die eigenen Quellen schützen, nicht an die Amerikaner weitergegeben worden. Doch auch dieser Anschlag war ja nur die Folge vorausgegangenen Staatsterrors der amerikanischen Seite. Im Libanon war seinerzeit die Spannung durch die amerikanische Navy angeheizt worden, die auf Weisung des Sicherheitsberaters McFarlane gegen den dringenden Rat des Kommandeurs der im Libanon stationierten und an sich beliebten Peace Keeping Forces der Marines mit ungeheuren Kalibern aus den Rohren der Schlachtschiffe *New Jersey* und *Virginia* auf Drusen- und Schiitensiedlungen an den Hängen des Libanon feuern ließ. Das Selbstmordattentat auf das Lager der Marines mit einem mit Sprengstoff beladenen Lastwagen war die Antwort[985].

Wie das Wechselspiel staatlicher Terrorakte oder verdeckter Geheimdienstoperationen Terror erzeugt, der zu Zwecken der Propaganda oder zur Rechtfertigung harter Gegenmaßnahmen genutzt werden kann, zeigen die Greueltaten der sogenannten christlichen Gemayel-Milizen. Die israelische Armee hatte seinerzeit den Libanon besetzt. Die sehr komplizierten, Interessen aller Minderheiten untereinander ausgleichenden, auf Jahrzehnte alten Absprachen beruhenden politischen Machtverhältnisse im Libanon wurden damals von der christlichen Minderheit aufgekündigt. Hinter der Aktion standen die Geheimdienste der USA und Israels, die ohne Rücksicht auf die Empfindlichkeiten anderer Gruppen ausschließlich auf Gemayel, den Anführer der christlichen Milizen und Sohn des ehemaligen Staatspräsidenten des Libanons setzten[986]. Diese christlich genannten Milizen gingen nun mit barbarischer Mordlust gegen die im Libanon in Lagern gehaltenen aus den israelischen Siedlungsgebieten vertriebenen Palästinenser-, aber auch muslimische Schiitenfamilien vor und machten weder vor Frauen, Kindern, Greisen oder Kranken halt[987]. Die mit der Oberaufsicht ausgestatteten israelischen Truppenkommandeure sahen dem mörderischen Treiben in den Lagern weisungsgemäß tatenlos zu[988]. Die israelische Regierung war über ihren Geheimdienst bestens über die anstehenden Übergriffe informiert, unternahm jedoch nichts, um dem Morden in ihrem Verantwortungsbereich Einhalt zu gebieten. Die Meldungen des Nachrichtendienstes wurden nach Eingang vernichtet, um jede Beweisführung zu vereiteln.

Die Gespensterjagd
nach Terroristen

Das BKA soll über alle wichtigen Terroranschläge der siebziger und achtziger Jahre im voraus informiert gewesen sein. Allerdings konnten vorgeblich aus Gründen des Quellenschutzes Maßnahmen zur Beseitigung der Terrorgefahr nicht rechtzeitig ergriffen werden.

Es verwundert, daß der Arbeit des Bundeskriminalamtes trotz der personell wie materiell immer aufwendiger ausgestatteten Abteilungen im Bereich Terror, Waffen- und Drogenhandel nach anfänglichen Erfolgen so wenig Fortune beschieden war. Dies könnte seine Ursache in einer Außensteuerung maßgebender Persönlichkeiten innerhalb der deutschen Dienste etwa durch amerikanische Dienststellen haben. Da kaum ein Land mit Ausnahme Italiens dermaßen von alten Besatzungsrechten im Geheimdienstbereich durchdrungen war und zum Teil in praxi noch ist, müßte es den amerikanischen Diensten seit Jahrzehnten gelungen sein, die Anregungen des Field Manuals zur Durchdringung und Steuerung befreundeter Dienste in die Tat umzusetzen. Von daher liegt es nahe, daß das BKA ebenso wie die anderen Dienste in den entscheidenden Stellen personell so besetzt sind, daß eine Instrumentalisierung und Blendung von außen möglich erscheint[989].

So soll das BKA rechtzeitig Hinweise darauf erhalten haben, daß der bulgarische Geheimdienst im Auftrage des KGB-Chefs Andropow einen Anschlag auf den Papst plane. Der Hinweis kam offensichtlich aus einer hochrangigen Palästinenserquelle, die ein Polizeioffizier des BKA geführt haben soll. Über diese und andere höchstrangige Quellen soll das Bundeskriminalamt eine – wie wir inzwischen wissen – desinformierende Vorabmeldung zum Papstattentat erhalten haben, wie wohl auch der französische Geheimdienst. Doch dann muß davon ausgegangen werden, daß beide Dienste bewußt in die Irre geführt, auf die Schiene der Propaganda im Ost-West- wie Nahost-Konflikt geleitet wurden. Demzufolge werden aber auch die übrigen Informationen aus dieser Quelle grundsätzlich darauf angelegt gewesen sein, den Partnerdiensten nach Bedarf die erforderliche Optik aufzusetzen.

Es muß folglich Dienste geben, die das Spielmaterial erstellen und den Fachleuten die Fehlspuren für deren Arbeit bis hin zur Strafverfolgung auslegen.

Der nachrichtendienstlich »gehörnte« Polizeioffizier soll zudem eines Tages als Vertreter des BKA in einem Nahostland überraschend von einem eigens von einem amerikanischen Flugzeugträger aufgestiegenen Hubschrauber der US-Marine aus höchster Not gerettet worden sein.

Was die Ostberliner Spur angeht, so steht fest, daß westdeutsche Terroristen zeitweilig regelmäßig über Ostberlin in die Länder des Ostblocks geflogen sind. Sie waren dabei nicht nur von der Staatssicherheit überwacht, sondern wurden zum Teil auch von V-Männern des Verfassungsschutzes oder des Bundeskriminalamtes, möglicherweise auch des BND begleitet.

Zufällige Parallelen? Aldo Moro und Hanns Martin Schleyer

Italiener, denen die heimatliche Szene des Links- und Rechtsterrorismus gewärtig ist, sehen eine erstaunliche Ähnlichkeit zwischen der Entführung und Ermordung des italienischen Nationalratspräsidenten Aldo Moro und der des Hanns Martin Schleyer, des Vorstandsvorsitzenden der Daimler-Benz AG und Präsidenten des Bundesverbandes der Deutschen Industrie.

Die in Italien aufgeworfene Frage der Ähnlichkeit der beiden Fälle trifft in Deutschland auf Schweigen. Auch das gründliche Werk von Stefan Aust zum Baader-Meinhof-Komplex schweigt sich trotz umfangreicher Literatur hierzu aus. Aus der Zusammenstellung der Ermittlungsergebnisse zum Baader-Meinhof-Verfahren ergeben sich jedoch eine Fülle von Ungereimtheiten. Die deutschen organisatorischen Unzulänglichkeiten dürften den italienischen entsprochen, wenn diese nicht gar an Unfähigkeit und Unbedarftheit übertroffen haben. So zieht der Generalbundesanwalt nach der Entführung Schleyers und der Ermordung der Begleitmannschaft in Köln das Verfahren an sich und beauftragt im Benehmen mit dem Bundesinnenminister das Bundeskriminalamt mit der zentralen Einsatzleitung. Im Innenministerium wird ein wenig erfahrener Beamter mit der schwierigen Aufgabe betraut. Der muß sich von den in den Startlöchern stehenden professionellen Landespolizeibehörden von Köln beziehungsweise Nordrhein-Westfalen auffordern lassen, doch endlich in Köln bei der Kripo zu erscheinen, um die zentrale Einsatzleitung aufzubauen und in Gang zu setzen. Das über die Jahre mit Hunderten von zusätzlichen Stellen ausgestattete und vollcomputerisierte BKA schafft es nicht, mehr als zwei Telefonstandleitungen und eine Richtfunkleitung von Köln zum Zentralcomputer in Bad Godesberg zu schalten, um die nun in großer Zahl anfallenden Hinweise und Spuren einzugeben und mit den Daten des Zentralrechners abzugleichen. Es herrscht nach Auffassung der Landespolizei NRW das totale Chaos. Die vor Ort arbeitenden Polizeimannschaften bleiben von wichtiger Information ausgeschlossen. Die Einsatzkräfte seien hell empört gewesen.

In dieses administrative Chaos hinein sandte der Polizeiposten in

Erfstadt-Liblar bei Köln dreimal hintereinander den dringenden Hinweis auf das tatsächliche Versteck Hanns Martin Schleyers Im Renngraben 8 in Liblar. Alle von BKA-Chef Herold ausgegebenen Suchkriterien paßten auf diese Adresse. Die Wohnung lag in einem anonymen Hochhaus mit Tiefgarage und Aufzug. Sie war nicht weit entfernt vom Tatort und in der Nähe von Autobahnauffahrten. Die Miete war zusammen mit der Kaution kurzfristig mit Bargeld bezahlt worden. Beim Abschluß des Mietvertrages fielen die Bargeldbündel in der Handtasche der Mieterin auf. Die Mieterin der Wohnung gab eine nicht existierende Heimatadresse an, bei deren Einfütterung in den Zentralcomputer sofort Alarmsignale ausgelöst worden wären. Der BKA-Computer hatte eine Fülle weiterer Hinweise zur Person der Mieterin und deren Bezug zur RAF gespeichert, die für die Fahnder abrufbar gewesen wären. Die Wohnung hätte spätestens in 48 bis 62 Stunden gestürmt und Schleyer möglicherweise befreit werden können. Der langjährig auf die Lösung eines derartigen Falles hinarbeitende Herold hätte den gerechten Lohn für sein Lebenswerk erhalten.

Doch der teils fernschriftliche, teils per Boten übermittelte Hinweis verschwand gleich dreimal hintereinander von der bürokratischen Bildfläche. Wie dies möglich war, ist bis heute unaufgeklärt geblieben. Stefan Aust geht von einer regelrechten Verschwörung von Beamten des Bundeskriminalamtes und des Landes Nordrhein-Westfalen aus[990]. So habe der stellvertretende Leiter des BKA Boeden seinerzeit einen streng vertraulichen Aktenvermerk verfaßt, wonach alle mit dem Sachverhalt vertrauten Beamten des Landes Nordrhein-Westfalen zu Stillschweigen verpflichtet worden seien, das auch gegenüber der von Bundes- und Landesregierung zur Untersuchung des Falles eingesetzten Höcherl-Kommission gewahrt worden sei. Boeden, zugleich Leiter der Antiterrorabteilung im BKA, habe die Untersuchungskommission an seinem Wissen nicht teilhaben lassen, um die Karriere seines Informanten im Polizeidienst des Landes Nordrhein-Westfalen nicht zu gefährden. Wem Boeden, später Präsident des Bundesamtes für Verfassungsschutz, seinen streng vertraulichen Bericht zur Kenntnisnahme vorgelegt hat, ist aus den Akten wegen angeblich unleserlicher Zeichen unbekannt.

So wie im Falle Aldo Moro in Rom die Geheimdienste die Spuren sowohl der Entführer verwischten und die Polizei auf die falsche

Fährte setzten, geschah dies auch in Köln. Wenn dreimal hintereinander die heißeste nur denkbare Spur aus dem Verkehr der riesigen polizeilichen Ermittlungsmaschine gezogen wird, dann kann nicht Fahrlässigkeit, dann muß letztlich Vorsatz im Spiel gewesen sein. Oberstes Ziel des Eingriffs in die Ermittlungen muß gewesen sein, die Bundesrepublik und deren Regierung als *soft on terrorism*, wahlweise als *soft* bis unfähig *on crime* zu blamieren.

Eigentümlichkeiten
der Landshut-*Entführung*

Die Prüfung der Regierung Schmidt auf Standfestigkeit in Sachen Terror fand ihren Fortgang in der Entführung der Lufthansamaschine *Landshut* auf dem Flug von Mallorca nach Frankfurt. Ging es bei der Geiselnahme von Schleyer um den höchsten Repräsentanten der Deutschen Industrie mit jugendlichem SS-Hintergrund, so stand nun das Leben völlig unschuldiger Urlauber als Geiseln zur Freipressung der in Stammheim einsitzenden Baader-Meinhof-Bande im Vordergrund. Hier war es der Kompagnon des weltberühmten venezolanischen Terroristen Carlos, der Deutsche Johannes Weinrich, der in Bagdad der dort sich aufhaltenden Kerntruppe der RAF im Auftrag des Palästinenserführers Waddi Haddad zur Befreiung der Stammheimer eine Flugzeugentführung mit Geiselnahme anbot[991]. So kam es zu der fast schon katalogmäßig abgerufenen Entführung der Lufthansamaschine.

Auch diese Aktion ist nicht ohne Eigentümlichkeiten. Da können die RAF-Vertreter bei der Unterredung mit Waddi Haddad Fahndungsunterlagen von Bundeskriminalamt und Interpol gegen die RAF entdecken, ebenso Dokumente über wichtige Körpermerkmale der RAF-Angehörigen. Weitere Unterlagen stammten aus libyschen und algerischen Quellen. Einmal sei der Briefkopf des Ministeriums der Staatssicherheit in Ostberlin erkennbar gewesen, ein Umstand, der darauf hinweisen sollte, daß die westdeutschen Unterlagen über Ostberlin und nicht etwa über westliche Dienste in die Hände der palästinensischen Terrorgruppe gelangt waren.

Das Bundeskriminalamt hatte ebenso wie das Bundesamt für Verfassungsschutz frühzeitig Hinweise erhalten, wonach Monika Haas unter Aliasnamen mit einem Kind und in Begleitung eines Palästinensers in Mallorca die erforderliche Munition überbringen werde. Monika Haas bestreitet allerdings, in Mallorca gewesen zu sein. Sie war als Ehefrau des Ausbildungsleiters der PLO im Jemen mit einem Brief, den sie, aus dem Jemen anreisend, in Nairobi übergeben sollte, angeblich in die Fänge der Israelis gelangt, die sie nach kurzem Aufenthalt in Israel wieder entlassen haben sollen. Von daher rührt der Verdacht, sie habe für den Mossad gearbeitet. Entsprechend lauten die Aktenvermerke der Staatssicherheit in Ostberlin. Doch auch ihr Partner bei der Übermittlung der Waffen in Mallorca, der als Freund der Tochter Waddi Haddads galt und daher dem Zentrum des Terrorgeschehens ganz nahe war, wurde später im Libanon verhaftet und wegen Spionage für den Mossad zu einer mehrjährigen Gefängnisstrafe verurteilt.

Wenn nun die palästinensische Terroristin Frau Andrawes, bedroht und verführt durch die Kronzeugenregelung, als Belastungszeugin gegen eine ebenfalls nur am Rande einer Terroraktivität eingebaute Monika Haas aussagt, dann kann man nicht nur nicht ausschließen, sondern ist es sogar eher wahrscheinlich, daß hier Desinformation in den Gerichtsprozeß eingeführt wurde. Schließlich könnte ja auch verdeckt worden sein, wer letztlich hinter der Entführung der Lufthansamaschine gestanden hat. Gelingt es, wenigstens eine Person, wenn auch nur am Rande des Geschehens, haftbar zu machen, so möglicherweise die Überlegung bei der Bundesanwaltschaft, dann können beunruhigende Akten endlich geschlossen werden. Zumindest ein Täter aus dem gesamten Tatkomplex kann abgeurteilt werden.

Die Dienste in den Studentenzirkeln der Terrorszene

Auch die Suche nach Auffälligkeiten in der Entstehungsgeschichte der Baader-Meinhof-Gruppe führt schnell zu der Erkenntnis, daß zum Beispiel das Landesamt für Verfassungsschutz in Berlin über das Geschehen stets bestens im Bild war. Zum einen war der Verfassungsschutz unmittelbar nach der Befreiung Andreas Baaders, dem zur Anfertigung einer wissenschaftlichen Arbeit der bewachte Besuch eines Instituts genehmigt worden war, über die bei der Aktion benutzten Pkws und deren Abstellplätze informiert. Vermutlich wußte man amtlicherseits auch um das Versteck, wollte jedoch nicht eingreifen. Eine der größten Stützen der sich immer weiter radikalisierenden Studentenszene war Peter Urbach, Mitglied der SED und bei der unter DDR-Hoheit stehenden Reichsbahn in Westberlin angestellt. Urbach war zunächst auf Teilzeit, dann vollamtlich beim Verfassungsschutz in Westberlin beschäftigt. Er nahm an allen wichtigen Besprechungen der studentischen Gruppen teil und lieferte unbehindert aus den Waffenkammern des Verfassungsschutzes die zum Krawall und Terror benötigten Knallkörper, Rohrbomben, Schreckschußpistolen, aber auch großkalibrige Waffen. Darüber hinaus beschaffte er der Szene Haschisch und harte Drogen.

Als die Studenten den Springer-Verlag angriffen, war Urbach mit einem Weidenkorb voller zündfertiger, sozusagen vom Verfassungsschutz gesponserter Molotow-Cocktails zur Hand. Die Studenten bedienten sich und setzten, von der Polizei zunächst nicht behindert, zahlreiche Springer-Auslieferungsfahrzeuge in Brand. Um so dramatischer machte sich später auf den Fernsehschirmen der Bürger das hell lodernde, Chaos signalisierende Feuer aus. Als unten auf der Straße der Agent provocateur des Verfassungsschutzes die Brandsätze verteilte, stand der für den Verfassungsschutz zuständige Innensenator auf dem Dach des Hochhauses und schaute dem durch das Treiben seines hochkarätigen Agenten ausgelösten Großbrand mit anschließend gewaltsamem Polizeieinsatz zu[992].

Der Agent des Verfassungsschutzes begleitete die Baader-Meinhof-Gruppe dann auch nach Italien, wo sie sich bei den Roten Brigaden so umfassend mit Waffen einzudecken gedachte, daß sie mit drei Autos anreiste. Die Gruppe wurde auch hier stets nicht nur von dem im Wagen sitzenden Waffenspezialisten und Agenten des Verfassungsschutzes Berlin begleitet, sondern ab der italienischen Grenze auch von der italienischen Polizei, die in dieser Zeit die Roten Brigaden bereits restlos unterwandert und die terroristischen Abenteuer in Südtirol voll zum Blühen gebracht hatte. Die Waffenübergabe scheiterte letztlich.

Urbach begleitete die Mannschaft ferner nach Belgien, wiederum zum Waffeneinkauf, vermutlich bei ähnlichen geheimdienstdurchsetzten Kreisen wie in Italien.

Im späteren Strafverfahren gegen Rechtsanwalt Mahler durfte der Verfassungsschutzagent Urbach zwar aussagen, jedoch amtlich beschränkt auf Vorkommnisse der letzten drei Tage vor der Verhaftung von Andreas Baader, dem Anführer der nach ihm benannten »Bande«. Die Fragen des Strafverteidigers Otto Schily, ob er nicht Waffen angeboten, ob er Pistolen, Maschinenpistolen, Mörser mit Phosphorgranaten beschafft habe, ob eine Bombe für die Kommune I vom Verfassungsschutz stamme, beantwortete Urbach mit dem Hinweis, er dürfe hierzu keine Aussage machen. Auch auf die weiteren Fragen, ob er an den Beisetzungsfeierlichkeiten für Paul Löbe im Schöneberger Rathaus einen selbstgebastelten Sarg mit Aufschriften mitgetragen habe, ob er anläßlich der Springer-Demonstration 1968 selbst Fahrzeuge in Brand gesetzt habe, wurde ihm die Aussagegenehmigung als Agent des Verfassungsschutzes nicht gegeben. So darf er auch die Frage nicht beantworten, ob er den Brandanschlag auf einen Polizeipferdestall ausgeführt und dabei ein Pferd schwer verletzt habe. Der dann freigesprochene Anwalt Mahler zeigte seinerseits Verständnis für die Einschränkung der Aussagegenehmigung des Agenten, hätte er doch sonst die Herkunft der im November 1969 im jüdischen Gemeindehaus gefundenen Brandbombe aus den Arsenalen des Verfassungsschutzes erklären müssen.

Ganz ähnliche Probleme scheint der Zeuge Gerhard Müller der Anklageseite im Baader-Meinhof-Prozeß in Stuttgart-Stammheim bereitet zu haben. Nach einer Verfolgungsjagd in Hamburg hatte er sich noch gebrüstet, einen »Bullen« umgelegt zu haben. Er hatte sich daraufhin wegen Mordes vor Gericht zu verantworten. Doch im späteren Baader-Meinhof-Prozeß werden die in einer Sonderakte der Hamburger Polizei festgehaltenen Aussagen dem Gericht in Stuttgart vorenthalten. Die Akte wurde vom Bundesministerium der Justiz für geheim erklärt. Wenn diese Akte bekanntwerde, können wir alle unseren Hut nehmen, soll der damalige Generalbundesanwalt Buback Dritten gegenüber bedeutet haben[993]. Buback selbst hatte dem Justizministerium die Geheimhaltung der Akte und die Beschränkung seiner eigenen Aussagegenehmigung angeraten. Hieran hielt er sich auch in seinen Einlassungen vor dem Gericht in Stammheim. Desgleichen verweigerte der Zeuge Gerhard Müller im

Verfahren jede Aussage über die Ermordung des Hamburger Polizisten und verneinte, selbst Täter gewesen zu sein. Müller hatte in verschiedenen Städten mehrere hundert Kilo Chemikalien samt Zubehör beschafft. Wenn die Aussage von Buback zutrifft und die Hamburger Strafakte in der Tat so brisant ist, daß sie nicht hat vorgelegt werden können, ohne daß der Generalbundesanwalt und andere ihren Hut hätten nehmen müssen, dann wurde die Öffentlichkeit in einer für eine Demokratie nicht hinnehmbaren Weise zum Narren gehalten. Dann dürfte das der Öffentlichkeit über wichtige Teile des Terrorgeschehens der sechziger und siebziger Jahre durch die Medien vermittelte Bild nicht der Wirklichkeit entsprechen.

Weitere ungeklärte Auffälligkeiten erinnern an die durch die Strategie der Spannung geprägte italienische Szene. Da gibt aus Anlaß der Schah-Demonstrationen in Berlin der Beamte der politischen Polizei Kurras aus nächster Nähe einen Schuß auf den am Boden liegenden, von zwei uniformierten Polizeibeamten festgehaltenen Studenten Benno Ohnesorg ab, auf einen Theologiestudenten, der friedlich an der ersten Demonstration seines Lebens teilnahm. Ein Anlaß zur Überreaktion gab es für den Polizisten nicht. Ein »Umnieten« Unschuldiger als Anheizen der Spannung wie in der Türkei, wie in Italien?

Rudi Dutschke wurde von einem 24jährigen Anstreicher aus Bayern angeschossen. Der hatte sich die Ausgabe der *Nationalzeitung* mit fünf Fahndungsfotos von Rudi Dutschke mit dem Aufruf »Stoppt Dutschke Jetzt« besorgt, hatte sich in den Interzonenzug von München nach Westberlin gesetzt, um dem Gesuchten nach dem Leben zu trachten. Vom Bahnhof Zoo peilte er das Einwohnermeldeamt der Stadt Westberlin an, das ihm die Anschrift Dutschkes vermittelte. Dann soll er zu Fuß in Richtung SDS-Zentrum marschiert sein, Dutschke auf dem Rad in der Nähe des Kurfürstendamms getroffen und mit dem Ausruf »Du dreckiges Kommunistenschwein!« angeschossen haben. Eine andere Dokumentation berichtet, der Anstreicher sei mit einem Wagen zum Einsatzort gebracht worden und habe den vor einer Apotheke auf die Nachmittagsöffnung wartenden Dutschke lebensgefährlich verletzt. Wäre es die einzige Merkwürdigkeit im Geschehen, könnte man von Zufall sprechen. Doch die Ungereimtheiten reihen sich aneinander.

Auch die Person Baaders gibt Rätsel auf. Baader kam ebenfalls aus München, wo er wegen Motorraddiebstählen und Unfällen mit gestohlenen Pkw zu drei Wochen Jugendarrest verurteilt worden war. In Berlin arbeitete er zunächst bei der *Bild*-Zeitung, verprügelte einen Redakteur und wurde entlassen. Der Hintergrund imponierte den Studenten, die ihn gern in ihren Reihen aufnahmen, wo er in kurzer Zeit die Führung des härteren Kerns übernehmen konnte. Baader zeigte sich später in der Haft in Gesprächen mit Beamten des Bundeskriminalamtes bewandert in den Überlegungen des damals öffentlich noch nicht als CIA-geförderte Institution erkannten Londoner Institutes für Konfliktforschung unter Brian Crozier[994]. Das Institut schlägt zur Bekämpfung von Subversion vor, terroristische Organisationen zu unterwandern, deren Aktionszentren aufzuspüren, die Terroristen zu isolieren und die Anführer auszuschalten. In einem der letzten Gespräche mit Dr. Hegelau vom BKA meinte Baader von einigen Dingen zu wissen, bei deren Kenntnis der Bundesregierung die Haare zu Berge stehen würden. Noch gebe es Einflußmöglichkeiten auf die Gruppen in der Bundesrepublik, um Schlimmeres zu verhindern.

Was immer man von der eskalierenden Gewaltszene in Westberlin und dann auch der Bundesrepublik halten mag, ohne eine kontinuierlich die Sachverhalte verfälschende Begleitung durch die Springer-Presse und namentlich die *Bild*-Zeitung wäre die Spannung zwischen Studenten und Polizei und innerhalb der Bevölkerung nicht zu erzeugen gewesen. Der Verfassungsschutz Berlins war beim Treiben der sich radikalisierenden Studenten unter anderem über den Agenten und Waffenlieferanten Peter Urbach dabei. Die groben Sachverhaltsverfälschungen der Berliner Presse in diesen Jahren müssen auch vom Verfassungsschutz gesteuert worden sein. Die Investition der CIA in das größte Pressehaus Europas mit rund sieben Millionen Dollar könnte so im Interesse einer Strategie der Spannung in Stellung gebracht worden sein.

Geheimdienstmorde
in internationaler Arbeitsteilung?

Auffällige Pannen auf der Ermittlungsseite sind die regelmäßigen Begleiter der Terrorszene in Italien wie in Deutschland. Aber nicht nur hier. Man denke nur an den Mord an Olof Palme, wo Polizeispezialeinheiten in der Nähe des Anschlages postiert waren und über Funk Hinweise auf den Standort des Ministerpräsidenten gaben. Und dennoch geht die Polizei bei der Aufklärung ganz offensichtlich einer Fehlspur nach, nimmt Hinweise in andere Richtungen nicht auf oder läßt diese ungeklärt fallen.

Nachdem in Südafrika nach dem Fall des Apartheidregimes die freiwillige Offenbarung von Verbrechen in jener Zeit den Tätern Straffreiheit gewährt, hat jetzt ein Angehöriger einer früheren Antiterroreinheit angegeben, den Mord an Olof Palme verübt zu haben. Doch auch auf diesen Hinweis hin winken die Strafverfolgungsbehörden Schwedens ab, die Darstellung sei allzu sehr an den Haaren herbeigezogen. Gleichwohl würde die arbeitsteilige Erledigung von schmutzigen Taten unter Geheimdiensten durchaus ins Bild passen[995].

Eine ganz ähnliche Begebenheit berichtet Ari Ben-Menashe über eine südafrikanische Spezialeinheit, die eine Schweizerin zum Schweigen bringen sollte, die sich dem früheren Mitarbeiter der Carter-Administration und späteren Korrespondenten der *New York Times* anvertraut hatte. Es ging um streng geheime Transaktionen von Waffenelektronik, die israelische Geheimdienstoffiziere von einem New Yorker Büro aus für die illegale Ausfuhr in den Iran organisiert hatten. Die Frau fand sich gefesselt in einem Frachtflugzeug auf dem Weg nach Pretoria wieder, entging um ein Haar der vom Antiterrorberater des Ministerpräsidenten Begin bereits befürworteten Ermordung und kam mit einer ihre Gesprächigkeit nachhaltig unterbindenden Einschüchterung davon[996].

Schon in den späten siebziger Jahren hatte der Journalist Joe Trento herausgefunden, daß die CIA eine exilkubanische Terroristengruppe für die Geheimpolizeien Südafrikas und Chiles angeheuert hatte, die seit 1974 mindestens zwölf Morde begangen habe. Die CIA habe durch Vermittlung von Ausbildern des südafrikanischen Geheimdienstes Boss und des chilenischen Geheimdienstes DINA an die kubanische Nationalistische Bewegung in Miami und Union City in New Jersey die Aufstellung der Mordbande ermöglicht. Als Gegenleistung habe die DINA mindestens 17 Agenten des kubanischen Geheimdienstes von Fidel Castro ermordet[997].

Steinwerfer beim Verfassungsschutz

Weitere Beispiele weisen immer wieder in die gleiche Richtung. So kam es anläßlich des Deutschlandbesuches des amerikanischen Präsidenten Bush, der ihn auch nach Krefeld führte, zu den Krefelder Krawallen. Die Auseinandersetzungen mit den Demonstranten mündeten in Gewalttaten. Dabei profilierte sich ein einzelner Steinwerfer durch besonders brutales Vorgehen. Im nachhinein stellte sich dessen Zugehörigkeit zum Bundesamt für Verfassungsschutz in Köln heraus. Dort war er in Terrortaktiken unterwiesen und in die Frankfurter linke Szene, der man Gewalttaten zutraute, eingeschleust worden. Mit einem vom Verfassungsschutz gestellten VW-Bus karrte er die Demonstranten zum Einsatz und warf Steine gegen die Schaufensterfronten von Banken. Nachdem seine Umgebung in Frankfurt herausgefunden hatte, daß der radikale Verfassungsschützer regelmäßig seine Dienststelle in Köln besuchte, mußte er das Doppelspiel zugeben. Allerdings zeigte er sich besorgt, ob seine Dienststelle ihn nach der Offenbarung weiterbeschäftigen könnte[998]. Die Szene ist voll von Agenten des Bundes und der Länder, die sich zum Teil ins Gehege kommen und vom Aufbau neuer Kleingruppen nicht schlecht leben[999].

In Belgien hält der Abgeordnete van Dienderen die Unterwanderung von Organisationen der Friedensbewegung durch Gladio-Kader, mit denen wiederum amerikanische Gruppen Kontakt aufnehmen, für die Spitze eines Eisberges[1000]. Tom Gervasi weist darauf hin, daß Protestbewegungen in den USA wie in Europa immer wieder mit dem Hinweis entweder ihrer gefährlichen Steuerung aus dem Ausland oder ihrer potentiellen Gewalttätigkeit öffentlich ins Abseits gedrängt werden. Die Behauptung reicht aus, um eine Unterwanderung durch Geheimdienste bis hin zum Einsatz provozierender Gewalttäter zu rechtfertigen.[1001]

Unfähig oder kriminell:
Bad Kleinen

Die Vorfälle in Bad Kleinen geben weitere Hinweise. Die polizeiliche Aufgabe galt der Festnahme zweier mutmaßlicher Terroristen. Hilfreich war der Informant der Dienste, der sich mit den beiden in regelmäßigen Abständen traf. Die Dienststellen waren über die Lebensumstände und die Wohnung der angeblichen Terroristen informiert, man hätte dort ohne Gefährdung des Informanten jederzeit zugreifen können. Auch in Bad Kleinen selbst gab es Gelegenheit, die drei bei ihrem Treff in der Bahnhofswirtschaft unspektakulär in Haft zu nehmen. Doch die Chance wurde nicht genutzt. Die Beamten versuchten die Verdächtigen erst nach Verlassen der Gaststätte im freien Bahnhofsgelände zu stellen. Dabei kam es zu einer Schießerei mit der Folge, daß der mutmaßliche Terrorist Grams aus nächster Nähe von einem Polizeibeamten erschossen wurde, wie aus Zeugenaussagen hervorgeht, oder sich selbst erschoß, wie die beteiligten Beamten behaupten. Die absurde Schießerei und der kaum noch zu überbietende Dilettantismus der auf die Terrorverfolgung ausgerichteten Einheiten führten zum Rücktritt der gesamten für die Verfolgung verantwortlichen Szene. Innenminister Seiters trat zurück, ohne daß man bis heute nachvollziehbar wüßte, weshalb. Der Generalbundesanwalt trat zurück ebenso wie der stellvertretende Chef des Bundeskriminalamtes. Der Chef selbst war in Kur, weshalb ihn der Bannstrahl der Verantwortung nicht treffen konnte.

Bombenleger von Weiterstatt:
neues Gesicht und ab ins Ausland

Auffällig ist nun wiederum, daß der Informant der Polizei ein Angehöriger des Verfassungsschutzes Rheinland-Pfalz war, der später in den Anschlag auf die für 300 Millionen Mark neu gebaute Strafanstalt Weiterstadt des Landes Hessen verwickelt war. Der dort angerichtete Schaden von 130 Millionen D-Mark konnte offensichtlich durch rechtzeitige Hinweise des Informanten wiederum nicht verhindert werden[1002]. Sein Alibi für die Tatzeit erwies sich als falsch. Im Koffer seines Fahrzeuges wurde eine ungewöhnlich hohe Konzentration von Sprengstoff festgestellt. Der Verfassungsschutz verschaffte seinem Agenten und Bombenleger eine neue Identität und ließ ihn untertauchen. Bundeskriminalamt und Bundesanwaltschaft fahnden angeblich nach ihm[1003].

Brandmord an Türken
und die Kampfsportschule

Merkwürdigerweise war der Schütze der Polizei, der nach Zeugenaussagen den mutmaßlichen Terroristen Grams mit einem finalen Todesschuß mehr oder weniger hingerichtet haben soll, zugleich mit anderen Verfassungsschützern, Bereitschaftspolizisten und Bundeswehrangehörigen in Solingen in einer Kampfsportschule ausgebildet worden, in der auch die Solinger Brandstifter ihre Schulung im Rahmen einer rechtsradikalen Jugendgruppe erhalten hatten[1004]. Dem Anschlag auf ein mit 19 Türken besetztes Haus waren in der Nacht zu Pfingsten 1993 fünf Türkinnen zum Opfer gefallen. Der Leiter der Kampfsportschule war Zuarbeiter des Landesamtes für Verfassungsschutz Nordrhein-Westfalen, ein Zusammenhang, den das erkennende Strafgericht als zur Wahrheitsfindung wenig sachdienlich erachtete. Einer der inzwischen bösgläubiger gewordenen, mutigeren italienischen Richter hätte möglicherweise die Spur aufgenommen.

Der Leiter der Kampfsportschule, 17mal vorbestraft unter anderem wegen Betrugs, Diebstahls, mehrfachen Fahrens ohne Führerschein und Körperverletzung, konnte sich als Zeuge in dem Strafverfahren gegen die als Täter angenommenen jugendlichen Brandstifter auf seine Geheimhaltungspflichten als Mitarbeiter des Verfassungsschutzes mit eingeschränkter Aussagegenehmigung berufen, so daß sich die Wahrheitsfindung des Gerichts zwangsläufig in Grenzen hielt. Gleiche Rechte konnte die Lebensgefährtin des Kampfsportlers in Anspruch nehmen, die kurz vor Beginn des Strafverfahrens ebenfalls unter die Fittiche des Verfassungsschutzes Nordrhein-Westfalen genommen wurde und somit die Aussage verweigern durfte. Bleibt noch festzuhalten, daß die jugendlichen Täter nach Auffassung von Beobachtern des Prozesses vom gesamten Tat- und Zeitablauf her kaum für die Täterschaft in Frage kommen konnten, eine Tatsache, der das Gericht bei seiner Beweisaufnahme jedoch nur unzulänglich nachgegangen ist.

Verschlampen und Vernichten von Spuren: Lübeck

Es finden sich Parallelen zu dem Brandanschlag gegen ein Asylbewerberheim in Lübeck im Januar 1996. Was immer man von den Einlassungen des angeklagten Ausländers halten mag, eine entscheidende Panne passierte den Ermittlern auch hier[1005]. Die wenige Minuten nach dem Brandanschlag angehaltenen Jugendlichen, an deren Augenbrauen Spuren eines Brandes hatten festgestellt werden können, sind mit fadenscheinigen Alibis aus den Fängen der Polizei entlassen worden. Spurensicherung wurde nicht betrieben, ebensowenig wie in Solingen, wo der Brandsachverständige des Landes Nordrhein-Westfalen die Spuren bereits wenige Stunden nach der Tat durch eine großangelegte Reinigungsaktion beseitigen ließ.

Wer legt den deutschen Agenten Mauss aufs Kreuz?

Der Fall des bundesrepublikanischen Topdetektivs Mauss paßt in das Bild. Der ehemals vom Bundeskriminalamt für heikle Missionen eingesetzte Werner Mauss, ein gelernter Pferdepfleger aus dem Hunsrück mit Schloß, Jagd, Privatflugplatz und Konto bei einer Stiftung in Liechtenstein[1006], wurde bei dem Versuch, sich mit einer Sprengladung Zugang in das niedersächsische Gefängnis in Celle zu verschaffen, erwischt. Ziel sollte es sein, sich beweiskräftig das Vertrauen der dort einsitzenden Terroristen zu erbomben und sie zur Preisgabe von Terrorgeheimnissen zu veranlassen. Normalerweise werden hierzu Mitinsassen des Gefängnisses genutzt, die sich dem

Kameraden im Gefängnis freundschaftlich nähern, um ihn auszuhorchen und dem Auftraggeber Mitteilung über das Vernommene zu machen. Hier scheint es jedoch der Plan von Bundeskriminalamt und niedersächsischem Landesamt für Verfassungsschutz gewesen zu sein, den Pferdepfleger auf dem außergewöhnlichen Weg über einen Terroranschlag in das gemachte Gruppenbett für Terroristen zu bomben. Doch Zweifel an dieser kindischen Begründung durch die Behörden bleiben. Bei jeder Offenlegung derartiger Skandale muß daran gedacht werden, ob die Fährte nicht bewußt von anderer Seite gelegt wurde. Mauss wurde in aller Augen zusammen mit der beauftragenden Dienststelle ebenso wie den politisch Verantwortlichen bloßgestellt. Es fällt auf, daß Mauss trotz dieses PR-Desasters stets aufs neue Verwendung findet und gleichwohl immer wieder bloßgestellt wird. Er muß eine geheimnisvolle Funktion erfüllen. Schließlich tritt er mit 30 Aliasnamen auf, verfügt über amtlich ausgestellte Pässe ebenfalls auf Falschnamen, besticht den Leiter der Kriminalbrigade Brüssel monatlich für Jahre illegaler Amtshilfe, wird deshalb von Interpol zur Fahndung ausgeschrieben, doch nichts passiert[1007]. Da der Kriminalist wiederum mit Noriega verbunden war, denkt man an Weiterungen im Sinne des Zweiten Waffenkanals des Oliver North[1008]. Schließlich sollte Mauss 50 Millionen Dollar für die Freilassung der deutschen Geiseln Rudolf Cordes und Alfred Schray im Libanon übermittelt werden, über eine ähnliche Konstruktion, wie sie sich Oliver North ausgedacht hatte.

Offensichtlich ist auch sein jeweiliger Aufenthaltsort jederzeit ermittelbar. So ist die schnell publik gemachte Anwesenheit von Mauss in Genf und in unmittelbarer Nachbarschaft zu dem gerade zu Tode kommenden Uwe Barschel geeignet, Phantasien anzuregen. Was er in Genf zu suchen hatte, wird nicht mitgeteilt. Auch gelingt es Mauss, vor den entsprechenden Ausschüssen in Kiel nicht aussagen zu müssen.

Mauss mit Spiegel TV
im Drogenrevier

Neuestes Meisterstück des Privatdetektives ist Ende 1996 die Errettung einer deutschen Managersgattin aus Kolumbien aus den Händen der dortigen Rebellenbewegung. Der Manager war bereits mit den Rebellen zu einigermaßen tragbaren Preisen handelseinig geworden. Doch dann tauchte mit gefälschten Pässen und Aliasnamen wie ein Deus ex machina Mauss aus Deutschland zusammen mit seiner italienischen Frau Ida auf und versuchte nun seinerseits auf Bitten des für die deutschen Geheimdienste zuständigen Staatsministers im Kanzleramt und unter Einschaltung der Botschaft die Rebellen zur Freigabe der Gattin zu veranlassen. Allerdings steigerte Mauss das Gebot deutlich über das des Ehemannes.

Von einer Filmmannschaft des *Spiegel* für die Öffentlichkeit festgehalten, empfangen die aus dem Busch auftauchenden Rebellen den Emissär des Bonner Kanzleramtes auf das freundlichste, man kennt sich offensichtlich von früheren Fällen, ist folglich in ständiger Geschäftsbeziehung. Schließlich handelt es sich bei Entführungen gegen Lösegeld um eine regelrechte Industrie. Frau Mauss entbietet dem Rebellenführer das vertraute Party-Küßchen, während sich Mauss unter laufender Kamerabeobachtung des *Spiegel*-Teams mit Laptop, Handy und Satellitenschüssel an die Arbeit macht. Obgleich sein Einsatz nach Aussagen des Kanzleramtes auch der Vermittlung zwischen den Narco-Rebellen und der Narco-Regierung im Bürgerkriegs- und Drogenland Kolumbien dienen sollte, wurde die Regierung über das Manöver nicht informiert. Kurz zuvor noch hatte sich Geheimdienstkoordinator Schmidbauer in einer Beilage der *Süddeutschen Zeitung* als der diskrete, weltweit sich um Notfälle der Geiselnahme, des Terrorismus, des Plutoniumschmuggels kümmernde, leider allzuoft mißverstandene Troubleshooter preisen lassen. Das Problem in Kolumbien scheint nur gewesen zu sein, daß zwar die kolumbianische Regierung ahnungslos gewesen sein mag, mit Sicherheit jedoch nicht die aus dem Weltall mithörenden amerikanischen Dienste, die vor Ort in Scharen anwesenden Vertreter von FBI, CIA, NSA, DIA und DEA, die sich des Hauptexportlandes für Kokain in vielerlei Hinsicht angenommen haben. Wer sich in Kolumbien an

Rebellen heranmacht, stößt unweigerlich in das dichtbesetzte Jagd-revier der amerikanischen Dienste, die sich nicht ins Handwerk pfu-schen oder sich nicht den Markt streitig machen lassen wollen[1009]. Es meldete sich auch prompt aus Miami ein Konkurrent von Mauss und Schmidbauer, der sich in Leserbriefen an deutsche Zeitungen bitter über die dunklen Waffen- und Drogengeschäfte des Herrn Mauss beschwerte. Mauss sei in den vergangenen Jahren als Vermittler und Beschaffer hochwertiger Waffen- und Kommunikationstechnik für die Guerillaorganisation ELN tätig gewesen. Da bekannt sei, daß er mit falschen Identitäten in Kolumbien operiere, die ihm von der Bun-desregierung zur Verfügung gestellt worden seien, liege die Vermu-tung nahe, daß er diese auch in seinem Umgang mit der Terrororgani-sation ELN benutze[1010]. Wie auch immer sich der Fall auflöst, die Umstände sprechen eher für eine PR-Falle vermutlich amerikanischer Machart, deren eigentliche Botschaft viele denkbare Facetten auf-weist[1011]. Nicht zu vergessen ist, daß auch Noriega auf Jahre die Rebellen mit Waffen versorgt hatte[1012]. Und dem Narco-Staatsmann Noriega zur Seite standen nicht nur seit Jahrzehnten die CIA, der Mos-sad, sondern auch ein Deutscher, schließlich wird es immer auch um den Absatzmarkt der wohlhabenden Bundesrepublik gegangen sein.

Heroin-Kokain-Plutonium-Deal und der Wahlkampf in Bayern

Auch die Öffentlichkeitspanne des Koordinators für die Geheim-dienste bei dem berüchtigten Plutoniumschmuggel erscheint als eher von außen gesteuert. Zu einem taktisch gut gewählten Zeitpunkt vor den Bundestagswahlen im Bundesgebiet und Landtagswahlen in Bayern präsentierte das bayerische Innenministerium zusammen mit dem Landeskriminalamt in München den spektakulären Fang eines Teams, das russisches Plutonium nach Bayern zu schmuggeln versuchte. Der Bundesnachrichtendienst war bei der Operation inso-weit behilflich, als er die Verbindung über einen ehemaligen Drogen-fahnder der spanischen Polizei herstellte, über dessen Kontakte zu einem Kolumbianer wiederum das Bundeskriminalamt mehrere hun-dert Kilo Kokain zu »Aufklärungszwecken« bestellt haben soll.

Der Spanier ersuchte den Repräsentanten der Marseiller Mafia in Paris, sozusagen den Mafiabotschafter beim Elysée, um Mithilfe bei der Plutoniumsuche, der wiederum die Verbindungen nach Moskau zur ortsansässigen organisierten Kriminalität stöpselte. Schließlich gelang es, das Plutonium, eine der giftigsten Chemikalien der Welt mit Verstrahlungsgefahr, in einem Flugzeug der Lufthansa ohne jede Schutzvorkehrung, ohne Wissen der Fluggesellschaft, geschweige denn der mitreisenden Passagiere, nach München zu transportieren und dort fernseh- und zeitgerecht für die Wahlen am Gepäckband in Empfang zu nehmen. Der Streit vor den Untersuchungsausschüssen des bayerischen Landtages und des Deutschen Bundestages geht nun darüber, wer wann was gewußt hat und wer wen unzulässigerweise in die Affäre mit hineingezogen habe.

Interessant ist der Zeitpunkt kurz vor den Wahlen, Manipulation kann folglich unterstellt werden, zumal die russische Polizei zu keinem Zeitpunkt ins Vertrauen gezogen wurde, obgleich sie allein, wenn überhaupt, auch von deutscher Seite durch Hinweise in die Lage hätte versetzt werden müssen, dem Diebstahl gefährlicher Nuklearmaterialien vor Ort einen Riegel vorzuschieben. Dies allerdings hätte, von der Dramaturgie bayerischer Wahlen her gesehen, kaum Ertrag gebracht.

Die deutsche Seite war bemerkenswerterweise auch nicht bereit, den russischen Kontrollstellen Proben des erbeuteten Plutoniums zur Analyse zur Verfügung zu stellen. Dann hätte man ja feststellen können, aus welcher Quelle der Stoff stammte, und Quellen müssen bei Geheimdiensten über alles geschützt werden. Die letzten Nachrichten des Possenspiels mit ernstem Hintergrund verweisen angeblich auf den ukrainischen Geheimdienst, der letztlich hinter dem Angebot des Plutoniumschmuggels gestanden habe. Die Herren des Dienstes hätten die Anordnung gehabt, westliche Geheimdienste durch Schmuggelangebote zur Zahlung westlicher Belohnungsgelder in harter Währung zu veranlassen und zugleich die Agenten westlicher Dienste in Kiew und Moskau aufzuklären.

Dies wiederum erinnert lebhaft an die Tätigkeiten des Stasi-Obristen im besonderen Einsatz, Schalck-Golodkowski, der seinen Schmugglern stets das Einverständnis der Staatssicherheit vermittelte, sich von BND oder CIA gegen Westgeldentlohnung bei voller Berichterstattung in Ostberlin anwerben zu lassen.

Der Fall des Plutoniumschmuggels ist im übrigen ein gutes Beispiel für die Arbeit der Geheimdienste im kriminellen und mit dem kriminellen Milieu. Die interessanteste Frage ist wiederum, wieso der Fall an die Öffentlichkeit gelangen konnte. Und wiederum spricht, wie zuvor bei den Mauss-Schmidbauer-Eskapaden im Drogenparadies Kolumbien, einiges dafür, daß befreundete Lauscher aus dem All zusammen mit befreundeten Beobachtern der Szenen in Madrid, Paris und Moskau, wenn nicht gar Mitarbeiter im Bundesnachrichtendienst, mit Zusatzgehältern den Akteuren gezielt ein Bein gestellt haben. So soll ja auch das Gespräch Schmidbauers mit dem BND-Residenten und langjährigen Vertreter der Adenauerstiftung in Lateinamerika angeblich vom spanischen Partnerdienst abgehört worden sein. Man darf vermuten, daß eher der große Bruder seine Richtmikrofone in Stellung gebracht hat, um herauszufinden, was in seinem Hinterhof an Geschäften im Narco- und Waffenbereich läuft. Schließlich vergibt nicht Bonn die Lizenzen für den geheimdienstgeschützten internationalen Drogenhandel, sondern die amerikanischen Dienste mit ihren weltumspannenden Überwachungs- und Zugriffsmöglichkeiten. Daher muß ein Provinzspieler aus Bonn oder Berlin oder auch Paris immer damit rechnen, vom Großen Bruder erwischt und öffentlich vorgeführt zu werden, je nach Kalkül vor oder nach wichtigen Wahlen.

Weltweite Negativwerbung: Deutschlands Nazikarikaturen

Ein seltsames Phänomen ist der deutsche Rechtsradikalismus, der seit der Vereinigung im Jahre 1990 pausenlos mit Gewalt auf wehrlose Bewohner von Asylantenheimen, Ausländer, Obdachlose, Alte und Behinderte eindrischt, von der Schändung jüdischer Friedhöfe ganz zu schweigen. Die Täter an der Front verfügen über äußerst geringe Intelligenzquotienten und geben Erscheinungsbilder ab, die auf keine Absicht schließen läßt, für sich und die Bewegung werben zu wollen[1013]. Um so mehr gleichen die Herren in der Regel exakt dem Bild, das sich angelsächsische Karikaturisten von Nationalsozialisten zu machen pflegen.

Auffällig ist, daß die Aktionen inzwischen gut koordiniert und flächendeckend über Deutschland organisiert sind. Man verständigt sich über das Internet, eine Methode, die sich klügere Leute ausgedacht haben müssen als die eigentlichen Täter und die polizeilich nicht sonderlich schwer zu überwachen sein sollte. Diese dumpfe Sorte des homo sapiens versteht es auch durchweg zeitgemäß, an die termingerechte Mobilisierung der Medien zu denken, so daß mit dem Eintreffen der Kamerateams weltweit operierender Fernsehgesellschaften die Reichskriegsflagge entrollt werden kann. Solcherart kann dem Ansehen und dem Einfluß Deutschlands in Europa und der Welt kontinuierlich Schaden zugefügt werden. Und darauf kommt es offensichtlich an. Die Bundesrepublik hatte sich in den Jahrzehnten nach 1945 aus den Ruinen emporgearbeitet, gute Löhne mit einem hervorragenden Sozialsystem und einer leistungsfähigen Exportindustrie verbunden, so daß dieses Modell eines reformkapitalistischen Staates große Ausstrahlung nicht zuletzt auch auf die stagnierenden kommunistischen Gesellschaften Osteuropas gewinnen konnte. Mit Blick gerade auch auf das Beispiel Nachkriegsdeutschlands haben viele zur Reform entschlossene Kommunisten ihr heruntergewirtschaftetes Kollektivsystem aufgegeben. Doch dies mußte diejenigen stören, denen das Beispiel eines durch Mitbestimmung und Sozialstaatsklausel »gefesselten Kapitalismus« einen Strich durch ihre Kapitalverwertungsinteressen machen könnte. Die Dirigenten des Tausende von Milliarden Dollar täglich über Börsen, Wechselstuben und Warenmärkte spekulativ um den Erdball treibenden globalen Wirtschafts- und Finanzsystems wollen nicht nur das *hire and fire* durchsetzen, sie brauchen auch die jederzeitige und sei es willkürliche Herauslösung ihrer Geldanlagen, aber auch des vor Ort gewonnenen Know-hows möglichst ohne jede Rücksicht auf Verträge, Gewerkschaften, Betriebsräte und öffentliche Meinung. Die Rechtsradikalen Deutschlands dürften die nützlichen Idioten am unteren Ende derartiger Bestrebungen sein.

Seitdem die Verfassungsschutzämter den Rechtsradikalismus zu bekämpfen suchen, scheitern sie an der Zusammenarbeit mit den USA. Dort befindet sich eine den amerikanischen Kontinent umspannende Szene von Rechtsradikalen, die mit unerschöpflichen Geldern und offensichtlich größter Opferbereitschaft den deutschen Kameraden bei der Abfassung von Anleitungen zum Basteln von Bomben, bei der Vorbereitung von Mordanschlägen und der Auswahl der Opfer zu Hilfe kommt.

Auch beim Landgang der Besatzung deutscher Marineschiffe lassen es sich die Kameraden aus USA schon seit Jahrzehnten nie nehmen, rechtsradikales Material in die Kombüsen zu vermitteln, ein Ereignis, das deutsche Wehrpflichtige stets aufs neue schockiert.

Nach Einschätzung des Bundesamtes für Verfassungsschutz stammen rund 90 Prozent des in Deutschland verteilten rechtsradikalen Materials aus den USA. Rechtsradikale Gönner aus Übersee unter Einschluß von Kanada wählen sich nach rassischen Gesichtspunkten Führer deutscher Neonazigruppen aus, um diese nach Kräften finanziell und mit Material zu unterstützen[1014].

Keine Amtshilfe der befreundeten Dienste

Bislang hat sich wohl wenig geändert. Die befreundeten Dienste stellen sich auf den Standpunkt, daß das Material dem Gebot der Meinungsfreiheit der amerikanischen Verfassung unterliege, daß Politik Privatsache sei, von Verfassungs wegen nicht beeinträchtigt werden dürfe und sich von daher die Lage in den USA mit der bundesrepublikanischen nicht vergleichen ließe.

Erstmals im Jahre 1996 hat es das Bundesamt für Verfassungsschutz gewagt, die durchweg mangelnde Zusammenarbeit mit den amerikanischen Behörden, dem FBI und der CIA sowie den entsprechenden Landesbehörden, zu beklagen.

FBI-, CIA-Aufgabe: Unterwanderung
nach rechts und links

Die Vorstellung ist etwas abenteuerlich, geht es doch bei den rechts-radikalen Gruppen meist um Straftaten, die auch in den USA mit Strafe bedroht sind wie etwa Mord, Körperverletzung, Bildung krimi-neller Banden und das Herstellen von Sprengmitteln, von der Hetze gegen Rassen und der versteckten Aufforderung zum Bürgerkrieg ganz zu schweigen. In Wirklichkeit werden auch in den USA die radi-kalen Gruppen seit J. Edgar Hoovers Zeiten, der über vierzig Jahre dem FBI vorstand, intensiv beobachtet und nach Kräften infiltriert[1015]. Dabei kommt es immer wieder vor, daß die Gewalttätigkeit und damit Gemeingefährlichkeit derartiger Gruppen mit Hilfe eingeschleuster Agents provocateurs von den zur Überwachung eingesetzten Behör-den gesteuert wird[1016]. Die Aktivitäten des FBI, zum Teil auch der CIA[1017], richteten sich zunächst vornehmlich gegen linke bis liberale Gruppen, denen eine Anfälligkeit für kommunistische Ideen nach Maßgabe der Wahnvorstellungen eines McCarthy unterstellt wird. Sogar die Quäker wurden als unterwanderungsgefährdet beobachtet. Aber auch die Rechte wurde nach Kräften infiltriert und über-wacht[1018].

Ansätze aus der schwarzen Bevölkerung der USA, sich politischen Einfluß zu verschaffen, wurden systematisch, wenn auch verfas-sungswidrig verhindert[1019]. Martin Luther King wurde vom FBI rund um die Uhr beschattet und bis zu seiner Ermordung nach allen Regeln der Kunst abgehört[1020]. Ziel der FBI-Operateure war es, King »vom Podest herunterzuholen, ihn jedes Einflusses zu berauben« und einen FBI-genehmen Kandidaten auszusuchen und zur Führer-schaft der Schwarzen gelangen zu lassen[1021]. Nach dem Mordan-schlag wurde der Strafprozeß zwar schnell über die Bühne gezogen mit einem geständigen Täter, der, seit 26 Jahren in Haft, jedoch seine Tatbeteiligung bestritt und die Entlassung über ein Wiederaufnahme-verfahren erreichen wollte. Der objektive Tathergang läßt sich ganz offensichtlich mit den Aktivitäten des Täters zur Tatzeit nicht in Ein-klang bringen[1022]. Inzwischen ist der Häftling vor Eröffnung eines neuen Verfahrens verstorben.

Die Black Panther versuchten einen weiteren Ansatz, scheiterten jedoch an ihrer eigenen Radikalität und Brutalität. Inzwischen weiß man, daß die Mehrzahl ihrer Straftaten von Agents provocateurs des FBI begangen wurde, die sich in die Gruppen eingeschlichen und dort die Führung übernommen hatten[1023]. FBI-Chef Hoover hatte angeordnet, die Organisation »bloßzustellen, sie auseinanderzudividieren, fehlzulenken, unglaubwürdig zu machen oder anderweitig zum Scheitern zu bringen«. Seine Agenten hetzten die Führungsmannschaft mit falschen Anschuldigungen bis in den privaten Bereich hinein gegeneinander auf. Sie schreckten auch vor Morden nicht zurück[1024].

Bei dem gegen Farbige wie Juden gleichermaßen mit Gewalt und Lynchjustiz vorgehenden und in zahlreichen Staaten paramilitärische Ausbildung betreibenden Ku-Klux-Klan[1025] gehen Kenner der Szene davon aus, daß regional bis zu 70 Prozent seiner Mitglieder Informanten des FBI sind und auf dessen Gehaltsliste stehen[1026]. Von dort gibt es nun wieder Querverbindungen zu der White Aryan Resistance, den Skinheads, der amerikanischen Nazipartei, den Hategroups mit ihren Rundfunk- und Fernsehstationen und nicht zuletzt einigen rechtsextremen kirchlichen Sondergruppen. Überall finden sich die Spuren der Infiltrierung entweder durch das FBI oder hin und wieder direkt oder indirekt durch die CIA[1027]. Der Eindruck wird abgerundet durch die Tatsache, daß die Mehrzahl dieser radikalen Gruppen als gemeinnützig anerkannt ist und die Einnahmen daher nicht der Steuer unterliegen. Diese Einstufung durch die lokalen Steuerbehörden wiederum geht nicht selten auf massive Einflußnahme der Bundesbehörden zurück.

Letzteres bedeutet im Klartext, daß FBI wie CIA im Inland der USA ganz wesentlich Einfluß auf die radikale Szene nehmen[1028] und so rechte Extremisten gegen linke ausspielen, ihren Agents provocateurs in den Gruppen gezielte Aufträge erteilen können, um die öffentliche Meinung und darüber die Politik bis hin zu den Präsidentschaftswahlen zu beeinflussen[1029]. Zumindest jedoch erreichen die Dienste über die Agents provocateurs aus den eigenen Reihen, daß die polizeilichen Eingriffsrechte gegenüber dem Bürger, die Lauschangriffe, die Telefonüberwachung, das Recht zum Infiltrieren kontinuierlich ausgeweitet werden und auch die Mittel in den öffentlichen Haushalten entsprechend erhöht werden[1030].

Klu-Klux-Klan-Führer
trainiert deutsche Skinheads

Da soll es einen selbsternannten Anführer des Klu-Klux-Klan namens Dennis Mahon geben, der sich in einer amerikanischen Fernsehsendung brüstet, auf seiner Deutschlandreise in 20 Städten der Bundesrepublik junge Nazis und Skinheads in Praktiken des Guerillakampfes ausgebildet sowie Anschläge gegen Asylanten geplant und ermutigt zu haben[1031].

Mit Mahon wiederum arbeitete der inzwischen in Dänemark verhaftete und vom Landgericht Hamburg abgeurteilte amerikanische Nazi Garry Laucks eng zusammen, der »eine Propagandakanone auf Dauerfeuer in Richtung Deutschland gestellt und fließbandartig gefüttert« hatte[1032]. Mahon selbst, Jahrgang 1949, war von 1971 bis 1974 bei der amerikanischen Küstenwacht beschäftigt, besuchte dann eine geheime Schule der U.S. Navy in Jacksonville, wo im allgemeinen die Mannschaften für Marinekommandounternehmen, die Seals, getrimmt werden.

In Florida arbeitete er mit den inzwischen hinlänglich bekannten, von der CIA genutzten Exilkubanern bei der Vorbereitung und Durchführung von Anschlägen gegen Kuba zusammen. Dabei war es seine Aufgabe, Flugzeuge für Angriffsoperationen gegen Kuba zu vermitteln. An der Beladung eines seiner Flugzeuge, das mit 1 500 Kilogramm Marihuana abstürzte, will er allerdings nicht beteiligt gewesen sein.

Mahon rühmt sich auch, vor dem Fall der Mauer mit der Stasi eng zusammengearbeitet zu haben. Die weitere Zusammenarbeit mit den Stasi-Veteranen habe sich nach dem Fall der Mauer eher verstärkt. Auf deutscher Seite wiederum fällt auf, daß das flächendeckende Auftreten der deutschen Skinheads mit einer auffallend breit gestreuten fehlenden Professionalität der Aufklärung brutaler Straftaten durch die Strafverfolgungsbehörden, ob Magdeburg, Frankfurt an der Oder, Dresden oder Lübeck, Solingen oder Stuttgart, einhergeht.

Die Szene wird weiter erhellt durch Erkenntnisse aus Kanada. Dort wurde 1994 ein Anhänger der kanadischen White Supremacist Movement als Informant des kanadischen Geheimdienstes mit einem Jahresgehalt von 48 000 Dollar enttarnt[1033]. Für dieses Geld hatte der

Agent den Führer der kanadischen Weiße-Rasse-Fanatiker, Wolfgang Droege, bespitzelt und ausgehorcht. Bei der Affäre kamen die Aktivitäten des kanadischen Dienstes bei Aufbau, Finanzierung und Unterstützung von Kanadas größter rechtsradikaler Organisation ans Tageslicht. Der Skandal überschritt die Staatsgrenzen insofern, als der kanadische Geheimdienst auch die US-amerikanischen Genossen der White Supremacists mit Steuergeldern oder aus verdeckten Quellen finanzierte. Der Agent ging über das passive Beobachten der rechtsradikalen Szene weit hinaus. So stattete er den wegen Straftaten des Drogen- und Waffenhandels in einem amerikanischen Gefängnis einsitzenden Droege, der früher dem kanadischen Zweig des Ku-Klux-Klan angehört hatte, nach der Entlassung mit frischen Geldern des Geheimdienstes aus. Droege hatte zuvor gemeinsam mit amerikanischen Neonazis versucht, die Regierung der karibischen Insel Dominica zu stürzen, um dort eine Musterheimstatt für Gesinnungsgenossen aufzubauen. Der Agent des kanadischen Geheimdienstes zahlte nun, ausgewiesen als Droeges Freund, großzügig die Rechnungen der insolvent gewordenen kanadischen Neonaziszene und konnte damit Sympathien auf sich ziehen.

Zusammen mit Droege und anderen Freunden machte sich der Vertreter des Geheimdienstes dann an die Gründung einer Dachorganisation aller Rechtsextremisten, zu denen die Weißen Sieger, die Neonazis, Antisemiten, Antieinwanderungs-Anhänger und extremistische Antikommunisten gehörten. Der Agent ließ sich zum Sicherheitsbeauftragten ernennen. Der Organisation spendierte er aus geheimdienstlichen Geldern die modernste technische Ausstattung, um in den größeren Städten des Landes eine telefonische Haßpropaganda zu betreiben. Die dynamische und hart zuschlagende Organisation gewann unter Führung des Agenten und seines »Blutsbruders« Droege Anziehungskraft auf Jugendliche, mit deren Hilfe sie sich nachdrücklich an großen Straßenschlachten beteiligte. In den größeren Städten Kanadas wurden Massenveranstaltungen organisiert, zu denen amerikanische Antisemiten und weiße Überlegenheitsrassisten eingeladen wurden. Mit Sonderprogrammen, Jugendtänzen und Konzerten von Bands wurden Schüler in den High-Schools und arbeitslose Skinheads angesprochen. Gegen Protestbewegungen wurde mit Gewalt vorgegangen. Bei einer Verkehrskontrolle wurde der Geheimdienstagent in Begleitung eines amerikanischen Neonazis mit Handfeuerwaffen und einem Scanner des Polizeifunkes ange-troffen. Der Mann wurde zwar vorläufig festgenommen, jedoch auf freien Fuß gesetzt, nachdem sich der Geheimdienst mit der Polizei ins Benehmen gesetzt hatte. Der amerikanische Neonazi und Führer der Weiß-Arischen-Widerstandsbewegung, Tom Metzger, gab zu Protokoll, der kanadische Agent habe ihn kräftig mit Geld ausgestat-tet. Außerdem habe er ihm eine Liste prominenter kanadischer Juden ausgehändigt.

1994 hatte der rechtsradikale Dachverband es auf 1 800 Mitglieder gebracht, war in allen größeren Städten vertreten und erzielte erheb-lichen Anklang bei der Jugend. Der Verband zählt zu der größten und erfolgreichsten Haßgruppe Kanadas seit dem Zweiten Weltkrieg. Die kanadische Regierung ging gegen den Verband ebenso wie gegen den eigenen Geheimdienst nur lauwarm vor, war jedoch um so mehr daran interessiert, die Schwachstelle aufzudecken, die ihren Agenten der Öffentlichkeit preisgegeben hatte.

Deutscher MAD-Mann Agent im Kreis des Oklahoma-Bombers

Einen kleinen Einblick in die Welt transkontinental vernetzter rechtsradikaler Gruppen, möglicherweise im Vollzug einer Strategie der Spannung auch zwischen befreundeten Nationen, bietet der immer noch mysteriöse Fall des Andreas Strassmeir, Sohn des ehe-maligen Parlamentarischen Staatssekretärs im Bundeskanzleramt und Generalsekretärs der Berliner CDU[1034]. Strassmeir hatte nach Ermittlungen amerikanischer und britischer Journalisten, die sich wieder auf hochrangige Quellen beim FBI berufen, acht Jahre in der Bundeswehr gedient und war dort in geheimdienstlichen Angelegen-heiten ausgebildet und geschult worden. Nach seiner Entlassung aus der Bundeswehr hatte es ihn für einige Jahre in die USA gezogen. Er soll von einem ehemaligen Obersten der amerikanischen Luftwaffe, der in Berlin stationiert gewesen war, zeitweise der CIA angehörte und jetzt dem Waffenhandel und der Söldnervermittlung nachgehe, an amerikanische Dienststellen vermittelt worden sein.

Auf die Existenz Strassmeirs war die amerikanische Öffentlichkeit

1995 im Zusammenhang mit dem bislang größten Terroranschlag der Vereinigten Staaten auf das Bundesgebäude in Oklahoma aufmerksam geworden. Dem Anschlag fielen 168 Menschen zum Opfer, darunter viele Kinder einer Kindertagesstätte. Fünfhundert Menschen wurden zum Teil schwer verletzt. Der angebliche Alleintäter McVeigh ist inzwischen zum Tode verurteilt. Er hatte zusammen mit seinem Gehilfen Nichols, beides Veteranen der amerikanischen Armee, einen Lastwagen gemietet, diesen mit einem Explosionsgemisch aus Düngemittel und Dieselöl beladen, im Eingangsbereich des Hochhauses unterhalb der Kindertagesstätte abgestellt und die Sprengladung zur Explosion gebracht.

Eine sehr genaue Analyse eines Generals der amerikanischen Luftwaffe, der vor seiner Pensionierung ein Institut für Sprengstoffforschung geleitet hatte, ergab sehr schnell, daß die Agrarbombe von ihrer Zusammensetzung her weder den vorgefundenen Krater verursacht noch den Umfang des Schadens am Gebäude hat bewirken können. Hierzu hätten Spezialsprengstoffe im Inneren des Gebäudes auf den tragenden Säulen angebracht werden müssen. Es gibt Zeugen, die dementsprechend mindestens zwei Explosionen wahrgenommen haben, die sich in ihrer Charakteristik deutlich voneinander unterschieden hatten. Es gibt des weiteren Zeugen, die bekunden, daß sich in der Nacht vor der Explosion Mannschaften in der Montur von Wartungspersonal am und im Gebäude zu schaffen gemacht hätten. Auch am Tag der Explosion seien zahlreiche, nicht ins übliche Ortsbild passende Personen aufgetaucht.

Einige der Zeugen, die nach dem Unglück aus nächster Nähe berichten konnten, unter anderem ein Polizeibeamter, ein Arzt und ein Gefängniswärter, begingen merkwürdige Selbstmorde oder kamen als hocherfahrene Flugzeugpiloten durch Absturz ums Leben. Sie hatten in ihren Äußerungen auf Zusammenhänge hingewiesen, die die amtliche Version eines Alleintäters unglaubwürdig zu machen drohte. Gegen den wütenden Protest insbesondere der Sprengstoffsachverständigen wurde das schwer beschädigte Gebäude wenige Tage nach Bekanntwerden des Sprengstoffgutachtens abgerissen, das Baugrundstück mit einer dicken Erdschicht überzogen, die Betonteile in eine Deponie gekippt und dort streng bewacht. Eine genauere Untersuchung durch die Sprengstoffsachverständigen konnte nicht mehr durchgeführt werden. Drei leitende Angestellte des FBI wurden wegen fehlerhafter kriminalistischer Analysen und Spurenvertuschung, unter anderem auch bei der Bearbeitung des Oklahoma-Anschlags, strafversetzt. Der Beamte, der die Mißstände des FBI-Labors als *whistelblower* an die Öffentlichkeit gelangen ließ, wurde entlassen und geht derzeit gerichtlich gegen seine Anstellungsbehörde vor.

Bereits wenige Tage nach dem Attentat geriet die Gemeinde Elohim in der Nähe von Oklahoma in das Rampenlicht der Öffentlichkeit, in der Andreas Strassmeir zur Tatzeit zusammen mit weiteren 70 bis 100 Einwohnern gelebt hatte. Der Täter McVeigh hatte dort zwei Tage vor dem Attentat ausweislich seiner Telefonkarte angerufen und nach Strassmeir verlangt. Elohim ist eine Siedlung der White Aryan Supremacists, der Weißen Überlegenheitsarier, die für die Vorherrschaft der weißen Rasse eintreten, Juden für die Ausgeburt des Satans und Farbige für Dreck halten. In der Siedlung hatte sich Strassmeir ein Haus gekauft und dort die Aufgabe der militärischen Geländesicherung übernommen. Die Einwohner wurden in der Handhabung von Feuerwaffen ausgebildet. Der Vorsteher der Gemeinde, Reverend Millar, predigte seinen Bürgern, darunter 25 Familienangehörigen, die Notwendigkeit aggressiver Präventivverteidigung, sollte es zu einem Überfall durch Kommandos der Bundesbehörden kommen.

Strassmeir ließ die bisherigen Jagdwaffen der Siedlung durch Angriffswaffen ersetzen. Es wurden Bunker vermutlich zur Lagerung von Waffen und Munition errichtet. Die Siedlung wurde vierteljährlich von Arischen Widerstandskämpfern (White Aryan Resistance – WAR) aus den ganzen USA besucht, die in Elohim und Umgebung an der Waffe ausgebildet wurden. Dennis Mahon, einer der Führer des Ku-Klux-Klans, Anführer der Arischen Widerstandskämpfer und nach eigenen Angaben Ausbilder deutscher Skinheads, besuchte im Abstand von ein bis zwei Monaten die Siedlung, um dort den Weißen Überlegenheitsariern militärisches Training im Scharfschießen beizubringen. Dennis Mahon war nach eigenen Angaben mit Andreas Strassmeir, mit dem er zuvor viele Wochenenden gemeinsam verbracht hatte, eng befreundet.

Bei der Erforschung der Frage, inwieweit die Regierung bereits im voraus von Agenten in den radikalen Gruppen über den Anschlag auf das Gebäude informiert war und den grausamen Anschlag hätte verhindern können, stellte sich sofort heraus, daß der Attentäter McVeigh wenige Tage vor dem Attentat in Elohim City angerufen hatte, um mit Strassmeir Kontakt aufzunehmen. Der Chef der Elohim-Gemeinde verneinte zwar zunächst jede Verbindung mit dem Attentäter. Auch den Deutschen Strassmeir gekannt zu haben, leugnete er. Inzwischen steht fest, daß der Attentäter mindestens 20 Fahrten in das Camp der weißen Überlegenheitsarier unternommen und mindestens fünf Telefonate über die dortige Gemeinschaftsleitung geführt hatte.

Es zeigte sich, daß die White-Aryan-Supremacist-Siedlung vor dem Attentat gut mit Informanten der verschiedenen Dienste durchsetzt war. Eine ehemalige Schönheitskönigin und Mitarbeiterin des Bureau of Alcohol, Tobacco and Firearms (BATF) und des FBI hatte zwischen 1994 und 1995 mehr als 70 Berichte für ihren Führungsoffizier abgefaßt, hatte die Beteiligten charakterisiert und bereits ein Jahr vor der Tat darauf hingewiesen, daß das Bundesgebäude in Oklahoma als eines von drei Zielen für einen Sprengstoffanschlag in Aussicht genommen worden sei. Dabei soll Strassmeir, von der Agentin auf Videoband festgehalten, immer wieder zu Anschlägen gegen die Bundesregierung aufgerufen haben. Auch die mit einem Hakenkreuz tätowierte Informantin selbst blies kräftig in das Horn des Rassenkampfes und terroristischer Anschläge gegen die Regierung. Die Agentin berichtete von den Besuchen McVeighs vor der Tat in Elohim und konzentrierte sich in besonderer Weise auf das Wirken Strassmeirs. In ihrem Bericht heißt es, der weiße Arier mit dem deutschen Akzent habe häufig über unmittelbare Aktionen gegen die amerikanische Regierung gesprochen. Er habe von Morden, Bombenanschlägen und Massenerschießungen geredet. Dreimal hätten Mahon und Strassmeir bei Ausflügen das Bundesgebäude in Oklahoma inspiziert. Die Informantin war vor dem Attentat zwar entlassen, danach jedoch gegen Entlohnung von 400 Dollar pro Tag neu verpflichtet worden. Schließlich wurde ihr Agentenverhältnis gelöst, ihre Arbeit als unzuverlässig eingestuft und sie selbst wegen offensichtlich an den Haaren herbeigezogener Sachverhalte angeklagt. Das Gericht entschied auf Freispruch. Im Hauptprozeß gegen den Oklahomaattentäter McVeigh wurde ihre Aussage auf Antrag der Staatsanwaltschaft als unerheblich nicht zugelassen.

Da die Hauptexplosion an dem Gebäude in Oklahoma ganz offen-

sichtlich nicht auf das Explosionsgemisch von McVeigh zurückzuführen ist, kann nur von einem Hinterhalt ausgegangen werden, den möglicherweise das Bureau of Alcohol, Tobacco and Firearms selbst mit Hilfe des verhältnismäßig dümmlichen McVeigh gelegt hat. Ziel war es wohl, die Sprengladung rechtzeitig und medienwirksam von Beamten des BATF entdecken zu lassen, um so die böse Scharte wegen des brutalen Vorgehens mit 88 Todesopfern gegen die Davidianer-Sekte 1993 in Waco zu tilgen. Doch dieser Ablauf muß von einer zweiten geheimdienstlichen Operation übersteuert worden sein, bei der hervorragende Sprengsachverständige mit höchster Präzision die eigentliche Explosionsursache in Gestalt von Sprengladungen an den tragenden Pfeilern des Gebäudes setzen und so dem Scheinattentat des BATF die Ursache für die Folgen des brutalsten Terroranschlags der Vereinigten Staaten unterschieben konnten. Statt des erwünschten spektakulären Erfolges im Kampf gegen den Terror der rechtsradikalen Szene hätte die Regierung Clinton so kurz vor der Wahl zum Opfer des infantilen Spiels ihrer Geheimdienste mit Weißen Überlegenheitsariern werden können. Doch mit dem Beharren auf der Theorie des Einzeltäters McVeigh und dessen schneller Aburteilung konnten weitergehende Ermittlungen zunächst abgewehrt werden. Die Beseitigung des Beweismaterials macht tiefergehende Nachforschungen schwierig. Immerhin führte Präsident Clinton seine Wiederwahl 1996 im wesentlichen auf die politischen Auswirkungen des Bombenattentats in Oklahoma zurück. Dort sei der Nation klargeworden, wohin der Weg der rechten Haß- und Milizbewegungen, immer wieder unterstützt von der Republikanischen Partei und deren Kandidaten, die Nation führen werde.
Strassmeir blieb nach dem Attentat noch einige Monate in Elohim, verschwand dann allerdings fluchtartig via Mexiko zurück nach Berlin, als sich die Recherchen privater Detekteien auf die Weißen Überlegenheitsarier, deren Verbindung zum Attentäter sowie zu den Diensten der Regierung einzuschießen begannen. Zahlreiche Beobachter der Szene, darunter Angehörige der Opfer, gehen davon aus, daß Strassmeir ebenfalls ein Undercoveragent der amerikanischen Regierung, möglicherweise in Absprache mit deutschen Dienststellen gewesen sei, der die militante rechtsradikale Szene habe unterwandern sollen und der seinerseits vor dem Anschlag gewarnt habe. Strassmeir muß sich allerdings im Milieu der rassistischen Arier

außerordentlich wohl gefühlt haben, gab er doch zu verstehen, daß die Zeit in Elohim die schönste seines bisherigen Lebens gewesen sei. Der amerikanische Anwalt Strassmeirs paßt zur Szene. Er ist spezialisiert auf die Verteidigung gewalttätiger Rassisten und amtiert als leitender Direktor der dem Ku-Klux-Klan zugerechneten Einrichtung »Cause«. Elohim vermittelt im übrigen den Eindruck, von den amerikanischen Geheimdiensten gut mit Agenten ausgestattet zu sein. So leugnet auch der Siedlungsvorsteher und Reverend Millar nicht, mit dem FBI in ständigem Kontakt gestanden zu haben. Der Mitbewohner in Andreas Strassmeirs Hütte, Brescia, ein mehrfacher Bankräuber, läßt Verbindung zu den Diensten ahnen. Seine zusammen mit anderen weißen Überlegenheitsariern unternommenen Banküberfälle, deren Erträge den White Aryan Supremacists zugute kamen, wurden vom FBI nur zögerlich verfolgt. Die Strafverfolgung wurde schließlich sehr spät wegen anderer Straftaten aufgenommen.

Bleibt noch die Auffassung eines Polizeioffiziers aus Oklahoma nachzutragen, der von einem Zwischenfall mit Strassmeir aus dem Jahr 1992 berichtete. Damals habe die Verkehrspolizei bei einer Straßensperre Strassmeirs Wagen beschlagnahmt und ihn selbst festgenommen. Er habe sich nicht ausweisen können, sei nicht im Besitz eines Führerscheins gewesen und habe auch kein gültiges Visum in seinem Paß gehabt. Unmittelbar nach dem Zugriff habe die Polizei Anrufe des State Departments in Washington, des Gouverneurs von Oklahoma, des Chefs der Autobahnpolizei sowie den Anruf zweier Anwälte aus Houston/Texas und Deutschland in Konferenzschaltung erhalten. Die Anrufer hätten die sofortige Freigabe des Wagens und die Einstellung des Verfahrens gegen Strassmeir gefordert. Dabei sei es besonders um die im Wagen liegenden Dokumente gegangen, deren Herausgabe an Strassmeir gefordert worden sei. Ein Anrufer habe gar diplomatische Immunität für den Verhafteten in Anspruch nehmen wollen. Wenn das nicht Protektion der allerhöchsten Stufe sei, meinte der lokale Ordnungshüter!

Die wahren Täter des mörderischen Anschlags bleiben bislang unerkannt und werden offensichtlich gedeckt. Bemerkenswert das öffentliche Zurschaustellen eines verwirrten Germanen mit Beziehungen zur deutschen Regierung, der sich in die Spielchen der Geheimdienste im rechtsradikalen Milieu hat einbinden lassen und so in den Geruch der Unterstützung hinterhältigster Attentate aus dem Milieu des Rassenhasses gegen wehrlose amerikanische Bürger geraten oder auch gebracht werden konnte. Es paßt ins Bild, daß am Tage des Sprengstoffanschlags ein Weißer Überlegenheitsarier aus Elohim in einer benachbarten Stadt wegen Mordes an einem Menschen hingerichtet wurde, den er fälschlicherweise für einen Juden gehalten hatte.

Aus Fernschreiben unmittelbar nach der Tat an die amerikanische Botschaft in Bonn geht hervor, daß die Antiterrorabteilung des State Department die Bundesregierung um Auskunft über Strassmeir gebeten hatte. Strassmeir sei militärischer Ausbildungsoffizier bei einer rassistischen Vereinigung gewesen, so heißt es. Er stehe unter dem Verdacht, Waffen gekauft und diese zu automatischen Feuerwaffen umgebaut zu haben. Als Antwort soll die Bundesregierung seinerzeit die Zusicherung der amerikanischen Behörden erbeten haben, daß gegen Strassmeir nicht die Todesstrafe verhängt werde. Auf diese Bitte habe die amerikanische Regierung bis heute nicht geantwortet, so daß die weitere Aufklärung der mysteriösen Verstrickungen im Niemansland versanden konnte. Strassmeir, zunächst nach Berlin zurückgekehrt, ist inzwischen im Ausland untergetaucht. Die Angehörigen der Opfer, so meint er in einem Interview, würden wahnsinnig, wenn sich herausstellte, daß die Katastrophe von Oklahoma auf eine amtlich gestellte Geheimdienstfalle zurückzuführen sei. Das Land sei außerstande, mit einer solchen Erkenntnis fertig zu werden[1035].

Geld für Rechtsradikale aus der Schatulle des Innensenators

Aus Anlaß des Anschlags auf die Westberliner Diskothek La Belle im Jahre 1987 weist Norman Birnbaum, der außenpolitische Berater des Senators Edward Kennedy, auf eigentümliche Aktivitäten des früheren Innensenators von Berlin, Heinrich Lummer, hin. Dieser habe nicht nur sein Amt aus Anlaß eines Skandals, in dem Baulöwen, Bordellbesitzer und Westberliner Politiker ihre Rollen spielen, niedergelegt, er sei auch des öfteren bei den christlichen Phalangisten zu Besuch gewesen, die in intensiven Beziehungen zur CIA wie zum Terrorgeschehen des Nahen Ostens stünden. Niemand habe in Westberlin ohne Einwilligung der westlichen Geheimdienste Innensenator werden können. Unmittelbarer Anlaß des Rücktritts des Polizeisenators sei die verdeckte Finanzierung der Neonaziszene in Westberlin gewesen, mit der ein sozialdemokratischer Wahlsieg habe verhindert werden sollen[1036].

Wie weit die Inanspruchnahme neonazistischer Dienstleistungen eines für die Sicherheit und Ordnung eines Bundeslandes Verantwortung tragenden Senators tatsächlich gegangen ist, hat nie vollständig aufgeklärt werden können. Der Senator behauptet, er habe den Rechtsradikalen den Verzicht auf eine Kandidatur zur Bürgerschaftswahl abgekauft, wodurch die CDU sonst Einbußen an Wählerstimmen hätte befürchten müssen. Die Neo- oder Altnazis hingegen behaupten, sie wären fürs Überkleben von Plakaten der SPD besoldet worden. Allerdings wußte der Verfassungsschutz Bescheid, da die rechten Gruppierungen von verschiedenen Nachrichtendiensten durchsetzt waren[1037]. Die bekanntgewordene Summe von 2 000 Mark scheint nicht übermäßig groß zu sein für einen spektakulären Rücktritt. Allerdings berichtet der Anführer des israelischen Rächerteams an den Mördern der israelischen Olympiasportler in München, daß er anläßlich eines Besuchs bei der bereits erwähnten Terrorservicezentrale in Paris einen Anruf aus Berlin habe mithören können, der für einen bestimmten Zeitraum vor den Wahlen eine Demonstration bestellt habe. Auf die Frage, ob diese friedlich oder gewalttätig ausfallen solle, sei die Wahl auf die Option gewalttätig gefallen.

In einer Schilderung der Berliner Zusammenhänge[1038] wird von einem ehemals mit Lummer bekannten Baugerüstunternehmer Hilmar Hein berichtet, der wegen Subventionsbetrugs, Diebstahls, Hehlerei, Brandstiftung, Drogenhandels und Waffenschieberei vorbestraft war und öffentliche Aufträge für die Einrüstungen des Internationalen Congress Centrums, des Charlottenburger Rathauses und des Hamburger Fernsehturmes erhalten sowie die Gerüste für den Neubau des Flughafens Tegel geliefert hatte. Hein wurde 1987 wegen Anstiftung zum Mord beziehungsweise Verabredung zum Mord angeklagt. Zeugen aus der Geschäftswelt erinnern sich, daß Hein und Lummer sich recht gut gekannt hätten. Neben Geschäften Heins mit dem Iran und Saudi-Arabien sind hier die Beziehungen zu

Libyen von Interesse. Hein verfügte über Kontakte zu Libyern, die aus den USA als Anti-Gaddafi-Terrorgruppe Ende der siebziger Jahre Anschläge auf libysche Ziele, nicht zuletzt den Staatschef Gaddafi selbst starteten. Hein durfte im Auftrag dieser Gruppe einen Killer suchen, der die Ermordung für die Summe von zehn Millionen Mark bewerkstelligen sollte. Hierfür suchte Hein zunächst einen Berliner Bordellboß aus, dem allerdings nach gelungener Tat die Liquidierung zwecks Zeugenbeseitigung ins Haus gestanden hätte. Im Januar 1984 wurde der Chef des Libyschen Volksbüros in Rom mit einer schallgedämpften Waffe erschossen, die Hein geliefert hatte. Ein Brandanschlag auf das libysche Gästehaus in Bonn im Oktober 84 soll mit falschen Dollarnoten aus der Verfügungsmasse von Hein beglichen worden sein. Ostern 1983, so der Bericht, sei Hein mit den amerikanischen Sicherheitsstrategen Oliver North und John Pointdexter in Bangkok zusammengetroffen und habe dort auch den saudischen Waffenhändler Adnan Kashoggi kennengelernt. Dabei habe Hein mit dem iranischen Unterhändler Tabatabai Kontakt aufgenommen. Die Geschichte schließt mit der Verhaftung Heins 1985 in Berlin.

Wieder, so scheint es, blitzt in den Personenkontakten der zweite Waffenkanal der Reagan-Bush-Administration in den Iran auf, der von den Betreibern des ursprünglich ersten Kanals mit allen Mitteln bekämpft, bloßgestellt und zum Scheitern gebracht wird[1039]. Lummer erklärte, Hein »nicht näher« zu kennen, könne aber ausschließen, mit Hein und den Libyern verhandelt zu haben. Dies ist auch nicht erforderlich. Entscheidend ist nur, wie immer wieder die gleichen Beziehungsfäden gesponnen werden, die mal nach Nahost, mal in die rechtsradikale Szene führen, und Geldmittel über geheimnisvolle Wege zu Adressaten gelangen lassen, die zu bekämpfen die eigentliche Aufgabe des Politikers hätte sein müssen.

Dabei wäre es unzulässig, etwa der Polizei, den Angehörigen des Verfassungsschutzes, des Bundesnachrichtendienstes, der Kriminalpolizeien des Bundes und der Länder in ihrer Gesamtheit Vorwürfe zu machen. Es handelt sich ganz offenbar immer wieder um Zellen der Anknüpfung über die Politik oder ausgewählte Amtsträger, die außerhalb der geordneten Hierarchien und Befehlswege, abgeschirmt durch die Prinzipien des Quellenschutzes, der geheimzuhaltenden Methoden, des *need to know*, sich nationaler Verantwortung entziehen und der sachwidrigen Beeinflussung von innen und außen zur Verfügung stellen. Nur wenige Marionettenspieler werden Bescheid wissen. Doch wer von einem manipulierten Ereignis, sei es einer gewalttätigen Demonstration oder einem Terroranschlag, politisch profitieren könnte und wer nicht, kann auch der Laie ermessen, sofern er nicht der amtlichen Desinformation zum Opfer fällt. Man wird davon ausgehen können, daß im Interesse einer Politik der Spannung, der Herstellung von Freund-Feind-Verhältnissen, der verdeckten psychologischen Lenkung auch befreundeter Nationen durchweg die gleiche Technik wie in den USA zur Anwendung gelangt.

Wenn folglich der österreichische Neonazi Norbert Burger angab, rund 30 Prozent der Haushaltsmittel seiner rechtsradikalen Partei stammten aus den Kassen der CIA, so dürfte dies wenigstens ein Teil der Wahrheit sein. Burger hatte sich in den sechziger Jahren als Attentäter in Südtirol einen Namen gemacht, war zugleich mit dem Gladio-Netz verbunden[1040]. Es ist daher anzunehmen, daß die 90 Prozent aller in Deutschland verteilten und aus den USA und Kanada importierten Hetzmaterialien mit einiger Sicherheit nicht nur aus dem privaten Spendenaufkommen amerikanischer oder deutscher Neonazis finanziert werden[1041]. Möglicherweise gibt es auch eine Quelle, die darüber Auskunft geben kann, woher der Vorsitzende der rechtsradikalen Deutschen Volksunion (DVU) in der Nachkriegszeit in den Besitz von 500 Millionen D-Mark gelangen konnte, mit denen derzeit die Szene in den neuen Bundesländern zum Blühen gebracht wird. Es ist ja nicht ausgeschlossen, daß die frühe Freundschaft des Parteichefs mit Reinhard Gehlen und dessen CIA-gelenkter Organisation Hilfestellung bieten konnte[1042]. Erstaunlich, wie nicht nur im Falle Frey, sondern auch Le Pen in Frankreich unvergleichlich jeder demokratischen Partei überraschend Erbschaften und Vermögensmassen zur Verfügung stehen. Doch dies aufzuklären bleibt denen vorbehalten, die in der Lage sind, die Geldbewegungen auf Erden bis in die Details auszuforschen. Dazu ist kein europäisches Land allein in der Lage.

Schlußbetrachtungen

Der Weg vom Einblick in die Hinterhöfe des Stasi-Imperiums Kommerzielle Koordinierung in der Wallstraße in Ostberlin zum Überblick über das internationale Geflecht von Waffenhandel, Terror, Technikschmuggel, Drogengeschäften und allgemeiner wie organisierter Kriminalität bis hin zum europäischen Extremismus von rechts und links ist weit und verschlungen. Doch die Erkenntnisse sind abzüglich einiger Prozentpunkte nicht durchschauter Desinformation letztlich zwingend, so schrecklich das Ergebnis auch erscheinen mag.

Weltweit operierende Geheimdienste einer Supermacht wie die CIA – in stark abgeschwächter Form gilt dies auch für Teile der Geheimdienste Großbritanniens und Frankreichs, nur noch in Spuren für den BND, um so stärker jedoch für den israelischen Mossad – sind nur sehr beschränkt Nachrichtendienste im eigentlichen Sinne. Vielmehr beschäftigen sie sich im Schwerpunkt mit den Methoden und Instrumenten der verdeckten Durchsetzung von Machtpolitik unterhalb und außerhalb der Schwelle des Kriegsvölkerrechts und sammeln zu diesem Zweck die erforderlichen Erkenntnisse. Diese inoffizielle, verdeckte, reale Außenpolitik schert sich weder um nationales noch internationales Recht, geschweige denn um die Regeln des Völkerrechts und der Menschenrechte. Diese Politik wird in den Demokratien vor den demokratischen Entscheidungsgremien im wesentlichen geheimgehalten und öffentlich weder dargestellt noch viel weniger in den Medien erörtert. Dieser verdeckten, geheimdienstlichen Außenpolitik fehlt in weiten Teilen jede demokratische Legitimation. Die verdeckten Operationen der CIA in den 50 wichtigsten

Staaten der Welt nutzen weltweit die Kräfte der organisierten Kriminalität und nicht zuletzt die beachtlichen Finanzmittel des Drogenhandels. Daß der Kampf gegen den Rauschgifthandel – allein in den USA mit 17 Milliarden Dollar vorgeblich mit hoher Priorität ausgestattet – fortwährend ebenso verlorengeht wie der gegen den illegalen Waffenhandel oder die Rückschleusung des kriminellen Bargeldes in das Bankensystem, hängt mit der weltweiten Nutzung der organisierten Kriminalität durch die Geheimdienste zusammen[1043].

Die organisierte Kriminalität erwirtschaftet Gelder, die sich zum Aushalten von Geheimdienststrukturen nutzen lassen, sei es die Finanzierung von Rebellenbewegungen, aufständischen Minderheiten, rechts- wie linksradikalen Strömungen, die zur Beeinflussung politischer Prozesse zum Einsatz gebracht werden können. Söldner können so unauffällig besoldet, politische Prozesse korrumpiert, wahlentscheidende Ereignisse manipuliert werden[1044]. Wer sich an dem geheimdienstlich gesegneten Manna nachhaltig laben darf und wer nicht, bestimmen in erheblichem Umfang die Dienste, indem sie über ihre weltweite Abhör- und Eindringtechnik in jede Kommunikation, in die Bankcomputer, über den geheimdienstlichen Informantenschutz, die Kronzeugenregelung sowie die Technik der verdeckten Ermittlung den Kampf gegen die organisierte Kriminalität steuern können. Kriminelle, die sich des Geheimdienstschutzes nicht erfreuen, werden gezielt der Strafverfolgung zugeführt oder befreundeten Diensten zur Trophäenjagd freigegeben. Dafür steht der Drogenabsatz auch den Diensten in den befreundeten Nationen zur Nutzung zur Verfügung. Das symbiotische Verhältnis zwischen Geheimdiensten und organisierter Kriminalität macht sich für beide bezahlt.

Nun könnte das Ende der Sowjetunion und der kommunistischen Staatengemeinschaft auch das Ende der verdeckten Operationen gegen Freund und Feind mit sich bringen. Doch dies ist mit Sicherheit nicht der Fall. In allen langanhaltenden und blutigen Konflikten, die seit 1990 ohne Unterlaß die verschiedenen Erdteile erfassen, sind von der Entstehungsgeschichte bis zu den aktuellen Auseinandersetzungen nahezu ohne Ausnahme Geheimdienste mit verdeckten Operationen mit von der Partie. Dies gilt für die Ereignisse in Zaire, in Ruanda, in Sri Lanka, in Algerien wie in den neuen Teilstaaten des alten Jugoslawiens, in Albanien, in Indonesien oder auch den asiati-

schen Republiken des Kaukasus. Die Medien lassen in ihrer Berichterstattung durchweg die tatsächlichen Hintergründe von Konflikten
unbeachtet. Dabei lohnt sich für den Betrachter der Szene stets die
Frage nach dem kriminalistischen *cui bono*: Wem gereichen Ereignisse und politische Prozesse zum Nutzen, wem schaden sie, und
kann es sein, daß Vor- wie Nachteile aus dem Zufall geboren werden? Ein Blick auf die Lage von wichtigen Bodenschätzen und die
Zugangswege zu diesen gibt in aller Regel verläßliche Hinweise.

Die Entkolonialisierung nach 1945 hat sich auf den territorialen
Rückzug der Kolonialmächte beschränkt. Die wirtschaftliche Nutzung der aus Kolonialbesitz abgeleiteten Besitztümer bleibt bis heute
in den Händen der Erben und Nachfolger der alten Kolonialeliten,
die auch in den Demokratien über Finanzierung von Wahlkämpfen
den Zugang zur Macht finden und so den Einsatz des Staatsapparates
zur Absicherung ihrer gefährdeten Positionen weltweit abrufen können[1045]. Allerdings gilt dies in vollem Umfang nur für die einzige ver-
bliebene Weltmacht. Alle anderen Nationen, möglicherweise mit
Ausnahme Israels in der Durchdringung der amerikanischen Szene,
sind nicht mehr in der Lage, die internationale Kriminalität in ihren
Verästelungen zu beeinflussen und entsprechend verantwortlich zu
handeln. Ihr Wissen ist in der Regel verfälscht, vom großen Bruder
abgeleitet und eingeschränkt. Wegen des übergeordneten Interesses
an der Nutzung des Drogenhandels zur Finanzierung verdeckter
Operationen ist nicht nur die amerikanische, sondern auch die europäische und deutsche Drogenbekämpfung in höchstem Maße korrumpiert[1046].

Die Äußerung des stellvertretenden Direktors des Bundeskriminalamtes, das Amt sei nicht in der Lage, eine zusammenfassende
Darstellung des Ineinandergreifens von Drogen- und Waffenhandel,
Terrorismus, Geldwäsche und organisierter Kriminalität zu liefern –
1993 war von der Manipulation durch Geheimdienste noch nicht die
Rede –, ist folglich weniger als Desinformation zu verstehen denn als
Eingeständnis, daß die deutschen Behörden die gesamte Bandbreite
der internationalen organisierten Kriminalität bis hin zum Terrorismus in keiner Weise mehr beherrschen. Doch nicht die geschmähten
Datenschutzbestimmungen der Bundesrepublik Deutschland sind
das unüberwindliche Hindernis einer umfassenden Aufklärung weltweit vernetzter Kriminalität in Deutschland. Deutschland gehört zu

den 50 Nationen, in denen die CIA kontinuierlich mit verdeckten Operationen die Geschicke in ihrem Sinne zu lenken versucht. Hierzu gehören die Blendung wie Unterwanderung der befreundeten Dienste, von den Kriminalpolizeien über die Verfasungsschutzämter, den Militärischen Abschirmdienst bis hin zum Bundesnachrichtendienst, die je nach Bedarf in ihren Arbeitsrichtungen beeinflußt und über das tatsächliche Geschehen getäuscht werden können. Es gibt folglich in den Diensten der Bundesrepublik wie in allen anderen für die USA wichtigen Staaten Amtspersonen, die ihre Loyalität gegenüber der eigenen Nation der gegenüber der Supermacht unterordnen. Dies gilt auch für einen nicht unbeachtlichen Teil der Medienlandschaft, wie der publizistische Durchmarsch etwa aus Anlaß des Golfkrieges zeigen konnte[1047].

Natürlich könnten Demokraten, namentlich in den USA, auf den Gedanken kommen, die riesigen Militär- und Geheimdienstmaschinen des eigenen Landes abzurüsten und das eingesparte Geld dem Bürger zukommen zu lassen. Doch hier sorgen neue Bedrohungsanalysen rechtzeitig für neue Feinde. Der militärisch-industrielle Komplex sucht sich seine politischen Vertreter, aber auch seine akademischen Vordenker aus und findet den wirksamsten Verbündeten in den Geheimdiensten selbst, die sich Mühe geben, den Fortbestand ihrer Arbeit zu sichern[1048]. So zieht nun schon seit Jahren die Gefahr des muslimischen Fundamentalismus an den Grenzen der christlich-jüdischen Zivilisation herauf, die allmählich die einstige Angst vor der kommunistischen Weltherrschaft zu ersetzen beginnt. Muslimischer Fundamentalismus steht für Fanatismus, Unberechenbarkeit, Friedlosigkeit und Terror. Schaut man allerdings genauer hin, findet man seit Jahren die Finanzierung just dieses Fundamentalismus nicht nur aus der Ölschatulle des konservativen Saudi-Arabiens, sondern vor allem aus jener der CIA. Von tief religiöser, fanatischer oder gar fundamentalistischer Einstellung kann bei diesen Kräften entgegen der westlichen Medienberichterstattung so gut wie keine Rede sein. Es handelt sich immer wieder um die Marodeure aus dem Krieg in Afghanistan, um Personen, die im Auftrag und mit Mitteln der CIA geworben, ausgebildet und bewaffnet wurden und jetzt als Söldner in allen möglichen Konfliktherden ihre Beschäftigung finden. Die Personalauswahl überließ man Kräften, die ihre Brutalität und Feindschaft gegenüber westlicher Zivilisation deutlich zu erkennen gaben und die gegen das Anwerben auch von gemeinen Kriminellen nichts einzuwenden hatten. Aus dieser Brut erwuchsen dann in Afghanistan wiederum die in Koranschulen mit westlichen und saudischen Geldern großgezogenen Talibanis, die das Land derzeit terrorisieren und vollends zugrunde richten[1049]. Die offizielle amerikanische Unterstützung hat sich zwar aus der vordersten Front verabschiedet[1050]. Doch es geht um Förderung, Transport und Verkauf von turkmenischem Erdgas über eine zwei Milliarden Dollar teure Pipeline, die die amerikanische Firma CONOCO zusammen mit einer saudischen Firma über Afghanistan nach Pakistan und an den Persischen Golf bauen will.

Zu den Anwerbern von Söldnern für den Kampf in Afghanistan gehörte jener blinde ägyptische Mullah, der später von Kairo aus seinen Jüngern in New Jersey den Bombenangriff auf das benachbarte World Trade Center in New York befohlen haben soll. Er stand zuvor in Afghanistan im Dienst und wurde von der CIA ausgebildet. Der Anschlag auf den Wolkenkratzer in Manhattan hätte mühelos verhindert werden können, wenn nicht die muslimischen Informanten des FBI und der CIA von ihren Führungsoffizieren den Hinweis erhalten hätten, entgegen der Verabredung den Dingen ihren Lauf zu lassen.

Weltweit sieht man das Ex-CIA-Personal der sogenannten Afghanis in den muslimischen Ländern erneut mit Terror ans Werk gehen, durchweg zur hellen Empörung der ortsansässigen Bevölkerung[1051]. Auch die angeblich so fundamentalistischen Moslembruderschaften erfreuen sich seit Jahrzehnten der steten Förderung nicht nur aus saudischen und amerikanischen Quellen, sondern auch aus den Geheimfonds des Mossad. Offensichtlich kann nur so das Potential an Agents provocateurs für die Fortdauer des Nahost-Konfliktes gefunden werden. Die gemäßigten Kräfte haben längst den Dienst quittiert, die Rekrutierung von Mitarbeitern des Mossad verlagert sich immer mehr auf die messianisch religiösen Sekten[1052]. So kann die ethnische Vertreibung der Palästinenser zugunsten eines größeren Israels erfolgreich fortgesetzt und abgeschlossen, die Vergeblichkeit des Friedensprozesses wegen Friedensunfähigkeit der arabischen Seite demonstriert und der Zusammenhalt unter den Israelis, den Juden in aller Welt und der Solidarität der westlichen Welt zu Israel gesichert werden[1053].

Bei der Suche nach neuen Feinden und Rechtfertigung für die Beibehaltung des Systems globaler Steuerung über verdeckte Operationen geben die Werke der beiden CIA-nahen Professoren Samuel Huntington und Zbigniew Brzezinski Hilfestellung und Orientierung. In seinem Buch vom Kampf der Kulturen geht Huntington von dem drohenden Einflußverlust des Westens aus, dem ein wirtschaftlicher, militärischer und politischer Machtanstieg der asiatischen Kulturen sowie eine Bevölkerungsexplosion des Islam gegenüberstehe. Der Westen werde künftig in Auseinandersetzungen mit den Kulturkreisen des Islam und Chinas hineingezogen. Auf lokaler Ebene an den Bruchlinien zwischen Muslimen und Nichtmuslimen stattfindende Kriege erzwängen den Schulterschluß verwandter Nationen. Für Huntington gehört die griechisch-orthodoxe Welt Rußlands und Serbiens zur muslimischen Sphäre. Es ziehe die Gefahr breiter Eskalation herauf, die die Kernstaaten zum Eingreifen zwinge. Menschen auf der Suche nach Selbstbewußtsein und Volkszugehörigkeit brauchten unabdingbar Feinde, gegen die sie sich abgrenzen, die sie hassen könnten. Dabei seien die potentiell gefährlichsten Feindschaften wiederum an den Bruchlinien zwischen den großen Kulturen anzutreffen. Die Lehre Huntingtons vom Kampf der Kulturen sorgt so mit historisch äußerst schiefen Beispielen für die Neuorientierung nach dem Ende der Ost-West-Konfrontation. Ein neuer Erzfeind wird aufgebaut.

Zbigniew Brzezinski brachte nahezu zeitgleich mit Samuel Huntington sein Buch *Die einzige Weltmacht* heraus. Während Huntington sich als Berater der CIA einen Namen machte mit einer Arbeit über die Beherrschbarkeit von Massenaufständen nach dem Tod eines Diktators, hatte Brzezinski als Sicherheitsberater Präsident Carters einen breiten und tiefen Einblick in die verdeckte amerikanische Außenpolitik gewinnen können. Ihm wird nachgesagt, den Sturz des Schahs und den Übergang auf die Herrschaft fundamentalistischer Mujaheddins betrieben zu haben. Fernziel sollte die Schaffung eines muslimisch-fundamentalistischen Gürtels um die damalige Sowjetunion gewesen sein, um von dort destabilisierend auf die muslimisch besiedelten Territorien einwirken zu können. Daher wurde noch vor der Intervention sowjetischer Truppen die neutrale Regierung in Kabul über muslimische Rebellengruppen so in Bedrängnis gebracht, daß die kommunistische Partei zur tragenden Kraft einer neuen Regierung wurde, die dann die Bitte um Entsendung sowjetischer

Truppen aussprach. Damit sollte der Sowjetunion ein analoges Vietnam beigebracht werden. Gegen die Intervention dieser Kampftruppen kamen dann die muslimischen Mordbanden aus aller Welt zum Einsatz, ausgebildet und bewaffnet mit Hilfe der CIA und in der Regel unter Führung lokaler Drogenbarone. Die westlichen Politiker und Medien sprachen von Freiheitskämpfern. Nach dem Abzug der sowjetischen Truppen aus Afghanistan kehrten die arbeitslos gewordenen Marodeure in ihre Heimatländer zurück und lieferten von nun an die öffentlichkeitswirksame Botschaft von der erschreckenden Erscheinung des muslimischen Fundamentalismus[1054]. Brzezinski kennt folglich aus eigenem Handeln nicht nur die Feinheiten verdeckter geheimdienstlicher Intervention, sondern hat seine Arbeit im Wissen um die sich bietenden Möglichkeiten formuliert.

Man kann bei beiden Büchern mit einiger Sicherheit von Auftragsarbeiten der CIA ausgehen, die die politische Zukunft der Dienste vorzeichnen sollen. Derartige Auftragsstudien bestehen in der Regel aus einem allgemein gehaltenen und zur Veröffentlichung bestimmten Teil. Ein Anhang mit den praktischen Handlungsanweisungen zur Umsetzung bleibt hingegen unter Verschluß. Doch nimmt man das über Jahrzehnte hinweg zu beobachtende und hier nur auszugsweise dargestellte Handwerkszeug der Dienste zum Maßstab, so gewinnt man die Schablone, nach der heute ebenso wie in Zukunft mit an Sicherheit grenzender Wahrscheinlichkeit vorgegangen wird. Nach der traumatischen militärischen Niederlage der USA in Vietnam sind *covert operations* der Geheimdienste das Mittel der Wahl bei der Durchsetzung amerikanischer Großmacht-, aber auch Wirtschaftsinteressen, während der Einsatz der Militärmacht eher unpopulär bleibt.

Brzezinski geht in seinem Buch auf die unvergleichlich starke, aber auch verletzliche Position der einzig verbliebenen Supermacht ein, die von nun an auf Konkurrenten zu achten habe, die die Stellung der USA politisch, militärisch, wirtschaftlich-technisch und kulturell gefährden könnten. Das Buch erweist zwar immer wieder der den Idealen der Verfassung verpflichteten offiziellen amerikanischen Außenpolitik seine Reverenz, indem Frieden, Partnerschaft, Demokratie und Rechtsstaatlichkeit für die USA und die Welt beschworen werden. Doch dahinter kommt verhältnismäßig klar die machtbezogene imperiale Außenpolitik zum Vorschein, die öffentlich nicht erklärt, demokratisch nicht legitimiert, auf das Steuern und Manipulieren des Weltsystems setzt, um die Dominanz der einzigen verbliebenen Weltmacht mit Anspruch auf bestimmte Macht-, Wirtschafts- und Finanzprivilegien absichern und ausbauen zu können.

Wichtigste Aufgabe wird es nach Brzezinski sein, keinen neuen Herausforderer, insbesondere in Eurasien, emporkommen zu lassen. Wer das sich von Europa über die ehemalige Sowjetunion bis nach China, Japan, Indien und Pakistan unter Einschluß der Öl- und Gasregionen des Nahen Ostens, des Kaspischen Beckens und Zentralasiens erstreckende Eurasien unter Kontrolle halte, beherrsche die Welt. Auf dem eurasischen Schachbrett gelte es die wichtigen Figuren im Auge zu behalten und daran zu hindern, sich gegen die Weltmacht Amerika zusammenzurotten. Dabei müsse auch auf die jeweiligen nationalen Eliten geachtet und Einfluß genommen werden. Entscheidend komme es auf einige Staaten an, die es als Vasallen teils in ihre Schranken zu weisen, teils in ihrer Funktion zu sichern gelte. Deutschland und Japan wird dabei ein gewisses Potential zur Organisation einer Herausforderung zuerkannt, das jedoch durch die Eifersucht der Nachbarn, vor allem aber die moralische Belastung aus der Vergangenheit in Grenzen gehalten werde.

Privilegien, die der Weltmacht als Ordner der Welt zustünden, seien insbesondere der Zugriff auf die Energievorräte nicht nur in Nahost, wo es den Vereinigten Staaten aus Anlaß der Strafaktion gegen den Irak gelungen sei, die Region in ein amerikanisches Militärgebiet zu verwandeln, sondern auch der Zugang und die Erschließung der in den neuen Staaten Zentralasiens und des Kaspischen Beckens gelegenen riesigen Energie- und Rohstoffreserven. Diese befinden sich nach Brzezinski in einer Region, die er mit dem neuen Begriff des »eurasischen Balkans« verbindet. Dieser Balkan sei ein wahrer Hexenkessel von Völkerschaften, in dem Rußland seine alten Rechte nun nicht mehr beanspruchen könne. Das neue Rußland müsse daran gehindert werden, seine alte imperiale Rolle wiederaufzunehmen. Daher müßten die Zugangswege zu den Bodenschätzen der Region vom Zugriff Rußlands freigehalten werden. Dreh- und Angelpunkt hierfür sei zum Beispiel die Ukraine mit ihren Bodenschätzen und dem Zugang zum Schwarzen Meer. Brzezinski spricht im einzelnen die Stärken und Schwächen der verschiedenen Nationen und Nationalitäten, insbesondere die durchweg anzutreffende

Unverträglichkeit der zahllosen ethnischen Mehr- und Minderheiten untereinander, an. Die neue und wichtige Rolle der Türkei und des Irans als der den Bodenschätzen vorgelagerten Nationen mit ihren jeweiligen Handicaps der Kurdenfrage und des Fundamentalismus wird erläutert.

Brzezinski treibt das geopolitische Spiel über Staaten und Regionen, denen er die Rolle geostrategischer Scharniere zuweist, nennt Staaten, denen die Rolle eines Katalysators bei der Entwicklung künftiger Machtverhältnisse zukomme. Bei allen Konstruktionsansätzen bleibt der Nationalstaat für ihn das entscheidende Ordnungselement, mit dessen Hilfe das stets lauernde Chaos gebannt werden müsse. Europas Zusammenschluß wird zwar befürwortet, samt dem deutsch-französischen Tandem als Triebkopf. Zugleich aber wird deutlich, daß Frankreich allein, ohne Deutschland, zu schwach sei, Deutschland jedoch von Frankreich und den anderen europäischen Staaten eifersüchtig unter Kontrolle gehalten werde. Mit einem derartigen Europa müsse sich Amerika partnerschaftlich verbinden. Dabei komme es darauf an, die Dinge gegen den Widerstand des ehrgeizigen, fähigen und ruhmbesessenen Frankreichs in Europa so zu steuern, daß den USA zwangsläufig immer die Schiedsrichterrolle zufalle. Dies sei jedoch heute bereits in der NATO wie der Europäischen Union gewährleistet. Weltbank und Internationaler Währungsfonds seien Instrumentarien letztlich in der Hand der USA. Großbritannien sei ein aus dem aktiven Dienst ausgeschiedener geostrategischer Akteur, der sich auf seinem prächtigen Lorbeer ausruhe und aus dem großen europäischen Abenteuer weitgehend heraushalte, bei dem Frankreich und Deutschland die Fäden zögen. Allerdings bleibe London ein verläßlicher Verbündeter und enger Partner bei heiklen Geheimdienstoperationen.

Es ist hier nicht der Ort, über die historisch verengte und verfälschende Sicht der beiden Professoren zu streiten. Festzuhalten bleibt, daß die hier zum Ausdruck gebrachten Perspektiven im Wissen um bisherige Geheimdienstpraktiken das künftige Verhalten der Geheimdienste im Zuge geopolitischer Auseinandersetzungen bestimmen werden. Die verdeckte Außenpolitik wird sich ungeachtet aller Erklärungen von Präsidenten und Außenministern im wesentlichen an die Zielvorgaben halten. Daß sich an der Arbeit der amerikanischen Geheimdienste künftig wenig ändern wird, brachte George

Bush, kürzlich noch Präsident der Vereinigten Staaten und zuvor Direktor der CIA, im Jahre 1997 aus Anlaß des 50jährigen Bestehens der CIA in seiner Festansprache zum Ausdruck, in der er die Kritiker der CIA samt und sonders als *nuts,* als Knallköpfe, bezeichnete. Europa hat sich wie die übrige Welt insofern auf Kontinuität einzurichten.

Wer die Aktivitäten der amerikanischen Geheimdienste in ihrem Zusammenspiel über die vergangenen Jahrzehnte verfolgt, die CIA-gelenkten Umstürze und Putsche in den Ländern Lateinamerikas und Afrikas, die Interventionen in den Staaten Europas und Asiens, den Sturz des iranischen Ministerpräsidenten Mossadeq, den Sturz des indonesischen Präsidenten Sukarno, die raffinierte Nutzung der organisierten Kriminalität und des Drogenhandels, der findet die Anzeichen verdeckter geheimdienstlicher Intervention in fast allen derzeitigen Unruheherden der Erde. Und er wird verstehen lernen, weshalb in einigen Regionen der Erde Friedensprozesse nicht vorankommen, vielmehr die brutalen Betreiber der Konflikte das Sagen behalten[1055].

Der Jugoslawienkonflikt hätte ohne die massive Intervention von Geheimdiensten aller westlichen Staaten weder so verlaufen können noch müssen[1056]. Schon in dem langsam zerfallenden Reich Titos setzten die westlichen Geheimdienste auf ihre tief im Apparat eingenisteten Partner, die ihre künftige Machtbasis in der Teilung des Landes sahen, die ethnische Vertreibung der jeweiligen Minderheiten durch den systematischen Einsatz von Mordbanden mit eingeschlossen.

Der Bundesnachrichtendienst konnte sein aus Nazi- beziehungsweise Ustaschazeiten herübergerettetes und pfleglich weiterentwickeltes Agenten- und Informantennetz zum Einsatz bringen. Damit harmonierte die Politik des Altkommunisten Tudjmann, der im unabhängig gewordenen Kroatien auf das nationalistische Roß der ethnischen Vertreibung der serbisch-orthodoxen und muslimischen Bevölkerung setzte. Die kroatischen Emigrantengemeinden in Deutschland und den USA, dem brutalen Ustascharegime und der Kollaboration mit Nazideutschland verbunden, unterstützen den Ansatz. Die Vorstellung, daß in einem Nachkriegseuropa die ethnischen und religiösen Unterschiede sich im Bewußtsein der Bevölkerungen auflösen und zu Kriegen nicht mehr herausmanipuliert werden könnten, findet in diesen Kreisen weder Verständnis, geschweige denn Anhänger. Man setzt erneut dort an, wo man Mitte der vierziger Jahre hatte aufhören müssen, beim Hochpeitschen der Haßgefühle, dem Einsatz krimineller Mordbanden, die mit ihren politisch von höchster Ebene abgesegneten Schandtaten die unerwünschte Minderheit zur Flucht treiben. Dank geheimdienstlicher Abdeckung aus Deutschland und den USA konnten Waffenlieferungen, Söldner und Ausbildungskader an dem NATO-überwachten Embargo vorbei den kroatischen Verbänden zugeführt werden[1057]. Mit verdeckter Hilfe über eine regierungsnahe Söldneragentur in den USA wurde Kroatien auch in dem Vorhaben unterstützt, die zu 90 Prozent serbisch-orthodox besiedelte Krajna von Serben ethnisch zu reinigen. Die Folge sind serbische Flüchtlingsströme, die nun in den Gebieten angesiedelt werden, die ehemals Heimat der von Serbien vertriebenen Muslime waren. Damit wurde die Rückkehr Hunderttausender von muslimischen Flüchtlingen aus Deutschland und Europa in die angestammte Heimat nahezu unmöglich gemacht.

Ganz ähnlich die Entwicklung in Serbien. Auch hier ein Altkommunist an der Spitze des neuen Teilstaates, der die Mittel der Massendiktatur in Richtung ethnischer Säuberung, Zerstörung und Kompromißlosigkeit treibt. Seine westlichen Partner sind die traditionell mit Serbien verbündeten Geheimdienste Frankreichs und Großbritanniens, die, wiederum von den uralten Vorstellungen der Gefahr eines deutschen Vordringens auf den Balkan geleitet, das Spiel mit ihren serbischen Partnern zumindest nicht verderben wollen. Um auch den muslimischen Bosniern das Überleben gegen serbische Übergriffe zu erleichtern, dulden die USA heimlich die Bewaffnung und das Training durch iranische Dienste, finanziell unterstützt von den arabischen Ölstaaten und personell verstärkt aus den Reserven der bereits mehrfach besprochenen, angeblich fundamentalistisch-muslimischen Kämpfer aus Afghanistan, der Afghanis.

Nur ein Ziel war offensichtlich von den westlichen Diensten weder zu erreichen noch gewollt: den Frieden unter den Beteiligten zu halten und den Diktatoren der Zwergstaaten die Einhaltung der Menschen- und Völkerrechte abzutrotzen. Und dies wiederum kann kein Zufall sein. Wenn man bedenkt, mit welcher Undifferenziertheit die neutralen Führer der Dritten Welt in den vergangenen Jahrzehnten, ob in Indonesien, Chile, Guatemala, im Kongo oder im Iran, gestürzt oder ermordet wurden, angeblich nur weil sie im Ost-West-Konflikt neutral bleiben oder sich an das Familiensilber aus der Kolonialzeit heranmachen wollten, dann kann man sich über die vorgebliche westliche Hilflosigkeit im Falle Jugoslawiens nur wundern. Nimmt man die aus den vergangenen 50 Jahren bekanntgewordene Bandbreite geheimdienstlicher verdeckter Interventionen zum Maßstab, dann liegt die Befriedung des Balkans, in der Vorstellungswelt des Zbigniew Brzezinski die geopolitische Zugangszone des industriellen Europas zum Energie- und rohstoffreichen eurasischen Balkan, ganz offensichtlich nicht im Interesse der verdeckten, realen amerikanischen Außenpolitik.

Es hätte unendlich viele Möglichkeiten gegeben, über verdeckte Operationen den gewünschten Erfolg der Entspannung und des Friedens, der wirtschaftlichen und politischen Einbettung der Völker in die Europäische Union zu erreichen. Aus dem, was die USA – sekundiert von Großbritannien, einem unentschlossenen Frankreich und einem hilflosen Deutschland – derzeit in der Region verdeckt tun und unterlassen, läßt erkennen, daß eine spannungsgeladene, daher stets von außen manipulierbare Bruchzone den geopolitischen Zielen einer Beherrschung Eurasiens am dienlichsten ist. Darauf kann Milosevic in seinen Aktivitäten der Vertreibung auch im Kosovo rechnen, sofern er sich im Hinblick auf die Fernsehempfindlichkeiten der amerikanischen und europäischen Wählerschaft hin und wieder zur Zurückhaltung ermahnen läßt.

Es versteht sich von selbst, daß auch dieser Konflikt über den Drogenhandel und die organisierter Kriminalität finanziert und organisiert wurde und wird[1058]. Die Gemengelage bei derartigen Konflikten bietet Traumszenarien für die organisierte Kriminalität, die im Windschatten der Geheimdienste ihrer Arbeit nachgehen kann. Das Waffenembargo sorgt dafür, daß die Schmuggler aus dem geduldeten Waffenhandel überhöhte Preise erzielen können. Über die Duldung des Drogenhandels werden die Gangster der ethnischen Vertreibungsoperationen finanziert, wobei die serbischen wie kroatischen Warlords untereinander allerdings beste Beziehungen pflegen. Die Waffen- und Drogenschmuggler stellen sich den vielen vor Ort engagierten Geheimdiensten als Informanten zur Verfügung und liefern die jeweils gewünschte, mit Sicherheit auch manipulierte Information. Alle Beteiligten hoffen und setzen auf den Fortgang des Konfliktes. Das Schieberrisiko geht dank geheimdienstlicher Abdeckung gegen null[1059].

Ein ideales Instrument zur geopolitischen Einflußnahme in der Schlüsselregion vor den Ölfeldern des Nahen Ostens wie der ehemaligen Sowjetunion bilden heute mehr denn je die Kurden, denen Großbritannien im Ersten Weltkrieg für die Mithilfe bei der Zerschlagung des Osmanischen Reiches in kolonial- wie erdölträchtige Teilstaaten einen eigenen kurdischen Staat versprochen hatte. Das Versprechen wurde nicht gehalten. Seit dieser Zeit leben die Kurden als Minderheit in der Türkei, im Iran, in den Grenzgebieten der ehemaligen Sowjetunion, im Irak und in Syrien. Geheimdienste können folglich über diese Minderheiten auf die innerstaatliche Entwicklung der betroffenen Staaten Einfluß nehmen. So versuchte die CIA kürzlich erst mit mehr als 100 Millionen Dollar kurdische Verbände zum Sturz Saddam Husseins in Stellung zu bringen. Auch die Türkei hält sich in ihrem erbarmungslosen Kampf gegen die kurdische Arbeiterpartei (PKK) ihre eigenen kurdischen Kämpfer[1060]. Im Gegensatz dazu kann man davon ausgehen, daß auch die Türkei den nachhaltigen Kampf kurdischer Verbände ihrerseits als Versuch einer Destabilisierung empfindet, der zu brutalem Zurückschlagen und Übergriffen veranlaßt. Entsprechend sinkt das Ansehen der Türkei in der europäischen Gemeinschaft, deren Vollmitglied sie zu werden hofft. Dies mag der verdeckten, nicht der offiziellen Außenpolitik der USA zum Vorteil gereichen, da die Türkei geopolitisch bei der Erschließung der ehemals sowjetischen Erdölfelder neben dem Iran die entscheidende Rolle spielt.

Die PKK selbst wird von Damaskus aus geführt, was nicht heißt, daß sie nur aus Syrien ihre Befehle erhält. Israel mischt über den Mossad kräftig in Kurdistan mit und nimmt seinerseits Einfluß auf die Ausrichtung der Region. Geben die Aussagen der Mossad-Agenten Ostrovsky und Ben-Menashe die Sachlage korrekt wieder, dann wird auch der Anteil Israels an den verdeckten Einnahmen des Rauschgiftverkehrs ein entscheidendes Motiv unter vielen anderen sein. Denn in dieser Region ist der Verkehr mit den Rauschgiften ebenso wie der Waffenschmuggel die Münze, mit der Geheimdienste, ohne Spuren zu hinterlassen, die jeweiligen Kämpfer, Unruhestifter, Clanführer entlohnen. So können die Kurden konkurrierend mit den türkischen Grauen Wölfen und deren politischen Verbindungen den Transport von Rauschgift übernehmen, das derzeit die Waffen und Kämpfer in den erdölhöffigen Regionen der ehemaligen Sowjetunion entlang dem Kaukasus finanzieren hilft, so in Tadschikistan, Aserbaidschan, Usbekistan, Armenien, Georgien und Tschetschenien. Es geht letztlich nur um das künftige Öl und die Sicherung des Landes für die Rohrleitungen zu den Mittelmeerhäfen[1061].

Es geht bei dieser Betrachtung nicht um das Recht der Kurden auf Selbstbestimmung oder Selbstverwaltung, sondern ausschließlich um die Finanzierung geopolitischer Hilfstruppen. Wenn die PKK zum Beispiel 10 000 – 30 000 Kämpfer in kargen Bergregionen zu unterhalten, zu bewaffnen und ins tägliche Gefecht zu führen in der Lage ist, so sind hierfür beachtliche Finanzmittel erforderlich[1062]. Ohne auskömmliche Honorierung, ohne Nahrung und Bewaffnung erlöschen Kampf und Rebellion in jedem Land der Erde. Wollen ausländische Dienste auf die Loyalität trainierter und gut geführter Kämpfer zurückgreifen können, müssen diese ständig in Lohn und Brot gehalten werden. Loyalität muß gepflegt werden, und dies bedeutet die Absicherung der Lebensgrundlage, und sei es über die verdeckte Duldung des Drogenhandels.

Doch wenn man davon ausgehen kann, daß die in den kurdischen Gebieten kämpfenden Gruppen samt und sonders von außen gestützt und gesteuert werden, dann fragt sich, wer etwa die PKK in Deutschland dazu anhält, harmlose Mitbürger anzugreifen, zu provozieren, ja zeitweilig ganze Hauptschlagadern des Verkehrs wie Bundesautobahnen lahmzulegen, angeblich um auf die kurdische Sache aufmerksam zu machen. Die PKK-Spitze weiß mit Sicherheit, daß derartige Aktionen als grobe Verletzung des Gastrechtes aufgefaßt werden, daß sie folglich der kurdischen Sache nur schaden können. Folglich kann ein derart exhibitionistischer Mißbrauch des Gastrechtes letztlich nur das Anheizen deutscher Ausländerfeindlichkeit zum Ziel haben. Doch wem nutzt eine wachsende Ausländerfeindlichkeit, entstehend aus PKK-Aktionen in Reaktion oder Provokation zu rechtsradikalen, wiederum geheimdienstgesponserten Grauen Wölfen und den rechtsradikalen Kräften in Europa und besonders in Deutschland?[1063] Gibt es ein Interesse daran, das Ansehen Deutschlands in der Welt mit dem Bild des häßlichen und beschränkten Deutschen bleibend zu verschweißen, die Bundesrepublik als fremdenfeindliches, engstirniges, egozentrisches, brutales, in sich gekehrtes, für Ausländer unattraktives Land erscheinen zu lassen?

Brzezinski hat die moralische Last Deutschlands aus der Vergangenheit angesprochen, auf die man auch in Zukunft setzen könne. Dem wird man zweckmäßigerweise von Zeit zu Zeit immer wieder ein klein wenig nachhelfen müssen. Man kennt entsprechende Aktivitäten der Stasi in Ostberlin mit den Verbindungen in die rechtsradikale Szene, die den Einfluß Westdeutschlands beschneiden sollten. Und wenn der Likud-beherrschte Mossad seit Jahrzehnten mit den rechtsradikalen bis rechtsterroristischen Gruppen Europas zusammenarbeitet und diese für seine Zwecke nutzt, dann wird gerade Deutschland davon mit Sicherheit nicht ausgenommen sein. Die Erinnerung an den Holocaust gehört für Deutsche, Juden und Israelis gleichermaßen zur erschreckenden geschichtlichen Identität. Sie dient aber zugleich der ständigen Rückversicherung der Juden in und außerhalb Israels mit dem Staate Israel, indem die menschenverachtende Vernichtung als Gefahr in Vergangenheit wie Gegenwart und Zukunft vor Augen geführt wird, um damit auch in Zeiten brutaler ethnischer Vertreibung der palästinensischen Bevölkerung die Zweifler und Absprungbereiten letztlich bei der Stange zu halten. Der Mensch benötigt nach Huntington Feinde, um sich seiner Identität und Volkszugehörigkeit zu versichern.

Ob PKK oder Graue Wölfe, sie sind mit welchen Geheimdiensten auch immer verbunden, tief verstrickt in den internationalen Umschlag von Rauschgiften, die ihren Weg jetzt über die Erdöl- und Erdgasregionen nehmen, in denen Rebellenbewegungen und Familienclans um die Vorherrschaft kämpfen. So kann mit geringem Aufwand die angebliche Unverträglichkeit der Völkerschaften des »eurasischen Balkans« für die Geopolitik des Durchgriffs auf die Erdöl- und Erdgasvorräte genutzt und zugleich der Wiederaufstieg Rußlands zur globalen Macht verhindert werden. Die Erweiterung der NATO nach Osten ist folglich nur als der eine Teil einer Zangenbewegung zu betrachten, deren für Rußland viel schmerzlicheres Element im Entreißen der Kontrolle über bisher sicher beherrschte Bodenschätze besteht. Daß sich Rußland über seine Geheimdienste mit gleichen Mitteln zur Wehr zu setzen versucht, ist gewiß. Der Konflikt ist langfristig explosionsverdächtig, verbrämt hinter dem Trugbild eines Kampfes der Kulturen.

Natürlich sind die Vereinigten Staaten seit Jahrzehnten die beherrschende Weltmacht. Und Amerika wird auch in Zukunft als Weltmacht dringend gebraucht, wenn es darum geht, Chaos und Völkermord zu verhindern, Recht und Gerechtigkeit walten zu lassen. Deshalb kann die Veränderung heutiger Zustände nur mit und kaum gegen die USA herbeigeführt werden. Entsprechend müssen die berechtigten Interessen einer Supermacht im Hinblick auf den Zugang zu Bodenschätzen und die Sicherung langfristiger Investitionen berücksichtigt werden.

Doch die Demokratieen unter den 50 kontinuierlich verdeckt gelenkten Nationen können sich das Geheimdienstgehabe der Supermacht so nicht länger gefallen lassen. Die verdeckte Politik untergräbt die amerikanische Demokratie ebenso wie die der befreundeten Nationen. Die verdeckten Operationen blenden die Instrumente zur Bekämpfung der internationalen organisierten Kriminalität. Sie lassen im unklaren, welche radikalen Bewegungen ureigene Produkte der eigenen Gesellschaft sind und welche ihre Vitalität und Unerbittlichkeit nur der Tatsache verdeckter Finanzierung verdanken. Die Unmengen des sich anhäufenden kriminellen Geldes zerrüttet Volkswirtschaften, gibt der Spekulation Spielgeld an die Hand, das sonst nicht zur Verfügung stände. Daß die Geldströme immer wieder terroristische und radikale Kräfte auf geheimdienstlichen Wunsch segnend streifen, läßt sich aus vielen Beobachtungen schließen. So wird sich bei den weltweiten neonazistischen Aktivitäten nie nachweisen lassen, ob nun das Geld der Drahtzieher aus geheimdienstlich manipulierten Geldströmen, aus alten Nazivermögensbeständen oder aus dem Waffen- und Drogenhandel mit nachfolgender Geldwäsche durch nobelste Banken stammt.

Dem ständig fortschreitenden Abbau der gegen Willkür in Jahrhunderten erkämpften Bürgerrechte mit dem vorgeblichen Ziel einer wirksamen Bekämpfung der organisierten Kriminalität kann nur Einhalt geboten werden, wenn die Demokratien durchschauen, daß sie es auf weite Strecken mit einer geheimdienstprivilegierten organisierten internationalen Kriminalität zu tun haben. Dies gilt leider auch und besonders für das Terrorgeschehen. Diese Entwicklung wiederum hängt damit zusammen, daß zahllose verdeckte Interventionen der Geheimdienste der USA zwar mit der Notwendigkeit des Kampfes gegen die sowjetische und kommunistische Gefahr begründet wurden, in Wirklichkeit jedoch ausschließlich der Durchsetzung mächtiger nationaler und internationaler Wirtschaftsinteressen dienten[1064]. Bestes Anschauungsmaterial bietet der Paradefall der CIA: Guatemala, wo eine gemäßigt reformerische Regierung brach liegendes Land, das die Eigentümerin United Fruit Company nicht zum Anbau von Bananen benötigte, an landlose Bauern vergeben wollte, daraufhin destabilisiert, gestürzt und durch ein korruptes Militärregime ersetzt wurde. Gesellschaften, Unternehmen, Großgrundbesitzer mit Eigentum aus der Kolonialzeit können mit dem Ergebnis der politischen Entkolonialisierung gut leben, wenn es ihnen gelingt, Gefährdungen ihrer Vermögen über den Zugang zu Politik und Geheimdiensten abzuwenden. Politik und Geheimdiensten kommt daher sehr häufig eine Aufgabe zu, die in Regionen wie Süditalien oder Sizilien über Jahrhunderte der Mafia anvertraut wurde: den Schutz ungerechtfertigten Reichtums, rechtswidriger Gewalt vor den Entscheidungen und Zumutungen der Zentralgewalt, auch wenn diese inzwischen nach den Spielregeln der Demokratie und des Rechtsstaates vorzugehen trachtet.

In Zaire zeigen die Ereignisse der letzten Jahrzehnte bis zum heutigen Tag, daß auch dort vor wie nach dem Ende der sowjetischen Bedrohung die gleichen Erscheinungen zu beobachten sind. Das wechselseitige Abschlachten der Hutus und Tutsis in dem Zaire benachbarten Ruanda sind nur die letzten Beispiele sich ständig wiederholender Abläufe. Scheinbar willkürlich kämpfen Rebellenhaufen gegeneinander, bringen sich gegenseitig um, finden sich in Flüchtlingslagern wieder. Die Frage nach der Finanzierung der Kämpfer, der Herkunft ihrer Waffen, der Ausbildung der Führungskräfte, vor allem aber die Frage nach dem Nutznießer der Aktivitäten, wird nicht gestellt. Die Hilfskräfte der UNO verwischen in aller Regel das Bild zusätzlich, da die UNO von den Mitgliedern des Weltsicherheitsrates gegängelt wird und auf deren Haltung im vorauseilendem Gehorsam Rücksicht zu nehmen pflegt[1065].

In Zaire hatten die Dienste der Vereinigten Staaten, Frankreichs und Belgiens den populären Staatsführer Lumbumba vor über 30 Jahren umbringen lassen und durch den Kleptokraten Mobutu ersetzt[1066]. Der fügte sich den Wünschen derer, die ungehindert die Bodenschätze des Kongos ausbeuten wollten. Die Union Minière, eine Gesellschaft belgischen Rechts, konnte unangetastet von der Entkolonialisierung ihre Schürfrechte in den Gold-, Diamanten- und Kupfer-Zink-, Cadmium-, Zinn-, Nickel-, Chrom-, Mangan- und Wolframbergwerken weiter ausüben[1067]. Aus der Portokasse konnte die rechtsradikale bis rechtsterroristische Szene Europas, insbesondere Frankreichs und Belgiens, ausgehalten werden[1068]. Nach 30 Jahren Ausbeutung und fünf bis sieben Milliarden geplünderten Dollars auf sicheren Konten, war es dann 1997 an der Zeit, den körperlich schwerkranken Mobutu zu ersetzen[1069]. Diese Politik verfolgten verdeckt die Vereinigten Staaten und Großbritannien, während Frankreich sich nochmals hinter den Diktator stellte. Frankreich heuerte in Serbien die Mordbanden an, die die ethnische Vertreibung der bosnisch-muslimischen Bevölkerung mit bestialischen Methoden vorangetrieben hatten. Die andere Seite engagierte Söldner nicht zuletzt aus dem Unterdrückungsapparat des Apartheidregimes in Südafrika. Beide Seiten destabilisierten über Ruanda und die dort losgetretenen Flüchtlingswellen die gesamte Region. Schließlich obsiegte Laurent Kabila, einer der zahlreichen Bandenführer, die die Region den Kapitalinteressen zur schamlosen Ausbeutung offenhalten und ihre nicht minder schamlosen Korruptionsgewinne stets rechtzeitig vor ihrem Sturz in Sicherheit zu bringen pflegen. Im übrigen zeigt sich hier wie an anderen Stellen die starke Tendenz zur Privatisierung des Kriegshandwerks. Sie kommt der Pflicht von Geheimdiensten entgegen, jede Verantwortung für das Geschehen wider besseres Wissen jederzeit mit überzeugenden Gründen leugnen zu können[1070].

Grund zum Optimismus besteht nicht. Die in Rede stehenden Geldmassen mit ihrer magischen Anziehung für Korruption und Wahlkampfkassen, das vitale Interesse der Dienste an Fortbeschäftigung, das Gewicht des militärisch-industriell-intellektuellen Komplexes sind vermutlich mächtiger als jeder gesunde Menschenverstand[1071]. Doch die Frage richtet sich auch an die europäischen Staaten, denen daran gelegen sein müßte, die Umklammerung und Durchdringung als Vasallen abzuwerfen und Souveränität im eigenen Haus zu erlangen. Europa wird weltweit sein Ansehen verspielen, wenn es nach dem Ende des Ost-West-Konfliktes die Partnerschaft mit den Vereinigten Staaten nicht selbstbewußt auf eine neue, gleichberechtigte Basis stellt. Dazu müßten die Deutschen erst einmal lernen, sich mit der Gedankenwelt der verdeckten Steuerung ihres Gemeinwesens vertraut zu machen. Doch dem steht allein schon die Bewußtseinslage der deutschen Führungsschichten im Wege. Die Geschichte deutscher Staaten, ob Preußen, Österreich oder Bayern, besteht ebenso wie die der meisten anderen europäischen Staaten letztlich in der Geschichte des Sekundanten im Duell um die Weltmachtrollen Spaniens, der Niederlande, Großbritanniens, Frankreichs, Rußlands beziehungsweise der Sowjetunion und der USA. Von dort bezogen die deutschen Fürsten ihre Subsidien für das Bereithalten von Truppen für die anstehenden Auseinandersetzungen. Ein deutsches Aufrücken in eine Weltmachtrolle ist in zwei Weltkriegen mit verlustreichen, demütigenden, das Volk moralisch tief belastenden Niederlagen beendet worden. Es ist daher nicht verwunderlich, daß auch die entsprechenden geopolitischen Vorstellungen des Kaiserreiches und der Nazizeit nach 1945 in Deutschland als abwegig, in die Irre führend und unmoralisch verworfen wurden.

Doch dieses geschichtliche Bewußtsein gilt eben nicht für Nationen, die geopolitisch über die Jahrhunderte und insbesondere 1918 und 1945 den Sieg davongetragen haben. Zwischen 1914 und 1918 zerfleischten sich vornehmlich die kontinentaleuropäischen Mächte untereinander und überließen damit Großbritannien die Aufteilung der ölreichen Gebiete des Osmanischen Reiches, eine geopolitische Meisterleistung, deren Nutzung auch den USA zugute kam. Fortan gab es bis zum heutigen Tag eine enge realpolitische Zusammenarbeit der Angelsachsen, die sich stets aufs neue in gemeinsamen verdeckten Operationen bemerkbar macht. Es fällt schwer zu glauben, daß Eliten, die in globalen Zusammenhängen zu denken gewohnt sind, ob in Europa oder den USA, bereit sind, auf Ansätze und Methoden zu verzichten, die Machiavelli in seiner Schrift *Il Principe* so nüchtern wie zynisch dargestellt hat. Das allseits zu beobachtende Festhalten an geopolitischen Spielen zeigt sehr deutlich, daß ein erheblicher Teil auch der westlichen Machteliten wenig Vertrauen in die Wirksamkeit der Ideale der westlichen Staatsform, der Demokratie, des Rechtsstaates, der Geltung völkerrechtlicher Regeln setzt und sich lieber hinter dem Rücken des Volkes und von öffentlicher Kritik freigehalten, auf die Durchsetzung der angeblichen Staatsräson mit den verdeckten Mitteln und Methoden der Geheimdienste verläßt[1072].

Langfristig jedoch werden Amerikaner und Europäer nur erfolgreich sein, wenn es ihnen gelingt, die Last dieser Geschichte abzustreifen. Die zahlreichen Staatenlenker Europas müssen sich die Frage gefallen lassen, ob sie weiter wie bisher die Pudelhorde der jeweiligen Supermachtführung jenseits des Atlantiks bleiben oder die Herausforderung zur Gestaltung einer gleichberechtigten und souveränen Partnerschaft annehmen wollen. Und dies nicht, um den USA die Supermachtrolle streitig zu machen, wie Brzezinski meint befürchten zu müssen, sondern um durchzusetzen, daß die Regeln der Demokratie, des Rechtsstaates und der Achtung des Völkerrechts nicht nur in Worten beschworen, sondern in praktische und berechenbare Politik umgesetzt werden. Doch hierfür müßten die historisch im Kampf gegeneinander traumatisierten Nationen Europas ihr Bewußtsein, ihr Denken frei machen von den Tagträumen verspielter geopolitischer Chancen, müßten sich zu neuem Denken und Handeln bequemen.

Anmerkungen

1. Rund 50 verdeckte Operationen betreibt die CIA nebeneinander in Ländern auf allen Kontinenten. Vgl. Secret Wars, The Core Of The Crisis, *The Nation,* 13. 12. 1986
2. Über Umfang und Technik auf westlicher Seite vgl. The CIA and the Media, *CAIB 19,* S. 3 ff. und dort insbes. William Preston und Ellen Ray: *Disinformation and Mass Deception: Democracy as a Cover Story,* a. a. O., S. 3 ff.
3. So auch der amerikanische Verteidigungsminister Weinberger vgl. David C. Morrison, *The Nation,* 11. 6. 1990; Vgl. auch Michael Massing: Gorbanophobes in the U.S. Media, *The Nation,* 26. 12. 1988
4. Der ehemalige stellvertretende CIA-Direktor für Forschung, Herbert Scoville jr., klagte dem Außenpolitischen Ausschuß des Senats 1972 sein Leid: »Die Geschichte der letzten 20 Jahre ist voller Beispiele, wie die Nachrichtendienste mißbraucht werden, um im Kongreß die Interessen einzelner Organisationen oder des Regierungsapparates insgesamt durchzusetzen.« Zit. in Marchetti, *CIA,* S. 378
5. David Corn: Bush's C.I.A; The Same Old Dirty Tricks, *The Nation,* 27. 8. 1988
6. So die Behauptung des Pentagon, die UdSSR hätten bereits Raketenabwehrsysteme entwickelt, die die nukleare Offensivkraft der Strategischen Streitkräfte der USA zunichte mache. Die Behauptung war aus der Luft gegriffen, besorgte jedoch dem Pentagon nicht nur das Geld für die Entwicklung eines entsprechenden Abwehrsystems, sondern auch weitere Mittel für die Beschaffung zusätzlicher Raketen für Luftwaffe, Marine und Heer. Vgl. Marchetti, *CIA,* S. 376
7. von Bülow: Die eingebildete Unterlegenheit, mit der dort angegebenen Literatur.
8. Godfrey Hodgson, Cord Meyer: Superspook, *Sunday Times Magazine,* 15. 6. 1975, London, abgedruckt in Agee, *Dirty Work; The CIA in Western Europe,* S. 56 ff. Hodgson weist auf die gespaltene ideologische Persönlichkeit der CIA hin, die aus konservativen Industriellen,

Militärs, bigotten Antikommunisten, aber auch zahlreichen Liberalen, insbesondere aus der Gründungszeit der CIA, zusammengesetzt sei. A. a. O., S. 62

9. Einblick in die Szene bei Robert Sherrill, Buchbesprechung von Stern, The Best Congress Money Can Buy, *The Nation*, 27. 8. 1988

10. Zur die Konjunktur stützenden Bedeutung der Rüstungsindustrie seit der Weltwirtschaftskrise bis zum Ende des Zweiten Weltkrieges vgl. James J. Treires, Arms and Employment: Kicking The Defense Habit, *The Nation*, 23. 2. 1970

11. Die USA unterhielten nach der Auflösung der Sowjetunion immer noch 395 Militärstützpunkte in 35 Ländern mit einem Kostenaufwand von jährlich mehr als 210 Milliarden Dollar (1991). Vgl. Michio Kaku: Nuclear Threats and the New World Order, *CAIB 41*, S. 28

12. Bereits 1972 wurde das hauptamtliche Personal der CIA auf 18 000 Personen geschätzt, von denen zwei Drittel mit Planung und Durchführung verdeckter Operationen beschäftigt waren. Vgl. Victor Marchetti, *CIA*; The President's Loyal Tool, *The Nation*, 3. 4. 1972, S. 431. Die Nachrichtenbeschaffung der CIA dient weit überwiegend der Vorbereitung der verdeckten, im Schwerpunkt psychologischen Kriegführung.

13. Von der Gesamtsumme für Geheimdienste entfallen rund 15 Prozent auf die CIA. Die CIA wiederum gibt von diesem Geld rund 80 Prozent für verdeckte Operationen aus und nur 20 Prozent für die eigentliche Nachrichtengewinnung. Vgl. Garwood, *Undercover: Thirty-Five Years of CIA Deception*, S. 281

14. In den USA in den siebziger Jahren nur kurze Zeit durch die Untersuchungen der sogenannten Church- und der Pike-Commission des Kongresses unterbrochen. Die Pike Commission behandelt unter anderem die im Auftrag der CIA an ausländischen Staatsmännern verübten Morde, zählt jedoch auch die Nicht- bzw. Fehlprognosen des Dienstes in der Vergangenheit auf. Dazu gehört nach Auffassung der Commission die Teth-Offensive des Vietcong, der Einmarsch der Truppen des Warschauer Vertrages in die damalige ČSSR, der Yom-Kippur-Krieg mit den ägyptischen und syrischen Angriffshandlungen, der Staatsstreich in Portugal, die erste indische Kernwaffenexplosion, der Staatsstreich in Zypern 1974. Vgl. CIA The Pike Report,1977, S. 15 ff.

15. Mitarbeiter der Geheimdienste, die sich nicht an die Regel halten, werden nachhaltig verfolgt. Der letzte bekanntgewordene Fall betrifft die Morde an einem Amerikaner und dem Ehemann einer Amerikanerin durch einen im CIA-Sold stehenden guatemaltekischen Sicherheitsoffizier. Die CIA-Führung behauptete dem State Department und dem Ausschuß des Kongresses für die Geheimdienste gegenüber, von dem Fall nichts oder nahezu nichts zu wissen. Der sachbearbeitende Offizier der CIA versuchte zunächst CIA-intern, dann über Kontakte zu einem Mitglied des Geheimdienstausschusses, in dessen Mitarbeiterstab er

zuvor beschäftigt war, Hinweise auf die CIA-Verbindungen mit den Tätern zu geben. Der Abgeordnete alarmierte seinerseits die Presse und löste damit den Skandal aus. Dem Mitarbeiter wurde die Sicherheitsüberprüfung entzogen. Mit 100 000 Dollar Anwaltskosten verließ er den Staatsdienst. Das Präsidialamt wagte nicht, den Kampf mit der CIA aufzunehmen. Vgl. David Corn: The Spy Who Shoved Me, *The Nation*, 19. 5. 1997

16. William Pfaff, Spooky Question: Does the CIA Obey the Law, *IHT*, 21. 11. 1996

17. In den USA schätzt Marchetti, *CIA*, S. 441, die Lage ähnlich ein. Der Kongreß, der von der Verfassung her die Macht und die Verantwortung habe, die CIA und die US-Nachrichtendienste zu überwachen, sei bei dem Versuch, eine sinnvolle Kontrolle auszuüben, nahezu völlig gescheitert.

18. So der ehemalige CIA-Mitarbeiter Melvin Goodman, zit. in Louis Wolf, Congressional Oversight in Action: The Confirmation of Robert M. Gates, *CAIB 39*, S. 64

19. Deutscher Bundestag, Bericht des 1. Untersuchungsausschusses, a. a. O., S. 77 ff.

20. Hans Leyendecker, Trutzburg für Kapitalflüchtlinge, *Süddeutsche Zeitung*, 15. 12. 1997

21. Die kriminellen Ansätze, die sich in der Doktorarbeit finden, decken sich auffällig mit denen, die der Mafiabanker Sindona zu Protokoll gibt. Vgl. Tosches, Geschäfte mit dem Vatikan – Die Affäre Sindona, insbes. S. 102 ff.

22. Auch hier gibt es u.a. Parallelen zur Affäre der BCCI Bank. Vgl. Jack Colhoun, BCCI Funded Arms Dealer and Coffee Smuggler. *CAIB 39*, S. 45

23. Nach der Wende verunglückte die Frau tödlich bei dem Landungsversuch mit einer kleineren Passagiermaschine auf dem Flughafen München-Riem.

24. Die zur Anwendung kommende Technik ist natürlich weltweit Geheimdiensten eigentümlich. Vgl. CIA Pike Report, S. 97, der auch westlicherseits vom Einsatz weiblicher Begleitpersonen, bezahlt aus Steuergeldern, und der Herstellung pornographischer Filmaufnahmen zum Zwecke der Erpressung spricht. Neu ist bei KoKo die totale Verschränkung geheimdienstlicher Methoden mit geschäftlichen wie geheimdienstlichen Zielen.

25. In der Regel erkennt ein Banker sofort, wenn seine Bank oder deren Filiale zum Zwecke der Geldwäsche eingespannt wird. Vgl. Penny Lernoux, Golden Gateway For Drugs: The Miami Connection, *The Nation*, 18. 2. 1984

26. Dies, zumal Geldwäsche für westliche Banken bei intelligenter Konstruktion des Ablaufes nie ein Problem darstellte und auch heute nicht

darstellt. Vgl. Michel Chossudovsky: The Business of Crime and The Crimes of Business: Globalization and the Criminalization of Economic Activity, *CAQ 58*, S. 27 f., der darauf verweist, daß allein über 100 Milliarden Dollar krimineller Gelder jährlich über einige der größten Banken der USA gewaschen würden. Gleiches gelte für die europäischen und asiatischen Finanzzentren.

27. Es gibt zwar Gerüchte, wonach auch für die westdeutsche Seite sehr kompromittierende Akten in die Hände eines iranischen Geheimdienstchefs geraten seien. Eine westdeutsche Firma soll im Auftrag der Bundesregierung versucht haben, Kontakte zu schaffen, jedoch an den falschen Dienst geraten sein.

28. Bleibt noch nachzutragen, daß im April 1980 der Agent des persischen Geheimdienstes, Sharok Bakhtiar, Vetter des letzten Premierministers unter dem Schah, zugleich Sohn des SAVAK-Gründers, sich in den USA vor Gericht wegen Heroinhandels zu verantworten hatte. Eine Woche vor der Verhandlung drohte ein früherer CIA-Agent, der Bakhtiar aus der Zusammenarbeit mit dem SAVAK her kannte, er werde 7500 CIA-Agenten auffliegen lassen, wenn das Verfahren gegen Bakhtiar nicht eingestellt werde. Bei dem Verfahren stellte sich heraus, daß die USA den Heroinschmuggel des SAVAK in die USA über sehr lange Zeit geduldet hatten. Krüger, *The Great Heroin Coup; Drugs, Intelligence & International Fascism*, S. 223

29. Belasteter Kläger, in Israel droht ein Eklat, weil der CSU-Mann Spilker seine SS-Vergangenheit verschweigt, *Focus*, 11. 7. 1994

30. Vgl. zum Vorgang auch Wolffsohn, *Die Deutschland Akte*, S. 66 ff.

31. Egmont Koch, *Das Geheime Kartell: BND, Schalck, Stasi & Co.*, S. 59

32. Zum Vorgang vgl. Herbst, Ranke, Winkler, Militärischer Nachrichten- und Sicherheitsdienst in der NVA, in So funktionierte die DDR, Lexikon der Organisationen und Institutionen, Bd. 2, S. 632

33. Damals Bureau of Narcotics & Dangerous Drugs (BNDD), heute Drug Enforcement Agency (DEA) genannt.

34. Zu jener Zeit hatte der Drogenbeauftragte der Nixon-Administration, Ingersoll, die Losung ausgegeben, gegen Drogenhändler mit »disruptive activities« vorzugehen, was allgemein als Programm zur Ermordung interpretiert wurde. William Bennett: Drug Czars We Have Known, *The Nation*, 27. 2. 1989

35. Coordinating Committee for East West Trade Policy, Paris.

36. Vgl. auch die Erfahrungen von 27 kubanischen Doppelagenten mit dem Lügendetektor, zusammengefaßt in Rosemary Mealy, Ellen Ray und Bill Schaap: Twenty-Seven Double Agents, *CAIB 29*, S. 38

37. Der britische *Guardian* offenbarte die CIA-Auftragsarbeit zusammen mit der Aufdeckung, daß die Nachrichtenagentur »Forum World Features« ein verdecktes Propagandainstitut der CIA darstellte. Vgl. Fred Landis: Robert Moss, Arnaud de Borchgrave and Right-Wing Disinfor-

mation, *CAIB 10*, S. 37 ff. Nach Landis haben rechtslastige Diktatoren wie Somoza in Nicaragua, der Schah von Persien, die Regierungen von Rhodesien und Südafrika in Moss einen nützlichen intellektuellen Söldner gesehen und gegen großzügige Bezahlung entsprechend für ihre Zwecke eingesetzt, a. a. O., S. 38

38. Die NSA hat schon seit 1979 die Fähigkeit, jedwede elektronische Nachrichtenverbindung weltweit abzuhören. *CAQ 4*, S. 13; vgl. auch *CAIB 11*, S. 35 ff.
    Die NSA wiederum stützt sich auf das National Reconnaissance Office, dessen Existenz über Jahrzehnte verheimlicht wurde, das jedoch mit einem Jahreshaushalt von 9 Milliarden Dollar mehr Geld zur Verfügung hat als CIA und NSA zusammen. Vgl. John Pike: Spies in the Skies: The National Reconnaissance Office and the Intelligence Budget, *CAQ 50*, S. 48 ff.

39. Ari Ben-Menashe, *Profits of War; Inside the Secret U.S. – Israel Arms Network*, S. 130 f.

40. Aus der Darstellung Ari Ben-Menashe, *Profits of War*, S. 63, geht hervor, daß Brian, ein enger Vertrauter schon des früheren Gouverneurs von Kalifornien und späteren Präsidenten Reagan, hinter dem Rücken Präsident Carters den israelischen Geheimdienst über die Geiselverhandlungen zwischen den CIA-Leuten und den Vertretern des Irans auf dem laufenden hielt. Brian wurde später Präsident der Nachrichtenagentur UPI. David MacMichael, The Mysterious Death of Danny Casolaro, *CAIB 39*, S. 55

41. David MacMichael, The Mysterious Death of Danny Casolaro, *CAIB 39*, S. 53

42. Vgl. Calvi und Pfister, *Promis – Das Auge Washington's*

43. Zitate aus dem Buch *Profits of War: Time magazine:* »pensionierter Spinner«; »Lügner«; *Newsweek*: »undurchsichtiger Exil-Israeli«; »Verschwörungstheorie im Exzeß«; *Wall Street Journal*: »drittrangiger Übersetzer«; »gemeiner Lügner«. Die in Deutschland nahezu nicht vertretene Zeitschrift *Village Voice* hingegen zitiert den unmittelbaren Vorgesetzten von Ben-Menashe, Moshe Hebroni, mit der Beurteilung: »Ben-Menashe arbeitete direkt unter mir. Er hatte Zugang zu sehr, sehr empfindlichem Material.« Ben-Menashe, a. a. O., »Afterword«, S. 350 f. In den Vereinigten Staaten verließ sich der Pulitzer-Preisträger und Kissinger-Kritiker Seymour Hersh in seinem Buch über das israelische Nuklearprogramm, *The Samson Option*, in großem Umfang auf die Angaben Ben-Menashes. Vgl. David MacMichael: The Mysterious Death of Danny Casolaro, *CAIB 39*, S. 57, Anmerkung 34

44. Ben-Menashe, *Profits of War*, S. 131

45. In den USA gibt es inzwischen mehrere 100 000 waffentragende private Wachleute, die zusammen über mehr Feuerkraft verfügen als die Polizeieinheiten der 30 größten amerikanischen Ballungszentren zusam-

mengenommen. Mike Zielinski, Armed and Dangerous: Private Police on the March, *CAQ 54*, S. 44 ff.

46. Seit er dem Fernsehjournalisten Egmont R. Koch im Gefängnis ein Interview zu den Grundlagen der Physik des Abhörens aus dem Weltall gab, wurde seitens der Gefängnisverwaltung jede weitere Aktivität im Computer- und Software-Bereich unterbunden.

47. Ben-Menashe, *Profits of War*, S. 134. Vgl. auch Robert Lederer: Precedents for AIDS? Chemical-Biological Warfare, Medical Experiments, and Population Control, *CAIB 28*, S. 33 ff.

48. Einzelheiten lassen sich unter den verschiedensten Namen und Stichworten aus dem Internet beziehen. Gegendarstellungen fehlen in aller Regel.

49. Agee spricht in *CIA Intern*, S. 293, davon, daß bereits in den späten sechziger Jahren von Codiermaschinen in ausländischen Botschaften ausgehende Strahlungen und Frequenzen von den Technikern der Agency eingefangen wurden. Vgl. auch Agee, a. a. O., S. 373 und in bezug auf das französische Code-System S. 375

50. Anthony L. Kimery: The CIA: Banking on Intelligence, *CAQ 46*, S. 55 ff.

51. Ben-Menashe, *Profits of War*, S. 135

52. Israel lieferte, nachdem Präsident Carter dem brutalen Regime in Guatemala die Hilfslieferungen gestrichen hatte, im Rahmen der »Landwirtschaftshilfe« Rechner zur Überwachung der Bevölkerung und half bei der Einrichtung strategischer Dörfer nach Maßgabe des CIA-Phönixprogrammes in Vietnam. Vgl. The Israeli Connection, *CAIB 27*, S. 23

53. De Klerk's Inheritance: South African Death Squads, *CAIB 34*, S. 63 ff.

54. Hier konkurriert die CIA mit den Israelis. Der CIA-Agent Eckel brüstet sich in bezug auf Mandela: »We have turned over Mandela to the South African security branch. We gave them every detail, what he would be wearing, the time of day, just where he would be. They have picked him up. It is one of our greatest coups!« *The Nation*, 2. 7. 1990 (The Judas Caper).

55. Zur späteren Ermordung durch ein Team des Mossad vgl. Ostrovsky, *Geheimakte Mossad*, S. 356 ff.

56. Nach Ostrovsky stand der Mossad mit Finanzierungen hinter den Unternehmungen des britischen Zeitungszaren. Das Interesse habe sich sowohl auf die Beeinflussung der öffentlichen Meinung als auch die Nutzung von Journalisten als Abdeckung für eingeschleuste Agenten erstreckt. Die günstigen Preise beim Aufkaufen seien durch das Schüren von Arbeitsunruhen erzielt worden. *Geheimakte Mossad*, S. 259

57. Daniel Brandt, Infowar and Disinformation: From the Pentagon to the Net, NameBase NewsLine, No. 11, October – December 1995; Internet; vgl. auch im Internet: James R. Norman, Early Retirement [of Politicians]; Ain't it amazing!

58. Vgl. Daten im Internet unter Stichwort Vincent W. Foster.

59. James R. Norman, Early Retirement [of Politicians]; Ain't it amazing! Sowie eine Reihe anderer Internet-Quellen.

60. Bericht des 1. Untersuchungsausschusses des 12. Deutschen Bundestages, Der Bereich Kommerzielle Koordinierung, S. 207 f.

61. Vgl. Businessmen and Deep Cover in *CAIB 14–15*, S. 14

62. So auch Philip Willan, *Puppetmasters – The Political Use of Terrorism in Italy*, S. 194

63. Bericht des 1. Untersuchungsausschusses des 12. Deutschen Bundestages, Der Bereich Kommerzielle Koordinierung, S. 208 f.

64. In Afghanistan wurden 300 000 Mann unter Waffen gehalten. John Pike: Uncloaked Daggers; CIA Spending For Covert Operations, *CAQ 51*, S. 52

65. Das Eindringen erfolgte über Waffenlieferungen. Über die britische Firma Dynavest und den Waffenhändler John Knight wurden Waffen an einen vom Mossad gefügig gemachten Oberst a. D. der jordanischen Armee verkauft, der sie an die Abu-Nidal- und andere palästinensische Terrorgruppen weiterverkaufte. Für die weitere Durchdringung der Terrorgruppen standen erhebliche Gelder aus den Waffengeschäften mit dem Iran zur Verfügung. Ben-Menashe, *Profits of War*, S. 120 f.

66. So Yallop, *Die Verschwörung der Lügner*, S. 244 f./363

67. Zu den Verflechtungen Abu Nidals Ende der siebziger Jahre vgl. Christopher Hitchens, Murder Inc. In The Middle East: Blood Feuds Among The Palestinians, *The Nation*, 2. 9. 1978. Hitchens bemerkt in einem persönlichen Gespräch mit Abu Nidal, daß das ihm vom Mossad zur Verfügung gestellte Foto nicht die von ihm angetroffene Person zeigt. Hitchens unterstellt 1978 allerdings noch sowjetische oder chinesische Einflüsse auf Abu Nidal.

68. Vgl. Manfred Morstein, *Der Pate des Terrors. Die mörderische Verbindung von Terrorismus, Rauschgift und Waffenhandel*. Das Buch beruht auf einem Bericht des Bundeskriminalamtes vom 17. 3. 1986 für eine Interpol-Konferenz in Paris.

69. Pretterebner, *Der Fall Lucona: Ostspionage, Korruption und Mord im Dunstkreis der Regierungsspitze*.

70. Die Arbeit von Pretterebner beruht offensichtlich auf amerikanischen oder israelischen Unterlagen. Der geplatzte Versuch eines die Regierung Kreisky ins Wanken bringenden riesigen Versicherungsbetrugs ist insofern spannend, als die Zapata AG des Udo Proksch in der Schweiz mit einiger Wahrscheinlichkeit mit der Zapata Corporation des ehemaligen CIA-Mitarbeiters und späteren Direktors der CIA, George Bush, in Verbindung zu bringen ist, der zum Vizepräsidenten und schließlich Präsidenten der USA aufstieg. Es spricht einiges dafür, daß das Buch *Der Fall Lucona* eine Auftragsarbeit zum Schaden von Bush und Kreisky sein sollte mit dem Ziel, die prominenten Betreiber eines Nah-

ost-Friedens nach dem Muster Rückgabe von Land gegen Frieden zum Schweigen zu bringen. Auch die Ausschaltung des von Oliver North unter Bush und Reagan auf der einen und Shimon Peres/Admiram Nir auf der anderen Seite eingerichteten Waffenkanals in den Iran mag ein beachtlicher Beweggrund gewesen sein (Einzelheiten hierzu später). Dabei fällt auf, daß der Kompagnon des Udo Proksch, der Deutsche Hans Peter Daimler, in dem Strafverfahren vor dem Landgericht in Kiel zunächst an den gleichen Verteidiger gerät, der auch Uwe Barschel anwaltschaftlich beraten hatte. In dem Verfahren zeigte sich, daß die Eigentümer der *Lucona* ebenso wie die Betreiber der Reederei sich bis heute hinter verschleiernden Geschäftskonstruktionen versteckt halten. Auch Anlauforte und Fahrrouten der *Lucona* konnten zweifelsfrei nicht geklärt werden. Offensichtlich hatte das Schiff vor der Aufnahme der Betrugsladung eine griechische Sprengstoffabrik angelaufen.

Die gezielte Erwähnung der Zapata AG bzw. Corporation soll vermutlich ein Hinweis darauf sein, daß Bush lange vor seiner Zeit als Direktor bereits CIA-Agent gewesen war, was Bush immer hartnäckig geleugnet hat. Doch der von der CIA zum Beweis einer Verwechslung benannte Alibi-George-Bush konnte nachweisen, daß er dort nicht beschäftigt war. Die Zusammenhänge sind insofern von Bedeutung, als Edgar Hoover, der legendäre, jahrzehntelange Direktor des FBI in einem Aktenvermerk festgehalten hatte, den CIA-Agenten George Bush ausführlich über das Verhalten der Exilkubaner in Miami unmittelbar nach der Ermordung Präsident Kennedys und vor der Ermordung Lee Harvey Oswalds unterrichtet zu haben. Vgl. Joseph McBride: The Man Who Wasn't There; George Bush, C.I.A. Operative, *The Nation*, 16./ 23. 7. 1988. Zum Komplex Zapata/CIA/Bush/Firma. Ocean Carriers mit CIA-naher Stiftung als Miteigentümer sowie einem Verdacht auf Korruption in Milliardenhöhe vgl. Christopher Hitchens, Minority Report, *The Nation*, 16. 6. 1984

71. Deutscher Bundestag, Bericht des 1. Untersuchungsausschusses des 12. Deutschen Bundestages, Der Bereich Kommerzielle Koordinierung, S. 188 f.; Jürgen Roth, *Die illegalen Waffengeschäfte und ihre internationalen Verflechtungen – Hundert Jahre Kriegskartell*, S. 63 ff.

72. Deutscher Bundestag, Bericht des 1. Untersuchungsausschusses, a. a. O., S. 204 f.

73. Vier Brüder sind am Waffenhandel und anderen Geschäften beteiligt: Nicola Beshara Nicola, Simon, Antuan und George Nicola. Nicola Beshara ist mit einer Bulgarin verheiratet, angeblich der Schwester eines Generals der früheren bulgarischen Volksarmee.

74. Die Firma Beij-ma war ein Tochterunternehmen der Atlantic-Gruppe, zu der die Atlantic Commercial Corp. mit Hauptsitz in Monte Carlo, die Atlantic Commercial International Ltd., Lugano, und die Atlantic Commercial (U. K.) Ltd. in England gehörten. Vgl. Deutscher Bundes-

tag, Der Bereich Kommerzielle Koordinierung und Alexander Schalck-Golodkowski; Werkzeuge des SED-Regimes, S. 203
Die Verbindung zur CIA-verbundenen International Armament Corporation oder Interarmco, ebenfalls in Monte Carlo ansässig mit Zweiglagern in Manchester, Singapur, Pretoria ist nicht belegt, ist aber bei der Art des Geschäftes nicht abwegig. Vgl. Marchetti, *CIA*, S. 180

75. Deutscher Bundestag, Bericht des 1. Untersuchungsausschusses, a. a. O., S. 196 f.

76. Starckman oder Starkman wiederum war in den sechziger Jahren zusammen mit dem Schweizer Bankier und Nazifinanzier Genoud in Waffengeschäfte mit der algerischen FLN verwickelt. Vgl. Laske, *Ein Leben zwischen Hitler und Carlos: François Genoud*, S. 209

77. Die CNN-Reporterin stützte sich auf eine Analyse, die Noriegas Berater als Antwort auf eine Noriega in verbrecherischem Licht darstellende Notiz in der *New York Times* verfertigt hatten, die sie auf gezielte Informationen aus dem Umfeld des Nationalen Sicherheitsrates und nicht zuletzt des Oliver North als Quelle zurückführten.

78. Noriega flog oft nach Washington, um sich privat mit dem Chef der CIA, Bill Casey, zu treffen. Aussage Generalkonsul a. D. Blandon, U.S. Congress, Senate, Committee on Foreign Relations, Subcommittee on Terrorism, Narcotics and International Communications, Hearings on Drugs, Law Enforcement and Foreign Policy, S. 169

79. Noriega nutzte seine Boeing 707, um Drogengeld aus Washington nach Panama zu fliegen, vgl. Report, Subcommittee on Terrorism, Narcotics and International Operations, S. 87
Die US-Behörden wußten hierüber Bescheid: Report, a. a. O., S. 88 ff.

80. Richard Falk, Coup By Proxy: America's Pro-Iraqi Neutrality, *The Nation*, 25. 10. 1980. Die irakischen Streitkräfte erhielten bei ihren Angriffen auf iranische Ziele nicht nur Satellitenaufnahmen geliefert; ihre Kampfflugzeuge wurden von amerikanischen Awacs-Flugzeugen über Saudi-Arabien unterstützt.

81. Mansour Farhang, Iran-Iraq Conflict: An Unending War Between Two Dictators, *The Nation*, 20. 9. 1986

82. Gary Sick, *October Surprise*, 1991

83. Vgl. *San Jose Mercury News*, 12. 4. 1987, sowie Flora Lewis in *New York Times,* 3. 8. 1987

84. Christopher Hitchen: Minority Report: Smoking Gun in October Surprise, *The Nation*, 28. 5. 1990; ders. bereits in Minority Report, *The Nation*, 20. 6. 1987

85. Vgl. Philip Willan, *Puppetmasters – The Political Use of Terrorism in Italy*, S. 80, sowie Dough Vaughan: Too Good To Be True: Special Prosecutor's »Final Report« on Iran Contra, *CAQ 48*, S. 61

86. Brenneke wurde mehrfach von der israelischen Likud-nahen Geheimdienstseite zum Zwecke der Abschirmung des Dreiecksgeschäftes

USA-Israel-Iran eingesetzt. Brenneke sollte mit anderen Waffenhändlern die geheimdienstlichen Späheraugen auf sich lenken, wurde für
diese Aufgabe auch aus den Gewinnen bezahlt, während die eigentlichen Geschäfte über die eingespielten verdeckten Kanäle liefen. Gegen
seine zutreffende Behauptung, der Ehemann der Schweizer Justizministerin Kopp sei in Waffenverkäufe verwickelt, klagte Kopp vergebens.
Später mußte die Justizministerin, die ihren Ehemann vor der Aufdeckung seiner milliardenschweren Drogen-Geldwäsche-Geschäfte
gewarnt hatte, zurücktreten. Vgl. Ari Ben-Menashe, *Profits of War*,
S. 163 ff., sowie U.S. Congress, Senate, The BCCI Affair, Hearings,
Part 6, a.a.O., S. 746

87. Der Report, Subcommittee on Terrorism, Narcotics and International
Operations, S. 130, distanziert sich vom Zeugen Brenneke und lehnt
sich hier gegen sonstige Skepsis mehr der CIA-Darstellung an. Doch
mag dies auch damit zu tun haben, daß für den Fall der Richtigkeit der
Aussagen die Keule des Amtsenthebungsverfahrens vom Kongreß
hätte gegen den amtierenden Präsidenten geschwungen werden müssen, kurze Zeit nach der Staatskrise um Präsident Nixon. Vor der Konsequenz scheuten die Kongreßabgeordneten zurück.

88. Vgl. Ari Ben-Menashe, a.a.O., S. 45 ff.

89. Auch die Leibwächter Somozas waren von einem CIA-Offizier ausgebildet worden. *CAIB 6*, S. 11

90. Über das phantastische Netzwerk konservativer, meist faschistischer
privater Gesellschaften von der in Taiwan gegründeten World Anti
Communist League (WACL) mit Vertretungen in 100 Ländern zur
Unterstützung von »Freiheitskämpfern« damals in Afghanistan,
Angola, Mozambique, Äthiopien, Südostasien, über die Anführer von
Todesschwadronen, die Moon-Sekte aus Südkorea bis hin zu vorgeb-
lich humanitären Organisationen zur Unterstützung des Kampfes in
Nicaragua und deren Anbindung an die Reagan-Administration vgl.
Fred Clarkson, Behind the Supply Lines, *CAIB 25*, S. 56 ff.

91. Diese Linie des Abzweigens von Gewinnen für die Finanzierung der
Contras war nach Ostrovsky die im Peres-Lager erwogene Lösung
(Ostrovsky, *Geheimakte Mossad*, S. 366 f.), die jedoch von dem einge-
spielten Likud/CIA-Kanal nachhaltig torpediert wurde.

92. So die detaillierte Darstellung Ben-Menashes, aus der hervorgeht, wie
das von Sharon und Harari zusammen mit Manuel Noriega geschaffene
Netzwerk aus Drogenverkäufen die Waffenlieferungen an die Contras
finanzierte. Das Netzwerk habe weit mehr den Interessen der CIA als
denen der israelischen Dienste genutzt. *Profits of War*, S. 105

93. Vgl. West Germany: And Quiet Flows The Aid, *The Nation*, 30. 6. 1984

94. Anthony L. Kimery: What Vice President Bush Knew and Why He
Knew It, *CAIB 42*, S. 31 ff.

95. Ari Ben-Menashe, *Profits of War*, S. 118; 193 f.; 343 f.

96. Christopher Hitchens: Watergate – The Greek Connection; A New Theory, *The Nation*, 31. 5. 1986; sowie Hitchens, Minority Report, *The Nation*, 30. 6. 1984

97. Von den sieben Einbrechern waren vier aus Miami angereist. Vier waren aktive oder ehemalige CIA-Agenten, vier hatten an der CIA-gesteuerten Schweinebucht-Invasion teilgenommen, drei der sieben hatten direkte Verbindungen zur kubanischen Rauschgiftmafia. Vgl. Krüger, *The Great Heroin Coup; Drugs, Intelligence, & International Fascism*, S. 126 und 159 ff.

98. Vgl. Christopher Hitchens, Minority Report, Erörterung im Zusammenhang mit Seymour Hersh, The Price of Power, *The Nation*, 11. 6. 1983.
Schließlich kam auch heraus, daß der internationale Banker Robert Vesco sich im internationalen Heroinhandel betätigte und zugleich einer der größten Förderer Präsident Nixons war. Krüger, *The Great Heroin Coup*, S. 127

99. Nach Dale Scott war es kein Zufall, daß die Hauptfiguren des Watergate-Einbruchs aus der Verschwörerwelt der Rauschgiftfahnder kamen, einem Hinterhof, in dem sich traditionell die Aktivitäten der organisierten Kriminalität, der Revolutionsbekämpfung und der Geheimdienste überlappt hätten. Zit. in Krüger, *The Great Heroin Coup*, S. 163

100. In einem Senatsbericht heißt es, die CIA habe in den frühen sechziger Jahren sich die Fähigkeit zur Ausführung von Morden zugelegt, die »Executive Action« bzw. in verdeckter Bezeichnung ZR Rifle genannt worden sei. Es habe sich um eine »stand by«-Gruppe gehandelt. Dabei seien gezielt geeignete Mordtechniken erforscht und entwickelt worden. Agee, *Dirty Work*, S. 272

101. Ellen Ray, Argentina Activates International Death Squads, *CAIB 16*, S. 14 ff.

102. Vgl. hierzu Krüger, *The Great Heroin Coup*, S. 159 ff. und 199 ff.; Penny Lernoux, Golden Gateway For Drugs: The Miami Connection, *The Nation*, 18. 2. 1984, S. 188

103. Robert Sherrill, The Sounds Of One Hand Clapping: The Memoirs of Richard Nixon, *The Nation*, 8. 7. 1978, S. 56; vgl. auch sehr ausführlich Fred J. Cook, The Billion-Dollar Mystery, *The Nation*, 12. 4. 1965

104. Frage des Ausschußvorsitzenden Rangel: »Könnte es sein, daß Noriega als bezahlter Agent der USA eine Fülle von (Drogen-)Fällen der DEA vermittelte, daß er dabei jedoch nur die Schmuggler aussuchte, die ihn nicht am Gewinn beteiligten?« Antwort des Bezirksstaatsanwaltes von Südflorida Kellner: »Absolut.« Vgl. U.S. Congress, House, Hearing before the Selected Committee on Narcotics Abuse and Control, U.S. Foreign Policy and International Narcotics Control, HR. 100, 2, March 16, 1988, S. 18

105. Vgl. Report, Subcommittee on Terrorism, Narcotics and International

Operations, S. 145 ff., Appendix: Narcotics and the North Notebooks. Das Notizbuch des Oliver North enthält zahlreiche Einträge, die sich auf Terroristen und Drogentransaktionen beziehen, die der Ausschuß jedoch wegen Nichtherausgabe wichtiger Regierungsakten und umfangreicher Schwärzungen im Text nicht voll hat entschlüsseln können. Ebd., 146 f.

106. Vgl. Garwood, Undercover: Thirty-Five Years of CIA Deception, Anmerkung 12, S. 289, sowie C.I.A. Connection, *The Nation*, 27. 6. 1981, S. 779

107. Gespräch mit Lasse Budz, ehem. Abgeordneter des Folketing in Kopenhagen.

108. Der Umfang der Geldwäsche über das Finanzzentrum Panama nahm nach der Entführung Noriegas durch die US-Streitkräfte weiter zu, vgl. den ehemaligen Haushaltsdirektor unter Präsident Carter, Lance, in U.S. Congress, Senate, The BCCI Affair, Hearings before the Subcommittee on Terrorism, Narcotics and International Operations of the Committee on Foreign Relations, Part 3, S. 52
Der Begriff Kartell in bezug auf den Handel mit Drogen wird hier unkritisch verwandt. Das Geschäft mit Rauschgiften ist in Wirklichkeit ein Geschäftszweig der Kriminalität mit zahllosen, miteinander konkurrierenden und Profit suchenden Unternehmern, die Risiken auf sich nehmen und diese auf vielfältige Weise zu minimieren versuchen. Vgl. David Corn and Jefferson Morley: The Myth of Drug Cartels, *The Nation*, 20. 2. 1989

109. Unbeantwortete Fragen des Ausschußvorsitzenden: Hat denn der Außenminister oder die UN-Botschafterin Kirkpatrik oder Vernon Walters in ihren Unterredungen mit Noriega je gegen dessen Rauschgifthandel Stellung bezogen? Hat Noriega nicht Waffen an die Terrorgruppe M19 in Kolumbien, US-Technologie an Kuba und Osteuropa verkauft? U.S. Congress, House, Hearing before the Select Committee on Narcotics Abuse and Control, June 19, 1986, S. 13

110. Generalkonsul José Blandon, US Congress, Senate, Committee on Foreign Relations, Subcommittee on Terrorism, Narcotics and International Communications, Hearings on Drugs, Law Enforcement and Foreign Policy, S. 92. In den achtziger Jahren wurden in Panama wöchentlich 60 Millionen Dollar gewaschen. Larry Rohtern, Drug Leader Tells Of Noriega Pact, *New York Times*, 20. 2. 1991

111. Noriega kassierte für die Ausgabe von Identitätspapieren an die Besatzung, die alle zwei Jahre pro Offizier für je 100 Dollar und pro Seemann für je 80 Dollar bei einer durchschnittlichen Schiffsbesatzung von 50 Mann zu erneuern waren. José Blandon, U.S. Congress, Senate, Committee on Foreign Relations, Subcommittee on Terrorism, Narcotics and International Communications, Hearings on Drugs, Law Enforcement and Foreign Policy, S. 94

112. Staatsanwalt Kellner, U.S. Congress, House, Hearing before the Selected Committee on Narcotics Abuse and Control: U.S. Foreign Policy and
International Narcotics Control, HR. 100, 2, March 16, 1988, S. 21
113. In dieser Zeit erhält Noriega vor dem Besuch von Kongreßabgeordneten und deren Mitarbeiter jeweils rechtzeitig über die CIA-Station
deren Dossiers. Vgl. Editorial: Our Man in Panama, The Nation,
20. 2. 1988
114. Die Reaktion der amerikanischen Reagan-Administration auf die Enthüllungen um Noriega und dessen Rauschgift- und Geldwäschege-
schäfte schwankte zunächst. Am Anfang versuchte die Administration
Zeugen mundtot zu machen, indem zum Beispiel das Justizministerium
den aussagebereiten ehemaligen engen Mitarbeiter Noriegas, Botschafter Panamas in Washington und Asylbewerber, verklagte mit dem Vorwurf, er habe amerikanisches Regierungseigentum insofern gestohlen,
als er seine Notizen über Noriega für sich behalten habe. Vgl. U.S. Congress, Senate, The BCCI Affair, Hearings, Part 1, a. a. O., S. 7
115. Zum Hintergrund noch vor der Präsidentschaftswahl Alexander Cockburn, The Nation, 23. 3. 1992, und Beat The Devil, The Nation,
24. 2. 1992. Die Thematik spielt noch Ende 1997 in den Diskussions-
gruppen des Internets eine hervorragende Rolle ohne jede Stellungnahme der Regierung oder Erwähnung durch die größeren Presseor-
gane der USA.
116. Generalkonsul Blandon, U.S. Congress, Senate, Committee on Foreign
Relations, Subcommittee on Terrorism, Narcotics and International
Communications, Hearings on Drugs, Law Enforcement and Foreign
Policy, S. 122
117. So wurde Spadafora Carlton, der einen Drogendeal mit dem Cali-Kartell gemacht hatte, umgebracht. Eine Flugzeugladung Drogen war auf
der 10 000 Hektar großen Ranch des mit der CIA zusammenarbeitenden John Hull gelandet und dort abhanden gekommen. Die Tochter
Hulls wurde aus diesem Anlaß entführt. Spadafora soll bereits 1980
begonnen haben, ein Dossier über Noriega anzulegen. Aussagen von
Generalkonsul Blandon, U.S. Congress, Senate, Committee on Foreign
Relations, Subcommittee on Terrorism, Narcotics and International
Communications, Hearings on Drugs, Law Enforcement and Foreign
Policy, S. 114 ff.
118. Jack Blum berichtet in seinem Memorandum an Senator Kerry, daß
Harari als Mossad-Chef der gesamten Region betrachtet werde. Sein
Waffenhandel in Panama werde nicht als privat, sondern als amtlich
eingeschätzt. In der Region seien zahlreiche Israelis mit dem Verkauf
von Waffen beschäftigt, und alle arbeiteten mit Harari zusammen.
Vgl. U.S. Congress, Senate, The BCCI Affair, Hearings, Part 6,
a. a. O., S. 746.
Dieses auf Harari und Noriega zugeschnittene Netzwerk von Waffen-

handel und Drogenschmuggel wurde in den Jahren 1982/3 aufgebaut und dauerte bis 1986. Zur Drogenseite vgl. die Aussagen des amerikanischen Geheimdienstagenten GENE »CHIP« TATUM, wiedergegeben in *Conspiracy Nation*, Vol. 8 Num. 62, Juli 1996

119. Report, Subcommittee on Terrorism, Narcotics and International Operations, S. 84 f.

120. Bei der militärischen Operation der USA konnte Mike Harari entgegen zunächst anderslautenden Nachrichten rechtzeitig entkommen und kurze Zeit darauf in Israel auftauchen. Vgl. Ostrovsky, *Geheimakte Mossad*, S. 144

121. Nach Ostrovsky war Pollard ab 1984 im Antiterrorzentrum der NSA beschäftigt. *Geheimakte Mossad*, a. a. O., S. 300

122. Vgl. zu Pollard Louis Wolf, Israeli Spy Target of Mossad Hit, *CAIB 26*, S. 36, sowie Philip Paull, Who is a Terrorist, *CAIB 26*, S. 14

123. Die Gesamtoperation war offenbar noch komplexer als hier angedeutet. Die mehr auf die Arbeiterpartei von Shimon Peres ausgerichtete Mannschaft versuchte einen zweiten Waffenkanal Richtung Iran auch dadurch zu forcieren, daß sie die Likud-Operationen bei den amerikanischen Partnern madig zu machen versuchte, zum Beispiel durch Preisgabe des Spions Pollard und dessen Ehefrau. Wohl wissend, daß dies nur ein Teil der Wahrheit war, erpreßte der zweite Kanal den amerikanischen Sicherheitsbeauftragten zur Mitarbeit. Vgl. Ben-Menashe, a. a. O., S. 174 ff.; vgl. auch die Darstellung des Falles und seiner Hintergründe bei Ostrovsky, *Geheimakte Mossad*, S. 243 f., insbes. S. 245

124. Ari Ben-Menashe, *Profits of War; Inside the Secret U.S.-Israeli Arms Network*, S. 44 ff. (Kapitel »Groundwork« und »Agreement«).

125. Der Sicherheitsberater Präsident Carters, Brzezinski, scheint den Sturz des Schahs mit dem Ziel eines muslimisch-fundamentalistischen Gürtels um die Sowjetunion herum unterstützt zu haben. Salaam Al-Sharqi: Iran: Unholy Alliances, Holy Terror, *CAIB 37*, S. 5 f. sowie Dough Vaughan: Too Good To Be True: Special Prosecutor's »Final Report« on Iran Contra, *CAQ 48*, S. 12

126. Ben-Menashe, a. a. O., S. 46

127. Ellen Ray und William Schaap, Deltagate, *CAIB 28*, S. 68 ff., sowie Ben-Menashe, a. a. O., S. 59

128. Die 52 Millionen wurden nach Ari Ben-Menashe aus dem Gewinn von Drogengeschäften finanziert, die Israelis für und unter Mitwirkung der CIA getätigt hatten und in deren Transaktion die saudische Diplomatie und Geheimdienstszene beteiligt war. Ari Ben-Menashe, a. a. O., S. 80.

129. Die Carter-Mannschaft hatte gleichwohl Versuche unternommen, mit der neuen iranischen Führung ins Gespräch zu kommen. Die Kontakte liefen nach Ben-Menashe über die drei Hashemi-Brüder, die sich guter Kontakte zur Führung in Teheran rühmten und auch zahlreiche Waffengeschäfte tätigten. Da unter Präsident Carter die hochbelasteten Kader

des amerikanischen Geheimdienstes entlassen worden waren, taten diese sich mit dem früheren CIA-Direktor und späteren Vizepräsidenten Bush zusammen, um Lösungen unter Carter zu verhindern und so Reagan den Wahlsieg zu ermöglichen. Zu dieser Mannschaft zählten enge Berater Carters aus dem Bereich der CIA wie des nationalen Sicherheitsberaters Brzezinski. Vgl. Ben-Menashe, a. a. O., S. 52 ff.

130. Die CIA verfügte nach Angaben des Pike Reports über Waffen- und Munitionslager, die bei weitem über den logistischen Kapazitäten der meisten Armeen der Welt liegen. CIA Pike Report, S. 97 und 191 ff.

131. Ari Ben-Menashe, a. a. O., S. 110 f.

132. Ebd., S. 312 ff.

133. Ebd., S. 87

134. Ebd., S. 152, 310 ff., 322

135. Ebd., S. 77 ff.

136. Ostrovsky behauptet, Maxwell sei stets dann in finanzielle Probleme geraten, wenn der Mossad kostspielige Operationen in Gang gesetzt habe. Das sei 1990 nach der amerikanischen Invasion auf Panama der Fall gewesen, als die Einnahmen des Mossad aus dem Drogenhandel für einige Zeit nicht mehr geflossen seien und Maxwell tief in die Kassen seiner Unternehmen langen mußte. *Geheimakte Mossad*, S. 357

137. Ari Ben-Menashe, a. a. O., S. 85

138. Ostrovsky, *Geheimakte Mossad*, S. 264

139. Darstellung folgt dem Kapitel »The Second Chanel« in Ben Menashe, a. a. O., S. 166 ff.

140. Der kompromißlos gegen die Friedensformel Land gegen Frieden kämpfende Flügel des Mossad hat sowohl Peres als auch Rabin das Leben schwer, das politische Überleben nahezu unmöglich gemacht. So wurde mittels eines aufsehenerregend und peinlich gescheiterten Kommandounternehmens mit dem Ziel, die gesamte palästinensische Führungsmannschaft zu entführen, Ministerpräsident Peres gezielt der Lächerlichkeit preisgegeben. Ostrovsky zitiert den Stolz der Eingeweihten, man habe es geschafft, die jordanische Friedensinitiative zu Fall zu bringen und Peres die Hände zu binden. Der Mann sei zum Idioten gemacht worden; für lange Zeit werde nun kein Politiker mehr die Sache anfassen, *Geheimakte Mossad*, S. 186

141. Ben-Menashe, a. a. O., S. 51

142. Der Kampf der Kanäle auf amerikanischer Seite spiegelt sich in Senate Select Committee on Intelligence, Report on Preliminary Inquiry, 29. 1. 1987

143. Treibende Kraft war nach Jane Hunter, The Israeli Arms Bazaar, *CAIB 30*, S. 33, der Nationale Sicherheitsberater McFarlane, der nach Darstellung des israelischen Nachrichtenmannes Ari Ben-Menashe in israelischen Diensten gestanden haben soll.

144. Die Zieldaten für die irakischen Raketen soll der Mossad anhand ame-

rikanischer Satellitendaten dem Irak übermittelt haben. Ziel sei es gewesen, den Irak in seiner militärischen Stärke so überhöht darzustellen, daß die Amerikaner nicht umhin gekonnt hätten, Saddam Husseins vermeintlich riesige Militärmaschine später wieder zu zerstören. Ostrovsky, *Geheimakte Mossad*, S. 314. Vgl. auch die Aussagen des späteren CIA-Direktors Gates, zit. in Louis Wolf, Congressional Oversight in Action: The Confirmation of Rober Gates, *CAIB 39*, S. 66, und den Hinweis, daß dem Irak auch streng geheime Satellitenfotos zur Verfügung gestellt wurden (Anmerkung 18). Im übrigen wurden sowohl Iran als auch Irak jeweils mit verfälschten nachrichtendienstlichen Erkenntnissen bedient. Vgl. Richard Lingeman, Pointdexter File, *The Nation*, 24. 1. 1987

145. Ben-Menashe, a. a. O., S. 172 ff.

146. Über die befruchtende Beziehung von Bechtel zu den Geheimdiensten vgl. *CAIB 2*, S. 24 f. und die dort wiedergegebene Äußerung eines Bechtel-Mitarbeiters, der vier Jahre in Libyen gearbeitet hatte und meinte: »One 30-foot section of large pipe will hold a lot of rifles.«

147. Yallop, *Die Verschwörung der Lügner*, S. 646

148. Von amerikanischen Unternehmen erhielt Südafrika nach Auffassung der meisten Experten auch Hilfestellung bei der Entwicklung der nuklearfähigen 155 mm-Artillerie. Michael T. Klare, The Corporate Gunrunners: South Africa's U.S. Weapons Connections, *The Nation*, 28. 7. 1979, S. 75 ff.

149. Michio Kaku: Nuclear Threats and the New World Order, *CAIB 41*, S. 22 ff.

150. Jack Colhoun: The Bush Administration and U.S. Exports to Iraq: Trading With the Enemy, *CAIB 37*, S. 20 ff.

151. Vgl. zum folgenden Ben-Menashe, a. a. O., S. 238 ff.
Der Vorsitzende des House Banking Committees, Henry Gonzalez aus Texas, warf der Bush-Administration vor, sie habe US-Technologie an das irakische Militär und zahlreiche Rüstungsfirmen liefern lassen trotz der überwältigenden Hinweise, daß diese nur zum Aufbau der geheimen nuklearen, chemischen, biologischen Waffenarsenale und zur Herstellung von Raketen mit großer Reichweite vorgesehen seien. Hierfür seien Unterstützungsgelder zur Verbilligung landwirtschaftlicher Exporte eingesetzt worden. Außerdem sei der Kongreß mit einem den Sachverhalt verfälscht darstellenden Vorlagebericht über die Genehmigung von 66 Exportlizenzen getäuscht worden. Vgl. Jack Colhoun: Bush Administration Uses CIA To Stonewall Iraqgate Investigation, *CAIB 42*, S. 42 ff.

152. Die *Washington Post*, 10. 2. 1994, berichtet von zahlreichen offiziell genehmigten US-Exporten von Anthrax und anderen biologischen Ausgangsmaterialien in den Irak. Die Zeitschrift *Newsday*, November 1996, berichtet, daß zwischen 1985 und 1989 70 Anthrax-Exporte einer

kleineren biotechnischen Firma in den Irak genehmigt worden seien, obgleich biologische Waffen seit 1972 durch völkerrechtlichen Vertrag verboten wurden.

153. BCCI war an der Finanzierung des Waffenhandels in den Irak ebenso beteiligt wie an der Schaffung der pakistanischen Nuklearwaffe. Es erscheint ausgeschlossen, daß die in den Bankgeschäften der BCCI involvierten Geheimdienste der USA ahnungslos gewesen sein sollen. Vgl. U.S. Congress, Senate, The BCCI Affair, A Report, a.a.O., S. 67

154. Die deutsche Presse ist vorwiegend von einseitig zurechtgeschnittenem Material abhängig. In der Regel bleiben Lieferungen der Bündnispartner außen vor, was mit dem manipulierten Wissensstand der Medien zusammenhängen mag. Die amerikanische Nuklearindustrie zum Beispiel exportierte verbotenes, hochsensitives Material über Tochterfirmen in aller Welt an Argentinien, Pakistan, Südafrika und Indien. Vgl. John Tirman, There Goes Nonproliferation: America, The New Nuclear Salesman, *The Nation*, 16. 10. 1982, S. 363 f.

155. Vgl. Ben-Menashe, a.a.O., S. 238 ff.

156. Ebd., S. 259, 280

157. Vgl. auch Philip Hiro, Britain's Iraqgate: Thatcher and Major In The Dock, *The Nation*, 4./11. 1. 1993

158. Israel, vertreten durch die Verteidigungsminister Peres und später Weizmann, hatte dem Iran des Schahs die Kooperation zur Entwicklung atomar bestückter Mittelstreckenraketen angeboten gegen Lieferung großer Erdölmengen. Vgl. Jane Hunter, Missiles for the Mullahs: The Israeli Arms Bazaar, *CAIB 30*, S. 30

159. Wichtige Erkenntnisse liefern die Hearings zum Thema: Banca Nazionale Del Lavoro des Committee on Banking, Finance and Urban Affairs, House of Representatives, 101 Congress, First Session, sowie desgleichen Komitees zu: Iraqi and Banca Nazionale Del Lavoro Partizipation in Export-Import Programs und ferner Banca Nazionale Del Lavoro Affair and Regulation and Supervision of U.S. Branches and Agencies of Foreign Banks, 1991

160. David Corn: Beltway Bandits, *The Nation*, 3./10. 8. 1992; vgl. auch Dean Baquet: Ex-Aide Says CIA Helped Arm Iraq in '80 s, *NHT*, 6. 2. 1995

161. Ben-Menashe, a.a.O., S. 286 ff.

162. So Ostrovsky, der den Mut Präsident Bushs preist, durch Einfrieren der Darlehensgarantien an Israel in der Größenordnung von über 10 Milliarden Dollar Druck auf die Regierung zur Förderung der Friedensverhandlungen ausgeübt zu haben. Schamir habe jedoch die Parole ausgegeben: »Wir haben die Pharaonen überlebt, wir werden auch Bush überleben.« Bush habe er für einen »Country-Club-Idioten« gehalten. *Geheimakte Mossad*, S. 349

163. So Ben-Menashe, der über die Entscheidung der USA berichtet, Sad-

dam Hussein und den Irak nicht nur gegen den Iran einzusetzen, sondern auch als Gegengewicht gegen Israel in der Region aufzubauen. Die Arbeit der CIA sei ab 1985 abgedeckt verlaufen, a. a. O., S. 171 f. Das Doppelspiel der amerikanischen Politik habe die stillschweigende Billigung Premierminister Peres' gefunden, der seinen Freund Rappaport ermuntert habe, israelische Waffen an den Irak zu liefern.

164. Im Mossad spiegelt sich nach Ostrovsky naturgemäß der Kampf zwischen rechts und links wieder: »Die Rechten wollen die besetzten Gebiete behalten und dem Staat Israel einverleiben, nachdem die dort lebenden Palästinenser zu größten Teilen fortgejagt seien. Die Linken betrachten die Palästinenser als nationale Einheit, die mit eigenen Befugnissen und Rechten zu versehen seien...« *Geheimakte Mossad*, S. 48

165. Schamir soll als israelischer Spion in Tanger die alten Nazinetzwerke um Skorzeny und den Schweizer Bankier Genoud enttarnt haben. Vgl. Laske, *François Genoud*, S. 99

166. Nir sollte als Zeuge in dem Strafverfahren gegen Oliver North aussagen. Er hätte Ben-Menashe zufolge sowohl Reagan als auch Peres zu nahe treten können, da er über die Chemiewaffenprogramme Barboutis in Miami informiert gewesen sei. *Profits of War*, S. 288
Ostrovsky verweist auf die Zusammenarbeit bei Antiterroraktivitäten, die Nir und North in den Jahren 1985 und 1986 überwacht hätten und die bei Aussagen vor dem Kongreß sowohl für die Reagan-Administration als auch für die Israelis höchst unbequem hätten werden können. Ostrovsky vermutet ein Abtauchen Nirs nach Gesichtschirurgie. Allerdings meldet sich der amerikanische Geheimagent Chip Tatum zu Wort, der den Auftrag zur Neutralisierung Nirs von Bush erhalten haben will. GENE »CHIP« TATUM *Conspiracy Nation*, Vol. 8 Num. 63, 1993

167. Vgl. Laske, *François Genoud*, S. 100

168. Im Kreise von Skorzeny hielt sich auch der Jagdfliegerheld und begeisterte Hitleranhänger Rudel auf, der auf dem Fliegerhorst Bremgarten vor deutschen Jet-Piloten der Bundesluftwaffe sprechen sollte. Über den Vorgang stürzten seinerzeit ein Staatssekretär und ein Inspekteur der Luftwaffe.

169. Zur Verbindung Skorzenys mit den ehemaligen Algerienkämpfern der OAS, der Paladin-Gruppe in Spanien sowie der Terrorgruppe AAA in Argentinien vgl. Krüger, *The Great Heroin Coup*, S. 113

170. Krüger, ebd., S. 209 ff.

171. Vgl. Ari Ben-Menashe, a. a. O., S. 97

171a. Vgl. Stefan Rocker und Stephan Wels, Der Drahtzieher der Rabta-Affäre, *taz*, 3. 1. 1992

172. Die Darstellung Ben-Menashes über die zwei Waffenkanäle wird von einem ehemaligen Mitarbeiter der CIA gestützt. Vgl. David Mac-

Michael, The Other Iran-Contra Cases, *CAIB 35*, S. 52 ff. Der Artikel bezieht sich auch auf die Aussagen eines deutschen Schiffsagenten Hans Bihn alias Michael Fredericks in Athen.

172a. Edward J. Dobbins, The Buckley Affair: Anatomy of an Intelligence Desaster, *CAIB 30*, S. 49 f.

172b. CIA Station Chief William Buckley, Iran-Contra Scandal Trading Cards, Internet

172c. Mark Perry, William Buckley, *The Nation*, 14. 5. 1988

172d. Bo Gritz, Some Notes from The CIA and Opium, Internet; The Inside Story of John Lear, Bill Cooper and »The Greatest Cover-Up in Human History«

173. David MacMichael, *CAIB 35*, S. 52 ff.

174. Ben-Menashe, a. a. O., S. 184

175. Dough Vaugham: Too Good To Be True: Special Prosecutor's »Final Report« on Iran-Contra, *CAQ 48*, S. 58

176. Nach Ostrovsky, *Der Mossad*, S. 159 f. war Jitzak Rabin beim Mossad nicht beliebt, weil er die einlaufenden Nachrichten im Rohzustand und ungefiltert anforderte. Der Resident des Mossad in Washington habe sich gerühmt, Rabin schon 1977 als Ministerpräsident zu Fall gebracht zu haben.

177. Ben-Menashe, a. a. O., S. 181

178. So hatte Noriega Oliver North die Ermordung der gesamten Regierung in Nicaragua angeboten. Dafür möge Oliver North ihm bei der Bewältigung seines Public-Relation-Problems mit den Drogen helfen. Eintragungen im Tagebuch des Oliver North zit. in Jack A. Blum, The Crack-CIA-Contra Nexus, *CAQ 59*, S. 62; vgl. auch Jefferson Morley: Dealing with Noriega, Bush's Drug Problem – And Ours, *The Nation*, 27. 8./ 3. 9. 1988

179. Ben-Menashe, a. a. O., S. 187

180. Der Generalkonsul von Panama und ehemalige Berater Noriegas sieht in der *Pia Vesta* eine Operation des Oliver North gegen Noriega. Aus dem NSC sei der *New York Times* Hintergrundmaterial zugespielt worden, in dem Noriega beschuldigt werde, mit Drogen zu handeln, ein Doppelagent zu sein, einen Mord veranlaßt zu haben, korrupt zu sein und Wahlfälschung betrieben zu haben. Das Aufbringen der *Pia Vesta* sei ein Racheakt an Oliver North gewesen, man habe den Spieß umgedreht, um zu zeigen, daß in Wirklichkeit North hinter der Waffenlieferung stehe. Die Einzelheiten sind außerordentlich verwirrend und so angeordnet, daß der oberste Geheimdienstgrundsatz, jederzeit überzeugend leugnen zu können, zu erkennen ist. Vermutlich würde man bei einer tieferen Analyse der in den Hearings des Kerry-Committees zutage getretenen Zeugenaussagen erkennen können, welche Person, welcher Mord, welche Handlung dem einen oder anderen Lager zuzuschreiben wäre. Vgl. Aussage des früheren Generalkonsuls von

Panama und Berater Noriegas in U.S. Congress, Senate, Committee on Foreign Relations, Subcommittee on Terrorism, Narcotics and International Communications, Hearings on Drugs, Law Enforcement and Foreign Policy, S. 164 ff. Vgl. auch die Aussagen der Drogen- und Waffenpiloten, die im Auftrag der CIA unbehelligt von allen Zoll-, Paß- und Drogenkontrollen die an Nicaragua angrenzenden Länder anfliegen konnten. Ab 1984 änderte sich die Situation insofern, als sich nun andere Personen als Repräsentanten der Contras mit Beziehungen zu politischen Größen in Washington und der CIA rühmten. Die Verwirrung, die die zwei Kanäle in den amerikanischen Behörden, Staatsanwaltschaften und Gerichten anrichteten, spiegelt sich in den Aussagen insbesondere des Zeugen George Morales wieder, a. a. O., S. 45 ff.

181. Ostrovsky, auf der Mapai-Seite im Mossad stehend, berichtet entsprechend von einem »Blauen Kanal« als einer Bezeichnung für die israelischen Waffenverkäufe an die Iraner. Die Waffen seien einmal aus Versehen in die hellblauen Container der israelischen Schiffahrtslinie ZIM verladen worden. Für den Tansport seien dänische Schiffe verwendet worden. *Geheimakte Mossad*, S. 208 Anmerkung 1. Man sieht die Sabotageleistung des Likud-Kanals hier wie bei der Lieferung der mit dem Davidstern bemalten Luftabwehrraketen HAWK, die ebenfalls vom zweiten Kanal vermittelt worden waren.

182. Ben-Menashe, a. a. O., S. 178

183. Vgl. U.S. Congress, Senate, The BCCI Affair, A Report to the Committee on Foreign Relations by Senator John Kerry and Senator Hank Brown, December 1992, a. a. O., S. 6 und 289. In dem Reigen der Akteure des alternativen Waffenkanals erscheint in den BCCI-Unterlagen des Ausschusses auf iranischer Seite auch Manucher Ghorbanifar. Siehe dort S. 6.

184. Ostrovsky, *Geheimakte Mossad*, S. 367
Der iranische Waffenhändler Cyrus Hashemi hatte zusammen mit Kashoggi Ministerpräsident Peres aufgesucht, um den Waffenhandel in den Iran zustande zu bringen. Vgl. Jane Hunter, Missiles for the Mullahs: The Israeli Arms Bazaar, *CAIB 30*, S. 33

185. Romeo Dalla Chiesa, der Präsident der Bank von Rom, sagte vor dem Mafia-Strafverfahren in Palermo aus, daß sein Bruder General Carlo Alberto Dalla Chiesa kurz vor seiner Ermordung Ermittlungen in Sachen Waffenhandel durchgeführt habe, dessen riesige Gewinne im Drogenhandel angelegt worden seien. Der Bruder habe in diesem Zusammenhang den außerordentlich reichen und spendablen saudischen Waffenhändler Adnan Kashoggi erwähnt, der zeitweise Kollege des amerikanisch-israelischen Agenten Ledeen gewesen sei. Vgl. Another »Bulgarian Connection« sought, *CAIB 28*, S. 25

186. Vgl. Aussage Sakhia in U.S. Congress, Senate, The BCCI Affair, Hea-

rings before the Subcommittee on Terrorism, Narcotics, and International Operations of the Committee on Foreign Relations, Part 3, S. 529 ff.

187. U.S. Congress, Senate, The BCCI Affair, A Report to the Committee on Foreign Relations, S. 289 f., geht bei Kashoggi als Waffenhändler im Iran-Contra-Geschäft von einem Schlüsselmann für Kontakte der amerikanischen Geheimdienste aus. Der Bericht beklagt die durch den Tod von Zeugen verursachten Erkenntnislücken. Dies gelte für den Fall des ehemaligen CIA-Direktors Casey, des BCCI-Vertreters Mohammed Hammoud, des BCCI-Kunden und Waffenhändlers Ben Banerjee und Cyrus Hashemie. Einige Zeugen stünden unter Hausarrest in Abu Dabi. Weitere Zeugen hätten Herzattacken erlitten oder könnten sich an nichts erinnern. Die Akten enthielten entscheidende Lücken selbst in Angelegenheiten, die die US-Regierung zutiefst berührten. Charakteristisch wohl auch der Hinweis im Bericht der Kongreßabgeordneten, wonach der Bankmanager Hammoud, der über die BCCI-Filiale in Miami intensiv mit Geldwäsche aus dem Drogenhandel befaßt war, angeblich in Genf beim Besuch seines Arztes verstorben sei. Die in Beirut in Anwesenheit zahlreicher Vertreter der syrischen Geheimdienste beigesetzte Leiche habe sich jedoch als einige »inches« kürzer erwiesen als die nachweisliche Körperlänge des Bankers. *Newsweek* habe in seiner Ausgabe vom 20. 8. 1992 berichtet, daß Geheimdienstkreise behaupteten, Mohammed Hammoud sei telefonisch überwacht worden, als er gesagt habe: »Wenn irgend jemand wüßte, wie dreckig die Amerikaner in diesem BCCI-Geschäft handeln, würde er überrascht sein – sie sind dreckiger als die Pakistanis.« Er habe dann noch zum Ausdruck gebracht, daß er jemanden über die amerikanische Rolle unterrichten wolle. Acht Stunden später sei er tot aufgefunden worden. A. a. O., S. 473.
Über die Manipulationen der BCCI Bank bei der finanziellen Abwicklung der mit Israel getätigten Iran-Geschäfte Kashoggis, a. a. O., S. 310. Dort kommt auch zum Ausdruck, daß der mit Oliver North zusammenarbeitende General a. D. Secord seinerseits Partner Kashoggis war. Vgl. auch a. a. O., S. 312

188. Die BCCI war kontaktiert worden, um den Waffenfluß aus Europa in den Iran über die Filialbank in Panama zu finanzieren. Vgl. Jack Blum in Memorandum U.S. Congress, Senate, The BCCI Affair, Hearings, Part 6, a. a. O., S. 746

189. Vgl. auch Fred Dexter, Ménage à Trois: Oil Money, BCCI, and the CIA, *CAIB 39*, S. 46 ff.
Ein weiteres Opfer des Kampfes der Kanäle war offensichtlich die Justizministerin der Schweiz, Kopp, die zurücktreten mußte, weil sie ihren Mann rechtzeitig von dem anstehenden Verfahren gegen die libanesischen Brüder Magharian zu unterrichten versuchte, die zwischen 1985 und 1988 zwei Milliarden Schweizer Franken aus Drogen-

geschäften gewaschen hatten und für die der Ehemann Kopp als Rechtsberater tätig war. U.S. Congress, Senate, The BCCI Affair, S. 575

190. In dem Bericht des US-Kongresses findet sich der Hinweis auf die Nachricht der deutschen Tageszeitung *Die Welt* vom 29. 9. 1987, wonach 1984 der iranische Botschafter nach Gesprächen zwischen Oliver North und Vertretern des Irans in Hamburg den Kauf von 20 000 amerikanischen Panzerwabwehrraketen TOW genehmigt habe. Der Waffenhandel sei nach Angaben der Welt gescheitert. Der iranische Kontaktmann sei mit den Zahlungsanweisungen spurlos verschwunden: U.S. Congress, Senate, The BCCI Affair, A Report, a. a. O. Die Darstellung stimmt mit der des israelischen ehemals Likud-nahen Geheimdienstmannes Ari Ben-Menashe, *The Profits of War*, Kapitel »The Second Channel«, S. 166 ff., überein.

191. Christopher Hitchens, Minority Report, *The Nation*, 27. 4. 1992

192. Vgl. Ostrovsky, *Geheimakte Mossad*, S. 286 ff.

193. Vgl. auch *Zeit*-Dossier, 30. 12. 1994: Mossad, Stasi, Waffenschieber

194. Ostrovsky, *Geheimakte Mossad*, 288 f.

195. Bestätigt angeblich durch Aussagen einiger früherer HVA-Angehöriger aus dem Jahre 1992, die in einem Dossier des BND wiedergegeben worden seien. Danach habe Barschel vorgehabt, illegale Waffengeschäfte westlicher Firmen mit dem Osten an die Öffentlichkeit zu bringen und deshalb sterben müssen. Vgl. *Neue Solidarität*, 11. 1. 1995 (Lyndon Larouche Gruppe).

196. Vgl. Mergen, *Tod in Genf. Ermittlungsfehler im Fall Barschel: Mordthese vernachlässigt?* verweist darauf, daß ein die Willenlosigkeit herbeiführendes Mittel bereits in den Urin gelangt sei, während die beiden tödlich wirkenden Mittel nur im Magen aufgefunden und dort gemessen worden seien. In der Luftröhre befanden sich keine Spuren von Chemikalien, so daß eine spurenfreie Form des Einbringens hätte gewählt worden sein müssen. Dies entspricht der Darstellung Ostrovskys, der von der Einführung einer Sonde spricht (*Geheimakte Mossad*, S. 398). Die Mittel selbst gab es schon seit längerer Zeit nicht mehr im Handel; sie waren auch nie als Kapseln zu kaufen gewesen. Ostrovsky schreibt vom Herbeiführen eines Schockzustandes durch Fieber und Eiswasser. Auch dieses Detail stimmt mit den gerichtsmedizinischen Analysen überein. Vgl. Armand Mergen, a. a. O., S. 41 ff.

197. Mergen, *Tod in Genf*, S. 18 f.

198. Mergen, *Tod in Genf*, S. 78 f.

199. Jane Hunter, Missiles for the Mullahs: The Israeli Arms Bazaar, *CAIB 30*, S. 33 f.

200. Der Pike Report behandelt ausführlich die völlig unsinnige Politik gegenüber Angola und den dortigen Führern der nationalen Befreiungsbewegungen, Roberto Holden, Mobutu und Jonas Savimbi. Motiv

der mit 31 Millionen Dollar angesetzten Intervention seien möglicherweise die Interessen von Gulf Oil und Texaco an Bodenschätzen wie Ölschürfrechten gewesen. CIA Pike Report, S. 198 ff. Dieselben Interessen beherrschen auch heute noch das amerikanische Vorgehen im Kongo und den Anrainerstaaten.

201. So in einem Memorandum des Oliver North, Exhibit OLN 326, einzusehen in National Security Archives, Washington.
202. Report, Subcommittee on Terrorism, Narcotics and International Operations, S. 36 ff.
203. Somoza soll Eigentümer von 50 Häusern, 52 Viehfarmen, 46 Kaffeeplantagen, 18 Gütern, 8 Zuckerplantagen und Zuckerfabriken, 13 Industrieunternehmen, 76 städtischen und 16 Grundstücken auf dem Land gewesen sein, dazu soll ihm eine Ranch in Costa Rica, ein Anwesen in Kanada und drei Apartmenthäuser in Miami gehört haben. Vgl. Alvarez del Vayo, Costa Rican Crisis, *The Nation*, 22. 1. 1955. Die Vermögensaufstellung scheint typisch zu sein für eine ganze Reihe westlich gestützter Diktatoren der Dritten Welt.
204. Die Priester wurden auf Intervention des ehemaligen stellvertretenden Direktors der CIA beim Vatikan zurückgezogen. Vgl. The Vatican Connection: Vernon Walters and the Pope, *CAIB 18*, S. 9; vgl. auch Penny Lernoux, The Papal Spiderweb II: A Reverence for Fundamentalism, *The Nation*, 17. 4. 1989; T. M. Pasca, Papal Follies, The Vatican Flops In Latin America, *The Nation*, 26. 1. 1985, S. 78
205. Über die Verbindungen der Reagan-Administration zur Machtstruktur in Guatemala vgl. Allan Nairn, Reagan Administration Links With Guatemala's Terrorist Government, *CAIB 12*, S. 16 ff.
206. Vince Bielski und Dennis Bernstein: NSC, CIA, and Drugs, The Cocaine Connection, *CAIB 28*, S. 13 ff., gehen davon aus, daß North von vornherein auf die allseits bekannten Drogenhändler in Miami und Costa Rica gesetzt habe.
207. Vgl. Aussage des Kokainhändlers George Morales in U.S. Congress, Senate, Committee on Foreign Relations, Subcommittee on Terrorism, Narcotics and International Communications, Hearings on Drugs, Law Enforcement and Foreign Policy, S. 54 ff.
208. Vgl. Aussagen des Drogenfliegers Lotz aus Costa Rica in U.S. Congress, Senate, Drugs, Law Enforcement and Foreign Policy: The Cartel, Haiti and Central America, Hearings before the Subcommittee on Terrorism, Narcotics and International Operations of the Committee on Foreign Relations, Part 4, July 1988, S. 664 ff.
209. Die CIA unterhielt über ausgegründete Unternehmen, insbesondere zu Zeiten des Vietnamkrieges, aber auch danach riesige Luftflotten, die sich hinter scheinbaren Privatgesellschaften verbargen. Insgesamt waren hier rund 18 000 Beamte und Angestellte beschäftigt. Marchetti, *CIA*, a. a. O., S. 181 ff.

210. Vince Bielski und Dennis Bernstein, NSC, CIA, and Drugs: The Cocaine Connection, *CAIB 28*, S. 14

211. Scott und Marshall, *Cocaine Politics – Drugs, Armies and the CIA in Central America*, S. 18

212. Report, Subcommittee on Terrorism, Narcotics and International Operations, S. 42 ff.

213. Scott und Marshall, *Cocaine Politics*, S. 16 f.

214. Vince Bielski und Dennis Bernstein, NSC, CIA, and Drugs: The Cocaine Connection, *CAIB 28*, S. 16

215. Report, Subcommittee on Terrorism, Narcotics and International Operations, S. 53 ff.

216. Drogenflieger lieferten als Landegebühren Waffen, hinterließen einige Päckchen Drogen, erhielten Sprit zum Auftanken und flogen weiter in die USA. Aussage Werner Lotz, Report, a. a. O., S. 691 ff.

217. Zusammenfassung der Erkenntnisse in Scott und Marshall, *Cocaine Politics*, S. 13 f.

218. Tony Avirgan, Covert Operations in Costa Rica, *CAIB 34*, S. 3 ff.

219. Vgl. Georges Morales in U.S. Congress, Senate, Committee on Foreign Relations, Subcommittee on Terrorism, Narcotics and International Communications, Hearings on Drugs, Law Enforcement and Foreign Policy, S. 57 ff.

220. Vgl. hierzu Report, Subcommittee on Terrorism, Narcotics and International Operations, S. 14 ff., sowie Dennis Bernstein und Robert Knight: The Tulsa Connection: Tracking CIA-Contra-Crack Links, *CAQ 59*, S. 51 f. und Clarence Lusane: *Cracking the CIA-Contra Drug Connection*, a. a. O., S. 53 ff.

221. Christoph Hitchins: Minority Report, *The Nation*, 18. 12. 1989

222. U. S. Congress, Senate, Committee on Foreign Relations, Subcommittee on Terrorism, Narcotics and International Communications, Hearings on Drugs, Law Enforcement and Foreign Policy, S. 11

223. Pensionierte Beamte der US-Regierung und Mitarbeiter des US-Kongresses beraten die Regierung der Bahamas, wie die amerikanische Regierung an härterem Vorgehen gehindert und auf welche Institutionen und Personen pfleglich Einfluß genommen werden könne. Vgl. hierzu Report, Subcommittee on Terrorism, Narcotics and International Operations, S. 21

224. »Wir kannten die Frequenzen, wir wußten, wie man herein- und herauskommt, wir hatten die Frequenz jedes einzelnen Schiffes oder Flugzeugs. Die Frequenzen wurden uns von den Contras gegeben, die Kubaner gaben uns die der amerikanischen Coast Guard, des Geheimdienstes, der DEA, der Polizei, der Einwanderungsbehörde und des Zolls.« Morales, in U.S. Congress, Senate, Committee on Foreign Relations, Subcommittee on Terrorism, Narcotics and International Communications, Hearings on Drugs, Law Enforcement and Foreign Policy, S. 87 ff.

225. Scott und Marshall, *Cocaine Politics*, S. 14
226. Vermutlich in nicht geringem Umfang im Verein mit dem israelischen Geheimdienst, wie sich aus den Angaben sowohl Ari Ben-Menashes als auch Ostrovskys ergibt und die Beratung Noriegas durch den israelischen Agenten Mike Harari nahelegt.
227. Oliver North, langjähriger Mitarbeiter der CIA, schlägt, unter einem Aliasnamen auftretend, dem Besitzer eines Flugzeuges vor, seine Maschine für die Unterstützung der Contras stehlen zu lassen und die Schadenssumme über einen Versicherungsbetrug zu kassieren. Der Besitzer willigt nicht ein, das Flugzeug wird dennoch »gestohlen«, genutzt und wieder zurückgeführt. Zwei Jahre nach Erhalt der Versicherungssumme sieht sich der Besitzer einer Anklage wegen Versicherungsbetrugs ausgesetzt. Nur mit Mühe erreicht er nach zahlreichen Einschüchterungsversuchen auch der Familie und der Ermordung von Zeugen die Einstellung des Verfahrens durch einen einsichtigen Richter. Vgl. David S. Fallis, Disposable Asset Burned by North's Network: Not the America I Knew, *CAIB 37*, S. 42 ff.
228. Über die Fäden des Skandals zu Präsident Bush und den Gouverneur von Arkansas und späteren Präsidenten Clinton vgl. *The Nation*: Beat the Devil, 4. 5. 1992
229. Vince Bielski und Dennis Bernstein, NSC, CIA, and Drugs: The Cocaine Connection, *CAIB 28*, S. 14
230. Christopher Hitchens, Minority Report, *The Nation*, 25. 4. 1987, S. 531
231. Als Mittler zwischen dem damaligen Vizepräsidenen Bush und Noriega machte sich eine sonderbare Truppe ans Werk, bestehend aus dem Führungsmann der Moon-Sekte, Tongsun Park, dem für den Irak tätigen Waffenhändler Soghanalian sowie Admiral Murphy, dem Chef einer Washingtoner Consulting Firma, zuvor engster Mitarbeiter des Vizepräsidenten beim Kampf gegen die Drogenflut im Abschnitt Florida. Die drei fliegen im Dienstflugzeug des Admirals nach Panama. Bush hatte den eng mit der koreanischen CIA zusammenarbeitenden Sektenführer beauftragt, eine Botschaft des amerikanischen Präsidenten Reagan zu überbringen. Vgl. U. S. Congress, Senate, Drugs, Law Enforcement and Foreign Policy: The Cartel, Haiti and Central America, Hearings before the Subcommittee on Terrorism, Narcotics and International Operations of the Committee on Foreign Relations, Part 4, July 1988, S. 224
232. Barbara Jamison, Panama Diary: Promises broken, Illusions lost, *The Nation*, 15. 3. 1993
233. Der vor dem Senatsausschuß aussagende Drogenhändler Morales antwortet auf die Frage, was er denn den Abgeordneten in der Drogenfrage rate: »Probably legalize drugs. The second choice I really don't know. It's impossible to do. In a sort of way You are wasting Your time. Every single day has more and more people in the business, it became a way of

life. That's the only income they have, whatsoever.« U. S. Congress, Senate, Committee on Foreign Relations, Subcommittee on Terrorism, Narcotics and International Communications, Hearings on Drugs, Law Enforcement and Foreign Policy, S. 62 f.

Die Einnahmen Kolumbiens aus dem Drogenhandel beliefen sich in den späten achtziger Jahren auf jährlich drei Milliarden Dollar. 70 000 Bauern waren mit ihren Familien auf die Einnahmen angewiesen, wenige wurden reich. Das Einkommen aus Kokaanbau erreichte 1000 Dollar pro Jahr im Vergleich zu 160 Dollar eines normalen Farmers. Vgl. *The Nation*, 13. 2. 1989

234. Report, Subcommittee on Terrorism, Narcotics and International Operations, S. 45 f.

Von Guatemala aus, dessen Militär dem Drogengeschäft verbunden ist, wurde Kokain in Steigen gefrorenen Broccolis in die USA geschmuggelt. Vgl. Frank Smyth: Guatemala's Gross National Products: Cocadollars, Repression, and Disinformation, *CAQ 48*, S. 29

235. Ein Zollbeamter in Michigan ließ die Ware jeweils gegen Zahlung von 825 000 Dollar unbeanstandet an Land. Vgl. U. S. Congress, Senate, Drug and Money Laundering in Panama, Hearing before the Permanent Subcommittee on Investigations of the Committee on Governmental Affairs, 100 Cong. 2 D Session, January 28, 1988, GOP 1988, S. 6

236. Zur Erläuterung einige Zahlen aus den Vereinigten Staaten: 1989 wurden 60 Prozent aller Drogen in den USA konsumiert. 20 Millionen Amerikaner nehmen Marihuana, sechs Millionen nehmen regelmäßig Kokain zu sich, eine halbe Million ist heroinsüchtig. Die kokainbedingten Krankenhausaufenthalte haben zwischen 1983 und 1987 um nahezu 600 Prozent zugenommen. Kokainverursachte Todesfälle stiegen von 400 auf 1 400. 70 Prozent aller Gewalttaten in den Vereinigten Staaten stehen mit dem Drogengeschehen im Zusammenhang. Der Straßenpreis für ein Kilogramm Kokain fiel von 60 000 Dollar 1980 auf rund 9000 im Jahre 1989. Der Umfang der von der Drogenfahndung beschlagnahmten Menge stieg zwischen 1982 und 1985 von 31 auf 72,3 Tonnen. Die wirtschaftliche Einbuße an Produktionsleistung durch Drogenkonsum wird auf 100 Mrd. Dollar geschätzt. Die Einnahmen aus dem Endverkauf belaufen sich ebenfalls auf 100 Mrd. Dollar und machen damit mehr aus als die jährlichen Ausgaben der US-Verbraucher für Erdöl. U. S. Congress, Subcommittee on Terrorism, Narcotics and International Operations, Report, S. 8 f.

237. Senator Kerry berichtet von einem Staatsanwalt, der unter Eid ausgesagt habe, »Ich kann von meiner eigenen Regierung keine Information erhalten, die mich in den Stand setzen würde, die Strafverfolgung einzuleiten und mit der Ermittlung voranzukommen.« Report, Subcommittee on Terrorism, Narcotics and International Operations, a. a. O., S. 283

238. Scott und Marshall, *Cocaine Politics*, S. XI mit Anmerkung 24

239. *Miami Herald*, 1. 6. 1986, zitiert einen Angehörigen des Justizministeriums in Washington mit dem Hinweis, jede Behauptung, die Contras
seien in Waffenhandel, Mordanschläge, Drogenhandel und Korruption
verwickelt, würden von FBI und Drug Enforcement Agency mit dem
Hinweis auf mangelnde Glaubwürdigkeit und fehlende Beweiskraft
abgetan. Vgl. Report, Subcommittee on Terrorism, Narcotics and International Operations, a. a. O., S. 161

240. Bemerkenswert die Worte des Ausschußvorsitzenden John Kerry:
»What we found at first frankly not believing it, at first saying: no this is
too incredible, I don't believe that. And then someone in another part
place somewhere, would corroborate it, detail for detail. ... Power of
the narcodollar, that is buying countries, buying law enforcement agencies ... on both sides of revolutions, altering the geopolitics in ways that
we really have never had to deal with. It's happening not just in central
america, it's happening in the far east, it's happening in the bekaa valley.
Is it true or isn't it true that almost every political group, revolutionary or
otherwise, has used the profits of narcotics to buy weapons and fund their
operations?« U. S. Congress, Senate, Committee on Foreign Relations,
Subcommittee on Terrorism, Narcotics and International Communications, Hearings on Drugs, Law Enforcement and Foreign Policy, S. 123 f.

241. Vgl. Report, Subcommittee on Terrorism, Narcotics and International
Operations, S. 36 ff.

242. Alfred W. McCoy, *The Politics of Heroin – CIA Complicity in the Global Drug Trade*; Peter Dale Scott, Jonathan Marshall, *Cocaine Politics
– Drugs, Armies and the CIA in Central America.*

243. So Jefferson Morley: The Great American High: Contradiction of
Cocaine Capitalism, *The Nation*, 2. 10. 1989

244. Vgl. Kathy Kahane, Buchbesprechung McGhee, *The Indonesian File*,
The Nation, 24. 9. 1990, wo auf die CIA-Fälschungen von Dokumenten
hingewiesen wird, die kommunistische Umsturzbestrebungen nachweisen sollen, um so die anschließenden Militärputsche zu rechtfertigen
und den Einsatz von Todesschwadronen mit Hundertausenden von
Toten verständlich zu machen, so zum Beispiel 1958 in Indonesien
und 1973 in Chile.

245. Vgl. den Fall des ehemaligen V-Mannes des Bundeskriminalamtes
Gröbe, der auch nach angeblicher Abschaltung noch mit sogenannten
Deckpapieren des Amtes von Miami aus Kokaingeschäfte einfädelt
und dabei auch den BND im Benehmen mit der CIA einzubeziehen
sucht. Bericht *Süddeutsche Zeitung*, Affäre um V-Mann beschäftigt
Bundestag, 10. 10. 1997. Allerdings dürfte die Nachricht wiederum
von der CIA zum Schaden des BND lanciert worden sein.

246. Joachim Rienhardt, Karl Günther Barth, Operation Dancing, *Stern*
Nr. 48, 1995

247. Das BKA als Großdealer, dpa/*taz*, 9. 11. 1995, und Hans Monath, BKA schmuggelt lieber im verborgenen, *taz*, 1. 2. 1996

247a. Vgl. Dokumente 70, 76, 82, Deutscher Bundestag, Beschlußempfehlung und Bericht des 1. Untersuchungsausschusses nach Artikel 44 Grundgesetz, Zweiter Abschnitt Anlagen und Anhang, Anlagenband.

248. Vgl. Inzake Opsporing, Enquêtecommissie Opsporingsmethoden, 1996; The Netherlands: The »Delta Method«, *The Geopolitical Drug Dispatch*, No. 55 (5. 96)

249. Über das Ziel der Manipulation von Minderheiten vgl. Richard Bissell, langjähriger Chef der Abteilung für verdeckte Operationen in der CIA, in Ray, Schaap, Van Meter, Wolf, *Dirty Work 2*, S. 20 ff.

250. Ein Beispiel unter vielen vgl. Hugh Deane, The Cold War in Tibet, *CAIB 29*, S. 49, aber auch die Mordbanden der Roten Khmer, die Opposition in Äthiopien. Vgl. Philip Agee, *CAIB 29*, S. 66

251. Vgl. CIA The Pike Report, S. 17 und 196 ff.

252. Pike Report, a. a. O., S. 17

253. Die Pike Commission nennt das Ganze eine zynische Unternehmung, CIA Pike Report, S. 198

254. Spies Like Us, *The Nation*, 7. 10. 1996; Andrea Böhm, CIA gegen Saddam: Viel Geld für nichts, *taz*, 16. 9. 1996; R. Jeffrey Smith, CIA Abandoned Kurd Clients, *NHT*, 9. 9. 1996; *NHT*, 16. 9. 1996

255. Vgl. Ben-Menashe, *Profits of War*, S. 318 ff., sowie Ostrovsky, *Geheimakte Mossad*, S. 53 ff. Der Mossad operierte aus der CIA-Station heraus und im Zusammenwirken mit einer amerikanischen Delegation beim Versuch, die Führung der Tamil Tigers im Auftrag der Regierung zu kidnappen. Ostrovsky, *Geheimakte Mossad*, S. 172
Britische Söldner, früher im Dienst bei der Sondereinheit S.A.S. (Special Air Service) bilden die brutalen Regierungstruppen aus und vermitteln die erforderlichen Foltertechniken. Richard Greenberg, Sri Lanka Lurches Toward Civil War, *The Nation*, 30. 11. 1985; *Washington Times*, 22. 10. 1994. Die Tamilen ihrerseits ließen eine 10 000 Mann starke Truppe im Libanon ausbilden, wobei der Kostenträger wie so oft unklar bleibt. Über Heroin als Finanzquelle vgl. Sri Lanka: The Tigers and Heroin Money, *The Drug Dispatch*, Nr. 64, sowie India: The Tamil Nadu Connection, ebd. Nr. 69

256. Hintergründe der Arbeit der CIA bis in die zweite Hälfte der siebziger Jahre bei René Lemarchand, The CIA in Africa: How Central? How Intelligent? in Ray, Schaap, Van Meter, Wolf, *Dirty Work 2*, S. 12. Vgl. auch Alex Beam, Kissinger, Upstairs-Downstairs, *The Nation*, 15. 10. 1977

257. McCoy, *The Politics of Heroin*, S. 15

258. DEA-Beamter Weststrate über die Drogenkartelle in U. S. Congress, Senate, Structure of International Drug Trafficking Organizations, Hearings before the Permanent Subcommittee on Investigations of the

Committee on Governmental Affairs, U.S. Senate, 101st Session, September 12, 13, 1989, GOP 1989, S. 34

259. Der Geheimdienstagent ist nach Marchetti, *CIA*, S. 308, gezwungen, häufig mit einem Fuß in der Unterwelt zu stehen, oder ist gar in sie verstrickt. Zur Erreichung seiner Ziele bediene er sich nicht selten der widerlichsten Typen.

260. Jack Blum, der langjährige Sonderberater des Subcommittee on Terrorism, Narcotics and International Operations des Senate Foreign Relations Committee, sagte vor dem Ausschuß aus, im allgemeinen verhalte sich die Beziehung zwischen verdeckten geheimdienstlichen Operationen zu organisierter Kriminalität wie Liebe zu Ehe ... Die organisierte Kriminalität sei der perfekte Partner der verdeckten Geheimdienstoperation. Zitiert in The Crack-CIA-Contra Nexus, *CAQ 59*, S. 60 ff.

261. McCoy, a. a. O., S. 127 f.

262. Vgl. die eindrückliche Schilderung des Prozesses bei Gustavo Gorriti: Vladimiro Montesinos: The Betrayal of Peruvian Democracy; Fujimori's Svengali, *CAQ 49*, S. 4 ff., wo es zu einer Komplizenschaft zwischen der grauen Eminenz Perus, Montesinos, und der CIA kommt, die nach der internen Einschätzung der DEA dem Noriega-Desaster gleichkommt. Ebd., S. 55

263. Der von einem aus amerikanischer Haft entwichenen Verbrecher erschossene Justizminister von Kolumbien, Rodrigo Lara Bonilla, erklärte öffentlich, was in Kolumbien jedermann weiß: Acht Familien kontrollieren den Drogenhandel in die USA, haben alle Bereiche der kolumbianischen Gesellschaft vom Militär über die Banken bis zu den Fußballmannschaften und der katholischen Kirche durchdrungen. Vgl. Penny Lernoux, The Minister Who Had To Die, *The Nation*, 16. 6. 1984. Die angesehene Zeitung *Semana* führte den Mord auf Machenschaften von CIA und DEA zurück. Ebd., S. 737

264. Wie problematisch das Angebot der Hilfe für die Führungseliten des Drogenanbaulandes sein kann, zeigt das Beispiel Kolumbien, wo zum Beispiel 1980 den 10 Millionen Dollar angebotener Hilfe im Drogenkampf 110 Millionen Dollar Schutzgeldzahlungen der Schmuggler gegenüberstehen. Vgl. Krüger, *The Great Heroin Coup*, S. 168, Anmerkung 37

265. Die BCCI Bank für globale Ganoven- und Geheimdienstgeschäfte konnte für die Pflege der Landschaft in Washington einsetzen: einen ehemaligen Verteidigungsminister, einen früheren Senator, einen ehemaligen Generalstaatsanwalt, einen früheren Berater im Weißen Haus sowie den ehemaligen Anwalt der Federal Reserve (Bundesbank) und stellvertretenden Wahlkampfleiter des amtierenden Präsidenten, vgl. U. S. Congress, Senate, The BCCI Affair, A Report to the Committee on Foreign Relations by Senator John Kerry and Senator Hank Brown, December 1992, GPO, Washington, 1993, S. 11

266. William Bennett: Drug Czars We Have Known, *The Nation*, 27. 2. 1989

267. Vgl. das Kapitel »The Friends of Richard Nixon« in Krüger, *The Great Heroin Coup*, S. 153 ff.

268. U. S. Congress, Senate, Drugs, Law Enforcement and Foreign Policy, A Report prepared by the Subcommittee on Terrorism, Narcotics and International Operations of the Committee on Foreign Relations, S. 8, übernimmt die Einschätzung des Magazins *Fortune*, wonach der weltweite Drogenhandel 500 Milliarden Dollar ausmache, wovon 60 Prozent auf die USA allein entfielen.

269. So ließen die Unions Bank Schweiz und der Schweizerische Bankenverein die Bargeldmassen per Flugzeug in die Schweiz fliegen laut Aussage des BCCI-Managers Anjad Awan in U. S. Congress, Senate, Drugs, Law Enforcement and Foreign Policy: The Cartel, Haiti and Central America, Hearings before the Subcommittee on Terrorism, Narcotics and International Operations of the Committee on Foreign Relations, Part 4, July 1988, S. 501. Über die Geldwäsche in Panama ausführlich: Report, a. a. O., S. 80 ff.

270. U. S. Congress, Senate, Committee on Foreign Relations, Subcommittee on Terrorism, Narcotics and International Communications, Hearings on Drugs, Law Enforcement and Foreign Policy, S. 47

271. José Blandon, U. S. Congress, Senate, Committee on Foreign Relations, Subcommittee on Terrorism, Narcotics and International Communications, Hearings on Drugs, Law Enforcement and Foreign Policy, S. 112

272. Aber auch Schweizer und einige amerikanische Banken beteiligten sich an der Hereinnahme der Bargeldmassen in Panama. Vgl. U. S. Congress, Senate, The BCCI Affair, Hearings, Part 6, a. a. O., S. 708

273. Der Mafiabanker Sindona verweist auf die Geldwäsche über den Handel mit Optionen auf den An- wie Verkauf von Waren und Währungen in Asien und auf die privaten Beraterdienste des früheren CIA-Direktors Colby für die Regierung von Singapur. Vgl. Tosches, *Geschäfte mit dem Vatikan – Die Affäre Sindona*, S. 112

274. Die Höhe des Verlustes, den der bar einzahlende Drogendealer zu tragen hat, liegt bei rund zwei Prozent der Summe. Andere Zahlen gehen von zehn bis 15 Prozent des Einzahlungsbetrages aus. Doch damit dürften andere Leistungen abgegolten werden, möglicherweise die Finanzierung verdeckter Operationen gegen den Schutz vor Strafverfolgung. Das erklärte auch die Nutzung einer Bank wie BCCI durch Geheimdienste. Vgl. hierzu Aussagen und Erörterungen der Abgeordneten in Report, Subcommittee on Terrorism, Narcotics and International Operations, a. a. O., S. 693

275. Laut Aussage des BCCI-Bankers Mazur wurden auch die Zweigbank in Luxemburg und verschiedene Geschäftsstellen im Nahen Osten als

Anlieferstellen für Bargeldmengen durch die BCCI genutzt. Report, Subcommittee on Terrorism, Narcotics and International Operations, a. a. O., S. 679

276. Über die Technik der Geldwäsche und das totale Unverständnis der meisten Juristen wie Politiker äußert sich der Mafiabanker Sindona in Tosches, *Geschäfte mit dem Vatikan*, S. 102 ff.

277. Vgl. Terrence M. Solberg, DEA, in U.S. Congress, Senate, Subcommittee on Terrorism, Narcotics and International Operations of the Committee on Foreign Relations: Hearings, International Money Laundering: Law
Enforcement and Foreign Policy, 27. 9. und 4. 10. 1989, S. 59 ff.

278. Der Mafia-Banker Sindona hierzu: »Regierungsagenten in Amerika und Europa fassen häufig Zwischenhändler im Drogengeschäft. Sie halten diese Leute für Verbrecherkönige, für die Häupter verbrecherischer Vereinigungen. Aber in Wirklichkeit handelt es sich dabei nur um Figuren von höchstens zweitklassiger Bedeutung, Bauern im Schach, die selbst die komplizierten Mechanismen nicht verstehen, von denen sie ein Teil sind.« Zit. nach Tosches, *Geschäfte mit dem Vatikan*, S. 101

279. Über die mexikanische Drogen-CIA-Verbindung vgl. Scott und Marshall, *Cocaine Politics*, S. 33 ff.

280. Fritz Schwindt, Im Kaufrausch in Amerika ... *Magazin für die Polizei*, 6/1995, S. 53.
Ein weiterer Anreiz für korrupte Polizeipraktiken stellt das Recht zur Beschlagnahme von Gegenständen dar, die aus Anlaß eines Rauschgiftgeschäfts genutzt wurden. Eric Blumenson & Eva Nilsen: Robbocops, In The Drug War It Pays For Police To Steal, *The Nation*, 9. 3. 1998

281. McCoy, *The Politics of Heroin*, a. a. O., S. 11

282. So bemerkt der Ausschußvorsitzende, Senator Kerry, zum Thema Geldwäsche, daß bei Versuchen des Kongresses, der Geldwäsche durch neue Gesetze und internationale Zusammenarbeit wirksam beizukommen, nicht die Drogenhändler den größten Widerstand geleistet hätten, sondern das Schatzamt (Treasury Department). Vgl. U.S. Congress, Senate, Subcommittee on Terrorism, Narcotics and International Operations of the Committee on Foreign Relations: Hearings, International Money Laundering: Law Enforcement and Foreign Policy, S. 4

283. Laut Schätzung des National Institute for Drug Abuse stehen 70 Prozent der Gewaltkriminalität der USA in Verbindung mit Drogen. Vgl. U.S. Congress, Report, prepared by the Subcommittee on Terrorism, Narcotics and International Operations of the Committee on Foreign Relations, S. 8

284. Mac Proctor zitiert im Jahre 1971 eine Studie über eine Kostenaufstellung für die 100 000 Heroinabhängigen von New York City, die für ihren täglichen Drogenbedarf rund 40 Dollar ausgäben, für deren

Beschaffung sie wiederum Güter im Werte von 200 Dollar stehlen müßten. Übers Jahr gerechnet, ergebe dies einen Betrag über sieben Milliarden Dollar an Schaden bei den Bestohlenen. Proctor: Addiction, The Counterculture, *The Nation*, 17. 5. 1971, S. 624

285. Der Begriff Drogenkartell ist eingeführt, mit Sicherheit jedoch irreführend. Es gibt Machtstrukturen in den Anbauländern mit anschließender Raffinierung, die Schmugglerorganisationen und, am durchsetzungsfähigsten, die Verteilerorganisationen in den Ländern des Verbrauchs. Vgl. hierzu David Corn und Jefferson Morley: The Myth of Drug Cartels, *The Nation*, 20. 2. 1989

286. Vgl. Aussage des DEA-Experten Westrate vor dem US Congress, Senate, Structure of International Drug Trafficking Organizations, Hearings before the Permanent Subcommittee on Investigations of the Committee on Governmental Affairs, U.S. Senate, 101st Session, September 12, 13, 1989, GOP 1989, S. 30

287. McCoy, *The Politics of Heroin – CIA Complicity in the Global Drug Trade;* Scott und Marshall, *Cocaine Politics – Drugs, Armies and the CIA in Central America*

288. McCoy, *The Politics of Heroin*, S. 25

289. Offensichtlich spielte auch der Wahlkampf in New York um den Posten des Gouverneurs eine entscheidende Rolle. 1942 war der frühere Staatsanwalt Dewey Gouverneur von New York geworden. Für seine Wiederwahl sah er sich auch vom Wohlwollen der organisierten Kriminalität abhängig. Vgl. Krüger, *The Great Heroin Coup,* S. 33

290. Die Operation war von Earl Brennan, dem Chef des OSS-Büros – Vorläufer der CIA –, in Italien bereits vor dem Zweiten Weltkrieg in Kontakt mit der Geheimpolizei Mussolinis und den Faschisten geplant und umgesetzt worden. Vgl. Gladio's Roots, *CAQ 49*, S. 22
Darstellung aus der Sicht des späteren Bankers Sindona in Tosches, *Geschäfte mit dem Vatikan*, S. 36 ff.

291. McCoy, *The Politics of Heroin,* a. a. O., S. 35

292. Mit Befehl vom 5. 12. 1944 ordnete Churchill die Zerstörung und Neutralisierung aller kommunistischen Kräfte an, die sich zur Siegesparade auf Athen zubewegte. Herbert Mitgang, All Greeks Were Heros' Looking For Anestis, *The Nation*, 5. 8. 1978

293. Krüger, *The Great Heroin Coup*, S. 34

294. Die Leiter der faschistischen Polizei wurden von den Amerikanern im Amt bestätigt. Die Säuberung der Polizei von verdächtigen Widerstandskräften geschah durch Frühpensionierung dieser Kräfte bereits mit Erreichen des 40. Lebensjahrs, während die profaschistischen Kräfte bis zum 60. Lebensjahr im Amt bleiben durften. Vgl. Philip Willan, *Puppetmasters – The Political Use of Terrorism in Italy*, S. 35

295. Vgl. zum folgenden McCoy, a. a. O., S. 47

296. In der deutschen Besatzungszeit arbeitete die Carbone-Spirito-Gruppe mit der Gestapo zusammen und wurde nach dem Krieg wegen Kollaboration im Zuge von Säuberungen stark dezimiert. Nachgeordnete Gangster zogen nach Kanada und Südamerika, wo sie zu wichtigen Figuren im internationalen Drogenhandel heranwuchsen. Krüger, *The Great Heroin Coup*, S. 38 f.

297. McCoy, a. a. O., S. 25

298. Vgl. Krüger, *The Great Heroin Coup*, S. 87 ff.

299. McCoy, a. a. O., S. 53 ff.

300. Ebd., S. 64 ff.

301. Krüger, *The Great Heroin Coup*, S. 37 ff.

302. McCoy, a. a. O., S. 43

303. Vgl. Alexander Werth, de Gaulle Against The Americans, *The Nation*, 6. 6. 1959; Ders., Funny Business in France, *The Nation*, 13. 6. 1959: Über Verbindungen nach Belgien vgl. Willems, *Dossier Gladio*, S. 32

304. Über die französischen Offiziere im Geheimdienst SDEC, die für Morde, Entführungen und andere Skandale verantwortlich waren, vgl. Kapitel »The French Intelligence Zoo« in Krüger, *The Great Heroin Coup*, S. 46, wo auch der Führungsoffizier der »Roten Hand«, ein Oberst des Geheimdienstes erwähnt wird, der zahlreiche politische Morde veranlaßte.

305. Jonathan Kwitny: An International Story: The CIA's Secret Armies in Europe, *The Nation*, 6. 4. 1992

306. Noch 1976 klagte der sozialistische Bürgermeister Deferre von Marseille Jacques Chiracs Gaullisten an, die Wiederbelebung der berüchtigten kriminellen Truppe SAC zu betreiben, um sie gegen die Linke einzusetzen. Er beschuldigte die Gaullisten, die Gefängnistüren für Mörder und Schwerverbrecher im selben Umfang wie beim Staatsstreich der OAS 1960/1 zu öffnen. Krüger, *The Great Heroin Coup*, S. 218, Anmerkung 44

307. McCoy, a. a. O., S. 64

308. Zu seinen Freunden zählten neben de Gaulle der spätere Generalsekretär der Gaullisten, Sanguinetti, der spätere Innenminister Frey, der künftige Polizeichef Jean Bozzi, der künftige Parlamentspräsident Achilles Peretti, der spätere Minister für afrikanische Angelegenheiten und Chef der Geheimdienste, Jacques Foccart, sowie der Chef der Leibwache de Gaulles, Paul Comiti. Francisci wurde später Parteichef der Gaullisten in Korsika und saß in der dortigen Verwaltung an führender Stelle. Krüger, *The Great Heroin Coup*, S. 39

309. So zum Beispiel der Drogenhändler, Räuber, Auftragsmörder für den französischen Geheimdienst, Folterspezialist in algerischen Folterkammern, Waffenhändler und Spion Christian David, der in die Ermordung des algerischen Oppositionsführers Ben Barka verwickelt sein soll. Krüger, *The Great Heroin Coup*, S. 29 ff.

310. Vgl. hierzu Krüger, a.a.O., S. 48 f.
311. Vgl. hierzu die Zusammenfassung bei Karl Van Meter, The French Role in Africa, in Ray, Schaap, Van Meter, Wolf, *Dirty Work 2*, S. 30 ff.
312. Über die Verbindung der korsischen Mafia mit dem Nazi-Netzwerk Lateinamerikas unter Einschluß von Barbie vgl. Peter Dale Scott, Allen Dulles and the SS, *CAIB 15*, S. 9 Anmerkung 33; Penny Lernoux, Golden Gateway For Drugs: The Miami Connection, *The Nation*, 18. 2. 1984, S. 188
313. Zum Niedergang der korsischen Mafia in Marseille vgl. Krüger, *The Great Heroin Coup*, S. 38 ff.
314. Zu den mit dem Schwenk von der »French Connection« zur »Pizza Connection« einhergehenden Veränderungen vgl. Ralph Blumenthal, *New York Times*-Korrespondent, zit. in Scott/Marshall, *Cocaine Politics*, a.a.O., S. 4 f. Krüger führt den Deal auch darauf zurück, daß Pompidou der Überzeugung war, vom französischen Geheimdienst SDECE an der Nachfolge de Gaulles durch Verleumdungskampagnen behindert worden zu sein. Zur Aufräumarbeit setzte er daher auf den Chefposten der französischen Geheimdienste einen Anhänger einer stärkeren Anlehnung an die amerikanischen Geheimdienste. Vgl. Krüger, *The Great Heroin Coup*, S. 46
315. Krüger, a.a.O., S. 91. Vgl. auch Backmann, Giesbert und Todd, What the CIA is Looking for in France, *Nouvel Observateur*, Paris, Januar 1976, wiedergegeben in Agee/Wolf, *Dirty Work, The CIA in Western Europe*, S. 174 ff.
316. Scott hält das Vorgehen der Administration unter Nixon für keinen Zufall. Die Türkei habe seinerzeit nicht mehr als drei bis acht Prozent des illegalen Mohnanbaues betrieben. Dagegen seien 80 Prozent der Ernte aus Laos, Birma und Thailand gekommen und selbst der mit den USA verbündete Schah von Persien habe verkündet, den Mohnanbau auf 20000 Hektar wiederaufnehmen zu wollen. Hinter dieser Politik hätten völlig andere Überlegungen als der Kampf gegen die Drogen gestanden. Vgl. Scott in der Einleitung zu Krüger, a.a.O., S. 2 ff.
317. Zusammen mit den amerikanischen Autoren Epstein und Hougan geht Krüger davon aus, daß die Initiativen Nixons zur Unterbindung des Drogenhandels via Marseille und die korsische Mafia keineswegs selbstlos gewesen seien. Hingegen müsse die Umleitung auf Südostasien drei Jahre zuvor geradezu strategisch und politisch gewollt und im Weißen Haus wie in der amerikanisch-kubanischen Mafia geplant gewesen sein. Vgl. Krüger, a.a.O., S. 121
318. Gute Zusammenfassung der Szene bei Penny Lernoux, Golden Gateway for Drugs: The Miami Connection, *The Nation*, 18. 2. 1984, S. 186 ff.
319. Zur CIA-Kuba-Drogenverbindung Scott und Marshall, *Cocaine Politics*, S. 26 ff.

320. McCoy, *The Politics of Heroin*, S. 77 ff. und 248 ff.

321. Die Zustände scheinen symptomatisch für Kolonialregime zu sein. So auch in Indonesien unter holländischer Herrschaft. Vgl. Dorothy Woodman, Indonesia: The Youngest Republic, *The Nation*, 29. 9. 1951

322. Der Pike Report stellte 1977 fest, daß der Haushalt der CIA zwischen vier- bis fünfmal so hoch war, wie den für die Bewilligung des Haushalts zuständigen Ausschüssen gegenüber zugegeben. CIA Pike Report, S. 96

323. David Truong, The Reagan White House's Private Air Force, *CAIB 27*, S. 64 ff.

324. Vgl. zum folgenden: McCoy, *The Politics of Heroin*, Einleitung, S. X, sowie David Truong, Running Drugs and Secret Wars, *CAIB 28*, S. 3 ff.

325. Andrew Roth, The Resistance in Indo-China, *The Nation*, 24. 4. 1948

326. Zur »Air Opium« vgl. das Kapitel bei McCoy, a. a. O., S. 294 ff.

327. David Truong, Running Drugs and Secret Wars, *CAIB 28*, S. 3, mit dem Hinweis, die Übernahme der Kosten des Krieges sei die Gegenleistung für die französische Unterstützung des Marshallplans und antikommunistischer Operationen in Europa gewesen.

328. Marchetti, *CIA*, S. 299, schätzt die Aufwendungen der CIA für den Krieg in Laos auf billige 20 bis 30 Millionen Dollar pro Jahr.

329. McCoy, a. a. O., passim und 222 ff.

330. Als Präsident George Bush den Unternehmer und späteren Präsidentschaftskandidaten Ross Perot nach dem Erfolg seines Auftrags, in Vietnam gefangengehaltene US-Soldaten ausfindig zu machen, fragte, war die Antwort: »Well George, I go in looking for prisoners, but I spend all my time discovering the government has been moving drugs around the world and is involved in illegal arms deals ... I can't get at the prisoners because of the corruption among our own people.« *The Nation*, 17./ 24. 8. 1992

331. McCoy, a. a. O., S. 262

332. Der Kokainhändler Morales: »Mit meinem Geld beteiligte ich mich an den Präsidentschaftswahlkämpfen in Haiti, auf den Bahamas und in Costa Rica mit mehr als 600 000 bzw. 200 000 Dollar.« U. S. Congress, Senate, Committee on Foreign Relations, Subcommittee on Terrorism, Narcotics and International Communications, Hearings on Drugs, Law Enforcement and Foreign Policy, S. 97. Über den Einsatz von P.R.-Firmen vgl. Johan Carlisle: Public Relationships: Hill & Knowlton, Robert Gray, and the CIA, *CAQ 44*, S. 19 ff.

333. Verdeckte Operationen (covert operations) sind in ihrem Zuschnitt vielfältig, wie aus den Berichten der Ausschüsse des Kongresses hervorgeht. Die Murphy Commission definiert »covert action« als Aktivität im Ausland nicht zur Gewinnung von Erkenntnissen, sondern zur Beeinflussung von Ereignissen, eine Handlung zwischen Diplomatie und Krieg. Das Church-Komitee versteht darunter den geheimen

Gebrauch von Macht und Überredung, um ausländische Regierungen, Ereignisse, Organisationen oder Personen zugunsten der amerikanischen Außenpolitik zu beeinflussen, ohne daß diese Handlungen als solche der US-Regierung zu erkennen sind. Hierzu gehören politische und propagandistische Programme zur Beeinflussung oder zur Förderung ausländischer politischer Parteien, Gruppen, besonderer politischer und militärischer Führer, ökonomische Programme, paramilitärische Operationen und einige Antiaufruhrprogramme. Noch griffiger formuliert der ehemalige CIA-Mitarbeiter Agee: Verdeckte Operationen sind der Weg, auf dem die CIA die Information nutzt, die sie zur Durchdringung und Manipulation der Institutionen der Macht eines bestimmten Landes einsetzt, wie die militärischen Einrichtungen, die politischen Parteien, die Geheimdienste, die Jugend- und Studentenorganisationen, die kulturellen und Berufsvereinigungen sowie die Nachrichtenmedien. Agee/Wolf, *Dirty Work*, a. a. O., S. 256 f.

334. Vgl. hierzu Terrence M. Burke, DEA in: U. S. Congress, Senate, Subcommittee on Terrorism, Narcotics and International Operations of the Committee on Foreign Relations: Hearings, International Money Laundering: Law Enforcement and Foreign Policy, S. 5 ff.

335. David Wilson, DEA, in U. S. Congress, Senate, Subcommittee on Terrorism, Narcotics and International Operations of the Committee on Foreign Relations: Hearings, International Money Laundering: Law Enforcement and Foreign Policy, S. 12, weist darauf hin, daß die Klientel der Geldwäscher an besonderen Verhaltensweisen zu erkennen sei. So seien derartige Bankkunden in der Regel nicht an dem üblichen Bankservice, vielmehr ausschließlich am Einzahlen hoher Barbeträge interessiert. Daher arbeite die Drogenmafia gerne im Ski-Ort Aspen, Colorado, mit Restaurants, Skiliften, nationalen Fußballstadien usw. zusammen, wo ein hohes Bargeldaufkommen das Unterziehen der Drogengelder verschleiern helfe.

336. Anjad Awan, Mitarbeiter der BCCI, in U. S. Congress, Senate, Drugs, Law Enforcement and Foreign Policy: The Cartel, Haiti and Central America, Hearings before the Subcommittee on Terrorism, Narcotics and International Operations of the Committee on Foreign Relations, Part 4, July 1988, S. 518

337. Alle Dollarbeträge müssen letztendlich über eine New Yorker Bank durch das sog. Chip-System laufen. Die Bank City-Corp. betreibt Filialen in 98 Ländern, darunter auf den Bahamas, den Cayman Islands, in Liechtenstein, Luxemburg, den Niederlanden, Panama, Singapur, Mikronesien und der Schweiz. Der DEA-Experte Solberg schätzt, daß 50 Prozent des Umsatzes dieser Bank allein in bekannten Drogenhäfen getätigt werden. Allein auf den Cayman Islands gebe es 18 000 Unternehmen bei nur 17 000 Einwohnern. Vgl. U. S. Congress, Senate, Subcommittee on Terrorism, Narcotics and International Operations of the

Committee on Foreign Relations: Hearings, International Money Laundering: Law Enforcement and Foreign Policy, S. 98 ff.

338. Vgl. Aussagen des verdeckten Ermittlers Mazur des Internal Revenue Service in U. S. Congress, Senate, The BCCI Affair, Hearings before the Subcommittee on Terrorism, Narcotics, and International Operations of the Committee on Foreign Relations, Part 3, S. 693

339. Vgl. Nancy Grodin, The Australian Connection: Nugan Hand, The CIA Bank, *CAIB 16*, S. 51 ff.

340. Allerdings meldeten sich die Konteninhaber, Privatpersonen ebenso wie die 194 Unternehmen, aus einleuchtenden Gründen nicht bei der Konkursverwaltung. Nancy Grodin, a. a. O., S. 55

341. Jerry Meldon, The Australian Heroin Connection, *CAIB 28*, S. 6 ff.

342. Die Zahlen schwanken stark, geringere Zahlen beziehen sich oft auf einen Zeitraum von einem Jahr. Vgl. Garwood, *Undercover: Thirty-Five Years of CIA Deception*, S. 191; CIA-Director Colby soll von der »Neutralisierung« von 60 000 Kadern gesprochen haben. Vgl. Kai Bird und Max Holland, Our Man in Port-au-Prince, *The Nation*, 1. 3. 1986, S. 232; Cynthia Arnson, Central America Watch, *The Nation*, 30. 4. 1983, S. 533. Die Zivilisten wurden zum Teil gefoltert und aus Hubschraubern geworfen.

343. Ralph McGehee, Vietnam's Phoenix Program, 1997, Internet; statistisch erreichte der Wahnsinn seinen Höhepunkt in dem von der amerikanischen Armee entwickelten Begriff der P.K.H., der Peak Killing Hour, in der Regel die Zeit, zu der die Zivilisten von der Arbeit nach Hause kamen. Alexander Cockburn: What's The Matter Here? *The Nation*, 26. 3. 1988, S. 423

344. Die Technik des Terrors gegen die Zivilbevölkerung kehrt als Bestandteil der »Counter-Insurgency«-Strategie immer wieder. Die Rebellen sollen ihrer Verstecke beraubt werden, indem die in diesem Gebiet ansässige Bevölkerung durch Luftangriffe aus ihren Wohnsitzen vertrieben und in von der U.S. Agency for International Development (AID) gesponserte Lager deportiert wird. Scott Wallace, Hueys in El Salvador: Preparing for a Stepped-Up War? *The Nation*, 20. 10. 1984, S. 378

345. Über den kontinuierlichen Bruch des seinerzeit schon 15jährigen Waffenembargos durch amerikanische, britische und mit Sicherheit auch deutsche Firmen vgl. Michael T. Klare, The Corporate Gunrunners: South Africa's U.S. Weapons Connections, *The Nation*, 28. 7. 1979

346. McCoy, *The Politics of Heroin*, a. a. O., S. 469

347. Owen Wilkens, Interview: The Maori Loan Skandal: CIA Set-Up, in *CAIB 29*, S. 25

348. Penny Lernoux, Golden Gateway For Drugs: The Miami Connection, *The Nation*, 18. 2. 1984, S. 187

349. *CAIB 9*, S. 28

350. Die CIA bewerkstelligt ihre Geldtransaktionen zur Bezahlung verdeckter Aktionen über besondere Offiziere, die sich mit illegalen Geldhändlern zum Beispiel in Hongkong oder Beirut in Verbindung setzten. Marchetti, *CIA*, S. 309

351. Ed Wilson soll auch in die Aktivitäten der CIA zum Sturz der Labor-Regierung 1975 in Australien verwickelt gewesen sein. Die Operationen zur Destabilisierung begannen im Jahre 1973. Vgl. Nancy Grodin, The Ousting of the Labor Party: 1975, CAIB 16, S. 53. Die Nugan Hand Bank wusch die Gelder der CIA für die US-freundlichen Parteien.

352. Es war dies nicht der erste Attentatsversuch. 1980 griffen amerikanische und französische Kampfflugzeuge ein libysches Flugzeug an, in dem Gaddafi vermutet wurde. Das Flugzeug Gaddafis landete in Malta, eine der abgefeuerten Raketen traf jedoch irrtümlich ein Passagierflugzeug über der Mittelmeerinsel Ustica. Der Unfall wurde mit vielen Selbstmorden unter dem italienischen Bodenpersonal vertuscht. Dokumente wurden beseitigt und unterdrückt. Der Ministerpräsident und spätere Präsident Italiens leugnete jahrzehntelang jede Kenntnis der Hintergründe. Zwei nachweislich zur Zeit des Abschusses des Zivilflugzeuges in der Luft befindliche Abfangpiloten der italienischen Luftwaffe kamen 1988 in Ramstein bei der Vorführung der Kunstflugstaffel »Frecce tricolori« ums Leben, ein Unfall, der weiteren 70 Menschen das Leben kostete. Vgl. Die Wahrheit über Ustica lag im Panzerschrank, *taz*, 8. 1. 1996, und Andrew Gumbel, *Independent*, wiedergegeben in *San Francisco Examiner*, 8. 1. 1996

353. Der gleiche Sprengstoff findet sich in den Verstecken der Geheimverbände, die unter der Bezeichnung Gladio gemäß NATO-Vertrag auch in Norditalien eingerichtet wurden. Yves Cartuyvels in Willems, *Dossier Gladio*, S. 127

354. David Corn: The CIA Explosive, Did It Blow Up Flight 103? *The Nation*, 6. 2. 1989; Murray Waas, The Terpil Transcripts: Dinner With Idi, And Other Tales, *The Nation*, 28. 11. 1981, S. 568 ff.; Saul Landau und John Dinges, Appointment with Contreras: The Chilean Connection, *The Nation*, 28. 11. 1981, S. 566

355. Murray Waas, The Terpil Transcripts: Dinner With Idi, And Other Tales, *The Nation*, 28. 11. 1981, S. 568

356. Einen guten Einblick in die Szene liefert die Aussage des Geschäftspartners Frank Terpil, wie Ed Wilson Ex-CIA-Mann und flüchtig, in einem Interview, in dem er ausführt: »The significance of Miami is the drug syndicate. That's the base … All the people that I hired to terminate other people, from the Agency, are there. They get involved in this biggest drug scandal going, which is whitewashed. Who is the guy behind the scandal? Clines. Who's the boss of Clines? Shackley. Where do they come from? Laos … Where did the money come from? Nugan

Hand. The whole goddamned thing has been moved down there ...
Before that, in Asia ... the pilot of the plane was Dick Secord, a captain
in the Air Force ... What was on the plane? Gold! Ten million bucks at a
time, in gold. He was going to the Golden Triangle to pay off the warlords, the drug lords ... Now what do you do with all the opium? ... You
reinvest it in your own operations ... where? ... Thailand ... You pay it
to Alice Springs. Billion of dollars – not millions – billions of dollars.«
Vgl. Jerry Meldon, The Australian Heroin Connection, *CAIB 28*, S. 8

357. Wie Geheimdienste alle Kontrollorgane eines Gemeinwesens, seien es
Gerichte, Staatsanwälte, Richter oder die Medien zu täuschen und zu
manipulieren verstehen, läßt sich am Beispiel der Nutzung und Beteiligung von Managern des ITT-Konzerns am Militärputsch gegen Allende
in Chile aufzeigen. Vgl. Carl Kaplan und Randall Rothenberg, The
Berrellez Case: The Black Art Of Gray Mail, *The Nation*, 24. 2. 1979
358. Interview in der Zeitschrift *L'Europeo* vom 18. 8. 1990, zit. bei Philip
Willan, *Puppetmasters*, a. a. O., S. 80 f.
359. Andersen, *Dossier Secreto – Argentina's Desaparecidos and the Myth
of the »Dirty War«*, S. 264
360. WerBell betrieb später ein Privatcamp zur Ausbildung von »Anti-Ter-
ror-Spezialisten« in Palm Springs. Zu ihm kamen einige Mitglieder
der US-Labor Party des Präsidentschaftskandidaten Lyndon Larouche.
Die früher marxistische Partei wurde nach Krüger, *The Great Heroin
Coup*, S. 168, Anmerkung 36, extrem rechtslastig und antisemitisch.
Sie sendet dem FBI und den lokalen Polizeistationen »nachrichtendienstliche« Berichte über linke Bewegungen und tauscht sich mit
einem führenden Vertreter des Ku-Klux-Klan und aktiven Mitglied
der amerikanischen Nazi-Partei aus.
361. Über einen weiteren Ansatz der Übersiedlung des Restes des Hmong-
Stammes unter Mithilfe der CIA und Inanspruchnahme christlicher
Missionare in Guayana vgl. *CAIB 9*, S. 24
362. Mitteilung Interview Alfred McCoy mit Paul de Rienzo, 9. 11. 1991,
Internet
363. Dennis Dayle, der Führungsoffizier einer Eliteeinheit der Drug
Enforcement Agency, meinte, in seiner 30jähriger Erfahrung im
Kampf gegen den Drogenhandel seien die wichtigsten Tätergruppen
fast ohne Ausnahme letztlich mit der CIA verbunden gewesen. Scott
und Marshall, *Cocaine Politics*, S. X f.
364. Der Verwaltungschef des Haitianisch-Amerikanischen Vereins im
Landkreis DADE (Haitian American Community Association of
DADE) schildert eindrucksvoll den Verlauf des Geschehens in seinem
Heimatland. Vor dem Sturz des Diktaors Papa Doc Duvalier und dessen
Sohn Baby Doc habe das Militär mit Drogen gehandelt. Die Eliten
bereicherten sich entweder an der Entwicklungshilfe oder/und inzwischen außerdem am Drogenhandel. Die Todesschwadronen, Tonton

Macoute genannt, stehen zur Aufrechterhaltung der Herrschaft der Duvaliers in enger Verbindung zur CIA. Der Anführer sei zugleich Organisator des Drogengeschäftes über Miami in die gesamte USA, wo Angehörige der Tonton Macoute die Vermittlung übernehmen. Der Transport in die USA geschehe über kleine Flughäfen und via Schiff. Jeder Hinweis in Miami an die Drogenbehörde oder das FBI auf bevorstehende Drogentransporte würde bewußt ignoriert. Da auch in Miami die Todesschwadron im Stadtteil Little Haiti funktioniere und im Besitz automatischer Waffen sei, könne letztlich niemand sich der Gewalt erwehren. Der Chef der Todesschwadron rühme sich offen seiner Beziehungen zur CIA, so daß auch von daher Angst das Klima bestimme. Nach der Beseitigung der untragbar gewordenen Duvaliers habe das Militär allein die Macht übernommen. Die Botschaft der USA habe keinerlei Druck in Richtung auf Demokratisierung des Landes ausgeübt, im Gegenteil. U.S. Congress, Senate, Drugs, Law Enforcement and Foreign Policy: The Cartel, Haiti and Central America, Hearings before the Subcommittee on Terrorism, Narcotics and International Operations of the Committee on Foreign Relations, Part 4, July 1988, S. 5 ff.

365. Nach Fred Landis: The CIA and Reader's Digest, *CAIB 29*, S. 41 ff., hat *Reader's Digest* in allen bekanntgewordenen Fällen größerer verdeckter CIA-Operationen regelmäßig die Legende der CIA verbreitet, ob es sich nun um Italien, Berlin, Guatemala, Kuba, Chile oder Nicaragua gehandelt habe. Dazu hätten auch Rufmordkampagnen gegen Führer der Dritten Welt gezählt.

366. Über den Mißbrauch von Journalisten großer amerikanischer Redaktionen durch die CIA als Abdeckung für Spionagetätigkeit, aber auch zur Desinformation der eigenen Öffentlichkeit vgl. CIA Pike Report, S. 222. Zwar ist der Mißbrauch der Journalisten-Position durch die CIA in den USA selbst verboten. Ob das Verbot tatsächlich eingehalten wird, bleibt zu bezweifeln. Zumindest gegen die Verwendung ausländischer Journalisten bestehen keinerlei Einwände.

367. Yallop, *Die Verschwörung der Lügner*, S. 179
Sean Gervasi schätzt in CIA and the MEDIA, *CAIB 7*, S. 18 ff., daß die jährlichen Aufwendungen der CIA für verdeckte Propaganda zur Begleitung verdeckter Operationen im Ausland genau so hoch sind wie die der Nachrichtenagenturen Reuters, United Press International (UPI) und American Press (AP) zusammengenommen. Das für Zwecke der Propaganda arbeitende CIA-eigene Personal wird auf 2000 geschätzt, das der gekauften, bestochenen oder geneigt gemachten Journalisten und Verleger (media assets) auf rund 1000.

368. »Covert Warfare in Afghanistan«, in McCoy, a.a.O., S. 445 ff.

369. William Vornberger, The CIA and Heroin: Afghan Rebels and Drugs, *CAIB 28*, S. 11; vgl. ferner Asad Ismi und Farhan Haq: Afghanistan: The Great Game Continues, *CAQ 59, S. 46*

370. Vgl. Garwood, *Undercover: Thirty-Five Years of CIA Deception*, S. 298. Noch vor dem sowjetischen Einmarsch in Afghanistan berichtete der Direktor der DEA von den heftigen Kämpfen der afghanischen Polizei gegen den Drogenhandel, dies geschehe mit sowjetischer Hilfe und habe auch zu Erfolgen in der Bekämpfung der Korruption geführt. Krüger, *The Great Heroin Coup*, S. 222

371. Steve Galster: Destabilizing Afghanistan, *CAIB 30*, S. 52 ff.

372. Brzezinski trat für Kriege geringer Intensität (low intensity warfare) ein. Dieser Fachbegriff des amerikanischen Militärs und der Geheimdienste täuscht eine Rechtfertigung für Verletzungen des Völkerrechts unterhalb der Kriegsschwelle im Frieden vor. In Wirklichkeit werden bei verdeckten Operationen auch die Regeln des Kriegsvölkerrechts unterlaufen. Vgl. Asad Ismi und Farhan Haq: Afghanistan: The Great Game Continues, *CAQ 59*, S. 47. Zum Spektrum der Mittel und Methoden gehören nach Angaben von Vertretern des Pentagon Terror und Abwehr von Terror; Guerillakrieg und Aufstandsbekämpfung; Förderung von Aufständen; Rauschgiftbekämpfung; Grenzkonflikte und kleinere Überfälle; das Vorzeigen der Streitmacht der Navy in umstrittenen Wasserstraßen. Kämpfe geringer Intensität sind nach Angaben des Verteidigungsministers Carlucci die Hauptform der heutigen Konflikte und werden es auch in der voraussehbaren Zeit bleiben. Michael T. Klare: Intervention, *The Nation*, 30. 7./6. 8. 1988, S. 95
Zur psychologischen Kriegführung gegen Aufstände vgl. insbes. Eqbal Ahmad, Winning Hearts And Mines: The Theory And Fallacies Of Counterinsurgency, *The Nation*, 2. 8. 1971, S. 70 ff.

373. Es gibt eine breit angelegte Mitfinanzierung aus saudischen Geldquellen für verdeckte gemeinsame Operationen mit der CIA. Vgl. Sheik Down: Fulfillment of the Historic Contract between Saudiarabia and the U.S., *The Nation*, 15. 10. 1990

374. Steve Galster: Never-ending Flow: The Afghan Pipeline, *CAIB 30*, S. 55

375. Auch der Mossad hat nach Ostrovsky, *Geheimakte Mossad*, S. 188, auf dem Umweg über Afghanistan Waffen an ägyptische Fundamentalisten geliefert.

376. Nach Ostrovsky, *Geheimakte Mossad*, S. 251, paßte die Unterstützung militanter Elemente des moslemischen Fundamentalismus gut zum Generalplan des Mossad für die Region. Eine fundamentalistisch beherrschte arabische Welt würde Friedensverhandlungen ebenso kategorisch ablehnen wie die Demokratie als Staatsform. Israel könnte sich so als einzig demokratisches und rationales Land der Region darstellen. Und wenn man Hamas so steuern könnte, daß die palästinensischen Massen der PLO die Gefolgschaft versagen, dann wäre alles in bester israelischer Ordnung.

377. Die CIA verfügt über riesige Waffenarsenale und Munitionslager zur Belieferung von Geheimarmeen, sie kann Gruppen unterstützen, die

in Feindseligkeiten verwickelt sind, sie kann Waffen und Munition jederzeit über Dritte an die Kämpfenden gelangen lassen, ohne beim Kongreß um Haushaltsmittel nachsuchen zu müssen. Vgl. CIA, Pike Report, S. 191

378. So in einer guten Zusammenfassung John K. Cooley, The Anti-Hamas Summiteers Have an Old Knot to Untangle, *NHT*, 13. 3. 1996

379. Ein amerikanischer Geheimdienstoffizier meinte, daß die BCCI zu einer derartigen Belastung für die amerikanische Regierung habe werden können und eine in die Tiefe reichende Untersuchung nicht vorgenommen wurde, habe sehr viel mit dem bewußten Ignorieren des Heroinhandels in Pakistan zu tun. Vgl. Scott und Marshall, *Cocaine Politics*, S. IX

380. Vgl. zum Komplex Afghanistan auch Lawrence Lifschultz, Bush, Drugs and Pakistan; Inside The Kingdom Of Heroin, *The Nation*, 14. 11. 1988

381. William Vornberger, CIA and Heroin: Afghan Rebels and Drugs, *CAIB 28*, S. 12

382. William Vornberger, ebd.

383. Zia Unmourned, *The Nation*, 19. 9. 1988, S. 188; auch Panama war in die Waffenlieferungen, darunter Stinger-Raketen nach Afghanistan über Pakistan einbezogen. Noriega versorgte auch Rebellen in Zentralamerika, zum Beispiel in El Salvador mit Waffen. Blandon, U. S. Congress, Senate, Committee on Foreign Relations, Subcommittee on Terrorism, Narcotics and International Communications, Hearings on Drugs, Law Enforcement and Foreign Policy, S. 144

384. Ahmed Rashid, The Sting, *The Nation*, 28. 2. 1987, S. 241

385. Steve Galster, The Afghan Pipeline, *CAIB 30*, S. 60

386. Die enge Zusammenarbeit mit den mexikanischen Diensten beschreibt Agee, *CIA Intern*, S. 389 ff. Zur Infiltration der mexikanischen Regierungspartei PRI und der mexikanischen Regierung durch die CIA vgl. Agee, ebd., S. 415

387. Nach den Anstrengungen der Nixon-Administration, der Türkei den Mohnanbau zu verleiden und die Rolle der französischen Mafia zu beschneiden, verlagerte sich die Produktion von Heroin nach Mexiko, wo die Produktion zwischen 1970 und 1974 von 15 Prozent des amerikanischen Marktes auf 60 Prozent anstieg. Stanley Meisler, Echeverria's Mexico: Reacting To Big-Stick Diplomacy, *The Nation*, 7. 2. 1976, S. 144

388. Commissioner von Raab, während der Reagan-Administration einige Jahre Chef des amerikanischen Zolls, berichtet: »Unsere Berichte weisen darauf hin, daß neben Marihuana und Heroin Mexiko zu einem der größten Transitländer für südamerikanisches Kokain geworden ist. Sowohl unsere Untersuchungen als auch eingehende Kontakte mit Beamten auf Bundes- und örtlicher Ebene zeigen, daß mächtige mexi-

kanische Führungskräfte Drogenhändlern Schutz und Versteck bieten und es so möglich machen, ungehindert Rauschgifte nach Mexiko und aus Mexiko heraus zu bringen. Wir sind so verärgert, daß wir die Zusammenarbeit mit ihnen eingestellt haben. Wir glauben, daß die Probleme sehr schwerwiegend sind und daß energische Schritte von seiten der US-Regierung erforderlich sind.« U.S. Congress, House, Hearing before the Selected Committee on Narcotics Abuse and Control, U.S. Foreign Policy and International Narcotics Control, HR. 100, 2,3 March 29, 1988, S. 30. Von Raab legte aus Protest gegen den Umgang seiner Regierung mit der BCCI-Affäre sein Amt nieder.

389. Stanley A. Weiss, The United States Has to Move Against the Drug Trade in Mexiko, *NHT*, 1./2. 7. 1995, weist auf die Bereicherung mexikanischer Präsidenten in einer korrupten Narco-Demokratie hin. Luis Echeverria habe als persönliches Vermögen eine Milliarde Dollar aus dem Land gezogen, sein Nachfolger Portillo mindestens fünf, mehr als Ferdinand Marcos von den Philippinen (ebenfalls rund fünf Mrd. Dollar). Die Drogenkartelle ließen Politikern und Beamten letztlich nur noch die Wahl zwischen »Silber oder Blei«.

390. 80 Prozent des in den USA verbrauchten Kokains gelangt über Mexiko ins Land. Z. B. auch über die mexikanische Thunfischflotte, die in enger Verbindung zum sog. Cali-Kartell steht. Alexander Cockburn, Beat The Devil: Al Gore, Green Groups & Narco-Traffickers, *The Nation*, 12./19. 8. 1996

391. Über die drogenfinanzierte Rolle der Exilkubaner bei der Belieferung der Contras mit Waffen vgl. Report, Subcommittee on Terrorism, Narcotics and International Operations, S. 59

392. Don Dwiggins, Guatemala's Secret Airstrip, *The Nation*, 7. 1. 1961 berichtete bereits Monate vor der Operation von den heimlichen Vorbereitungen. Die New York Times verschwieg hingegen aus patriotischen Erwägungen die Nachrichten, worüber sich später Präsident Kennedy beschweren sollte, wäre er doch von einer großen Torheit abgehalten worden. Der erste Hinweis auf ein Trainingsprogramm der CIA für Exilkubaner findet sich in »Are We Training Cuban Guerillas?«, *The Nation*, 19. 11. 1960

393. In Venezuela waren die Verhältnisse zwischen CIA und DEA so geregelt, daß die Drogenbehörde keine Maßnahme ohne Einwilligung der CIA starten konnte. Die CIA hatte zu allen Berichten und Unterlagen der Drogenbehörde Zugang, umgekehrt jedoch nicht. Vgl. Larry Collins, The CIA Drug Connection Is as Old as the Agency, *IHT*, 3. 12. 1993

394. Zum Sturz der Regierung Arbenz in Guatemala vgl. Garwood, *Undercover: Thirty-Five Years of CIA Deception*, S. 82 ff., sowie Stephen Schlesinger: The C.I.A. Censor's History; The Full Story Of The U.S.-Backed Guatemala Coup Remains Frozen In The Files, *The Nation*, 14. 7. 1997

395. Hierbei wurden nach Angaben der CIA in den ersten zwei Jahren der Operation über 20 000 Menschen ermordet, nach Angaben der südvietnamesischen Regierung über 40 000. Vgl. Marchetti, *CIA*, S. 299 f.

396. Über die stets aufs neue anzutreffende Kombination von Kräften aus der organisierten Kriminalität, alten Gestapo-Seilschaften, Militärs und Geheimdienstleuten vgl. Krüger, *The Great Heroin Coup*, S. 83 ff.

397. Die Militärregime Lateinamerikas gingen gegen jedermann vor, der den Status quo zu verändern suchte, ob bewaffnet oder nicht. So traf es Nonnen, Professoren, Studenten, Arbeiter, Künstler und Journalisten. Stella Calloni, The Horror of Archives of Operation Condor, *CAQ 50*, S. 10

398. CIA Pike Report, S. 56, berichtet, daß die Operation vom Präsidenten und dessen Sicherheitsberater Kissinger gegen die Vorstellungen der CIA angeordnet worden sei. Der sogenannte 40er-Ausschuß, in dem die Aktion hätte erörtert werden müssen, sei nicht in Kenntnis gesetzt worden.

399. Robert Sherrill, »With All Due Respect«: Stonewall Colby Of The CIA, *The Nation*, 5. 10. 1974, S. 301

400. Ben-Menashe berichtet von einer ähnlichen Maßnahme der CIA in Zusammenwirken mit der Food and Drug Administration in anderem Zusammenhang. Ben-Menashe, *Profits of War,* S. 303

401. Agee, *CIA Intern*, S. 453

402. Die CIA hatte allein 20 Agenten in der Redaktion der Tageszeitung *El Mercurio* untergebracht und konnte so über den Zeitraum von drei Jahren täglich mehrere Stories, Witze und Karikaturen unterbringen. Fred Landis: The CIA and Reader's Digest, *CAIB 29*, S. 47

403. Das über einen Zeitraum von drei Jahren laufende Subversionsprogramm der CIA zum Sturz Allendes wird in einem 62seitigen Anhang der Pike Kommission beschrieben. Der Bericht wurde nicht veröffentlicht. Eine Zusammenfassung findet sich bei Agee, *Dirty Work*, S. 267; über die Technik vgl. *CAIB 1*, S. 15 ff.

404. Aussagen eines pensionierten Marineoffiziers, vgl. Horacio Verbitsky, Buchbesprechung: The Flight: Confessions of an Argentine Dirty Warrior, in *CAQ 60*, S. 64; *Süddeutsche Zeitung*, 20. 6. 1997, und Eva Karnofsky, Von Folterknechten und gemeinen Dieben in Uniform, *Süddeutsche Zeitung* 4. 2. 1998

405. Erste Meldung hierüber in *Boston Globe*, 5. 2. 1980

406. Andersen, *Dossier Secreto*, a. a. O., S. 3. Vgl. auch David Kirsh: Death Squads in El Salvador: A Pattern of US Complicity, *CAIB 34*, S. 51 ff.

407. Ralph McGehee: The Indonesian Massacres and the CIA, *CAIB 36*, S. 56; Arye Neier, *The Nation*, 9. 7. 1990

408. John Canham-Clyne: U.S. Policy on Haiti: Selling Out Democracy, *CAQ 48*, S. 4 ff.; vgl. auch William Robinson: Low Intensity Democracy in Haiti, ebd., S. 6 f.

409. Zu Peru vgl. Gustavo Gorriti: Vladimiro Montesinos: The Betrayal of Peruvian Democracy; Fujimori's Svengali, *CAQ 49*, S. 4 ff.

410. Zum US-gestützten Putsch in El Salvador und der Ermordung des Bischofs Romero und amerikanischer Nonnen vgl. Hans Dennis: Duarte: The Man and the Myth, *CAIB 26*, S. 43 ff., und Duarte and the U.S. Churchwomen, a. a. O., S. 44, sowie Jefferson Morley: Guilt in El Salvador, *The Nation*, 8. 5. 1989; Der ermordete Romero wurde durch einen dem Opus Dei verpflichteten Bischof ersetzt. Vgl. François Normand, Garde Blanche du Vatican; La troublante Ascension de l'Opus Dei, *Le Monde Diplomatique*, September 1995

411. In Peru bat die dortige Regierung Washington um Hilfe bei der Bekämpfung der Guerillabewegungen im Osten des Landes. Die darauf durch die CIA verdeckt gewährte Hilfe führte zu einer besser als das nationale Militär besoldeten Truppe, deren Putschfähigkeit die Regierung fortan fürchtete. Vgl. Marchetti, *CIA*, a. a. O., S. 169

412. Vgl. hierzu: Agee, *CIA Intern*, S. 302, in bezug auf Brasilien, die Dominikanische Republik und die Ermordung Trujillos durch die CIA, S. 338 ff. Ferner sehr eingehend und systematisch: Fred Landis, CIA Media Operations in Chile, Jamaica and Nicaragua, *CAIB 16*, S. 32; Zum »Perception Management« der CIA in bezug auf die Vorgänge in Nicaragua vgl. Robert Parry: Inside The Propaganda Blitz; Showtime For Major Miranda, *The Nation*, 30. 1. 1988

413. In Peru hatte die CIA die Anti-Drogen-Truppe SIN verdeckt finanziert, ausgerüstet und in den USA ausgebildet. Doch seit dem Umsturz boomt der Drogenhandel. Vgl. Phillip Smith: Peru: Inching Toward the Abyss, *CAIB 42*, S. 13. Ähnliches galt für Haiti, wo die CIA die Geheimpolizei Service Intelligence Nacionale (SIN) schuf, die nicht nur beste Beziehungen zu den US-Diensten unterhielt, sondern auch mit den internationalen Drogenhändlern verbunden war und, von der CIA unterstützt, gegen die Bewegung des ins Exil getriebenen, demokratisch gewählten Präsidenten Jean-Bertrand Aristides vorging. Vgl. John Canham-Clyne: U.S. Policy on Haiti: Selling Out Democracy, *CAQ 48*, S. 9

414. Vgl. Ralph McGehee: The Indonesian File, *The Nation*, 24. 9. 1990; 1988 wird bekannt, daß der Anführer der Todesschwadronen in El Salvador, Oberst Nicolas Carranza, seinen Lebensabend in Kentucky genießt, der Massenmörder und argentinische General Carlos Suárez Mason nahe San Francisco lebt. David Corn: Beltway Bandits, Death Squad Killers in America, Part I und II, *The Nation*, 4. 6. 1988, S. 780 Zu Oppositionslisten der CIA und Arbeit der Todesschwadronen in El Salvador vgl. Beat The Devil; Tales of Terror, *The Nation*, 12. 6. 1984, S. 566

415. In der U.S.-Army School of the Americas (SOA) wird in einem Lehrgang »The Church in Latin America« auch die Befreiungstheologie durchgenommen. Die Lehrgangsteilnehmer werden belehrt, daß es sich

um eine subversive Doktrin handle, die von Bündnispartnern, Dumm-köpfen oder Subversiven gefördert werde. Vicky A. Imerman: SOA – School of Assassins, *CAQ 46*, S. 18

416. Über die Angst vor einem erfolgreichen sozialdemokratischen Modell vgl. Edward Herman, U.S. Sponsorship of State Terrorism, *CAIB 26*, S. 28

417. Krüger, *The Great Heroin Coup*, S. 218, Anmerkung 39

418. Ein weiteres Beispiel: Haiti. Die Angehörigen der dortigen Todes-schwadronen, Tonton Macoute, lassen sich nach der Vertreibung des Kleptokratenclans Duvalier als Drogenhändler in Miami nieder. Straf-anzeigen werden nicht beachtet: Hearing U.S. Congress, Senate, Drugs, Law Enforcement and Foreign Policy: The Cartel, Haiti and Central America, Hearings before the Subcommittee on Terrorism, Narcotics and International Operations of the Committee on Foreign Relations, Part 4, July 1988, S. 8 ff.

419. Vgl. CIA Pike Report, S. 191

420. Pike schätzt 1994 den Einsatz von Steuermitteln zur Durchführung ver-deckter Operationen auf jährlich zwischen 500 und 800 Millionen Dol-lar. Vgl. John Pike: Uncloaked Daggers; CIA Spending For Covert Operations, *CAQ 51*, S. 48

421. Einen Blick in Motive und Sichtweise der Handelnden konnte man gewinnen, als der Mann hinter den argentinischen Todesschwadronen (Argentine Anticommunist Alliance) und Sozialminister Lopez Rega zusammen mit dem amerikanischen Botschafter Robert C. Hill die gemeinsamen Anstrengungen beider Länder im Kampf gegen Drogen mit den Worten vorstellte: »Guerillas sind die Haupverbraucher von Drogen in Argentinien. Daher wird die Anti-Rauschgift-Kampagne zugleich eine Anti-Guerilla-Kampagne sein.« Vgl. Krüger, *The Great Heroin Coup*, S. 165

422. Blum, *Killing Hope*, a. a. O., S. 147 f.

423. Die Analyseabteilung der CIA hatte den Umsturz auf Kuba zunächst verharmlost, als natürliche Ablehnung des korrupten Batista-Regimes und Castro selbst keineswegs als Agenten einer kommunistischen Ver-schwörung angesehen. Der CIA-Chef Allen Dulles hielt den Bericht zurück, sah in der Entwicklung den Teufel an der Wand und ein Blutbad voraus. Dulles sprach sich dafür aus, die Insel mit einer Armee kubani-scher Flüchtlinge zu besetzen und Castro zu stürzen. Marchetti/Marks, *CIA*, S. 364 f.

424. Marchetti und Marks, *CIA*, S. 152

425. Über die Verflechtung der Exilkubaner mit der Drogenmafia, den kri-minellen Teilen der amerikanischen Gewerkschaften sowie den Geheimdiensten und der Politik eindringlich »The Cubans of Florida« in Krüger, *The Great Heroin Coup*, S. 141 ff. Auch wird berichtet, daß eines der zahlreichen Transportflugzeuge der Kubaner, beladen mit

Kokain, über Kalifornien abstürzte. The Blue Ribbon Panel, *The Nation*, 18. 1. 1975 S. 36

426. Fred J. Cook, CIA: The Case Builds Up, *The Nation*, 1. Halbjahr 1966, S. 616, läßt das Zusammenwirken einer Insidergruppe der CIA mit ultrakonservativen Vertretern in Kongreß und Presse erkennen, die den jungen und unerfahrenen Kennedy gezielt vorzuführen gedenkt. Dazu Jean Edward Smith, Bay of Pigs: The Unanswered Questions, *The Nation*, 13. 4. 1964

427. McCoy, *The Politics of Heroin*, a. a. O., S. 40 f. Der ausersehene Mörder Sam Giancana, dem 150 000 Dollar Lohn in Aussicht gestellt worden waren, gehörte zu den zehn meistgesuchten Verbrechern der USA. Garwood, *Undercover: Thirty-Five Years of CIA Deception*, S. 69. Ein Problem mag für die Kennedy-Administration gewesen sein, daß Giancana ein enger Freund Frank Sinatras war, der wiederum mit den Kennedy-Brüdern befreundet war. Robert Kennedy war der für die Bekämpfung der organisierten Kriminalität zuständige Minister in der Regierung. Garwood, ebd., S. 285, Anmerkung 1

428. Vgl. ebd., S. 168

429. Oswald hatte bei der kubanischen Botschaft in Mexico City ein Visum beantragt. Aus bürokratischer Routine sei der Antrag abgewiesen worden, sonst wäre Fidel Castro in den handfesten Verdacht geraten, das Attentat auf Präsident Kennedy betrieben zu haben. Garwood, a. a. O., S. 165

430. Stephen Schlesinger, The Guatemala Papers: How Dulles Worked The Coup d'Etat, *The Nation*, 28. 10. 1978

431. CIA The Pike Report, S. 17 f. stellt fest, daß die CIA eine wichtige Rolle beim Auf- und Ausbau der schrecklichsten und grausamsten Sicherheitsdienste der Welt gespielt habe. Die Kommission nennt im Jahre 1977 die koreanische CIA, den indonesischen Dienst, die Sicherheitsdienste von Südvietnam, den SAVAK des Irans, die brasilianischen Dienste, die DINA in Chile und die Bundespolizei in Argentinien. Es handele sich dabei um die berüchtigsten und systematischsten Anwender von Folter und Mord in der freien Welt. Zugleich handele es sich um die Hauptstützen derjenigen Kräfte, die ihren Ländern schweres ökonomisches und soziales Unrecht zufügten.
Vgl. auch Agee, *CIA Intern*, S. 223, wo von der Interamerikanischen Polizeiakademie in Fort Davies in der Panama-Kanal-Zone die Rede ist. Die Akademie sei von der CIA-Station Panama gegründet und zu einer Hauptausbildungsstätte für »Counter Insurgency« entwickelt worden mit Ausbildungsprogrammen, die denen der militärischen Hilfsprogramme glichen. Die Schule wurde später in die USA zurückverlegt und hieß von da an Internationale Polizei Akademie, Agee, ebd., S. 251. Vgl. ferner: Interview: Salvadoran Deserter Discloses Green Beret Torture Role in *CAIB 16*, S. 17

432. In Europa wurde seit Kriegsende in Christdemokraten, Neofaschisten und Sozialdemokraten investiert. Vgl. Richard Fletcher, How CIA Money Took the Teeth Out of Britisch Socialism, 1975, London, abgedruckt in Agee, *Dirty Work, The CIA in Western Europe*, S. 188 ff. Es würde einem Wunder gleichkommen, wenn nicht auch die Grüne ebenso wie die extrem rechte Seite der Politik bedacht worden wäre. Nur so kann mit allen Variablen in verschiedenen Ländern Politik beeinflußt werden.

433. Dem Untersuchungsausschuß des Kongresses wurde die Liste der Namen und Verbindungen der auf der Gehaltsliste der CIA stehenden amerikanischen Journalisten bis zur Abfassung des Berichtes im Jahre 1977 nicht übermittelt. Vgl. CIA The Pike Report, S. 71

434. So vermittelte der Journalist Pino Rauti 800 000 Dollar an General Miceli zur Beeinflussung der Medien und zur Gründung der Terrorvereinigung Ordine Nuovo. In den fünfziger Jahren arbeitete er bei der Zeitung Il Tempo, die ebenfalls generös aus der amerikanischen Geheimdiensttasche bezahlt wurde. Philip Willan, Puppetmasters – The Political Use of Terrorism in Italy, S. 123. Der Leitartikler der New York Times, später der Times, Leslie Gelb, organisierte eine verdeckte Operation der CIA zur Beeinflussung der europäischen Medien zugunsten der Neutronenwaffe. Vgl. Alexander Cockburn, The Gelb Affair, *The Nation*, 10. 11. 1984, S. 471

435. Nach Marchetti, *CIA*, S. 311, verdeckt die CIA ihre Offiziere unter anderem als Geschäftsleute, Studenten, Journalisten oder Missionare. Vgl. auch Garwood, *Undercover: Thirty-Five Years of CIA Deception*, S. 257

436. Zum Thema: Special: The CIA and Religion, Sonderheft *CAIB 18*
Die CIA hatte bis 1976 21 Agenten in religiösen Organisationen, darunter Pfarrer, Priester und Missionare, die Amerikaner waren. Seit 1976 wurde auf die Nutzung derartiger Deckadressen für amerikanische Agenten zumindest offiziell verzichtet. Die Instrumentalisierung von Ausländern für den gleichen Zweck ist nicht verboten. Vgl. Agee, *Dirty Work*, S. 263; vgl. auch C.I.A. Secret Missionaries, *The Nation*, 26. 4. 1980, S. 494 ff., sowie Bill Wallace, Onward Wycliffe Soldiers: Missionaries With a Mission? *The Nation*, 30. 5. 1981, S. 662

437. Vgl. Fred Landis, Opus Dei: Secret Order Vies for Power, *CAIB 18*, S. 11 ff., mit dem Hinweis: »Opus Dei ist ebenso wie die CIA Königsmacher. Sie suchen sich fragwürdige Persönlichkeiten aus und befördern diese in Schlüsselstellungen der Macht.« Ebd., S. 13
Die uralte Thematik, daß der untere Klerus mit dem Volk, der obere mit den Herrschenden geht, beschreibt in bezug auf Nicaragua eindrucksvoll Patricia Hynds, CIA Uses Religion: The Ideological Struggle Within the Catholic Church in Nicaragua, *CAIB 18*, S. 16 ff.
Vgl. auch Penny Lernoux: The Papal Spiderweb I; Opus Dei, *The*

Nation, 10. 4. 1989, sowie Penny Lernoux: The Pope and Medellin, Casting Out The »People's Church«, *The Nation*, 27. 8. 1988, S. 161
T. M. Pasca, Church Of The Poor, A Wafer The Vatican Can't Swallow, *The Nation*, 2. 6. 1984

438. So schreibt Agee, einer der Renegaten der CIA, in *CIA Intern*, S. 431: »Es fällt mir schwer einzugestehen, daß ich ein Diener des Kapitalismus geworden bin, den ich stets ablehnte. Ich wurde einer seiner Geheimpolizisten. Die CIA ist schließlich nichts anderes als die Geheimpolizei des amerikanischen Kapitalismus, die Tag und Nacht die politischen Dammbrüche zuschaufelt, damit die Aktionäre der in Armutsländern operierenden US-Gesellschaften weiterhin Gewinne einstreichen können. Der Schlüssel zum Erfolg der CIA sind die zwei oder drei Prozent der Bevölkerung der armen Länder, die den Löwenanteil bekommen – und die heute (1968) fast überall mehr verdienen als 1960, während für die marginalisierten 50, 60 oder 70 Prozent der Bevölkerung immer weniger abfällt.«

439. Zur wahren Zielsetzung der CIA vgl. Eqbal Ahmad: The Murder of History, *CAIB 41*, S. 4 ff.

440. Pinochet ließ den Geheimdienst DINA die Kontrolle des chilenischen Kokainhandels übernehmen, der wiederum die Helfershelfer aus dem Kreis der Exilkubaner an den Einkünften beteiligte. Krüger, *The Great Heroin Coup*, S. 166

441. Andersen spricht von einer Schattengemeinschaft deutscher Nazis, italienischer Faschisten, französischer Veteranen der Geheimarmee OAS und anderer Rechtsterroristen. Vgl. Andersen, Martin Edwin, *Dossier Secreto*, S. 74

442. Zur lateinamerikanischen Mördergemeinschaft zählten seinerzeit die Länder Argentinien, Bolivien, Brasilien, Chile, Paraguay und Uruguay. Nach einem Bericht des amerikanischen Senats gingen die Spezialteams in Phase III der Operation Condor dazu über, Sanktionen bis hin zur Ermordung von Feinden der beteiligten Regierungen zu verhängen. Vgl. Krüger, *The Great Heroin Coup*, S. 213

443. Vgl. zum folgenden Paul Dinges und Saul Landau: Assassination On Embassy Row, 1980; Orlando Letelier, The »Chicago Boys« in Chile: Economic Freedom's Awful Toll, *The Nation*, 28. 8. 1976

444. Vgl. John Dinges, What Townley Can't Tell: Chiles Global Hit Men, *The Nation*, 2. 6. 1970; vgl. ferner Saul Landau und Ralph Stavins, The Letelier/Mofit Murder: This Is How It Was Done, *The Nation*, 26. 3. 1977

445. Ostrovsky, *Der Mossad*, S. 266 ff. Der Mittäter Townley verschaffte sich den äußerst milden Strafspruch nach Schaap, *CAIB 11*, S. 7 f., möglicherweise wegen seiner umfassenden Kenntnis über CIA-Operationen nicht zuletzt im Zusammenspiel mit chilenischen Faschisten. Außerdem hatte Townley am Sturz Präsident Allendes mitgewirkt.

Über die Beteiligung Vernon Walters, des langjährigen CIA-Mitarbeiters und Botschafters, an der Beschaffung der US-Einreisevisa für die Mörder vgl. Stella Calloni, The Horror of Archives of Operation Condor, *CAQ 50*, S. 58 f.

446. Der Attentatsversuch wurde von einem Angehörigen der Avanguardia Nazionale des Stefano Delle Chiaie durchgeführt, einer Figur, die wiederum in den Destabilisierungsbemühungen der CIA in Italien eine Rolle spielt. Vgl. Stella Calloni, a. a. O., S. 11, Anmerkung 16

447. Einen kleinen Einblick in die arbeitsteilige, länderübergreifende Mordorganisation der Geheimdienste gaben die in Paraguay in einer Polizeistation gefundenen Archivbestände, die allerdings dank den sofort einsetzenden Sicherstellungsaktionen der beteiligten Geheimdienste nur begrenzt für die Einsichtnahme der Öffentlichkeit zugänglich waren. Vgl. Stella Calloni, a. a. O., S. 7 ff.

448. Hierzu: The Cuban Exiles: Miami, Haven For Terror, *The Nation*, 19. 3. 1977. Der anonyme Autor aus der exilkubanischen Gemeinde hält fest: »Die Lage ist einmalig. Selbst das Chicago der 20er Jahre bietet keine Grundlage für einen Vergleich. Ein enges Netz verbindet Anti-Castro-Terroristen, Anführer der kubanischen Bevölkerungsgruppe, amerikanische Geheimdienste, US-Politiker und Beamte, Drogenschmuggler, Schutzgelderpresser, Zeitungsleute und Unternehmen mit internationalen Geschäften im karibischen und zentralamerikanischen Raum.«

449. Die Bezeichnung der Terrorgruppen wechselt nach Bedarf. Mal handelt es sich um CORU, mal um CNM, Omega 7 oder Alpha 66 mit meist identischer oder sich überschneidender Mannschaft. Schaap, Major Rightwing Threat: New Spate of Terrorism: Key Leaders Unleashed, *CAIB 11*, S. 5

450. Scott und Marshall, *Cocaine Politics*, S. 25

451. Der gemeinsame Nenner von CORU und der Internationale der Faschisten scheine die CIA zu sein oder zumindest ein Teil davon. Das Hauptquartier habe in Miami gelegen. Krüger, *The Great Heroin Coup*, S. 159 ff. und 199 ff.

452. Scott und Marshall, *Cocaine Politics*, S. 26 ff.

453. Die US-Armee hatte auf allen NATO-Basen Italiens amerikanische Freimaurerlogen zugelassen. *Philip Willan, Puppetmasters – The Political Use of Terrorism in Italy*, S. 58

454. François Vitrani, L'Italie, un État de Souveraineté Limitée: Les Révélations sur L'Organisation Gladio, *Le Monde Diplomatique*, Dezember 1990

455. Philip Willan, *Puppetmasters*, S. 69

456. Ebd., S. 63;

457. Ebd., S. 58

458. Über die vermittelnde Zweigstelle der Banca Nazionale del Lavoro

(BNL) in Atlanta und die personellen Verflechtungen zwischen CIA, Diplomaten, Bankern, Lobbyisten und dem Zugang zur Reagan-Mannschaft vgl. *The Nation*, 7. 12. 1992. Als Zwischenglied zur Verschleierung des rechtswidrigen Geschäftes wurde die BCCI Bank eingeschaltet. Vgl. Senator Jesse Helms in U. S. Congress, Senate, The BCCI Affair, Hearings, Part 1, S. 7, sowie Jack Colhoun: Bush Administration Uses CIA To Stonewall Iraqgate Investigation, *CAIB 42*, S. 40 ff. Im Aufsichtsrat der BNL saßen Henry Kissinger und David Rockefeller. Vgl. Glosse »Beltway Bandits«, *The Nation*, 12. 10. 1992

459. Yves Cartuyvels in Willems, *Dossier Gladio*, S. 116 f.

460. Philip Willan, *Puppetmasters*, S. 82

461. Die Loge P2 besetzte insgesamt acht wichtige Positionen in der Regierung Perón. Perón nannte Gelli spaßeshalber »mi commandante«. Martin E. Andersen, D*ossier Secreto*, S. 88

462. Ebd., S. 20

463. Zum folgenden vgl. ebd., S. 5

464. Über die Rolle Barbies in den Militärputschen und Massenmorden Lateinamerikas vgl. Kai Hermann, Klaus Barbie: A Killer's Career, *CAIB 25*, S. 15 ff.

465. Scott und Marshall, *Cocaine Politics*, S. 44

466. Andersen, *Dossier Secreto*, S. 57

467. *The Nation*, 13. 2. 1989

468. Vgl. Peter Dale Scott, Allen Dulles and the SS, *CAIB 5*, S. 8 und den dortigen Literaturhinweis.

469. Andersen, *Dossier Secreto*, S. 75. Zu Werdegang und transkontinentalem Terrorlebenswerk vgl. Stuart Christie, Stefano Delle Chiaie, Portrait of a Black Terrorist, sowie George Black: A Terrorist Odyssey; Delle Chiaie: From Bologna to Bolivia, *The Nation*, 25. 4. 1987

470. Andersen, *Dossier Secreto*, S. 290

471. Während der professionell vorgehende CIA-Agent bei der Destabilisierung eines Staates sozusagen als Profi in Sachen Täuschung mit Verschwörung, Bestechung und Korruption gewaltfrei arbeitet und daher im Gastland allenfalls mit Ausweisung wegen eines »Kavaliersdeliktes« zu rechnen hat, ist der paramilitärische Kämpfer ein Gangster, der mit Terror und Gewalt vorgeht. Victor Marchetti und John D. Marks, *CIA*, S. 151. (Die deutsche Fassung der bei der Deutschen Verlags Anstalt erschienenen Arbeit Marchettis und Marks' ist mit Vorsicht zu genießen. Die Übersetzer haben mit einer nicht mehr zu überbietenden Unkenntnis der termini technici im geheimdienstlichen, politischen, wirtschaftlichen und gesellschaftspolitischen Bereich gearbeitet, so daß die Arbeit für den deutschen Leser nur als Ergebnis einer Bemühung um Desinformation angesehen werden kann. Wer allerdings die englischen Fachausdrücke kennt, kann von der deutschen Grotesk-Übersetzung auf den Kern der Aussage zurückschließen.)

472. So Andersen, *Dossier Secreto*, S. 291
473. Christie, *Stefano Delle Chiaie, Portrait of a Black Terrorist*, S. 99
474. Zu den Todesschwadronen in El Salvador vgl. Deathsquads, The Real Government of El Salvador, *CAIB 12*, S. 14
475. Vgl. auch *The Nation*, 14. 5. 1990
476. So Yallop, *Die Verschwörung der Lügner*, S. 222 f.
477. Vgl. Andersen, *Dossier Secreto – Argentina's Desaparecidos and the Myth of the »Dirty War«*
478. Scott, The Inspector General's Report, An Introduction, Berkeley, December 1994, Internet
479. Reichhaltiges Material hierzu findet sich mit zahlreichen Beispielen für die verschiedensten Regionen in dem umfassenden Buch von McCoy, a. a. O., S. 162 ff
480. McCoy in dem Kapitel »CIA Complicity in the Global Drug Trade«, a. a. O., S. 436 ff.
481. So nahm der Mossad zur Zeit des verhaßten Präsidenten Carter Verbindung mit den Mohnbauern in Thailand auf, die die amerikanische Regierung zum Anbau von Kaffee statt Mohn veranlassen wollte. Der Mossad half zwar bei der Ausweitung des Kaffeeanbaus, bot jedoch gleichzeitig an, beim Opiumexport behilflich zu sein, um Gelder für Mossad-Operationen zu beschaffen. Ostrovsky, *Geheimakte Mossad*, S. 312
482. So nicht nur die Erkenntnis wichtiger Mitarbeiter der amerikanischen DEA sondern auch des Mafiabankers Sindona. Vgl. Tosches, *Geschäfte mit dem Vatikan*, S. 100 ff. Sindona wörtlich: »Die heutigen Rauschgiftgesetze haben die Akkumulierung gewaltiger Summen schmutzigen Geldes in den Händen weniger Männer ermöglicht, Männer, die oft von denselben Regierungen hofiert und geschützt werden, die hoch und heilig schwören, alle Gewinne aus Drogen vereiteln zu wollen und mit allen Mitteln gegen Produzenten und Verkäufer von Narkotika vorzugehen. Der Rauschgifthandel ist das Mittel, mit dem sich das sogenannte organisierte Verbrechen auf allen Kontinenten selbst finanziert. Wenn die Rauschgiftgesetze liberalisiert werden, würden diese Mittel nicht länger existieren. Doch die Regierungen scheinen nicht bereit zu sein, einen entscheidenden Schlag zu führen. ... Sie sehen also, die Regierungen sind weitaus fähiger, schmutziges Geld entstehen zu lassen, als es aufzufinden.«
483. Clarence Lusane in Lie, The Drug War is Color-Blind and We Can Prove It, *CAQ 57*, S. 9 f.
484. Daher findet sich als Konstante das immer wieder rüde Eingreifen in allzu eifrige Ermittlungen, das der Direktor der amerikanischen Zollfahndung von Raab unter der Reagan-Administration am eigenen Leib zu spüren bekam. Seine Agenten hatten sehr erfolgreich das BCCI-Netz der Geldwäscheoperationen in Miami aufgeklärt, hatten bei einer

vorgetäuschten Hochzeit eines als Geldwäscher auftretenden Agenten-paares der Zollbehörde eine große Anzahl schwergewichtiger Drogen-bosse nach Miami eingeladen und noch am »Polterabend« festgenom-men. Der BCCI Bank gelang es mit Hilfe der Rechtsanwaltskanzlei des früheren Verteidigungsministers einen Deal mit der Staatsanwaltschaft in Florida auszuhandeln, der das Verfahren auf Nebenkriegsschau-plätze abdrängen und damit auch die Preisgabe der Akten vermeiden konnte. Vgl. hierzu die Ausführungen Senator Jesse Helms in U. S. Congress, Senate, The BCCI Affair, Hearings, Part 1, a. a. O., S. 6 ff., sowie die Aussage von Raabs, a. a. O., S. 11 ff.

485. George Bush: From Langley to the Oval Office, Editorial, *CAB 33*, S. 3; Rebecca Sims, The CIA and Financial Institutions, *CAB 35*, S. 43 ff.

486. General Paul Gorman: »Wenn Sie Waffen oder Munition in Lateiname-rika bewegen wollen, gehören die eingespielten Netzwerke den Dro-genkartellen, die sie für Zwecke von Terroristen, Saboteuren, Spionen, Aufständischen und Untergrundkräften zur Verfügung stellen.« Report, Subcommittee on Terrorism, Narcotics and International Operations, S. 11

487. »In all secret operations there is always standard procedure. If You are captured or the operation is uncovered, You're not supposed to know everything. When something is revealed, nobody ever knows anything. That is standard.« Ausschußvorsitzener Kerry zum Fall der *Pia Vesta*: U. S. Congress, Senate, Committee on Foreign Relations, Subcommit-tee on Terrorism, Narcotics and International Communications, Hea-rings on Drugs, Law Enforcement and Foreign Policy, S. 167

488. Lucky Luciano, der Altmeister der amerikanischen Drogenmafia bekannte, daß seine Erfahrungen in der Zusammenarbeit mit US-Geheimdiensten zu der Empfehlung an seine Verbindungsleute zwi-schen Beirut und Tanger sowie Ankara und Marseille führe, es ihm gleichzutun. Auf diesem Wege dienten Drogenhändler und Kuriere als Informanten des britischen MI5, des amerikanischen CIA, des franzö-sischen SDECE bis hin zur westdeutschen Organisation Gehlen und sogar dem italienischen SIFFAR. *Le Monde*, 17./18. 6. 1973, S. 11

489. Viele Regierungen der Welt, insbesondere die der westlichen Hemis-phere, stehen bereits unter der Kontrolle, oder in der Gefahr, unter die Kontrolle der Rauschgiftdealer zu geraten. Einige Beziehungen werden damit gerechtfertigt, daß es sich um wichtige Persönlichkeiten handele, die zusammen mit den Geheimdiensten gegen den Kommunismus kämpfen. Dazu zählen auch Mitglieder der Drogenkartelle. US Con-gress, House, Hearing before the Selected Committee on Narcotics Abuse and Control, U.S. Foreign Policy and International Narcotics Control, HR. 100, 2, March 16, 1988, S. 2

490. »... having seen how drug traffickers operate, You can see that they are mainly penetrating armed forces because they are the ones who in prac-

tice have control over the distribution machinery and they have specific power«, Generalkonsul Blandon in U.S. Congress, Senate, Committee on Foreign Relations, Subcommittee on Terrorism, Narcotics and International Communications, Hearings on Drugs, Law Enforcement and Foreign Policy, S. 168

491. In bezug auf die Luftwaffe Paraguays vgl. Krüger, *The Great Heroin Coup* S. 85. Vgl. auch Kenya: Air Force Flying Cocaine, *The Geopolitical Drug Dispatch*, No. 41 (3. 95)

492. So wurde zum Beispiel in den USA die öffentliche Erregung von der Sache her durchaus zu Recht auf den Staatschef, Drogenschmuggler und Geldwäscher Noriega gelenkt, von dem dann allerdings Carlos Lehder, einer der Bosse des Medellin-Kartells meint, es handele sich allenfalls um einen unter vielen korrupten Drogenoffizieren. Scott und Marshall, *Cocaine Politics,* S. X

493. Einen eindrucksvollen monatlichen Einblick in das weltweite Drogengeschehen liefert seit 1995 dankenswerterweise *La Depêche Internationale des Drogues* des Observatoire Géopolitique Des Drogues in Paris. Englische Ausgabe: *The Geopolitical Drug Dispatch.*

494. Vgl. CIA Pike Report, S. 213, Anmerkung 464, in bezug auf das Spiel der kurdischen Karte gegen den Irak.

495. Präsident Carter hatte zwar angeordnet, daß die U.S.-Botschafter ein Recht darauf hätten, über Aktivitäten der CIA in ihrem Geschäftsbereich informiert zu werden. Die entsprechende Weisung ging auch an die Vertreter beider Ämter. Doch der CIA-Direktor Turner verbot zeitgleich in getrennter Anweisung an die Stationschefs jede Mitteilung über Einzelheiten verdeckter Operationen und administrativer Verfahren. *CAIB*, 1978, wiedergegeben in Agee, *Dirty Work*, S. 310

496. Wie die amerikanischen Medien den Ausbruch des Skandals verhinderten, zeigt die Äußerung eines früheren *Time*-Reporters, der verläßliche Beweise dafür gefunden hatte, daß das Oliver-North-Netzwerk Kokain in die Vereinigten Staaten brachte, dessen Bericht jedoch vom Chefredakteur mit dem Hinweis »gekillt« wurde, *Time* trete »institutionell« für die Contras in Nicaragua ein. Scott und Marshall, *Cocaine Politics*, S.XIII; vgl. hierzu auch Marchetti, *CIA*, S. 414 ff.

497. Vermutlich gehört diese Behauptung zur Legende von Harari. Ali Hassan Salameh wird im Januar 1979 mit einer Autobombe des israelischen Geheimdienstes in die Luft gesprengt. Beteiligt war eine Sylvia Rafael, die auch bei dem Kommandounternehmen in Lillehammer dabeigewesen war. Laske, *Ein Leben zwischen Hitler und Carlos: François Genoud*, S. 273

498. Das Waffenhandelsnetzwerk des Mike Harari soll nach Ari Ben-Menashe ganz wesentlich von Ariel Sharon, derzeit noch Minister im Kabinett von Ministerpräsident Netanjahu, aufgebaut worden sein. Ben-Menashe, a. a. O., S. 104 f.

499. Ostrovsky, *Der Mossad*, S. 207
500. Kellner, District Attorney Southern Florida: »Wir entwickelten eine Strategie gegen ausländische kriminelle Organisationen und korrupte Beamte, die die Rauschgifttransporte abzuschirmen trachteten. Die Probleme der Rauschgiftkorruption gehen weit über die Grenzen eines Landes hinaus. Der stellvertretende Polizeichef von Key West deckte die Rauschgiftanlandungen über Key West. 15 Polizeioffiziere von Miami stahlen Hunderte von Kilogramm Kokain und sorgten für deren Verteilung. Bedienstete der Bundesverwaltung und Staatsanwälte gaben vertrauliche Informationen an die Rauschgifthändler weiter und handelten selbst mit der Ware. Das Bild der Rauschgiftkorruption in diesem Lande ist schwarz, wie anderwärts auch.« U.S. Congress, House, Hearing before the Selected Committee on Narcotics Abuse and Control, U.S. Foreign Policy and International Narcotics Control, HR. 100, 2, March 16, 1988, S. 4 f.
501. Der Kokainpilot und -händler Morales berichtet, wie er am hellichten Tag sein Flugzeug mit vollautomatischen Maschinengewehren belud, die Drogenpakete entlud, die Ware verkaufte und das Geld zu den Contras zurückschaffte, ohne daß daran irgend jemand Anstoß genommen habe. Die Fracht sei als Contra-Drogen bezeichnet worden: U.S. Congress, Senate, Committee on Foreign Relations, Subcommittee on Terrorism, Narcotics and International Communications, Hearings on Drugs, Law Enforcement and Foreign Policy, S. 57 und 72 ff.
502. Selbst die CIA hegte Bedenken gegen zweifelhafte Gestalten in der Gemeinde der Exilkubaner. Man habe mit dieser Gruppierung vorsichtig umgehen müssen, weil eine Menge Korruption, Geldgier und Rauschgift im Spiel gewesen sei. Aussage eines Mitarbeiters von Oliver North, vgl. Scott und Marshall, *Cocaine Politics*, S. 15
503. Anthony DePalma, Mexico's Elusive Ex-President, *NHT*, 9.4.1996; Mexico: Narcos at the Heart of the State, *The Geopolitical Drug Dispatch*, No. 43 (5.95)
504. Die Zählautomaten und Detektoren der BCCI Bank in Panama waren die einzige Vorkehrung der Bank gegen Fälschungen. Vgl. U.S. Congress, Senate, The BCCI Affair, Hearings, Part 6, a.a.O., S. 694
505. Die besten Fälschungen kommen, in Fachkreisen Superdollars genannt, aus den Werkstätten eines Geheimdienstes im Nahen Osten. Vgl. *Rhein Neckar Zeitung*, 9./10.3.1996
506. Gegen Kuba wurden von der CIA große Mengen gefälschter Pesos in Umlauf gebracht. In Manila befand sich die Druckpresse gar in der CIA-Abteilung der amerikanischen Botschaft. Mit den gefälschten Dollarnoten wurden Bestechungen durchgeführt und Agenten entlohnt, aber auch Ausgaben gedeckt, für die von der Zentrale keine Mittelbewilligung vorlag. Vgl. Economic Destabilization: The Counterfeit Kwanzas, in *CAIB 10*, S. 21

An Weihnachten 1976 wurde der frühere französische Minister, Partei-mitgründer der Republikanischen Partei und Schwager des Präsidenten Giscard d'Estaing ermordet. Er hatte sich nach dem Ausscheiden aus der Politik dem Export-Import-Geschäft gewidmet und sich mit Geschäftspartnern des Waffen-, Falschgeld- und Drogenschmuggels eingelassen. Die ergriffenen zwei Neofaschisten der OAS, die der Tat verdächtigt wurden, wurden mangels Beweises freigelassen. Krüger, *The Great Heroin Coup*, S. 221

507. Vgl. Goddard/Coleman, *Trail of the Octopus*, S. 196 f., mit Hinweisen auf die für Zahlungen der CIA eingerichteten Bankkonten bei der Kathrein Bank in Wien und dem Schweizerischen Bankverein in Genf.

508. Anfang der neunziger Jahre belief sich der Umfang des täglich über den Globus verfügten Geldes auf 1 300 Mrd. Dollar, die ohne Wissen über das Woher des Geldes und dessen Besitzer durch die Computer-Kon-trollsysteme CHIPS und FEDWIRE in New York getrieben werden. Vgl. U. S. Congress, Senate, The BCCI Affair, Hearings before the Sub-committee on Terrorism, Narcotics and International Operations of the Committee on Foreign Relations, Part 3, S. 52

509. Anthony L. Kimery: The CIA: Banking on Intelligence, *CAQ 46*, S. 58, geht von der erwiesenen Fähigkeit der amerikanischen Regierung aus, die Instrumente der Wirtschaftsspionage und Währungsmanipulation gegen Freund wie Feind einzusetzen.

510. Schätzung der UN, zit. in Michel Chossudovsky, The Business of Crime and The Crimes of Business: Globalization and the Criminaliza-tion of Economic Activity, *CAQ 58*, S. 24 f.; ders., Die Globalisierung des Organisierten Verbrechens: Wie die Mafia die Weltwirtschaft unterwandert, *Le Monde Diplomatique/taz*, 16. 12. 1996

511. Der oberste Zollbeamte in der Reagan-Administration betont, daß das Bankwesen heute einen wesentlich größeren Part im Geschehen der organisierten Kriminalität spiele als noch in den dreißiger Jahren, als die Ganoven ihre Gewinne in Koffern davongetragen und an der Eck-kneipe durchgebracht hätten. Vgl. U. S. Congress, Senate, The BCCI Affair, Hearings, Part 6, a. a. O., S. 11

512. DEA-Vertreter Westrate, in U. S. Congress, Senate, Structure of Inter-national Drug Trafficking Organizations, Hearings before the Perma-nent Subcommittee on Investigations of the Committee on Governmen-tal Affairs, U. S. Senate, 101st Session, a. a. O., S. 34

513. Die Höhe des in Steuerparadiesen gehaltenen privaten Geldes wird von der amerikanischen Investmentbank Merrill Lynch mit 3 300, vom Inter-national Monetory Fund (IMF) mit 5 500 Mrd. Dollar angenommen. Die Eliten der Dritten Welt unterhalten rund 600 Mrd. Dollar auf Nummern-konten, darunter ein Drittel bei Schweizer Banken. Michel Chossu-dovsky, The Business of Crime and The Crimes of Business: Globaliza-tion and the Criminalization of Economic Activity, *CAQ 58*, S. 27

514. So Jefferson Morley: The Great American High: Contradiction of Cocaine Capitalism, *The Nation*, 2. 10. 1989

515. Man sehe sich nur die Kundenliste der früheren BCCI Bank an, bei der, nach Angaben Senator Helms, Manuel Noriega, Saddam Hussein, die Duvaliers aus Haiti, Ferdinand Marcos von den Philippinen sowie die südamerikanischen Drogenkartelle ihre Geschäfte tätigten. Über die Bank wurden die Nuklearprogramme der muslimischen Welt finanziert, unterstützt von Pakistan ebenso wie von Libyen. Vgl. U.S. Congress, Senate, The BCCI Affair, Hearings, Part 1, S. 8

516. Zur Technik vgl. Nicky Hager, Exposing the Global Surveillance System, *CAQ 59*, S. 11 ff.; Duncan Campbell, NSA's Business Plan: »Global Access«, *CAQ 59*, S. 12

517. Die Weltbank schätzte bereits vor Jahren das internationale Fluchtkapital auf rund 1 000 Mrd. US-Dollar, vgl. U.S. Congress, Senate, The BCCI Affair, Hearings, Part 6, a. a. O., S. 684. BCCI konzentrierte sich als Bank nahezu ausschließlich auf die Bedienung und Beratung von Fluchtkapital, a. a. O., S. 692

518. Die CIA ist auf diesem Gebiet für sich und einen Teil ihrer Insider seit Jahrzehnten tätig. Sie hat eine Fülle von Firmen aufgezogen, deren Eigentümerschaft nach außen verdeckt wird, die für sie am Markt operieren. Dazu gehörte insbesondere die auch für kriminelle Gelder hoch interessante Anlage in Eurodollars, die die CIA durch die Morgan Guaranty Bank, Brüssel, tätigte. Zu den Einzelheiten vgl. John Marks, The CIA's Corporate Shell Game, *Washington Post*, 11. 7. 1976, wiedergegeben in Agee, *Dirty Work*, S. 127 ff.

519. Vgl. Agee, *Dirty Work*, S. 111 ff.

520. Dough Vaugham: »No More Mr. Nice Guy«; The CIA in Search of Something to Do, *CAQ 46*, S. 4 ff.

521. Die Zentren des Fluchtkapitals können nur beispielhaft aufgeführt werden. So kommt ein Bericht der Morgan Guaranty Bank aus dem Jahre 1987 zu dem Ergebnis, daß allein die Geldeinzahlungen in Südflorida aus Lateinamerika 83 Mrd. Dollar ausmachten. Vgl. U.S. Congress, Senate, The BCCI Affair, Hearings, Part 6, a. a. O., S. 709

522. Die CIA sammelt weltweit zum Teil sehr detailliert wirtschaftliche Daten über Konkurrenzfirmen und gibt Erkenntnisse an die amerikanischen Unternehmen weiter. Es existieren umfassende Dokumentationen zu zahlreichen Unternehmen, auch zu Institutionen betrügerischer Geldanlagen. Vgl. John Marks, The CIA's Corporate Shell Game, *Washington Post*, 11. 7. 1976, wiedergegeben in Agee, *Dirty Work*, S. 132

523. Die BCCI Bank spielte eine zentrale Rolle im Geschäft mit den Junk-Bonds, Anleihen von Staaten der Dritten Welt, die sich außerstande sahen, ihre Schulden zu bedienen. Diese Titel wurden zu rund 20 Prozent ihres Wertes gehandelt. Schaltete man die BCCI Bank ein, so sorgte diese z.B. für die Bestechung des betreffenden Staatschefs und

erreichte so eine Auszahlung zu 100 Prozent. Vgl. U.S. Congress, Senate, The BCCI Affair, Hearings, Part 1, a.a.O., S. 36. Da die geheimdienst- wie kriminalitätsträchtige Bank von einer Aura unaufgeklärter Morde umgeben war, mag man hier auch an die ungeklärte Ermordung des Chefs der Deutschen Bank, Herrhausen, denken, der den Erlaß eines erheblichen Teils der Schulden der Dritten Welt befürwortete und damit bei Erfolg das korrupte Geschäft untergraben hätte.

524. Ari Ben-Menashe, *Profits of War*, S. 125 f.

525. Über die Finanztransaktionen der CIA und ihrer leitenden Angestellten und die Gefahr des Insiderhandels vgl. Marchetti, *CIA*, S. 101 ff.
Wie eng die Beziehungen zwischen Bankenwelt, Bankenaufsicht und CIA sein können, zeigt die Karriere des früheren CIA-Direktors Casey, der zunächst Anwalt in New York, dann während des Zweiten Weltkriegs Chef des OSS in London war, 1971 unter Nixon zum Chef der Börsenaufsicht (Security Exchange Commission) ernannt wurde, in dieser Eigenschaft dafür sorgte, daß rechtzeitig Akten der ITT über einen ungesetzlichen Insiderhandel dem Zugriff eines Untersuchungsausschusses entzogen wurden, und der auch die 200 000 Dollar, die der Mafiafinanzmann Vesco in die Wahlkampfkasse zur Wiederwahl Präsident Nixons eingezahlt hatte, aus den Aufklärungsbemühungen der Kongreßausschüsse herauszuhalten versuchte. Vgl. Louis Wolf, William Joseph Casey, The Cyclone Moves In At Langley, *CAIB 12*, S. 28 ff.

526. Louis Wolf: Lest We Forget, *CAIB 28*, S. 28

527. Anthony L. Kimery: The CIA: Banking on Intelligence, *CAQ 46*, S. 56

528. Ende der achtziger Jahre zeigte die Zahlungsbilanz Kanadas einen Zustrom von sieben Mrd. Dollar aus den USA nach Kanada. In umgekehrter Richtung waren es 48 Mrd. Dollar, für die Fachleute der Treasury in Washington ein Hinweis auf Geldwäsche. Vgl. Aussage Salvatore Martoche, Department of Treasury, U.S. Congress, Senate, Subcommittee on Terrorism, Narcotics and International Operations of the Committee on Foreign Relations: Hearings, International Money Laundering: Law Enforcement and Foreign Policy, S. 103
Das Financial Crimes Enforcement Network (FinCEN) mit seinen Verbindungen zu NSA, CIA und DIA ist in der Lage, in Sekunden zu errechnen, in welcher Nachbarschaft in Manhattan sich hohe Mengen an Bargeld befinden. Anthony L. Kimery, The CIA: Banking on Intelligence, *CAQ 46*, S. 56

529. Schließlich ist nach Angaben von Beobachtern die organisierte Kriminalität schon seit längerer Zeit zum größten Industriezweig der USA herangewachsen. Vgl. *The Nation*, 18.2.1984, S. 198

530. Im Jahre 1981 hatten 120 internationale Banken in Kolumbien eine Niederlassung mit dem Ziel, Einlagen aus dem Drogengeschäft zu erlangen. Die Zentralbank von Kolumbien erleichterte das Geschäft,

indem sie das Bargeld über einen »dunklen Schalter« (sinister window) zunächst in Empfang nahm und dann den europäischen und amerikanischen Banken zur Gutschrift brachte. U. S. Congress Senate, The BCCI Affair, Hearings, Part 6, a. a. O., S. 694

531. In den USA werden monatlich 600000 Erklärungen über Währungstransaktionen eingereicht. Report, Subcommittee on Terrorism, Narcotics and International Operations, S. 119

532. So auch der BCCI-Manager Awan. Das Bargeld wird dorthin geflogen, wo es unter Vortäuschung tatsächlicher Geschäfte angenommen wird, und kommt dann in Milliarden-Dollar-Größenordnung zur Federal Reserve dokumentarisch legitimiert zurück. Vgl. U. S. Congress, Senate, The BCCI Affair, Hearings, Part 6, a. a. O., S. 712

533. Gramm, Chairman Commodity Futures Trading Commission in U. S. Congress, Senate, The BCCI Affair, Hearings, Part 6, a. a. O., S. 648

534. Vgl. Aussage des verdeckten Ermittlers Mazur, in U. S. Congress, Senate, The BCCI Affair, Hearings before the Subcommittee on Terrorism, Narcotics and International Operations of the Committee on Foreign Relations, Part 3, S. 706

535. Senator Jesse Helms entwickelt überzeugend den Grundgedanken der BCCI als Serviceleister für rund 3000 Drogenhändler, Waffenschieber, Terroristen und Geldwäscher in den Strukturen einer weltweiten Kriminalität, in U. S. Congress, Senate, The BCCI Affair, Hearings, Part 1, a. a. O., S. 5

536. Mit kräftigem Unterschleif pakistanischer Militärs und Geheimdienstvertreter, durch deren Hände das amerikanische Geld lief und die die BCCI Bank zum Wegschaffen und Waschen der kriminellen Einkünfte nutzten. Vgl. U. S. Congress, Senate, The BCCI Affair, Hearings, Part 1, a. a. O., S. 37

537. Über die Bankverbindungen können die Kunden der Bank, deren finanzielle Lage mit Ansatzpunkten für Erpressung und Korruption, ausgeforscht werden. Mit Hilfe der BCCI versuchten sich auch frühere saudische Geheimdienstoffiziere in die amerikanische Kabelindustrie einzukaufen. Dies wiederum hätte traumhafte Abhörmöglichkeiten in Privathand ermöglicht. Vgl. U. S. Congress, Senate, The BCCI Affair, Hearings, Part 6, a. a. O., S. 4

538. Nach Aussage amerikanischer Zollbeamter waren die Kunden der BCCI Bank in bezug auf Kokain das, was der Manager Lee Iacocca für die Welt des Autos sei. Vgl. U. S. Congress, Senate, The BCCI Affair, A Report, a. a. O., S. 61

539. Wesentliche Akten der BCCI Bank einschließlich der Bestechungsliste im Bereich von Banken und Politik wurden vor Schließung nach Abu Dabi geschafft. Die Herausgabe wurde von der dortigen Regierung verweigert. Ähnliches gilt für Akten über die Finanzierung des internationalen Terrorismus und die Finanzierung der pakistanischen Nuklear-

waffe. Hier ist es die britische Regierung, die die Herausgabe der Akten an US-Behörden verweigert. U.S. Congress, Senate, The BCCI Affair, A Report, a.a.O., S. 13 und 64.

540. U.S. Congress, Senate, The BCCI Affair, A Report, a.a.O., S. 68

541. John Dee, Snow Job: The CIA, Cocaine and Bill Clinton, part 2: The Money Trail. How the CIA laundered millions in drug profits from Mena and paid for Clinton's 1992 election campaign, Internet

542. Der Bericht des Kongresses über die BCCI-Affäre nennt eine Reihe von Fragen, auf die der Untersuchungsauschuß mangels Vorlage der Unterlagen durch die Behörden gültige Antworten nicht habe finden können. Der irakische Waffenhändler Soghanalian, der »syrische Drogenhändler, Terrorist und Waffenhändler« Monzer Al Kassar und andere größere Waffenhändler werden besonders erwähnt. Zu den ungeklärten Fragen gehöre auch die BCCI-Finanzierung von Rohstoff- und anderen Geschäften des internationalen kriminellen Finanzmannes Marc Rich. Vgl. U.S. Congress, Senate, The BCCI Affair, A Report, a.a.O., S. 13 (Der Name Marc Rich findet sich bezeichnenderweise auch in den Unterlagen über Verbindungen des KoKo-Bereiches der DDR.)

543. Die Geheimdienste, allen voran die amerikanischen, spielen zum Teil ohne Rücksicht auf innen- oder außenpolitische Zuständigkeiten und verfassungsrechtliche Beschränkungen ihre Geheimdienstlandschaft aus, um ihre Operationen geheimhalten zu können. So zeigt der Pike Report: CIA, auf, daß zum Beispiel bei innerhalb des europäischen Terrorismus durchzuführenden »deep cover operations« der Rückgriff auf weniger formale und noch geheimere Einrichtungen als die CIA nahe-liege. Es könne sich dabei um Ausgründungen der CIA selbst handeln oder um öffentlich weniger bekannte Dienste wie die Defense Intelligence Agency (DIA) oder selbst das FBI, das offiziell nicht außerhalb der USA arbeite. Philip Willan, *Puppetmasters* S. 118. Unter Präsident Nixon wurde eine der präsidialen Aufsicht unterstellte Killereinheit des Bureau of Narcotics and Dangerous Drugs (BNDD), dem Vorläufer der heutigen Drug Enforcement Agency (DEA), aufgebaut. Henrik Krüger, *The Great Heroin Coup*, S. 149 und 161

544. Vor dem Anschlag hatte es zahlreiche Hinweise, z.B. auf die Flugverbindung Frankfurt – New York der PanAm sowie den vorgesehenen Radiorecorder mit eingebauter Bombe, gegeben. Yallop, *Die Verschwörung der Lügner*, S. 276

545. Jeff Jones, The Bombing of PanAm 103, *CAIB 34*, S. 43

546. Zwei Mitglieder der in Neuss festgenommenen Terrorgruppe sollen sich wenige Tage vor der Festnahme nach Schweden abgesetzt haben, dort festgenommen, in Haft gehalten und nach Syrien abgeschoben worden sein. Eine Bemühung um Verhinderung der Freilassung seitens der USA soll es nicht gegeben haben. Vgl. Aussage der Tochter des

Opfers Klinghoffer auf der *Achille Lauro*, in U.S. Congress, Senate, Committee on the Judiciary, Subcommittee on Courts and Administrative Practice, Antiterrorism Act of 1990, Hearing, S. 64 f.

547. Zu Buckley vgl. auch Edward J. Dobbins: The Buckley Affair: Anatomy of an Intelligence Disaster, *CAIB 30*, S. 49; Mark Perry: William Buckley, *The Nation*, 14. 5. 1988

548. Präsident Reagan leugnete bei Amtsende, je über den Aufenthaltsort der Geiseln im Bilde gewesen zu sein. Auch der FBI-Vertreter behauptete in den Anhörungen des Kongresses, im Ergebnis nichts Genaues gewußt zu haben. Vgl. U.S. Congress, Senate, Committee on Governmental Affairs, Hearings, Threat of Terrorism and Government Response to Terrorism, a.a.O., S. 40. Offensichtlich wußten jedoch die israelischen Dienste genau über die Aufenthaltsorte Bescheid, unterließen jedoch die Weitergabe der Nachricht an die amerikanischen Kollegen, angeblich um ihre Quelle zu schonen. Der CIA-Vertreter für Nahost, Buckley, hätte gerettet werden können, meint Ostrovsky, *Der Mossad*, S. 362. Geht man jedoch von der Tatsache aus, daß die amerikanische Sondereinheit zum Aufspüren der Geiseln, die bei der Lockerbie-Katastrophe mit abstürzte, empört war über die Verhaltensweise ihrer Vorgesetzten in CIA, DEA und FBI, so stellen sich zwangsläufig weitere Fragen. Um Buckley freizubekommen, habe der vom stellvertretenden Amtschef Gates krankheitshalber stets umgangene CIA-Direktor Casey in geheime Waffenlieferungen an den Iran eingewilligt, Peres sei von der Notwendigkeit überzeugt gewesen, jedoch habe der Chef des Mossad andere Interessen rücksichtslos verfolgt. Ostrovsky, a.a.O., S. 366. Wir haben es folglich bei der Geiselfrage auch mit dem Komplex der zwei Waffenkanäle auf israelischer wie amerikanischer Seite zu tun. In die Szene paßt, daß sich der israelische Sicherheitsberater darüber ausließ, das amerikanische Interesse am Waffenhandel mit dem Iran könnte nach einer vollständigen Freilassung aller Geiseln ein Ende nehmen. Vgl. Jane Hunter: Missiles for the Mullahs: The Israeli Arms Bazaar, *CAIB 30*, S. 33. Interessant ist auch die Beobachtung, daß ein Presseorgan wie *Die Welt*, geheimdienstnah wie die gesamte Springer-Presse, »top secret« Internas gezielt ausplauderte in der Version, die bestimmten Geheimdienstkreisen politisch ins Konzept paßten. *Die Welt* half so bewußt mit oder wurde zum Werkzeug bei der Sprengung des vom Likud bekämpften Mapai-Kanals gemacht, indem sie die Verhandlungen der Gegenseite gezielt enthüllte. Aufhänger mag der Verhandlungsort Hamburg gewesen sein.

549. In U.S. Congress, Senate, The BCCI Affair, A Report, a.a.O., S. 314, wird darauf verwiesen, daß der Verkauf der TOW-Raketen von der amerikanischen Regierung genehmigt worden sei als Teil der Bemühungen, den CIA-Vertreter in Beirut, Buckley, mit Lösegeld freizukaufen.

550. Jeff Jones: Was the CIA Involved? The Bombing of PanAm 103, *CAIB 34*, S. 41

551. Vgl. auch Noel Koch, International Security Management Inc., der meint, über den Absturz der PanAm-Maschine gebe es mehr Theorien und weniger Ergebnisse als in allen ähnlich gelagerten Fällen. Er kritisiert die Freistellung des syrischen Präsidenten Hafez Assad von jeder Verantwortung, da auf dessen Förderung des Terrorismus bislang die meisten amerikanischen Opfer zurückzuführen seien. Nun werde er von den USA umarmt. Vgl. U. S. Congress, Senate, Committee on Governmental Affairs, Hearings on Terrorism: Interagency Conflicts in Combating International Terrorism, July 15, 1991, GOP 1992. Aus einer Notiz der *Washington Post* vom 8. 2. 1991 ergibt sich, daß israelische Agenten die syrische Terrorgruppe infiltriert haben sollen. Die Mitglieder seien kurz nach einer Zusammenkunft zwischen dem amerikanischen Außenminister Baker und dem syrischen Staatschef Assad liquidiert worden, nachdem Baker Assad die vorliegenden Beweismittel gegen die Gruppe unterbreitet hatte.

552. Goddard/Coleman, *Trail of the Octopus*, S. 189 ff.

553. Paul S. Hudson, der Vorsitzende der Familien der Opfer der PanAm 103/Lockerbie übt heftigste Kritik an der Haltung der amerikanischen Bundesregierung: »The lack of concerted action by the U. S. government in the PanAm 103 case and in most acts of international terrorism against Americans is becoming well known.« U. S Congress, Senate, Committee on the Judiciary, Subcommittee on Courts and Administrative Practice, Antiterrorism Act of 1990, Hearing, S. 70

554. Vgl. Anklage Grand Jury, U. S. District Court for the District of Columbia, 14. 11. 1991: USA vs. Abdel Basset Ali Al-Maghari et al.

555. Der Inhaber der Firma Bollier hatte in den siebziger Jahren vorübergehend auf einem Schiff in der Nordsee Radiosendungen organisiert. Das Ganze vermittelt in der Breite der Tätigkeit nachrichtendienstliche Hintergründe. Man ist versucht, an die Sendungen der CIA Richtung Kuba durch die »Gibraltar Steamship Corporation« zu denken. Marchetti, *CIA*, S. 179

556. Agenturmeldung Reuters, *The Hague*, 15. 10. 1997

557. Der Rechtsberater des Außenministers der USA, Abraham Sofaer, erklärte in einem Zeitungsbeitrag nach seinem Ausscheiden aus dem Amt, daß der Iran in das Attentat gegen die PanAm-Maschine involviert gewesen sei. U. S. Congress, Senate, Committee on the Judiciary, Subcommittee on Courts and Administrative Practice, Antiterrorism Act of 1990, Hearing, S. 64
Lisa Klinghoffer, U. S. Congress, Senate, Committee on the Judiciary, Subcommittee on Courts and Administrative Practice, Antiterrorism Act of 1990, Hearing, S. 65

558. Beat The Devil, Great Balls of Fire, *The Nation*, 16./23. 7. 1988

559. Iran Air Flight 655, *Newsweek*, 13. 7. 1992
560. *The Nation*, 11. 5. 1992, Skeptiker gehen daher auch nicht von einem Unfall, sondern einer verdeckten Operation aus. Vgl. auch David Corn, Beltway Bandits, *The Nation*, 3./10. 8. 1992
561. Die Auffassung wird bestätigt in einem Interview mit einem anonym bleibenden Mitarbeiter aus der Terrorabwehr Nahost der CIA. Vgl. *Focus* 18/1996
562. Ken Lawrence, The Korean Spy Plane; Flight 007 Aptly Named, *CAIB 20*, S. 40 ff.; K.A.L. 007 Unanswered Questions und David Pearson/ John Keppel, New Pieces In The Puzzle Of Flight 007, *The Nation*, 17./24. 8. 1985; David Pearson, K.A.L. 007: What the U.S. Knew And When We Knew It, *The Nation*, 18. 8. 1984, S. 105 ff. Inzwischen erklärte der damalige TV-Chef der U. S. Information Agency, Alvin A. Snyder, We Were Wrong About Flight 007, *NHT*, 2. 9. 1996, daß die amtliche amerikanische Darstellung des Falles eine bewußt gesteuerte Desinformation der Vereinten Nationen und der Weltöffentlichkeit gewesen sei. Die US-Regierung habe ein die Zusammenhänge bewußt verfälschendes Video vorgeführt, das unter seiner Verantwortung produziert worden sei.
563. Die Vereinigten Stabschefs der USA haben nicht selten als sofortige Ablenkung von offensichtlichen und massiven Fehlleistungen des Militärs ihrer Regierung eskalierende Gegenschläge empfohlen, ein Verhalten, das bei militärischem Fehlverhalten zur bewußten Provokation drängt. Marchetti, *CIA*, S. 361 f.
564. Noel Koch, Präsident der International Security Management Inc., zuvor Abteilungsleiter im amerikanischen Verteidigungsministerium für Fragen der Terrorbekämpfung und für Spezialoperationen, sagte vor einem Kongreßausschuß aus, daß auch der Absturz der österreichischen Lauda Air mit hoher Wahrscheinlichkeit durch Terroristen verursacht worden sei. Thailand habe nach dem Absturz der Maschine 9 Terroristen des Landes verwiesen, darunter Iraker und Jordanier, die mit der irakischen Regierung in Verbindung gestanden hätten. Es möge Zufall gewesen sein, daß die Terroristen zur Zeit des Absturzes im Lande gewesen seien. Allerdings falle eine Maschine in aller Regel nicht in der Luft auseinander. Die Sicherheitsmaßnahmen bei der Abfertigung der Maschine in Thailand seien sehr mangelhaft gewesen. Die Terroristen hätten auch in der Vergangenheit österreichische Ziele angegriffen und hätten später vergleichbare Ziele verfolgt.
Eine verdeckte Operation vermutet Koch hinter dem Absturz einer Chartermaschine in Gander, Neufundland, bei der zahlreiche amerikanischen Soldaten, die im Sinai Dienst getan hatten, ums Leben gekommen seien. Der Unfall sei offiziell technischem Versagen zugeschrieben worden. Doch bestehe Verdacht einer Fehlanalyse bis hin

zur Vertuschung eines Skandals (cover up). Die kanadische Untersuchungskommission sei nicht in der Lage gewesen, eine einstimmige Entscheidung zu treffen. Einige Mitglieder hätten mit sehr überzeugenden Minderheitsmeinungen die offizielle Version abgelehnt. U. S. Congress, Senate, Committee on Governmental Affairs, Hearings on Terrorism: Interagency Conflicts in Combating International Terrorism, S. 121

565. Gerhard Wisnewski, Wolgang Landgraeber, Ekkehard Sieker, *Das RAF-Phantom – Wozu Politik und Wirtschaft Terroristen brauchen.*

566. Vgl. Interview Heribert Prantl mit Horst Herold, dem langjährigen Chef des BKA: »Die Rote Armee Fraktion setzt sich ihren Grabstein«, sowie Leyendecker und Schmitz, Das Phantom löst sich auf, in *Süddeutsche Zeitung*, 22. 4. 1998

567. Ganz ähnlich wie der Likud-zugewandte Geheimdienstmann Ben-Menashe berichtet auch der eher Mapai-geneigte Mossad-Agent Ostrovsky von der gezielten Hintertreibung der Friedenspolitik durch israelische Gewaltakte gegen Palästinenserlager und die Forcierung der Siedlungen in den besetzten Gebieten. Dazu gehörte auch die Unterminierung des amerikanischen Präsidenten Carter, dem durch eine Manipulation des Mossad Andrew Young, der US-Vertreter bei der UNO, und damit ein wesentliches Bindeglied des Präsidenten zur Gemeinde der Schwarzen in den USA aus dem Amt gedrängt wurde. Vgl. Ostrovsky, *Der Mossad*, S. 306 ff.

568. Yallop, *Die Verschwörung der Lügner*, S. 267

569. So wurden ein Vertreter des Mossad und ein amerikanischer Militärattaché in Paris erschossen, die es unternommen hatten, auf eigene Faust Möglichkeiten eines friedlichen Ausgleichs mit Vertretern der Palästinenser zu erörtern. Das gleiche Schicksal ereilte einen designierten Mossad-Chef, der vor einem allzu harten Kurs gegenüber Syrien gewarnt hatte. Die Tat wurde fälschlicherweise der Libanesischen Bewaffneten Revolutionären Fraktion FARL in die Schuhe geschoben und obendrein als Vorwand zum Einmarsch in den Libanon genommen. Vgl. Ostrovsky, *Der Mossad*, S. 84 f. und 88 f. In Laske, *François Genoud*, S. 308, kann man die Version in der laut Ostrovsky durch den Mossad getürkten Fassung wiedererkennen.

570. Yallop, *Die Verschwörung der Lügner*, S. 244

571. Vgl. für Lateinamerika Andersen, *Dossier Secreto*, S. 3; Andersen, der ehemalige Sekretär des Auswärtigen Ausschusses des Kongresses, weist darauf hin, daß die Guerillabewegungen Lateinamerikas wie Italiens in einer Weise unterwandert gewesen seien, daß sich die Frage nach den eigentlichen Zielen einiger der gewalttätigsten Terrorakte ebenso wie nach der objektiv von ihnen ausgehenden Gefahr stelle.

572. Dies gilt auch für das Vorgehen britischer Soldaten im Nordirlandkon-

flikt. Vgl. Beispiele bei Betsy Swart, Ireland's Targeted Generation, *CAQ 45*, S. 46 ff.

573. Mark Perry, Underground Cowboys; The I.S.A. Behind The N.S.C., *The Nation*, 17. 1. 1987

574. Ostrovsky, *Der Mossad*, S. 243

575. Vgl. hierzu Interview mit Hauptmann Antonio La Bruna, der Delle Chiaie und 100 weiteren Staatsterroristen im Auftrag der Geheimdienste zur Flucht nach Spanien verhalf. Christie, *Stefano Delle Chiaie, Portrait of a Black Terrorist*, S. 168

576. Ostrovsky, *Der Mossad*, S. 257

577. William F. Jasper, Revolution and Terrorism: Enemy Within The Gates, *The New American*, 19. 2. 1996
Unmittelbar nach den Attentaten bei den Olympischen Spielen in München 1972 stellte das FBI unter dem Programm »Operation Boulder« alle arabischstämmigen Personen der USA und deren Organisationen unter Überwachung. Ann Talamus, FBI Targets Arab-Americans, *CAIB 36*, S. 7

578. Der Pike Report stellte fest, daß nicht alle verdeckten Operationen der USA CIA-intern veranlaßt wurden. Gerade die übelsten paramilitärischen Operationen seien offenbar von außerhalb der CIA angestoßen worden. Einige Projekte habe der Präsident unmittelbar veranlaßt, einige andere der Nationale Sicherheitsberater, und einige seien vom State Department ausgegangen. CIA – Pike Report, S. 56

579. »The record of modern times is pretty clear, terrorism in these days is an industry. Its financial resources are phenomenal. Terrorist masters clearly pay a lot more attention to money than they do to the personal well being of their own troops.« Joseph A. Morris, President and General Counsel, Lincoln Legal Foundation, Chicago, in U.S. Congress, Senate, Committee on the Judiciary, Subcommittee on Courts and Administrative Practice, Antiterrorism Act of 1990, S. 79

580. Wolffsohn, *Die Deutschland Akte*, S. 52, berichtet von einem stellvertretenden Vorsitzenden der NPD, der als Doppelagent für den westdeutschen Verfassungsschutz und zugleich für die Stasi arbeitete. Der Mann verfügte über beste Kontakte zur Wehrsportgruppe Hoffmann, die 1982 einen jüdischen Verleger in Erlangen erschoß und sich wie viele andere Terroristen im Libanon ausbilden ließ.

581. Der Mossad habe eine Generalanweisung an sein operatives Personal gegeben, unter falscher Flagge mit jeder Terrororganisation Kontakt aufzunehmen. Ostrovsky, *Geheimakte Mossad*, S. 198

582. So erklärt Kurt Muellenberg, ehemaliger Jurist aus dem Department of Justice in Washington, die Schwierigkeiten der Jagd auf internationale Terroristen im Ausland: »Es sieht bei der Bearbeitung des Falles am Tatort gar nicht danach aus. Das heißt, man rennt gegen die Wand der CIA. Sie trüben die Wasser. Sie sagen dir grundsätzlich nichts. Im

Gegenteil, sie machen Geschäfte mit der Gegenseite, mit welchem Geheimdienst in welchem Land auch immer.« U. S. Congress, Senate, Committee on Governmental Affairs, Hearings on Terrorism: Interagency Conflicts in Combating International Terrorism, July 15, 1991, GOP 1992, S. 47

583. In den USA bekämpfen allein auf nationaler Ebene 26 Institutionen den Terrorismus, ein Alptraum für den echten Fahnder, ein Traum für den Planer verdeckter Operationen. Vgl. Mark Perry, William Buckley, *The Nation*, 14. 5. 1988, S. 676 f. Ähnliches gilt für die Bekämpfung des Drogenhandels. Um so leichter fällt das Ausspielen der einen gegen die andere Behörde und das Vermeiden und Ausschalten ernsthafter Verfolgung. Über die gezielte Verwendung des Begriffes Terror und Antiterror vgl. Edward S. Herman, Power and the Semantics of Terrorism, *CAIB 26*, S. 9 ff. Während die Strafverfolgung auf die Tat warten muß, jeder Gegenschlag auf den Schlag, kann die Bekämpfung des Terrors durch Antiterroreinheiten mit ihrer kriegsverwendbaren Bewaffnung kontinuierlich erfolgen und in zahlreichen Ländern auch mißbräuchlich zur Unterdrückung und Ausrottung politischer Gegner verwandt werden; ebd., S. 13

584. Die Frage stellte sich der Journalist Guido Passalacqua bereits 1980, als er ausführte, es müsse jemanden weiter oben geben, der entscheide. Es gebe eine undurchdringliche Führungsmannschaft. Vgl. Philip Willan, *Puppetmasters*, S. 191

585. Ostrovsky, *Der Mossad*, S. 351. In seinem Buch *Geheimakte Mossad* beurteilt Ostrovsky das Verhältnis des rechten Flügels des Mossad zu Gemayel als eine echte »Liebesaffäre«. In dem Meer von Haß, das Israel auf allen Seiten umgebe, habe der Mossad anscheinend in den christlichen Meuchelmördern im Libanon einen Alliierten gefunden. Doch dieser Haß sei vom Mossad kräftig geschürt worden, um den Status quo zu erhalten und Israel so zur Beibehaltung der gewaltigen Militärmaschine zu veranlassen, statt sich der Aufgabe des Friedens zu widmen. A. a. O., S. 65 f. Zu diesem Ergebnis kommt auch Noam Chomsky, Libya in U. S. Demonology, *CAIB 26*, S. 23

586. Laske, *François Genoud*, S. 267

587. Ostrovsky, *Geheimakte Mossad*, S. 86

588. Vgl. Henrik Krüger, Strange Tales of Nugan Hand Drug Clients, *CAIB 28*, S. 9, mit Hinweisen auf die CIA und den unter Druck der CIA zustande gekommenen Verzicht der dänischen Regierung auf Auslieferung des Drogenhändlers Wehbe aus dem Umkreis der Familie Gemayel, ebd., S. 10

Zur Aufsplitterung der Kräfte im Libanon und deren Ausspielen gegeneinander durch die Likud-Regierung in Israel und die Reagan-Administration in den USA, vgl. Edward W. Said, Our Lebanon, *The Nation*, 18. 2. 1984

589. Auf die Anwerbung mit einer »hübschen Summe« soll der Terrorist geantwortet haben: »Wieso habt ihr so lange gebraucht?« Ostrovsky, *Der Mossad*, S. 252

590. Yallop hat in seinem Buch, *Die Verschwörung der Lügner*, einen erheblichen Teil des nahöstlich-europäischen terroristischen Hintergrundgeflechts durch Befragung und Überprüfung der handelnden Personen aufarbeiten können. Dabei ist er jedoch nicht auf das 1990 erschienene Buch des israelischen Geheimdienstagenten Victor Ostrovsky, *Der Mossad*, eingegangen, der die Anwerbung der Zentralfigur des europäischen Terror-Netzwerkes des Schwarzen September durch den Mossad im Jahre 1973 beschreibt. Die in Teilen des Buches von Yallop vermittelte Verankerung zahlloser Mordaufträge in Richtung Syrien und den Irak wirkt unüberprüft. Es muß berücksichtigt werden, daß Yallop selbst von einer mehr oder weniger regelmäßigen Zusammenarbeit zwischen dem Mossad und den syrischen Diensten berichtet. Yallop, a. a. O., S. 396. Die Rückführung der Mordaufträge auf den Saddam Hussein der Jahre bis 1990 erscheint zweifelhaft. Es war dies die Zeit, als die USA das Angriffspotential des Iraks zur Schwächung des Irans nutzten, eine Zeit intensiver Zusammenarbeit der amerikanischen Dienste zur Unterstützung des Iraks. Außerdem vermittelten in dieser Zeit nahezu alle europäischen und amerikanischen Politiker lukrative Waffenverkäufe an die Kriegspartei Irak. Nicht ausgeschlossen ist natürlich die Über-Bande-Nutzung der irakischen und syrischen Dienste zur Veranstaltung von Terrorakten.

591. *The Wall Street Journal*, 10. 2. 1983 zit. in How Deep Is Our Throut, *The Nation*, 31. 12. 1983, S. 690

592. Vgl. Yallop, *Die Verschwörung der Lügner*, S. 113

593. Ostrovsky, *Geheimakte Mossad*, S. 187

594. *Washington Post*, 18. 2. 1977

595. Yallop, *Die Verschwörung der Lügner*, S. 53

596. George Jonas, *Vengeance, The True Story of an Israeli Counter-terrorist Mission*

597. Der Widerspruch hinsichtlich der Harmlosigkeit Boudias, wie ihn die Rächergruppe darstellt, und dem, was der Mossad über den Algerier verbreitet und Yallop in dem Buch *Verschwörung der Lügner*, S. 112, als zutreffend unterstellt, kann hier nicht aufgelöst werden. Sollte die vor Ort recherchierende Gruppe recht haben, dann dürfte Boudia wie auch zum Teil Carlos zum Kreis der Scheinterroristen der Geheimdienste gehören.

598. Der Bericht über das Kommando des Mike Harari findet sich in David B. Tinnin, *Hit Team, The exciting story of Israel's strike against Arab terrorists in Europe*

599. Jonas, *Vengeance*, a. a. O., Kapitel 6, Anmerkung 10, S. 446

600. Als der Botschafter Kolumbiens in Paris ermordet wurde, meldete sich

ein Augenzeuge mit der Mitteilung, er habe den berüchtigten Carlos als Täter erkannt. Später stellte sich heraus, daß der Anschlag von einem bolivianischen Geheimdienstagenten in Zusammenarbeit mit drei Söldnern der faschistischen Paladin-Gruppe ausgeführt wurde. Vgl. Krüger, *The Great Heroin Coup*, S. 212

601. Ostrovsky, *Der Mossad*, S. 259 und 265; zur Action Directe und den Hintergründen der Terroranschläge in Frankreich vgl. auch Brozzu-Gentile, *L'Affaire Gladio*, S. 147 f.

602. Ostrovsky, *Geheimakte Mossad*, S. 199

603. Yallop, *Die Verschwörung der Lügner*, S. 508 f.

604. Vergès erwartete die schnelle Freilassung seines Mandanten Carlos aufgrund des terroristischen Druckes der Freunde, vor allem aber auch im Hinblick auf eine ungeschriebene Vereinbarung, wonach Terroristen in Ländern, die sie bei Angriffen aussparen, nicht wegen Terrorakten in anderen Staaten verfolgt würden. Vgl. Laske, *François Genoud*, S. 289. Die Erklärung paßt gut zu einer Kampagne gegen die Laschheit europäischer Regierungen in Sachen Terrorismus und läßt Hintergründe aus den amerikanischen Heeresdienstvorschriften zur Unterwanderung und Steuerung radikaler Bewegungen erahnen.

605. Vgl. hierzu Pierre Péan, *L'Extremiste François Genoud*

606. Über François Genoud, Martin Bormann und Paul Dickopf berichtet Hansjakob Stehle: Martin Bormann im westöstlichen Zwielicht – Die Freundin macht Karriere in der DDR, sein Agent wurde BKA-Chef, *Die Zeit* Nr. 24, 6. 6. 1997

607. Karl Laske, *François Genoud*, S. 32

608. Ebd., S. 54

609. Ebd., S. 42 ff.

610. Serge Fliegers, der die Fluchtorganisationen infiltriert hatte, berichtete von der Organisation Spinne und deren Finanzier. Diese Organisation hatte ihre Fäden bereits vor dem Untergang des Dritten Reiches gesponnen, indem sie Geld auf Schweizer Geheimkonten deponierte. »Der Mann, der diese NS-Vermögen verwaltete und auch heute noch verwaltet, ist Schweizer Staatsbürger und wohnt in Lausanne. Seine Wohnung hat das Aussehen eines Hitler-Museums: An den Wänden hängen Hakenkreuzfahnen und lebensgroße Portraits des Führers. Dieser Nazibankier reist heute ungehindert in Europa herum, um Investitionen und Überweisungen vorzunehmen.« Interview mit der *Basler National Zeitung*, zit. in Laske, a. a. O., S. 85

611. Laske, a. a. O., S. 67

612. »Ich bin mit seinen Ideen nicht einverstanden, aber François Genoud ist der Mann, der mehr als alle zusammen für die palästinensische Sache getan hat.« Bassam Abu Scharif, Volksfront für die Befreiung Palästinas (PFLP), zit. in Laske, a. a. O., S. 11

613. Zu den Verbindungen des Mitglieds des Front National Stirbois, aber

auch anderer Rechtsradikaler des Ordre Nouveau mit den Emissären der radikalen Palästinenser vgl. Konopnicki, *Les Filières Noires*, S. 268

614. Laske, a. a. O., S. 244. Die Vorstellung, Genoud könne Dickopf dazu gebracht haben, Interpol aus der Bekämpfung des internationalen Terrorismus mit Rücksicht auf die arabischen Länder herauszulassen, wirkt überzeugend, kann jedoch angesichts der anfänglichen Weigerung der EU-Länder bei der Gründung von Europol, die Bekämpfung des Terrorismus in den Aufgabenkatalog aufzunehmen, nicht überzeugen. Viel eher handelt es sich um den indirekten Beweis der geheimdienstlichen Nutzung des Terrorismus für verdeckte Operationen, nicht auszuschließen auch aus innenpolitischen Gründen.

615. Laske, a. a. O., S. 222 ff.

616. Laske meint in seinem Vorwort, die offizielle Berichterstattung sei immer sehr allgemein und zurückhaltend gewesen, ein Beweis, daß niemandem wirklich daran gelegen war, diese Unterlagen ans Licht zu holen. Laske, a. a. O., S. 9

617. Festzuhalten bleibt der eigentümliche Umstand, daß im Verfahren gegen die Terroristin Kröcher-Tiedemann, die unstreitig bei dem Anschlag auf die OPEC-Ölminister in Wien zwei Männer erschossen hatte, sämtliche Ölminister die Aussage verweigerten, worauf die Terroristin mangels Beweises freigesprochen wurde. Yallop, *Die Verschwörung der Lügner*, S. 639

618. Laske, a. a. O., S. 304

619. Auf saudische Finanzierung stößt man immer wieder bei muslimischen Fundamentalisten in Afghanistan oder auch in Ägypten und anderen arabischen Ländern. Daß diese Politik des sich Einkaufens in den Radikalismus und dessen Steuerung mit der amerikanischen Seite nicht verabredet worden sein soll, wäre naiv anzunehmen. Man betrachte nur die Zusammenarbeit beider Länder in der Bank BCCI. Im übrigen wurde der saudische Geheimdienst in den siebziger Jahren der Firma Interset, einem amerikanischen Sicherheitsdienst anvertraut, dessen höheres Management sich aus pensionierten CIA-Angehörigen, Generalen der U.S. Army und amerikanischen Kabinettsmitgliedern zusammensetzte. Vgl. Judith Caesar, Saudi Dissent: Rumblings Under The Throne, *The Nation*, 17. 12. 1990, S. 763

620. Vgl. auch Stella Calloni, The Horror of Archives of Operation Condor, *CAQ 50*, S. 57, die auf Jack Anderson und Michael Binstein: How the CIA spared Carlos the Jackal, in *Washington Post*, 22. 8. 1994, verweist.

621. Yallop, *Die Verschwörung der Lügner*, S. 406

622. Item. Item. Item, *The Nation*, 20. 9. 1980, S. 237, und Rogue Agents, *The Nation*, 28. 11. 1981, S. 564

623. Ergebnis des Buches Yallop, *Die Verschwörung der Lügner*, vgl. insbes. S. 406

624. Bill Schaap, Deceit and Secrecy: Cornerstones of U. S. Policy, *CAIB 16*, S. 25

625. U. S. Congress, Senate, Committee on Governmental Affairs, Hearings, Threat of Terrorism and Government Response to Terrorism, GOP 1990 (S. Hrg. 101–458), S. 31

626. Ben-Menashe, *Profits of War*, S. 122 ff.

627. Ben-Menashe, a. a. O., S. 54; Rafi Eitan war es auch, der den christlichen Phalange-Milizen den Befehl zum Eindringen in die PLO-Lager im Libanon gegeben hatte, eine Tat, die für die Dauerhaftigkeit des Terrorgeschehens in Nahost von entscheidender Bedeutung sein sollte. Eqbal Ahmad/Sheila Ryan, Indirect Guilt, *The Nation*, 6. 1. 1983, S. 229

628. Einzelheiten bei Ben-Menashe, a. a. O., S. 118 ff.

629. U. S. Congress, Senate, The BCCI Affair, A Report, S. 68

630. *Süddeutsche Zeitung* 21. 8. 1996

631. *Taz*, 16. Juni 1992; Wisnewski, *Das RAF Phantom*, S. 340

632. Frank Brodhead und Edward S. Herman, The KGB Plot to Assassinate the Pope: A Case Study in Free World Disinformation, *CAIB 19*, S. 13 ff., sowie Brodhead, Friel und Herman, Darkness in Rome: The »Bulgarian Connection« revisited, *CAIB 23*, S. 3 ff.

633. Nach einem Zitat aus *Observatoire Géopolitique des Drogues* wurde die Waffe für das Papstattentat von dem türkischen Mafiapaten Abdullah Catli besorgt, der beschuldigt wird, zahlreiche politische Morde an Arbeitern und Journalisten begangen zu haben. Dank der Mithilfe der türkischen Polizei bei der Beschaffung von Diplomatenpässen, Dienstausweisen und falschen Namen kann er mit einer falschen Identität die Interpol-Kontrollen unterlaufen. Er handelt mit Heroin und ist über den Polizeikommissar von Erzerum wiederum in den Skandal um die Außenministerin Çiller verstrickt. Catli wurde 1988 in Zürich zu sieben Jahren Haft verurteilt, jedoch aus der Haftanstalt befreit, möglicherweise mit Hilfe der CIA, für die er seit Jahren gearbeitet hatte. *OGD*, No. 63, Januar 1997, S. 2

634. Der größte Teil des für Europa bestimmten Heroins wanderte über die Türkei zunächst nach Westdeutschland. Die Grauen Wölfe als Schlagarm der faschistischen Partei organisierten den Transport mit Hilfe von Gastarbeitern. Die Einnahmen sollen in Waffen umgesetzt worden sein. Krüger, *The Great Heroin Coup*, S. 222

635. Wortlaut bei Brodhead, Friel, Herman, The »Bulgarian Connection« revisited, *CAIB 23*, S. 12

636. So auch Rachel Ehrenfeld, *Narco Terrorism*, S. 15 ff.
Hintergründe auch in Fred Landis: The CIA and Reader's Digest, *CAIB 29*, S. 41

637. The CIA and the Grey Wolves, *CAIB 23*, S. 15

638. Müller, Leo A., *Gladio – Das Erbe des Kalten Krieges*, S. 106 ff., in bezug auf Türkes, S. 112 ff.

639. Ertrugrul Kurkcu:Trapped in a Web of Covert Killers, *CAQ 61*, S. 12
640. Yallop, *Die Verschwörung der Lügner*, S. 549 ff.; Edward W. Said, The Essential Terrorist, Besprechung des Buches von Benjamin Nethanyahu: *Terrorism: How The West Can Win*, The Nation, 14. 6. 1986, S. 828
641. Auf dieser Grundlage operiert das Buch von Rachel Ehrenfeld, *Narco Terrorism*, passim, und vernetzt den Terrorhintergrund mit sowjetisch gefördertem Drogenhandel.
Dagegen Brodhead, Friel und Hermann, The »Bulgarian Connection« revisited, Part III: The Rome-Washington Connection, *CAIB 23*, S. 16
642. Der Täter selbst konnte für seine Tatsachenbehauptungen in der Regel keinerlei Beweise bringen. Zuweilen behauptete er von sich, Jesus zu sein. Vgl. *CAIB 26*, S. 37
643. Louis Wolf und Fred Clarkson: Arnaud de Borchgrave Boards Moon's Ship, *CAIB 24*, S. 34
644. Über den Einfluß der beiden geheimdienst- und insbesondere CIA-nahen Journalisten Moss und de Borchgrave in Zusammenarbeit mit rechtslastigen »think tanks« zur Vorbereitung der Wahl Präsident Reagans in den USA und Margaret Thatchers in Großbritannien unter Nutzung der Angst vor sowjetgesteuertem Terrorismus und sowjetischer Infiltration berichtet ausführlich Fred Landis, in *CAIB 10*, S. 37 ff.; ergänzend hierzu ders., in *CAIB 24*, S. 36 ff.
Norman Birnbaum verweist in Bonn Caper: The Case Of The Media's Agents, *The Nation*, 4. 11. 1978, auf das Zusammenspiel de Borchgraves, Moss, Rowland Evans und Robert Novaks beim Versuch, die deutsche Ostpolitik Willy Brandts zu untergraben. Zu diesem Zweck hatte die CIA über einen rumänischen Überläufer Uwe Holtz, den langjährigen SPD-Abgeordneten des Deutschen Bundestages, sowie den Diplomaten und Mitarbeiter Brandts, Joachim Broudre-Groeger, als sowjetische Meisterspione anschwärzen lassen. Brandt wandte sich öffentlich warnend an die amerikanischen Geheimdienste, und Birnbaum fragt, ob es da nicht eine verdeckte Außenpolitik mit oder ohne Kollaboration General Haigs gebe.
645. Bei der Senatsanhörung zur Ernennung Robert Michael Gates zum Direktor der CIA erklärte der ehemalige CIA-Mitarbeiter Melvin Goodman, unter Gates als stellvertretendem Direktor habe die CIA die Bulgarien-Verschwörung zur Ermordung des Papstes den Sowjets als Drahtziehern des internationalen Terrors wie auch des Einsatzes chemischer Kampfmittel in die Schuhe zu schieben versucht. Louis Wolf, Congressional Oversight in Action: The Confirmation of Robert Gates, *CAIB 39*, S. 63
646. So soll der Generalsekretär der Vereinigung der Katholischen Bischöfe einem Freund Agcas Geld gegeben haben, um Agca zu der Aussage zu veranlassen, er sei vom KGB angeheuert worden. Vgl. Walter Samp-

son, Fatima, *CAIB 27*, S. 47; Aus den Aussagen des Mitverschwörers und Bosses der türkischen Drogenmafia, Catli, ergeben sich Hinweise auf westdeutsche Geheimdienst- und Polizeivertreter, die mit Geld Zeugen dazu veranlassen sollten, nach Deutschland zu kommen und dort die Aussagen Agcas zu bestätigen. Edward S. Herman und Frank Brodhead: The New York Times on the Bulgarian Connection: »Objective« News as Systematic Propaganda, Part II, *CAIB 27*, S. 57

647. Brodhead, Friel und Herman, Darkness in Rome: The »Bulgarian Connection« revisited, *CAIB 23*, S. 21
648. Ertrugrul Kurkcu, Trapped in a Web of Covert Killers, *CAQ 61*, S. 6 ff.; gute Zusammenfassung bei Lucy Komisar, Turkey's Terrorist: A Legacy Lives On, The Progressive, April 1997, über Internet
649. Ömer Erzeren, »Ein Staat besetzt von Mördern und Dieben«; ein Verkehrsunfall in der Türkei bringt die engen Verstrickungen zwischen Politik, Polizei und Mafia ans Tageslicht. Auch Tansu Çiller gerät ins Zwielicht. *Taz*, 8. 11. 1996; ders., Attentate im Staatsauftrag, Heroinhandel, Mord und Erpressung ... Die schmutzigen Geschäfte der Tansu Çiller, *taz*, 18. 11. 1996; Stephen Kinzer, Sordid Secrets From Car Crash Jolt Turkish Politics, *NHT*, 11. 12. 1996
650. Ertrugrul Kurkcu, Trapped in a Web of Covert Killers, *CAQ 61*, S. 12. Bei dem Autounfall kam heraus, daß der Innenminister Drogenhändler mit Diplomatenpässen ausgestattet hatte. Einer dieser Händler namens Yasar Oz war von der Drug Enforcement Agency in New York festgenommen, jedoch sofort wieder auf freien Fuß gesetzt worden.
651. *Turkish Daily News* in Turkish Press Scanner, 9. 12. 1996. Zum Hintergrund vgl. auch Martin A. Lee, Türkische Rechtsextremisten agieren in Politik und Mafia; Der lange Atem der Grauen Wölfe, *Le Monde Diplomatique*, 6. 3. 1997 (*taz*-Übersetzung)
652. Martin A. Lee, Der lange Atem der Grauen Wölfe, ebd.
653. Alexander Cockburn spricht daher zu Recht in bezug auf die Warnung französischer Dienste von immer wieder recycelter Desinformation aus immer gleichen Quellen. Cockburn, Beat The Devil: The Gospel According To Ali Agca, *The Nation*, 6./13. 7. 1985, S. 7
654. Grundlegend hierzu Philip Willan, *Puppetmasters – The Political Use of Terrorism in Italy.*
655. Zu den Ermittlungen der Richter Zusammenfassung bei Willems, *Dossier Gladio*, S. 65 ff.
656. »Die Kräfte der kommunistischen Parteien, deren Einfluß auf die italienische und französische Regierung und insbesondere die Gewerkschaften muß vermindert werden, um damit der Gefahr des sich Einnistens in Italien und Frankreich und einer Verletzung amerikanischer Interessen in beiden Ländern zu begegnen. Die Begrenzung der Macht der Kommunisten ist ein vorrangiges Ziel, das mit allen Mitteln erreicht werden muß«, heißt es in einem amerikanischen Dokument. Vgl. François

Vitrani, L'Italie, un État de Souveraineté Limitée: Les Révélations sur L'Organisation Gladio, *Le Monde Diplomatique*, Dezember 1990

657. Philip Willan, *Puppetmasters*, S. 23, bezieht sich auf eine Zusammenfassung des Ansatzes in Aginter Press, Lissabon, wonach Chaos in den Strukturen des Regimes und eine Unterminierung der Wirtschaft angestrebt wird. Eine starke politische Spannung, Angst in der industriellen Welt, Feindschaft gegen Regierung und alle Parteien seien anzustreben. Vorrangiges Ziel sei, daß die Zerstörung der Staatsmacht den Kommunisten und prochinesischen Gruppen in die Schuhe geschoben werde. Der öffentlichen Meinung müsse ebenso wie den bewaffneten Kräften die Unfähigkeit der rechtmäßig gewählten und gebildeten Regierung offenbar werden. Dadurch könne der Eindruck erweckt werden, daß nur die bewaffneten Kräfte in der Lage seien, der Situation gerecht zu werden.

658. So machte es sich die rechtsradikale Gruppe Avanguardia Nazionale des Delle Chiaie zur Aufgabe, mit rund 500 Mitgliedern linke Gruppierungen zu unterwandern und Terroranschläge mit zahlreichen Toten und Verletzten zu verüben. Die Geheimdienste wußten wenige Tage nach den Anschlägen, wer die Täter waren, schwiegen sich jedoch gegenüber den Strafverfolgungsbehörden aus. Dafür wurden unzählige »Linke« verhaftet. Vgl. Andersen, Martin Edwin, *Dossier Secreto*, S. 75

659. Brodhead, Friel, Herman, The »Bulgarian Connection« revisited, *CAIB 23*, S. 17

660. Hinter Aginter Press verbirgt sich die Zentrale einer Internationale der Neofaschisten, in der vor allem die Verwendung der alten Algerienkämpfer der OAS als weltweit einsetzbare Söldner im Vordergrund stand und deren sich der italienische Neofaschist Stefano Delle Chiaie bediente. Brozzu-Gentile, *L'Affaire Gladio*, S. 43. Weitere Erläuterungen bei van Meter, The French Role in Africa, in *Dirty Work 2*, S. 32 ff. Daneben besteht Aginter Press in Paris als eine Agentur, die für die CIA verdeckten Einfluß auf die Medien nimmt.

661. Vgl. Fred Landis in *CAIB 10*, S. 41

662. Vgl.Yves Cartuyvels, in Willems, *Dossier Gladio*, S. 102

663. Ders., ebd., S. 119, geht von einer Rückkehr aus Argentinien schon 1948 aus, wonach Gelli Sekretär eines christdemokratischen Abgeordneten geworden sei.

664. Philip Willan, *Puppetmasters*, S. 59

665. Ebd., S. 72

666. Gelli finanzierte zum Beispiel Waffen und Trainingslager für die Terrorgruppen des Stefano Delle Chiaie. Andersen, *Dossier Secreto*, S. 154

667. Die Polizei in Bologna benennt in einem Bericht eine ganze Reihe von Mittätern, darunter einen Angehörigen des Sicherheitsdienstes des französischen Präsidenten Giscard d'Estaing, den deutschen Neonazi Fiebelkorn, den italienischen Faschisten Stefano Delle Chiaie. Vgl. Brozzu-Gentile, *L'Affaire Gladio*, S. 240

668. Gelli konnte sich zum einflußreichsten »power broker« Italiens entwickeln. Vgl. Philip Willan, *Puppetmasters*, S. 48

669. Andreotti bekleidete 28mal Kabinettsposten, sechsmal wirkte er als Ministerpräsident. Philip Willan, *Puppetmasters*, S. 151

670. Zu Gladio vgl. die gute Zusammenfassung bei Arthur E. Rose: Gladio: The Secret U. S. War to Subvert Italian Democracy, *CAQ 49*, S. 20 ff. Die CIA hat es bis heute abgelehnt, die ursprünglichen Verträge über die Einrichtung und den Einsatz der Gladio-Einheiten in Italien wie Europa zu veröffentlichen. Philip Willan, *Puppetmasters*, S. 358

671. Gelli selbst behauptete in einem Interview, Gladio habe mit der NATO nichts zu tun, sei vielmehr eine Einrichtung, die von der CIA unmittelbar nach Kriegsende ins Leben gerufen worden sei. Vgl. Philip Willan, *Puppetmasters*, S. 148

672. Über Aufbau und Zusammenspiel der verschiedenen nationalen Ansätze in Italien, Spanien, Frankreich, Großbritannien, der Bundesrepublik, Griechenland, der Schweiz und deren Anbindung an die CIA vgl. Michel Bouffioux, in Willems, *Dossier Gladio*, S. 31 ff.

673. Brozzu-Gentile, *L'Affaire Gladio*, S. 66

674. Servizio Informazioni Forze Armate, später SID, Servizio Informazini Difesa. Die dem deutschen Bundesamt für Verfassungsschutz vergleichbare Einrichtung heißt SISDE, Servizio per le Informazioni e la Sicurezza Democratica.

675. Das Office of Strategic Studies, Vorläufer der CIA, hatte schon bei Kriegsende vorgeschlagen: »Alle Kommunisten Italiens in politischen Funktionen zu eliminieren; faschistische und kriminelle Mordbanden zu engagieren, sie bei Attentaten gegen Persönlichkeiten der Regierung oder gegen die Zivilbevölkerung einzusetzen, »wobei die Verantwortlichkeit stets den Kommunisten angelastet werden sollte«. Zit. bei Brozzu-Gentile, *L'Affaire Gladio*, S. 59; vgl. auch Yves Cartuyvels, in Willems, *Dossier Gladio*, S. 71. Über den Einsatz von Faschisten in antifaschistischen Arbeitervierteln zur Provokation von Schlägereien vgl. G. M. Lanzillotti, Nostalgia and Fascism in Italy, *The Nation*, 19. 8. 1950

676. Die Attentate und politischen Intrigen verbargen sich hinter immer neuen Namen: Windrose, Demagnetisierung, Plan Solo, Stella Alpina usw. Brozzu-Gentile, *L'Affaire Gladio*, S. 32. Der Demagnetisierungsplan galt vor allem der Ausschaltung der Kommunisten in Frankreich und Italien, ohne daß die Regierung von den Aktivitäten hinter ihrem Rücken erfahren durfte, ebd., S. 70

677. Über die Hintergründe Vernon Walters, des späteren US-Botschafters in Bonn, vgl. Ray, Schaap, Vernon Walters: Crypto-Diplomat and Terrorist, *CAIB 26*, S. 3 ff., mit dem Zitat Claudia Wrights im *New Statesmen*: »He has been involved in overthrowing more governments than any other official still serving the U. S. Government.«

678. Der CIA-Resident Harvey verfügte über eine Liste von 2000 Kämpfern, die als Mörder, Bomben- und Brandleger eingesetzt werden konnten. Die Entlohnung erreichte die paramilitärischen Gruppen über reiche Industrielle. Die Aktivitäten der Täter wurden von der CIA-Station Rom betreut und überwacht. Philip Willan, *Puppetmasters*, S. 39 und Brozzu-Gentile, *L'Affaire Gladio*, S. 77

679. Willems, *Dossier Gladio*, S. 91

680. Der frühere italienische Geheimdienstchef Gerardo Seravalle sagte aus, CIA-Agenten, die schon den Sturz Mossadeghs im Iran und die Machtübernahme durch den Schah betrieben hatten, hätten in Italien mit allem Nachdruck auf ein Vorgehen der Geheimdienste gegen die Kommunisten nach vietnamesischem Vorbild (Phoenixprogramm) gedrängt. Jonathan Kwitny: An International Story: The CIA's Secret Armies in Europe, *The Nation*, 6. 4. 1992

681. Borghese war drei Tage vor der deutschen Kapitulation in Italien durch den CIA-Agenten James Angleton vor dem Todesurteil der Partisanen bewahrt worden. Françoise Hervet, Knights of Malta Examined, *CAIB 25*, S. 31

682. Über die Greueltaten Borgheses im Zusammenspiel mit der SS vgl. Mario Rossi, The Liberation Betrayed, *The Nation*, 26. 3. 1949

683. Philip Willan, *Puppetmasters*, S. 38

684. Kurz vor dem mißglückten Staatsstreich erhielt der Führer der Neofaschisten, General a. D. Vito Miceli, ehemaliger Chef des Militärischen Abschirmdienstes, vom US-Botschafter in Rom 800 000 Dollar, um »Solidarität auf lange Sicht« zu demonstrieren, wie es hieß. Die CIA soll von der Aktion abgeraten haben. Agee, *Dirty Work*, S. 267

685. Der junge italienische Richter Felice Casson, der bei seinen Untersuchungen die Hintergründe von Gladio und nahezu 30 Jahre blinder Massaker entdeckt hatte, beschrieb das Ziel der »Strategie der Spannung« wie folgt: »Die Menschen dazu zu bringen, um jeden Preis … auf einen Teil ihrer Freiheit zu verzichten, um dafür Sicherheit einzutauschen und die Gewißheit zu erhalten, sich auf der Straße frei bewegen, den Zug oder das Flugzeug besteigen oder eine Bank betreten zu können.« Zit. nach Brozzu-Gentile, *L'Affaire Gladio*, S. 24

686. Philip Willan, *Puppetmasters*, S. 124

687. Zu Einzelheiten vgl. Yves Cartuyvels, in Willems, *Dossier Gladio*, S. 98 ff.

688. Brozzu-Gentile, *L'Affaire Gladio*, S. 105

689. In einem Bericht der italienischen Geheimdienste an den Richter Carlo Palermo im April 1983 heißt es: »Es war Ted Shackley, der stellvertretende Leiter der CIA-Station Rom, der den Chef der Freimaurerloge P2, Licio Gelli, in den siebziger Jahren mit Alexander Haig bekannt gemacht hatte. Mit Billigung Haigs und Kissingers, des Chef des Nationalen Sicherheitsrates der USA und dessen Assistenten, rekrutierte

Gelli im Herbst 1969 400 hohe Offiziere Italiens und der NATO für die Loge. Information 446/R des SISMI vom 16. April 1983, zit. in der Anklageschrift des Richters Carlo Palermo aus Trient vom 15. November 1984, den internationalen Waffen- und Drogenhandel betreffend. Aus François Vitrani, L'Italie, un État de Souveraineté Limitée: Les Révélations sur L'Organisation Gladio, *Le Monde Diplomatique*, Dezember 1990

690. Philip Willan, *Puppetmasters*, S. 35 f.

691. Gelli bot seine Hilfe auch bei der Wahl Alexander Haigs, des früheren NATO-Oberbefehlshabers und späteren Außenministers zum Präsidenten der USA an. Er wollte seinen Einfluß auf die italienisch-stämmigen Wähler in den USA über italienische Medien geltend machen. Philip Willan, *Puppetmasters*, S. 67

692. Arthur E. Rose: Gladio: The Secret U. S. War to Subvert Italian Democracy, *CAQ 49*, S. 25

693. Die verschiedenen in Erscheinung tretenden Terrorgruppierungen verwirren zunächst den Betrachter der Szene. Doch der Geheimdienstmann Roberto Cavallero führte den Richter Tamburino in die Szene ein, indem er darauf verwies, daß die Operation Gladio auch unter dem Namen Windrose (Rosa di Venti) oder auch Organisation X in Erscheinung getreten sei. Es handele sich letztlich immer um ein und dasselbe. Vgl. Philip Willan, *Puppetmasters*, S. 152

694. Brozzu-Gentile, *L'Affaire Gladio*, S. 46

695. Ziel der rechtsextremen Gruppen war stets, so die Aussage des Faschisten Cavallero, Chaos auszunutzen und, wo nicht vorhanden, selbst zu schaffen, um so den Ruf nach Wiederherstellung der öffentlichen Ordnung laut werden zu lassen mit entsprechenden Folgen für die Prioritäten im Kampf der Tagespolitik. Die Steuerung der Organisation sei von Vertretern der italienischen und amerikanischen Geheimdienste ausgegangen. Yves Cartuyvels, in Willems, *Dossier Gladio*, S. 107

696. Vgl. Top Secret, Headquarters Department of the Army, 18. 3. 1970, Stability Operations Intelligence – Special Fields, Supplement B to FM 30–31, *CAIB 3*, S. 11 ff.; im Wortlaut auszugsweise in Brozzu-Gentile, *L'Affaire Gladio*, S. 93 f.

697. Grundsätzliche Kritik übte der Kongreßabgeordnete Ronald Dellum an den verdeckten Operationen der CIA, die er im Gegensatz zur Mehrheit der Mitglieder der Pike-Kommission nicht nur kritisiert, sondern rundum ablehnt. Er führt im Pike Report, a. a. O., S. 19, unter anderem aus: »Where have covert operations taken us? Are the nations that we have been involved with free democratic societies where the masses of people have benefits of democracy, or are those nations for the most part, military dictators, right wing juntas or regimes with extraordinary wealth and power in the hands of a few elitists? If the latter holds, it totally contradicts stated principles of this country. If we have been

involved in covert actions which generated democracy around the world, may be we might arrive at some different conclusion. But I don't think anyone can justify continued covert action on grounds that we foster and develop democracy around the world.«

698. Zur richterlichen Aufklärung des Falles vgl. Yves Cartuyvels, in Willems, *Dossier Gladio*, S. 104

699. Von Franco-Spanien aus half die faschistische Falange in jedem Land beim Aufbau neofaschistischer Kader. Dabei wurde z. B. der Einsatz spanischer Kampfflieger zur Bekämpfung von Aufständischen in Kolumbien von der Erörterung in der amerikanischen Öffentlichkeit ferngehalten. J. Alvarez Del Vayo, The Falangist International, *The Nation*, 24. 2. 1951

700. Philip Willan, *Puppetmasters*, S. 96

701. Ebd., S. 100 f.

702. Ebd., S. 18

703. Auf Anweisung des CIA-Chefs von Rom und späteren CIA-Direktors Colby ließ der italienische Geheimdienstchef De Lorenzo die Diensträume des Papstes Paul Johannes XXIII. verwanzen, um das Gespräch mit dem Staatspräsidenten abhören und mitschneiden zu können. Philip Willan, a. a. O., S. 37

704. Ebd., S. 220

705. Vgl. Regine Igel, *Andreotti: Politik zwischen Geheimdienst und Mafia*, S. 138 ff.

706. Arthur E. Rose: Gladio: The Secret U. S. War to Subvert Italian Democracy, *CAQ 49*, S. 62

707. »Andreotti hat länger als jeder andere die Geheimdienste gesteuert. … Mit außerordentlichem Geschick versteht er es, sich der Hebel der Macht zu bemächtigen. Geschickt knüpft er die Beziehungen zu seinen Kollegen von der CIA unter Umgehung der diplomatischen Ebene, so daß er stets über die vertraulichen Berichte der italienischen Dienste an die amerikanischen informiert war.« *L'Espresso*, 4. 11. 1990, Dossier Special, zit. nach François Vitrani, L'Italie, un État de Souveraineté Limitée: Les Révélations sur L'Organisation Gladio, *Le Monde Diplomatique*, Dezember 1990

708. Regine Igel, *Andreotti*, S. 298 ff.

709. Der Journalist Mino Pecorelli, der selbst mit den Geheimdiensten engsten Kontakt hatte, Pressesprecher der Loge P2 von Gelli war, schrieb kurze Zeit vor seiner Ermordung: »Aldo Moro muß gewußt haben, daß er sich im Zuge seiner Verhandlungen mit der kommunistischen Partei zu weit nach links bewegt und damit das mediterrane Gleichgewicht gefährlich destabilisiert hatte.« Zit. nach François Vitrani, L'Italalie, un État de Souveraineté Limitée: Les Révélations sur L'Organisaation Gladio, *Le Monde Diplomatique*, Dezember 1990

710. Der frühere italienische Staatspräsident Giovanni Leone wurde

berühmt für seinen Ausspruch: »Mit durchschnittlich 10 000 frei herumlaufenden bewaffneten Männern bin ich der Präsident eines Scheißladens (wörtl.: president of shit)!« Arthur E. Rose: Gladio: The Secret U. S. War to Subvert Italian Democracy, *CAQ 49*, S. 25

711. Die Zusammensetzung der Mitgliedschaft der Roten Brigaden besteht nach Aussage eines italienischen Geheimdienstoffiziers, der anonym bleiben wollte, aus jungen Fanatikern, Ostblockagenten und im geheimsten inneren Kern den Infiltratoren des Innenministeriums und der westlichen Geheimdienste. Vgl. Philip Willan, *Puppetmasters*, S. 199

712. Ebd., S. 179 ff.

713. Ganz ähnlich sollen auch die Hamas-Gruppen Gelder aus den USA erhalten haben. Vgl. Alexander Cockburn: Why Israel Claims U.S. Is Terror Central, *The Nation*, 22. 3. 1993

714. Philip Willan, *Puppetmasters*, S. 188 ff.

715. Die französische Polizei verhinderte die Zusammenarbeit mit den italienischen Strafverfolgungsbehörden. Philip Willan, *Puppetmasters*, S. 190

716. Arthur E. Rose: Gladio: The Secret US War to Subvert Italian Democracy, *CAQ 49*, S. 27

721. Philip Willan, *Puppetmasters*, S. 193

722. Ebd., S. 190

723. Der baskische Untergrund wurde während des Krieges vom OSS gefördert, danach übernahm die CIA die Aufgabe zumindest in den fünfziger Jahren. Vgl. The Galindez Case: On Trujillo's Service, *The Nation*, 1. 12. 1984, S. 586 ff.

724. Fred Landis, Disinformationgate, *CAIB 27*, S. 72 ff.

725. Brozzu-Gentile, *L'Affaire Gladio*, S. 264

726. Brodhead, Friel, Herman, The »Bulgarian Connection« revisited, *CAIB 23*, S. 20 f.

727. George Black, A Terrorist Odyssey; Delle Chiaie: From Bologna to Bolivia, *The Nation*, 25. 4. 1987, S. 540

728. Als Santovito ersetzt werden sollte, schlug Andreotti Alessandro d'Ambrosio zum Nachfolger vor, einen Mann, der nach Aussage des Sozialisten Giulano Amato seit Jahren mit den Händeln des alten Chefs des Geheimdienstes SISMI verbunden sei, so daß die P2 sich erneut in den Geheimdiensten einnisten werde. François Vitrani, L'Italie, un État de Souveraineté Limitée: Les Révélations sur L'Organisation Gladio, *Le Monde Diplomatique*, Dezember 1990

729. Frank Brodhead, Howard Friel, und Edward S. Herman, Darkness in Rome: The »Bulgarian Connection« revisited, *CAIB 23*, S. 20

730. Philip Willan, *Puppetmasters*, S. 59

731. CIA The Pike Report, S. 16 und 194 ff.

732. Vgl. auch Yves Cartuyvels, in Willems, *Dossier Gladio*, S. 104 ff. und 113

733. David A. Yallop, *Im Namen Gottes. Der mysteriöse Tod des 33-Tage-Papstes Johannes Paul I.*

734. Eine Darstellung des kontinenteweiten Skandalsystems aus der Sicht des in den USA wie Italien zu mehrjährigen Gefängnisstrafen verurteilten Michele Sindona findet sich in Tosches, *Geschäfte mit dem Vatikan – Die Affäre Sindona*

735. Yallop, *Im Namen Gottes*, S. 198 ff.

736. Zur Rolle der Vatikan-Bank IOR beim Devisenschmuggel und der Einschätzung der Person Marcinkus vgl. Tosches, *Geschäfte mit dem Vatikan*, S. 140 ff.

737. Nach Bensky finanzierte die Bank das Netzwerk rechtsradikaler internationaler Terroristen und deren politischer Hintermänner. Vgl. Larry Bensky, The Vatican Bag, *The Nation*, 2. 6. 1984, S. 679

738. Der parlamentarische Untersuchungsausschuß zur Loge P2 hat die Liste für authentisch gehalten. Vgl. Philip Willan, *Puppetmasters*, S. 12

739. Yallop, David A., *Im Namen Gottes*, S. 159

740. Unmittelbar nach der Machtübernahme Peróns in Argentinien organisierten Gestapoagenten aus Deutschland die Verfolgung, Folterung und Einsperrung von Gewerkschaftern, Führern politischer Parteien und Menschen mit jüdischen, polnischen oder russischen Namen in neu errichtete Konzentrationslager. John White, *The Nation*, 3. 3. 1945. Zum Transfer und Einfluß der Nazieliten vgl. auch Stanley Ross, Perón: South American Hitler, *The Nation*, 16. 2. 1946

741. Propaganda Due (P2) war von der Freimaurerhierarchie nicht anerkannt. Vgl. Tosches, *Geschäfte mit dem Vatikan*, S. 185 f.

742. Fiebelkorn wurde wegen Drogenhandels an die westdeutsche Justiz ausgeliefert. Zu seiner Verteidigung verwies er darauf, daß die Zusammenarbeit mit den Drogengeneralen Teil seines Dienstauftrages der US Drug Enforcement Agency gewesen sei. Vgl. Kai Hermann: Klaus Barbie: A Killer's Career, *CAIB 25*, S. 17

743. Nach italienischem Recht verbotene Schwarzgeldgeschäfte über hohe Dollarbeträge konnten schon in den späten vierziger Jahren über den Vatikan vorgenommen werden. Vgl. Donald Downes, What Do We Want in Italy, *The Nation*, 12. 1. 1948

744. Yallop, *Im Namen Gottes*, S. 66

745. Die Frage der italienischen Polizei nach Hinweisen zum Verkehr mit Drogen zwischen den USA und möglichen anderen europäischen Ländern wurde von Interpol negativ beantwortet. Krüger, *The Great Heroin Coup*, S. 225

746. Philip Willan, *Puppetmasters*, S. 103

747. Die amtliche Todesursache lautet auf Selbstmord, Philip Willan, a. a. O., S. 104, nimmt Mord auf Veranlassung der italienischen oder amerikanischen Geheimdienste an.

748. Zum Hintergrund Pecorellis und seiner Erpressungen und Erpressungs-versuche vgl. Philip Willan, a. a. O., S. 84 ff.

749. Yallop, *Im Namen Gottes*, S. 376

750. Auf die enge Verbindung Gellis und der P2 mit der amerikanischen Mafia stieß auch Richard Brenneke, Philip Willan, *Puppetmasters*, S. 78

751. Über das Wissen der Sozialisten Craxi und Spadolini um die Geheimor-ganisation Gladio vgl. Yves Cartuyvels, in Willems, *Dossier Gladio*, S. 131

752. Die Verlagerung des weltweiten Drogenhandels auf andere Kontinente und andere Länder aus wirtschaftlichen, kriminalistischen, geheim-dienstlichen oder politischen Gründen zieht stets eine parallel einher-gehende Neuordnung der Unterwelt mit sich. So Krüger, *The Great Heroin Coup*, S. 223

753. Alexis Rowell: U. S. Mercenaries Fight in Azerbaijan, *CAQ 48*, S. 23 ff. Vgl. auch John Pike: Uncloaked Daggers; CIA Spending For Covert Operations, *CAQ 51*, S. 55

754. Robert Sherril, The Looting Decade: S&L, Big Banks and Other Tri-umphs of Capitalism, *The Nation*, 19. 11. 1990; Pete Brewton, The Mafia, CIA & George Bush; David Corn: Next: The C.I.A.-HUD Con-nection, *The Nation*, 7. 5. 1990, S. 624. Vgl. auch Fred J. Cook, The Big Ones Get Away in The FBI, *The Nation*, Special Issue, 18. 9. 1958, S. 253

755. Christopher Hitchens, Minority Report, *The Nation*, 9. 7. 1990, S. 42

756. Weitere Großbetrügereien unter der Schirmherrschaft des FBI werden dargestellt in William M. Kunstler, The Sting F.B.I.-Style: Crime In The Name Of Law, *The Nation*, 30. 6. 1984, S. 796

757. Vgl. Robert Sherrill, The Looting Decade, *The Nation*, 19. 11. 1990, S. 608; Verbindungen Mafia-CIA, S. 615, The CIA and The Mob

758. Daniel Singer, The Gladiators, *The Nation*, 10. 12. 1990

759. Zur Lage in Belgien vgl. Willems, *Dossier Gladio*, S. 21 ff.

760. In Norwegen hat Colby, der spätere Direktor der CIA, das Gladio-Werk selbst ins Leben gerufen, um im Verlauf auch in Italien die Untergrund-arbeit gegen die italienischen Kommunisten in die Hand zu nehmen. Vgl. Colby/Forbath, *Honourable Men*, S. 78 ff.

761. Vgl.Willems, *Dossier Gladio*, S. 7

762. Für Griechenland vgl. die Darstellung bei Roubatis und Wynn, wieder-gegeben in Agee, *Dirty Work, The CIA in Western Europe*, S. 147 ff.

763. So erwischte der Polizeioffizier Spiazzi zwei dem militärischen Abschirmdienst SIFAR angehörende Carabinieri beim Bombenlegen. Doch die Festgenommenen wurden alsbald von Carabinieri und Polizei dem »übereifrigen« Polizeioffizier aus den Händen genommen und auf freien Fuß gesetzt. Bereits am folgenden Tag wurde der Offizier aus Süd-tirol nach Verona zurückversetzt. Philip Willan, *Puppetmasters*, S. 122

764. Die Zeitung *Lotta Continua* behauptete, eine Polizeieinheit habe die Bomben am Justizpalast in Trient selbst gelegt und die danach angesetzten Untersuchungen stoppen lassen. Die Redakteure wurden wegen Verleumdung verfolgt, dann jedoch freigesprochen. Dabei hatte die Polizei Gefängnisinsassen dazu veranlaßt, die Bombe zu legen. Einige der Beteiligten erwiesen sich später als Angehörige der Loge P2. Vgl. Philip Willan, *Puppetmasters*, S. 122

765. Peterlini, *Bomben aus Zweiter Hand*, S. 304 ff., und Stichwort: Erhard Hartung – Die Spitze des Eisbergs gekappt, Internet

766. Zeitschrift *Blick nach Rechts*, Nr. 17, 26. 8. 1985, Mitteilung Bundesamt für Verfassungsschutz; die NPÖ stellte im wesentlichen eine aus den Südtirolern um Burger bestehende Abspaltung der FPÖ Jörg Haiders dar.

767. Peterlini, *Bomben aus Zweiter Hand*, S. 18

768. Wolffsohn, *Die Deutschland Akte*, S. 52. »Die Agenten aus der westdeutschen Neonaziszene waren in der DDR meist zur Festnahme ausgeschrieben und konnten doch ständig unbehelligt den Eisernen Vorhang passieren: über den Bahnhof Friedrichstraße. Die Agenten wurden geschleust: durchs Herrenklo, denn unten befand sich eine unscheinbare Tür in den Westen. Über den Treppenaufgang dahinter führten die Führungsoffiziere ihre Besucher an den Grenzkontrollen vorbei zum Bahnsteig nach oben«, heißt es in der bei Wolffsohn zitierten ZDF-Sendung.

769. Brozzu-Gentile, *L'Affaire Gladio*, S. 86 ff.

770. Willems, *Dossier Gladio*, S. 84 f.

771. Zu Aussagen über Verbindungen zwischen Gladio und Catena und deren Steuerung auch in neutrale Länder vgl. Willems, a. a. O., S. 35

772. Entsprechende Andeutungen machte der belgische Verteidigungsminister Coeme. Vgl. Willems, ebd. S. 30

773. Brozzu-Gentile, *L'Affaire Gladio*, S. 155 ff.

774. Ostrovsky, *Geheimakte Mossad*, S. 22. Die Waffen samt zwei Zentnern Sprengstoff wurden von Ostrovsky im Auftrag des Mossad zum Schein an die »Kämpfenden Kommunistischen Zellen« geliefert. Die belgische Polizei schritt ein, verhaftete die Kommunisten und stellte den Sprengstoff in einem Lagerhaus sicher. Dort konnten die rechten Terrorpartner des Mossad unter Duldung der belgischen Polizei eindringen und den Sprengstoff zur Selbstversorgung herausholen. Vgl. ebd., S. 24

775. Brozzu-Gentile, *L'Affaire Gladio*, S. 145

776. Vorgängerin von Catena war die Rote Hand (Main Rouge), die mit Terrorakten gegen die algerische Befreiungsbewegung FLN in der Schweiz, Deutschland, Belgien, Italien etc. vorging. Brozzu-Gentile, *L'Affaire Gladio*, S. 220 f.

777. Auch hier heuerten die amerikanischen Dienste Kollaborateure wie den zu 20 Jahren Zwangsarbeit verurteilten Charles Delarue für ihre

Zwecke an und setzten diese auch mit Hilfe sozialistischer Politiker auf strategische Positionen in die Polizeiverwaltung an. Vgl. Brozzu-Gentile, a. a. O., S. 190 f.

778. In Belgien der gleiche Vorgang. Vgl. Willems, *Dossier Gladio*, S. 39. Über den Kollaborationshintergrund der französischen Hochfinanz berichtet Del Vayo, The People's Front, *The Nation*, 1946 II; über die Abhandlung von Michael Sordet, The Secret League of Monopoly Capitalism, *Schweizer Annalen*, No. 2, 1946/47

779. Roger Faligot, Pascal Krop, *La Piscine*, S. 74 ff.

780. Vgl. hierzu Krüger, *The Great Heroin Coup*, S. 48 ff.

781. Müller, Leo A. *Gladio*, S. 72 ff.

782. Carolus, McCarthyism in Germany, *The Nation*, 15. 11. 1952

783. Aryeh Neier, Watching Rights, *The Nation*, 9. 7. 1990, S. 43. In Osttimor wurden Hunderttausende ermordet und vertrieben. Mark Hertsgaard, Kissinger, *The Nation*, 29. 10. 1990, S. 490

784. Vgl. Murder, CIA Style, *The Nation*, 29. 1. 1968

785. So Frederic Laurent, zit. in Willems, *Dossier Gladio*, S. 51

786. Jonathan Kwitny: An International Story: The CIA's Secret Armies In Europe, *The Nation*, 6. 4. 1992; Cline, der Chef der CIA in Bonn zwischen 1966 und 1969, hatte die Beendigung vorgeschlagen, ohne jedoch Gehör zu finden, ebd.

787. Der ehemalige CIA-Oberst Oswald Le Winter bestätigt mit Nachdruck, daß die Roten Brigaden ebenso wie die Action Directe in Frankreich unterwandert gewesen und von der CIA verdeckt gelenkt worden seien. Brozzu-Gentile, *L'Affaire Gladio*, S. 156

788. Carolus (Anonym), German Jungle, The Otto John Story, *The Nation*, 21. 8. 1954, S. 153

789. Vgl. Brozzu-Gentile, *L'Affaire Gladio*, S. 183

790. Roth/Taylan, *Die Türkei – Republik unter Wölfen*, S. 85 ff.

791. Ebd., S. 87

792. Vgl. Eleni Fourtouni, An Introduction to the Greek Resistance, *CAIB 25*, S. 39 ff.

793. Brozzu-Gentile, *L'Affaire Gladio*, S. 92

794. Den wiederum gedachte der CIA-Stationschef in Athen durch Beigabe von LSD ins Trinkwasser öffentlich zu blamieren. Der Plan wurde letztlich aufgegeben. Vgl. Roubatis und Wynn, in Agee, *Dirty Work*, S. 147 ff. Zu den Hintergründen der griechischen Entwicklung vgl. Stephen Rousseas, Elections Or Coup: The Deadlock in Greece, *The Nation*, 27. 3. 1967

795. Vgl. CIA – Pike Report, S. 158 ff. Aus dem Bericht des Ausschusses des US-Kongresses unter Senator Otis Pike zur Untersuchung von Aktivitäten der CIA geht hervor, daß der griechische General Ioannides auf Entfernung des Erzbischofs Makarios aus dem Amt des Ministerpräsidenten von Zypern drängte. Makarios wurde in Washington als

Sympathisant der Kommunisten, wenn nicht gar als Anhänger des Kommunismus verdächtigt und daher mit größter Distanz behandelt. Makarios hatte sich in Briefen mehrfach darüber beschwert, daß die Junta in Athen über die griechische Terrororganisation EOKA auf der Insel ihm nach dem Leben trachte und illegale Aktivitäten betreibe. Der amerikanische Sicherheitsberater Kissinger wies seinerzeit zwar den US-Botschafter in Athen an, Ioannides vor einseitigen Aktionen in Zypern zu warnen. Doch die Botschaft wurde nicht weitergegeben. Der Botschafter selbst hatte keinen Zugang zu Ioannides. Diesen hatte sich die CIA vorbehalten. Der CIA-Resident stellte klar, daß Ioannides ausschließlich mit ihm zu verkehren habe. Entsprechend uninformiert waren die Botschaft und das State Department in Washington. Angesichts der massiven Durchdringung der griechischen Politik mit Aktivitäten der CIA in dieser Zeit und der gleichzeitig anzunehmenden entsprechenden Einflußnahme auf das Regime in der Türkei wird man von einer maßgeblichen Steuerung der Vorgänge durch die CIA bis hin zur Inkaufnahme der Teilung der Insel und Besetzung eines Teiles durch die türkische Armee ausgehen können. Dem Pike-Ausschuß wurden die Herausgabe der Korrespondenz des State Department mit der Botschaft in Athen, die CIA-Lageberichte und die Weisungen des Sicherheitsberaters Henry Kissinger verweigert.

Zum Hintergrund vgl. auch Christopher Hitchens, Cyprus, Torn and Occupied: The Island Pawn That Won't Go Away, *The Nation*, 19. 6. 1982, S. 741

796. Christopher Hitchens, »From Paradise Into Hell«: Cyprus, The Battered Pawn, *The Nation*, 8. 7. 1978

797. Brozzu-Gentile, *L'Affaire Gladio*, S. 41 f.

798. Ebd., S. 146

799. »We would help the Russians do most of the dying. That involved grave dissembling in our negotiation with them about a second front«, charakterisiert der Historiker William Appleman die Strategie. Vgl. Empire as a Way of Life, *The Nation*, 2.–9. 8. 1980, S. 113 f.

800. Die Zerstörung der deutschen Industrieanlagen war offensichtlich mit der Zeitplanung für die Landung in der Normandie abgestimmt, so daß bis dahin die volle deutsche Waffenproduktion insoweit ungehindert für den Kampf an der Ostfront zur Verfügung stehen konnte.

801. Im Rückblick nochmals 1953 wiederholt. Zitat aus Alexander Werth, Bloodshed Near Archangel, *The Nation*, 3. 9. 1960, S. 116

802. Del Vayo, Brest-Litovsk Again? *The Nation*, 24. 5. 1947

803. Vgl. hierzu Avro Manhattan, *Der Vatikan und das XX. Jahrhundert*

804. Zu Italien, dem Vatikan und dem Faschismus vgl. ebd., S. 100 ff.

805. Vgl. das Kapitel »Deutschland, der Vatikan, der Erste Weltkrieg, Hitlers Aufstieg« ebd., S. 131 ff.

806. Wie in Deutschland der Führer des Zentrums, Prälat Kaas, die Partei
auflöste, so war dies zuvor bereits in Italien mit der Christlich-Demo-
kratischen Partei durch den Priester und Parteiführer Luigi Sturzo
geschehen. Vgl. Mario Rossi, De Gasperi vs. Catholic Action, *The
Nation*, 14. 10. 1950

807. Über die Unterstützung des Faschismus in Italien, Argentinien, Spanien, Österreich etc. vgl. Paul Blanshard, The Roman Catholic Church
and Fascism, *The Nation*, 10. 4. 1948, S. 390 ff.; 17. 4. 1948, S. 416 ff.
und 24. 4. 1948, S. 432 ff.
In Spanien erklärten die Bischöfe ihre offene Unterstützung für Francos
Putsch. Del Vayo, The Vatican and Democracy, *The Nation*, 12. 7. 1947.
Mit der Förderung des Opus Dei durch Papst Johannes Paul II. wird die
demokratiemißtrauische bis -ablehnende Haltung der Kirche bis in
diese Tage fortgesetzt. Opus Dei stand mit maßgebenden Mitgliedern
hinter Mussolini, Franco und, nach dem Zweiten Weltkrieg, hinter
Pinochet. Vgl. Penny Lernoux: The Papal Spiderweb I; Opus Dei and
the Perfect Society, *The Nation*, 17. 4. 1989

808. Christopher Hitchens, Fleet Street Blues, *The Nation*, 10. 4. 1982,
S. 418

809. Harvey Goldberg, The Man Who Knew It Better, *The Nation*,
31. 3. 1956, verweist auf die traditionelle und kapitalistische Rechte in
Frankreich, die bereit gewesen sei, sich mit dem Faschismus zu arrangie-
ren; die Linke sei im wesentlichen zum Kampf bereit gewesen. Über den
Schlachtfeldern habe der Gedanke einer sozialen Revolution gehangen.
Zu Frankreich und dem Vatikan vgl. Manhattan, a. a. O., S. 276 ff.

810. Zitate und Namen bei J. Alvarez Del Vayo, The Western Catholic Bloc,
The Nation, 29. 6. 1946

811. Phillip Bonosky, Nurturing Baltic Reaction, *CAIB 35*, S. 19

812. Vgl. Memoirs of Eduard Benes, II. Munich And Exile, *The Nation*,
26. 6. 1948

813. Die britische Regierung wußte seit September 1938, daß die Opposition um Generaloberst Beck sich darauf vorbereitet hatte, Hitler unter
Arrest zu stellen, um einen Einmarsch in die Tschechoslowakei zu verhindern. Vgl. Stuart Hughes, Weizsaecker: Good German vs. Good
European, *The Nation*, 9. 2. 1952

814. Die deutschen Bischöfe erklärten 1942, »ein Sieg über den Bolschewis-
mus wäre zu vergleichen mit dem Triumph der Lehren Jesu über die der
Ungläubigen«, zit. in Manhattan, a. a. O., S. 194

815. So André Fontaine, seinerzeit außenpolitischer Redakteur von *Le
Monde*, in dem Buch *History Of The Cold War*, zit. in der Buchbespre-
chung D. F. Fleming, *The Third World War*, in *The Nation*, 6. 4. 1970;
Ebenso Gaetano Salvemini, Prelude To World War II, zit. in der Bespre-
chung von Frederick L. Schumann, *Diplomacy Of Anti-Communism*, in
The Nation, 1954 I, S. 180: »Western ›appeasement‹ of fascism in the

tragic 1930's was based on the premise that the new Caesars were
›saving civilization from communism‹ and would, if given a free hand,
attack Russia«; Konni Zilliacus, World in Deadlock: The Story Of
Western Policy, *The Nation*, 30. 10. 1954

816. Immerhin waren rund ein Viertel der SS-Angehörigen praktizierende
Katholiken. Christopher Hitchens, Holy Men, Besprechung der Heilig-
sprechung Pater Kolbes, *The Nation*, 15. 1. 1983, S. 37

817. Vgl. Aryeh Neier, Bad Faith, Besprechung des Buches von David S.
Wyman, *The Abandonment Of The Jews: America and the Holocaust
1941–1945*, in *The Nation*, 15. 12. 1984, S. 656 f.

818. Elisabeth Höfl-Hielscher, »…das Geld aber in die Schweiz!« Die
Geschäfte der Nationalsozialisten mit dem Ausland bestanden schon
in den zwanziger Jahren, *Süddeutsche Zeitung*, 3. 11. 1997

819. Great Britain. SIS, Central European Summary. 31. July 1922. Secret.
Highly Confidential. Appendix: »Minutes of a Meeting of Bavarian
Monarchists, Held at Munich on the 14th June, 1922.« Inhaltlich wie-
dergegeben bei Gordon A. Craig, Under an Evil Star, *The New York
Review of Books*, 5. 10. 1995

820. 1943 begann der Aufbau von Organisationen für das nationalsozialistische Leben nach der Niederlage in der Schweiz. Vgl. Laske, *François
Genoud*, S. 82

821. Fred J. Cook: The CIA, Part III, Dulles And The SS, *The Nation*,
24. 6. 1961

822. Vgl. Antony Cave Brown, *The Last Hero*, zit. in Garwood, *Undercover*,
S. 288, Anmerkung 11

823. So wurde der SS-Obersturmbannführer Rauff, Amtschef II D im
Reichssicherheitshauptamt und technischer Organisator der mobilen
Vergasungswagen, von Allen Dulles beauftragt, die Industrie Nordita-
liens beim Rückzug vor der Zerstörung zu bewahren. Aus Ancona
schickte er Stellungnahmen in die Verhandlungen der Nürnberger Prozesse. Rauff wird in die S-Force Verona aufgenommen, einer Einheit
der OSS, die unter der Führung James Jesus Angletons, zur Gegenspionage gehört. Vgl. Brozzu-Gentile, *L'Affaire Gladio*, S. 180 f., sowie
Peter Dale Scott, Allen Dulles and the SS, *CAIB 25*, S. 12

824. Vgl. Yves Cartuyels, in Willems, *Dossier Gladio*, S. 73. Zwischen 1944
und 1948 gelangten 90 Prozent der Staatsdiener des faschistischen Italiens wieder in ihre alten Positionen.

825. Ebd., S. 77

826. Ausführlich dargestellt in Fred J. Cook: The CIA, The Nation, Special
Issue, 24. 6. 1961, S. 536 ff. Die kontinuierliche Beschäftigung des
Gründers Cromwell mit einer Politik der Manipulation von außen, die
zur Abtrennung Panamas und des Panamakanals von Kolumbien und
der Durchsetzung der Interessen der United Fruit führten vgl. Leserbrief, The Brothers Dulles, in *The Nation*, 21. 8. 1954

827. Vgl. Manhattan, *Der Vatikan und das XX. Jahrhundert*, S. 196 ff.

828. Albert Einstein erklärte schon 1950 : »Die Männer, die die tatsächliche Macht in diesem Lande besitzen, haben nicht die Absicht, den Kalten Krieg zu beenden«, zit. in Gore Vidal, Geopolitical Thoughts, Requiem For The American Empire, *The Nation*, 11. 1. 1986
Daß die Konfrontation des Kalten Krieges weniger auf das Verhalten der sowjetischen Regierung als auf das Betreiben einiger Akteure in Washington zurückzuführen ist, geht aus den minutiösen Untersuchungen der amerikanischen Professorin Carolyn Eisenberg, in *Drawing The Line – The American Decision To Divide Germany 1944–1949*, hervor.
Vgl. auch Marcus Raskin: Coming in from the Cold, Let's terminate the CIA, *The Nation*, 8. 6. 1992, der sich auf neuerlich freigegebene Akten des Pentagon bezieht, die erkennen lassen, daß nur das konfrontative Modell eine Chance gehabt habe und das Streben nach der Pax Americana weltweit bestimmend auch gegenüber den Alliierten gewesen sei.

829. Vgl. hierzu Brozzu-Gentile, *L'Affaire Gladio*, S. 181. Die Vereinbarungen wurden zwischen Allen Dulles und dem Vatikan unter Vermittlung des OSS- und CIA-Vertreters James Jesus Angleton abgeschlossen. Mittler war der frühere Bischof und Staatssekretär beim Vatikan Mgr. Giovanni Battista Montini, späterer Papst Paul VI. Die Kasse des Vatikans soll hierfür Bargelder erhalten haben.

830. Das Office of Strategic Studies hatte unter dem Einfluß der an den Eliteuniversitäten der Ostküste ausgebildeten, eher liberal eingestellten Mitarbeiter ursprünglich vor diesem Weg dringend gewarnt. Vgl. hierzu: Heideking, Amerikanische Geheimdienste und Widerstandsbewegungen im Zweiten Weltkrieg, in Schulz, Hrsg., *Partisanen und Volkskrieg*, S. 152 ff. Im übrigen beschrieb die französische Zeitung *Aurore* bereits im Juni 1944 die Stimmung: »Die Herren von Vichy haben jetzt ihre Straße nach Damaskus gefunden. Sie spielen die amerikanische Karte.« Zit. in Harvey Goldbert, France Beneath The Surface (Buchbesprechung Alexander Werth, *France: 1940–1955*), *The Nation*, 10. 11. 1956

831. In Wirklichkeit hatte die französische Politik kein Interesse an einer Auslieferung, weil Barbie herausragende französische Politiker wegen deren Zuträgerschaft zur Gestapo hätte belasten können, und dies nur den Kommunisten zugute gekommen wäre, wie ein amerikanischer Akenvermerk festhielt. Die sowjetische Seite scheint über den Agenten Philby, dem im britischen SIS die Abwehr des Kommunismus oblag, auch hierüber bestens informiert gewesen zu sein. Im übrigen hatte auch der frühere Hochkommissar André François Poncet seinerzeit dem Vatikan Rot-Kreuz-Pässe zukommen lassen, um so die Flucht der Nazis aus Europa zu ermöglichen. Vgl. Brozzu-Gentile, *L'Affaire Gladio*, S. 182

832. Peter Dale Scott, Allen Dulles and the SS, *CAIB 25*, S. 8
833. McCoy, *The Politics of Heroin*, S. 58
834. Rattenlinie ist ein geheimdienstlicher Ausdruck, der sich an der Leine des Segelschiffes orientiert, die entlang des Hauptmastes von der Bilge bis zum Top führt und bei Untergang des Bootes als schnellste Ausstiegsorientierung gilt.
834a.Christopher Simpson, *Der Amerikanische Bumerang – NS-Kriegsverbrecher im Sold der USA*, S. 12
835. Carl Oglesby, Reinhard Gehlen: The Secret Treaty of Fort Hunt, *CAIB 35*, S. 8 ff.
836. Kermit Roosevelt, der CIA-Organisator des Mossadegh-Coups im Iran 1953 beruft sich bei der Ausbildung des iranischen Geheimdienstes SAVAK auf die Foltertechniken der Deutschen aus dem Zweiten Weltkrieg. Salaam Al-Sharyi, Iran: Unholy Alliances, Holy Terror, *CAIB 37*, S. 53
836a.Vgl. hierzu und im folgenden Christopher Simpson, *Der Amerikanische Bumerang*, S. 65 ff.
837. Der Griff der östlichen Geheimdienste in westliche Kassen hat sich in den meisten Ländern ähnlich abgespielt. So versuchte die CIA in den fünfziger Jahren auch in Polen einen Untergrundapparat mit dem Ziel der Revolution aufzubauen. Doch die Kontaktpersonen standen ausnahmslos im Dienste der polnischen Abwehr, die die Kontakte wahrnehmen und die CIA-Kasse um Dollar und Gold erleichtern konnte. Im Zuge des Programms rückkehrende Emigranten wurden festgenommen. Vgl. Victor Marchetti, *CIA*, S. 56
838. Vgl. Christopher Simpson, *Der Amerikanische Bumerang*, S. 296
839. Die Entsorgung hoher SS-Generale in Richtung Syrien, Ägypten und den Libanon mit Hilfe der britischen Geheimdienste ergibt sich aus einem französischen Geheimdienstbericht: Nazi Prisoners In Egypt's Arms, A French Intelligence Report, *The Nation*, 22. 1. 1949. Hierzu gehörten SS-Gruppenführer Dirlwanger, SS-Obergruppenführer Wolff, SS-Gruppenführer Katschmann u. a.
840. Vgl. Laske, *François Genoud*, S. 98 und 163
841. Allein das Argentinien Peróns stellte 7 500 Blankopässe zur Verfügung, die hochbelasteten Männern wie Eichmann, Barbie und Mengele, aber auch Ante Pavelic und etwa 5 000 kroatischen Kollaborateuren des brutalen Ustascha-Regimes zugute kamen. Vgl. Andersen, *Dossier Secreto*, unter Hinweis auf das Simon-Wiesenthal-Zentrum, S. 28
Mengele war in einem Kriegsgefangenenlager identifiziert worden. Die Wächter kannten seinen Namen und sein mörderisches Tun in Auschwitz. Er wurde freigelassen und konnte nach Lateinamerika entkommen. Peter Dale Scott, Allen Dulles and the SS, *CAIB 25*, S. 5
842. Peter Dale Scott, ebd., S. 4 ff.
Die Haltung der Kirche wiederum mag auf das Drängen des späteren

CIA-Chefs Allen Dulles zurückgehen, die kirchlichen Unterschlupfe, die zuvor den OSS-Agenten hinter den deutschen Linien gedient hatten, nun für das Herausschmuggeln antikommunistischer Flüchtlinge nutzen zu können. Ebd., S. 12

843. Vgl. J. Alvarez Del Vayo, Argentina, Nazi Paradise, *The Nation*, 7. 1. 1950, S. 6

844. David Corn: G.O.P. Anti-Semites, *The Nation*, 24. 10. 1988, S. 369

845. Ganz ähnlich wurde auch das Kuba beschallende Radio auf der Swan-Insel unter dem Firmenmantel einer »Gibraltar Steamship Corporation« eingerichtet. Präsident der Gesellschaft war der frühere Präsident der United Fruit Company und spätere Mitarbeiter des State Deparments Cabot. Vgl. Marchetti, *CIA*, S. 179

846. Das Church Committee gab einen Einblick in die geheimdienstliche Durchdringung des Journalismus. Die CIA unterhalte gegenwärtig ein Netzwerk von mehreren hundert ausländischen Journalisten, die der CIA direkten Zugang zu einer großen Zahl an Zeitungen, Zeitschriften, Pressediensten, Nachrichtenagenturen, Radio- und Fernsehstationen, Buchverlagen und anderen ausländischen Medienunternehmen gewähre. Vgl. Agee, *Dirty Work*, S. 262

847. Den Gipfel der Desinformation beschreibt Yallop, *Die Verschwörung der Lügner*, S. 544 ff., mit dem Hinweis auf die in der Gunst der Dienste stehenden Autoren wie Clines, Payne und Dobson, Brian Crozier, und vor allem auf Claire Sterlings Buch *Das internationale Terrornetz*. Der damalige CIA-Chef Casey bat seine führenden Mitarbeiter um eine Beurteilung der sensationellen Erkenntnisse Claire Sterlings über den internationalen Terrorismus und dessen sowjetische Hintergründe. Die Antwort lautete: »Das Buch enthält größtenteils Falschinformationen, die vor allem wir (CIA) und andere Geheimdienste in die Welt gesetzt und verbreitet haben.« Casey weigerte sich, den Befund zu akzeptieren. Die Erkenntnisse von Claire Sterling heizten den inneramerikanischen Meinungsmarkt über nahezu alle größeren Printmedien an. Präsident, Außenminister und CIA-Chef wurden mithin Opfer der eigenen Propaganda. Nach Aussagen des CIA-Mitarbeiters Melvin Goodman forderte das CIA-Hauptquartier alle CIA-Stationen im Ausland auf, die befreundeten Dienste um Daten über die sowjetische Beteiligung am Terrorismus zu bitten. Doch die hätten nichts vorlegen können. Louis Wolf, Congressional Oversight in Action: The Confirmation of Robert Gates, *CAIB 39*, S. 65

848. Cyrill Fall, The CIA and the Media: An Overview, in Ray, *Dirty Work 2*, S. 122 ff. Vgl. auch den CIA-Mitarbeiter John Stockwell, In Search of Enemies; Media Manipulation in Angola, S. 124 ff.

849. Ian Sayer, Douglas Botting, *Nazi Gold*, S. 26; Hans Günter Richardi, Über die Rattenlinie nach Übersee, *Süddeutsche Zeitung*, 22./23. 4. 1995

850. Peter Dale Scott, Allen Dulles and the SS, *CAIB 25*, S. 11, mit Literaturhinweisen.

851. Zum Hintergrund des Agenten der CIC über das Treffen in Straßburg vgl. Laske, *François Genoud*, S. 71

852. Wortlaut des amerikanischen Agentenberichtes an das State Department in Förster und Groehler, *Der Zweite Weltkrieg, Dokumente*, S. 350

853. Carl Oglesby: Reinhard Gehlen: The Secret Treaty of Fort Hunt, *CAIB 35*, S. 9

854. Brozzu-Gentile, *L'Affaire Gladio*, S. 180

855. Zum folgenden vgl. das Buch von Ian Sayer, Douglas Botting, *Nazi Gold*

856. Ebd., S.XIII

857. Für die Verwendung der SS-Beute einschließlich der gefälschten britischen Pfundnoten zur Finanzierung der verschiedenen Rattenlinien und Überlebensnetze der SS war bis 1972 der SS-Mann und Mitarbeiter amerikanischer Dienste, Schwend, zuständig. Vgl. Peter Dale Scott, Allen Dulles and the SS, *CAIB 25*, S. 7 ff., sowie die dortigen Literaturhinweise. Das International Committee for the Study of European Questions kam schon unmittelbar nach Kriegsende entgegen Schweizer Beteuerungen zu dem Ergebnis, daß die vor dem Zusammenbruch in die Schweiz transferierten Vermögenswerte von Deutschen und Nazigrößen, denen die rechtzeitige Flucht in die Schweiz oder in andere Länder gelungen war, zwar vorübergehend gesperrt, jedoch in deren Besitz und somit dem Zugriff der Alliierten vorenthalten geblieben seien. Zit. in Del Vayo, The Fascist Phoenix, *The Nation*, 5. 7. 1947

858. Einen guten Einblick hinter die Industrie- und Finanzinteressen bei der Nominierung von Präsidentschaftskandidaten und der Erstellung von Wahlprogrammen in den USA gibt Barrow Lyons, The Men Behind The Money, *The Nation*, 5. 7. 1972 sowie Carey McWilliams, General Taft and Mr. Eisenhower, *The Nation*, 12. 7. 1972

859. Simpson, *Der Amerikanische Bumerang*, S. 89

860. Der Geist des fanatischen und zugleich unkritischen Antikommunismus' setzte sich in der Folgezeit durch. »Ein ernsthaftes Hinterfragen der CIA-Prinzipien hätte ideologische Aufweichung und einen ganzen Rattenschwanz weiterer Konsequenzen zur Folge gehabt: Lügendetektor, Sicherheitsüberprüfung, Schwierigkeiten für Karriere und persönliche Sicherheit.« Agee, *CIA Intern*, S. 365. An anderer Stelle notiert Agee, ebd., S. 420, daß die Abteilung Ostblock alle Skeptiker innerhalb der CIA auf einer Liste erfaßt habe. Aufgrund des Einflusses dieser Abteilung auf die Gesamt-CIA habe jede Ketzerei früher oder später nachhaltige Folgen zeitigen müssen.

861. Cheforganisator der Neuorientierung faschistischer Kräfte in Italien wie ganz allgemein war der OSS-Agent beim Vatikan James Jesus Angleton. Brozzu-Gentile, *L'Affaire Gladio*, S. 62

862. Die gleiche Marschrichtung wurde in bezug auf Japan eingeschlagen. Vgl. John G. Roberts, State of Corruption: America and the Making of Japan Inc., *The Nation*, 13. 2. 1982, S. 172

863. So beschreibt Ostrovsky, *Geheimakte Mossad*, S. 287 ff., wie der Mossad bei illegalen Waffengeschäften und dem Training iranischer Luftwaffenpiloten durch israelische Piloten in Schleswig-Holstein sich mit der »örtlichen Ebene« des Verfassungsschutzes in Kiel und Hamburg in Verbindung gesetzt habe.

864. Vgl. Garwood, *Undercover*, S. 294, sowie, etwas unbestimmter, auf S. 223 f.

865. So warnte Präsident Nixon in einem Leserbrief in der *New York Times*, daß der Sieg des Vietcong letztlich die Zerstörung des Rechtes auf freie Rede für alle Menschen und alle Zeiten nicht nur in Asien, sondern auch in den Vereinigten Staaten mit sich bringe. *New York Times*, 29. 10. 1965

866. Der erste CIA-Direktor Allen Dulles saß im Board of Directors der United Fruit Company, so daß die Sicht auf das Bananenimperium auch die Aktivitäten als Geheimdienstchef beeinflußt haben mag. Vgl. Anthony L. Kimery: The CIA: Banking on Intelligence, *CAQ 46*, S. 59; Warren Sloat, Fruit Country, *The Nation*, 8. 7. 1968, S. 27

867. Eine faire Darstellung der Erfahrungen und Schlußfolgerungen aus amerikanischer Sicht findet sich in Heideking, Amerikanische Geheimdienste und Widerstandsbewegungen im Zweiten Weltkrieg, in Gerhard Schulz, Hrsg., *Partisanen und Volkskrieg*, S. 147 ff.

868. Über den Hintergrund vgl. auch: Fletcher, How CIA Money Took the Teeth Out of British Socialism, in Agee, *Dirty Work*, S. 188 ff., insbes. S. 192

869. Vgl. Ausführungen von Generalleutnant James Doolittle, dem Vorsitzenden einer von Präsident Eisenhower eingesetzten Kommission, zit. in Marcus Raskin, Coming in from the Cold, Let's terminate the CIA, *The Nation*, 8. 6. 1992, wonach im Kampf gegen die Eroberung der Weltherrschaft durch den Kommunismus keine Kosten gescheut, keine Gesetze und Regeln menschlichen Anstandes eingehalten werden könnten. Man müsse lernen, die Feinde zu untergraben, zu sabotieren, mit Methoden und Mitteln, die ausgeklügelter, effektiver, einzigartiger und, falls erforderlich, auch rücksichtsloser sein müßten als die des Gegners. Das Geschäft sei dreckig, oft unmoralisch, verfassungswidrig und kriminell.

870. Einen lebhaften Einblick in die französische Szene vermittelt immer wieder Alexander Werth in seinen Beiträgen für *The Nation*. Zum Beispiel After The Pleven Visit, *The Nation*, 24. 2. 1951; Frenchmen Still Fear Germans, *The Nation*, 11. 11. 1950; These »Feeble« French, *The Nation*, 9. 12. 1950

871. Vg. Will Hamlin, Korea: An American Tragedy, *The Nation*, 1. 3. 1947.

Hier, wie in nahezu allen Ländern ergibt sich, daß die mit Besatzungsmächten kolaborierenden Eliten zwangsläufig auch in der Folgezeit korrupt und daher lenkbar bleiben.

872. Bereits im Dezember 1944 konnten griechische Faschisten, Wochen zuvor noch Kollaborateure der deutschen Streitkräfte, zusammen mit einer Sondereinheit unter General Grivas mit Duldung der britischen Armee die Widerstandskämpfer der EAM in Athen niedermachen. Brozzu-Gentile, *L'Affaire Gladio*, S. 177

873. Blum, *The CIA – a forgotten history*, S. 114 f.; ders., *Killing Hope*, S. 104.
Der Pike Report erwähnt bei der Aufzählung der CIA-Gelder zur Verbreitung von Propaganda an Medien in aller Welt ein europäisches Verlagshaus als den größten Geldempfänger, der seit 1951 gefördert werde. CIA Pike Report, S. 190. Ken Lawrence: The Real Task of the CIA Remains Covert Action, *CAIB 35*, S. 6, nennt Axel Springer als den rechtslastigen Pressemagnaten in Westdeutschland, der zum Start seines Unternehmens in den fünfziger Jahren rund sieben Mio Dollar aus geheimen Fonds der CIA erhalten habe. Vgl. auch Murray Waas, Covert Charge, *The Nation*, 19. 7. 1982, S. 738. Der Autor beruft sich auf hohe und verläßliche Quellen in den amerikanischen Geheimdiensten. Ein Sprecher des Verlages habe die Verbindung geleugnet, die CIA auf ihre Politik der Nichtkommentierung verwiesen. Selbst unter den ursprünglichen CIA-Sponsoren des Verlages habe es angesichts der Hetzkampagnen gegen die deutsche Linke und insbesondere die Studentendemonstrationen Diskussionen gegeben, ob die Richtung des Verlages weiter im amerikanischen Interesse liege.

874. Hinzu kam, daß eine Zeitung wie die *Welt am Sonntag* z. B. William S. Schlamm das Wort erteilte, der für die kriegerische Rückeroberung Osteuropas unter Inkaufnahme des »moderaten« Risikos eines Nuklearkrieges eintrat, um das gesamte westliche Wertesystem zu retten. Deutschland wollte er in den Grenzen von 1933 wiederhergestellt wissen. R. C. Raack, Let's Scare The Russians, *The Nation*, 13. 6. 1959. Die Tendenz stimmte überein mit dem, was in rechtskonservativen Kreisen in den USA gerade auch im Einflußbereich der CIA gedacht wurde.

875. Der Vorläufer der Deutschen Presse Agentur DENA soll ebenfalls mit Geldern der CIA bedacht worden sein vgl. Blum, *Killing Hope*, S. 104; Agee, *CIA Intern*, S. 212, berichtet, daß viele andere antikommunistische Verlagskonzerne in Deutschland, Italien und Frankreich in den Jahren nach dem Zweiten Weltkrieg finanziell unterstützt worden seien. Den Hinweis auf den größten Empfänger hat bei Agee die Zensur herausgenommen. Vgl. Leerzeilen bei Agee, ebd. S. 212

876. Über die Techniken der Einbeziehung der Medienlandschaft in die Betrachtungsweise und die Richtungswünsche der CIA vgl. Marchetti, *CIA*, S. 211 ff.

877. Grobrichtung für die Anmache durch die CIA und andere Dienste ist zwangsläufig die Unzufriedenheit des Betreffenden mit der Politik seines Landes und die Einschätzung der USA als einer Führungsnation. Marchetti, *CIA*, S. 311

878. So schulte der CIA-nahe, von Somoza, dem Schah und anderen brutalen Regenten ausgehaltene Redenschreiber Margaret Thatchers die britischen Anti-IRA-Kommandos in Sachen Terrorismus mit entsprechenden Folgen für die Aufheizung von Terror und Gegenterror im Kampf um Nordirland. Vgl. Fred Landis in *CAIB 10*, S. 41

879. Daß ganze Kader von SS-Kriminellen im amerikanischen Sold standen, bestätigt nach Scott, Allen Dulles and the SS, *CAIB 25*, S. 5, nur die Annahme, daß die SS-Netzwerke als Ergebnis der Verhandlungen mit Dulles für antikommunistische Nachkriegsaktivitäten vorgesehen waren.

880. Über die mit Schwerpunkt in Miami angesiedelten und von dort gesteuerten, stets mit Drogen- und Waffenhandel, Geheimdiensten und organisierter Kriminalität durchsetzten Netzwerke rechtsextremer Alt- und Neonazis, berichtet Krüger, *The Great Heroin Coup*, S. 199 ff. Hier finden sich vereint alte Algerienkämpfer der OAS, Otto Skorzeny als SS/ BND/CIA-Vertreter und Mann des spanischen Geheimdienstes, dazu britische, belgische, griechische Faschisten mit ihren Schwerpunkten in Madrid, Lissabon und Miami. An Geld scheint es nie gefehlt zu haben, wurden doch in Lateinamerika, Spanien und der Schweiz noch vor Kriegsende größere Fonds, die der Aufsicht der Alliierten entzogen waren, vermutlich gar mit deren Duldung angelegt. Del Vayo, A Touch Of Fascism, *The Nation*, 14. 4. 1956

881. Vgl. z.B. The »Buffalo Bataillon«, South Africa's Black Mercenaries, *CAIB 13*, S. 16 ff.

882. Über das Problem, die Mordbanden wieder loszuwerden, vgl. Peter Dale Scott, Our »Disposal Problem«, The Secret Team Behind Contragate, *The Nation*, 31. 1. 1987

883. In der Regel wissen die Kursteilnehmer der International Police School nicht, daß es sich um eine Einrichtung der CIA handelt. Dort waren bis 1977 5 000 ausländische Polizeioffiziere aus über 100 Ländern ausgebildet und nach Möglichkeit für die Arbeit mit der CIA angesprochen worden. Viele dieser Offiziere gelangten später in Führungspositionen ihrer Polizeien und Dienste. Vgl. CIA Pike Report, S. 229

884. Wie man am zweckmäßigsten foltert, tötet, die Bevölkerung tyrannisiert und einschüchtert, erfährt man aus Handbüchern der amerikanischen Armee: Vgl. Lisa Haugaard: Textbook Repression: U. S. Training Manuals Declassified, *CAQ 61*, S. 29 ff.
Über 57 000 Militärs aus 85 Ländern wurden in der U.S. Army School of the Americas in Panama unterrichtet, dazu über 7 500 Polizeioffi-

ziere in Polizeischulen allein bis 1975. Vgl. Edward Herman, U.S. Sponsorship of State Terrorism, *CAIB 26*, S. 30

885. Eine anschauliche Beschreibung anhand von Beispielen bei Edward Herman, U.S. Sponsorship of State Terrorism, *CAIB 26*, S. 27 ff.

886. Vgl. auch Interview des palästinensischen Journalisten Ghassan Bishra, in Israeli Commandos Assassinate Abu Jihad, *CAIB 30*, S. 7 ff., der in bezug auf die israelische Innenpolitik ausführt: »If You look through the record of Israeli elections, prior to almost every election, there was some drastic move, something just for show, a showpiece of some sort that Israel's government undertook, whichever government it is, to boost electability within Israeli society. Prior to the last election,if You remember, the Israelis flew over Baghdad and bombed the Iraqi nuclear reactor, which gave a great boost to the Begin government at the time.« Ebd., S. 8

887. Näheres zu Murdoch, seiner Finanzierung über Bankkredite und die Umgestaltung der Medienlandschaft in Richtung »Titillation, sensationalism and vulgarity«, vgl. Robert Sherrill, Buchbesprechung, *The Nation*, 10. 5. 1993, sowie Anthony D. Smith, The Murdoch Trap: Press Lord Of Mass Ignorance, *The Nation*, 18. 11. 1978

888. Vgl. The Afghani Connection, in Alex de Waal: Turabi's Muslim Brothers: Theocracy in Sudan, *CAQ 49*, S. 19 ff.

889. So wurden Waffen amerikanischen Ursprungs über den Mossad direkt aus Israel an die Moslembruderschaft geliefert. Als Kuriere dienten die Beduinen-Nomaden in der demilitarisierten Zone des Sinai. Vgl. Ostrovsky, *Der Mossad*, S. 254
    Von Israel 1982 erbeutete sowjetische Waffen aus den Beständen der PLO-Lager wurden an Kontaktpersonen geliefert, die sie an die Fundamentalisten weiterreichten. Vgl. auch Jane Hunter: Missiles for the Mullahs: The Israeli Arms Bazaar, *CAIB 30*, S. 34

890. So überzeugend Abdellatif El Azizi, Terres Fécondes, Internetbeitrag, 27. 1. 1997
    Die Geheimdienste der USA und Frankreichs schürten bereits früher durch Förderung nationalistischer Tendenzen und verdeckter Operationen die Spannungen im Maghreb. Vgl. Jim Paul Games People Play, in Ray u. a., *Dirty Work 2*, S. 164

891. Vgl. Laske, *François Genoud*, S. 186

892. Udo Ulfkotte, Die Mitarbeiter der algerischen Ölindustrie bleiben von den Massakern verschont, *Frankfurter Allgemeine*, 13. 1. 1998

893. »Das Ergebnis unserer Politik in Angola war, die nationale Versöhnung unmöglich zu machen«, Lemarchand, The CIA in Africa: How Central? How Intelligent? in Ray u. a., *Dirty Work 2*, S. 9 ff.

894. Ari Ben-Menashe spricht von Geheimfonds, die für die Finanzierung der West Bank eingesetzt wurden und im wesentlichen aus den Waffenverkäufen an den Iran gespeist wurden. A. a. O., S. 124 f. Doch im

Zusammenhang mit der Finanzierung der Contras in Nicaragua, der Waffen gegen Drogenoperationen des Manuel Noriega, des im Waffen-, Drogen- und Ausbildungsnetzwerk stehenden Mossad-Agenten Harari wird man von miteinander in engster Beziehung stehenden Fonds ausgehen können.

895. Flora Lewis: Remember, The U.S. Also Played A Part In Creating Terrorists, *International Herald Tribune*, 27.9.1996; vgl. auch Andrea Böhm, Die CIA, der blamierte Geheimdienst, *taz* 2.12.1996

896. Eingehende Schilderung des Gesamtszenarios incl. Zahlen bei James Bruce, The Azzam Brigades, Jane's Intelligence Review, April 1, 1995. Section: Middle East; Vol. 7; No. 4: Seite 175 ff., einzusehen über Internet

897. Ein Beispiel unter vielen: Mafiaboß von Mostar festgenommen, Erich Rathfelder, *taz*, 28.2.1997 Der Mafiaboß hatte Kontakt zur kroatischen wie serbischen Führung, verdiente am Drogen- und Waffenhandel wie an Schutzgelderpressungen sowie am Zigarettenschmuggel. Er half kräftig, die Spannung zwischen den Bevölkerungsteilen anzuheizen, hatte bis zuletzt Kontakte in die Frankfurter Unterwelt, wo er auch an der Prostitution verdiente. Deutschen Geheimdiensten berichtete er über seine Erkenntnisse in Sachen Terrorismus. Zum Dank blieb seine Verbrecherlaufbahn in Frankfurt bis zuletzt unbehelligt.

898. Agence France Press, Meldung vom 18.11.1997

899. Über Hintergründe auch des amerikanischen Zusammenspiels vgl. Alex de Waal: Turabi's Muslim Brothers: Theocracy in Sudan, *CAQ 49*, S. 13 ff.

900. Vgl. Robert Witanek: Students, Scholars, and Spies: The CIA on Campus, *CAIB 31*, S. 28, Anmerkung 30

901. Ralph Blumenthal, Tapes Depict Proposal to Thwart Bomb Used in Trade Center Blast, *New York Times*, 28.10.1993

902. Asad Ismi und Farhan Haq: Afghanistan The Great Game Continues, *CAQ 59*, S. 49

903. Vgl. hierzu die Beschreibung des Falles Frank Camper in Report, Subcommittee on Terrorism, Narcotics and International Operations, S. 128 ff.

904. David Corn: The CIA Explosive, Did It Blow Up Flight 103? *The Nation*, 6.2.1989

905. Vgl. Gustavo Goritti, Vladimiro Montesinos: The Betrayal of Peruvian Democracy; Fujimori's Svengali, *CAQ 49*, S. 55, der auf die Parallelität der Ereignisabläufe in Peru mit denen von Haiti und Venezuela hinweist. Zur Verbindung von Montesino mit der CIA wie dem Drogenhandel vgl. CIA and Drugs, Our Man in Peru, *CAQ 59*, S. 4 f., Camper's Training School and the FBI, *CAIB 16*, S. 49

906. Die meisten amerikanischen Söldner sollen unter Mithilfe und Billigung der US Army und der CIA über das in der Bundesrepublik verbo-

tene Magazin *Soldiers of Fortune* rekrutiert worden sein, das von einem Oberstleutnant und Reservisten der 12th Special Forces Group (Airborne) der U.S. Army gegründet wurde. Ein Mitglied der Zeitschriftenredaktion wurde bei einem Söldnerkrieg in Afrika getötet und war nach Angaben der Zeitschrift Mitarbeiter der CIA. Vgl. Anton Ferreira und Jonathan Bloch, CIA in Zimbabwe, *CAIB 8*, 1988, S. 26

907. Vgl. Caroline Dumay, Afrique: le nouvel empire des mercenaires, *Le Figaro*, 15. 1. 1997

908. Zu Einzelheiten vgl. auch Ken Lawrence: Sources and Methods, CIA Assassinations. Part 1 in *CAIB 8*, Part 2, *CAIB 11*, Part 3, *CAIB 17*, S. 52 ff., Part 4, *CAIB 20*, S. 44 ff.

909. CIA, The Pike Report, S. 55, bestimmt verdeckte Aktionen als Operationen einer Regierung kurz unterhalb der Schwelle zum Krieg, für die das Recht der CIA eine Generalklausel bereithaltet: »to perform such other functions and duties related to intelligence affecting the national security as the national security council may from time to time direct«. Es folgen Auslassungen im Text.

910. Der französische Geheimdienstagent des SDECE in Kuba und Washington, De Vosjoli, hat in seinen Büchern *Lamia* und *Le Comité* darauf aufmerksam gemacht, daß es unter de Gaulle ein Mordkomitee gegeben habe, das, besetzt mit den engsten politischen Freunden und Geheimdienstoffizieren, die extremsten Maßnahmen gegen Staaten und Individuen geplant hätte, die zur Gefahr für de Gaulle und dessen Politik geworden seien. Die Staatschefs von Guinea und Tunesien hätten die Mordanschläge überlebt, andere seien nach offizieller Darstellung Opfer eines Unfalls geworden. Unter den Opfern habe sich auch Enrico Mattei, der Chef des italienischen Erdölkonzerns ENI befunden, der im Begriff gewesen sei, die französischen Ölinteressen in Algerien zu übernehmen. Zitiert in Krüger, *The Great Heroin Coup*, S. 46 f.

911. Vgl. im einzelnen Garwood, *Undercover*, mit den Beispielen Lumbumba, Zhou Enlai und Fidel Castro, Che Guevara, Trujillo u. a.

912. Der Pike Report hatte empfohlen, alle direkt oder indirekt auf die Ermordung von Menschen zielenden ebenso wie alle paramilitärischen Aktivitäten außerhalb von Kriegszeiten zu verbieten. CIA Pike Report, S. 258; vgl. auch Yallop, *Die Verschwörung der Lügner*, S. 213

913. Alle Verbote können allerdings nach Auffassung des seinerzeitigen CIA-Direktors Turner nach wie vor »rechtlich einwandfrei« übertreten werden, sofern dies von allerhöchster Ebene abgesegnet wurde. Dies gelte selbst für Morde, die zwar untersagt seien, jedoch unter extremen Bedingungen, wo es gerechtfertigt ist, ein menschliches Leben zu opfern, um mit präsidentieller Genehmigung z. B. eine Flugzeugentführung erfolgreich zu beenden. Zitate in *CAIB*, 1978, wiedergegeben in Agee, *Dirty Work*, S. 314

914. Vgl. Simpson, *Der Amerikanische Bumerang*, Kapitel 11, Anmerkung

22. Trotz des präsidialen Verbots von politischem Mord kam 1985 das für die Contra-Rebellen in Nicaragua bestimmte Psychological Warfare Manual der CIA ans Licht, das die Söldner anweist, Gewalt selektiv einzusetzen, um nicaraguanische Funktionäre, wie lokale und regionale Führer, Ärzte, Richter und Polizisten, kaltzustellen. Das CIA-Handbuch schlägt auch vor, zu diesem Zweck Berufsverbrecher anzuheuern, um unter den Gegnern des Regimes, den Anhängern der Contras, Märtyrer zu schaffen. Als der US-Kongreß hierzu Anhörungen durchführte, sagte der frühere Leiter der CIA-Geheimoperationen in Lateinamerika, Dewey Claridge, aus, diese Morde seien keine politischen Morde und daher auch nicht durch Befehl des Präsidenten verboten. Laut Claridge sind »politische Morde, soweit es uns betrifft, nur solche an Staatsoberhäuptern«.

915. Scott und Marshall, *Cocaine Politics*, S. 3
916. Hintergründe und Auseinandersetzungen um den Pike Report vgl. CIA, The Pike Report with an Introduction by Philipp Agee, Spokesman Books, New York, 1977, allerdings aus der Sicht der Kommission, S. 7
917. Alan Wolfe, *The Nation*, 29. 3. 1975: Das amerikanische Regierungssystem hat sich in einen doppelbödigen Staat verwandelt, mit einem Zweig, der vom Kongreß überwacht und in Grenzen kontrolliert wird, und einem anderen, der den Militär- und Spionageapparat der Regierung ausmacht, der weitgehend immun sei gegenüber der Legislative und der öffentlichen Einsicht ferngehalten werde.
918. Saul Landau, Red Herring, Besprechung des Buches von Hinckle und Turner, *The Fish Is Red: The Story of the Secret War Against Castro*, in *The Nation*, 7. 11. 1981, S. 480 f.
919. Vor wichtigen Entscheidungen wird die Zustimmung des sogenannten 40er-Ausschusses herbeigeführt. Die *Washington Post* vom 26. 5. 1973 zitiert jedoch einen alten Nachrichtenoffizier aus seinen Erfahrungen im Umgang mit dem Kontrollgremium: »Sie waren wie eine Bande Schuljungen. Die hörten zu, und ihre Augen wurden größer und größer. Ich war immer der Auffassung, dem 40er-Ausschuß schneller fünf Millionen Dollar für eine Geheimoperation abluchsen zu können als dem normalen Verwaltungsapparat Geld für eine Schreibmaschine. Marchetti, *CIA*, S. 391
920. CIA The Pike Report, S. 186 ff.
921. In Südamerika wurden von diesen Regimen schätzungsweise 50 000 Menschen ermordet, 30 000 gelten als vermißt, darunter ca. 3 000 Kinder. Stella Calloni, The Horror of Archives of Operation Condor, *CAQ 50*, S. 10
922. CIA The Pike Report, S. 9
923. Vgl. Tom Gervasi, in Garwood, *Undercover*, S. 25
924. Über das Handling der Presse durch die Presseabteilung der CIA vgl. Halperin, *Washington Post*, 23. 1. 1977, in Agee, *Dirty Work*, S. 106 f.

925. Was die amerikanische Öffentlichkeit über die CIA erfährt, geht durch den Filter CIA-freundlicher Journalisten. Es hat Ausnahmen gegeben, aber im großen und ganzen hat die CIA versucht, unabhängige Untersuchungen ihrer Aktivitäten zu entmutigen, abzuändern oder sogar zu unterdrücken. Marchetti, *CIA*, S. 415 ff.

926. Ken Lawrence weist in CIA Assassinations Part 2, *CAIB 11*, S. 28, darauf hin, daß das Church Committee zahlreiche Mordanschläge, in die die CIA verwickelt gewesen sei, nicht aufgedeckt habe.

927. Stella Calloni, The Horror of Archives of Operation Condor, *CAQ 50*, S. 10 f.; Jorge Nef, Importing State Terrorism, Besprechung von Dinges/Landau, *Assassination On Embassy Row*, in *The Nation*, 12. 7. 1980, S. 54 ff.

928. Vgl. Tom Gervasi, in Garwood, *Undercover*, S. 45. Anführer war David Attlee Phillips, der ehemalige CIA-Direktor für die westliche Hemisphäre, nach CIA-Direktor Colby ein »hervorragenden Krieger der psychologischen Kriegführung«.

929. Der Kampf um die Ausschaltung von Kritikern im demokratischen Prozeß kann und wird verdeckt geführt, zum Beispiel über die Moon-Sekte, die als U.S. Unification Church auftritt und den Kongreßabgeordneten Donald Frazer bekämpft, der die Moon-Machenschaften innerhalb der Reagan-Administration und darüber hinaus aufgedeckt hatte. Vgl. Clarkson, Moon's Law: God Is Phasing Out Democracy, *CAIB 27*, S. 40. Die Nichtwiederaufstellung Frazers in Minnesota bezeichnete Moon als einen »Akt Gottes«.

930. Bob Callahan: The 1980 Campaign: Agents for Bush, *CAIB 33*, S. 5 ff. Zum Instrumentarium gehört auch das bewußte und nahezu umfassende Unterdrücken bestimmter geheimdienstkritischer Nachrichten in den amerikanischen Medien, wie sie sich aus den Anhörungen und Berichten des integren, engagierten und unabhängigen Senators und Ausschußvorsitzenden Kerry ergeben. Vgl. Secret Wars, The Core Of The Crisis, *The Nation*, 13. 11. 1986, S. 661. Siehe auch den Aufruf der Journalisten James Reston, Flora Lewis, David Broder, William Pfaff, Meg Greenfield, Walter Isaacson, Jack Rosenthal, Richard Reeves, David Ignatius und Walter Lippmann, die Hexenjagd in Sachen Contra-Skandal gegen Präsident Reagan und dessen Mannschaft einzustellen und den Heilungsprozeß beginnen zu lassen. Die Nation könne sich ein zweites Watergate nicht leisten. Beat The Devil: Important Message, The Nation, 20. 12. 1986, S. 694

931. Senator Pike zitiert in dem Bericht der Pike Commission über illegale Handlungen der CIA den Ausspruch des Sonderberaters in Rechtsfragen der CIA gegenüber einem Mitarbeiter des Untersuchungsausschusses: »Pike wird das bezahlen müssen, warten Sie es ab ... wir werden ihn hierfür erledigen«, um dann fortzufahren: »Ernsthaft, da wird es eine politische Rache geben. Jede politische Ambition kann er sich

abschminken, wir werden ihn hierfür vernichten.« CIA: The Pike Report with an Introduction by Philipp Agee, Spokesman Books, New York, 1977, S. 7

932. Die CIA hat schon in den späten vierziger Jahren nicht nur Vernehmungstechniken unter Verwendung psychiatrischer Methoden, des Einsatzes chemischer Mittel und von Hypnosetechniken studiert. Sie hat in einem besonderen Chemie- und Biologieforschungsprogramm den Einsatz chemischer, biologischer und radiologischer Materialien zur geheimen Kontrolle menschlichen Verhaltens an Versuchspersonen erprobt. Die Techniken umfaßten Mittel der Bestrahlung, des Elektroschocks, verschiedene Methoden der Psychologie, der Psychiatrie, der Soziologie und Anthropologie, der Graphologie, von psychischen Störungstechniken bis hin zum Einsatz von Drogen wie LSD, Ecstasy u. a. Zeitweilig wurde sogar versucht, Drogenbeimischungen mißliebigen Politikern vor öffentlichen Ansprachen einzuflößen. Die Akten ließ CIA-Direktor Helms 1973 vernichten. Agee, *Dirty Work*, S. 273. Es leuchtet ein, daß von diesem »Erfahrungsschatz« auch Sekten wie Scientology Church profitieren, die durch Offenlegungsverfahren nach dem Free Information Act an einen Großteil der früher streng geheimen Forschungsergebnisse gelangen konnte. Doch der Einfluß reicht bis in die Manipulationtechniken der heutigen Werbeagenturen für industrielle Produkte, aber auch die Politikvermarktung und -steuerung. In der Sorge vor der Manipulierbarkeit der Massen durch Methoden kommunistischer Gehirnwäsche suchte man nach vergleichbaren Ansätzen auf westlicher Seite.
Zu Einzelheiten vgl. auch A. J. Webermann, Mind Control: The Story of Mankind Research Unlimited, Inc., in *CAIB 9*, S. 15 ff., sowie CIA Involvement in Biological Warfare and Mind Control, S. 27; Andrew Weil, Official Trips, Besprechung des Buches *Acid Dreams: The C.I.A., L.S.D. and the Sixties Rebellion* von Martin A. Lee und Bruce Shlain, *The Nation*, 8. 12. 1986, S. 492 ff.

933. Grenadian Menace, *The Nation*, 16. 4. 1983, S. 467; Christopher Hitchens, Our Man in Grenada: The Case of the Menacing Runway, *The Nation*, 29. 5. 1982, S. 649

934. Brozzu-Gentile, *L'Affaire Gladio*, S. 152

935. Das streng geheime Dokument wird von dem Oberst der CIA, Oswald Le Winter, als authentisch bestätigt. Ähnliche Erklärungen gab Ray Cline, stellvertretender CIA-Direktor ab. Vgl. Brozzu-Gentile, a. a. O., S. 178 f.

936. Philip Willan, *Puppetmasters*, S. 209

937. Die Akten der BCCI in London mit Aussagen über die Nutzung der Bank durch Abu Nidal wurden vom britischen Geheimdienst MI5 beschlagnahmt und unter Verschluß genommen. Auch die amerikanischen Parlamentarier waren nicht in der Lage, an das Material heranzu-

kommen. Vgl. Bemerkungen des Ausschußvorsitzenden John F. Kerry in U.S. Congress, Senate, The BCCI Affair, Hearings before the Subcommittee on Terrorism, Narcotics and International Operations of the Committee on Foreign Relations, Part 6, 1992, S. 3

938. »Die Erkenntnisse sind eindeutig: Terrorismus ist in unseren Tagen zur Industrie geworden. Seine finanziellen Hintergründe sind phänomenal. Die Meister des Terrorismus verwenden ganz offensichtlich sehr viel mehr Aufmerksamkeit auf Geld als auf das Wohlbefinden ihrer eigenen Truppen.« Joseph A. Morris, Präsident der Lincoln Legal Foundation, U.S. Congress, Senate, Committee on Governmental Affairs, Hearings, Threat of Terrorism and Government Response to Terrorism, Antiterrorism Act of 1990, S. 79

939. Der CIA-Mann Brenneke berichtet von der Finanzierung der Loge P2 mit monatlich einer bis zehn Mio. Dollar, um damit Drogenhandel und Terrorismus zu finanzieren. »Wir nutzten die Droge, um in den frühen siebziger Jahren eine günstige Ausgangslage für den Ausbruch des Terrorismus in Italien und in anderen europäischen Ländern zu schaffen. Das waren sehr bedeutende Anstrengungen, denen dann auch bestimmte Regierungen zum Opfer gefallen sind.« Vgl. Philip Willan, *Puppetmasters*, S. 78

940. Zur Zusammenarbeit kroatischer Terroristen und deren Finanzierung aus Kassen in Paraguay, nicht zuletzt dem aus Nicaragua vertriebenen Somoza-Regime vgl. Krüger, *The Great Heroin Coup*, S. 217, Anmerkung 19

941. In U.S. Congress, Senate, Committee on Governmental Affairs, Hearing, Threat of Terrorism and Government Response to Terrorism, GOP 1990, S. 27f., verweist der FBI-Vertreter auf die Beweismittel der deutschen Behörden. Präsident Reagan habe gemeint, die Information in Händen zu halten, die ihn zur Vergeltung aufgrund des früheren Verhaltens des Gaddafi-Regimes veranlaßt habe.

942. Yallop, *Die Verschwörung der Lügner*, S. 208 ff., sowie 354 ff.; Ramsey Clark, Libyan Epilogue, *The Nation*, 5./12.7.1986

943. Noam Chomsky, Libya in U.S. Demonology, *CAIB 26*, S. 21

944. Marianne Heuwagen, Eine Bombe aus dem Kalten Krieg; In welche Abgründe des Geheimdienstmilieus der Prozeß um den Anschlag auf die Berliner Diskothek La Belle führen wird. *Süddeutsche Zeitung*, 7.10.1996

945. Noel Koch, ehemals Abteilungsleiter im Pentagon für die Bekämpfung des internationlen Terrorismus und verdeckter Operationen, erklärte, bei jedem Finger des Verdachts, der auf Gaddafi zeige, müsse man sich doppelt vergewissern, zu welcher Hand denn dieser Finger gehöre und ob das Motiv des Fingerhebens sich ausschließlich darauf beschränke, das Thema Terrorismus von der Hand fernzuhalten. U.S. Congress, Senate, Committee on Governmental Affairs,

Hearings on Terrorism: Interagency Conflicts in Combating International Terrorism, S. 124

946. Ostrovsky, *Der Mossad*, S. 151 ff.

947. Vgl. John Goetz, Ten Years Later La Belle Disco Bombing, *CAQ 56*, S. 58 ff.

948. Noam Chomsky, Libya in U.S. Demonology, *CAIB 26*, S. 20

949. Die provokative Herausforderung Libyens durch die amerikanischen Flugzeuge war sogar zwei Wochen im voraus in *Newsweek* zu lesen gewesen. Vgl. Bill Schaap, in *CAIB 16*, S. 24

950. Andreas Förster: Trotz Haftbefehls keine Strafverfolgung; »La Belle«-Attentäter Chreidi wird von deutscher Justiz wegen weiterer Morde nicht belangt. *Berliner Zeitung*, 23. 5. 1996 und 15. 5. 1996

951. David Corn, The CIA Explosive, Did It Blow Up Flight 103? *The Nation*, 6. 2. 1989

952. Ken Silverstein, Privatizing War; How Affairs of State are outsourced to Corporations Beyond Public Control, *The Nation*, 28. 7./4. 8. 1997

953. Murray Waas, The C.I.A. And Page Airways: The Case Of The Flying Spies, *The Nation*, 20. 2. 1982

954. Ostrovsky, *Geheimakte Mossad*, S. 53 ff., sowie 340 ff.

955. Ebd., S. 282 f.

956. Yallop, *Die Verschwörung der Lügner*, S. 389 f.

957. Yallop, Ebd., S. 482 f. Yallop beruft sich auf zahlreiche Informanten, darunter Abu Dschihad, einen inzwischen ermordeten Stellvertreter Arafats, Abu Dschihad, den ebenfalls ermordeten Chef der Sicherheits- und Nachrichtendienste der PLO und Stellvertreter Arafats, sowie den deutschen Terroristen Peter-Jürgen Boock.

958. Murray Waas, The Terpil Transcript: Dinner With Idi, And Other Tales, *The Nation*, 28. 11. 1981

959. Präsident Truman hatte 1948 in seiner Botschaft an den Kongreß es als Aufgabe der USA bezeichnet, Staaten gegen die innenpolitische Gefahr einer kommunistischen Aggression zu schützen. Konni Zilliacus, World In Deadlock: The Story Of Western Policy, *The Nation*, 30. 10. 54

960. Jonathan Kwitny: An International Story: The CIA's Secret Armies in Europe, *The Nation*, 6. 4. 1992

961. Hier spielen zwangsläufig die englischen Dienste eine entscheidende Rolle. So soll die britische MI6 hinter Banküberfällen gestanden haben, die die IRA in Mißkredit bringen sollten. Vgl. Phil Kelly, *CAIB 8*, S. 29. Vgl. auch Betsy Swart: Ireland's Targeted Generation, *CAQ 45*, S. 46 f., und Hopelesnes in Ulster, *The Nation*, 25. 1. 1986, S. 66, wo auf die Untersuchung einer internationalen Juristenkommission verwiesen wird, die die britischen Sicherheitskräfte verurteilte, mit gezielten Todesschüssen (shoot to kill) 14 unbewaffnete Menschen niedergeschossen zu haben.

962. Der italienische Faschist Stefano Delle Chiaie nahm argentinische »hit men« und Führer von Todesschwadronen in Einheiten auf, die für General Franco in Spanien die baskische ETA jagen sollten. Andersen, *Dossier Secreto*, S. 154. Andererseits unterhielt die CIA an der Columbia University in New York einen Professor mit einer Mio. Dollar als Repräsentanten einer baskischen Exilregierung, die auf den Sturz General Francos in Spanien hinarbeitete. Vgl. Garwood, *Undercover*, S. 111

963. Philip Willan, *Puppetmasters*, S. 190

964. Christopher Hitchens, The »Black International«: Eurofascism – The Wave of the Past, *The Nation*, 29. 11. 1980, S. 567

965. Philip Willan, *Puppetmasters*, S. 165

966. Laske, *François Genoud*, S. 43

967. Jon Atack, Scientology: The Hubbard Intelligence Agency, Draft Chapter, Internet

968. Fred Clarkson, Moon's Law: God Is Phasing Out Democracy, *CAIB 27*, S. 36 ff. sowie The CAUSA Kingdom, ebd., S. 39

969. Ostrovsky, *Geheimakte Mossad*, S. 51 ff., vgl. auch The KCIA Connection, *CAIB 27*, S. 42, und James Stentzel, South Korean Exposure: Bad News For President Park, *The Nation*, 22. 1. 1977

970. Fred Clarkson, Park In The Saddle Again, *CAIB 20*, S. 38 ff.; CAUSA sprang bei der Finanzierung der Contra-Rebellen in Nicaragua ein, als der amerikanische Kongreß der CIA die Unterstützung der Contras untersagte. John Dillon/Jon Lee Anderson, Privatizing The War: Who's Behind The Aid To The Contras, *The Nation*, 6. 10. 1984, S. 318

971. Die Moon-Sekte war neben der CIA und dem israelischen Geheimdienst am sogen. Kokain-Putsch in Bolivien mit einer Summe von vier Mio. Dollar beteiligt und arbeitete dort mit Klaus Barbie zusammen. Vgl. Kai Hermann, Klaus Barbie: A Killer's Career, *CAIB 25*, S. 18 f.

972. Kopnopnicki, *Les Filières Noires*, S. 170 ff. sowie 185 f. Interessant auch hier, daß Le Pen nicht nur mit allem, was Rang und Namen in der Kollaborationsszene Frankreichs hatte, ebenso wie mit den OAS-Anhängern Französisch-Algeriens, sondern auch dem Schweizer Bankier Jean-Pierre Aubert befreundet war. Letzteren ließ er allerdings nach dem Bekanntwerden der Verwicklung in einen Narco-Dollar-Skandal fallen. Ebd., S. 186
Zur Verbindung Le Pens mit der OAS und deren Nachfahren bei Aginter Lissabon u. a. vgl. Brozzu-Gentile, *L'Affaire Gladio*, S. 231

973. La Scientologie à la rescousse de Moon, Publications périodiques de l'ADFI et du CCMM sur la Scientologie, Année 1996, 2ième trimestre

974. Fred Clarkson: Moon's Law: God Is Phasing Out Democracy, *CAIB 27*, S. 40

975. Ebd.,S. 43 f. Eine Gruppe liberaler Republikaner hat einen Bericht über

die Durchdringung der Republikanischen Partei mit dem Geld und Einfluß der Moonies vorgelegt. Vgl. Christopher Hitchens, Minority Report, *The Nation*, 22. 1. 1983, S. 70. Zu den verdeckten Kassen der Moon-Sekte gehört auch die harmlos erscheinende Adresse eines »Childrens Relief Fund«.

976. Daniel Junas: Rev. Moon Goes to College, *CAIB 38*, S. 25

977. Bush Tours Japan for a Moon Group, *International Herald Tribune*, 15. 9. 1995

978. Moon hat weibliche Mitarbeiter in die Büros des US-Kongresses eingeschleust, hat mit Drückerkolonnen gegen die Wiederwahl unliebsam gewordener Abgeordneter gearbeitet und zu diesem Zweck in einem einzigen Fall zwei Mio. Dollar aufgewandt. Vgl. Anne Nelson, The Church Political: God, Man and The Rev. Moon, *The Nation*, 31. 3. 1979; vgl. auch Chronologie der Scientologischen Bewegung ab 1987, Internet; zum Vorgehen von Scientology gegen die amerikanische Finanzverwaltung vgl. *IHT*, 10. 3. 1997

979. CIA The Pike Report, S. 16

980. The South Africa Media Campaign, *CAIB 27*, S. 24

981. Jakob Augstein, Die seltsame Kumpanei von Stasi und RAF, *Süddeutsche Zeitung*, 15./16. 2. 1997

982. Der frühere CIA-Mann Richard Brenneke sagte in einem Interview mit der Zeitschrift *L'Europeo* (18. 8. 1990) aus, die Ostblockgeheimdienste seien sich der CIA-Aktivitäten bewußt gewesen. Zwar nicht von Beginn an, denn man habe sie täuschen und nutzen können. Alle Waffen und Ersatzteile seien aus den sozialistischen Ländern bezogen worden. Um 1980 seien die östlichen Dienste der Lage gewahr geworden, doch hätten sie nicht eingegriffen. Es sei möglich, daß auf sehr hoher Ebene eine Verständigung stattgefunden habe mit dem Ziel, freie Hand zu gewähren. Philip Willan, *Puppetmasters*, S. 80
Der israelische Geheimdienstmann Ari Ben-Menashe berichtet denn auch von Kontakten, die der Verleger und Mossad-Agent Maxwell in den Jahren 1976 ff. zwischen dem US-Senator John Tower, dem späteren CIA-Direktor George Bush und verschiedenen hochrangigen sowjetischen Geheimdienstleuten vermittelt habe. John Tower hatte die Karriere von George Bush zum Präsidenten unterstützt und verhinderte durch geschickte Manipulation des Untersuchungsausschusses die Aufdeckung der entscheidenden Elemente des Iran-Waffen-Deals. Vgl. Ari Ben-Menashe, *Profits of War*, S. 135

983. Aust, *Mauss, ein deutscher Agent*, S. 353 ff.

984. Ostrovsky, *Der Mossad*, S. 359

985. Christopher Hitchens, Minority Report, *The Nation*, 3. 5. 1986, S. 606; Treibende Kraft hinter den Entscheidungen der Reagan-Administration war der Sicherheitsberater des Präsidenten McFarlane gegen den Widerstand des Außenministers wie der Marineführung. Patrick J.

Sloyan, Marine Barracks Bombing: The Warnings Reagan Ignored, *The Nation*, 27. 10. 1984, S. 410 ff.

986. Ostrovsky, *Geheimakte Mossad*, S. 350 ff.

987. Yallop, *Die Verschwörung der Lügner*, S. 604 f. zitiert Ahmed Jibril, der auf Informationen verweist, wonach der israelische Verteidigungsminister Sharon, der Sicherheitsberater Begins, Rafael Eitan, und Baschir Gemayel vor dem Massaker Gespräche geführt hätten und Baschir Gemayel dort gesagt haben soll, er werde die Lager Sabra und Schatila in einen Zoo verwandeln.

Zu den Hintergründen der damaligen Unruhen im Geflecht iranischer, syrischer, israelischer und amerikanischer Interessen und Intrigen vgl. Stanley Reed, Why They Hate Us, *The Nation*, 14. 2. 1987, S. 168

988. Ostrovsky, *Geheimakte Mossad*, S. 358

989. Ostrovsky, *Der Mossad*, S. 282 ff., beschreibt, wie der Mossad die deutschen und dänischen Dienste mit Desinformation in die Irre führt.

990. Aust, *Der Baader Meinhof Komplex*, S. 530 ff.

991. Ebd., S. 489 f.

992. Ebd., S. 73

993. Ebd., S. 200 f.

994. How To Seize Power, Buchbesprechung Brian Crozier, *The Conspirators*, in *The Nation*, 17. 3. 1962

995. South Africa Is Linked to Palme Death: Ex-Chief of Hit Squad Blames Security Service, *NHT* 27. 9. 1996; Reinhard Wolff, Olof Palmes Killer kamen vom Kap, *taz*, 30. 9. 1996. Nach Aussage des CIA-Mannes Richard Brenneke ist Gellis Loge P2 entfernt in den Mord verwickelt. Vgl. Philip Willan, *Puppetmasters*, S. 78

996. Ari Ben-Menashe, *Profits of War*, S. 103 f.

997. Vgl. Lawrence, CIA Assassinations Part 2, *CAIB 11*, S. 28, sowie Stella Calloni, The Horror of Archives of Operation Condor, *CAQ 50*, S. 10

998. West Germany: The Frankfurt Informer, *The Nation*, 24. 12. 1983, S. 654

999. Vgl. den Bericht des V-Mannes und Neonazis Michael Wobbe, »Der Verfassungsschutz hat mich angestachelt«, *taz*, 13. 5. 1996

1000. Vgl. Willems, *Dossier Gladio*, S. 22

1001. Vgl. Tom Gervasi in Garwood, *Undercover, S. 19*

1002. *Taz*, 11. 8. 1997; Das Muster findet sich immer wieder. So bei einem Absturz einer brasilianischen Passagiermaschine durch einen Bombenanschlag einer Terroristengruppe. In der Gruppe befand sich ein Informant der CIA, der lange vor dem Absturz auf den anstehenden Anschlag aufmerksam gemacht hatte. Die CIA gab die Warnung nicht weiter, um ihre Informanten zu schützen. Dafür gingen 49 Passagiere in den Tod. Vgl. Marchetti, *CIA*, S. 305

1003. Wolfgang Gast, BKA sucht unbekannten Bekannten, *taz*, 8. 2. 1996
Ein Kriminalkommissar des BKA zeigte sieben Kollegen wegen Strafvereitelung im Amt, Nötigung und Unterdrückung von Urkunden an.
Die Anzeige behauptet, der Informant des Verfassungsschutzes spiele
eine tragende Rolle in der RAF und sei mit Terroranschlägen in Verbindung zu bringen. Das BKA erklärte die Vorwürfe für Unsinn. Vgl.
dpa/*Süddeutsche Zeitung*, 15./16. 5. 1996

1004. *FAZ*, 4. 8. 1994; *Die Welt*, 4. und 5. 8. 1994

1005. Cornelia Bolesch, Wer steckt hinter der plumpen Fälschung, *Süddeutsche Zeitung*, 20. 4. 1998

1006. Hans Leyendecker: Flächenbrand im Fürstentum: Steuerunterlagen in
Liechtenstein gestohlen, *Süddeutsche Zeitung*, 15. 12. 1997

1007. Thomas Scheuer, Interpol stellt Maus(s)falle, *taz*, 26. 11. 1992

1008. *Middle East Defense News* (MedNews), 7. 12. 1992, S. 2

1009. Vgl. Frank Smyth und Winifred Tate: Columbia's Gringo Invasion,
CAIB 60, S. 47. Zur Lage in Kolumbien, Columbia: Moving Towards
Militarization, *The Geopolitical Drug Dispatch*, No. 59 (9. 96);
Columbia: The Paramilitary Caught Red-Handed, a. a. O., No. 71
(9. 97); Columbia: »Chess Player's« Gambit, a. a. O., No. 46 (8. 95)

1010. Leserbrief, Zimmermann aus Miami, in *Süddeutsche Zeitung*,
3. 12. 1996

1011. Das weltweite Abhörnetz reagiert auf gespeicherte Namen von Politikern, Terroristen, Drogenhändlern, Mafiabossen, Mitgliedern radikaler Gruppen, aktiven Gewerkschaftsführern usw. usf. Margaret
Thatcher ließ den kanadischen Dienst über dieses Netz die Kabinetts-
disziplin ihrer Minister kontrollieren. Vgl. Mike Frost: Inside the U.S.-
Canada Spyworld – Second Thoughts From the Second Oldest Profes-
sion, *CAQ 59*, S. 18 ff. Bei der Sachlage dürfte auch ein Überwa-
chungsbefehl für die Kommunikation des Bonner Kanzleramtes
ebenso wie für den interessanten deutschen Superagenten Mauss
reserviert sein.

1012. U. S. Congress, Select Committee on Narcotics Abuse and Control,
House of Representatives, 99th Cong. 2 D Session, 19. 6. 1986, S. 16

1013. Der CIA-Resident Polgar meint daher auch, man habe ja nicht unbedingt die smartesten Kämpfer requiriert. Jonathan Kwitny: An International Story: The CIA's Secret Armies in Europe, *The Nation*,
6. 4. 1992

1014. So sucht sich der aus dem Schwarzwald gebürtige mittellose Auswan-
derer Ernst Zündel aus Kanada den Neonazi Althans in der Bundesrepublik aus mit den Worten, »sieht aus wie ein Edelgermane, hat das
richtige Alter, das richtige Aussehen, die richtige Statur«, um ihn in
Führungsfunktionen hineinzufinanzieren. Rechtsradikale werden
zum Teil als Söldner in Dienst gestellt. Vgl. Bericht Michaela Haas,
Süddeutsche Zeitung, 30. 11. 1994

1015. Vgl. CIA Pike Report, S. 168 ff., ebenso Agee, *CIA Intern*, S. 461; Nach Agee wurde nach einem raffinierten Plan versucht, die links von den Liberalen in der Demokratischen und Republikanischen Partei angesiedelten politischen Organisationen zu spalten, zu sabotieren und zu unterdrücken.

Die CIA hatte zusammen mit den anderen amerikanischen Diensten 1975 ein Computerverzeichnis mit den Personalien von 300 000 Amerikanern angelegt, darunter allein 7 500 Gegner des Vietnamkrieges. Vgl. Garwood, *Undercover*, S. 276

1016. Vgl. Tom Gervasi, in Garwood, a.a.O., S. 18

Vgl. auch Ward Churchill: The FBI Targets Judi Bari; A Case Study in Domestic Counterintelligence, *CAQ 47*, S. 54, wo aus einem Geheimpapier aus dem Jahre 1967 als Aufgabe des FBI genannt wird, »to expose, disrupt, miscredit, discredit, or otherwise neutralize politically dissident citizen of the United States«.

Alan Wolfe, Exercise in Gentility: The Rockefeller CIA Report, *The Nation*, 16. 8. 1975 meint, der angebliche ausländische Einfluß auf Minderheiten in den USA habe nie nachgewiesen werden können, dafür jedoch hätten FBI und CIA mit Agents provocateurs die Gewaltaktivitäten kräftig angeheizt. Der Kongreß hätte zur Überprüfung nur einmal alle Agents provocateurs der Vereinigten Staaten zusammenrufen sollen, kein Stadion wäre in der Lage gewesen, die Massen zu fassen.

1017. So weist Marchetti, *CIA*, S. 212, darauf hin, daß die Agency jahrelang den kommunistischen *The Daily Worker* mit Tausenden vorausbezahlter Abonnements beglückt habe, nur um nach außen die kommunistische Gefahr anhand der Abonnentenzahl darlegen zu können.

1018. Der Pike Report weist auf folgende Programme des Federal Bureau of Investigation (FBI) hin: Beginn der Unterwanderung und Überwachung der kommunistischen Partei der USA 1956, der Sozialistischen Arbeiterpartei 1961, des Programms Weiße Extremisten 1967, der Schwarzen Extremisten 1967, der neuen Linken 1968. Ab 1966 setzte das FBI die Mafia auf die kommunistische Partei an. Hierzu und zu den Folgen der teilweise als Agents provocateurs eingesetzten Kräfte vgl. CIA Pike Report, S. 246 mit Anmerkung 525

Zum Umfang der Überwachung im Inland vgl. *CAIB 31*, Special Issue on Domestic Surveillance, 1989, und dort insbes. Ross Gelbspan, Cointelpro in the 80s: The »New« FBI

Noch zu Zeiten der Reagan-Administration untersuchte das FBI z. B. 178 Gruppen, die der Lateinamerikapolitik der Administration kritisch gegenüberstanden wie die katholische Bischofskonferenz, Amnesty International, die Lehrergewerkschaft, Unterstützungsgruppen für Filipinos, Organisationen, die sich gegen den Ku-Klux-Klan richteten und Antiatomgruppen. Vgl. Alexander Cockburn: The Files of Counterrevolution, *The Nation*, 7./14. 8. 1989

1019. Vgl. CIA Pike Report, der sich über die vernichteten, beiseite geschafften oder vorenthaltenen Akten beklagt. S. 57

1020. FBI-Direktor Edgar J. Hoover nannte King den »notorischsten Lügner« der Vereinigten Staaten. Ken Lawrence, Klansmen, Nazis and Skinheads: Vigilante Repression, *CAIB 31*, S. 30. Er ließ den Pfarrer auf 16 Telefonleitungen aus Gründen der nationalen Sicherheit abhören. Acht Hotel- und Büroräume wurden mit Abhörgeräten versehen. Herman Schwartz, Bugging Revisited: The Wiretap Decade, *The Nation*, 8. 9. 1979, S. 177

1021. Zusammenfassung der Church-Kommission, zit. nach Victor Navasky, The FBI's Wildest Dream, *The Nation*, 17. 6. 1978. Vgl. auch More Dirty Business, *The Nation*, 7. 6. 1969

1022. John Edginton und John Sergeant: The Murder of Martin Luther King Jr., *CAIB 34*, S. 21 ff.

1023. Ward Churchill und Jim Vander Wall, Cointelpro against the Black Panthers: The Case of Geronimo Pratt, *CAIB 31*, S. 35 ff.

1024. Vgl. Alexaner Cockburn, Body Count, *The Nation*, 2. 7. 1990
Die FBI-Agenten fälschten Urkunden mit dem Ziel, der Führungsgruppe der Black Panther Unterschlagung, die Annahme von Bestechungsgeldern der Polizei, Schweizer Nummernkonten, Beziehungen zu weißen Frauen wie zu Frauen von Kameraden nachzuweisen. Vgl. Mark Albert, *The Nation*, 2. 7. 1990; zur angewandten Psychotechnik (Cointelpro) vgl. William M. Kunstler, FBI Letters: Writers Of The Purple Page, *The Nation*, 30. 12. 1978

1025. William Schaap, Major Rightwing Threat: New Spate of Terrorism: Key Leaders unleashed, *CAIB 11*, S. 4

1026. Die 20th Special Forces Group der U.S. Army mit Hauptquartier in Alabama rekrutierte den Ku-Klux-Klan als Hilfstruppe zu Aufklärungszwecken. Vgl. Beat The Devil: Spy Networks II, *The Nation*, 3. 5. 1982. Vgl. auch Ken Lawrence: Klansmen, Nazis, and Skinheads: Vigilante Repression, *CAIB 31*, S. 29 ff., Elinor Langer, The American Neo-Nazi Movement Today, Special Report, *The Nation*, 16./23. 7. 1990
Über einen Mord an Textilgewerkschaftern durch Angehörige des Ku-Klux-Klan und der American Nazi Party in North Carolina unter aktiver Mitwirkung von Agenten des Federal Bureau of Alcohol, Tobacco and Firearms und des FBI berichten William K. Tabb und Martha Nathan, Civil Rights, The Klan & Reagan Justice, *The Nation*, 21. 8. 1982, S. 139

1027. CIA The Pike Report, S. 21, spricht in bezug auf die Zeit bis zum Erscheinungsjahr 1977 davon, daß umfangreiches Material über illegale Inlandsaktivitäten der CIA, des FBI und der NSA angefallen seien.

1028. In einem Sicherheitsprogramm für die USA beobachteten und unterwanderten FBI, CIA, NSA, US Army Intelligence und Internal Revenue Service Personengruppen mit anarchistischer oder revolutionärer Grundeinstellung oder Personen, die revolutionäre Bewegungen unterstützten, Haß-Organisationen, Volksverhetzer, Rädelsführer, schwarze Nationalisten, White Supremacists, Agitatoren und führende schwarze Radikale. Zit. nach Report of the Commission on the Organization of the Government for the Conduct of Foreign Policy (Murphy Commission); Final Report, Book II, Intelligence Activities and the Rights of Americans, U.S. Senate Select Committee, S. 166, Agee, *Dirty Works*, S. 277

1029. Das FBI schleuste z. B. einen Agent provocateur in die Veteranenorganisation gegen den Vietnamkrieg, der sich zum engagiertesten Vertreter der Gruppe überhaupt entwickelte und vor Gewaltakten nicht zurückschreckte, für die er letztlich ein FBI-Gehalt bezog. Vgl. Philip Willan, *Puppetmasters*, S. 347. Auch die Oppositionsgruppen gegen die Zentralamerikapolitik der Reagan-Administration wurden vom FBI unterwandert, gegen Kritikergruppen wurden insgesamt 58 Einbrüche verübt. Vgl. Zitate aus Frank Varelli, In From The Cold, in Margret und Michael Ratner, Leserbrief, »Son Of Cointelpro«, *The Nation*, 16. 5. 1987, S. 632

1030. So Tom Gervasi, in Garwood, *Undercover*, S. 18

1031. Zum Gesamtkomplex vgl. George Gregory, Steuerung »Rechtsradikalen Terrors« in Deutschland, *Magazin für die Polizei*, 6/1995, S. 4 ff. Vgl. auch *Berliner Zeitung*, 13. 2. 1995 über Dennis Mahon, die Missionsarbeit des Ku-Klux-Klan in Deutschland und den Mordversuch an einem Nigerianer.

1032. Urteilsbegründung Landgericht Hamburg, dpa/*Süddeutsche Zeitung*, 15./16. 3. 1997

1033. Zum folgenden vgl. Richard Cleroux: Canadian Intelligence Service Abets Neo-Nazis, *CAQ 51*, S. 14 ff.

1034. Vgl. Presseinformation Report Baden-Baden, 24. 2. 1997; Ambrose Evans-Pritchard, Interview C-Span, 26. 10. 1997; William F. Japser, OKC Bombing; Prior Knowledge; ATF Informant Say Cover-Up, *The New American*, 17. 3. 1997, S. 17 f., Ambrose Evans-Pritchard, Case against Oklahoma bomb suspect collapses, *Sunday Telegraph*, London, 2. 2. 1997; Orlin Grabbe, Oklahoma City, Government-Paid Neo-Nazi, and the FCC über Internet; The Winds, The Oklahoma Bombing, Witnesses Allege Government's Prior Knowledge and Complicity 1997

1035. Wortlaut des Interviews in Anzeigen aus dem Buch Ambrose Evans-Pritchard, *The Secret Life of Bill Clinton*, S. 90–92, über Internet

1036. Norman Birnbaum, Disco Bombers, *The Nation*, 14. 3. 1987, S. 312 f.

1037. Eine »vermummte Person« soll das CDU-Geld überbracht haben, *Der Tagesspiegel*, 12. 9. 1986

1038. Rainer K.G. Ott, Pistolen und Profite; Berliner Unterwelt belastet Ex-Senator Heinrich Lummer, *Vorwärts*, 4. 7. 1987

1039. Bei Tabatabai wird ebenso wie bei den anderen North-Pointdexter-Kontrahenten Ghorbanifar und Monzer Al Kassar Drogen- und Waffenhandel unterstellt: Scott/Marshall, *Cocaine Politics*, S. 182

1040. Brozzu-Gentile, *J'Affaire Gladio,* S. 86, sowie Peterlini, Bomben aus Zweiter Hand; Zwischen Gladio und Stasi: Südtirols mißbrauchter Terrorismus.

1041. Guten Einblick in die amerikanische Szene gibt Elinor Langer, The American Neo-Nazi-Movement Today, Special Report, *The Nation,* 16./23. 7. 1990, S. 82 ff.

1042. Linke, *Der Multimillionär Frey und die DVU. Daten, Fakten, Hintergründe,* S. 84 ff.

1043. Waffen gegen Drogen ist das immer wiederkehrende Szenario in den unruhigen Ländern der Welt. Vgl. Krüger, *The Great Heroin Coup,* S. 221

1044. Generalkonsul Blandon aus Panama über die Korruptionsgewalt: »Es handelt sich um eine multinationale Kraft, die, von Drogenhändlern gegängelt, die Macht in den zentralamerikanischen Ländern hat. Es ist eine gigantische Scharade. Das Kartell beschränkt seine Psychologie des Einwirkens nicht allein auf die Streitkräfte Panamas, sondern wendet sie mit Gewißheit auch auf die politischen Kräfte hier in den Vereinigten Staaten an.« U.S. Congress, Senate, Committee on Foreign Relations, Subcommittee on Terrorism, Narcotics and International Communications, Hearings on Drugs, Law Enforcement and Foreign Policy, S. 123
Ausländische Potentaten investieren systematisch in die amerikanische politische Szene. So veranlaßte der philippinische Diktator Marcos die Vertreter der von ihm kontrollierten Tabak-, Spielhöllen-, Bank-, Öl- und Bauunternehmen über verdeckte Wege sieben Mio. Dollar in die Wahlkampfkasse des Präsidentschaftsteams Reagan-Bush zu zahlen und weitere zehn Mio. in die Kassen ausgewählter Kongreßmitglieder. Dazu kamen gezielte Aufträge an die Bechtel Corporation im Wissen um deren Verbindung zu Außenminister Schultz und Verteidigungsminister Weinberger. Vgl. Christopher Hitchens, Minority Report, *The Nation,* 5. 4. 1986, S. 478. Nicht selten weiß die CIA wiederum um die Bestechlichkeit von Abgeordneten, hält sich jedoch mit der Aufklärung aus Gründen »der nationalen Sicherheit« zurück. Dies nicht zuletzt dann, wenn das Interesse der CIA mit dem des Geldgebers (damals koreanischer Geheimdienst KCIA) übereinstimmt, so bei der Verhinderung eines Rückzuges amerikanischer Truppen aus Korea. Vgl. *New York Times,* 7. 6. 1977, und The CIA's Apprentices. *The Nation,* 25. 6. 1977

1045. In Frankreich ging die Entkolonialisierung unter de Gaulle mit dem

Aufbau einer Geheimdienstorganisation einher, die gezielt mit der organisierten Kriminalität in den neuen unabhängigen Staaten zusammenarbeitete. Drei Viertel dieser aus rund 20 000 Mann bestehenden Truppe wurden der kriminellen Szene zugeordnet, darunter zahlreiche Heroinschmuggler. Die Anführer konnten sich als Vermittler von Entwicklungshilfe aus Paris aufspielen und erhielten hierfür kräftige Bestechungsgelder. Krüger, *The Great Heroin Coup,* S. 48

1046. Nach Scott/Marshall würde eine Einbeziehung der CIA in den Kampf gegen den internationalen Drogenhandel die CIA ihrer besten Nachrichtenquellen berauben, ihr die Fähigkeit, auf ausländische Partner Druck auszuüben, nehmen und die Finanzierung ihrer Operationen in der Dritten Welt zerschlagen. Scott/Marshall, *Cokaine Politics,* S. 5

1047. Die CIA rühmten sich im Jahre 1977 allein in den USA des Zugangs zu ausgewählten Vollzeitkorrespondenten in fünf größeren Nachrichtenketten ebenso wie zum britischen Dienst Reuters. CIA Pike Report, S. 234, Anmerkung 501

1048. Über die Hintergründe und den systematischen Aufbau des von Präsident Eisenhower zur nationalen Gefahr erklärten militärisch-industriellen Komplexes eindrucksvoll Fred. J. Cook, Juggernaut: The Warfare State, *The Nation,* 28. 10. 1961

1049. Vgl. Asad Ismi und Farhan Haq: Afghanistan The Great Game Continues, *CAQ 59,* S. 49, und BBC Interview mit Benazir Bhutto, erwähnt in Alexander Cockburn, *The Nation,* 27. 1. 1997, S. 10

1050. Gly Davies, die Sprecherin des amerikanischen Außenamtes ließ verlauten, die Taliban-Truppe könne letztlich Afghanistan Stabilität verschaffen. Zitat aus Asad Ismi und Farhan Haq: Afghanistan: The Great Game Continues, *CAQ 59,* S. 44 ff.

1051. Vgl. Thierry Oberlé, Kherbane, Le routard du djihad, *Le Figaro,* 27. 1. 1997, der auf das Training der algerischen Mordbanden in Pakistan hinweist, die im Zuge humanitärer Hilfe als sogenannte Afghanis nach Bosnien geschleust werden, aber auch in Kroatien und Albanien auftauchen.

1052. Ostrovsky, *Der Mossad,* S. 343

1053. John O'Kearney, Jordan: Why the King Weeps, *The Nation,* 12. 10. 1957, S. 242

1054. Wie tendenziös die amerikanische, aber auch europäische Medienlandschaft auf den Fundamentalismus eingeht, erkennt man an der frühzeitigen Spekulation von CBS und *New York Times* über das Wirken nahöstlicher Verschwörer und Terroristen hinter dem Bombenanschlag auf das Bundesgebäude in Oklahoma. Vgl. Terry Allen: Professional Arab-Bashing, *CAQ 53,* S. 20 f. Daß dann ein verwirrtes Mitglied der schwer bewaffneten, militanten und meist rechtsradikalen amerikanischen Milizbewegung dem Publikum als angeblicher Einzeltäter vorgeführt werden konnte, verhalf wiederum Präsident Clinton zur Wiederwahl, da sich der republikanische Herausforderer die Unterstützung der amerikanischen Milizbewegung hatte angelegen sein lassen. Daß die offizielle Version von einem Einzeltäter nicht die Wahrheit sein kann, ergibt sich aus einer Vielzahl von Dokumenten und Aussagen, die allerdings Verbreitung fast nur über das Internet finden.

1055. Agee kritisiert: Unsere *counter insurgency*-Programme waren meist erfolgreich: die kommunistische Unterwanderung wurde gestoppt. Auf der anderen Seite freilich kommen diejenigen Reformen überhaupt nicht voran, die gerade jene Mißstände beseitigen sollen, deren Existenz den Kommunismus überhaupt erst so attraktiv macht. Sie scheitern am Widerstand einiger weniger exportierender Großgrundbesitzer, deren Interessen zumeist mit denen der überwältigenden Mehrheit der Bevölkerung kollidieren. Agee, *CIA Intern,* S. 350

1056. Sean Gervasi, Germany, U.S., and the Yugoslav Crisis; The Civil War As Lethal Shadow Play. *CAQ 43,* S. 41 ff.

1057. Ken Silverstein zeigt am Fall des deutschen Waffenhändlers Ernst Werner Glatt, wie Geheimdienste hinter undurchsichtigen Fassaden ihre Fäden spinnen. Danach soll Glatt zumindest bis 1996 an dem offiziellen Embargo vorbei an Kroatien Waffen verkauft und in den achtziger Jahren einer der bevorzugten Waffenhändler der CIA für Lieferungen an die Contras in Nicaragua wie die Mujaheddins in Afghanistan gewesen sein. Im Bundesstaat Virginia habe er sich ein Anwesen gekauft, das er in Anlehnung an die Nazisymbolik auf den Namen Schwarzer Adler getauft hat. Ken Silverstein: Privatizing War; How Affairs of State are outsourced to Corporations Beyond Public Control, *The Nation,* 28. 7./4. 8. 1997

1058. Im Detail eindrucksvoll beschrieben in: Bosnia-Herzegovina: »Federating« Criminal-Political Networks, *The Geopolitical Drug Dispatch,* No. 56

1059. Scott/Marshall meinen z. B., daß eine Einbeziehung der CIA in den Kampf gegen den internationalen Drogenhandel die CIA ihrer besten Nachrichtenquellen berauben würde, ihr die Fähigkeit, auf ausländische Partner Druck auszuüben, nehme und die Finanzierung ihrer Dritte-Welt-Operationen zerschlüge. Scott/Marshall, *Cokaine Politics,* S. 5

1060. In der Türkei werden nach Aussagen eines Informanten aus der rechtslastigen türkischen Partei des Rechten Wegs 2000 kurdische Söldner zur Bekämpfung der PKK eingesetzt. Ertrugul Kurcu, Trapped in a Web of Covert Killers, *CAQ 61,* S. 7

1061. Vgl. die einschlägigen Darstellungen in *The Geopolitical Drug Dispatch* u.a.: No. 63, Tajikistan: Three Borders for the Labs; No. 67; Usbekistan: Stalins Legacy und Strategies for Survival and Corruption; No. 44, Azerbaijan: Mafia Groups Settle Scores in Government, sowie: the Nakhichevan Hub, und Georgia: Clans Take Over State; No. 47, Israel: A Breech in Drug Defense, sowie: Jews from the Former USSR: Trafficking and Politics; No. 59, Armenia: From Traditional use to Narcobusines; No. 60, Georgia: The Drug Trade, c'est les autres, sowie The Old Warlords and The New Mafia; No. 40, Turkey: La drogue dans la guerre sale, sowie Du PKK aux fondamentalistes; No. 48, Turkey: Mafia Duty-Free Zones sowie The Turkic-Speaking Mafia; No. 61, Turkey: Routes shift Further East; No. 78, Azerbaijan-Turkey: The War of the Clans. Vgl. auch den letzten auf deutsch veröffentlichten Jahresbericht des *Observatoire Geopolitique Des Drogues:* Der Welt Drogen-Bericht 1993, sowie den Bericht Géopolitique Des Drogues 1995

1062. Vera Beaudin Saeedpour, Conflicted Kurdistan, *CAQ 54,* S. 18
1063. Zum Mißbrauch der Kurden durch die Dienste und zum Verrat ihrer Führer vgl. Violence and Sorrow: The History of the Kurds, *CAIB 37,* S. 56. In dem Krieg gegen das Regime Saddam Husseins in Bagdad hat der Mossad die Kurden mit Waffen und Beratern unterstützt. Ostrovsky, *Der Mossad,* S. 312. Vgl. auch Jane Hunter, Missiles for the Mullahs: The Israeli Arms Bazaar. *CAIB 30,* S. 29
1064. Marc Pitzeke, Die Banenrepublik, *Die Woche,* 27. 10. 1997
1065. So war die UNO im voraus über eine verläßliche Quelle in nächster Nähe der Staatsspitze vor den unmittelbar bevorstehenden Massakern gewarnt worden, denen dann rund eine Million Menschen zum Opfer fielen. Vgl. Philip Gourevitch, The Genocide Fax. Who chose to ignore it, *The New Yorker,* 11. 5. 1998
1066. Einzelheiten bei Agee/Wolf, *Dirty Work,* S. 268 ff., sowie Garwood, *Undercover,* S. 57 ff.; Louis Wolf und William Vornberger: Franc Carlucci: Diplomat, Businessman, Spy, *CAIB 27,* S. 61
Über die Beteiligung der französischen Geheimdienste an der Ermordung auch anderer afrikanischer Führer durch Verbindungen zur Mafia vgl. Krüger, *The Great Heroin Coup,* S. 42 f.
1067. Reed Kramer, The African Tar Baby; Bankers' Stakes in Zaire, *The Nation,* 30. 4. 1977
1068. Einzelheiten bei John Hatch, The Congo: Hostages, Mercenaries and the CIA, *The Nation,* 14.11. 1964, sowie Paul F. Semonin, Killing Them Definitively, *The Nation,* 31. 1. 1966
1069. Ganz ähnlich die Verhältnisse in Indonesien, wo der CIA-gesteuerte Sturz Sukarnos 1965 und die Inthronisierung Suhartos, neben Hunderttausenden von Toten das landesübliche Bestechungsgeld für die Familie des Herrschers von zehn auf 20 Prozent ansteigen ließ. Vgl. Arye Neier, Watching Rights, *The Nation,* 31. 12. 1990
1070. Vgl. Ken Silverstein: Privatizing War; How Affairs of State are outsourced to Corporations Beyond Public Control, *The Nation,* 28. 7./ 4. 8. 1997

1071. Die verdeckten Operationen der Geheimdienste, das gezielte Herbeiführen und Schüren von Spannung führten schon in den fünfziger Jahren den englischen Geheimdienstexperten Sir Compton Mackenzie zu der Erkenntnis, eine Verbesserung der internationalen Beziehungen gefährde die Karriere von Geheimdienstoperateuren. Er selbst werde inzwischen Opfer seiner Vorurteile und seines Mißtrauens. Unter seinem Einfluß betrachteten seine Untergebenen inzwischen den gesunden Menschenverstand als eine Gefahr für die Geheimdienstarbeit. … »Ich bin es meinem Gewissen schuldig zu erklären, daß die Beeinflussung der internationalen Verständigung durch die Arbeit der Geheimdienste vielleicht die größte Gefahr für den Frieden überhaupt darstellt.« The Spy Circus, *The Nation*, 5.7.1975

1072. John Marks meinte, es sei eine moralische wie rechtliche Belastung der amerikanischen Nation, Tausende von hochtrainierten Bestechern, Wühlagenten und überseeischen Einbrechern als Repräsentanten der amerikanischen Regierung zu unterhalten. Vgl. Marks, How to Spot a Spook, in Agee/Wolf, *Dirty Work,* S. 39

Literaturverzeichnis

Agee, Philip, CIA Intern. Tagebuch 1956–1974, Attica 1979

Agee, Philip; Aust, Stefan; Bissinger, Manfred u. a., Unheimlich zu Diensten, Medienmißbrauch durch Geheimdienste, Steidl, Göttingen 1987

Agee, Philip; Wolf, Louis, Dirty Work. The CIA in Western Europe, Lyle Stuart Inc., Secaucus, USA, 1978

Andersen, Martin Edwin, Dossier Secreto – Argentina's Desaparecidos and the Myth of the »Dirty War«, Westview Press, Boulder, San Francisco, Oxford 1993

Aust, Stefan, Mauss – Ein deutscher Agent, Hoffmann und Campe, Hamburg 1988

Aust, Stefan, Der Baader-Meinhof-Komplex, erweiterte und aktualisierte Ausgabe, Hoffmann und Campe, Hamburg 1997

Baadsgaard, Steen; Pedersen, Joergen, Operation Armscor, Broadcast Danish Radio 20 – 253 502 – 10, first broadcast on January 9th 1983 at 22.10

Bainerman, Joel, The Crimes of a President, S. P. I. Books, New York 1992

Ben-Menashe, Ari, Profits of War; Inside the Secret U. S.-Israeli Arms Network, Sheridan Square Press, New York 1992

Blum, William, Killing Hope – U. S. Military and CIA Interventions since World War II, Common Courage Press, Monroe 1995

Blum, William, The CIA – a forgotten history, Zed Books, London and New Jersey 1986

Bower, Tom, Tiny Rowland – A Rebel Tycoon, Mandarin, London 1994

von Bülow, Andreas, Die eingebildete Unterlegenheit, C. H. Beck, München 1985

Brewton, Pete, The Mafia, CIA & George Bush, Spi Books, New York 1992

Brozzu-Gentile, Jean-Francois, L'Affaire Gladio; Les Réseaux Secrets Americains Au Cœur Du Terrorisme En Europe, Éditions Albin Michel, Paris 1994

Brzezinski, Zbigniew, Die einzige Weltmacht: Amerikas Strategie der Vorherrschaft, Beltz Quadriga, Weinheim 1997

Calvi, Fabrizio; Pfister, Thierry, Promis – Das Auge Washingtons, Unionsverlag, Zürich 1998

Christie, Stuart, Stefano Delle Chiaie – Portrait of a Black Terrorist, Refract Publications, London 1984

CIA The Pike Report with an Introduction by Philip Agee, Spokesman Books, New York 1977

Cockburn, Andrew and Leslie, Dangerous Liaisons, Harper Collins Publishers, New York 1991

Colby, William; Forbath, Peter, Honourable Men – My Life in the CIA, Hutchinson, London 1978

Couvrat, Jean-Francois; Pless, Nicolas, Das verborgene Gesicht der Weltwirtschaft, Westfälisches Dampfboot, Münster 1993

Cox, Matthew; Foster, Tom, Their Darkest Day. The Tragedy of Pan Am 103 and its Legacy of Hope, Grove Weidenfeld, New York 1992

Dabringhaus, Erhard, Klaus Barbie – The Shocking Story of How the U.S. used this Nazi War Criminal as an Intelligence Agent, Acropolis, Washington D.C. 1984

Deutscher Bundestag, Bericht des 1. Untersuchungsausschusses des 12. Deutschen Bundestages, Der Bereich Kommerzielle Koordination und Alexander Schalck-Golodkowski, Werkzeuge des SED-Regimes, Textband, Bonn 1994

Deutscher Bundestag, 13. Legislaturperiode, Beschlußempfehlung und Bericht des 1. Untersuchungsausschusses nach Artikel 44 Grundgesetz, Bonn 1998

Deutscher Bundestag, 13. Legislaturperiode, Beschlußempfehlung und Bericht des 1. Untersuchungsausschusses nach Artikel 44 Grundgesetz, Zweiter Abschnitt, Anlagen und Anhang, Bonn 1998

Dinges, John; Landau, Saul, Assassination on Embassy Row, Pantheon Books, New York 1980

Dorril, Stephen, The Silent Conspiracy – Inside the Intelligence Services in the 1990s, Mandarin, London 1993

Draper, Theodore, A Very Thin Line – The Iran-Contra Affairs, Hill and Wang, New York 1991

Eddy, Paul; Sabogal, Hugo; Walden, Sara, The Cocaine Wars, Bantam Books, New York 1988

Ehrenfeld, Rachel, Narco-Terrorism – How Governments around the World have used the Drug Trade to finance and further Terrorist Activities, Basic Books, 1990

Eisenberg, Carolyn, Drawing The Line – The American Decision To Devide Germany 1944–1949, Cambridge University Press, 1996

Faligot, Roger; Krop, Pascal, La Piscine, Seuil, Paris 1985

Felfe, Heinz, Im Dienst des Gegners – 10 Jahre Moskaus Mann im BND, Rasch und Röhring, Hamburg 1986

Förster, Gerhard; Groehler, Olaf, Der Zweite Weltkrieg – Dokumente, Militärverlag der Deutschen Demokratischen Republik, 1989

Friedman, Alan, Spider's Web. Bush, Saddam, Thatcher and the Decade of Deceit, Faber and Faber, London 1993

Froment, Pascale, René Bousquet, Editions Stock, Paris 1994

Garwood, Darell, Undercover: Thirty-Five Years of CIA Deception, Grove Press, New York 1985

Goddard, Donald; Coleman, Lester K., Trail of the Octopus – From Beirut to Lockerbie – Inside the DIA, Bloomsbury, London 1993

Huntington, Samuel P., Kampf der Kulturen: Die Neugestaltung der Weltpolitik im 21. Jahrhundert, Europaverlag, München 1997

Golden, Joseph C., Korea, The Untold Story of the War, McGraw-Hill, New York 1983

Gugliottan, Guy; Leen, Jeff, Kings of Cocaine – Inside the Medellín Cartel – Simon and Schuster, New York 1989

Hersh, Seymour M., The Price of Power, Kissinger in the Nixon White House, Summit Books, New York 1983

Hirschfeld, Gerhard; Marsh, Patrick, Kollaboration in Frankreich, S. Fischer, Frankfurt a. M. 1991

Holt, Pat M., Secret Intelligence and Public Policy – A Dilemma of Democracy, Congressional Quarterly Inc., Washington 1995

Igel, Regine, Andreotti – Politik zwischen Geheimdienst und Mafia, Herbig Verlagsbuchhandlung, München 1997

Jonas, George, Vengeance, The True Story of an Israeli Counter-terrorist Mission, Totem, Toronto 1985

Koch, Egmont R., Das geheime Kartell: BND, Schalck, Stasi & Co., Hoffmann und Campe, Hamburg 1992

Koch, Egmont R.; Sperber, Jochen, Die Datenmafia, Rowohlt, Reinbek 1995

Koch, Egmont R., Hacker mit Geheimauftrag – Angriff auf die Datensicherheit, Film 1995

Koch, Peter-Ferdinand, Das Schalck-Imperium lebt – Deutschland wird gekauft, Piper, München 1992

Kopnopnicki, Guy, Les Filières Noires, Denoel, Paris 1996

Krüger, Henrik, The Great Heroin Coup – Drugs, Intelligence & International Fascism, Black Rose Books, Montreal 1980

Kwitny, Jonathan, The Crimes of Patriots – A True Tale of Dope, Dirty Money, and the CIA, Norton, New York/London 1987

Laske, Karl, Ein Leben zwischen Hitler und Carlos: François Genoud, Limmat, Zürich 1996

Lessmann, Robert, Die politische Ökonomie des Kokainhandels und seine Auswirkungen auf die interamerikanischen Beziehungen am Beispiel Boliviens, Kolumbiens und der USA, Dissertation, Wien 1994

Leyendecker, Hans; Rickelmann, Richard; Bönisch, Georg, Mafia im Staat – Deutschland fällt unter die Räuber, Steidl, Göttingen 1992

Linke, Annette, Der Multimillionär Frey und die DVU. Daten, Fakten, Hintergründe, Klartext Verlag, Essen 1994

Loftus, John; McIntyre, Emily, Walhalla's Wake. The IRA, MI6 and the Assassination of a Young American, The Atlantic Monthly Press, New York 1989

Loth, Gisele, Le Dernier Secret de la Maison Rouge, Les Editions Ronald Hirlé, Saverne 1993

Maas, Peter, Die Valachi-Papiere, Paul Zsolnay, Wien 1968

Manhattan, Avro, Der Vatikan und das XX. Jahrhundert, Verlag Volk und Welt, Berlin 1958

Marchetti, Victor; Marks, John D., CIA, DVA, Stuttgart 1974

Mayer, Jane; McManus, Doyle, Landslide, The Unmaking of the President 1984–1988, Houghton Mifflin, Boston 1988

McCoy, Alfred W., The Politics of Heroin – CIA Complicity in the Global Drug Trade, Lawrence Hill Books, New York 1991

Meier, Stephan Richard, Carlos – Demaskierung eines Topterroristen, Knaur, München 1992

Mergen, Armand, Tod in Genf, Ermittlungsfehler im Fall Barschel: Mordthese vernachlässigt? Kriminalistik Verlag, Heidelberg 1988

Morstein, Manfred, Der Pate des Terrors. Die mörderische Verbindung von Terrorismus, Rauschgift und Waffenhandel, Piper, München 1990

Müller, Leo A., Gladio – Das Erbe des Kalten Krieges, Rowohlt, Reinbek 1991

Müller, Michael; Kanonenberg, Andreas, Die RAF-Stasi-Connection, Rowohlt, Berlin 1992

Naylor, R.T., Hot Money and the Politics of Debt – From Watergate to Irangate... From Afghanistan to Zaire, Black Rose Books, Montreal 1994

Observatoire Géopolitique des Drogues (OGD), Der Welt-Drogen-Bericht, Deutscher Taschenbuchverlag, München 1993

Observatoire Géopolitique Des Drogues 1995, La Découverte, Paris 1995

Ostrovsky, Victor, Der Mossad, Hoffmann und Campe, Hamburg 1991

Ostrovsky, Victor, Geheimakte Mossad. Die schmutzigen Geschäfte des israelischen Geheimdienstes, Bertelsmann, München 1994

Péan, Pierre, L'Extrémiste François Genoud – De Hitler à Carlos, Fayard, Paris 1996

Perry, Mark, Eclipse – The Last Days of the CIA, William Mottow and Company Inc., New York 1992

Peterlini, Hans Karl, Bomben aus zweiter Hand. Zwischen Gladio und Stasi: Südtirols mißbrauchter Terrorismus, Edition Raetia, Bozen 1993

Philip Willan, Puppetmasters – The Political Use of Terrorisme in Italy, Constable, London 1991

Porch, Douglas, The French Secret Services – From the Dreyfus Affair to the Gulf War, MacMillan, London 1995

Potts, Mark; Kochan, Nicholas; Whittington, Robert, Dirty Money – BCCI: The Inside Story of the World's Sleaziest Bank, National Press Club, Washington D.C. 1992

Powis, Robert E., The Money Launderers – Lessons from the Drug-Wars – How Billions of Illegal Dollars are washed through Banks & Businesses, Probus, Chicago 1992

Prados, John, President's Secret Wars, CIA and Pentagon Covert Operations Since World War II, William Morrow Inc., New York 1986

Pretterebner, Hans, Der Fall Lucona – Ostspionage, Korruption und Mord im Dunstkreis der Regierungsspitze, Knaur, München 1989

Raith, Werner, Das neue Mafia-Kartell. Wie die Syndikate den Osten erobern, Rowohlt, Berlin 1994

Ray, Ellen; Schaap, William; van Meter, Karl; Wolf, Louis, Dirty Work 2, The CIA in Africa, Lyle Stuart Inc., Secaucus, New Jersey, USA, 1980

Roth, Jürgen; Taylan, Kamil, Die Türkei – Republik unter Wölfen, Lamuv, Bornheim-Merten 1991

Roth, Jürgen, Die illegalen Waffengeschäfte und ihre internationalen Verflechtungen – Hundert Jahre Kriegskartell, Eichborn, Frankfurt a. M. 1988

Sayer, Jan; Botting, Douglas, Nazi Gold, Grafton Books, London 1984

Schmaldienst, Fritz; Matschke, Klaus Dieter, Carlos-Komplize Weinrich. Die internationale Karriere eines deutschen Top-Terroristen, Eichborn, Frankfurt a. M. 1995

Schmidt-Eenboom, Erich, Nachrichtendienste in Nordamerika, Europa und Japan, Stöppel, Weilheim 1995 auf CD-ROM

Schulz, Gerhard, Hrsg., Partisanen und Volkskrieg. Zur Revolutionierung des Krieges im 20. Jahrhundert, Vandenhoeck & Ruprecht, Göttingen 1985

Scott, Dale; Marshall, Jonathan, Cocaine Politics – Drugs, Armies and the CIA in Central America, University of California Press, Berkeley 1991

Sheehan, Neil; Smith Hedrick et.al., The Pentagon Papers. The Secret History of the Vietnam War, Bantam Books, New York 1971

Seale, Patrick, Abu Nidal – Der Händler des Todes. Die Wahrheit über den palästinensischen Terror, Bertelsmann, München 1992

Silberzahn, Claude; Guisnel, Jean, Au Coeur Du Secret – 1500 Jours aux Commandes de la DGSE 1989/1993, Fayard, Paris 1995

Simpson, Christopher, Der Amerikanische Bumerang – NS-Kriegsverbrecher im Sold der USA, Ueberreuter, Wien 1988

Stewart James B., Den of Thieves, Simon & Schuster, New York 1991

Stille, Alexander, Die Richter. Der Tod, die Mafia und die italienische Republik, C. H. Beck, München 1997

Summers, Anthony, Conspiracy. Who killed President Kennedy, Fontana Paperbacks, 1980

Tarpley, Griffin; Chaitkin, Anton, George Bush – The Unauthorized Biography, Executive Intelligence Review, Washington D. C. 1992

Thomas, Evan, The Very Best Men. Four who dared: the early years of the CIA, Simon and Schuster, New York 1995

Timmerman, Kenneth R., The Death Lobby, How the West armed Iraq, Houghton Mifflin Co, Boston 1991

Tinnin, David B., Hit Team – The exciting Story of Israel's Strike against Arab Terrorists in Europe, Weidenfels and Nicolson, London 1976

Tosches, Nick, Geschäfte mit dem Vatikan – Die Affäre Sindona, Knaur, München 1989

Traa, Marten van, Vorsitzender: Parlamentaire Enquetecommissie opsporingsmethoden: Inzake opsporing, Sdu Uitgever's-Gravenhage 1996

Truell, Peter; Gurwin, Larry, False Profits – The Inside Story of BCCI, The World's Most Corrupt Financial Empire, Houghton Mifflin, Boston 1992

U.S. Congress, Committee on Banking, Finance and Urban Affairs, Banca Nazionale Del Lavoro (BNL), Hearing, April 17, 1991

U.S. Congress, Committee on Banking, Finance and Urban Affairs, Banca Nazionale Del Lavoro Affair and Regulation and Supervision of U.S. Branches and Agencies of Foreign Banks, Hearing, October 16, 1990

U.S. Congress, Committee on Banking, Finance and Urban Affairs, Iraqi and Banca Nazionale Del Lavoro Participation in Export-Import Programs, Hearing, April 17, 1991

U.S. Congress, House, Hearing before the Select Committee on Narcotics Abuse and Control, June 19, 1986, GOP, 1987

U.S. Congress, House, Hearing before the Selected Committee on Narcotics Abuse and Control: U.S. Foreign Policy and International Narcotics Control, HR.100,2,3 March 16/29, 1988, GOP 1988, (scnac 100-2-2)

U.S. Congress, House, Judiciary Committee, Subcommittee on Crime and Criminal Justice. Staff Report, Syria, President Bush and Drugs – The Administration's Next Iraqgate – 23.11.1992

U.S. Congress, Senate, Permanent Subcommittee on Investigations of the Committee on Governmental Affairs, Current Trends in Money Laundering, February 27, 1992, GOP 1992 Kim L. Wherry, Staff Counsel, Permanent Subcommittee on Investigations; Accompanied by Harold B. Lippman, Staff Investigator

U.S. Congress, Senate, Committee on Foreign Relations, Subcommittee on Terrorism, Narcotics and International Communications, Hearings on Drugs, Law Enforcement and Foreign Policy; Part 1: Bahamas; Part 2: Panama; Part 3: The Cartel, Haiti and Central America, 100 Congress, 1st Session, April 4; July 15, and October 30, 1987, GOP 1988

U.S. Congress, Senate, Committee on the Judiciary, Subcommittee on Courts and Administrative Practice, Antiterrorism Act of 1990, Hearing, 101st Congress 2d Session on S.2465

U.S. Congress, Senate, Committee on Governmental Affairs, Hearings, Threat of Terrorism and Government Response to Terrorism, GOP 1990, (S. Hrsg. 101–458)

U.S. Congress, Senate, Committee on Governmental Affairs, Hearings on Terrorism: Interagency Conflicts in Combating International Terrorism, July 15, 1991, GOP 1992

U.S. Congress, Senate, Drug and Money Laundering in Panama, Hearing before the Permanent Subcommittee on Investigations of the Committee on Governmental Affairs, 100 Cong. 2d Session, January 28, 1988, GOP 1988

U.S. Congress, Senate, Drug Money Laundering, Banks and Foreign Policy, A Report to the Committee on Foreign Relations by the Subcommittee on Narcotics, Terrorism and International Operations, February 1990, GOP, 1990

U.S. Congress, Senate, Drugs, Law Enforcement and Foreign Policy, A Report prepared by the Subcommittee on Terrorims, Narcotics and International Operations of the Committee on Foreign Relations, December 1988, GPO, Washington D.C. 1989

U.S. Congress, Senate, Drugs, Law Enforcement and Foreign Policy: The Cartel, Haiti and Central America, Hearings before the Subcommittee on Terrorism, Narcotics and International Operations of the Committee on Foreign Relations, Part 4, July 1988

U.S. Congress, Senate, Hearings before the Subcommittee on Terrorism, Narcotics and International Operations of the Committee on Foreign Relations, 102 Congress, 2d Session, July 30, 1992, Part 6, GOP, 1992

U.S. Congress, Senate, Select Committee on Intelligence, Report on Preliminary Inquiry, 29. 1. 1987

U.S. Congress, Senate, Structure of International Drug Trafficking Organizations, Hearings before the Permanent Subcommittee on Investigations of the Committee on Governmental Affairs, U.S. Senate, 101st Session, September 12, 13, 1989, GOP 1989

U.S. Congress, Senate, Subcommittee on Terrorism, Narcotics and International Operations of the Committee on Foreign Relations: Hearings, International Money Laundering: Law Enforcement and Foreign Policy, 27. 9. and 4. 10. 1989, GOP, 1990

U.S. Congress, Senate, The BCCI Affair, A Report to the Committee on Foreign Relations by Senator John Kerry and Senator Hank Brown, December 1992, GPO, Washington D.C. 1993

U.S. Congress, Senate, The BCCI Affair, Hearings before the Subcommittee on Terrorism, Narcotics and International Operations of the Committee on Foreign Relations, Part 1 and 6, 1991/92

U.S. Congress, Senate, The BCCI Affair, Hearings before the Subcommittee on Terrorism, Narcotics, and International Operations of the Committee on Foreign Relations, Part 2 and 3, October 1991, GPO, Washington D.C. 1992

U.S. Congress, Senate, The BCCI Affair, Hearings before the Subcommittee on Terrorism, Narcotics, and International Operations of the Committe on Foreign Relations, Part 2, October 1991, GPO, Washington, D.C. 1992

Violet, Bernhard, Les Réseaux Secrets du Terrorisme International, Édition Du Seuil, Paris 1996

Vitrani, François, L'Italie, un État de Souveraineté Limitée: Les Révélations sur L'Organisation Gladio, Le Monde Diplomatique, Paris, Dezember 1960

Willan, Philip, Puppetmasters – The Political Use of Terrorism in Italy, Constable, London 1991

Willems, Jan, Gladio, Edition EPO, Brüssel 1991

Wisnewski, Gerhard; Landgraeber, Wolfgang; Sieker, Ekkehard, Das RAF-Phantom – Wozu Politik und Wirtschaft Terroristen brauchen, Knaur, München 1992

Wolffsohn, Michael, Die Deutschland-Akte – Tatsachen und Legenden, Bruckmann, München 1995

Yajee, Sheel Bhadra, CIA Operations against the Third World, Criterion Publications, Neu-Delhi 1985

Yallop, David A., Im Namen Gottes. Der mysteriöse Tod des 33-Tage-Papstes Johannes Paul I., Knaur, München 1988

Yallop, David A., Die Verschwörung der Lügner, Droemer, München 1993

Abkürzungsverzeichnis

AAA	Argentine Anticommunist Alliance
AFP	Agence France Press
AID	Agency für International Development
AP	Associated Press
BATF	Bureau for Alcohol, Tobacco and Firearms, auch ATF
BCCI	Band for Credit and Commerce International
BKA	Bundeskriminalamt
BND	Bundesnachrichtendienst
BNDD	Bureau of Narcotics and Dangerous Drugs, später DEA
BOSS	Bureau of Special Services, Südafrika
CAIB	Covert Action Information Bulletin, später CAQ
CAQ	Covert Action Quarterly, früher CAIB
CESIS	Comitato Executio per i Servici di Informatione e i Sicurezza
CIA	Central Intelligence Agency
CIC	Army Counterintelligence Corps (Gegenspionagekorps der Armee)
CID	U.S. Army Criminal Investigation Division
COCOM	Coordinating Committee for East-West-Trade-Policy
CORU	Koalition der Exilkubaner
CORU	Commando de Organizaciones Revolucionarias Unidas
CREEP	Committee to Re-elect the President
CSIS	Center for Strategic and International Studies
DEA	Drug Enforcemant Administration
DEC	Digital Equipment Corporation
DGS	Spanischer Geheimdienst
DGSE	Direction Génerale de la Sécurité Extérieure
DIA	Defense Intelligence Agency (Verteidigungsministerium)
DINA	Chilenischer Geheimdienst
DISIP	Venezolanischer Geheimdienst
DST	Direction du Surveillance du Territoire
ELN	Nationale Kolumbianische Befreiungsarmee
ETA	Baskische Befreiungsbewegung
FARC	Revolutionary Armed Forced of Columbia
FBI	Federal Bureau of Investigation
FLN	Algerische Befreiungsbewegung
FOIA	Freedom of Information Act
GAO	General Accounting Office
Gehlen	Organisation Gehlen, ab 1952 Bundesnachrichtendienst (BND)
Gladio	Natoweiter Geheimdienst
HVA	Hauptverwaltung Aufklärung
IHT	International Herald Tribune, Paris

IM	Informeller Mitarbeiter
INS	Immigration and Naturalization Service
Inslaw	Insitute for Law and Social Research, Software-Unternehmen
IOS	Investors Overseas Service
IRA	Irische Untergrundarmee
IRS	Internal Revenue Servie
ISI	Inter Service Intelligence; Militärischer Nachrichtendienst Pakistan
ITT	International Telephone and Telegraph
JCS	Joint Chiefs of Staff
KCIA	Korean Central Intelligence Agency
KGB	Komitee für Staatssicherheit (Sowjetischer Geheimdienst, 1954–1991)
KOKO	Kommerzielle Koordinierung
KPdSU	Kommunistische Partei der Sowjetunion
MAD	Militärischer Abschirmdienst
MfS	Ministerium für Staatssicherheit (DDR)
MI 5	Inlandnachrichtendienst Großbritannien
MI 6	Auslandgeheimdienst Großbritannien
Mossad	Israelischer Auslandsgeheimdienst
MSI	Faschistische Partei Italiens
NATO	North Atlantic Treaty Organization
NDP	Nationaldemokratische Partei, Abspaltung der FPÖ
NRO	National Reconnaissance Office
NSA	National Security Agency
NSC	National Security Council
NYT	New York Times
OAS	Organisation de l'Armée Secrète (ehem. frz. Geheimorgan. in Algerien)
OGD	Observatoire Géopolitique Des Drogues, Paris
OibE	Offizier im besonderen Einsatz
OSS	Office of Strategic Services
P 2	Propaganda Due, italienische geheime Freimaurerloge
PFLP	Volksfront für die Befreiung Palästinas
PLO	Palestine Liberation Organization
Promis	Prosecutors Management Information System
RAF	Rote Armee Fraktion
RICO	Act Racketeering Influenced Corrupt Organizations Act
SAC	Service d'Action Civique
SAVAK	Iranischer Geheimdienst unter dem Schah
SDECE	Service de Documentation Extérieure et de Contre Espionage
SDST	Direction de la Suveillance du Territoire, Frankreich
SED	Sozialistische Einheitspartei Deutschlands
SID	Servizio Informazioni Difesa, Militär. Geheimdienst Italiens, später SIFAR
SIFAR	Servizio Informazioni Forze Armata, Militär. Geheimdienst Italiens, fr. SID
SIFFAR	Italienischer Nachrichtendienst, Untergrundarmee
SISDE	Servizio Informazioni Sicurezza Democratica, Geheimdienst Innen, 1977 aus SID
SISMI	Servizio Informazioni Sicurezza Militare, Militärischer Geheimdienst Italiens, 1977 aus SID
UPI	United Press International
WACL	World Anti-Communist League
WAR	White Aryan Resistance

Personenregister

Kurt Sontheimer, Wilhelm Bleek

Grundzüge des politischen Systems Deutschlands

Aktualisierte Neuausgabe.
443 Seiten. SP 1200

Im Mittelpunkt dieser aktualisierten Neuausgabe des anerkannten Standardwerkes zur politischen Bildung steht die Frage nach der Kontinuität und dem Wandel des politischen Systems Deutschlands. Aus historischer Sicht wird herausgearbeitet, wie sich die demokratischen Institutionen der alten Bundesrepublik in vier Jahrzehnten weitgehend bewährt haben und 1990 im Prozeß der deutschen Vereinigung auf die neuen Bundesländer übertragen worden sind. Gleichzeitig wird aus der aktuellen Perspektive deutlich, daß unser Staat durch die Vereinigung und die europäische Integration, die Veränderungen der Weltpolitik und die wirtschaftlichen Strukturkrisen der Industriegesellschaften vor neue Herausforderungen gestellt wird.

Ferdinand Seibt

Das alte böse Lied

Rückblicke auf die deutsche Geschichte 1900 bis 1945. 403 Seiten.
SP 3457

Ferdinand Seibt versucht zu ergründen, was unsere Großväter und -mütter wirklich wissen konnten, was sie tatsächlich zu sehen vermochten und was sie persönlich bewegt hat. Nicht den nachträglichen Erklärungsmustern gilt sein Interesse, sondern den Erfahrungen und Erlebnissen. Sein Buch gewinnt daraus eine große Anschaulichkeit und legt Zusammenhänge frei, die bisher kaum beachtet wurden. Die Linie von der »Urkatastrophe des 20. Jahrhunderts«, dem Kriegsausbruch 1914, über die bürgerliche Ratlosigkeit in der Weimarer Republik bis zu Hitlers Helfern wird präzise gezogen und aus der Zeit heraus erklärt. Eine unverzichtbare Lektüre für das Verständnis des vergangenen Jahrhunderts.

SERIE

PIPER

Hans-Jochen Vogel

Nachsichten

Meine Bonner und Berliner Jahre.
544 Seiten SP 2469

Hans-Jochen Vogel, bis 1991 SPD-Vorsitzender und einer der maßgeblichen Politiker der Nachkriegszeit, erinnert sich an seine Zeit in Bonn und Berlin.

»Der Weg in die Bundespolitik und damit nach Bonn war mir keineswegs vorgezeichnet.« Damit beginnt Hans-Jochen Vogel, einer der wichtigsten deutschen Politiker nach dem Zweiten Weltkrieg, seinen Rückblick auf die zweiundzwanzig politischen Jahre nach seiner Ära als Münchens Oberbürgermeister. In diesen »Nachsichten« erinnert er sich an die Zeit zwischen 1972 und 1994, in der er als Bau- und Justizminister in Bonn, als Regierender Bürgermeister in Berlin, als Kanzlerkandidat, als Fraktionsvorsitzender der SPD, als Oppositionsführer und in Nachfolge Willy Brandts als SPD-Vorsitzender die politischen Geschicke dieser Republik mitlenkte. Er schildert dramatische Ereignisse und umstrittene Entscheidungen, sagt, warum er bestimmte Dinge getan oder gelassen hat, erzählt von den Menschen, die ihm wichtig waren, und beurteilt den Zustand und die Zukunft Deutschlands und seiner Partei.

»Ein wichtiges Buch eines der bedeutendsten Politiker unserer Republik, der noch einmal versucht, unphilosophisch und pragmatisch über Grundlagen unseres Gemeinwesens, der SPD und von Politik insgesamt nachzudenken.«
Jost Dülffer, Handelsblatt